梁滿倉
吳樹平 等 注譯

新譯三國志(五)吳書㈠

三民書局

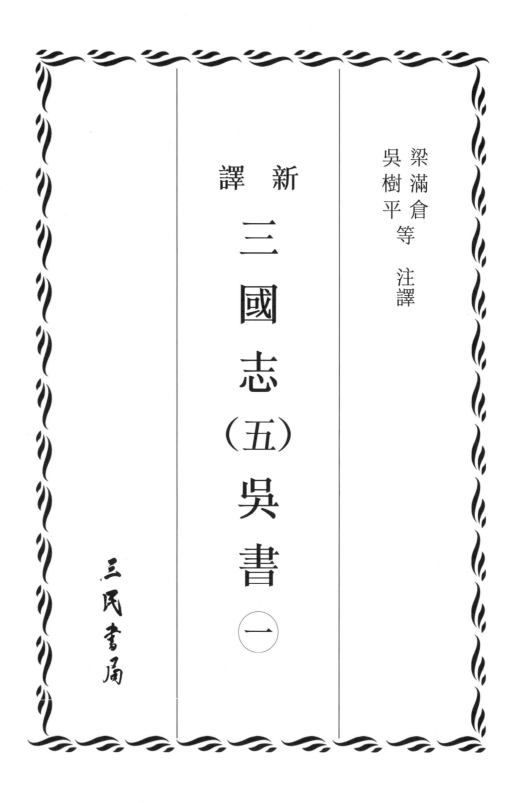

國家圖書館出版品預行編目資料

新譯三國志(五)吳書㈠／梁滿倉,吳樹平等注譯.——
初版三刷.——臺北市：三民，2022
面；　公分.——(古籍今注新譯叢書)

ISBN 978-957-14-5776-5 （平裝）
1.三國志 2.注釋

622.301　　　　102004675

古籍今注新譯叢書
新譯三國志（五）吳書㈠

注 譯 者｜梁滿倉　吳樹平等
發 行 人｜劉振強
出 版 者｜三民書局股份有限公司
地　　址｜臺北市復興北路 386 號（復北門市）
　　　　　臺北市重慶南路一段 61 號（重南門市）
電　　話｜(02)25006600
網　　址｜三民網路書店 https://www.sanmin.com.tw

出版日期｜初版一刷 2013 年 5 月
　　　　　初版三刷 2022 年 10 月
書籍編號｜S033710
I S B N｜978-957-14-5776-5

三民書局

新譯三國志　目次

第五冊

吳書㈠

卷四十六　吳書一

孫破虜討逆傳第一

【題解】孫破虜即孫堅，因其代理破虜將軍，故名。討逆即孫堅兒子孫策，也因為他做過討逆將軍，所以以其官職代稱。孫權也是孫堅的兒子，但陳壽卻把他單列一傳，而把孫堅孫策同列一傳，這並非僅僅因為他們是父子。從他們的歷史作用看，孫堅是孫吳政權的草創者，孫策是奠基者，孫權則是守成者。陳壽之所以對三人作如此安排，隱含了對他們歷史作用的不同評價。

1 孫堅，字❶文臺，吳郡富春❷人，蓋❸孫武❹之後也。少為縣吏。年十七，與父共載船至錢唐❺，會❻海賊胡玉❼等從匏里❽上掠取賈人❾財物，方於岸上分之，行旅皆住，船不敢進。堅謂父曰：「此賊可擊，請討之。」父曰：「非爾所圖❿也。」堅行操刀上岸，以手東西指麾⓫，若分部⓬人兵以羅遮⓭賊狀。賊望見，以為官兵捕之，即委⓮財物散走⓯。堅追，斬得一級⓰以還，父大驚。由是顯聞，府召署假尉⑰。會稽⑱妖賊許昌⑲起於句章⑳，自稱陽明皇帝，與其子韶扇動諸縣，眾以萬數㉑。堅以郡司馬㉒募召精勇，得千餘人，與州郡合討破之。是歲，熹平元年㉓也。刺史㉔臧旻㉕列上功狀㉖，詔書除㉗堅鹽瀆丞㉘，數歲徙盱眙㉙丞，又徙下邳㉚丞。

2
中平元年㉛，黃巾賊㉜帥張角㉝起於魏郡㉞，託有神靈，遣八使以善道㉟教化天下，而潛相連結，自稱黃天泰平㊱。三月甲子㊲，三十六方㊳一旦俱發，天下響應，燔燒郡縣，殺害長吏㊴。漢遣車騎將軍㊵皇甫嵩㊶、中郎將㊷朱儁㊸將兵討擊之。儁表㊹請堅為佐軍司馬㊺，鄉里少年隨在下邳者皆願從。堅又募諸商旅及淮、泗㊻精兵，合千許㊼人，與儁并力奮擊，所向無前。汝、潁㊽賊困迫，走保宛㊾城。堅身當一面，登城先入，眾乃蟻附，遂大破之。儁具以狀聞上，拜㊿堅別部司馬(51)。

【章　旨】以上是〈孫堅傳〉的第一部分，介紹了孫堅的出身、家世及勇摯剛毅的個性。此外還記載了孫堅攻打黃巾軍起家的社會歷史背景。

【注　釋】❶字　人的表字。《禮記・曲禮上》：「男子二十，冠而字。」以字相稱，表示尊敬。❷吳郡富春　吳郡富春縣。吳郡，郡名。治所在今江蘇蘇州。富春，縣名。治所在今浙江富陽。❸蓋　大概；可能。❹孫武　也稱孫武子，字長卿，春秋時齊國人，是中國古代傑出的軍事家。曾以兵法十三篇求見吳王闔廬，被任為將，西破強楚，北威齊魯。著有《孫子兵法》。《史記》卷六十五有傳。❺錢唐　縣名。治所在今浙江杭州西。❻會　適逢；恰巧。❼胡玉　海盜首領。❽匏里　地名。在富春江邊，鄰近錢唐。❾賈人　商人。❿圖　圖謀；對付。⓫指麾　指揮。麾，通「揮」。⓬分部　分派部署。⓭羅遮　包圍。⓮委　丟棄；扔掉。⓯散走　四散逃跑。走，跑。⓰一級　一個盜賊的頭顱。「級」謂首級。古代常以斬敵人頭顱多少論功進級，故稱人頭顱為首級。⓱府召署假尉　郡太守把他召去，暫任他為代理郡尉。府，府君，即郡太守。署，署理；暫任。假，代理。尉，郡都尉，主管一郡軍事。⓲會稽　郡名。治所在今浙江紹興。⓳許昌　人名。裴松之注引《靈帝紀》曰：「（許）昌以其父為越王也。」⓴句章　縣名。故地在今浙江餘姚東南。㉑數　計算。㉒司馬　官名。漢代宮門及將軍、校尉屬官皆有司馬，邊郡則設千人司馬，專掌軍事。㉓熹平元年　西元一七二年。熹平，東漢靈帝劉宏年號，西元一七二－一七八年。㉔刺史　官名。也稱州牧，是州的最高行政長官。㉕臧旻　廣陵射陽（今江蘇寶應）人，曾官匈奴中郎將，轉拜長水校尉、揚州刺史，終於太原太守。㉖列上功狀　呈上請功的文書。㉗除　授官。㉘鹽瀆丞　鹽瀆縣丞。鹽瀆故地在江蘇鹽城。漢制，郡有郡丞，縣有縣丞，分別佐助郡守或縣令，掌主管文書、倉庫、監獄等。㉙盱眙　縣名。治所在今江蘇盱眙東北。㉚下邳　縣名。治所在今江蘇邳州南。㉛中平元年　西元一八四年。中平，東漢靈帝劉宏年號，西元一八四－一八九年。㉜黃巾賊　東漢末頭戴黃巾為標誌的起事民眾。㉝張角　東漢末太平道首領，鉅鹿郡（今河北平鄉）人。靈帝中平元年起事，倡言「蒼天已死，黃天當立，歲在甲子，天下大吉」，響應者數十萬人。中平元年八月，戰敗病死。㉞魏郡　郡名。治所在今河北臨漳西南。㉟善道　指張角傳布的太平道。㊱黃天泰平　即「黃天當立」、「天下大吉」之意。「黃天」是張角自稱。㊲三月甲子　中平元年（甲子年）三月五日（甲子日）。㊳三十六方　黃巾軍編制，全軍分為三十六方，大方萬餘人，小方六七千人。方，原誤作「萬」。㊴長吏　《漢書・景帝紀》中元六年詔：「吏六百石以上皆長吏也。」此指郡縣高級官員。㊵車騎將軍　將軍名號，地位僅次於大將軍、驃騎將軍。執掌京師兵衛，參預朝政。㊶皇甫嵩　字義真，東漢安定郡朝那（今寧夏固原東南）人。靈帝時徵為議郎，遷北地太守，以征討黃巾軍有功，領冀州牧，封槐里侯，官太尉、太常。㊷中郎將　官名。西漢時，隸屬光祿勳，秩比二千石。侍從天子，隨行護駕。東漢時，職掌主要為協助光祿勳考課察舉三署諸郎，有時派遣領兵，增設東、西、南、北四中郎將，又有虎賁中郎將、使匈奴中郎將等名號。位在將軍之下，校尉之上。㊸朱儁　字公偉，會稽上虞（今浙江上虞）人。初舉孝廉，為蘭陵令。光和年間任交阯刺史，召為諫議大夫。黃巾軍起事，任右中郎將。後累遷右車騎將軍、太尉。㊹表　上表。㊺佐軍司馬　將軍屬官，秩比千石。佐，原誤作「左」，今據宋本改。㊻淮泗　淮河、泗河。淮河源自河南桐柏山，流經安徽、江蘇注入洪澤湖。泗河源出山東泗水縣，經山東中部、江蘇東北部，至洪澤湖畔入淮，是淮河下游第一大支流。㊼千許　估計一千左右。㊽汝潁　汝南、潁川郡。汝南郡，東漢時治所在今河南平輿。潁川郡，治所在今河南禹州。㊾宛　縣名。治所在今河南南陽。㊿拜　授官。51別部司馬　武官名。漢制，大將軍屬官有軍司馬，秩比千石，其中別領營屬者稱為別部司馬，統兵員額各隨時宜。

【語　譯】孫堅，字文臺，吳郡富春縣人，大概是孫武的後人。年少時當過縣吏。十七歲時，和父親一起乘船到達錢唐，適逢海盜胡玉等人從匏里上來搶劫商人財物，正在岸上分贓。行人都停了下來，船隻不敢向前行駛。孫堅對父親說：「這些賊人應當打擊，請讓我去征討他們。」父親說：「這不是你能對付得了的。」孫堅前行，持刀上岸，用手東指指西揮揮，好像分派部署士兵用來圍堵賊人的樣子。賊人望見，以為是官兵抓捕他們，便丟棄財物四散逃走。孫堅追上去，砍下一個賊人首級回來，父親大驚失色。孫堅從此聲名顯揚，郡府徵召任他為代理郡都尉。會稽妖賊許昌在句章縣興兵作亂，自稱陽明皇帝，與他的兒子許韶在各縣煽風點火，聚眾數以萬計。孫堅以郡司馬的身分召募精壯勇士，得到了一千多人，與州郡合力討賊，打敗了許昌。這一年，是熹平元年。刺史臧旻上呈孫堅的請功文書，天子詔令任命孫堅為鹽瀆縣丞，幾年之後調任盱眙縣丞，又遷任下邳縣丞。

2　中平元年，黃巾寇賊首領張角在魏郡起事，假託神靈，派遣八位使者利用太平道教化天下，而在暗中互相串聯勾結，說「黃天」出現，天下太平。三月五日，張角的三十六個軍事編制的信徒在一日之內同時起兵，天下響應，焚燒郡縣官府，殺害地方官吏。漢朝廷派車騎將軍皇甫嵩、中郎將朱儁率軍討伐張角。朱儁上表奏請孫堅任佐軍司馬，那些追隨孫堅在下邳的同鄉少年都願意追隨孫堅。孫堅又召募商旅及淮、泗流域精兵，合計一千人左右，和朱儁并力奮戰，所向無敵。汝南、潁川一帶的黃巾賊人處境困窘，逃進宛縣固守城池。孫堅獨當一面，登上城牆，率先攻入城內，兵眾如蟻一般緊隨在後，於是大敗敵人。朱儁把孫堅的功績全部上呈朝廷，朝廷任命孫堅為別部司馬。

1　邊章、韓遂❶作亂涼州❷，中郎將董卓❸拒討無功。中平三年，遣司空❹張溫❺

行❻車騎將軍，西討章等。溫表請堅與參軍事❼，屯長安❽。溫以詔書召卓，卓良久乃詣溫。溫責讓❾卓，卓應對不順❿。堅時在坐，前耳語謂溫曰：「卓不怖罪而鴟張⓫大語⓬，宜以召不時至⓭，陳⓮軍法斬之。」溫曰：「卓素著威名於隴蜀⓯之間，今日殺之，西行無依。」堅曰：「明公⓰親率王⓱兵，威震天下，何賴於卓？觀卓所言，不假⓲明公，輕上無禮，一罪也。章、遂跋扈⓳經年，當以時進討，而卓云未可，沮軍⓴疑眾㉑，二罪也。卓受任無功，應召稽留，而軒昂㉒自高，三罪也。古之名將，仗鉞㉓臨眾，未有不斷斬以示威者也，是以穰苴斬莊賈㉔，魏絳㉕戮楊干㉖。今明公垂意㉗於卓，不即加誅，虧損威刑，於是在矣。」溫不忍發舉，乃曰：「君且還，卓將疑人。」堅因起出。章、遂聞大兵向㉘至，黨眾離散，皆乞降。軍還，議者以軍未臨敵，不斷功賞㉙，然聞堅數卓三罪，勸溫斬之，無不歎息。拜堅議郎㉚。時長沙㉛賊區星自稱將軍，眾萬餘人，攻圍城邑，乃以堅為長沙太守。到郡親率將士，施設方略㉜，旬月㉝之間，克破星等。周朝、郭石亦帥徒眾起於零、桂㉞，與星相應。遂越境尋討㉟，三郡肅然。漢朝錄前後功，封堅烏程侯。

2 靈帝㊱崩㊲，卓擅朝政，橫恣京城。諸州郡並興義兵㊳，欲以討卓。堅亦舉兵。

荊州[39]刺史王叡素遇堅無禮[40]，堅過殺之。比至南陽[41]，眾數萬人。南陽太守張咨[42]聞軍至，晏然自若。堅以牛酒禮咨，咨明日亦答詣堅。酒酣[43]，長沙主簿[44]入白堅：「前移南陽，而道路不治，軍資不具，請收[45]主簿推問意故[46]。」咨大懼欲去，兵陳四周不得出。有頃，主簿復入白堅：「南陽太守稽停義兵，使賊不時討，請收出案[47]軍法從事。」便牽咨於軍門斬之。郡中震慄，無求不獲。前到魯陽[48]，與袁術[49]相見。術表堅行破虜將軍[50]，領[51]豫州[52]刺史。遂治兵於魯陽城。當進軍討卓，遣長史[53]公仇稱[54]將兵從事[55]還州督促軍糧。施帳幔於城東門外，祖道[56]送稱，官屬並會。卓遣步騎數萬人逆[57]堅，輕騎數十先到。堅方行酒[58]談笑，敕部曲[59]整頓行陣[60]，無得妄動。後騎漸益，堅徐罷坐，導引入城，乃謂左右曰：「向堅所以不即起者，恐兵相蹈藉[61]，諸君不得入耳。」卓兵見堅士眾甚整，不敢攻城，乃引還。堅移屯梁[62]東，大為卓軍所攻，堅與數十騎潰圍而出。堅常著赤罽幘[63]，乃脫幘令親近將祖茂著之。卓騎爭逐茂，故堅從閒道[64]得免。茂困迫，下馬，以幘冠冢閒燒柱，因伏草中。卓騎望見，圍繞數重，定近覺是柱，乃去。堅復相收兵，合戰於陽人[65]，大破卓軍，梟[66]其都督[67]華雄[68]等。是時，或閒[69]堅於術，術懷疑，不運軍糧。陽人去魯陽百餘里，堅夜馳見術，畫地計校[70]，曰：「所以出身(71)不顧，上為國家討賊，下慰將軍家門之私讎(72)。堅與卓非有骨肉之怨也，而將軍受譖潤之言(73)，還相嫌疑！」術踧踖(74)，即調發軍糧。堅還屯。卓憚堅猛壯，乃遣將軍李傕(75)等來求和親，令堅列疏(76)子弟任刺史、郡守者，許表用(77)之。堅曰：「卓逆天無道，蕩覆王室，今不夷(78)汝三族(79)，縣示(80)四海，則吾死不瞑目，豈將與乃和親邪？」復進軍大谷(81)，拒(82)雒九十里。卓尋(83)徙都西入關(84)，焚燒雒邑。堅乃前入至雒，修諸陵，平塞卓所發掘。訖，引軍還，住魯陽。

【章　旨】以上為〈孫堅傳〉的第二部分，介紹了孫堅對董卓的認識，以及他在誅討董卓的行動中表現出來的大智大勇。

【注　釋】❶邊章韓遂　皆東漢金城郡（今甘肅永靖西北）人，名聞西州，受羌、氐民眾愛戴。靈帝時，歸附北宮伯玉、李文侯軍，殺郡守，割據涼州，擁眾十餘萬。❷涼州　州名。治所在今甘肅張家川。❸董卓　字仲穎，東漢臨洮（今甘肅岷縣）人。桓帝末，以破羌胡拜郎中，後為并州刺史。靈帝時，任并州牧。東漢昭寧元年（西元一八九年），率兵入洛陽，廢少帝，立獻帝，專斷朝政。袁紹、孫堅等起兵討之。卓挾獻帝西遷長安，自為太師。後被司徒王允用計誘卓將呂布殺之。本書卷六有傳。❹司空　官名。與太尉、司徒同為宰相，號稱三公。掌監察、執法，兼管重要文書，並參議朝政。❺張溫　字伯慎，南陽（今河南南陽）人。桓帝時官尚書令、大司農，靈帝時為司空、太尉，獻帝時為衛尉，被董卓誣殺。❻行　代理。❼參軍事　官名。主參謀軍機。❽長安　地名。西漢都城，東漢京兆尹治所，在今陝西西安。❾責讓　責備。❿應對不順　回答不恭敬。應對，原二字互倒，今從宋本。⓫鴟張　像鴟鳥一樣猖狂囂張。鴟，貓頭鷹的一種，古人認為是惡鳥。⓬大語　狂妄之言。⓭不時至　不按時到達。⓮陳　按照。⓯隴蜀　泛指甘肅、四川地域。⓰明公　尊貴者的敬稱。明，英明。⓱王　原作「天」，今從宋本。⓲不假　不依靠；不依附。⓳跋扈　驕橫無禮。⓴沮軍　使軍隊沮喪，失去鬥志。(21)疑眾　使部眾疑惑。㉒軒昂　倨傲；傲慢。㉓仗鉞　執掌斧鉞。大將出征，天子授以斧鉞，表示擁有生殺大權。㉔穰苴斬莊賈　春秋齊景公時，燕、晉犯齊，司馬穰苴為將軍抗擊燕、晉，寵臣莊賈為監軍，約定午時會於軍門，莊賈夕時乃至，被穰苴處死，並告示三軍。事見《史記・司馬穰苴列傳》。㉕魏絳　春秋時晉國大夫。㉖戮楊干　晉悼公三年（西元前五七〇年），會盟諸侯，晉悼公之弟楊干的車擾亂軍行，魏絳依軍法殺了楊干的車夫，使楊干受辱。事見《左傳》襄公三年、《史記・晉世家》與〈魏世家〉。㉗垂意　顧念。用於上對下。㉘向　接近。㉙不斷功賞　不論功行賞。斷，評價。㉚議郎　郎官中地位較高者。在皇帝身邊顧問應對，秩六百石。㉛長沙　郡名。治今湖南長沙。㉜方略　計謀策略。㉝旬月　「旬」訓為遍，滿一個月謂之「旬月」。旬又有十天之義，所以，「旬月」也可解為十天到一個月。㉞零桂　零陵郡與桂陽郡。零陵郡治所在今湖南零陵。桂陽郡治所在今湖南郴州。㉟尋討　連續不斷討伐。㊱靈帝　東漢劉宏的謚號。桓帝卒，無子，竇太后與竇武等大臣迎立劉宏為帝，西元一六八—一八九年在位。㊲崩　皇帝死曰崩。㊳諸州郡並興義兵　據《資治通鑑》，東漢獻帝初平元年（西元一九〇年）正月，關東州郡皆起兵討伐董卓，其中包括渤海太守袁紹、河內太守王匡、冀州牧韓馥、豫州刺史孔伷、兗州刺史劉岱、陳留太守張邈、廣陵太守張超、東郡太守橋瑁、山陽太守袁遺、濟北相鮑信等，以袁紹為盟主，曹操、孫堅等亦響應。㊴荊州　州名。東漢治所在今湖南常德東北。劉表為荊州牧，徙治所至今湖北襄樊。㊵王叡素遇堅無禮　裴松之注引《王氏譜》：「叡字通耀。」又引《吳錄》：「叡先與堅共擊零、桂賊，以堅武官，言頗輕之。」㊶南陽　郡名。治所在今河南南陽。㊷張咨　裴松之注引《英雄記》：「咨字子議，潁川人，亦知名。」㊸酒酣　飲酒盡興。㊹主簿　官名。漢制，中央及郡縣置主簿，掌管文書簿籍及印鑑，品級隨所屬府署地位不同而有所變化。㊺收　拘捕。㊻意故　原因。㊼案　與「按」通。㊽魯陽　縣名。治所在今河南魯山縣。㊾袁術　字公路，汝南汝陽（今河南商水縣西南）人。袁紹從弟。靈帝時為虎賁中郎將，董卓任術為後將軍。術恐禍及，奔南陽，據有其郡。因遭曹操、袁紹夾擊，又奔揚州，占有其地。東漢建安二年（西元一九七年），僭稱帝號。建安四年（西元一九九年），糧盡眾散，發病死。事見本書卷六〈袁術傳〉。㊿破虜將軍　官名。為東漢雜號將軍，曹魏因置，第五品。(51)領　兼任。(52)豫州　州名。治所在今安徽亳州。(53)長史　官名。東漢太尉、司徒、司空、將軍府各有長史。諸王國及邊郡也置長史，掌兵馬，秩六百石。(54)公仇稱　公仇為複姓，曾任零陵太守。(55)兵從事　官名。即兵曹從事。漢代司隸校尉和刺史、州牧的屬吏，由地方長官自行辟舉，主兵事，秩六百石。(56)祖道　《漢書・劉屈氂傳》顏師古注：「送行之祭，因設宴飲焉。」(57)逆　迎戰。(58)行酒　巡行酌酒勸飲。(59)部曲　軍事編制之稱。漢制，領軍皆有部曲，大將軍營五部，部下有曲，曲下有屯。(60)行陣　軍隊陣形。(61)蹈藉　踐踏。(62)梁　縣名。治所在今河南汝州東。(63)赤罽

幘　紅色毛織頭巾。罽，一種毛織品。幘，頭巾。64閒道　小道。65陽人　聚名。在梁縣境內，故地在今河南汝州西。66梟懸頭示眾。67都督　官名。統兵將領或地方軍政長官之稱。68華雄　清梁章鉅《三國志旁證》：「《廣韻》二十九葉引《吳志・孫堅傳》有都尉葉雄，知宋本如此，今本誤也。」69閒　離間。70計校　謀劃。校，通「較」。71出身　獻身。72家門之私讎　指董卓殺害袁氏宗族太傅袁隗，又欲加害袁紹、袁術。73譖潤之言　讒毀之言。語出《論語・顏淵》「浸潤之譖」。74蹴踖　局促不安的樣子。75李傕　字稚然，北地（今寧夏吳忠西南）人。為董卓親信。董卓死後，曾官車騎將軍，領司隸校尉，一度把持朝政。建安初，曹操使關中諸將殺之。76列疏　用文書開列。77表用　上表皇帝請求錄用。78夷　殺。79三族　父族、母族、妻族謂之「三族」。80縣示　昭告。縣，同「懸」。81大谷　關隘名。漢靈帝中平元年（西元一八四年），為阻擋黃巾軍進攻洛陽設置的八關之一，在今河南洛陽南三十五公里。82拒　通「距」。83尋　接著。84關　指函谷關。在今河南靈寶東北，戰國秦置。因關在谷中，深險如函得名。

【語　譯】邊章、韓遂在涼州作亂，中郎將董卓討伐沒有成功。中平三年，朝廷派司空張溫代理車騎將軍，西進討伐邊章等人。張溫上表奏請孫堅參議軍事，駐紮在長安。張溫用詔書召見董卓，董卓過了很長時間才拜見張溫。張溫指責董卓，董卓應答不遜。孫堅當時在座，向前附耳小聲對張溫說：「董卓不懼怕犯罪，而囂張狂妄，大言不慚，應該用召見沒有準時到達的罪名，按照軍法斬了董卓。」張溫說：「董卓素來在隴、蜀一帶威名顯著，今天殺了他，我們西向進軍就沒有依靠了。」孫堅說：「您親率天子大軍，威震天下，為什麼還要依靠董卓？觀察董卓說的，他不依順您，輕慢皇上，沒有禮節，是第一條罪狀。邊章、韓遂驕橫多年，應該即時進兵討伐，然而董卓卻說不可以，使軍隊鬥志消沉，使部眾心生疑惑，是第二條罪狀。董卓受朝廷任命，沒有功績，受召見遲延緩慢，而又倨傲無禮，自高自大，是第三條罪狀。古代的名將，手持天子授給的斧鉞，統率軍隊，沒有不果斷斬殺有罪之人，用來顯示威勢的，所以司馬穰苴斬殺莊賈，魏絳殺死楊干的車夫。如今您顧念董卓，不即時加以誅戮，損害軍威刑法，就在這件事上了。」張溫不忍心對董卓採取行動，就說：「你暫且回去，董卓將會懷疑我們。」孫堅於是起身出去。邊章、韓遂聽說大軍接近，黨羽四散，都請求投降。大軍回朝，評議功勞的官員認為軍隊沒有與敵人交戰，不必論功行賞，但他們聽說孫堅數說董卓的三條罪狀，勸說張溫殺掉董卓，沒有不為之讚嘆的。任命孫堅為議郎。當時，長沙的盜賊區星自稱將軍，部眾一萬多人，圍攻城邑，朝廷便任孫堅為長沙太守。到達郡府後，親自率領將士，制定謀略，一個月之間，便打敗了區星等人。周朝、郭石也率領徒眾在零陵、桂陽一帶起事，與區星相呼應。孫堅便越過郡界不斷的追擊，使三個郡肅然安定。漢朝廷追錄孫堅的前後功勞，封他為烏程侯。

2 靈帝逝世後，董卓專斷朝政，橫行京城。各州郡同時發動義兵，準備討伐董卓。孫堅也起兵參與。荊州刺史王叡一向對孫堅無禮，孫堅路過時殺了他。等到到了南陽，部眾有了幾萬人。南陽太守張咨聽說孫堅的軍隊到達，安然自如。孫堅送牛酒禮待張咨，張咨第二天也前往答謝孫堅。二人酒喝的正盡興，長沙郡的主簿進來稟報孫堅說：「先前移師南陽，沿途道路沒有整修，軍用物資也不供給，請拘捕南陽主簿追究原因。」張咨大為恐懼，想要離去。孫堅的士兵列陣四周，張咨無法出去。沒多久，長沙主簿又進來稟報孫堅：「南陽太守阻滯義兵行動，使我們不能及時討賊，請將他拘捕依照軍法處置。」於是將張咨拉往軍營大門斬了他。南陽郡震恐，無論要求什麼，沒有得不到的。孫堅前進到達魯陽，跟袁術相見。袁術上表推薦孫堅代理破虜將軍，兼任豫州刺史。於是孫堅在魯陽城訓練軍隊。將要進軍討伐董卓時，孫堅派長史公仇稱帶領兵從事回豫州督辦軍糧。他在魯陽城東門外設置帳幔，為公仇稱餞行，下屬官吏同時與會。董卓派遣幾萬步兵騎兵迎戰孫堅，數十名輕騎兵先行到達。孫堅正在勸酒談笑，命令部下整頓軍陣，不得輕舉妄動。後來敵軍騎兵漸漸增多，孫堅才慢慢的離座，引導眾人入城，這才對身邊的官員說：「剛才我沒有立刻起身的原因，是擔心兵士自相踐踏，諸位就無法進城了。」董卓的兵士看見孫堅的隊伍十分齊整，不敢攻城，於是引兵而回。孫堅把營寨移駐梁縣以東，受到董卓軍隊的猛烈攻擊，孫堅與幾十名騎兵突圍而出。孫堅經常戴紅色氈帽，便脫下來讓親信部將祖茂戴上帽子。董卓的騎兵爭著追趕祖茂，所以孫堅才得以從小路脫身。祖茂被追的走投無路，只好下馬，把紅色氈帽戴在墳墓間燒過的柱子上，乘機藏身在草叢中。董卓的騎兵望見氈帽，便團團包圍了好幾層，靠近後發現是一根柱子，這才撤離。孫堅重新收攏部隊，與董卓在陽人會戰，大敗董卓軍隊，殺了董卓的都督華雄等人。這時，有人在袁術面前離間孫堅，袁術起疑，不輸送軍糧給孫堅。陽人距離魯陽一百多里，孫堅夜間驅馬去會見袁術，在地上邊畫邊分析說：「我所以獻身不顧個人安危，是上為國家討伐奸賊，下為將軍報家族的私仇。孫堅與董卓沒有殺親的仇恨，然而將軍聽信讒言，反而猜疑我！」袁術局促不安，立刻調派發送軍糧。孫堅返回營寨。董卓懼怕孫堅的勇猛雄壯，便派將軍李傕等人前來請求和親，讓孫堅列出家族子弟能夠擔任刺史、郡守的人，答應上表薦用他們。孫堅說：「董卓背天無道，傾覆王室，今天不消滅你三族，昭告天下，那麼我死不瞑目，怎麼能與你和親呢？」又向大谷關進軍，距離洛陽九十里。董卓不久遷徙都城，西行進入函谷關，焚燒洛陽城。孫堅於是前進入關，進入洛陽，修復帝王陵廟，填平董卓挖掘的墓坑。完工之後，帶領軍隊返回，駐紮在魯陽。

1 初平❶三年，術使堅征荊州，擊劉表❷。表❸遣黃祖❹逆於樊、鄧❺之間。堅擊破之，追渡漢水❻，遂圍襄陽❼，單馬行峴山❽，為祖軍士所射殺。兄子賁❾，帥將❿士眾就⓫術，術復表賁為豫州刺史。

2 堅四子：策、權、翊、匡⓬。權既稱尊號⓭，謚⓮堅曰武烈皇帝。

【章　旨】以上為〈孫堅傳〉的第三部分，記載了孫堅征討荊州劉表的戰爭以及被黃祖手下軍士射殺的結局。

【注　釋】❶初平　東漢獻帝劉協年號，西元一九〇—一九三年。❷劉表　字景升，山陽高平（今山東微山縣西北）人。獻帝初平元年（西元一九〇年）任荊州刺史，後為鎮南將軍、荊州牧，據有地方數千里，甲兵十餘萬，成為一方諸侯。事見本書卷六〈劉表傳〉。❸表　原脫，宋本有，據補。❹黃祖　劉表部將，獻帝初為江夏太守。孫權為報父仇，多次征討黃祖。東漢建安十三年（西元二〇八年），孫權又討伐黃祖，黃祖棄城逃亡，為其部下所殺。❺樊鄧　樊指樊城，治所在今湖北襄樊樊城。鄧指鄧縣，治所在今河南鄧州。❻漢水　源出陝西寧強嶓冢山，流經湖北西北部和中部，於武漢匯入長江。❼襄陽　縣名。治所在今湖北襄樊漢水南。❽峴山　山名。在湖北襄樊南，東臨漢水，為襄樊南面要塞。❾賁　孫賁，字伯陽。孫堅起兵，賁從征伐。後歸袁術，為豫州刺史，轉丹陽都尉，又官豫章太守、征虜將軍。事見本書卷五十一〈孫賁傳〉。❿帥將　統領；帶領。⓫就　依附。⓬翊匡　翊字叔弼，匡字季佐，本書卷五十一有傳。裴松之注引《志林》：「堅有五子：策、權、翊、匡，吳氏所生；少子朗，庶生也，一名仁。」⓭稱尊號　稱帝。⓮謚　古代帝王或大臣死後，根據生前事跡評定褒貶給予的稱號。

【語譯】初平三年，袁術派孫堅征討荊州，進攻劉表。劉表派遣黃祖在樊城和鄧縣之間迎戰。孫堅擊敗了黃祖，進行追擊，渡過了漢水，進而圍困襄陽。孫堅單槍匹馬走到峴山，被黃祖的士兵射死。孫堅兄長的兒子孫賁率領將士歸附了袁術，袁術又上表請求授任孫賁為豫州刺史。

2 孫堅有四個兒子：孫策、孫權、孫翊、孫匡。孫權稱帝之後，追謚孫堅為武烈皇帝。

1 策字伯符。堅初興義兵，策將母徙居舒❶，與周瑜❷相友，收合士大夫❸，江、淮間人咸向之。堅薨❹，還葬曲阿❺。已乃渡江居江都❻。

2 徐州❼牧陶謙❽深忌策。策舅吳景❾，時為丹陽❿太守，策乃載母徙曲阿，與呂範⓫、孫河⓬俱就景，因緣⓭召募得數百人。興平⓮元年，從袁術。術甚奇之，以堅部曲還策。太傅⓯馬日磾⓰杖節⓱安集關東，在壽春⓲以禮辟⓳策，表拜懷義校尉⓴，術大將喬蕤、張勳㉑皆傾心敬焉。術常歎曰：「使術有子如孫郎，死復何恨！」策騎士有罪，逃入術營，隱於內廄㉒。策指使人就斬之，訖，詣術謝㉓。

術曰：「兵人好叛，當共疾之，何為謝也？」由是軍中益畏憚之。術初許策為九江㉔太守，已而更用丹陽陳紀㉕。後術欲攻徐州，從廬江㉖太守陸康㉗求米三萬斛㉘。康不與，術大怒。策昔曾詣康，康不見，使主簿接之。策嘗銜恨。術遣策攻康，謂曰：「前錯用陳紀，每恨本意不遂。今若得康，廬江真卿㉙有也。」策攻康，拔之，術復用其故吏劉勳㉚為太守，策益失望。先是，劉繇㉛為揚州㉜刺史，州舊治壽春。壽春，術已據之，繇乃渡江治曲阿。時吳景尚在丹陽，策從兄賁又為丹陽都尉㉝，繇至，皆迫逐之。景、賁退舍歷陽。繇遣樊能、于麋㉞東屯橫江津㉟，張英㊱屯當利口㊲，以距㊳術。術自用故吏琅邪㊴惠衢㊵為揚州刺史，更以景為督軍中郎將㊶，與賁共將兵擊英等，連年不克。策乃說㊷術，乞助景等平定江東㊸。術表策為折衝校尉㊹，行殄寇將軍㊺，兵財㊻千餘，騎數十匹，賓客㊼願從者數百人。比至歷陽，眾五六千。策母先自曲阿徙於歷陽，策又徙母阜陵㊽，渡江轉鬬，所向皆破，莫敢當其鋒，而軍令整肅，百姓懷之。

3 策為人，美姿顏，好笑語，性闊達聽受㊾，善於用人，是以士民見者，莫不盡心，樂為致死。劉繇棄軍遁逃，諸郡守皆捐城郭奔走。吳人嚴白虎㊿等眾各萬餘人，處處屯聚。吳景等欲先擊破虎等，乃至會稽。策曰：「虎等羣盜，非有大志，此成禽[51]耳。」遂引兵渡浙江[52]，據會稽，屠東冶[53]，乃攻破虎等。盡更置長吏，策自領會稽太守，復以吳景為丹陽太守，以孫賁為豫章[54]太守；分豫章為廬陵郡[55]，以賁弟輔[56]為廬陵太守，丹陽朱治[57]為吳郡太守。彭城[58]張昭[59]、廣陵[60]張紘[61]、秦松、陳端[62]等為謀主[63]。時袁術僭號[64]，策以書責而絕之。曹公表策為討逆將軍，封為吳侯[65]。後術死，長史楊弘、大將張勳等將其眾欲就策，廬江太守劉勳要擊[66]，悉[67]虜之，收其珍寶以歸。策聞之，偽與勳好盟。勳新得術眾，時豫章上繚[68]宗民[69]萬餘家在江東，策勸勳攻取之。勳既行，策輕軍晨夜襲拔廬江[70]，勳眾盡降，勳獨與麾下數百人自歸曹公。是時袁紹方彊，而策并江東[71]，曹公力未能逞，且欲撫之。乃以弟女配策小弟匡，又為子彰取[72]賁女，皆[73]禮辟策弟權、翊，又命揚州刺史嚴象[74]舉權茂才[75]。

【章 旨】以上為〈孫策傳〉的第一部分，記述了孫堅死後，孫策繼承其事業，在江東團結江淮士人，發展勢力。同時記述了孫策的實力不斷壯大的過程。這個過程大致包括了打敗樊能、張英於歷陽，迫走劉繇於曲阿，消滅嚴白虎等地方武裝，擊袁術舊將於廬江等。

【注 釋】❶舒 縣名。治所在今安徽廬江縣西。❷周瑜 字公瑾，廬江舒（今安徽廬江縣西）人，與孫策同歲，出身士族，佐策定江東，為建威中郎將。策卒，輔佐孫權，任前部大都督。東漢建安十三年（西元二〇八年），在赤壁大敗曹操軍隊。事見本書卷五十四〈周瑜傳〉。❸士大夫 指官僚階層或有地位有聲望的知識階層。❹薨 古代諸侯死曰薨。❺曲阿 縣名。

治所在今江蘇丹陽。❻江都　縣名。治所在今江蘇揚州。❼徐州　州名。治所在今山東郯城。❽陶謙　字恭祖，丹陽（今安徽宣州）人，曾官幽州刺史、徐州刺史，獻帝初，遷安東將軍、徐州牧。興平初，曹操攻謙，謙敗病卒。本書卷八有傳。❾吳景　錢唐（今浙江杭州）人，孫堅吳夫人之弟，常隨堅征戰。袁術割據淮南，表景領丹陽太守，後為廣陵太守。建安初，袁術稱帝，景東歸孫策，復為丹陽太守。本書卷五十〈孫破虜吳夫人傳〉略載其事。❿丹陽　郡名。治所在今安徽宣州。⓫呂範　字子衡，汝南細陽（今安徽阜陽北）人。從孫策定江東，任宛陵令，遷都督，後領彭澤太守、丹陽太守、揚州牧。事見本書卷五十六〈呂範傳〉。⓬孫河　字伯海，吳郡（今江蘇蘇州）人。本姓俞，孫策賜姓孫。少隨孫堅征討，為孫堅心腹。孫權任為威寇中郎將，領廬江太守，升為將軍。事見本書卷五十一〈孫韶傳〉。河，原誤作「何」，今據宋本校正。⓭因緣　趁機會。⓮興平　東漢獻帝劉協年號，西元一九四—一九五年。⓯太傅　官名。歷代太傅職權地位不盡相同。東漢時位上公，居百官之首，每帝初即位，便置太傅錄尚書事，參議朝政。⓰馬日磾　字叔翁，馬融族子，少傳融業，以才學知名於時。與楊彪等典校中書，歷位九卿，獻帝初為太傅。⓱杖節　執持符節。⓲壽春　縣名。治所在今安徽壽縣。⓳辟　徵召。⓴懷義校尉　臨時授命的雜號校尉。校尉職位低於將軍，高於都尉，秩比二千石。㉑喬蕤張勳　皆為袁術部將。喬蕤曾與楊奉等合擊呂布，被布擒，後歸袁術。東漢興平二年（西元一九五年），曹操征伐袁術，喬蕤拒守蘄陽，兵敗被斬。袁術死後，張勳欲歸孫策，遭廬江太守劉勳邀擊被俘。㉒內廄　軍營中的馬棚。㉓謝　謝罪；請罪。㉔九江　郡名。治所在今安徽定遠西北。㉕陳紀　袁術部下。㉖廬江　郡名。治所在今安徽廬江縣西南。㉗陸康　字季寧，歷任武陵、桂陽、東安太守，所在稱治，靈帝中平年間為廬江太守。㉘斛　漢制，十斗為一斛。㉙卿　以此稱呼對方，含有敬意。㉚劉勳　字子臺，袁術的老部屬。靈帝末年，為建平長，後為廬江太守，依附袁術。獻帝建安三年（西元一九八年），被孫策擊敗，歸附曹操，拜平虜將軍。封華鄉侯。㉛劉繇　字正禮，牟平（今山東牟平）人。舉孝廉，為郎中，辟司空掾，侍御史。事見本書卷四十九〈劉繇傳〉。㉜揚州　州名。漢置為「十三刺史部」之一。東漢治所在今安徽和縣，末年移治今安徽壽縣。㉝都尉　以都尉名官者甚多，多數為主兵武官。此處都尉為郡都尉，協掌一郡軍事，維持治安。㉞樊能于麋　皆為劉繇部將。㉟東屯橫江津　原誤作「陳橫屯江津」，今據《三國志集解》引趙一清說校改。橫江津，津渡名。在今安徽和縣東南長江邊。㊱張英　劉繇部將。㊲當利口　地名。或稱當利浦，在今安徽和縣東長江邊。㊳距　通「拒」。㊴琅邪　郡名。治所在今山東臨沂北。㊵惠衢　袁術部屬。㊶督軍中郎將　統兵將領，又負責監察其他將領。位在將軍之下，校尉之上。㊷說　勸說；說服。㊸江東　長江在蕪湖、南京間作西南南、東北北流向，習慣上稱自此以下的長江南岸地區為江東。㊹折衝校尉　是一雜號校尉。㊺殄寇將軍　是一雜號將軍。㊻財　通「才」。㊼賓客　對世家豪族的依附人口的一種稱謂。㊽皁陵　縣名。治所在今安徽全椒東南。㊾聽受　聽從意見，容納他人。㊿嚴白虎　吳郡烏程（今浙江吳興南）人。山越宗族首領。(51)成禽　必定被擒獲。禽，通「擒」。(52)浙江　水名。即今浙江杭州東北的錢塘江與西南的富春江河段。(53)東治　盧弼《三國志集解》：「今福建福州府閩縣東北治山之麓。」(54)豫章　郡名。治所在今江西南昌。(55)廬陵郡　治所在今江西吉水縣東北。(56)輔　字國儀，輔佐孫策平定三郡，有功，遷平南將軍，假節領交州刺史。後因遣使與曹操私通，被孫權幽禁。事見本書卷五十一〈孫輔傳〉。(57)朱治　字君理，丹陽（今安徽宣州）人。隨孫堅征戰有功，薦為督軍校尉。又輔助孫策平定江東，與張昭等尊奉孫權。黃武初，拜安國將軍，以毗陵侯徙封故鄣侯。事見本書卷五十六〈朱治傳〉。(58)彭城　郡國名。治所在今江蘇徐州。(59)張昭　字子布。彭城（今江蘇徐州）人。博覽羣書，通《左氏春秋》，孫策用為長史、撫軍中郎將，文武之事，全部委昭。孫權行車騎將軍，昭為軍師。孫權稱帝，拜輔吳將軍，封婁侯。事見本書卷五十二〈張昭傳〉。(60)廣陵　郡國名。治所在今江蘇揚州西北。(61)張紘　字子綱。好文學。輔佐孫策創業，孫權任為長史，從征合肥。是孫權的重要謀士。事見本書卷五十三〈張紘傳〉。(62)秦松陳端　松字文表，端字子正，皆侍孫策左右，為孫策謀士。(63)謀主　主要參謀人員。(64)僭號　非分竊用皇帝稱號。(65)吳侯　縣侯。封地吳在今江蘇蘇州。(66)要擊　攔擊。要，通「邀」。(67)悉　全部。(68)上繚　地名。在今江西永修東鄱陽湖邊一帶。(69)宗民　同宗族的人。(70)廬江　此指廬江郡的治所舒縣。(71)江東　原作「江夏」，今從宋本。(72)取　通「娶」。(73)皆　通「偕」。同時。(74)嚴象　字文則，京兆（今陝西西安）人。有文武之才，東漢建安五年（西元二〇〇年），被孫策所置廬江太守李述攻殺。(75)茂才　即秀才。漢代察舉科目之一。漢武帝元封四年（西元前一〇七年），令各州歲舉秀才一人。東漢時避光武帝劉秀諱改稱茂才。

【語　譯】 孫策，字伯符。孫堅當初起義兵時，孫策帶著母親移居舒縣，與周瑜相友好，聚集士大夫，長江、淮水一帶的人都向著他。孫堅去世，他運回靈柩，回到曲阿安葬。喪事完畢便渡過長江，居住在江都。

2　徐州牧陶謙對孫策深為忌憚。孫策的舅舅吳景，當時擔任丹陽太守，孫策就載著母親移居曲阿，與呂範、孫河同時投靠吳景，趁機招募到幾百人。興平元年，孫策歸附袁術。袁術非常器重他，把孫堅的部隊交還孫策。太傅馬日磾持節安撫關東，在壽春以禮徵召孫策，上表任他為懷義校尉，袁術的大將喬蕤、張勳都由衷敬重他。袁術經常慨嘆說：「假使我袁術有兒子像孫郎，就是死了又有什麼遺憾！」孫策有個騎兵犯了罪，逃入袁術的軍營，躲藏在馬廄裏。孫策派人前去就地斬了他。事後，孫策前去拜見袁術謝罪。袁術說：「士兵容易叛變，應當共同憎恨他，有什麼好謝罪的呢？」從此軍中更加畏懼孫策。袁術最初答應孫策任九江太守，之後卻改用丹陽人陳紀。後來袁術準備攻打徐州，向廬江太守陸康索要三萬斛米糧。陸康不給，袁術大為憤怒。孫策先前曾經拜訪陸康，陸康不接見孫策，派主簿接待他。孫策經常懷恨在心。袁術派遣孫策攻打陸康，對孫策說：「以前錯用了陳紀，每每懊惱心願沒有實現。現在如果俘獲陸康，廬江就真歸你所有了。」孫策進攻陸康，攻克了廬江，袁術又任用他的舊屬劉勳為太守，孫策對袁術更加失望。在此之前，劉繇任揚州刺史，揚州舊時的治所在壽春，壽春袁術已經占據，劉繇便渡江以曲阿為治所。當時吳景還在丹陽，孫策的堂兄孫賁又任丹陽都尉，劉繇到來，把他們都驅逐了。吳景和孫賁退居歷陽。劉繇派樊能、于麋東去橫江津駐紮，張英屯駐當利口，以抵禦袁術。袁術任用自己的舊屬琅邪人惠衢任揚州刺史，又用吳景為督軍中郎將，與孫賁共同率兵攻打張英等人，幾年也沒有打下來。孫策便勸說袁術，請求幫助吳景等人平定江東。袁術上表任孫策為折衝校尉，代理殄寇將軍，士兵才一千多人，戰馬幾十匹，賓客願意跟隨的有幾百人。等到抵達歷陽，部眾已有五六千人。孫策的母親先前已從曲阿遷居到歷陽，孫策又把母親遷居到阜陵，自己渡江轉戰，所到之處都打敗了敵人，沒有人敢抵擋他的鋒芒。他的隊伍軍令整飭嚴明，百姓都感戴他。

3 孫策這個人，容貌姿態俊美，喜歡談笑，性情豁達，樂於聽從意見，接納他人，善於用人，所以士大夫和老百姓見過他的，沒有不盡心，樂於為他效命的。劉繇棄軍逃跑，各郡太守也都拋棄城邑逃走。吳郡人嚴白虎等人各聚眾一萬多人，到處紮營屯守。吳景等想先打敗嚴白虎等人，於是到達會稽。孫策說：「嚴白虎等是一群強盜，沒什麼大志，這次一定能俘獲他們。」於是，他率軍渡過浙江，占領會稽，屠殺東冶，打敗了嚴白虎等人。孫策全部更換了地方長官，自己兼任會稽太守，又用吳景做丹陽太守，任孫賁為豫章太守。劃出豫章部分土地為廬陵郡，任用孫賁的弟弟孫輔當廬陵太守，丹陽人朱治任吳郡太守。彭城張昭，廣陵張紘、秦松、陳端等人為他的主要謀士。當時袁術僭號稱帝，孫策寫信譴責，與他斷絕往來。曹操上表任命孫策為討逆將軍，封他為吳侯。後來袁術死了，長史楊弘、大將張勳等人率領他們的部隊想要歸附孫策，廬江太守劉勳在半路截擊，全部俘虜了他們，收繳了他們的珍寶財物後還師。孫策聽到了這件事，假裝與劉勳友好結盟。劉勳剛得到袁術的部眾，當時豫章上繚的宗族百姓一萬多戶人家在江東，孫策勸說劉勳攻取他們。劉勳出發之後，孫策率領輕裝部隊日夜趕路襲取廬江，劉勳的部眾全部投降，劉勳本人和下屬數百人歸附了曹公。當時，袁紹勢力正強，而孫策吞併了江東，曹公的兵力有限，不能限制孫策，所以想安撫他。於是就把自己弟弟的女兒許配給孫策的小弟孫匡，又為兒子曹彰娶了孫賁的女兒，同時以禮聘用孫策的弟弟孫權、孫翊，又命令揚州刺史嚴象舉薦孫權為茂才。

1 建安❶五年，曹公與袁紹❷相拒於官渡❸，策陰欲襲許，迎漢帝❹，密治兵，部署諸將。未發，會❺為故吳郡太守許貢客所殺。先是，策殺貢，貢小子與客亡匿江邊。策單騎出，卒❻與客遇，客擊傷策❼。創甚❽，請張昭等謂曰：「中國方亂，夫以吳、越❾之眾，三江❿之固，足以觀成敗。公等善相⓫吾弟！」呼權佩以印綬⓬，謂曰：「舉江東之眾，決機⓭於兩陳⓮之間，與天下爭衡⓯，卿不如我；舉賢任能，各盡其心，以保江東，我不如卿。」至夜卒，時年二十六。

2 權稱尊號，追謚策曰長沙桓王，封子紹為吳侯，後改封上虞侯⓰。紹卒，子奉嗣。孫皓⓱時，訛言⓲謂奉當立，誅死。

【章　旨】以上為〈孫策傳〉的第二部分，記載了孫策之死以及他子孫的情況。

【注　釋】❶建安　東漢獻帝劉協年號，西元一九六—二二〇年。❷袁紹　字本初。汝南汝陽（今河南商水縣西北）人。初為大將軍何進掾，官侍御史、虎賁中郎將。靈帝中平五年（西元一八八年），為中軍校尉，典領禁兵。靈帝死，勸大將軍何進誅殺宦官，進為宦官所害，紹乃入宮盡殺宦官。董卓專權，紹出奔冀州，任勃海太守，號召發兵討卓，為關東聯軍盟主，遂漸占據冀、青、幽、并四州，成為北方最大割據勢力。事見《後漢書・袁紹列傳》、本書卷六〈袁紹傳〉。❸相拒於官渡　東漢建安元年（西元一九六年），曹操迎天子都許，挾天子以令諸侯。袁紹不服，欲令曹操徙天子都鄄城（今山東鄄城），曹操拒不接受。建安四年（西元一九九年），袁紹調兵十萬，欲破許滅曹。建安五年（西元二〇〇年）九月，袁紹、曹操決戰於官渡，袁紹兵敗，不久病死。詳見本書卷六〈袁紹傳〉。官渡在今河南中牟東北，以臨古官渡水而得名。❹漢帝　指漢獻帝劉協。❺會　適逢。❻卒　通「猝」。突然。❼客擊傷策　裴松之注引《江表傳》：孫策討伐廣陵太守陳登，「軍到丹徒，須待運糧。策性好獵，將步騎數出。策驅馳逐鹿，所乘馬精駿，從騎絕不能及。初，吳郡太守許貢上表于漢帝曰：『孫策驍雄，與項籍相似，宜加貴寵，召還京邑。若被詔不得不還，若放於外，必作世患。』策候吏得貢表，以示策。策請貢相見，以責讓貢。貢辭無表，策即令武士絞殺之。貢奴客潛民間，欲為貢報仇。獵日，卒有三人即貢客也。策問：『爾等何人？』答云：『是韓當兵，在此射鹿耳。』策曰：『當兵吾皆識之，未嘗見汝等。』因射一人，應弦而倒。餘二人怖急，便舉弓射策，中頰。後騎尋至，皆刺殺之。」❽創甚　創傷嚴重。❾吳越　古時的吳國、越國。吳國地域在今江蘇南部一帶，越國地域在今浙江北部一帶。❿三江　關於三江，歷來說法不一。有的認為長江上、中、下游為三江；有的以吳江、錢塘江、浦陽江為三江；有的認為三江是長江下游地區江河的總稱，代指古代吳、越之地。⓫相　輔佐。⓬印綬　印指官印。綬為繫官印的絲帶。絲帶顏色不同，標識官吏不同的品級。⓭決機　當機立斷。⓮陳　通「陣」。⓯爭衡　爭奪勝負。⓰上虞侯　縣侯。上虞在今浙江上虞。⓱孫晧　字元宗，孫權之孫，孫和之子。吳景帝卒，羣臣立晧為帝，天紀四年（西元二八〇年），晉將王濬圍建業，晧投降稱臣，封為歸命侯。詳見本書卷四十八〈孫晧傳〉。⓲訛言　謠言。

【語譯】建安五年，曹公與袁紹在官渡交戰，孫策暗中想要襲擊許都，迎接漢帝，祕密整頓軍隊，部署將領。尚未採取行動，便被原來吳郡太守許貢的門客殺害。在此以前，孫策殺了許貢，許貢的小兒子和門客逃匿長江岸邊。孫策單身騎馬外出，突然與許貢的門客相遇，門客擊傷了孫策。孫策傷勢嚴重，請張昭等人過來，對他們說：「中原正是動亂之際，憑藉吳、越的民眾，三江的險固，完全可以坐觀天下成敗。你們要好好輔佐我的弟弟！」他叫來孫權，給他佩帶印綬，對他說：「發動江東部隊，決戰於兩軍陣壘之間，與天下相爭抗衡，你不如我；舉用賢才任用能士，使他們盡心效力，用來守衛江東，我不如你。」到了夜間，孫策去世，當時二十六歲。

2 孫權稱帝，追諡孫策為長沙桓王，封孫策的兒子孫紹為吳侯，後來改封為上虞侯。孫紹死後，兒子孫奉嗣立。孫皓時，謠傳說孫奉應當立為皇帝，誅殺了孫奉。

評曰：孫堅勇摯❶剛毅，孤微❷發迹，導溫戮卓，山陵❸杜塞❹，有忠壯之烈❺。策英氣傑濟❻，猛銳冠世，覽奇取異❼，志陵中夏❽。然皆輕佻果躁❾，隕身致敗。且割據江東，策之基兆❿也，而權尊崇未至⓫，子止侯爵，於義儉⓬矣。

【章　旨】以上為陳壽對孫堅、孫策父子的評價。

【注　釋】❶勇摯　勇猛強悍。❷孤微　孤寒卑微。❸山陵　指帝王陵墓。❹杜塞　封填。指孫堅在洛陽封填被董卓發掘的諸帝王陵墓。❺烈　豐功偉績。❻英氣傑濟　具有英傑之氣。濟，貫通；流通。❼覽奇取異　出奇制勝，採取特殊的手段。覽，通「攬」。❽中夏　指中原地區。❾果躁　急躁。❿基兆　最初奠定的基礎。⓫尊崇未至　指孫權稱帝，僅追諡孫策為王，而沒有追諡為帝。⓬儉　欠缺；缺少。

【語　譯】評論說：孫堅勇猛剛毅，出身寒微變為富貴，勸導張溫誅殺董卓，修復皇帝的陵墓，有忠貞壯烈的偉績。孫策英傑之氣超群絕倫，猛銳蓋世，出奇制勝，志陵中原。然而他們都輕佻急躁，喪命失敗。另外，孫氏割據江東，是孫策最初奠定的基礎，而孫權對他的尊崇不夠，孫策的兒子僅封侯爵，就情理來說有些欠缺。

【研　析】在這篇傳記中，孫策的英俊、武勇、豪氣、猛銳，給人們留下了深刻的印象。遺憾的是孫策武勇有餘而文采不足，高岱被殺一事可以證明。高岱字孔文，吳郡人，此人生性聰達，輕財貴義。不僅如此，他還善於識別發現人才，他所提舉的奇才，都是在默默無聞當中被發現的，他所交往的友人，都是英偉之才。孫策聽說高岱的名氣後，派人前去迎請他，自己則在府中虛己恭候。他知道高岱擅長《左傳》，便找出《左傳》仔細閱讀，準備高岱來後有些談論的話題。這時候出了一個蓄意挑撥的人，他對孫策說：「高岱認為您只有英武之資，沒有文學之才，在文學方面看不起您。如果他到來後您和他討論有關《左傳》的話題而他卻說不知道，就說明他認為您沒有資格和他一起討論。」在高岱見孫策之前，這個人又對高岱說：「孫將軍最討厭比自己強的人。如果他和您討論關於《左傳》的事情，您千萬要表示不懂，這樣才合他的心意。如果您表示出對此深有研究，就會面臨很大的危險。」高岱信以為真，見到孫策後果然一問三不知。孫策認為高岱看不起自己，勃然大怒，便把他囚禁起來，然後殺掉了。孫策為什麼會受人愚弄，做出殺害名士的傻事呢？孫策是個聰明人，做此傻事，絕非智商使然，而是因為他在文化上的自卑心理。在高岱未到來之前閱讀《左傳》，就像學生準備功課以應付老師的提問，就是害怕自己因缺乏知識而被對方看不起。當他認為高岱看不起自己時，竟惱羞成怒，將其殺掉，也正是出於這種自卑心理。之所以自卑，根本原因還是文采不足。這使我們聯想到曹操對待禰衡的態度。禰衡是有名的狂士，他根本看不起曹操。曹操要見他，他卻稱病不肯前往。經孔融的勸說，禰衡去見曹操，又坐在大營門前破口大罵，對曹操的輕視簡直就是明目張膽。曹操雖然生氣，但卻說：「我殺他就像殺老鼠麻雀一樣容易，只是這樣做人們會認為我不能容人。」便把他送到劉表那裏去了。在曹操看來，禰衡的表現對自己沒有損傷，反而證明了禰衡的輕狂，正反映了他在文化方面的自信。曹操的文采在歷史上也具有不可忽視的地位，這正是他對待禰衡的狂妄持有堅定自信的支撐。孫策與孫權是親兄弟，但在文采方面卻差距極大。與孫策相比，他的弟弟孫權的文化修養要遠勝一籌。歷史記載，孫權不但自己讀了許多書，還勉勵自己手下的武將研究學問。他聽到呂蒙以軍中多務為理由不願讀書後說：「我不是想讓你們當博士，只是想讓你們對此有所涉獵。你們的事務有我繁重嗎？我在國務繁重的情況下，還讀了史書和兵書，並有很大收益。像你們這樣聰明的人，讀書一定會有所收益。你們首先應該讀《孫子》、《六韜》、《左傳》、

《國語》以及三史。過去光武帝身負兵馬之勞還手不釋卷，現在的曹操也說自己老而好學，你們怎麼能不努力呢？」在孫權的勉勵下，呂蒙通過讀書學習，成長為令人刮目相看的文武人才。孫策、孫權兄弟都被當時人所羨慕。袁術羨慕孫策，曾經感嘆道：「使術有子如孫郎，死復何恨！」而曹操卻羨慕孫權，他說：「生子當如孫仲謀。」袁術的眼光和見識是不能和曹操相比的，二人所羨慕的對象不同，是否也能從某種意義上體現出二孫的差距呢？（梁滿倉注譯）

卷四十七　吳書二

吳主傳第二

【題解】本卷為吳主孫權的專傳。孫權上承父兄之餘業，據有四州之地，與魏、蜀成鼎足抗衡之勢，終至稱至尊而為帝。當其盛年，勵精圖治，推誠用人，關注民生，對魏由稱藩而相抗，對漢由爭戰而聯合，捭闔於羣雄之間求得生存與發展。至其晚年，形勢大定，卻害忠臣，廢太子，愎諫自用，聽命於鬼神，使吳國江河日下。陳壽著《三國志》，作為晉臣，自然以魏為正統，因為晉受魏禪，尊魏便是尊晉，所以寫魏稱「帝」稱「紀」，寫漢、吳便稱「主」稱「傳」。本傳雖以「傳」名篇，書法仍循「紀」體，對孫權本人及國家大事，只作提綱挈領的記述，詳細情況則散見於各有關人物的傳中。有鑑於此，對本篇的注釋，除對字句說解以外，還對相關史實作適當的引證，以期對傳文有比較清楚的理解。

孫權，字仲謀❶。兄策既定諸郡❷，時權年十五❸，以為陽羨長❹。郡察孝廉❺，州舉茂才❻，行奉義校尉❼。漢以策遠修職貢❽，遣使者劉琬加錫命❾。琬語人曰：「吾觀孫氏兄弟雖各才秀明達，然皆祿祚不終❿，惟中弟孝廉⓫，形貌奇偉，骨體不恆⑫，有大貴之表，年又最壽⑬，爾試識之⑭。」

【章 旨】以上為第一部分，綜述孫權少年時代便奮發有為，且預示未來有「大貴」的希望。

【注 釋】❶孫權字仲謀 古人字與名之間意義相關，或相承或相反，此取「權謀」之義。仲是排行，古人對弟兄從長至幼以伯、仲、叔、季為序，仲是老二。孫權是吳郡富春（今浙江富陽）人，已著於上卷其父〈孫堅傳〉，此省略。❷兄策既定諸郡 孫策字伯符，孫堅長子，先從袁術，甚被賞識，表策為折衝校尉，後曹操表為討逆將軍，封吳侯。策明於獨斷，善於用人，轉戰千里，據有會稽、吳郡、丹陽、豫章、廬江、廬陵等郡，威行鄰國。見本書卷四十六〈孫策傳〉。❸時權年十五 此時為漢獻帝建安元年（西元一九六年），權始顯露頭角。❹陽羨長 陽羨，縣名。治所在今江蘇宜興南。漢制，縣萬戶以上為令，不滿萬戶為長。❺郡察孝廉 郡，漢代地方行政區劃名，漢、三國時，州領郡，郡領縣。察，考察後舉薦，故常「察舉」連言。孝與廉是漢代選舉官吏的兩種科目名稱，孝指孝子，廉是廉潔之士。最初孝與廉各郡國各舉一人，後合稱孝廉。❻茂才 原名秀才，謂突出的人才，東漢避光武帝劉秀諱改為茂才。❼行奉義校尉 行，代行。奉義校尉為吳所置名號校尉。校尉，漢代軍職之稱，位略次於將軍。❽遠修職貢 漢獻帝時都許昌，孫策為會稽太守，遠在江南，策上表云：「臣孤持邊陲，雖駑懦不武，然思竭微命。」職指交納賦稅，貢指貢獻方物。周代諸侯要按時朝貢，服事天子，以盡其職。漢代州郡官亦如古代之大小諸侯。修，實行；從事。❾遣使者句 《宋書・符瑞志》言琬有相人術。錫，賜。命，按官職等級賜給臣下的儀物，又指頒下的詔命文書。❿祿祚不終 祿謂祿位，祚謂福澤。古人認為個人的夭壽、貧富、貴賤及子孫的福澤，都是由個人的祿命決定的。不終，不得長享祿位，謂短命。⓫中弟孝廉 中，同「仲」。中弟即二弟，權兄弟四人，策、權、翊、匡，權行二。權曾被郡舉孝廉，故有此稱。稱「孝廉」，尊敬的稱呼。⓬骨體不恆 骨相不凡。不恆，不平常。⓭壽 久。以後年歲還長久，即長壽。⓮試識之 不妨記住。識，同「誌」。

【語 譯】孫權，字仲謀。兄長孫策平定各郡後，當時孫權十五歲，孫策任命他當陽羨縣長。郡守察舉他為孝廉，州牧薦舉他為茂才，讓他代理奉義校尉。漢朝廷認為孫策遠在邊陲而不忘盡職納貢，派遣使者劉琬賜予爵位官服的誥命。劉琬對別人說：「我看孫家兄弟雖然個個有才能而明達事理，但是都不長命，只有二弟孝廉孫權，容貌奇特壯美，骨相不凡，有大福大貴之相，年壽也最長，你不妨記住我的話。」

1 建安四年❶，從策征廬江太守劉勳❷。勳破，進討黃祖於沙羨❸。

2 五年❹，策薨❺，以事授權❻。權哭未及息，策長史張昭❼謂權曰：「孝廉，此寧哭時邪？且周公立法而伯禽不師，非欲違父，時不得行也❽。況今姦宄❾競逐，豺狼滿道，乃欲哀親戚❿，顧禮制，是猶開門而揖盜⓫，未可以為仁⓬也。」乃改易權服⓭，扶令上馬，使出巡軍⓮。是時惟有會稽、吳郡、丹陽、豫章、廬陵⓯，然深險之地⓰猶未盡從，而天下英豪布在州郡，賓旅寄寓之士以安危去就為意⓱，未有君臣之固。張昭、周瑜⓲等謂權可與共成大業，故委心⓳而服事焉。曹公表權為討虜將軍⓴，領㉑會稽太守，屯吳，使丞之郡行文書事㉒。待張昭以師傅㉓之禮，而周瑜、程普、呂範等為將率㉔。招延㉕俊秀，聘求名士，魯肅、諸葛瑾等始為賓客㉖。分部㉗諸將，鎮撫山越㉘，討不從命。

3 七年㉙，權母吳氏薨㉚。

4 八年㉛，權西伐黃祖，破其舟軍㉜，惟城未克，而山寇㉝復動。還過豫章，使呂範平鄱陽㉞，程普討樂安㉟，太史慈㊱領海昏㊲，韓當㊳、周泰㊴、呂蒙㊵等為劇縣[41]令長。

5 九年[42]，權弟丹陽太守翊[43]為左右所害，以從兄瑜[44]代翊。

6 十年[45]，權使賀齊[46]討上饒[47]，分為建平縣[48]。

7 十二年[49]，西征黃祖，虜[50]其人民而還。

8 十三年[51]春，權復征黃祖[52]，祖先遣舟兵拒軍，都尉呂蒙[53]破其前鋒，而凌統、董襲等盡銳攻之[54]，遂屠其城[55]。祖挺身亡走[56]，騎士馮則追梟[57]其首，虜其男女數萬口。是歲，使賀齊討黟、歙[58]，分歙為始新、新定、犂陽、休陽縣，以六縣為新都郡[59]。荊州牧劉表死[60]，魯肅乞奉命弔表二子，且以觀變[61]。肅未到，而曹公已臨其境，表子琮舉眾[62]以降。劉備[63]欲南濟江，肅與相見，因傳權旨，為陳成敗[64]。備進住夏口，使諸葛亮詣權[65]，權遣周瑜、程普等行。是時曹公新得表眾，形勢甚盛，諸議者皆望風畏懼[66]，多勸權迎之[67]，惟瑜、肅執拒之議[68]，意與權同。瑜、普為左右督，各領萬人，與備俱進，遇於赤壁，大破曹公軍[69]。公燒其餘船引退，士卒飢疫，死者大半[70]。備、瑜等復追至南郡[71]，曹公遂北還，留曹仁[72]、徐晃[73]於江陵，使樂進[74]守襄陽[75]。時甘寧在夷陵[76]，為仁黨所圍，用呂蒙計，留凌統以拒仁，以其半救寧，軍以勝反[77]。權自率眾圍合肥[78]，使張昭攻九江之當塗[79]。昭兵不利，權攻城踰月不能下。曹公自荊州還，遣張喜將騎赴合肥。未至，權退[80]。

9 十四年[81]，瑜、仁相守歲餘，所殺傷甚眾。仁委[82]城走。權以瑜為南郡太守。劉備表權行車騎將軍[83]，領徐州[84]牧。備領荊州牧，屯公安[85]。

10 十五年[86]，分豫章為鄱陽郡[87]；分長沙為漢昌郡[88]，以魯肅為太守，屯陸口[89]。

11 十六年[90]，權徙治秣陵[91]。明年，城石頭[92]，改秣陵為建業[93]。聞曹公將來侵，作濡須塢[94]。

12 十八年[95]正月，曹公攻濡須[96]，權與相拒月餘。曹公望權軍，歎其齊肅[97]，乃退。初，曹公恐江濱郡縣為權所略[98]，徵令內移[99]。民轉相驚，自廬江、九江、蘄春、廣陵戶十餘萬皆東渡江[100]，江西[101]遂虛，合肥以南惟有皖城[102]。

13 十九年[103]五月，權征皖城。閏月，克之[104]，獲廬江太守朱光及參軍董和[105]，男女數萬口。是歲劉備定蜀[106]。權以備已得益州[107]，令諸葛瑾從求荊州諸郡[108]。備不許，曰：「吾方圖涼州[109]，涼州定，乃盡以荊州與吳[110]耳。」權曰：「此假而不反，而欲以虛辭引歲[111]。」遂置南三郡[112]長吏，關羽[113]盡逐之。權大怒，乃遣呂蒙督鮮于丹[114]、徐忠、孫規等兵二萬取長沙、零陵[115]、桂陽[116]三郡，使魯肅以萬人屯巴丘[117]以禦關羽。權住陸口，為諸軍節度[118]。蒙到，二郡皆服，惟零陵太守郝普[119]未下。會備到公安，使關羽將三萬兵至益陽[120]，權乃召蒙等使還助肅。蒙使人誘普，普降[121]，盡得三郡將守[122]，因引軍還，與孫皎[123]、潘璋[124]并[125]魯肅兵並進，拒羽於益陽。未戰，會曹公入漢中[126]，備懼失益州，使使[127]求和。權令諸葛瑾報[128]，更尋[129]盟好，遂分荊州長沙、江夏[130]、桂陽以東屬權，南郡、零陵、武陵[131]以西屬備。備歸，而曹公已還[132]。權反自陸口，遂征合肥。合肥未下，徹軍還[133]。兵皆就路，權與淩統、甘寧等在津[134]北為魏將張遼[135]所襲，統等以死扞權，權乘駿馬越津橋得去[136]。

14 二十一年[137]冬，曹公次于居巢[138]，遂攻濡須[139]。

15 二十二年[140]春，權令都尉徐詳詣曹公請降[141]，公報使修好，誓重結婚[142]。

16 二十三年[143]十月，權將如[144]吳，親乘馬射虎於庱亭[145]。馬為虎所傷，權投以雙戟[146]，虎卻廢[147]，常從[148]張世擊以戈，獲之。

17 二十四年[149]，關羽圍曹仁於襄陽，曹公遣左將軍于禁[150]救之。會漢水[151]暴起，羽以舟兵盡虜禁等步騎三萬送江陵，惟城未拔[152]。權內憚羽，外欲以為己功，牋[153]與曹公，乞以討羽自效。曹公且欲使羽與權相持[154]以鬬之，驛傳[155]權書，使曹仁以弩射示羽[156]。羽猶豫不能去[157]。閏月[158]，權征羽，先遣呂蒙襲公安[159]，獲將軍士仁[160]。蒙到南郡，南郡太守麋芳[161]以城降。蒙據江陵，撫其老弱，釋于禁之囚。陸遜[162]別取宜都[163]，獲秭歸[164]、枝江[165]、夷道[166]，還屯夷陵，守峽口[167]以備蜀。關羽還當陽[168]，西保麥城[169]。權使誘之。羽偽降，立幡旗為象人於城上[170]，因遁走，兵皆解散，尚十餘騎。權先使朱然[171]、潘璋斷其徑路。十二月，璋司馬[172]馬忠獲羽及其子平、都督趙累等於章鄉[173]，遂定荊州。是歲大疫，盡除荊州民租稅。曹公表權為驃騎將軍[174]，假節[175]領荊州牧，封南昌侯[176]。權遣校尉梁寓奉貢于漢[177]，及令王惇市馬[178]，又遣朱光等歸[179]。

18 二十五年[180]春正月，曹公薨[181]，太子丕[182]代為丞相魏王，改年為延康[183]。秋，魏將梅敷使張儉求見撫納[184]。南陽陰、酇、筑陽、山都、中廬五縣民五千家來附[185]。冬，魏嗣王稱尊號，改元為黃初[186]。二年四月，劉備稱帝於蜀[187]。權自公安都鄂[188]，改名武昌，以武昌、下雉、尋陽、陽新、柴桑、沙羨六縣為武昌郡[189]。五月，建業言甘露降[190]。八月，城武昌，下令諸將曰：「夫存不忘亡，安必慮危，古之善教[191]。昔雋不疑漢之名臣，於安平之世而刀劍不離於身[192]，蓋[193]君子之於武備，不可以已[194]。況今處身疆畔，豺狼交接，而可輕忽不思變難[195]哉？頃[196]聞諸將出入，各尚謙約[197]，不從人兵[198]，甚非備慮[199]愛身之謂。夫保己遺名，以安君親，孰與[200]危辱？宜深警戒，務崇其大，副孤意焉[201]。」自魏文帝踐阼[202]，權使命稱藩[203]，及遣于禁等還[204]。十一月，策命[205]權曰：「蓋聖王之法，以德設爵[206]，以功制祿[207]，勞大者祿厚，德盛者禮豐。故叔旦有夾輔之勳[208]，太公有鷹揚之功[209]，並啟土宇，并受備物[210]，所以表章元功[211]，殊異賢哲[212]也。近漢高祖受命[213]之初，分裂膏腴以王八姓[214]，斯則前世之懿事[215]，後王之元龜[216]也。朕以不德[217]，承運革命[218]，君臨萬國[219]，秉統天機[220]，思齊先代[221]，坐而待旦[222]。惟君天資忠亮[223]，命世作佐[224]，深覩曆數[225]，達見[226]廢興，遠遣行人[227]，浮于潛漢[228]。望風影附[229]，抗疏[230]稱藩，兼納纖絺[231]南方之貢，普遣諸將來還本朝[232]，忠肅[233]內發，款誠外昭[234]，信著金石[235]，義蓋山河，朕甚嘉[236]焉。今封君為吳王[237]，使使持節太常高平侯貞[238]，授君璽綬[239]策書、金虎符第一至第五[240]、左竹使符第一至第十[241]，以大將軍使持節督交州[242]，領荊州牧事，錫君青土，苴以白茅[243]，對揚朕命[244]，以尹東夏[245]。其[246]上故驃騎將軍南昌侯印綬符策。今又加君九錫[247]，其敬聽後命。以君綏安[248]東南，綱紀[249]江外，民夷[250]安業，無或攜貳[251]，是用錫君大輅、戎輅[252]各一，玄牡二駟[253]。君務財勸農[254]，倉庫盈積，是用錫君袞冕[255]之服，赤舄副焉[256]。君化民以德，禮教興行，是用錫君軒縣之樂[257]。君宣導休風[258]，懷柔百越[259]，是用錫君朱戶[260]以居。君運其才謀，官方[261]任賢，是用錫君納陛[262]以登。君忠勇並奮[263]，清除姦慝[264]，是用錫君虎賁之士[265]百人。君振威陵邁[266]，宣力荊南[267]，梟滅凶醜[268]，罪人斯得[269]，是用錫君鈇鉞[270]各一。君文和於內，武信[271]於外，是用錫君彤弓一、彤矢百、玈弓十、玈矢千[272]。君以忠肅為基，恭儉[273]為德，是用錫君秬鬯一卣[274]，圭瓚[275]副焉。欽哉[276]！敬敷訓典[277]，以服[278]朕命，以勖相[279]我國家，永終爾顯烈[280]。」是歲，劉備帥軍來伐，至巫山、秭歸[281]，使使誘導武陵蠻夷[282]，假與印傳[283]，許之封賞。於是諸縣及五谿民皆反為蜀[284]。權以陸遜為督，督朱然、潘璋等以拒之。遣都尉趙咨[285]使魏。魏帝問曰：「吳王何等主也？」咨對曰：「聰明仁智，雄略之主也[286]。」帝問其狀[287]，咨曰：「納魯肅於凡品[288]，是其聰也；拔呂蒙於行陣[289]，是其明也；獲于禁而不害，是其仁也；取荊州而兵不血刃[290]，是其智也；據三州虎視於天下[291]，是其雄也；屈身於陛下[292]，是其略也。」帝欲封權子登，權以登年幼，上書辭封[293]，重遣西曹掾沈珩[294]陳謝，并獻方物[295]。立登為王太子。

【章　旨】以上為第二部分，敘述孫權初統大業，任用賢才，在困境中苦苦掙扎，不得不向漢，實際是向曹操稱臣納貢。

【注　釋】❶建安四年　西元一九九年。建安，東漢獻帝劉協年號，西元一九六—二二〇年。❷廬江太守劉勳　廬江，郡名。東漢治所在今安徽廬江縣西。建安初劉勳為太守，移治所到今安徽潛山縣西。太守，郡最高行政長官，秩二千石，故郡守又稱二千石。掌治民，進賢勸功，決訟檢姦。劉勳，字子臺，琅邪郡（今山東臨沂）人。袁術故吏，後為孫策擊敗，投奔曹操，封為列侯。❸進討黃祖於沙羨　黃祖，荊州刺史劉表屬下將軍，江夏太守，他的部下射殺孫堅，後被策、權攻滅。沙羨，縣名。治所在今湖北武漢西南，黃祖為江夏太守，屯駐沙羨。此役黃祖僅以身免，獲其妻兒，及船六千艘，士卒殺溺死者數萬人。❹五年　建安五年（西元二〇〇年）。❺策薨　策殺吳郡太守許貢，貢客藏民間，策好馳獵，貢客射策中頰而卒。《禮記·曲禮》：「天子死曰崩，諸侯曰薨。」❻以事授權　事謂軍中大事、身後之事。策臨終謂張昭等曰：「公等善相吾弟。」謂權曰：「舉賢任能，各盡其心，以保江東。」❼長史張昭　東漢三公、將軍府各有長史，秩千石，署諸曹事。張昭，字子布，彭城（今江蘇徐州）人。昭事策、權二人，皆得信任，權稱尊號，拜輔吳將軍，遇事切諫，雖怒形於色，仍君臣相照於心。事見本書卷五十二〈張昭傳〉。❽且周公立法三句　周公，姬姓，名旦，周朝建立不久，武王死，子成王年幼，周公攝管政事，周朝的行政、禮樂制度，據說都是周公制定的。其子伯禽封於魯（今山東曲阜）。伯禽喪母，按周禮應當服孝三年，不治事。徐戎作亂，伯禽中止服孝而領兵征伐徐戎，《禮記·曾子問》：「三年之喪，金革之事（戰爭）無避也。」即「非欲違父，時不得行也」。❾姦宄　《國語·晉語》：「亂在內曰宄，在外曰姦。」此泛指犯法作亂之人。❿親戚　古人指父子兄弟為親戚，與今言之親戚（母系的娘家人）不同。此指兄孫策。⓫揖盜　喻引進壞人，自招禍患。揖，拱手為禮，表示對人的尊敬。⓬未可以為仁　仁者愛人，常情下為親人致哀是仁心表現，今非常時期而哭，非仁人之舉。⓭改易權服　為孫權脫去喪服換上官服。⓮巡軍　檢閱軍隊。⓯是時惟有會稽句　惟，雖然。會稽，郡名。治所在今浙江紹興。吳郡，郡名。治所在今江蘇蘇州。丹陽，郡名。治所在今安徽宣州。豫章，郡名。治所在今江西南昌。廬陵，郡名。孫策初定江東，分豫章立，治所在今江西吉水縣東北。⓰深險之地　山深居險之地，指山越所居處。⓱賓旅寄寓之士句　謂臨時寄寓在各豪強幕下的有識之士，從自身的安危考慮決定去留。就，留。⓲周瑜　字公瑾，廬江舒縣（今安徽廬江縣西南）人。少與孫策為友，後助策創立江東基地。孫權時，任前部大都督，率吳軍破曹操兵於赤壁（今湖北蒲圻西北）。事見本書卷五十四〈周瑜傳〉。⓳委心　傾心。⓴曹公表權句　曹公指曹操，字孟德，沛國譙（今安徽亳州）人，東漢末，於征伐黃巾中壯大起來，建安元年（西元一九六年）迎獻帝都許（今河南許昌東），後統一中國北方。建安元年拜操為司空。後封魏王。事見本書卷一〈武帝紀〉。表，向皇帝上表推薦。討虜將軍，雜號將軍之一，主征伐。㉑領　兼任官職。㉒使丞之郡句　郡有丞，太守病，丞行事。此丞為顧雍，〈顧雍傳〉：「孫權領會稽太守，不之郡，以雍為丞，行太守事，討除寇賊，郡界寧靜，吏民歸服。」文書謂公文案牘。㉓師傅　即太師、太傅，均朝廷最高職位，上公，一品，位在三公（司徒、司馬、司空）上，掌以善引導，無常職，表示最高的禮敬。㉔而周瑜程普句　程普，字德謀，右北平土垠（今河北豐潤東）人，從孫堅、孫權經營江南，是赤壁破曹的主將之一，官至江夏太守、盪寇將軍。事見本書卷五十五〈程普傳〉。呂範，字子衡，汝南細陽（今安徽太和東南）人，少為縣吏，從孫策、孫權爭戰，赤壁破曹、討滅關羽均建功勳，官至前將軍。事見本書卷五十六〈呂範傳〉。將率，即將帥。率，同「帥」。㉕招延　招納延請。延，引入；迎接。㉖魯肅諸葛瑾句　魯肅，字子敬，臨淮東城（今安徽定遠東南）人，曹操大軍南下，肅與周瑜力主聯合劉備破曹。瑜死後，任奮武校尉，代領其軍。事見本書卷五十四〈魯肅傳〉。諸葛瑾，字子瑜，琅邪陽都（今山東沂南南）人，諸葛亮之兄，與權有生死之交，以綏南將軍代呂蒙為南郡太守，權稱帝後，官至大將軍。事見本書卷五十二〈諸葛瑾傳〉。賓客，即前「賓旅寄寓之士」，謂社會知名之士依附於地方豪強，但未授予官職而受到禮遇的人。㉗分部　部署；分派。㉘山越　兩漢時期聚居於今江蘇、安徽南部、浙江、江西等地的越族民眾，多在深山，與外界隔絕，未成為國家的編戶，時人稱之為「山越」。㉙七年　建安七年（西元二〇二年）。㉚權母吳氏薨　吳氏本吳縣人，後徙居錢唐（今浙江杭州），孫堅聞其才貌而娶之。權少年統事，母助其治理軍國，甚有裨益。臨終引見張昭等，囑以後事。事見本書卷五十〈孫破虜吳夫人傳〉。諸侯死曰薨，婦人死則從其夫稱，故亦言「薨」。夫人本傳亦言卒於建安七年，裴松之注引《志林》：「按《會稽貢舉簿》，建安十二年到十三年闕，無舉者，云府君遭憂，此則吳后以十二年薨也。」司馬光《資治通鑑》從其說。㉛八年　建安八年（西元二〇三年）。㉜舟軍　水軍，下文又稱「船軍」、「舟兵」。㉝山寇　對山越的蔑稱。㉞鄱陽　縣名。治所在今江西鄱陽東北。下原有「會稽」二字，當是衍文。會稽之地早已被孫策占據，定無呂範平定之事。〈呂範傳〉也僅云平定鄱陽。㉟樂安　縣名。治所在今江西德興東。㊱太史慈　字子義，東萊黃縣（今山東龍口）人。少慷慨急難，後從孫策，拜折衝中郎將。事見本書卷四十九〈太史慈傳〉。㊲海昏　縣名。治所在今江西永修。㊳韓當　字義公，遼西令支（今河北遷安西）人，弓馬嫺熟，從孫策破黃祖，孫權時為中郎將，與周瑜破曹操於赤壁，與呂蒙襲取南郡，為永昌太守。後與陸遜共破劉備。以戰功遷昭武將軍，加號都督。事見本書卷五十五〈韓當傳〉。㊴周泰　字幼平，九江下蔡（今安徽鳳臺）人，與山越作戰，在白刃中救孫權。參加討黃祖，赤壁破曹，濡須擊退曹操，拜平虜將軍。㊵呂蒙　字子明，汝南富陂（今安徽阜南東南）人，從孫權攻戰各地，拜橫野中郎將，隨周瑜等赤壁破曹，在軍中讀史書、兵書，學識邁於往昔。魯肅卒，代領其軍，以計擒關羽，封侯。事見本書卷五十四〈呂蒙傳〉。㊶劇縣　政務繁重的縣。胡三省曰：「劇，艱也，甚也，言其地當山越之要，最為艱劇之甚者也。」㊷九年　建安九年（西元二〇四年）。㊸翊　字叔弼，驍悍果敢，東漢建安八年（西元二〇三年）以偏將軍領丹陽太守，時年二十，為邊鴻所害，鴻亦當即被誅。㊹瑜　字仲異，在軍中招納人才，遷奮威將軍，好墳典，為將吏子弟立學校。事見本書卷五十一〈孫瑜傳〉。㊺十年　建安十年（西元二〇五年）。㊻賀齊　字公苗，會稽山陰（今浙江紹興）人，在平定民亂，抗擊魏侵中多立戰功，歷武威中郎將、安東將軍，終至後將軍，假節領徐州牧。事見本書卷六十〈賀齊傳〉。㊼上饒　縣名。治所在今江西上饒西。㊽分為建平縣　將上饒縣地分出一部分置建平縣。建平在今福建建陽。錢大昕《廿二史考異》卷十七，以《晉書・地理志》無上饒及建平縣，《宋書・州郡志》鄱陽郡有上饒縣，「疑初立縣名建平，後改為上饒」，今又從中分出建平縣。按：三國時期戰爭頻繁，為了戰爭需要，郡縣的分合省併經常發生，時過境遷，沿革難明。㊾十二年　建安十二年（西元二〇七年）。㊿虜　同「擄」。俘獲。(51)十三年　建安十三年（西元二〇八年）。(52)權復征黃祖　孫權一而再再而三征討黃祖，不僅因殺父之仇，亦因沙羡是抗魏的重要陣地。(53)都尉呂蒙　都尉，郡所置官，掌兵，略同太守。時蒙為平北都尉。(54)而淩統董襲句　淩統，字公績，吳郡餘杭（今浙江杭州西）人，攻山越，赤壁破曹均有功，後遷盪寇中郎將，親賢愛士，征黃祖斬將搏城。董襲，字元代，會稽餘姚（今浙江餘姚）人，初從孫策，討劉勳，伐黃祖，平民亂，遷偏將軍。此次討黃祖，祖橫兩大船夾守沔口，以棕櫚大繩繫石上，設弩千張，軍不得進，襲與統俱為前部，各將敢死百人，冒如雨飛矢，斫斷大繩，大船隨水而下，大軍遂進，襲部追斬黃祖。事見本書卷五十五〈淩統傳〉。盡銳，傾其精銳。(55)屠其城　毀壞城郭，屠殺全城軍民。(56)挺身亡走　脫身逃跑。挺，拔，今俗語猶言拔腿就跑。亡有二義，一、死亡，二、逃亡，此用逃亡義。古言走即今之跑，《韓非子・五蠹》：「兔走，觸柱折頸而死。」今之走，古曰步。(57)梟　斬首掛於高竿示眾。(58)使賀齊討黟歙　黟，縣名。治所在今安徽黟縣東。歙，縣名。治所在今安徽歙縣。賀齊征討黟、歙，山民依據險阻，齊軍無法攻克，便在晚上懸布而登，鼓聲四起，於是大軍得進，斬其首領，餘眾皆降。(59)分歙為始新二句　自歙縣分出四縣，加上歙、黟二縣共六縣，置新都郡，賀齊為郡守，治所在始新，齊遷偏將軍。始新，治所在今浙江淳安西。新定，治所在今浙江淳安西南。犁陽，治所在今安徽休寧東南。休陽，治所在今安徽休寧東。(60)荊州牧劉表死　荊州，州名。治所在今湖北襄樊。州設刺史，每年秋季巡行檢查各郡守行政情況。西漢成帝時更名州牧，東漢後期轉變為固定統治一方的軍閥。劉表，字景升，山陽高平（今山東微山縣西北）人，東漢皇族，據有今湖南、湖北一帶，對北方的軍閥混戰取觀望態度，社會比較安定，中原人士多來此避難。事見本書卷六〈劉表傳〉。(61)魯肅乞奉命二句　弔，又作「吊」。對死者的哀悼和對喪家的慰問。劉表有二子，長子琦、次子琮，表妻立琮為州牧，出琦為江夏太守，造成兄弟為仇。曹操勢力南下，故觀二子動向。觀變，觀其動靜。(62)舉

眾　率領全體軍民。㊸劉備　字玄德，涿郡涿縣（今河北涿州）人，東漢遠支皇族。先投靠中原各大軍閥公孫瓚、曹操、劉表等，後聯合孫權共破曹兵於赤壁，終取益州，稱帝於成都（今四川成都），國號漢，因其在古蜀地，所以又稱蜀，或連稱蜀漢。事見本書卷三十二〈先主傳〉。㊹肅與相見三句　魯肅與劉備會於當陽長坂，肅曰：「孫討虜聰明仁惠，敬賢禮士，江表英豪都來歸附，已占六郡，兵精糧多，足以立事。今為君計，莫若遣腹心自結於東，以共濟世業。」雙方立刻達成共識。㊺備進住夏口二句　漢水古曰夏水，夏水入長江處便稱夏口，即今湖北之漢口（現成為武漢的一部分）。諸葛亮，字孔明，琅邪陽都（今山東沂南南）人，隱居隆中（今湖北襄樊西），勸劉備聯合孫權共拒曹操，並在赤壁之戰中取得勝利。後攻取益州，建立漢國，任丞相，對國家多所建樹。事見本書卷三十五〈諸葛亮傳〉。諸葛亮見孫權於柴桑（今江西九江市西南）。亮說權，謂海內大亂，將軍起兵江東，劉豫州（劉備曾為豫州牧）收眾漢南，與曹操共爭天下。曹操雖平定北方，威震四海，劉豫州王室之後，絕不向曹氏低頭。孫權也表示絕不受制於人，非劉豫州沒有能同心破曹的。㊻是時曹公新得表眾三句　曹操得荊州，獲劉表水軍、船步兵數十萬，操宣稱「今治水軍八十萬眾，方與將軍（孫權）會獵於吳」，東吳將吏莫不響震失色。㊼多勸權迎之　其代表人物為長史張昭，謂曹操兇如豺虎，挾天子令諸侯，人多勢強，長江又不可獨恃，不如迎降。㊽惟瑜肅執拒之議　瑜謂操託名漢相，實為漢賊，江東兵精足用，當為漢家除殘去穢，擒獲曹操，宜在今日。魯肅也勸孫權早定大計，莫用眾人之議。權拔刀斫案，決意抗曹。㊾瑜普為左右督五句　左右督即左右都督、左右部。督，領軍將領，權重者稱都督，權輕者但稱督。孫權選精兵三萬人，糧船戰具齊備，遣周瑜、魯肅、程普率軍居前進發，與劉備併力迎擊曹操。時劉備有水、步軍二萬人，曹操實有軍隊約二十萬人，因北方人不習水戰，便將大船連在一起，黃蓋縱火燒曹操軍船，劉備、周瑜水陸並進，大戰於赤壁。赤壁之戰，詳見《資治通鑑・漢紀》建安十三年。赤壁，山名。在今湖北蒲圻西北長江邊，因山石紅色而得名。㊿大半　又作「太半」。過半。(71)南郡　此時治所在今湖北江陵，以後屬吳，移治今湖北公安。(72)曹仁　字子孝，譙（今安徽亳州）人，操堂弟，為征南將軍，屯江陵以抗吳周瑜，守樊城以抗關羽。曹丕稱帝後，任大將軍。事見本書卷九〈曹仁傳〉。(73)徐晃　字公明，河東楊（今山西洪洞東南）人，從曹操討黃巾，後破袁譚，討關羽於襄陽，官至右將軍，封侯。(74)樂進　字文謙，陽平衛國（今河南清豐）人，從曹操擊袁紹，遷折衝將軍，屯襄陽擊關羽，遷右將軍。事見本書卷十七〈樂進傳〉。(75)襄陽　今湖北襄樊之一部分。(76)時甘寧在夷陵　甘寧，字興霸，巴郡臨江（今重慶市忠縣）人，先依劉表，後從孫權，規劃破黃祖，參加赤壁破曹，後攻皖，拜折衝將軍。事見本書卷五十五〈甘寧傳〉。夷陵，縣名。治所在今湖北宜昌南。原誤作「江陵」，今據宋本校正。(77)用呂蒙計四句　甘寧被曹仁困急，求救於周瑜，諸將認為兵少不足分，呂蒙建議留淩統在江陵，自與瑜等解甘寧之圍，統在此足可抗仁十天。瑜從其言，大破仁兵於夷陵，獲馬三百匹而還。反，同「返」。78合肥　今安徽合肥之金斗城。79九江之當塗　九江，郡名。治所在今安徽定遠西北，曹魏改為淮南郡，治所在今安徽壽縣。當塗，治所在今安徽懷遠東南，胡三省曰：「此古當塗縣也。」80遣張喜將騎三句　喜，一作「憙」，時為將軍。喜兵久不至，揚州別駕蔣濟偽稱張喜率步騎四萬已至附近，吩咐迎接喜軍，孫權以為真有救兵來，倉惶燒去圍城用具而走。《資治通鑑》置此事於下年。81十四年　建安十四年（西元二〇九年）。82委　放棄。83劉備表權句　此是劉備向漢獻帝上表請求任命。車騎將軍，掌征伐背叛，位僅次於大將軍和驃騎將軍，位同三司（三司即三公）。若為都督，儀與四征（征南、征北、征東、征西）相同，若不為都督，雖持節，與前、後、左、右、雜號將軍相同。84徐州　州名。治所在今山東郯城。85備領荊州牧二句　赤壁戰後，孫、劉互相依存，備表權官，恰逢荊州牧劉琦新死，孫權便以劉備為荊州牧，並以妹妻備。公安，縣名。治所在今湖北公安西北。86十五年　建安十五年（西元二一〇年）。87鄱陽郡　治所在今江西鄱陽東北。88分長沙為漢昌郡　長沙郡治所在今湖南長沙。漢昌郡治所在今湖南平江縣東。錢大昕曰：「此時長沙為劉備所據，建安十九年權始得長沙三郡，漢昌郡仍併入長沙，不別立郡矣。」89陸口　即今湖北蒲圻西北之陸溪口。90十六年　建安十六年（西元二一一年）。91權徙治秣陵　王都或地方官署所在地稱治所，簡稱治。秣陵，今江蘇南京，孫權自丹徒（今江蘇鎮江市）徙此，改為建業，為孫吳都城。晉武帝平吳，復名秣陵。92城石頭　修築石頭城。城，動詞，修築城郭。石頭城在建業西，孫權因山勢築城，以儲軍糧器械。93改秣陵為建業　楚滅越，於此建金陵邑，秦始皇至此以為有天子氣，改金陵為秣陵，孫權都此又改名。94濡須塢　濡須水源出巢湖，東南流經無為縣東入長江，入口處即濡須口，在今安徽無為東北。塢，船隻停泊處。95十八年　建安十八年（西元二一三年）。96曹公攻濡須　《資治通鑑》云，曹操進軍濡須口，號步騎四十萬，攻破孫權江西營。權率眾七萬禦之，相持月餘，操見其舟船器仗軍伍整肅，嘆曰：「生子當如孫仲謀，如劉景升兒子，豚犬耳！」乃撤軍還。97齊肅　軍容嚴整。98略　奪取；擄掠。99徵令內移　謂強令沿江之民向北移徙。從中原角度看，近者為內，遠者為外，故黃河以北有郡曰河內，長江以南曰江表，表即外。徵，索取；徵取。100民轉相驚二句　轉，輾轉；一傳十，十傳百。廬江，郡名。治所在今安徽潛山縣。蘄春，郡名。本漢江夏郡，東漢建安十三年（西元二〇八年），孫權擊黃祖，得江夏郡南境，置蘄春郡，治所在今湖北蘄春。廣陵，郡名。東漢時治所在今江蘇揚州東北，魏治所在今江蘇清江西南。戶十餘萬，本書卷十四〈蔣濟傳〉作「十餘萬眾」，《資治通鑑》從本篇。101江西　對江東而言，指今江蘇、安徽段長江北岸廣大地區，自漢初把安徽以下長江下游南岸地區稱江東，故項羽起於吳，率八千子弟兵渡江而西，在垓下自刎時說：「何面目見江東父老！」102皖城　縣名。治所在今安徽潛山縣北。初，操欲徙江濱居民，揚州別駕蔣濟曰：「自破袁紹以來民無他志，人情懷土，實不樂徙，懼必不安。」操不從。後操見濟，曰：「本但欲避賊，乃更驅盡之。」拜濟為丹陽太守（丹陽為吳地，實是遙拜）。[103]十九年　建安十九年（西元二一四年）。[104]五月權征皖城四句　古人不說閏某月，而是把「閏月」二字置於某月之後，便是閏某月，此在五月之後便是閏五月。但據陳垣《二十史朔閏表》，建安十九年為閏四月。《資治通鑑》同本篇。〈呂蒙傳〉謂曹操遣朱光屯皖，大開稻田，對吳構成威脅，孫權命呂蒙、甘寧攻之，侵晨進攻，食時破之，即拜蒙為廬江太守。[105]參軍董和　參軍，官名。主參議軍事。蜀漢有董和，此另一董和。[106]劉備定蜀　劉備入蜀，迫益州牧劉璋投降，舊官處以顯職，執法寬嚴相濟，大得蜀民之和。[107]益州　州名。治所在今四川成都。[108]令諸葛瑾句　據卷五十二〈諸葛瑾傳〉，權令其使蜀求荊州在東漢建安二十年（西元二一五年），〈先主傳〉同，是此下皆建安二十年事。時劉備據有荊州的宜都、武陵、長沙、零陵四郡。[109]吾方圖涼州　方，正；正在。涼州，州名。治所在今甘肅張家川。[110]吳　古吳國地，在今浙、蘇、皖等省地，此時孫權未建國，以地域名稱呼。[111]此假而不反二句　假，借。反，同「返」。歸還。《孟子・盡心上》：「久假而不歸，焉知其非有也。」虛辭引歲，以虛詞搪塞拖延時間。引，拖拉。趙翼謂借荊州之說，出於吳人事後之論，與當時情狀不合。荊州本劉表地，非孫氏故有，操南下時，孫氏江東六郡尚不自保，未敢冀得荊州。破曹後，權恐備不在荊州為屏蔽，備表劉琦為荊州刺史，孫權無異詞，因荊州本劉琦地，琦死，羣下推備為荊州牧。是三分定後始有借荊之說。見其《廿二史劄記》，可以參考。[112]南三郡　長沙、零陵、桂陽三郡。[113]關羽　字雲長，河東解（今山西臨猗）人，與劉備友善，備收江南諸郡，羽為襄陽太守，盪寇將軍，後遷前將軍，假節鉞，威震華夏，後曹吳聯合害羽於麥城。事見本書卷三十六〈關羽傳〉。[114]鮮于丹　鮮于，複姓，丹名。[115]零陵　郡名。治所在今湖南零陵。[116]桂陽　郡名。治所在今湖南郴州。[117]巴丘　山名。即巴陵山，地在今湖南岳陽湘水右岸。[118]節度　調度；指揮。調統攝全局。[119]郝普　字子太，義陽（今湖北棗陽東南）人，降吳後官廷尉。[120]益陽　縣名。治所在今湖南益陽。[121]蒙使人誘普二句　呂蒙使普故友鄧玄之告普，備、羽皆被圍不得來援，吾攻之必克，城破之日，使百歲老母戴白受誅，豈不痛哉。普懼而出降。[122]郡將守　郡將即郡守。郡守兼有武事，故稱。此戰爭時期，許多武將在略地後便拜為郡守。[123]孫皎　字叔朗，孫權之堂兄，輕財好施，江淮間多歸附，擒關羽，定荊州，多建功勞。事見本書卷五十一孫靜附傳。[124]潘璋　字文珪，東郡發干（今山東冠縣東）人，討山越有功，擒獲關羽，夷陵之戰中，對備軍殺傷最多，拜平北將軍，襄陽太守，權稱尊號，拜右將軍。事見本書卷五十五〈潘璋傳〉。[125]并　同「併」。合併。[126]漢中　郡名。治所在今陝西漢中。[127]使使　派遣使臣。上動詞，下名詞。[128]權令諸葛瑾報　報，酬答；回答。瑾每奉使至蜀，與弟亮但公會相見，退無私面。[129]更尋　更，再；又。尋，重溫；續修。[130]江夏　郡名。治所在今湖北漢口。[131]武陵　郡名。治所在今湖南常德西。孫、劉各得荊州之三郡，以湘水為界。[132]而曹公已還　曹操入漢中征張魯，魯欲降，其弟衛率眾拒關堅守，操軍傷多食盡而還。[133]合肥未下二句　孫權率眾十萬圍合肥，魏張遼、李典、樂進將七千人屯合肥，張遼出戰，權軍人馬披靡，無人敢當，圍十餘日，城不可拔，遂撤軍。徹，同「撤」。[134]津　逍遙津，在今安徽合肥東。[135]張遼　字文遠，雁門馬邑（今山西朔縣）人，從曹操攻袁尚兄弟及烏桓，數有戰功，後拜征東將軍。事見本書卷十七〈張遼傳〉。[136]統等以死捍權二句　張遼率軍圍權，淩統等拼死衛權，左右盡死，權躍馬過津橋，得免。內心慚愧至極，以為終身之誡。捍，掩護。[137]二十一年　建安二十一年（西元二一六年）。[138]曹公次于居巢　〈武帝紀〉謂十月治兵，次年正月「軍居巢」，晚於此記。次，《左傳》莊公三年，「凡師，一宿為舍，再宿為信，過信為次。」此泛指軍隊屯駐。居巢，治所在今安徽巢湖市東北。[139]遂攻濡須　曹操攻濡須，孫權以呂蒙為督據前所立塢，置強弩萬張於其上，操前鋒未就，被呂蒙攻破，曹操軍撤退。[140]二十二年　建安二十二年（西元二一七年）。[141]徐詳詣曹公請降　徐詳，字子明，吳郡烏程（今浙江吳興）人，為孫權左部督，權都建業，詳為侍中，左領軍，封鄉侯。曹兵退而反請降，何焯曰：「規以全力取荊也。」[142]誓重結婚　前孫策併江東，曹操無力控制，便以弟女配策小弟匡，又為子曹彰娶孫賁女，此又答應通婚，故言「重結婚」。[143]二十三年　建安二十三年（西元二一八年）。[144]如　往。[145]庱亭　在今江蘇丹陽東。[146]戟　兵器之一種，是戈與矛的合體，矛為直刺，戈為橫擊，戟則兼而有之。[147]卻廢　卻，後退。廢，傷殘。[148]常從　侍從；隨員。[149]二十四年　建安二十四年（西元二一九年）。[150]左將軍于禁　左將軍，一人，第三品。于禁，字文則，泰山鉅平（今山東泰安）人。初隨濟北相鮑信，後歸曹操，為曹操手下名將。東漢建安二十四年（西元二一九年），與關羽戰於樊城，兵敗被俘。孫權取荊州後，于禁被送還魏，慚恨而死。詳見本書卷十七〈于禁傳〉。[151]漢水　一名漢江，源出陝西寧強，流經陝西沔縣稱沔水，至湖北襄陽稱襄水，至今湖北武漢入長江。[152]拔　攻取。[153]牋　同「箋」。古時以竹簡或木片為信札材料，故從竹從片義同，此即信札之義，動詞，寫信。[154]相持　互相抓住不放。從此失去孫、劉之和，被曹操分化，失去掎角制魏之勢。[155]驛傳　驛站傳送。漢制，三十里置驛，傳送官方文書。[156]使曹仁句　弩是以弩機控弦彈矢的強弓，可以射得更遠。古時陣前雙方通消息，往往以箭附信射向對方。仁被圍，無由射書與關羽，《資治通鑑》作「徐晃」，晃是來救曹仁的，宜如是。[157]羽猶豫不能去　胡三省曰：「羽雖見權書，自恃江陵、公安守固，非權旦夕可拔，又因水勢結圍，以臨樊城有必破之勢，釋之而去必喪前功，此其所以猶豫也。」[158]閏月　建安二十四年閏十月。[159]權征羽二句　征，鳴鼓進攻。襲，偷襲。公安，縣名。治所在今湖北公安。[160]獲將軍士仁　士仁拒守公安，呂蒙派虞翻說降。士仁，字君義，廣陽（今北京市房山區）人，駐公安，與關羽有隙，叛迎孫權。[161]麋芳　字子方，東海朐（今江蘇海州）人，叛羽與士仁同。二人事略存於本書卷四十五。[162]陸遜　字伯言，吳郡吳（今江蘇蘇州）人，孫策之婿，善謀，與呂蒙定計襲取關羽。夷陵之戰中，因風放火，大敗蜀軍，後任荊州牧，官至丞相。事見本書卷五十八〈陸遜傳〉。[163]宜都　郡名。治所在今湖北宜都西北。[164]秭歸　縣名。治所在今湖北秭歸。[165]枝江　縣名。治所在今湖北枝江市。[166]夷道　縣名。治所在今湖北宜都西北。[167]峽口　謂西陵峽口，在今湖北宜昌西，《水經注》引《宜都記》：「自黃牛灘東入西陵界，至峽口一百許里，山水紆曲，而兩岸高山重嶂，非日中夜半不見日月。所謂三峽，此其一也。」險要之地，故守之以拒蜀。[168]當陽　縣名。治所在今湖北當陽東。[169]麥城　唐李吉甫《元和郡縣志》謂在當陽東，今云「西保麥城」，自應在當陽西，今湖北當陽東南。[170]立幡旗句　幡也是旗之一種，此謂旗幟偽裝大軍尚在。象人，偶人，用土、木、草等做成，立於城上以為疑兵。[171]朱然　字義封，丹陽故鄣（今浙江安吉西北）人，平山越，討關羽，為昭武將軍，假節，鎮江陵，助陸遜破劉備，拜征北將軍，終至左大司馬，右將軍。事見本書卷五十六〈朱然傳〉。[172]司馬　將軍屬官，八品。[173]章鄉　地名。在今湖北當陽東北。章，一作「漳」。[174]驃騎將軍　位僅次於大將軍，掌征伐背叛。[175]假節　古代使臣外出，持節作為憑證，表明使者身分，包括職位高低，權力大小。假節可殺犯軍令者，高者為持節，得專殺平民，更高者為使持節，得專殺二千石以下官員。專殺，謂不用請示而有權誅殺犯令者。[176]南昌侯　封某地侯，謂食那裏的租稅，不得管政事。南昌是縣，故此侯為縣侯，食一縣的租稅。[177]校尉梁寓句　校尉本武職，如屯騎校尉，秩比二千石，四品。三國時文職亦有校尉，如典農校尉，亦比二千石。此未標明何職。梁寓，字孔儒，吳人，出使曹營，操留為佐吏，不久被遣返。奉貢于漢，納貢品於漢朝皇帝，皇帝在曹操手裏已成傀儡，實是向曹操納貢稱臣，孫權在信中還稱說天命，讓曹操代漢做皇帝，操把他的書信給大臣展示說：「這小子是把我放在火爐上烤呀！」並說：「若天命在吾，吾為周文王矣。」意即他來打天下，讓他的兒子做天子。[178]令王惇市馬　王惇，仕吳為將軍，參與謀殺武衛將軍孫綝，事覺被殺。市，購買。[179]遣朱光等歸　遣，送。朱光，原魏廬江太守，東漢建安十九年（西元二一四年）在皖城被俘，見前。今遣送回魏。[180]二十五年　建安二十五年（西元二二〇年），曹丕代為丞相魏王，改年延康，又即位為皇帝，改元黃初。[181]曹公薨　曹操於東漢建安十八年（西元二一三年）策封為魏公，於二十一年被尊為魏王。陳壽撰《三國志》，於〈武帝紀〉書「王崩」，於〈蜀書〉不書，於此傳書「公」、書「薨」，周壽昌曰：「隱抑操為漢臣，使與吳並列也。」[182]太子丕　君王的兒子中被定為繼承君位的人稱太子。周代天子及諸侯的嫡長子，或稱太子，或稱世子。丕，操之次子，字子桓，東漢建安十六年（西元二一一年）為五官中郎將，副丞相，二十二年立為魏太子。事見本書卷二〈文帝紀〉。[183]改年為延康　改年又叫改元，此為漢獻帝把年號由建安改為延康，不是魏改元。[184]撫納　撫慰招納。[185]南陽陰酇句　南陽，郡名。治所在今河南南陽。以下五縣都是南陽郡屬縣。陰，治所在今湖北光化西。酇，治所在今湖北均縣南。筑陽，治所在今湖北穀城東。山都，治所在今湖北襄樊西北。中廬，一作「中盧」。治所在今湖北襄樊西南。附，歸屬。五千，原作「三千」，今從宋本。[186]魏嗣王稱尊號二句　曹操為魏王，死，其子丕繼為魏王，故云魏嗣王。稱尊號，就皇帝位，國號魏。以前有讖：「代漢者當塗高」，當塗，當道。魏，高大。漢帝三讓，大臣三勸而丕三辭，終即位為皇帝，禮畢，丕顧謂羣臣曰：「舜、禹之事，吾知之矣。」一語道破魏受漢禪的奧祕。漢火德，推五德之運，以土繼火，土色黃，故紀元曰黃初。[187]二年四月二句　蜀中傳言漢帝被害，劉備發喪服孝，羣下競言符瑞，於是即皇帝位於成都，改元章武，劉備以復興漢室為己任，故未新立國號，仍曰漢。[188]鄂　縣名。治所在今湖北鄂州。[189]以武昌下雉句　下雉，縣名。治所在今湖北陽新東南。尋陽，縣名。治所在今湖北黃梅北。陽新，治所在今湖北陽新西南。柴桑，治所在今江西九江市西南。武昌郡治所在今湖北鄂州。[190]甘露降　古人認為天下太平則天降甘露。《論衡・是應》：「儒者論太平瑞應，皆言氣物卓異，朱草、醴泉、翔鳳、甘露、景星、嘉禾、萐脯、蓂莢、屈軼之屬。」今學者有謂甘露只是蚜蟲的分泌液，無神祕可言。[191]夫存不忘亡三句　《易經・繫辭下》：「是故君子安而不忘危，存而不忘亡，治而不忘亂，是以身安而國家可保也。」故云「古之善教」。善教，寶貴有益的告誡。[192]昔雋不疑二句　雋不疑，字曼倩，西漢勃海郡（今河北滄縣東）人，武帝末任青州刺史，暴勝之為繡衣直指，到郡，請雋相見，不疑戴進賢冠，帶櫑具劍，盛服上謁，門人要雋解下寶劍，不疑曰：「劍者，君子武備，所以衛身，不可解。」[193]蓋　連詞，承上申明理由、原因。[194]已　斥退。此有離開、放棄之義。[195]變難　變故；意外災禍。[196]頃　近來。[197]謙約　謙虛簡約，不示威武。[198]人兵　扈從和武器。[199]備慮　防備擔心之事，即防止意外。[200]孰與　與……相比哪個更好。[201]副孤意焉　副，稱；合。孤，古帝王自稱之詞，稱孤稱寡，謙詞。[202]踐阼　踐，履；登。阼，王位前的臺階，先登臺階便到王位，故以踐阼為即皇帝位。[203]使命稱藩　使命，用命；執行皇命。自稱藩國即臣屬於魏。[204]遣于禁等還　禁回魏，魏文帝慰以非戰之咎，拜安遠將軍，令其詣鄴謁高陵（曹操陵），帝使先在陵屋畫關羽戰勝，龐悳憤怒，禁降服之狀。禁見，慚愧發病而死。[205]策命　在策（竹簡）上寫詔命，即書面詔書。後世寫在紙上仍稱策命。[206]以德設爵　爵，秩次，表明職位的等級，古有公、侯、伯、子、男等爵位。《禮記・祭統》：「古者明君爵有德而祿有功。」[207]以功制祿　《禮記・燕義》：「臣下竭力盡能以立功於國，君必報之以爵祿，故臣下皆務竭力盡能以立功，是以國安而君寧。」[208]故叔旦句　叔旦，周公旦，武王之弟而成王之叔，故稱叔旦。武王即位，周公旦為輔。破殷，入商宮，周公持大鉞，召公（名奭）持小鉞以夾武王，故稱夾輔。勳，功勞。[209]太公有鷹揚之功　太公，齊國的始封祖姜尚，尚輔文王、武王，為太師。《詩經・大明》：「維師尚父，時維鷹揚。」以鷹之飛揚喻太公在滅商戰爭中之武勇。210並啟土宇二句　啟土宇謂分封。宇，疆域；國土。《左傳》昭公四年：「或多難以固其國，啟其疆土；或無難以喪其國，失其守宇。」疆土、守宇，變文而義同。備物謂分封時周王賞賜給諸侯的車輅、弓矢、斧鉞等供威儀之物。並、并同義。211表章元功　章，顯，今用「表彰」。元功，大功；首功。顏師古注《漢書・景武昭宣元成功臣表》：「元功，謂佐興其帝業者也。」本書卷四〈齊王紀〉「夫顯爵所以褒元功」，與此義同。212殊異賢哲　殊、異同義，謂對賢哲予以特殊尊崇。賢哲，賢明睿智之人。213漢高祖受命　劉邦是漢朝開國皇帝，死後，上其廟號為高皇帝，稱高祖。顏師古注《漢書・高帝紀》引張晏曰：「《禮》謚法無『高』，以為功最高而為漢帝之太祖，故特起名焉。」受命，受天之命，古人認為皇帝是受天命而治民。214分裂膏腴句　分裂，劃分。膏腴，肥沃的土地。以王八姓，高祖即位，封韓信為楚王、彭越為梁王、英布為淮南王、吳芮為長沙王、張敖為趙王、另一韓信為韓王、臧荼為燕王、荼反被殺，又封盧綰為燕王，八人均非劉姓。215懿事　美事；盛事。216後王之元龜　開國皇帝以後之諸帝皆為後王，王亦即帝，故常連稱帝王。元龜，大龜，古人用龜甲占卜吉凶，引申為借鑑前事。217朕以不德　朕，第一人稱我，我的，先秦為通稱，人人可用，屈原〈離騷〉：「朕皇考曰伯庸。」秦始皇定為皇帝自稱，後世一直遵用。不德，德行不好，謙詞。218承運革命　接受天之運命為承運，改朝換代為革命。《易經・革卦・彖辭》：「湯武革命，順乎天而應乎人。」此謂曹丕受禪為皇帝。219君臨萬國　為君而主宰天下。220秉統天機　執掌國家權力。天機，國家的機要事宜。221思齊先代　欲趕上前代帝王。《論語・里仁》：「見賢思齊焉。」222坐而待旦　謂日夜操勞國事。《孟子・離婁下》：「周公兼思三王，幸而得之，坐以待旦。」223忠亮　忠誠賢貞。224命世作佐　名世做帝王輔佐。命世，有名於世。225曆數　天時變化的序數。《論語・堯曰》：「咨，爾舜！天之曆數在爾躬（身）。」朱熹集注：「曆數，帝王相繼之次第，猶歲時氣節之先後也。」謂孫權深識我當為帝你當為臣的次序。226達見　洞察。227行人　官名。掌朝覲聘問。此指孫權派遣來朝貢的使臣。228浮于潛漢　浮，水上航行。潛，潛江，是漢水的支流，在今湖北境。潛、漢二水代表江漢流域，以孫權轄區代表他遣使跋涉而來。229望風影附　仰望大魏之風威，如影之隨形而來歸附。230抗疏　向皇帝呈奏章。抗，上舉；呈上。疏，分條陳述事理，故稱奏章為疏，如賈誼〈陳政事疏〉。231納織絺　納，入；上繳。織，細紋帛。絺，細葛布。232普遣諸將句　普，非一次，非一人，將前所俘將領如朱光、于禁等遣返。233忠肅　忠誠恭敬。234款誠外昭　款誠，忠誠，款亦誠義。昭，展示。235信著金石　誠信可傳萬代。著，記載。金謂鐘鼎，石謂碑碣。236嘉　讚許；欣賞。237封君為吳王　君，古代大夫以上，據有土地的各級統治者的通稱，此指諸侯，為第二人稱，即視孫權為魏朝廷的諸侯。王是皇帝對臣屬的最高封爵。238使使持節句　漢末以來，掌地方軍政之官，朝廷往往加授「使持節」稱號，給予一定的誅殺之權，加使持節的，有權誅殺二千石以下官吏。太常，官名，列卿之一，掌宗廟禮儀兼選試博士。高平，縣名。治所在今山東微山縣西北，此為縣侯。貞，邢貞。239 璽綬　璽，印章，皇帝與諸侯之印稱璽，並隨官階的高低，印質（有金、銀、銅、石）及其上的紐形（有螭虎、駱駝、龜）也不同。綬是繫在印紐孔中的絲帶，也隨官職而有不同的顏色。240 金虎符句　虎符是朝廷調兵遣將的信物，鑄成虎形，兩側有相同的銘文，自背至腹中分為二半，右半留朝廷（古以右為尊），左半頒給領兵將帥。發兵時，持右半前往，符相合才能生效。古為銅鑄（古稱銅為金），漢為金鑄，故稱金虎符，猶如後世之金牌。所以有第一至第五，發兵可能多次，故不止一個。241 左竹使符句　以竹製造的信符，右留京師，左給郡國，發兵用銅虎符，其餘用竹使符。《漢書・文帝紀》：「初與郡守為銅虎符、竹使符。」是其事。242 以大將軍句　大將軍，官名。位上公，第一品，掌征伐背叛。督，統領。交州，州名。治所在今廣東廣州。交州轄區相當兩廣、越南一帶，不在魏管轄範圍，卻以封孫權，是自以全國共主的身分行事。243 錫君青土二句　錫，同「賜」。古代帝王以五色土為壇，東青，南赤，西白，北黑，中央黃，諸侯要封在某一方向，便取那個方向的色土，用茅草包裹，頒給此諸侯，表明諸侯對皇帝有守土之責。吳地在東南方，故頒以青土。苴，包裹。茅取其潔。實際曹丕未給孫權任何土地，卻是把孫權原占的地盤納入魏的疆土之內，以顯示皇帝的威權。244 對揚朕命　對揚，答報；稱揚。先秦銅器中常用「對揚王休」，那是鑄器者自願，此為對受封者的要求。245 以尹東夏　尹，治理。古時以夏稱中國，東夏，中國東部。246 其　表示命令的語氣詞。247 九錫　古代帝王尊禮大臣所賜的九種物品，表示特殊的榮寵。每種物品賦與一定的含義。248 綏安　綏、安同義，安撫。249 綱紀　使之納入朝廷的綱紀，即治理。250 民夷　民指從化的人民，夷指未從王化的人民，如山越、甌越。251 無或攜貳　或，有。攜貳，懷有叛離之心；二心。252 大輅戎輅　殷時祀天所乘之車。輅又作「路」。戎輅，王在軍中所乘之車。亦稱革路。253 玄牡二駟　玄牡，黑色公馬。一駟四匹馬，二駟八匹馬。254 勸農　獎勵勸導農民順天時，勤耕作。255 袞冕　袞衣和帽，是古代帝王貴族穿著的禮服禮帽。256 赤舄副焉　赤舄，赤色複底鞋。穿袞衣戴冕時，腳上要穿赤舄，這是一整套禮服，故云「副焉」。副，相班配。257 軒縣之樂　古代諸侯陳列樂器三面懸掛，稱軒懸。縣，同「懸」。258 休風　善美的風氣。259 懷柔百越　《禮記・中庸》：「送往迎來，嘉佳矜不能，所以柔遠人也。繼絕世，興廢國，治亂持危，朝聘以時，厚往以薄來，所以懷諸侯也。」後因以稱籠絡安撫外國或國內未歸服之民為「懷柔」。百越，亦稱百粵，中國古代南方越人的總稱，分布在今浙江、福建、兩廣地區，因部落眾多而稱百越。260 朱戶　紅色的大門。有德的諸侯，天子才賜給。261 官方　任命方正之人為官。官，動詞，任命官吏。262 納陛　鑿殿基為登升的臺階，使納於屋簷之下，不使尊者露於外便登入殿堂。納，進入。陛，殿壇的臺階。(263)奮　發揚；奮起。(264)姦慝　邪惡之人。慝，惡。姦，今常用「奸」，義同。(265)虎賁之士　勇士之稱，猶如今之衛隊，言如虎之奔踴。賁同「奔」。(266)陵邁　超越。(267)宣力荊南　宣力，盡力；效力。因為荊州北部七郡已被曹魏所據有，故此只言「荊南」。(268)凶醜　兇惡不善之人。(269)罪人斯得　捕得罪人。斯是助詞，表賓語提前，猶如「罪人是得」。此指活捉關羽。(270)鈇鉞　鈇，同「斧」。鉞，大斧。受斧鉞之賜，便賦予專殺之權。(271)信　同「伸」。擴張。(272)彤弓一句　彤，紅色。玈，黑色。受賜弓矢，便有權專征。(273)儉　原作「勤」，今從宋本。(274)秬鬯一卣　秬，黑黍。鬯，鬱金香草。用二者釀成的酒稱秬鬯，用以祭祀。卣，盛酒的銅器。(275)圭瓚　用圭為長柄的勺形器，用以舀酒。(276)欽哉　敬慎其事。《尚書・堯典》舜命鯀（禹之父）治水時，「帝曰：往，欽哉！」後世帝王遂用為詔書末之常語。(277)敬敷訓典　敷，傳布；施行。《左傳》文公六年：「告之訓典，教之防利。」訓典即古代典章制度之書。(278)服　從事；實行。(279)勖相　勉力輔佐。勖，又作「勗」。勉勵。相，佐助。(280)永終爾顯烈　把你顯赫的功業貫徹到底。當時孫權的大臣議論，以為宜稱上將軍九州伯，不應受魏封。權曰：「九州伯，於古未聞也。昔沛公亦受項羽拜為漢王，此蓋時宜耳，復何損邪？」遂受封號。(281)劉備帥軍來伐二句　本書卷三十二〈先主傳〉：先主忿孫權之襲關羽，遂帥諸軍伐吳，孫權遣書請和，先主盛怒不許，吳將陸議等屯巫、秭歸。本書巫與秭歸並列者共四處，卷四十一〈向朗傳〉「巫山」，已據沈欽韓說刪去「山」字，其餘還有「攻巫」、「還巫」、「授巫令」等，是當時稱巫縣，而非巫山縣，巫縣至隋始改名巫山縣，此處「山」字當刪。巫縣，故址在今重慶市巫山縣東。(282)武陵蠻夷　與下文「五谿民」是一回事，武陵有五條溪，雄溪、樠溪、辰溪、酉溪、潕溪，均沅水支流。(283)假與印傳　授與官職便須頒給與官職相應的印信和符傳，作為身分的憑證。假，授予。傳，為官的憑證，猶今言委任狀。(284)皆反為蜀　五谿民前聽命於孫權，蜀派馬良入武陵招納五谿蠻夷，其渠帥皆受印號，咸如意指。(285)趙咨　字德度，南陽郡人，博聞多識，官中大夫。使魏，應對辯捷，不失國體，拜騎都尉。(286)聰明仁智二句　司馬光〈四言銘系述〉：「聞言易悟曰聰，睹事易辨曰明。」聰指聽覺，明指視覺。仁，仁慈；同情心。《孟子・告子上》：「惻隱之心，仁也。」智，智慧；分析判斷力。劉劭《人物志・英雄》：「聰明秀出謂之英，膽力過人謂之雄。」略，謀略。(287)狀　根據。(288)納魯肅於凡品　魯肅富家子，樂施，與周瑜為友，瑜薦肅才宜佐時，權見肅大悅，獨留其議事，益重之。(289)拔呂蒙於行陣　呂蒙為別部司馬，孫權認為諸小將兵少力薄，欲加合併。蒙暗地借錢為兵卒做絳衣、行縢（裹腿），到檢閱之日，陣列赫然整齊，步法熟練，權大悅，增其兵，拜平北都尉。(290)兵不血刃　兵器上沒有沾血，即不全靠武力，而靠智慧。兵，兵器，漸轉為持兵器的人。(291)據三州句　三州，揚、荊、交三州。虎視，雄視。(292)陛下　陛，臺級，不敢直指其人。而以其陛代之，遂成為對皇帝的專稱。(293)帝欲封權子登三句　登，字子高，權長子，權為吳王，立登為太子，權稱尊號，立登皇太子，權出征，常以登留守。事見本書卷五十九〈孫登傳〉。魏文帝以權為吳王，拜登為東中郎將，封萬戶侯，權以年幼謝絕，登此年立為王太子，為太子二十一年卒，時年三十三，則此年為十二歲。294 西曹掾沈珩　西曹掾，丞相府屬官，比四百石，主府吏署用。沈珩，字仲山，吳郡（今江蘇蘇州）人，善《春秋》內外傳（外傳謂《國語》），出使能專對，官至少府，封永安鄉侯。295 幷獻方物　方物，地方特產。實是魏方索取，吳方不得不給。如雀頭香、長鳴雞等十種，羣臣不欲給，權曰：「彼所求者，於我瓦石耳，孤何惜焉！且彼在諒闇（諒闇，謂父母死，孝子三年不參與政事）之中，而所求如此，寧可與言禮哉！」皆具以與之。

【語譯】 建安四年，孫權隨孫策征討廬江太守劉勳。劉勳被打敗以後，便進軍沙羨攻打黃祖。

2 建安五年，孫策去世，將身後的軍政大事交給孫權。孫權哭泣還沒停止，孫策的長史張昭就對孫權說：「孝廉，現在難道是哭的時候嗎？況且周公立的法伯禽也沒有師從，不是伯禽要違背父親，而是時勢不允許實行呀。何況當今之世，壞人競相爭逐，豺狼滿路，你竟想要哀痛兄長，顧全禮制，這好比敞開大門請強盜進來，不能算作仁。」就改換了孫權的喪服，扶他上馬，讓他出去檢閱軍隊。此時只據有會稽、吳郡、丹陽、豫章、廬陵等郡，但是深山險峻之地尚未完全服從，天下的英雄豪傑分布在各州郡，寄居的賓客從自身安危考慮而決定去留，還沒有固定的君臣關係。張昭、周瑜等認為可以與孫權共同成就大業，便傾心盡臣道了。曹操上表薦舉孫權為討虜將軍，兼任會稽太守，駐紮在吳縣。派郡丞顧雍到郡代辦文書事宜。以太師、太傅的禮儀尊待張昭，而周瑜、程普、呂範等人任將帥。延攬才俊，聘請名士，魯肅、諸葛瑾等開始成為賓客。於是部署諸將領，平定撫恤山越族人，征伐不服從命令的。

3 建安七年，孫權的母親吳氏去世。

4 建安八年，孫權西進征討黃祖，打敗他的水軍，只是城池尚未攻下，而山越人再次蠢動，於是孫權回師，途經豫章，派呂範平定鄱陽，程普討伐樂安，太史慈代管海昏，韓當、周泰、呂蒙等也分別擔任了政務繁重縣份的縣令或縣長。

5 建安九年，孫權的弟弟丹陽太守孫翊被侍從殺害，任堂兄孫瑜接替孫翊為丹陽太守。

6 建安十年，孫權派賀齊征討上饒縣，從上饒分立建平縣。

7 建安十二年，西行征討黃祖，俘虜他的人民返回。

8 建安十三年春天，孫權再次征伐黃祖，黃祖先派遣水軍抵抗孫權的軍隊，都尉呂蒙打敗他的先頭部隊，接著淩統、董襲等精銳盡出進攻黃祖，終於血洗沙羨全城。黃祖抽身逃跑，騎士馮則追上黃祖斬下他的首級掛於高竿示眾，俘獲他的民眾男女幾萬人。這一年，孫權派賀齊討伐黟縣和歙縣，劃分歙縣新設始新、新定、犁陽、休陽四縣，以這六縣設置為新都郡。荊州牧劉表去世，魯肅請求奉命前去向劉表的兩個兒子表示弔唁，並藉以觀察動靜。魯肅尚未到達，而曹操已兵臨荊州邊境，劉表的兒子劉琮率全體軍民投降。劉備打算南逃渡過長江，魯肅與劉備相見，便傳達了孫權的意見，為劉備陳述了成敗的形勢。劉備就進駐夏口，派諸葛亮拜見孫權，孫權派遣周瑜、程普等率軍進發。此時曹操剛剛收編劉表的兵眾，軍容氣勢十分壯盛，眾多議事的人都被敵人的氣勢震懾而感到害怕，大多數的人勸孫權迎降曹操，只有周瑜和魯肅堅持抵抗的主張，看法與孫權相同。孫權命周瑜、程普為左右都督，各率領一萬人馬，和劉備同時進發，與敵軍在赤壁遭遇，大敗曹操軍隊。曹操燒掉剩下的船隻後便領兵撤退了，士卒又飢餓又患瘟疫，死的人超過一半。劉備、周瑜等又追擊到南郡，曹操便撤回北方，留下曹仁和徐晃在江陵，派樂進鎮守襄陽。當時甘寧在夷陵，被曹仁手下的部隊包圍，孫權採納了呂蒙的計策，留下淩統用來抵禦曹仁，撥出半數的軍隊援救甘寧，軍隊勝利而歸。孫權親自率領軍隊圍攻合肥，派張昭進攻九江郡的當塗縣。張昭出兵不利，孫權圍攻合肥城超過一個月也不能攻下來。曹操從荊州返回，派遣將軍張喜率領騎兵趕赴合肥，張喜尚未到達，孫權就撤退了。

9 建安十四年，周瑜與曹仁相互對峙一年多，雙方死傷很多。曹仁放棄江陵城撤走。孫權任命周瑜為南郡太守。劉備上表朝廷請孫權代行車騎將軍，兼領徐州牧。劉備兼領荊州牧，駐紮在公安。

10 建安十五年，孫權從豫章郡分出鄱陽郡，從長沙郡分置漢昌郡，任命魯肅為太守，屯駐陸口。

11 建安十六年，孫權將官署遷至秣陵。第二年，修築石頭城，把秣陵改名建業。聽說曹操要來侵犯，便修築了濡須塢。

12　建安十八年正月，曹操進攻濡須塢，孫權與他相抗了一個多月。曹操看到孫權軍隊，嘆服他的軍隊軍容嚴整，便撤了軍。起初，曹操怕沿長江的郡縣被孫權奪取，強令居民向北遷移。居民輾轉相傳而感到驚恐，自廬江、九江、蘄春、廣陵十多萬戶都東逃渡江而去，長江以西竟成空地，合肥以南有人煙的只有皖城。

13　建安十九年五月，孫權征伐皖城。閏五月，攻克皖城，俘獲魏廬江太守朱光和參軍董和以及男女數萬人。這一年，劉備平定蜀地。孫權認為劉備已占領益州，就派諸葛瑾向劉備索還荊州各郡。劉備不答應，說：「我正計劃取涼州，涼州平定，就把荊州全部還給吳了。」孫權說：「這是借了不還，卻想用空話拖延時日。」就任命了長沙、零陵、桂陽三郡的官吏，關羽將他們全都趕走了。孫權大怒，便派呂蒙率領鮮于丹、徐忠、孫規等二萬人攻取長沙、零陵、桂陽三郡，派魯肅率一萬人屯駐巴丘用來抵禦關羽。孫權駐紮在陸口，以調度全軍。呂蒙軍到達，長沙、桂陽兩郡都降了，只有零陵太守郝普不肯投降。正好劉備來到公安，命關羽帶三萬人馬到益陽，孫權就召呂蒙等回來幫助魯肅。呂蒙派人誘降郝普，郝普投降，三郡太守全都歸服了，便帶領軍隊而回，與孫皎、潘璋加上魯肅的軍隊一起進發，到益陽抵抗關羽。尚未開戰，恰好曹操率軍入漢中，劉備怕丟失益州，派使臣求和。孫權派諸葛瑾回訪，再續修同盟友好，於是分荊州的長沙、江夏、桂陽以東歸孫權，南郡、零陵、武陵以西歸劉備。劉備回蜀地，曹操已經撤走。孫權從陸口回來，便攻打合肥，合肥沒有攻下，撤軍而回。兵卒都已上了路，孫權與淩統、甘寧等在逍遙津以北被魏將張遼襲擊，淩統等拼死保衛孫權，孫權乘駿馬竄越津橋才得逃脫。

14　建安二十一年冬季，曹操駐紮在居巢，便攻打濡須塢。

15　建安二十二年春季，孫權命都尉徐詳拜見曹操請降，曹操回答派使者重修友好，誓言重結婚姻。

16　建安二十三年十月，孫權準備前往吳郡，在庱亭親自騎馬射虎，馬被老虎咬傷，孫權把雙戟投擲過去，老虎受傷後退，侍從張世揮戈擊去，捕獲了老虎。

17　建安二十四年，關羽將曹仁包圍於襄陽，曹操派左將軍于禁前去救他。恰逢漢水暴漲，關羽用水軍把于禁的步兵騎兵三萬人全部俘虜並送到江陵，只剩襄陽城尚未攻克。孫權內心害怕關羽，表面上想要為自己表功，就寫信給曹操，乞求在攻打關羽時效力。曹操就希望關羽和孫權相互對峙、爭鬥，便用驛騎快速的把孫權的信傳去，派曹仁把這封信用弩箭射給關羽，關羽猶豫不決沒有撤軍。閏十月，孫權攻打關羽，先派呂蒙偷襲公安，俘虜了蜀將軍傅士仁。呂蒙軍到達南郡，南郡太守麋芳獻城投降。呂蒙占領江陵以後，撫慰全城的老弱，把于禁從囚牢中釋放出來。陸遜另攻取宜都，占據秭歸、枝江、夷道，還軍駐紮夷陵，守住西陵峽口用來防備蜀軍。關羽回到當陽，向西固守麥城。孫權派人誘降他。關羽偽裝投降，在城上立起旗幟、假人，趁機逃走，兵卒瓦解潰散，僅剩十多個騎兵。孫權先派朱然、潘璋截斷他逃跑的大小道路。十二月，潘璋的司馬馬忠在章鄉俘獲關羽及他的兒子關平、都督趙累等，終於平定了荊州。這一年疫病大流行，完全免除荊州百姓的租稅。曹操上表薦舉孫權為驃騎將軍，假節兼領荊州牧，封南昌侯。孫權派校尉梁寓向漢朝皇帝進貢，同時派王惇買馬，又遣回朱光等人。

18 建安二十五年春季正月，曹操去世，太子曹丕接替為丞相、魏王，改獻帝年號為延康。秋季，魏將梅敷派張儉請求招納他。南陽郡的陰縣、酇縣、筑陽、山都、中廬等五縣百姓五千家前來歸附。冬季，魏嗣王丕即帝位，改年號為黃初。黃初二年四月，劉備在蜀地稱帝。孫權自公安來到鄂建都，將鄂改名武昌，把武昌、下雉、尋陽、陽新、柴桑、沙羨六縣組成武昌郡。五月，建業上報說降下甘露。八月，修築武昌城，孫權對諸將帥下令說：「生存時不要忘記滅亡，平安時定要想到危機，這是古人很好的教導。從前漢朝名臣雋不疑，在平安之世卻刀劍不離身，這也許就是君子對於武備，不能夠放棄。何況現在身處邊疆，與豺狼接觸，難道可以粗心大意不考慮有突然的事變嗎？近來聽說諸將出入，都注意謙虛簡約，不帶扈從，這可不是備禦非常愛護自身的意思。保護自己留下名聲，用以定國安家，比起處危受辱哪個更好一些呢？應該高度警惕戒備，切實重視這個大問題，以合乎我的要求。」自從魏文帝登基，孫權用命自稱藩衛，並且把于禁等人送回魏國。十一月，文帝以策書詔告孫權說：「一般說來，聖王的大法，是因德而設爵秩，因功而定祿位，功勞大的俸祿多，品德高的禮敬尊。所以周公旦有輔佐武王的勳德，姜太公有英勇作戰的功勞，都受封開國同時接受儀物，這是用來表彰他們的大功，對賢哲之士有特別的待遇。近世漢高祖即位之初，把肥沃的地方劃分出來，使八個外姓功臣到那裏做王，這是前世的美事，以後各帝王的鑑戒呀。我以品德並不高尚之身，承接天命而改換朝代，主宰天下，執掌國家權力，時刻想著與前代聖賢看齊，日夜操勞國事。想來你天生忠誠貞固，當代有名而為朝廷之佐，深明天命更替之契機，洞察興亡之理，故不遠千里派遣使者，浮舟潛江、漢水，望朝廷威風而來歸附，上表稱為藩國，並且呈交上好的織物這些南方貢品，把所有俘獲的將領送還朝廷，忠誠恭敬發自內心，誠懇之舉展現在外，信義可以垂世，大義籠蓋山河，我非常欣賞你的做法。現在封你為吳王，派使持節太常高平侯邢貞，頒發給你璽印、綬帶、策書、金虎符第一號至第五號，左半竹使符第一號至第十號，以大將軍使持節的身分統管交州，兼領荊州牧之職，賜給你青色壇土，用白茅包好，報答我的任命，用來治理中國東部。把原來的驃騎將軍南昌侯的印綬符策上交朝廷。現在又加給你九種賜品，要恭謹接受以後的使命。因為你能安靖東南方，使江南服從朝廷綱紀，百姓夷人安居樂業，沒有叛離之心，因此賜給你祭天之車和軍車各一輛，黑色公馬八匹。你盡力增加財富，勸導農民耕植，使倉庫盈滿，是以賜給你禮服、禮帽、赤色複底鞋一套。你以德感化百姓，禮教昌盛，所以賜給你軒懸之樂。你倡導好的風氣，感化百越，所以賜給你朱戶用作自家的大門。你發揮自己的才智，使方正之人為官，賢人在任，所以賜你可以登臺階而升堂。你既忠且勇，清除惡人，所以賞賜你衛隊一百人。你威鎮遠方，效力荊州之南部，誅殺凶類，俘獲關羽，所以賜給你斧鉞各一件。你以文德使內部和睦，武力遠揚於外，是以賜給你紅色弓一張、紅矢百枚，黑色弓十張、黑矢一千枚。你以忠誠恭敬為立身之本，以恭儉砥礪自己的德行，是以賜給你香醴一卣及與之相配的挹勺。你要敬慎的去做啊！忠誠的履行朝廷的典章，執行我的使命，以便勤勉的佐助朝廷，使你卓著的功業傳之永久。」這一年，劉備率軍來伐，到達巫縣、秭歸，派使臣引誘武陵蠻夷，授與他們官印和文書，許諾對他們封官賞賜，這樣一來武陵各縣及五谿之民皆叛吳歸蜀。孫權任陸遜為大都督，率領朱然、潘璋等去抵擋劉備。派都尉趙咨出使魏國。魏文帝問道：「吳王是怎樣的人呢？」趙咨回答：「是聰明仁智，雄略之主。」皇帝問有什麼根據。咨答道：「把魯肅從普通人中選拔出來，是他的聰明；把呂蒙從行伍中提拔上來，是他的明察；俘獲于禁而不加害，是他的仁德；不動兵戈取得荊州，是他的智慧；據有三州之地而有吞併天下之志，是他的雄心；對陛下屈身稱臣，是他的謀略。」魏帝打算封孫權之子孫登，孫權以孫登年幼為由上書謝絕，又派西曹掾沈珩到魏表示謝意，並且呈獻吳地的特產。立孫登為王太子。

1 黃武元年春正月❶，陸遜部將軍宋謙❷等攻蜀五屯，皆破之，斬其將。三月，鄱陽言黃龍見❸。蜀軍分據險地，前後五十餘營❹，遜隨輕重以兵應拒，自正月至閏月❺，大破之❻，臨陳所斬及投兵降首❼數萬人。劉備奔走，僅以身免❽。

2 初，權外託事魏❾，而誠心不款。魏欲❿遣侍中辛毗⓫、尚書桓階⓬往與盟誓⓭，并徵任子⓮，權辭讓不受。秋九月，魏乃命曹休⓯、張遼⓰、臧霸⓱出洞口⓲，曹仁出濡須，曹真⓳、夏侯尚⓴、張郃㉑、徐晃圍南郡。權遣呂範等督五軍，以舟軍拒休等，諸葛瑾、潘璋、楊粲㉒救南郡，朱桓㉓以濡須督㉔拒仁。時揚、越㉕蠻夷多未平集㉖，內難未弭㉗，故權卑辭上書，求自改厲㉘，「若罪在難除，必不見置㉙，當奉還㉚土地民人，乞寄命㉛交州，以終餘年㉜。」文帝報曰：「君生於擾攘㉝之際，本有從橫㉞之志，降身奉國㉟，以享茲祚㊱。自君策名已來㊲，貢獻㊳盈路。討備之功，國朝仰成㊴。埋而掘之，古人之所恥㊵。朕之與君，大義已定㊶，豈樂勞師遠臨江漢㊷？廊廟之議㊸，王者所不得專㊹；三公上君過失，皆有本末㊺。朕以不明，雖有曾母投杼之疑，猶冀言者不信(46)，以為國福。故先遣使者犒勞(47)，又遣尚書、侍中踐修前言(48)，以定任子。君遂設辭(49)，不欲使進，議者怪之(50)。又前都尉浩周(51)勸君遣子，乃實朝臣交謀(52)，以此卜(53)君，君果有辭，外引隗囂遣子不終(54)，內喻竇融守忠而已(55)。世殊時異，人各有心。浩周之還，口陳指麾(56)，益令議者發明眾嫌(57)，終始之本，無所據仗，故遂俛仰(58)從羣臣議。今省上事(59)，款誠深至，心用慨然，悽愴動容。即日下詔，敕(60)諸軍但深溝高壘，不得妄進。若君必效忠節，以解疑議，登身朝到，夕召兵還。此言之誠，有如大江(61)！」權遂改年(62)，臨江拒守。冬十一月，大風，範等兵溺死者數千，餘軍還江南(63)。曹休使臧霸以輕船五百、敢死萬人襲攻徐陵(64)，燒攻城車(65)，殺略(66)數千人。將軍全琮(67)、徐盛(68)追斬魏將尹盧，殺獲數百。十二月，權使太中大夫鄭泉聘劉備于白帝(69)，始復通也(70)。然猶與魏文帝相往來，至後年乃絕(71)。是歲(72)改夷陵為西陵。

3 二年(73)春正月，曹真分軍據江陵中州(74)。是月，城江夏山(75)。改四分，用乾象曆(76)。三月，曹仁遣將軍常彫(77)等，以兵五千，乘油船(78)，晨渡濡須中州(79)。仁子泰因引軍急攻朱桓，桓兵拒之(80)，遣將軍嚴圭等擊破彫等。是月，魏軍皆退(81)。夏四月，權羣臣勸即尊號，權不許(82)。劉備薨于白帝(83)。五月，曲阿(84)言甘露降。

先是戲口[85]守將晉宗殺將王直，以眾叛如魏，魏以為蘄春太守，數犯邊境。六月，權令將軍賀齊督糜芳、劉邵等襲蘄春，邵等生虜宗[86]。冬[87]十一月，蜀使中郎將鄧芝來聘[88]。

4 三年[89]夏，遣輔義中郎將張溫聘于蜀[90]。秋八月，赦死罪[91]。九月，魏文帝出廣陵，望大江[92]，曰「彼有人焉，未可圖也[93]」，乃還。

5 四年[94]夏五月，丞相孫邵卒[95]。六月，以太常顧雍[96]為丞相。皖口言木連理[97]。冬十二月，鄱陽賊彭綺自稱將軍[98]，攻沒[99]諸縣，眾數萬人。是歲地連震[100]。

6 五年[101]春，令曰：「軍興日久，民離農畔[102]，父子夫婦，不能[103]相卹[104]，孤甚愍之[105]。今北虜[106]縮竄，方外[107]無事，其下[108]州郡，有以寬息[109]。」是時陸遜以所在少穀，表令諸將增廣農畝。權報曰：「甚善。今孤父子親自受田[110]，車中八牛以為四耦[111]，雖未及古人，亦欲與眾均等其勞也。」秋七月，權聞魏文帝崩，征江夏，圍石陽，不克而還[112]。蒼梧言鳳皇見[113]。分三郡惡地十縣置東安郡，以全琮為太守，平討山越[114]。冬十月，陸遜陳便宜[115]，勸以施德緩刑，寬賦息調[116]。又云：「忠讜[117]之言，不能極陳[118]，求容小臣，數以利聞[119]。」權報曰：「夫法令之設，欲以遏惡防邪，儆戒未然[120]也，焉得不有刑罰以威小人[121]乎？此為先令後誅，不欲使有犯者耳(122)。君以為太重者，孤亦何利其然？但不得已而為之耳。今承(123)來意，當重諮謀(124)，務從其可。且近臣有盡規之諫(125)，親戚有補察之箴(126)，所以匡君正主(127)明忠信也。書載『予違汝弼，汝無面從』(128)，孤豈不樂忠言以自裨補(129)邪？而云『不敢極陳』，何得為忠讜哉？若小臣之中，有可納用者，寧得以人廢言(130)而不採擇乎？但(131)諂媚取容，雖闇(132)亦所明識(133)也。至於發調者(134)，徒(135)以天下未定，事以眾濟(136)。若徒守江東(137)，修崇(138)寬政，兵自足用，復用多為(139)？顧坐自守可陋(140)耳。若不豫(141)調，恐臨時未可便用也。又孤與君分義(142)特異，榮戚(143)實同，來表云不敢隨眾容身苟免(144)，此實甘心所望於君也。」於是令有司(145)盡寫科條(146)，使郎中(147)褚逢齎(148)以就遜及諸葛瑾，意所不安，令損益之。是歲，分交州置廣州(149)，俄復舊(150)。

7 六年(151)春正月，諸將獲彭綺(152)。閏月(153)，韓當子綜以其眾降魏(154)。

8 七年(155)春三月，封子慮為建昌侯(156)。罷東安郡(157)。夏五月，鄱陽太守周魴偽叛，誘魏將曹休(158)。秋八月，權至皖口，使將軍陸遜督諸將大破休於石亭(159)。大司馬呂範卒(160)。是歲，改合浦(161)為珠官郡。

【章　旨】以上為第三部分，記述黃武元年到七年，孫權脫離了魏的羈絆而獨立發展壯大，與漢聯合，共同抗拒了來自曹魏的巨大壓力，為他的真正稱帝建國創造了條件。

【注　釋】❶黃武元年春正月　孫權改元黃武在本年十月，此言「春正月」是追書。孫權改元表明吳是獨立的政權，從此不再是魏的藩國，割斷了與魏的從屬關係，三國鼎足而立最終形成。黃武元年，西元二二二年。黃武，吳王孫權年號，西元二二二－二二九年。❷宋謙　吳國老將，與黃蓋、韓當齊名。❸黃龍見　黃龍是古代傳說中的動物，讖緯家以為是帝王的瑞徵。《呂氏春秋·知分》：「禹南省，方濟乎江，黃龍負舟。」後因謂黃龍出現將出真命天子。見，同「現」。❹蜀軍分據險地二句　漢軍自巫峽連營數百里至夷陵界，立數十屯，自正月與吳相拒，至六月不決。魏文帝聞備東下征孫權，樹柵連營七百里，謂羣臣曰：「備不曉兵，豈有七百里營可以拒敵者乎？」❺閏月　黃武元年閏六月。❻大破之　陸遜敕士卒各持一把茅，以火燒營，令全軍同時俱攻，破四十餘營，漢將杜路等窮逼投降。❼投兵降首　放下武器，出首投降。❽劉備奔走二句　劉備登馬鞍山，陳兵自繞，陸遜督軍四面進逼，備軍土崩瓦解，備夜遁入白帝城，其舟船器械，水兵軍資，一時俱盡，屍骸漂流，塞江而下，備大慚曰：「吾乃為遜所折辱，豈非天邪！」身免，自身免於死。❾初權外託事魏　孫權打敗蜀漢，派遣使臣聘魏，具上破備所得印綬及首級和所得土地數，並且列表上呈應封賞將吏，文帝派使回報賞賜，並下詔：「將軍勉建方略，務全獨克。」讓孫、劉再互鬥下去。❿欲　宋本作「乃」。《三國志集解》引梁章鉅云：「《御覽》一百十八引『欲』作『乃』是也。」又引沈家本云：「辛毗、桓階二傳並無使吳事，蓋以權辭讓不受，欲遣而未行也。『欲』字不當作『乃』，梁說誤。」⓫侍中辛毗　侍中，官名。職在侍從天子，出入宮庭，應對顧問。辛毗，字佐治，潁川陽翟（今河南禹州）人，佐操、丕、叡三代，多所建謀，官至衛尉，然性格剛直，終不得重用。事見本書卷二十五〈辛毗傳〉。⓬尚書桓階　尚書，主管章奏文書，協助天子處理政務。桓階，字伯緒，長沙臨湘（今湖南長沙）人，事曹操多匡正其失，文帝踐阼，遷尚書令。事見本書卷二十二〈桓階傳〉。⓭盟誓　古人重視要盟誓言，是諸侯間為釋疑取信而對神立誓締約的一種禮儀。《春秋》隱公三年：「公及邾儀父盟於蔑。」唐孔穎達疏：「天子不信諸侯，諸侯自不相信，則盟以要（要束）之。凡盟禮，殺牲歃血（將血塗在唇上），告誓神明，若有違背，欲令神加殃咎，使如此牲也。」盟從明聲而有明義，今口語中仍有「明誓」的說法，寫出來即「盟誓」。⓮徵任子　任子又稱質子，由於雙方的不信任，強者一方往往要求弱方首領之子押在此作為人質。此為強索孫權之子孫登來魏做人質。⓯曹休　字文烈，沛國譙（今安徽亳州）人，曹操族子，操誇為「吾家千里駒」，出征屢勝，封鎮南將軍，安陽鄉侯。事見本書卷九〈曹休傳〉。⑯張遼　字文遠，雁門馬邑（今山西朔縣）人，從曹操討袁尚兄弟，數有戰功，東漢建安二十年（西元二一五年），率八百人在逍遙津大敗孫權，拜征東將軍。事見本書卷十七〈張遼傳〉。⑰臧霸　字宣高，泰山華（今山東費縣東北）人，助曹操討黃巾、征孫權。文帝即位，官至鎮東將軍。後為執金吾，位特進。事見本書卷十八〈臧霸傳〉。⑱洞口　地名。在今安徽和縣長江邊。⑲曹真　字子丹，操族子，征劉備數立功，文帝拜中軍大將軍，後官至大司馬，賜劍履上殿，入朝不趨。事見本書卷九〈曹真傳〉。⑳夏侯尚　字伯仁，沛國譙（今安徽亳州）人，夏侯淵之姪，智略深敏，謀謨過人，在與劉備、孫權作戰中，爭城奪地，數建功勳，拜征南大將軍。事見本書卷九〈夏侯尚傳〉。㉑張郃　字儁乂，河間鄚（今河北任丘北）人，東漢末為韓馥部將，後依袁紹，官渡之戰後歸降曹操。攻鄴城，擊袁譚，討柳城，屢立戰功，為曹魏名將之一。平張魯後，與夏侯淵守漢中，夏侯淵死，被眾人推為軍主，退屯陳倉。魏明帝時，諸葛亮北伐，張郃督諸軍，在街亭打敗諸葛亮將馬謖。魏太和五年（西元二三一年），諸葛亮再次北伐，張郃與蜀軍戰，在木門被飛矢所中，卒。詳見本書卷十七〈張郃傳〉。㉒楊粲　孫權將領，與諸葛瑾、潘璋齊名。㉓朱桓　字休穆，吳郡吳（今江蘇蘇州）人。有膽略，以五千兵擊破魏曹仁軍數萬，拜前將軍。事見本書卷五十六〈朱桓傳〉。㉔督　吳於沿江要地均設都督，權輕者但稱督。㉕揚越　揚指揚州，州名。越謂吳郡、會稽地區，為古越人所居，都是吳的心腹之地，故下稱「內難」。㉖平集　平定順睦。集，同「輯」。和睦。㉗弭　停止；消除。㉘改厲　改悔；改過自勉。厲，同「勵」。原作「悔」，宋本、馮夢禎刻本作「厲」，據改。㉙見置　被赦免。見表被動。置，釋。㉚奉還　雙手送還。奉，同「捧」。㉛寄命　寄託生命，即託身。㉜餘年　一生中剩下的年月。㉝擾攘　社會紛爭動亂年代。攘，亦作「穰」。㉞從橫　謂馳騁四方建立功業。南北為縱，東西為橫。從，同「縱」。㉟降身奉國　降志屈身奉戴國家，謂接受魏封號。㊱祚　上天的福祐。㊲策名已來　策名，又曰策名委質，將自己的名字書於主人之策（同「冊」），表示委身事人的臣屬關係。已來，即以來。㊳貢獻　貢品。指魏索求雀頭香等南方產品，孫權全部送上。㊴國朝仰成　國朝，本朝，後常用作對本朝的敬稱。仰成，不費力而仰賴其成功，即坐享其成。㊵埋而掘之二句　《國語・吳語》：越諸稽郢謂吳王曰：「夫諺曰：『狐埋之而狐搰（挖掘）之，是以無成功。』今天王既封植（樹立）越國，以明聞於天下，而又刈亡（消滅）之，是天王之無成勞也。」狐性多疑，剛埋下的東西，過一會又掘出，枉費前功，暗示孫權以前降身奉國，做了許多貢獻，不要因任子一事而盡棄前功。㊶大義已定　大義，正道，人間公認的正當名分和關係，如君臣、父子、夫妻之間的關係，此指孫權受曹丕封號而確定的君臣關係。㊷遠臨江漢　遠臨，遠征。臨，征伐；脅制。江漢，泛指長江、漢水一帶地區，此地為三方交爭之地，其中孫權占據荊州大部分土地。㊸廊廟之議　大臣在朝廷的議論。《後漢書・

申屠剛列傳》「廊廟之計」，李賢注：「廊，殿下屋也；廟，太廟也。國事必先謀於廊廟之所也。」㊹專　專輒；專擅。㊺三公上君過失二句　魏以太尉、司徒、司空為三公，是輔佐皇帝、主管朝政的最高官吏。本末，事情的頭尾、始終。㊻曾母投杼二句　曾參，孔子弟子，以德行著稱。人言曾參殺人，曾母織布，聽後不相信，織布依舊。第二人喊曾參殺人，她仍不相信。到第三人喊曾參殺人時，曾母便以為真，嚇得丟下梭子踰牆而逃。事見《戰國策・秦策二》。杼，織布梭。此引曾母投杼故事，謂臣下都在說孫權罪在難赦，我也有點懷疑了，所以希望這些話不是真的。冀，希望。㊼犒勞　犒賞慰勞。㊽踐修前言　履行以前的承諾。踐、修同義。《國語・晉語五》：「晉為盟主，而不修天罰。」韋昭注：「修，行也。」謂實行。㊾設辭　猶託詞。找藉口；編造理由。㊿議者怪之　怪，責讓；譴責。裴注引《魏略》載三公奏議，謂孫權靠父兄之勢而壯大，天朝對他優厚，封王，權不知報效，與劉備勾結，負固頑抗，應免官削土，捕治其罪，云云。(51)浩周　字孔異，上黨郡（今山西長治）人，建安中，官徐州刺史，後與于禁同被孫權所得，文帝責權遣子入質，權使周回魏，周以舉家百口擔保權一定入質。權言不信，周亦被疏遠，終身不用。(52)交謀　共同商定的辦法。交，互相。(53)卜　占驗；驗證。(54)外引隗囂句　隗囂，字季孟，東漢天水成紀（今甘肅秦安）人，王莽末，據有天水、武都、金城等郡，自稱上大將軍，將其長子恂送入洛陽為質，後不肯歸附光武帝，其子被殺，是任子不得善終之事。(55)內喻竇融句　竇融，字周公，東漢初扶風平陵（今陝西咸陽西北）人，王莽末，割據河西，後協助劉秀消滅隗囂，任大司空，封侯，此即融守忠而未任子之事。此二句轉述孫權不願遣子找的藉口。已與終同義，不終是不得善終，而已是得到善終，與常見作助詞用的「而已」不同。(56)口陳指麾　嘴說著，同時手比劃著。麾，同「揮」。(57)發明眾嫌　證明了大臣們的懷疑。當時魏國大臣廷議，列舉了孫權十五條罪狀，主張移兵進討，以明國典，以靜三州百姓之苦。(58)俛仰　猶委曲周旋。俛，同「俯」。(59)今省上事　省，察視。上事，即上述求自改厲，卑詞求情的文書。(60)敕　敕戒，上對下告誡之詞。(61)有如大江　有如，同「猶如」。常用於誓詞中。大江，長江，此謂長江之神鑑臨。《左傳》僖公二十四年「有如白水」，襄公十九年「有如河」，《詩經・王風・大車》「謂予不信，有如皦（皎）日」，均與此同。(62)權遂改年　曹丕稱帝後，孫權用黃初年號，今改年號為黃武，割斷與魏的臣屬關係，還不是稱帝建國。(63)大風三句　暴風吹斷呂範等大船船索，船直漂入曹休營中，休軍斬殺及俘獲幾千人，吳兵迸散，吳派救船收餘軍還江南。(64)徐陵　亭名。在今安徽當塗西南東梁山之北。(65)攻城車　專用作攻城的車輛，其制不詳，但不外兩種功能：一是升梯登城，一是撞開城門。(66)殺略　殺戮與擄掠。(67)全琮　字文璜，吳郡錢唐（今浙江杭州）人，官至大司馬，右軍師，封錢唐侯。事見本書卷六十〈全琮傳〉。(68)徐盛　字文嚮，琅邪莒（今山東莒縣）人，抗魏屢建功勞，以臣魏為恥，官安東將軍，封蕪湖侯。事見本書卷五十五〈徐盛傳〉。[69]太中大夫鄭泉句　太中大夫，光祿勳屬官，掌議論。鄭泉，字文淵，陳郡（今河南淮陽）人，好當眾面諫，無所畏懼。使蜀，責劉備既為漢宗室而不能率先執戈討曹魏之義。聘，遣使訪問以修好。白帝，即白帝城，故址在今重慶市奉節東白帝山。[70]始復通也　自東漢建安十九年（西元二一四年），孫權索荊州，劉備不與，漢、吳交惡，至此時中隔八年，而復通好，漢亦派太中大夫宗瑋回訪。[71]至後年乃絕　後年，今年的後一年，即明年。魏黃初四年（西元二二三年），漢派鄧芝使吳，吳遂與魏斷絕來往，專與漢連和。[72]是歲　事情不知發生在何月，用「是歲」綴於年末。下同此。[73]二年　黃武二年（西元二二三年）。[74]曹真分軍句　曹真等奉命圍南郡，又以張郃等襲據中州，故言「分軍」。江陵中州，長江中江陵附近的百里洲，上自枝江西下至江陵，長達百里，故名。州與洲同，都是水中陸地。州（巛）中本有水（巛），又加水旁，是疊床架屋，漢字中此類字甚多。江陵是南郡治所，吳於此置督為重鎮。去年吳將孫盛督萬人據江陵中洲，以為南郡外援。[75]城江夏山　在山上築江夏城。《漢書．地理志》：「夏水過郡入江，故曰江夏。」《水經注》：「江水經魯山南，古翼際山也，山上有吳江夏太守陸煥治城。」築城之山即魯山。[76]改四分二句　《四分曆》是東漢章帝時編訢、李梵等所製，於章帝元和四年（西元八五年）頒令施行。《四分曆》以一年為三百六十五又四分之一日，亦即十二又十九分之七月。這與地球和月亮的實際運行時間微有差異，積少成多，至漢靈帝之末，這種差異逐漸顯露出來，突出的表現是日蝕不在朔日。會稽東部都尉劉洪考古察今，更造《乾象曆》，以《易》數為基礎，輾轉相求，以與日、月、五星之行相符合，於諸曆中最為精密。吳中書令闞澤受劉洪法，故孫吳行《乾象曆》，直至吳亡。三國曆法不一，魏文帝時造《黃初曆》，蜀漢未有改曆之議，仍用《四分曆》。改，廢除。[77]常彫　〈朱桓傳〉作「常雕」，二字音義同。[78]油船　胡三省謂油船蓋以牛皮為之，外施油以扞（禦）水。[79]濡須中州　濡須塢江邊之小洲。洲上有朱桓部曲妻兒。[80]急攻朱桓二句　桓去年被任命為濡須督，攻朱桓即攻濡須塢，塢上有防禦工事，故又稱濡須城。時桓手下僅五千人，桓部署兵將攻取油船和別擊常彫，桓等身自拒泰，梟常彫，臨陣斬溺死者千餘。[81]魏軍皆退　謂攻濡須及攻江陵之軍，攻而無功，江水大漲，疫疾流行，文帝悉召諸軍還。[82]權羣臣勸即尊號二句　《江表傳》載孫權辭讓曰：「漢家（漢朝廷）堙替（衰敗），不能存救，亦何心而競乎！」權雖未肯稱帝，但臣下已屢稱他為「至尊」，東南半壁，以權為大，是不帝而帝。[83]劉備薨于白帝　夷陵之敗，劉備收餘眾退駐白帝，卒於白帝永安宮。孫權遣立信都尉馮熙聘蜀弔備喪。[84]曲阿　縣名。治所在今江蘇丹陽。[85]戲口　地名。不詳。[86]權令將軍賀齊二句　晉宗為魏蘄春太守，圖襲安樂，取其保質，可見當時將在外，均須入保質於主帥。據相關傳記，參與生俘晉宗的，還有鮮于丹、胡綜等。[87]冬原脫，據宋本補。[88]蜀使中郎將句　中郎將，二千石，亦有眾多名號。鄧芝，字伯苗，義陽新野（今河南新野）人，劉備死後，諸葛亮遣芝重修吳好，芝見孫權曰：「吳、蜀二國四州（荊、揚、交、益）之地，大王命世之英，諸葛亮亦一時之傑，蜀有重險之固，吳有三江之阻，合此二長共為脣齒，進可以并兼天下，退可鼎足而立，此自然之理也。」吳遂自絕魏，專與漢連和。〈後主傳〉、芝本傳、《資治通鑑》均云鄧芝為尚書，此作中郎將，當是因張溫為輔義中郎將報蜀而誤置。[89]三年　黃武三年（西元二二四年）。[90]遣輔義中郎將句　輔義中郎將，一人，吳所置，位次於將軍。建安以後，地方割據，自相署置，始多名號中郎將。張溫，字惠恕，吳郡吳（今江蘇蘇州）人，使蜀，敦吳蜀之好，權恨其稱美蜀政，又嫌其聲名太盛，斥還本郡。[91]秋八月二句　古時對死囚行刑都在冬季，此八月而赦，在斬決之前赦之。[92]魏文帝出廣陵二句　梁章鉅謂此魏文帝第一次臨大江。此廣陵，謂廣陵縣。[93]彼有人焉二句　人，人才，智能之士。圖，謀取。[94]四年　黃武四年（西元二二五年）。[95]丞相孫邵卒　丞相，官名。輔佐皇帝，綜理全國政務的最高行政長官。孫邵，字長緒，北海郡（今山東昌樂）人，孔融稱其有「廊廟之才」，數勸孫權對魏卑身納貢。黃武初為丞相，威遠將軍，封陽羨侯。卒年六十三。[96]顧雍　字元歎，吳郡吳（今江蘇蘇州）人。出身江南士族。孫權為會稽太守，以雍為丞，行太守事，後為尚書令。為丞相，所選文武將吏，各隨能任用。政職所宜，密以上聞，見用則歸主上，不見用，終不洩漏。執吳政十九年。事見本書卷五十二〈顧雍傳〉。[97]皖口言木連理　皖口，皖水入長江之口，在今安徽懷寧西。木連理，不同根的樹，其枝幹連生在一起，古人以為吉祥徵兆。[98]鄱陽賊彭綺句　彭綺自稱舉義兵，為魏討吳，魏以其眾弱謀淺，不予支持。此「將軍」為自封，不入吳官職系列，卷六十〈周魴傳〉稱其為「鄱陽大帥」。[99]攻沒　攻陷。[100]地連震　不詳述每次地震的時間、地點，綜述於此。[101]五年　黃武五年（西元二二六年）。[102]農畔　田界，此喻田畝。[103]能　宋本作「聽」。[104]卹　憂念；救濟。[105]孤甚愍之　古代君王、諸侯自稱孤。愍，同「憫」。憐惜。[106]北虜　對魏的蔑稱。虜，奴僕。三國互稱對方為虜、為賊。[107]方外　區域之外，此指邊境無外患。[108]下　下達詔令。[109]寬息　施政寬緩，使民得以休養。[110]今孤父子句　古代有朝廷授田給農民耕種的制度，民年二十受田，六十歸田。受田後承擔賦稅和勞役，歸田後則免。孫權要求父子受田，表示以身作則，率先重視農業，並「與眾均等其勞」。受田，接受田地。[111]車中八牛句　此所說的車，大概是犢車。《晉書・輿服志》謂古之貴者不乘牛車，漢武帝行推恩策後，貧者至乘牛車，其後稍見尊貴，自漢獻帝以來，天子至士遂以為常乘，至尊出朝堂、舉哀乘之。犢車即牛車，八牛以為四耦，耦本二人併力合耕之義，此謂二牛拉一犁為耦。東漢畫象石中已有二牛拉一犁的圖象。至三國，雖有耦耕之名，已非古時含義。孫權云「未及古人」，即與古義不同。[112]權聞魏文帝崩四句　天子死曰崩。魏文帝卒時四十歲。權聞魏有大喪，自將攻江夏郡，太守文聘堅守。明帝曰：「權習水戰，所以敢下船陸攻者，冀掩襲不備，今已與聘相拒，攻者要以幾倍的力量對付守者，終不會持久。」

石陽，縣名。治所在今湖北應城東南。113 蒼梧言鳳皇見　蒼梧，郡名。治所在今廣西梧州。鳳皇，今書作「鳳凰」，古代傳說中的鳥王，雄曰鳳，雌曰凰，鳳凰出現，古人以為吉祥之兆。114 分三郡惡地三句　據〈全琮傳〉，「丹楊、吳、會山民復為寇賊，權分三郡險地以為東安郡。」是三郡為丹楊、吳郡、會稽。惡地或險地，即陡峭的山區。東安郡治所在今浙江富陽北。全琮，字子璜，吳郡錢唐（今浙江杭州）人，中州人士避亂江南，琮傾家救濟，因是顯名，權以為奮威將軍，使討山越。官至右大司馬，左軍師。事見本書卷六十〈全琮傳〉。115 陳便宜　陳述有利於國又合於時宜之事。116 寬賦息調　寬緩賦稅，停止徵調勞力和實物。117 忠讜　忠誠正直。胡三省云：「讜，善言也。」118 不能極陳　不能，錢大昕疑當為「不敢」，下文「不敢極陳」正照應此句。極陳，盡情表達。119 求容小臣二句　求容，博取喜悅。小臣，卑微小吏。以利聞，把只求功利的事情上報。120 儆戒未然　儆、戒同義，戒備。顏師古注《漢書》：「未然者，其計未成。」121 威小人　威，同「畏」。恐嚇。小人，平民百姓。122 耳　語尾助詞「而已」的合音，義為罷了。123 承　接到。124 重諮謀　慎加謀慮。重，謂慎重。諮，同「咨」。商量；諮詢。125 且近臣句　《國語・周語上》：「近臣盡規」。韋昭注：「近臣謂驂僕之屬也。盡規，盡其規計以告王也。」此借用「近臣」一詞，乃指朝廷重臣。諫，勸止。126 親戚有補察之箴　〈周語上〉：「親戚補察」。韋昭注：「補，補過。察，察政也。」《左傳》襄公十四年：「自王以下各有父兄子弟以補察其政也。」杜預注：「補其愆過，察其得失。」《左傳》的「父兄子弟」，就是《國語》「親戚」之義。箴，勸戒。127 匡君正主　匡正君主過失。128 書載二句　《尚書・皋陶謨》文。「予違女弼，女無面從，退有後言」，這是舜對禹說的話。言我有過失，你當輔正，不要當面順從我，背後又有話說。這裏引前二句。女、汝古今字。違，過失。弼，輔佐。129 裨補　二字同義，補益；增加。130 以人廢言　因其職位低或有過失，連其正確的話也不接受。131 但　原作「假若」，今從宋本。132 闇　昏昧。133 識　斷定；辨別。134 發調者　發調又稱調發，徵調之義。者是提示詞，對人或事在下文作出說明。135 徒　特；只是。136 濟　成功。137 江東　長江在今蕪湖至南京段，呈西南—東北走向，今蘇南一帶泛稱江東。138 修崇　崇尚。139 為　語氣詞，表反問。140 陋　偏僻；邊遠。141 豫　同「預」。事先。142 分義　名分。謂君臣確定的身分地位關係。《史記・李斯列傳》：「此臣主之分定，上下之義明，則天下賢不肖莫敢不盡力竭任以徇其君矣。」分與義互文同義。143 榮戚　喜樂與憂慮。144 容身苟免　保全自身苟免犯罪。145 有司　朝廷設官分職，各有專司，故謂主管官吏為有司。146 科條　法律；律條。147 郎中　光祿勳屬官，秩比六百石，主執戟宿衛各殿門，出充車騎。148 齎　攜帶。149 分交州置廣州　從交州分一部分土地設置廣州。交州，治所在今廣東廣州。據卷六十〈呂岱傳〉：「岱表分海南三郡為交州，海東四郡為廣州。」所謂海南三郡，為交趾、九真、日南。海東四郡為南海、蒼梧、鬱林、合浦。分州後，廣州治番禺，交州還治今越南河內東天德江北岸。150俄復舊　據卷六十〈呂岱傳〉，九真太守士徽舉兵戍海口，拒交州刺史戴良到任，岱遣輕銳突襲，徽降，「於是除廣州，復為交州如故」，以此約計，分置廣州不過數月，故云「俄復舊」。俄，不久。151六年　黃武六年（西元二二七年）。152諸將獲彭綺　解煩督胡綜、鄱陽太守周魴等勠力攻討，遂生擒彭綺，送武昌斬首。153閏月　黃武六年閏十二月。154韓當子綜句　韓當卒，以其子綜襲爵領兵。孫權出征，使綜守武昌，綜淫亂不守法度，懼誅，遂載父喪，將母家屬部曲男女數千人奔魏，魏以為將軍。後被諸葛恪所殺。155七年　黃武七年（西元二二八年）。156封子慮為建昌侯　慮，字子智，權之次子，少敏惠有才藝，大臣屢請，乃封鎮軍大將軍。事見本書卷五十九〈孫慮傳〉。建昌，縣名。治今江西奉新西。侯為爵位名，以封有功者，皆有封邑，功大者食縣之租稅，功小者食鄉、亭，此為縣侯。157罷東安郡　東安郡黃武五年（西元二二六年）立，立二年而撤消。158鄱陽太守周魴二句　周魴，字子魚，吳郡陽羨（今江蘇宜興）人。事見本書卷六十〈周魴傳〉。魏將曹休時在壽春，周魴作書偽降，辭氣懇切，求休進兵，以為內應。休果率步騎十萬，輜重滿道入皖。159大破休於石亭　魏遣司馬懿向江陵，賈逵向東關，三道俱進，而休大敗，被斬獲萬餘，損失牛馬驢騾車乘萬輛，軍資器械略盡，休還，疽發背而死。石亭，故址在今安徽潛山縣東北。160大司馬呂範卒　大司馬，上公一人，第一品，掌武事，位在三公上，吳黃武七年（西元二二八年）初置，赤烏九年（西元二四六年）分左右，建興中復舊。呂範由前將軍遷大司馬，印綬未下而卒。161合浦　郡名。治所在今廣西合浦東北。

【語譯】黃武元年春季正月，陸遜部署將軍宋謙等進攻蜀軍五個營地，全攻破了，斬了那些將領。三月，鄱陽縣上報黃龍出現。蜀軍分別占據險要之地，前後相連五十多營，陸遜根據輕重緩急調兵應對，自正月到閏六月，大敗蜀軍，陣前所斬殺和投降的有好幾萬人。劉備逃跑，僅僅自身免死。

2 起初，孫權表面臣事於魏，但內心實在不誠懇。魏想要派遣侍中辛毗和尚書桓階前往吳與孫權盟誓，並且徵索其子為人質，孫權推辭不接受。秋季九月，魏就命令曹休、張遼、臧霸出兵洞口，曹仁出兵濡須塢，曹真、夏侯尚、張郃、徐晃包圍南郡。孫權派呂範等督領五軍，以水軍抵擋曹休等，諸葛瑾、潘璋、楊粲援救南郡，朱桓任濡須督抵抗曹仁。正在這時，揚、越之地的蠻夷大多尚未安定，內部動亂尚未平定，所以孫權以謙卑之詞上書魏國，請求自我改正，說「如果罪大不能消除，一定不予赦免，定當奉還受封的土地及人民，乞請託命於交州，以結束我的殘年。」魏文帝回覆說：「你生在動亂之世，本有馳騁天下之志，降志屈身奉事我國，享受此福祐。自從你名字入冊以後，貢品滿路。打敗劉備的功勞，本朝樂享其成。自己埋下的東西自己又挖出來，連古人也羞恥。我和你之間，君臣大義已確定下來，難道願意動用軍隊遠征江漢之地嗎？朝廷的議論，連我這當皇帝的也不能自己說了算；三公呈上來你的錯誤，都是原原本本，清楚明白。我因為不能明察，縱有曾子母親投梭那樣的懷疑，還是希望這話不是真的，就是國家的福氣了。所以先派使者對你犒賞慰勞，又派尚書和侍中讓你履行以前的承諾，把質子的事定下來。你果然藉口推托，不想把兒子送來，朝議對你進行了譴責。還有，從前都尉浩周勸你送質子，這實際上是朝臣共同的意見，以此考驗你，你果然有託詞，外引隗囂遣了質子也不得善終，內喻竇融自身守忠信，沒遣質子卻得好結果，世道改了，時間變了，人人各有自己的打算。浩周回來以後，口說手也比劃，越發叫議論的人證明了種種猜測，從頭到尾原來是什麼樣子，我也拿不出證據，所以就勉強同意大臣的決議。現在觀察上面你所說的，誠懇至極，我內心慨嘆，悲苦感動，當日下詔，命令各軍只是挖深溝，築高壘，不許擅自進攻。你若是真正表現出忠誠，想用來打消大家的懷疑的話，孫登早晨送到，我黃昏就把軍隊調回。我這話的誠懇，如同面對大江之神說的！」孫權於是改換年號，沿江把守。冬季十一月，颳大風，呂範等人的兵士有好幾千人淹死，剩下的回到江南。曹休命臧霸用快船五百隻、敢死之士一萬人襲擊徐陵，燒毀攻城車，連殺帶俘獲有幾千人。將軍全琮、徐盛追斬魏將尹盧，殺死和俘虜幾百人。十二月，孫權派太中大夫鄭泉到白帝城向劉備聘問修好，開始與蜀漢再次往來，但還和魏文帝有往來，到第二年才與魏完全斷絕關係。這一年，把夷陵改名為西陵。

3 黃武二年春季正月，曹真分撥部分兵力占據江陵中洲。這一月，吳在江夏山上築城。廢四分曆，改用乾象曆。三月，曹仁派將軍常彫等率五千士卒，乘著油船，在早上向濡須中洲駛進。曹仁之子曹泰因此率軍急攻朱桓，朱桓領軍抗禦曹泰，派將軍嚴圭等打敗了常彫等人。這一月，魏軍全部撤退。夏季四月，羣臣勸孫權稱帝，孫權不同意。劉備在白帝城去世。五月，曲阿上報天降甘露。在此之前，戲口守將晉宗殺死將領王直，帶領軍隊叛逃到魏國，魏國任命他為蘄春郡太守，多次侵犯吳邊境。六月，孫權命令賀齊督率糜芳、劉邵等襲擊蘄春，劉邵等活捉了晉宗。冬季十一月，蜀漢派中郎將鄧芝來吳通好訪問。

4 黃武三年夏季，孫權派輔義中郎將張溫往蜀漢通好訪問。秋季八月，赦免死刑犯。九月，魏文帝從廣陵出來，遙望大江，說「那裏有人才，不能謀取了」，便回去了。

5 黃武四年夏季五月，丞相孫邵去世。六月，任命太常顧雍為丞相。皖口上報有樹連理而生。冬季十二月，鄱陽郡盜賊彭綺自稱將軍，攻占各縣，有部眾幾萬人。這一年，接連發生地震。

6 黃武五年春季，孫權下令說：「戰爭時間很長，百姓脫離土地，父子夫婦之間，不能互相體卹，我非常憐憫他們。現在北邊的敵人撤退，邊疆安定，要下令各州郡，使百姓有所寬緩休息。」這時陸遜因為所處的地區缺少糧食，上表令各將領廣拓農田。孫權回覆說：「很好。現在我們父子親身受田，車上的八隻牛配成四耦，雖然不及古人，也是想與百姓有勞均擔呀。」秋季七月，孫權聽說魏文帝去世，親征江夏郡，包圍石陽，沒有攻下城就撤軍了。蒼梧郡上報有鳳凰出現。分出三郡的惡地共十個縣設置東安郡，任命全琮為太守，討平山越。冬季十月，陸遜上書陳述應辦事宜，勸孫權施仁德緩刑罰，寬緩賦稅，停止徵調。又說：「忠直的話，不能暢所欲言，而博取上司喜悅的卑微小吏，卻一再的上報只求功利的建議。」孫權回覆說：「法令的設定，就是為了防止姦邪，戒備尚未發生的罪行，哪能不設刑罰用來威嚇姦邪之人呢？這叫做先有令而後誅殺犯令者，不希望再有犯法的人罷了。你認為刑罰太重的，我也何嘗認為這樣做有利呢？只是不得已才這樣做罷了。今接到你表達的意見，我要慎加諮詢商量，一定按正確的意見去做。而且左右的臣子有盡情規過的諫諍，親人有補察錯誤的勸誡，用來匡正君主的錯誤表明臣下的忠誠信義。《尚書》記載『我有過失，你要輔正，你不要在我面前一味順從』，我難道不喜歡用忠信之言來彌補自己的不足嗎？你卻說『不敢暢所欲言』，這怎能算得上忠直呢？如果卑微下吏中，有值得採納的意見，豈能以人微而摒棄他的言論不予採納呢？但是討好取悅的話，我縱然昏昧也會有明斷的。至於徵調民力之事，只是因為天下尚未統一，事情需要眾人完成。如果只是守住江東，施行寬緩的政策，軍隊自然用度不愁，還要那麼多做什麼？但不過是坐守偏僻之地罷了。如果不事先加以徵調，恐怕到要用時就沒得用了。還有，我和你名分與眾不同，喜樂憂愁實在是相同的，來表說不敢隨波逐流苟且存身免罪，這實在是我對你的滿心期望。」因此命令有關官員詳加制定法律，派郎中褚逢帶去給陸遜和諸葛瑾看，認為不當之處，就加以增刪修改。這一年，從交州分出一部分設置廣州，不久又恢復原來的建置。

7 黃武六年春季正月，眾將領生擒彭綺。閏十二月，韓當之子韓綜率他的部眾投降魏國。

8 黃武七年春三月，孫權封次子孫慮為建昌侯。撤消東安郡。夏季五月，鄱陽郡太守周魴假裝叛吳，引誘魏將曹休。秋季八月，孫權到達皖口，命將軍陸遜督率各將領在石亭大敗曹休。大司馬呂範去世。這一年，改合浦郡為珠官郡。

1 黃龍元年春❶，公卿百司皆勸權正尊號❷。夏四月，夏口、武昌並言黃龍、鳳凰見❸。丙申，南郊即皇帝位❹，是日大赦❺，改年。追尊父破虜將軍堅為武烈皇帝❻，母吳氏為武烈皇后，兄討逆將軍策為長沙桓王❼。吳王太子登為皇太子❽。將吏皆進爵加賞。初，興平❾中，吳中童謠❿曰：「黃金車，班蘭耳，闓昌門，出天子⓫。」五月，使校尉張剛、管篤之遼東⓬。六月，蜀遣衛尉陳震慶權踐位⓭。權乃參分天下⓮，豫、青、徐、幽⓯屬吳，兗、冀、并、涼⓰屬蜀。其司州之土，以函谷關為界⓱，造為盟曰：「天降喪亂⓲，皇綱失敘⓳，逆臣乘釁⓴，劫奪國柄㉑，始於董卓㉒，終於曹操，窮凶極惡，以覆㉓四海，至今九州幅裂㉔，普天無統㉕，民神痛怨，靡所戾止㉖。及操子丕，桀逆遺醜㉗，荐作姦回㉘，偷取天位。而叡么麼(29)，尋丕凶蹟(30)，阻兵(31)盜土，未伏厥誅(32)。昔共工亂象而高辛行師(33)，三苗干度而虞舜征焉(34)。今日滅叡，禽(35)其徒黨，非漢與吳，將復誰任？夫討惡翦(36)暴，必聲(37)其罪，宜先分裂，奪其土地，使士民之心，各知所歸(38)。是以春秋晉侯伐衛，先分其田以畀宋人，斯其義也(39)。且古建大事，必先盟誓，故周禮有司盟之官(40)，尚書有告誓之文(41)，漢之與吳，雖信由中(42)，然分土裂境，宜有盟約(43)。諸葛丞相(44)德威遠著，翼戴(45)本國，典戎在外，信感陰陽(46)，誠動天地，重復結盟，廣誠約誓，使東西士民咸共聞知。故立壇殺牲，昭告神明，再歃加書，副之天府(47)。天高聽下，靈威棐諶(48)，司慎司盟，羣神羣祀，莫不臨之(49)。自今日漢、吳既盟之後，戮力一心(50)，同討魏賊，救危恤患，分災共慶，好惡齊之，無或攜貳。若有害漢，則吳伐之；若有害吳，則漢伐之。各守分土，無相侵犯。傳之後葉(51)，克(52)終若始。凡百(53)之約，皆如載書(54)。信言不豔(55)，實居于好。有渝此盟(56)，創禍先亂(57)，違貳不協，慆慢天命(58)，明神上帝是討是督(59)，山川百神是糾是殛(60)，俾墜其師(61)，無克祚國(62)。于爾大神(63)，其明鑒之！」秋九月，權遷都建業(64)，因故府不改館(65)，徵上大將軍陸遜輔太子登，掌武昌留事(66)。

2 二年(67)春正月，魏作合肥新城(68)。詔立都講祭酒(69)，以教學諸子(70)。遣將軍衛溫、諸葛直將甲士萬人浮海求夷洲及亶洲[71]。亶洲在海中，長老傳言秦始皇帝遣方士徐福將童男童女數千人入海，求蓬萊神山及仙藥，止此洲不還[72]。世相承[73]有數萬家，其上人民，時有至會稽貨布[74]，會稽東縣人[75]海行，亦有遭風流移至亶洲者。所在絕遠，卒不可得至，但得夷洲數千人還[76]。

3 三年[77]春二月，遣太常潘濬率眾五萬討武陵蠻夷[78]。衛溫、諸葛直皆以違詔無功，下獄誅[79]。夏，有野蠶成繭，大如卵[80]。由拳野稻自生，改為禾興縣[81]。中郎將孫布詐降以誘魏將王淩，淩以軍迎布[82]。冬十月，權以大兵潛伏於阜陵俟之[83]，淩覺而走。會稽南始平[84]言嘉禾[85]生。十二月丁卯，大赦，改明年元也。

4 嘉禾元年[86]春正月，建昌侯慮卒[87]。三月，遣將軍周賀、校尉裴潛乘海之遼東[88]。秋九月，魏將田豫要擊，斬賀于成山[89]。冬十月，魏遼東太守公孫淵遣校尉宿舒、郎中令孫綜稱藩於權[90]，并獻貂馬。權大悅，加淵爵位[91]。

5 二年[92]春正月，詔曰：「朕以不德，肇受元命[93]，夙夜兢兢[94]，不遑假寢[95]。思平世難，救濟黎庶[96]，上答神祇[97]，下慰民望。是以眷眷[98]，勤求俊傑，將與戮力，共定海內。苟在[99]同心，與之偕老。今使持節督幽州領青州牧遼東太守燕王[100]，久脅賊虜，隔在一方[101]，雖乃心於國[102]，其路靡緣[103]。今因天命，遠遣二使[104]，款誠顯露，章表殷勤[105]，朕之得此[106]，何喜如之！雖湯遇伊尹[107]，周獲呂望[108]，世祖未定而得河右[109]，方之今日，豈復是過？普天一統，於是定矣。書不云乎，『一人有慶，兆民賴之』[110]。其大赦天下，與之更始[111]，其明下州郡，咸使聞知。特下燕國，奉宣[112]詔恩，令普天率土備聞斯慶[113]。」三月，遣舒、綜還，使太常張彌、執金吾[114]許晏、將軍賀達等將兵萬人，金寶珍貨，九錫備物，乘海授淵。舉朝大臣，自丞相雍已下皆諫，以為淵未可信，而寵待太厚，但可遣吏兵數百護送舒、綜，權終不聽[115]。淵果斬彌等，送其首于魏，沒其兵資[116]。權大怒，欲自征淵[117]，尚書僕射薛綜等切諫乃止[118]。是歲，權向合肥新城，遣將軍全琮征六安[119]，皆不克還。

6 三年[120]春正月，詔曰：「兵久不輟[121]，民困於役，歲或不登[122]。其寬諸逋[123]，勿復督課[124]。」夏五月，權遣陸遜、諸葛瑾等屯江夏、沔口[125]，孫韶、張承等向廣陵、淮陽[126]，權率大眾圍合肥新城。是時蜀相諸葛亮出武功[127]，權謂[128]魏明帝不能遠出，而帝遣兵助司馬宣王拒亮[129]，自率水軍東征。未至壽春，權退還[130]，孫韶亦罷。秋八月，以諸葛恪為丹陽太守，討山越[131]。九月朔，隕霜傷穀[132]。冬十一月，太常潘濬平武陵蠻夷，事畢，還武昌[133]。詔復曲阿為雲陽，丹徒為武進[134]。

廬陵賊李桓、羅厲等作亂[135]。

7 四年[136]夏，遣呂岱[137]討桓等。秋七月，雨雹[138]。魏使以馬求易珠璣、翡翠、瑇瑁[139]，權曰：「此皆孤所不用，而可得馬，何苦而不聽[140]其交易？」

8 五年[141]春，鑄大錢，一當五百[142]。詔使吏民輸[143]銅，計銅畀直[144]。設盜鑄之科[145]。二月，武昌言甘露降於禮賓殿。輔吳將軍張昭卒[146]。中郎將吾粲[147]獲李桓，將軍唐咨[148]獲羅厲等。自十月不雨，至於夏。冬十月，彗星[149]見于東方。鄱陽賊彭旦等為亂。

9 六年[150]春正月，詔曰：「夫三年之喪[151]，天下之達制[152]，人情之極痛也；賢者割哀[153]以從禮，不肖者勉而致之。世治道泰，上下無事，君子不奪人情[154]，故三年不逮孝子之門。至於有事，則殺禮以從宜[155]，要絰[156]而處事。故聖人制法，有禮無時[157]則不行。遭喪不奔[158]非古也，蓋隨時之宜，以義斷恩[159]也。前故[160]設科，長吏在官，當須交代[161]，而故犯之，雖隨糾坐[162]，猶已廢曠[163]。方事之殷[164]，國家多難，凡在官司[165]，宜各盡節[166]，先公後私，而不恭承[167]，甚非謂[168]也。中外[169]羣僚，其更平議[170]，務令得中，詳為節度[171]。」顧譚[172]議，以為「奔喪立科，輕則不足以禁孝子之情，重則本非應死之罪，雖嚴刑益設，違奪必少[173]。若偶有犯者，加其刑則恩所不忍，有減[174]則法廢不行。愚以為長吏在遠，苟不告語，勢不得知。比[175]選代之間，若有傳者，必加大辟[176]，則長吏無廢職之負，孝子無犯重之刑」。將軍胡綜[177]議，以為「喪紀[178]之禮，雖有典制，苟無其時，所不得行。方今戎事軍國異容[179]，而長吏遭喪，知有科禁，公敢干突[180]，苟念聞憂不奔之恥，不計為臣犯禁之罪，此由科防本輕所致。忠節在國，孝道立家，出身[181]為臣，焉得兼之？故為忠臣不得為孝子。宜定科文，示以大辟，若故違犯，有罪無赦。以殺止殺[182]，行之一人，其後必絕」。丞相雍奏從大辟。其後吳令孟宗[183]喪母奔赴[184]，已而自拘於武昌以聽刑。陸遜陳其素行，因為之請，權乃減宗一等[185]，後不得以為比[186]，因此遂絕。二月，陸遜討彭旦等，其年，皆破之。冬十月，遣衛將軍全琮襲六安，不克[187]。諸葛恪平山越事畢，北屯廬江[188]。

赤烏元年春[189]，鑄當千大錢[190]。夏，呂岱討廬陵賊，畢[191]，還陸口。秋八月，武昌言麒麟[192]見。有司奏言麒麟者太平之應，宜改年號。詔曰：「間者赤烏集於殿前[193]，朕所親見，若神靈以為嘉祥者，改年宜以赤烏為元。」羣臣奏曰：「昔武王伐紂，有赤烏之祥[194]，君臣觀之，遂有天下，聖人書策載述最詳者，以為近事既嘉，親見又明也。」於是改年。步夫人卒，追贈皇后[195]。初，權信任校事呂壹[196]，壹性苛慘，用法深刻[197]。太子登數諫，權不納，大臣由是莫敢言。後壹姦罪發露伏誅[198]，權引咎責躬[199]，乃使中書郎[200]袁禮告謝諸大將，因問時事所當損益[201]。禮還，復有詔責數[202]諸葛瑾、步騭[203]、朱然、呂岱等曰：「袁禮還，云與子瑜、子山、義封、定公相見[204]，並以時事當有所先後[205]，各自以不掌民事，不肯便有所陳，悉推之伯言、承明[206]。伯言、承明見禮，泣涕懇惻[207]，辭旨辛苦，至乃懷執危怖，有不自安之心。聞此悵然，深自刻怪[208]。何者？夫惟聖人能無過行，明者能自見耳。人之舉措，何能悉中[209]？獨[210]當己有以傷拒眾意，忽[211]不自覺，故諸君有嫌難[212]耳；不爾[213]，何緣乃至於此乎？自孤興軍五十年，所役賦凡百皆出於民。天下未定，孽類[214]猶存，士民勤苦，誠所貫知[215]。然勞百姓，事不得已耳。與諸君從事[216]，自少至長，髮有二色，以謂表裏足以明露，公私分計[217]，足用相保。盡言直諫，所望諸君；拾遺補闕[218]，孤亦望之。昔衛武公年過志壯[219]，勤求輔弼，每獨歎責。且布衣韋帶[220]，相與交結，分成好合，尚汙垢不異[221]。今日諸君與孤從事，雖君臣義存，猶謂骨肉不復是過。榮福喜戚，相與共之。忠不匿情，智無遺計，事統是非[222]，諸君豈得從容[223]而已哉！同船濟水，將誰與易[224]？齊桓[225]諸侯之霸者耳，有善管子[226]未嘗不歎，有過未嘗不諫，諫而不得，終諫不止。今孤自省無桓公之德，而諸君諫諍未出於口，仍執嫌難。以此言之，孤於齊桓良優(227)，未知諸君於管子何如耳？久不相見，因事當笑(228)。共定大業，整齊天下，當復有誰？凡百事要所當損益，樂聞異計，匡所不逮(229)。」

11 二年(230)春三月，遣使者羊衜、鄭冑、將軍孫怡之遼東(231)，擊魏守將張持、高慮等，虜得男女。零陵言甘露降。夏五月，城沙羨(232)。冬十月，將軍蔣祕南討夷賊。祕所領都督廖式殺臨賀(233)太守嚴綱等，自稱平南將軍(234)，與弟潛共攻零陵、桂陽，及搖動交州蒼梧、鬱林(235)諸郡，眾數萬人。遣將軍呂岱、唐咨討之，歲餘皆破(236)。

12 三年(237)春正月，詔曰：「蓋君非民不立(238)，民非穀不生(239)。頃者(240)以來，民多征役，歲(241)又水旱，年穀(242)有損，而吏或(243)有不良，侵奪民時(244)，以致饑困。自今以來(245)，督軍(246)郡守，其謹察(247)非法，當農桑時，以役事擾民者，舉正以聞(248)。」夏四月，大赦，詔諸郡縣治城郭(249)，起譙樓(250)，穿塹發渠(251)，以備盜賊。冬十一月，民饑，詔開倉廩(252)以賑(253)貧窮。

13 四年(254)春正月，大雪，平地深三尺，鳥獸死者大半(255)。夏四月，遣衛將軍全琮略淮南(256)，決芍陂(257)，燒安城邸閣(258)，收其人民。威北將軍(259)諸葛恪攻六安。琮與魏將王淩戰于芍陂[260]，中郎將秦晃等十餘人戰死。車騎將軍朱然圍樊[261]，大將軍諸葛瑾取柤中[262]。五月，太子登卒[263]。是月，魏太傅司馬宣王[264]救樊。六月，軍還[265]。閏月[266]，大將軍瑾卒[267]。秋八月，陸遜城邾[268]。

14 五年[269]春正月，立子和為太子[270]，大赦，改禾興為嘉興[271]。百官奏立皇后及四王[272]，詔曰：「今天下未定，民物勞瘁[273]，且有功者或未錄[274]，饑寒者尚未恤，猥[275]割土壤以豐子弟，崇爵位以寵妃妾，孤甚不取。其釋[276]此議。」三月，海鹽縣[277]言黃龍見。夏四月，禁進獻御[278]，減太官膳[279]。秋七月，遣將軍聶友、校尉陸凱以兵三萬討珠崖、儋耳[280]。是歲大疫[281]，有司又奏立后及諸王。八月，立子霸為魯王[282]。

15 六年[283]春正月，新都言白虎見[284]。諸葛恪征六安，破魏將謝順營，收其民人。冬十一月，丞相顧雍卒[285]。十二月，扶南[286]王范旃遣使獻樂人及方物。是歲，司馬宣王率軍入舒[287]，諸葛恪自皖遷于柴桑[288]。

16 七年[289]春正月，以上大將軍陸遜為丞相[290]。秋，宛陵[291]言嘉禾生。是歲，步騭、朱然等各上疏[292]云：「自蜀還者，咸言欲背盟與魏交通[293]，多作舟船，繕治城郭。又蔣琬[294]守漢中，聞司馬懿南向，不出兵乘虛以掎角[295]之，反委漢中[296]，還近成都[297]。

事已彰灼[298]，無所復疑，宜為之備。」權揆[299]其不然，曰：「吾待蜀不薄，聘享盟誓[300]，無所負[301]之，何以致[302]此？又司馬懿前來入舒，旬日便退，蜀在萬里，何知緩急[303]而便出兵乎？昔魏欲入漢川[304]，此間始嚴[305]，亦未舉動，會聞魏還而止，蜀寧可復以此有疑邪？又人家[306]治國，舟船城郭，何得不護[307]？今此間治軍，寧復欲以禦蜀邪？人言苦[308]不可信，朕為諸君破家保之。」蜀竟[309]自無謀，如權所籌[310]。

【章　旨】以上為第四部分，記述黃龍元年以後，孫權稱尊號，與魏、漢鼎足而立，中國三分的局勢正式形成。此期間軍事保持相對穩定，內政較有建樹，尚能聽取臣下意見，遇事作出較好判斷，是孫吳鞏固政權時期。但赤烏三年正月詔舉正侵奪農時者，四月便詔各郡縣治城郭，修譙樓，自立法而又自違法，暴露了孫權專制政權的本質。

【注　釋】❶黃龍元年春　孫權於四月即皇帝位，改元黃龍，此為春季，仍是黃武八年。而書黃龍元年春，是史官追書。❷公卿百司句　三公九卿及下屬各主管官署的官員，合稱公卿百司。正尊號，即皇帝位。正，就職；即位。❸夏四月二句　據〈胡綜傳〉：「黃武八年夏，黃龍見夏口。」則為武昌出現鳳凰，不是二地各有黃龍、鳳凰同時出現。孫權之稱帝改年是因黃龍出現，下文「丙申」是四月二日，黃龍、鳳凰之出現便是四月初一。❹南郊即皇帝位　南郊，京城南面的郊野。南郊祭天處，古人以為皇帝受命於天。吳都武昌，是武昌之南郊。❺大赦　對全國已判刑罪犯普遍赦免或減刑。❻追尊句　為死者追加尊號。堅，權之父，字文臺。先在中郎將朱儁麾下討黃巾，所向無前。後反董卓，投袁術，術表封堅為破虜將軍，行豫州刺史。在征黃祖中被射殺。事見本書卷四十六〈孫堅傳〉。武烈，謚號。《謚法》云：「克定禍亂曰武，有功安民曰烈。」❼長沙桓王　長沙是其封地，桓是謚號。《謚法》云：「辟（闢）土服遠曰桓。」❽皇太子　皇帝所選定繼承皇位的兒子，一般為嫡長子。漢天子稱皇帝，故其嫡子稱皇太子。❾興平　東漢獻帝劉協年號，西元一九四－一九五年。❿童謠　童稚傳唱的歌謠，實是世人對社會的褒貶，所以舊時認為能預示世運和人事的變化。⓫黃金車四句　黃金車，以黃金為飾件的華貴的車。班蘭，即斑斕，顏色錯雜鮮明。耳，車耳，今曰車箱，因在兩旁猶人之兩耳。班蘭耳謂車箱外面畫有顏色鮮明的圖案。此二句在謠中只是起興，由豪華的車飾引帶出富貴的天子。闓，同「開」。《宋書・符瑞志》作「開」。昌門即閶門，吳故城之西門，吳王夫差立，以象天門。天門而出天子，孫權稱尊號，亦應了先時的讖語。⓬遼東　郡名。治所在今遼寧遼陽。⓭蜀遣衛尉陳震句　衛尉，官名。九卿之一，秩中二千石，掌宮門衛士，宮中徼循事。陳震，字孝起，南陽郡（今河南南陽）人，蜀漢尚書令。吳遣使以並尊二帝之議告於漢，漢人議欲拒絕。諸葛亮認為，應當忍其僭逆，求掎角之勢合力對魏，否則，魏攻我，吳亦不會靜待。於是遣陳震來賀。震謙虛有禮，受權隆重接待。事見本書卷三十九〈陳震傳〉。⓮參分天下　〈陳震傳〉作「交分天下」，交義與參同。參，謂參酌商略。⓯豫青徐幽　豫，州名。治所在今安徽亳州。青，州名。治所在今山東淄博。徐，州名。治所在今江蘇邳州。幽，州名。治所在今北京市西南。⓰兗冀并涼　兗，魏文帝時治所在今山東鄄城西。冀，魏文帝時治所在今河北冀州。并，魏文帝時治所在今山西太原。涼，魏文帝時治所在今甘肅民勤東北。⓱其司州之土二句　司州，即原司隸部。東漢建安十八年（西元二一三年）省州併郡，復為〈禹貢〉九州，以司隸部分屬豫、冀、雍三州。魏氏受禪置司州，治洛陽（今河南洛陽），轄區僅有原司隸之河東、河南、河內、弘農及冀州之平陽五郡之地。將原司隸部之三輔劃給雍州。函谷關有二處，一為秦時所置，為秦東方鎖鑰，〈過秦論〉所謂「東有崤函之固」，地在今河南靈寶東北，因關在山谷之中，深險如函封而得名。一為漢武帝時所置，向東移去舊關三百里，在今河南新安東。此處所指為漢關。以上所述九州之土，是吳、蜀預分魏國領土，設想滅魏之後兩國各占地盤。揚州和荊州，魏國也占有一部分，其餘大部為吳國占有，「參分」中未曾提及，吳自然以為當獨有。⓲天降喪亂　《詩經・大雅・雲漢》：「天降喪亂，饑饉薦臻。」喪亂，死亡禍亂，後多形容時勢和政局的動亂。⓳皇綱失敘　皇綱，朝廷的綱紀。敘，同「序」。秩序。⓴乘釁　利用釁隙。釁，裂痕；縫隙。㉑國柄　朝廷的權力。㉒董卓　字仲穎，隴西臨洮（今甘肅岷縣）人。東漢桓帝時為并州牧，大將軍何進欲誅宦官，召董卓將兵進京，掌握了朝廷權力，逼天子遷都長安，燒掠洛陽宮室，後被王允等誅滅。㉓覆　傾覆。㉔九州幅裂　古時泛稱九州，乃指〈禹貢〉九州，意即全中國。幅裂，割裂，如布幅之裁割。㉕統　綱紀；準則。㉖靡所戾止　沒有止息。靡，無。戾亦止義。㉗桀逆遺醜　桀逆，兇暴不順。遺醜，所留下的醜類。此陳琳為袁紹〈檄州郡文〉中罵曹操語。說「操贅閹遺醜」、「彊禦桀逆」。㉘荐作姦回　荐，一再；連續。回，邪辟，與姦同義。㉙而叡么麼　叡，字元仲，魏文帝丕長子。在位十三年，諡明帝。《諡法》云：「照臨四方曰明。」么麼，細小，此作輕蔑之詞，謂為微不足道之人。㉚尋丕凶蹟　尋，蹈；循行。蹟，同「跡」。㉛阻兵　憑藉武力。阻，仗恃。㉜伏厥誅　處其死刑。厥，其。㉝昔共工亂象句　共工，古代諸侯，相傳為炎帝之後，顓頊氏衰，共工氏侵陵諸侯，與高辛氏爭而王。賈逵注《國語》：「(共工)欲壅防百川，以害天下，皇天弗福，庶民弗助，禍亂並興，共工用滅。」未言被高辛所滅。象，法制。高辛氏普利萬物，取財節用，撫教萬民而獲天下。行師，用兵。㉞三苗干度句　三苗，古國名，縉雲氏之後為諸侯，號饕餮。在江淮、荊州數為亂，舜遷三苗於三危（山名，在今甘肅敦煌）。干度，干犯法度。虞舜，古帝名，姚姓，名重華，少以孝聞，繼堯為帝，命禹治水土，播種百穀，制定刑法，天下明德皆自舜始。焉，之，此指代三苗。㉟禽　同「擒」。㊱翦　除滅。㊲聲　聲張；宣揚。㊳歸　歸向。㊴是以春秋三句　春秋，據說是孔子所作，記載魯國自隱公至哀公二百四十二年的歷史，在記事中寓有褒貶之意，後世將書中褒善貶惡的事例，作為評判現實事物的標準。晉侯，晉文公，名重耳，整頓內政，提出「尊王」口號，使晉國稱霸一時。魯僖公二十八年（西元前六三二年），晉預分衛國之田給宋國，最後在城濮打敗衛國的支持者楚國。畀，給予。㊵故周禮句　周禮，亦名《周官》，近人考證是春秋時人所著，全書詳述天子六官及其分屬職官，是先秦典章制度的重要文獻，對後世有很大影響。司盟，為《周禮》中秋官司寇之屬官，掌盟約之職，即主管盟書及其禮儀。古人質樸，重盟誓，以為盟誓之後即可互相約束。國與國之間有盟會，百姓犯法、買賣、獄訟等都要盟誓。考古中發現許多盟書便是明證。㊶尚書有告誓之文　尚書，原稱《書》，儒家尊之為《書經》，是中國上古歷史和追述古代事跡的彙編，相傳為孔子編選。尚即上，尚書即上古之書，是研究古史的重要典籍。《尚書》中有〈大誥〉、〈牧誓〉等篇。告，告誡；勸勉。㊷由中　中即「衷」。㊸盟約　同盟中以言語相約束，將這些言語記錄下來便是券書。㊹諸葛丞相　劉備即皇帝位，章武元年（西元二二一年），諸葛亮為丞相，中間除因街亭之失自貶三級，以右將軍行丞相事外，一年後復為丞相，直至去世。㊺翼戴　輔佐擁戴。㊻陰陽　這裏指天地、日月。㊼故立壇殺牲四句　古時結盟要壘土石為壇，掘地為坎，與盟者在壇上向神明（日月山川）發誓互相約束，在坎中殺牲（羊、牛、馬等），取其血盛於盤，塗在盟誓人的口唇上，曰歃血，讀盟書，然後把盟書的正本放在殺死的牲上掩埋，叫「歃用牲加書」，與誓者各以一盟書副本帶回，藏於天府。天府原是職官名，在《周官》屬春官宗伯，主管保存宗廟彝器、寶物，朝廷的重要簿籍、盟書亦交天府保存。後因稱朝廷之府庫為天府。㊽靈威棐諶　謂天之威德輔助誠信之人。棐，輔助。諶，誠信。《尚書．康誥》：「天畏棐忱」，忱，通「諶」。㊾司慎司盟三句　司慎、司盟均是傳說中的主盟之神。司，通「伺」。羣神謂主山川之眾神，《國語．魯語下》：「昔禹致羣神於會稽之山。」韋昭注：「羣神謂主山川之君，為羣神之主，故謂之神也。」羣祀，古代大祀天地宗廟，中祀日月星辰，凡大祀、中祀以下列在祀典的祭祀謂之羣祀。所有盟誓都需司慎司盟、羣神羣祀監臨，因而成為盟約常用語言。《左傳》襄公十一年，晉與諸侯同盟，載書云：「凡我同盟，毋保姦，同好惡，獎王室。或間（違反）此命，司慎司盟，名山名川，羣神羣祀，先公先王，七姓十二國之祖，明神殛之，俾失其民。」羣神，原誤作「羣臣」，今據宋本校正。(50)戮力一心　齊心協力。戮，通「勠」。併合。(51)後葉　後世。葉從世聲而有世義。《國語・周語上》：「奕世載德」，蔡邕〈琅邪王傳蔡朗碑〉作「奕葉載德」。(52)克　完成。(53)凡百　所有一切。概括之詞。(54)載書　即盟書，因盟誓之詞記載於上得名。鄭玄注《周禮・秋官・司盟》：「盟者書其辭於策，殺牲取血，坎其牲，加書於上而埋之，謂之載書。」(55)信言不豔　真誠的話不必浮豔。《老子》：「信言不美，美言不信。」(56)有渝此盟　誰背叛這個盟約。有，誰。渝，變更。(57)創禍先亂　先受禍亂。創，始，與先同義。(58)慆慢天命　怠慢天命。謂怠惰、褻瀆天命。(59)是討是督　謂天帝就討伐他，就責罰他。是，承接連詞，義為則、就。督，懲罰。(60)是糾是殛　糾，懲罰。殛，誅殺。(61)俾墜其師　使其喪失軍民。俾，使。墜，或作「隊」。喪失；殞滅。師，眾。(62)祚國　保佑其國。祚，佑助。(63)于爾大神　于，助詞，無義。爾，你。大神，天神。《左傳》僖公二十八年：「用昭乞盟于爾大神，以誘天衷。」此省略「乞盟」二字，意思不變。(64)還都建業　自武昌（今湖北鄂州）遷都建業（今江蘇南京）。(65)因故府不改館　指利用從前自京口遷秣陵時所建將軍府，不改築新宮。《江表傳》載孫權詔：「建業宮乃朕從京來所作將軍府寺耳。」即指此故府。(66)徵上大將軍二句　此年吳在大將軍上復置上大將軍，陸遜為首任。遜自輔國將軍遷。至吳赤烏七年（西元二四四年）轉為丞相。遷都後，留太子登及尚書九官於武昌，使陸遜輔佐太子，並掌荊州及豫章三郡（豫章、鄱陽、廬陵）事，董督軍國。留事，留守事宜。(67)二年　黃龍二年（西元二三〇年）。(68)合肥新城　在今安徽合肥西北，為魏東南前線要地，時滿寵為征東將軍，都督揚州諸軍事，當是滿寵所築。(69)都講祭酒　吳置，學官。學舍中協助博士講經的儒生稱都講，都講中年長有德者為祭酒，遂以為官名。(70)以教學諸子　以教育諸子弟。(71)浮海求夷洲句　乘船渡海曰浮海。夷洲，今臺灣島。《臨海水土志》謂夷洲在臨海東南，去郡二千里，土地無雪霜，草木不死。四面是山，眾山夷所居。夷各號為王，分劃土地，人民各自別異。土地肥沃，既生五穀，又多魚肉。孫權欲俘其民以益眾，陸遜、全琮諫，不聽。亶洲，不詳今為何地。胡三省謂今人相傳，倭人即徐福止王之地，其國中至今廟祀徐福。(72)長老傳言三句　秦始皇，即常言之秦始皇，嬴姓，名政，西元前二四六—前二一〇年在位，滅六國而統一於秦，將原秦國的專制統治推行於全國，稅民多者為良吏，殺人眾者為忠臣，破壞了農民最基本的生產生活條件，是中國歷史上著名的暴君。方士，方術之士，古稱能訪仙煉丹以求長生的人。徐福，福又作「市」，齊人。上書言海中有三仙山：蓬萊、方丈、瀛洲，仙人所居，率童男女數千人海求之，止於亶洲不還。

(73)承　繼續。(74)貨布　買布。(75)東縣人　《後漢書・東夷列傳》作「東治縣人」。(76)但得夷洲數千人還　此是下年事，先書於此，以終其事。(77)三年　黃龍三年（西元二三一年）。(78)遣太常潘濬句　潘濬，字承明，武陵漢壽（今湖南漢壽）人，孫權稱尊號，拜少府，遷太常，五谿蠻夷反，權假濬節督諸軍征討，信賞必行，斬首獲生以萬數，自是羣蠻衰弱，一方寧靜。事見本書卷六十一〈潘濬傳〉。(79)衛溫諸葛直二句　違詔無功謂軍行經歲，士卒疾疫死者十之八九，終未找到亶洲。(80)有野蠶成繭二句　野蠶與家蠶相似，生長在桑樹上，所驚異者，其繭大如卵。(81)由拳野稻自生二句　由拳，縣名。治所在今浙江嘉興南。稻一年生草本植物。次年不種又生，以為嘉瑞。改由拳為禾興，孫晧父名和，禾和同音，觸犯忌諱，故又改嘉興。(82)中郎將孫布二句　孫布詐降，乞王淩來迎。前將軍滿寵以為有詐，不與淩兵，淩率部下七百人往迎，遇布掩襲，死傷過半。(83)阜陵侯之　阜陵，縣名。治所在今安徽全椒南。侯，等待。(84)南始平　縣名。治所在今浙江天台。(85)嘉禾　多穗穀。《論衡・講瑞》：「嘉禾生於禾中，與禾中異穗，謂之嘉禾。」正常穀一莖一穗，有變異則一莖多穗，古人以為瑞兆。(86)嘉禾元年　西元二三二年。嘉禾，吳大帝孫權年號，西元二三二—二三八年。(87)建昌侯慮卒　封侯四年而卒，卒年二十。(88)遣將軍周賀句　賀與潛浮舟百艘，帶兵眾七八千，攜節、印綬、符策、九錫什物以授公孫淵官爵，並向淵求馬。(89)魏將田豫要擊二句　田豫，字國讓，魏漁陽雍奴（今天津市武清東）人，為護烏丸都尉，離間各部相攻而無力內犯。吳遣使往遼東與公孫淵相結，豫伏軍成山角，盡殲使遼吳軍，官至振威將軍。事見本書卷二十六〈田豫傳〉。成山，今山東榮成東北。(90)魏遼東太守公孫淵句　公孫淵，遼東襄平（今遼寧遼陽）人，左右於魏、吳之間，後自立為燕王，被司馬懿率軍擊殺。郎中令，宋本誤作「閬中令」，閬中不在遼東，淵上魏帝表作「郎中令孫綜」，可證「郎」字是。(91)權大悅二句　公孫淵上魏帝表云：「權待舒、綜，契闊委曲君臣上下畢歡竭情。」可見權之喜悅。加淵爵位謂就淵自稱燕王，封淵為燕王。(92)二年　嘉禾二年（西元二三三年）。(93)肇受元命　肇，始。元命，天之大命。(94)夙夜兢兢　日夜謹慎小心。夙，早。(95)不遑假寢　遑，閒暇。假寢，和衣而眠。(96)黎庶　眾民。黎，黑，在日下曬黑。庶，眾。(97)神祇　神，天神。祇，地神。(98)眷眷　眷懷顧念；關注。(99)苟在　如有。(100)今使持節句　使持節，謂假以節旄賦與更大權力。督幽州，指軍事職務。領青州牧，兼任官職。遼東太守，實職。燕王，已封拜為燕王的公孫淵。(101)隔在一方　被阻隔在遙遠的一方。《詩經・秦風・蒹葭》：「所謂伊人，在水一方。」鄭玄箋：「在大水之一邊，假喻以言遠。」(102)乃心於國　懷念國家。乃心，思念。(103)靡緣　無路相通。緣，由；經過。(104)二使　即上文之宿舒、孫綜。(105)款誠顯露二句　顯露與章（彰）表同義，謂明白表示。殷勤與款誠義近，亦情意深厚，衷情關切。(106)朕之得此　此謂公孫淵向孫權稱藩的表文。(107)湯遇伊尹　湯，名履，子姓。商朝的開國之君。伊尹，名摯，為有莘氏陪嫁的奴僕，佐湯滅夏，湯以為阿衡，相當後世的丞相。[108]周獲呂望　周族原居今陝西中部，文王得呂望，輔助武王滅商而建立周朝。呂望，姜姓，多謀略，佐文王、武王取天下，封於齊，為始祖稱太公，故又曰姜太公。[109]世祖未定句　世祖，東漢開國之君劉秀的廟號。河右，亦稱河西，今甘肅段黃河以西，河西走廊一帶。劉秀稱帝時，天下尚未大定，時竇融行河西五郡大將軍事，歸附劉秀，給劉秀統一天下極大助力。[110]書不云乎三句　《尚書・呂刑》文。一人，言天子。慶，善。古人以十萬為億，十億為兆。賴，利。[111]更始　除舊布新，再造新生。[112]奉宣　宣布皇帝的命令。[113]令普天率土句　普天率土，《孟子・萬章上》：「《詩》云：普天之下，莫非王土；率土之濱，莫非王臣。」此用其省略語言，謂全國，四海。今本《詩經・小雅・北山》「普天」作「溥天」，義同。備，皆；盡。[114]執金吾　卿一人，中二千石，掌督巡宮外，維護皇宮安全。吾猶禦。[115]自丞相雍已下五句　顧雍之諫不見本傳，陸遜、薛綜、陸瑁等人諫語各見其本傳。《資治通鑑》錄其要。張昭與權怒目相向，見諫不用，昭稱疾不朝，權恨之，土塞其門，昭又於門內以土封之。[116]兵資　軍械物資。[117]權大怒二句　《江表傳》載權怒曰：「朕年六十，世事難易靡所不嘗，近為鼠子所前卻，令人氣湧如山。不自截鼠子頭以擲於海，無顏復臨萬國。就令顛沛，不以為恨。」[118]尚書僕射薛綜句　尚書僕射，秩六百石，尚書令之副職，尚書令不在則奏下眾事。薛綜，字敬文，沛郡竹邑（今安徽宿州北）人，熟知交阯事，上疏言交阯事應慎選牧守，以靖邊裔。事見本書卷五十三〈薛綜傳〉。虞翻數忤孫權，徙之交州，心不忘國，認為遼東海絕，聽人使來屬，尚不足取，今去人財以求馬，既非國利，又恐無獲。為人所告，復徙蒼梧。後海風沒權所遣將士，始思虞翻之言，乃嘆曰：「前使翻在此，此役不成。」乃召翻，翻卒，以其喪還。[119]遣將軍全琮句　全琮督步騎六萬征六安，六安民皆散走。六安，縣名。治今安徽六安北。孫權因遠離水路不敢下船，上岸耀兵，魏將滿寵伏兵擊之，權退走。[120]三年　嘉禾三年（西元二三四年）。[121]輟　中止。[122]登　成就；豐收。[123]寬諸逋　寬，延緩；減輕。逋，拖欠、積欠的賦稅。[124]督課　督責索取賦稅。[125]沔口　即夏口，漢水在襄陽以上稱沔水，以下稱夏水，故入江處稱沔口或夏口。[126]孫韶張承句　孫韶，字公禮，吳郡富春（今浙江富陽）人。鎮北將軍，善治邊，盡知諸屯要害，人馬眾寡及魏將帥姓名。事見本書卷五十一〈孫韶傳〉。張承，字仲嗣，張昭長子，少以才學知名，能識別人物，勤於長進。本書卷五十二有傳。淮陽，東漢時為陳國，在今河南淮陽，距廣陵甚遠，《資治通鑑》作「淮陰」，是廣陵郡治所，地在今江蘇淮陰東南，作淮陰是。[127]是時蜀相諸葛亮句　一月，亮出兵斜谷，並遣使約吳同時並舉。武功，治所在今陝西武功西南。[128]謂　意料；料想。[129]帝遣兵句　司馬宣王，謂司馬懿，字仲達，河內溫（今河南溫縣）人，其孫司馬炎即位，追尊懿為宣帝。懿仕魏，多謀略，善權變，明帝時任大將軍，多次率軍與諸葛亮相拒抗，為魏重臣，專國政。因其為司馬氏之祖，造基晉朝，故其傳不在本書，而在《晉書》。明帝使征蜀護軍秦朗督步騎二萬助懿禦亮，敕懿但堅守以挫敵鋒，敵退則追。(130)未至壽春二句　魏將滿寵募壯士焚吳攻具，吳士卒又多疾病，明帝未至數百里，疑兵先至。權聞大軍至，遂退還。壽春，治所在今安徽壽縣。(131)以諸葛恪二句　諸葛恪，字元遜，琅邪陽都（今山東沂南南）人，大將軍諸葛瑾之子，拜撫越將軍領丹楊太守。權死，拜太傅，後加荊、揚州牧，督中外諸軍事。事見本書卷六十四〈諸葛恪傳〉。恪圍山越，不與交鋒，候其穀熟，縱兵芟刈，山民窮飢，漸出投降。恪從中簡選精壯以充甲士。(132)九月朔二句　朔，月初一。降霜不時而傷未熟之禾，是惡兆。傷，原作「殺」，今從宋本。(133)太常潘濬三句　黃龍三年（西元二三一年）出兵，歷四年始平。(134)詔復曲阿為雲陽二句　雲陽，漢舊縣。〈孫策傳〉，堅死，還葬曲阿，蓋靈帝時所改。丹徒亦漢舊縣，不知何時改武進，又改丹徒，故此云「復」。(135)廬陵賊李桓句　李桓起於廬陵，羅厲起於南海，事見本書卷六十〈呂岱傳〉，因同時作亂，故連類提及。作，宋本作「為」。(136)四年　嘉禾四年（西元二三五年）。(137)呂岱　字定公，廣陵海陵（今江蘇泰州）人，為交州刺史，平定叛亂，拜鎮南將軍。孫亮時，拜大司馬。岱清忠奉公，所在稱美。事見本書卷六十〈呂岱傳〉。(138)雨雹　宋本作「有雹」。史書記雹災，多作「雨雹」，雨，動詞。言雹落如雨。《宋書・五行志》記此次雹作「雨雹」。(139)珠璣翡翠瑇瑁　珠璣，珍珠。珠之小者曰璣，或曰珠不圓者。翡翠，鳥名，其羽多彩色，可作裝飾品。或說為硬玉。瑇瑁，一種爬行動物，形似龜，甲殼有斑點和光澤，可作裝飾品。(140)聽　允許。(141)五年　嘉禾五年（西元二三六年）。(142)鑄大錢二句　《通典》：「孫權嘉禾五年鑄大泉，一當五百，文曰『大泉五百』，徑一寸二分，重十二銖。」泉錢同音，亦取其源淵不息之義。自漢至隋，行用貨幣的主流是五銖錢。三國時，魏用五銖錢。蜀漢錢今存「五銖」、「直百」、「直百五銖」。吳錢未標明單位，但由時代環境及蜀漢的「直百五銖」推定，吳錢的單位也是五銖，「大泉五百」即一枚大錢當五百枚五銖錢。(143)輸　交出；獻納。(144)直　同「值」。價錢。(145)科　法律；條令。(146)輔吳將軍張昭卒　輔吳將軍，吳所置名號將軍，班亞三司。張昭卒年八十一。(147)中郎將吾粲　吾粲為昭義中郎將。吾粲，字孔休，吳郡烏程（今浙江吳興南）人，與呂範等以舟師抗擊魏曹休於洞口，與呂岱討平山越，遷太子太傅。事見本書卷五十七〈吾粲傳〉。(148)唐咨　利成郡（今江蘇贛榆西）人。郡人殺太守，推咨為主，魏軍來討，咨入吳，官至左將軍。後奉命救諸葛誕，兵敗降魏，拜安遠將軍。事見本書卷二十八諸葛誕附傳。(149)彗星　繞太陽運行的一種星體，俗名掃帚星，以其曳雲霧狀長尾如彗得名。舊謂彗星主除舊布新，其出現又為重大災難的預兆。(150)六年　嘉禾六年（西元二三七年）。(151)三年之喪　古代喪服中最重要的一種，臣為君、子為父、妻為夫等都要服喪三年。這是古代社會的基本喪制，守喪期間要薄衣菲食，披苫枕塊（土塊）。(152)違制　自天子至於庶人皆遵守的禮制。(153)割哀　抑制哀痛；節哀。(154)不奪人情　即允許官員奔喪守制。古代官員遭父母喪，須離職在家守制。但朝廷對大臣要員，可命其不必離職，以素服辦公，不參加吉禮；或守制尚未期滿，應朝廷之召出而任職，叫「奪情」。(155)殺禮以從宜　降低禮制的要求以順從時宜。殺，減省。(156)要絰　束在腰上的麻披（不擰成繩的散麻縷）以代替穿喪服。要，腰之本字。(157)時時宜，即根據不同情況採取合理的變通辦法。(158)奔　奔喪。古代凡聞君、親、尊長之喪，自外地趕往弔唁或料理喪事，皆曰奔喪。後多用於喪親。(159)以義斷恩　以大義為重而斷絕私恩。此謂以君上朝廷為大義，以對父母服喪所表現的孝心為私恩。(160)故　特地；特意。(161)交代　前任與後任之間對公事的移交和接替。(162)糾坐　察過失而判其罪。(163)廢曠　空有法令而不得執行。(164)方事之殷　正值多事之秋。方，正；正值。殷，多。(165)凡在官司　一切在職官吏。在，任職；在職。官司，百官。(166)盡節　盡心竭力。(167)而不恭承　如果不謹遵朝廷法令。而，若；如果。(168)非謂　即無謂，沒有意義；不合道理。(169)中外　漢代官吏自武帝以後分為中朝與外朝，中朝又稱內朝。顏師古注《漢書・劉輔傳》引孟康：「中朝，內朝也。大司馬、左右前後將軍、侍中、常侍、散騎諸吏為中朝；丞相以下至六百石為外朝。」(170)平議　公平議論。(171)節度　約束；節制。(172)顧譚　字子默，吳郡吳（今江蘇蘇州）人，顧雍之孫，雍卒，代雍平尚書事。以上疏論尊卑異禮，得罪魯王孫霸，徙交州。本書卷五十二有傳。(173)雖嚴刑益設二句　雖，王念孫《讀書雜志》：「唯與雖古字通。」此言唯增設嚴刑，違奪之事必少。(174)有減若減。有，如果。(175)比　猶比及，等到。(176)大辟　古代五刑之一，死罪。辟，罪。死是最大之罪，故曰大辟。(177)胡綜　字偉則，汝南固始（今安徽臨泉）人，少時與孫權共讀書，後典軍國密事，作蜀吳盟誓之文，文義稱美。孫權諸文誥策命、鄰國書符，略皆綜之手筆。官至偏將軍。事見本書卷六十二〈胡綜傳〉。(178)喪紀　喪事。(179)方今戎事句　當今正在打仗，處理軍事與處理政事情況不一樣。容，情勢。(180)干突　冒犯；觸犯。(181)出身　獻身。(182)以殺止殺　以殺頭之重刑防止人們犯法，最後達到不殺人的目的。(183)孟宗　字恭武，江夏郡（今湖北鄂州）人。後避孫皓字（皓字元宗），改名仁，以孝著稱，卒至司空。(184)奔赴　奔喪。赴，今作「訃」。告喪。告喪之帖曰訃告。(185)減宗一等　律定為大辟，權減其死罪，〈孫皓傳〉注引《吳錄》：「特為減死一等，復使為官，蓋優之也。」(186)後不得以為比　即今言下不為例。比，例。(187)衛將軍全琮二句　衛將軍位在大將軍、驃騎、車騎將軍下，位同公，掌京師兵衛和邊防屯警。全琮襲六安，因魏廬江主簿呂習密使人請兵於吳，欲開門為內應，吳使全琮督前將軍朱桓前往接應，既至，事露，吳軍還。六安，治所在今安徽六安北。(188)諸葛恪平山越二句　恪迫使山越民出山徙於外縣，成為朝廷的編戶，徵其壯民四萬人以充軍卒，達到徵兵增賦的目的，徙屯廬江之皖口。(189)赤烏元年春　赤烏元年（西元二三八年）。蜀漢後主延熙元年。今年九月始改元，故此年之春、夏都是嘉禾七年（西元二三八年）之春、夏。(190)鑄當千大錢　杜佑《通典》：「孫權赤烏元年鑄一當千大錢，徑一寸四分，重十六銖。」今存傳世和出土吳大錢有「大泉當千」、「大泉二千」、「大泉四千」三種。大泉當千謂大泉一當五銖錢一千枚。錢既太重，空有其名，民間罕用。至赤烏九年（西元二四六年），詔以民間不便而廢，私家所有輸官，計價給值。[191]呂岱討廬陵賊二句　嘉禾四年（西元二三五年）呂岱討李桓等，歷時三年而李桓、羅厲等皆被斬獲，孫權予以褒獎。[192]麒麟　傳說中的仁獸，雄曰麒，雌曰麟。其狀如鹿，獨角，全身生鱗甲，尾像牛，古以為吉祥的象徵。[193]閒者赤烏句　閒，近來。杜預注《左傳》：「閒猶近也。」閒，同「間」。赤烏，古代傳說中的瑞鳥。《呂氏春秋・應同》：「赤烏銜丹書集於周社。」[194]昔武王伐紂二句　武王，姬姓，名發，文王之子。紂，名受，又曰帝辛，商朝最後的王，武王起兵滅紂，建立周朝。〈尚書大傳〉：「武王伐紂，觀兵於孟津，有火流於王屋，化為赤烏，三足。」[195]步夫人卒二句　步夫人，臨淮淮陰（今江蘇淮陰）人，以美麗得幸於孫權，寵冠後宮。權稱帝後，欲以為后，羣臣諫止，故於死後追正名號，並贈印綬和策命。[196]校事呂壹　校事，官名。或稱典校、校曹、校郎、校官等，為皇帝或執政之耳目，刺探臣民言行。呂壹，官中書郎，而為校事，典校諸官府及州郡文書，漸作威福，排陷無辜，毀短大臣，後奸情暴露，被誅。[197]深刻　嚴酷；刻毒。[198]壹姦罪發露伏誅　壹誣陷左將軍朱據貪汙軍餉，典軍吏劉助洗其冤枉，權曰：「朱據見枉，況吏民乎！」乃窮治壹罪。[199]引咎責躬　承認錯誤，責備自己。引，承當。躬，自身。[200]中書郎　或曰中書侍郎，為中書監、令之屬官，掌為皇帝起草詔書。[201]所當損益　所猶何，謂何當損，何當益。[202]責數　責備。[203]步騭　字子山，臨淮淮陰（今江蘇淮陰）人，驃騎將軍，於呂壹事多次上表發露，權遂誅壹。騭薦達屈滯，救解患難，多有建樹。官至丞相。事見本書卷五十二〈步騭傳〉。[204]云與子瑜句　子瑜，諸葛瑾字。義封，朱然字。定公，呂岱字。[205]時事當有所先後　胡三省云：「時事所當行，何者為先，何者為後也。」[206]伯言承明　伯言，陸遜字。承明，潘濬字。[207]懇惻　懇切而沉痛。[208]刻怪　奇怪。[209]中　恰當；正確。[210]獨　只是。[211]忽　恍忽；不明貌。今言事到頭迷。[212]嫌難　因有避忌而為難。[213]不爾　若非如此；否則。[214]孽類　醜類；罪惡之徒。指魏蜀。[215]貫知　熟知。[216]從事　行事；相從共事。[217]公私分計　公謂君臣職分，私謂個人情分。[218]拾遺補闕　補救過失。闕，同「缺」。[219]昔衛武公句　衛武公，西周末年衛國君主。九十五歲時還對臣下說：「自卿以下至於師長士，苟在朝者，無謂我老耄而舍我，必恭恪於朝，朝夕以交戒我，聞一二之言，必誦志而納之，以訓導我。」（見《國語・楚語上》）志壯，壯年時代。《禮記・曲禮》：「三十曰壯。」[220]布衣韋帶　貧賤人所服麻布衣、皮帶。[221]汙垢不異　雖遭汙難也不分開。異，離開。[222]事統是非　胡三省云：「言行事是則君臣同其是，非則同其非。」統，總括。[223]從容　漫不經心。[224]同船濟水二句　同船過河，同處危險境地，誰能得到平安。將，其。與，語中助詞，無義。易，平安。[225]齊桓　春秋時齊國君主，名小白，任用管仲，提出「尊王攘夷」，稱霸於諸侯。[226]管子　管仲，名夷吾，字仲。齊桓公任其為卿，分別鄉野，寓兵於農，發展鹽鐵，助桓公稱霸。胡三省云：「孫權自謂優於齊桓，而責其臣以管子。使吳誠有管子，亦不敢盡言於權，觀諸陸遜可見矣。」227良優　略好。良，頗；略。228當笑　當作大笑。229不逮　不及。《江表傳》記權又云：「天下無粹白之狐，而有粹白之裘，眾之所積也。夫能以駁致純，不惟積乎？故能用眾力，則無敵於天下矣；能用眾智，則無畏於聖人矣。」230二年　赤烏二年（西元二三九年）。231遣使者羊衜句　使者，〈孫霸傳〉作「督軍使者」，胡三省云：「督軍使者，漢官也。魏黃初二年罷督軍官，而吳猶仍舊制。」羊衜，南陽郡人，早年為太子孫亮賓客，歷官始興太守，為督軍使者任上，建「顯別嫡庶」之議，謂封建子弟所以尊重祖宗，為國藩表，不當使其謝絕賓客。鄭胄，字敬先，沛國人，為建安太守，宣信校尉，救公孫淵歸，遷執金吾。孫怡，東州（當時稱兗、青、徐等州為東州，當今山東一帶）人，早年隨太子孫登，登稱其「忠於治國，通達治體」。232城沙羨　黃武二年（西元二二三年）曾築城，因連續發生地震，今復城之。233臨賀　郡名。治所在今廣西賀州東南。234平南將軍　第三品，新置。但此云「自稱」，故不入吳將軍系統。235鬱林　郡名。治所在今廣西桂平西。236遣將軍呂岱二句　〈呂岱傳〉：廖式作亂，攻圍城邑，零陵、蒼梧、鬱林諸郡騷擾，岱自表請行，星夜兼路，權遣使追拜岱交州牧，及遣諸將唐咨等駱驛相繼，攻討一年，破之，斬式及遣散諸所偽署臨賀太守等，並其支黨，郡縣悉平，復還武昌。237三年　赤烏三年（西元二四〇年）。238蓋君非民不立　《左傳》襄公十四年：「天生民而立之君，使司牧之。」239民非穀不生　即常言之民以食為天（本性）。240頃者　近期。241歲　指氣候、環境等條件。242年穀　禾稼穀物。年，甲骨文作，從禾，人聲。是年亦為禾穀。243或　原無，宋本有，據補。244民時　農民耕種的時節。一年中春、夏、秋三季為農民播種、耕耨、收成時節，不得起大役。大役放在冬季農閒時期。否則便是侵奪民時。245以來　以後。246督軍　統帥軍隊的官員。247謹察　嚴密調查。248舉正以聞　檢舉糾正並且上報朝廷。249治城郭　治，修建。內城曰城，外城曰郭。250起譙樓　起亦修築。譙樓，城門上的瞭望樓。251穿塹發渠　挖溝放水。穿、發皆挖掘義。塹，壕溝，指護城河。252倉廩　二字同義，儲藏糧食之處。253賑　救濟。254四年　赤烏四年（西元二四一年）。255大半　亦作「太半」。過半。256略淮南　略，攻取。淮南，郡名。魏淮南郡治所在今安徽壽縣。257決芍陂　決，挖決隄岸放出池水。芍陂，在今壽縣南，因淠水經白芍亭東與附近諸水積而成湖，故名。春秋時楚令尹孫叔敖創建，周迴一百多里，灌溉附近萬頃良田。以後歷代常常整修，為古代淮南著名水利工程。今安豐塘即其遺址。258安城邸閣　安城，在壽縣西南。邸閣，官府所設儲藏糧食等物資的倉庫。259威北將軍　吳置威北將軍一人，因其敵（魏）在北，對魏用兵，故置此名號將軍。260琮與魏將句　魏征東將軍王淩、揚州刺史孫禮與全琮戰於芍陂，琮敗走。261朱然圍樊　樊，今湖北襄樊之一部分，古為軍事要地。魏荊州刺史胡質以輕兵救樊，樊城卑兵少，質勒兵臨圍，城中乃安。(262)祖中　今湖北南漳東南。此地土地平敞，宜植桑麻，有水陸良田，為沔南之膏腴沃壤。(263)太子登卒　孫登立為太子凡二十一年，卒年三十三。臨終上疏，評薦身邊諸人，請孫權量才任用。(264)太傅司馬宣王　太傅，上公一人，第一品，掌以善導王，無常職。司馬懿於魏明帝景初三年（西元二三九年）為齊王芳太傅。(265)軍還　六月，懿督諸軍救樊，吳軍聞之夜遁，魏軍追逐，斬獲萬餘人，收其軍資舟船而歸，則吳軍實大敗而還，此諱敗而言還。(266)閏月　據陳垣《二十史朔閏表》，赤烏四年（西元二四一年）閏三月，此或有誤。(267)瑾卒　諸葛瑾卒年六十八歲。以其次子融襲爵，領兵駐公安。(268)陸遜城邾　邾在今湖北黃岡北，臨長江，與武昌相對，三國初屬魏，赤烏三年（西元二四〇年）陸遜攻取邾城，常以三萬兵駐守。此築城置戍，以為吳之重鎮。(269)五年　赤烏五年（西元二四二年）。(270)立子和為太子　和，字子孝，十九歲立為太子，和好學下士，常言士人當講修學術，而斷絕博奕之樂。後被害。本書卷五十九有傳。(271)改禾興為嘉興　禾與太子和音同，避諱而改。(272)百官奏立皇后句　赤烏三年（西元二四〇年），胡綜上請立諸王表，稱自陛下踐阼以來十有二載，皇后無號，公主無邑，臣下嘆息，遠近失望，唯陛下割謙謙之德，副兆民之望云云。孫權有六夫人，而未立皇后，羣臣欲立徐夫人，而權意在步夫人，步夫人薨，權欲立王夫人，王夫人被譖憂死。孫權生七子，登、慮已卒，和立為太子，此外尚有霸、奮、休、亮四子，百官奏欲立為王。(273)民物勞瘁　百姓辛苦勞累。民、物同義，物亦指人，《左傳》昭公十一年：「物以無親」，顧炎武曰：「物，人也。」今人亦言「人物」。(274)錄　記入冊簿，謂錄用。原誤作「祿」，今據宋本校正。(275)猥　濫；輕易。(276)釋　置；放棄。(277)海鹽縣　治所在今浙江平湖市東南。(278)獻御　進獻食物給皇帝。(279)減太官膳　太官，掌皇帝膳食及燕享之官。皇帝因天災而減少肴饌，以示自責，謂之減膳。(280)遣將軍聶友句　聶友，字文悌，豫章郡（今江西南昌）人，與諸葛恪為友，恪被殺，友憂病而死。陸凱，字敬風，吳郡吳（今江蘇蘇州）人，雖統軍眾，手不釋卷，一生乃心公家，義形於色，表疏皆直言不飾，忠懇內發，官至左丞相。事見本書卷六十一〈聶友傳〉。珠崖，郡名。漢武帝元鼎六年（西元前一一一年）置，因崖邊出珍珠得名。治所在今海南瓊山區東南。儋耳，郡名。亦元鼎六年設。其俗雕鏤面頰，皮連耳廓，下垂至肩以為妝飾。劉逵注〈吳都賦〉：「儋耳人縷其耳匡（框）。」儋即「擔」字，謂將耳廓擔在肩上。治今海南儋州。(281)大疫　謂瘟疫流行。(282)立子霸為魯王　霸，字子威，太子和之弟，因為百官「又奏」，不得已而立之。權寵霸與和無殊，魯王傅是儀諫「二宮宜降殺（差別），以正上下之敘」，書三四上，權不聽，終因霸譖毀太子而賜死。事見本書卷五十九〈孫霸傳〉。(283)六年　赤烏六年（西元二四三年）。(284)白虎見　以純白之虎不多見，出現則以為異，故上言之。(285)丞相顧雍卒　雍為相十九年，卒年七十六。(286)扶南　國名。意為「山地之王」，即今柬埔寨。吳曾派康泰、朱應出使其國，此後交往頻繁。二人皆著書記載其所經見。(287)司馬

宣王句　諸葛恪派諜人觀察路徑險要，欲圖壽春，故懿入舒攻恪。舒，縣名。治所在今安徽廬江縣西南。(288)諸葛恪自皖句　〈諸葛恪傳〉言，司馬宣王謀欲攻恪，權方欲發兵應之。望氣者以為不利，於是徙恪屯於柴桑。盧弼謂恪由安慶退屯九江，望氣之說諱敗之飾詞耳。(289)七年　赤烏七年（西元二四四年）。(290)以上大將軍句　陸遜代顧雍為相。孫權詔謂遜「君天資聰睿，明德顯融，統任上將，匡國弭（消除）難，內外之任，君實兼之，總司三事（調任丞相），以訓羣寮（僚）」，對陸遜評價甚高。(291)宛陵　縣名。治所在今安徽宣城。(292)是歲二句　《通鑑》將此事放在赤烏六年。驚、然本傳皆不載。(293)交通　往來；互通信息或使者；互相勾結。(294)蔣琬　字公琰，零陵湘鄉（今湖南湘鄉）人。諸葛亮以為「社稷之器，非百里之才，其為政以安民為本，不以修飾為先」。亮以為丞相長史。亮卒，琬為尚書令，遷大將軍，大司馬，主蜀之政。事見本書卷四十四〈蔣琬傳〉。(295)掎角　分兵牽制或夾擊敵人。《左傳》襄公十四年：「譬如捕鹿，晉人角之，諸戎掎之。」孔穎達疏：「角謂執其角，掎之言戾（扭折）其足也。」(296)委漢中　委，放棄。漢中，郡名。治所在今陝西南鄭。(297)還近成都　成都，蜀漢都城，即今四川成都。據〈蔣琬傳〉，琬奉後主命，總帥諸軍屯駐漢中，待吳舉動，東西掎角以乘魏隙。琬以為前丞相數攻秦川不克，不如乘水東下，乃多做戰船，順漢水襲魏興、上庸（二郡在今陝西南部和湖北西北部）。因吳連戰不勝，琬難堅持，遂退軍回涪（今四川綿陽），涪近成都。琬不久去世。(298)彰灼　明顯。(299)揆　揣度；考量。(300)聘享盟誓　聘謂互相訪問。奉上為享，謂獻上國家的珍物。盟誓謂黃龍元年（西元二二九年）漢、吳之盟。(301)負　違背；對不起。(302)致　造成；導致。(303)緩急　緊急；危急。此為偏義詞，用急義。(304)漢川　漢水上游兩岸之地，即今陝西南部漢水流域一帶地方，從行政區劃言為漢中郡，角度不同實指一地。〈先主傳〉，東漢建安二十三年（西元二一八年）先主進兵漢中。二十四年，大破夏侯淵軍，曹公自長安來征，先主遙測之曰：「曹公雖來，無能為也，我必有漢川矣。」先主遂有漢中。是其證。或以為此漢川為漢中之誤，非是。(305)嚴整飭；整備。整飭軍隊作好戰爭準備。(306)人家　別人；彼方。今俗語常謂別人為人家，可知今之俗語亦往往源淵有自。(307)護守護；維護。(308)苦　困於；患於。(309)竟　終究。(310)籌　預測；算計。

【語　譯】黃龍元年春季，公卿百官都勸孫權即位稱帝。夏季四月，夏口、武昌同時上報黃龍、鳳凰出現。四月二日，孫權在武昌南郊即位為皇帝，當天大赦，改換年號。追尊父親破虜將軍孫堅為武烈皇帝，母吳氏為武烈皇后，兄討逆將軍孫策為長沙桓王。吳王太子孫登為皇太子。將帥官吏皆加官晉爵加以賞賜。起初，在獻帝興平年間，吳下有童謠流傳說：「黃金裝飾的車，顏色顯明的車箱，閶門打開，走出皇上。」五月，派校尉張綱、管篤前往遼東郡。六月，蜀漢派衛尉陳震祝賀孫權當皇帝。孫權與他協商瓜分魏國領土事，豫、青、徐、幽四州歸吳國，兖、冀、并、涼四州歸蜀漢。至於司州的土地，以函谷關為界限劃分。制定盟約曰：「上天降下禍亂，朝廷綱紀失去秩序，叛逆之臣乘隙劫取了國家權力，自董卓開始，最後到了曹操，窮凶極惡，以傾覆天下，致使九州割裂，普天之下綱紀蕩然，人神共憤無有終止。到了曹操之子曹丕，邪惡之人的後代，繼續作惡，竊取了皇帝之位。而曹叡小子，步曹丕兇惡之後塵，仗恃武力盜據國土，尚未伏法。從前共工氏亂法，高辛氏從而興兵，三苗犯法，虞舜征討他。今日消滅曹叡，擒拿他的黨羽，若非漢吳二國，還有誰擔當此任？討伐惡賊翦除強暴，必須宣布他的罪行，應該先分裂他的國土，奪取他的土地，使士人百姓的心，知道自己要歸向何處。所以《春秋》書中記載晉文公伐衛，先把衛國的土地分給宋國，便是這個意思。況且自古以來做大事必先盟誓，所以《周禮》有司盟的官職，《尚書》中有告誓的文字，蜀漢與吳國，雖然誠信發自內心，但是劃分疆域，應當立有盟約。諸葛丞相德行威名遠聞，輔佐本國，掌兵在外，信義忠誠感動日月天地，重新又結盟好，開誠立誓，使東西二國的士人百姓通通知道此事。所以築祭壇，殺犧牲，公開告訴神明，再歃血，把載書放在牲上掩埋，把副本帶回存於天府之官。天雖高也能審知下情，以它的威靈輔助誠信之人，司慎司盟、羣神羣祀，大小神靈無不來此監察。自今日漢、吳結盟之後，協力同心，共同聲討魏賊，有危難互相救助，有難共當，有樂同賀，好惡齊同，沒有二心。如有侵害漢的，那麼吳便征伐它；如有侵害吳的，那麼漢便征討它。漢、吳之間，各自守護劃定的土地，不要互相侵犯。將此盟約傳給後代，始終如一。所有約定，皆如載書所言。真誠的話不必浮豔，真心盼兩國友好。有誰背叛此盟約，叫他先受禍亂，誰離心離德，褻瀆天命，明神上帝就討伐責罰他，山川百神就懲罰誅殺他。使他喪失百姓，不能享國。求你天神，要明察此盟！」秋季九月，孫權自武昌遷都建業，就原來的舊宮不再改建，徵召上大將軍陸遜輔佐太子孫登，掌管武昌留守事宜。

2 黃龍二年春正月，魏築合肥新城。孫權下詔立都講、祭酒之官，以教育諸子弟。派將軍衛溫、諸葛直率甲冑之士一萬人乘船渡海尋找夷洲和亶洲。亶洲在海中，老一輩人傳說秦始皇派徐福帶領童男童女幾千人出海，訪求蓬萊神山及不死藥，留在亶洲沒有回去。世代相續有好幾萬家，洲上人民有時會到會稽買布，會稽郡東冶縣人航行於海上，也有遭到大風漂流到亶洲的。亶洲所在之地極遠，短時間內是無法到達的，衛溫等只捉到了夷洲幾千人回來。

3 黃龍三年春二月，孫權派太常潘濬率軍五萬征伐武陵蠻夷。衛溫、諸葛直二人都因為違背詔書，沒有完成任務，下獄誅死。夏天，有野蠶結成的繭有如鳥卵那麼大。由拳縣野稻自然生出新稻，因此改名為禾興縣。中郎將孫布用詐降引誘魏將王淩，王淩率部隊迎接孫布。冬季十月，孫權用重兵潛伏在阜陵等待王淩，王淩發覺後撤軍。會稽郡南始平縣上報一穀生出多穗。十二月丁卯，大赦，改第二年的年號。

4 嘉禾元年春正月，建昌侯孫慮去世。三月，派將軍周賀、校尉裴潛渡海前往遼東。秋季九月，魏將田豫截擊，在成山斬殺周賀。冬季十月，魏遼東太守公孫淵派校尉宿舒、郎中令孫綜向孫權自稱藩國，並且進獻貂與馬。孫權大為高興，加封公孫淵的爵位。

5 嘉禾二年春正月，孫權下詔曰：「我這樣才德不足之人，始受天之大命，晝夜謹慎小心，沒有空暇，只好和衣而眠。常想討平世亂，救濟黎民百姓，上答報天地下安民願。因此眷懷顧念，尋求傑出人物，與他們齊心協力，共同安定國家。只要有同心同德之人，我願與他們共度一生。現在，使持節、督幽州、領青州牧、遼東太守燕王，久被賊虜之魏所脅迫，阻隔在遠方，縱然一心為國，卻無由到達。今順應天命，遠方派來二位使臣，表現出極大的誠心，我看到他們帶來的表文，比什麼都高興！便是商湯遇見伊尹，文王得到姜太公，劉秀未定天下而得河西，比起今天來，難道能超過這件事嗎？天下統一，從此安定了。《尚書》不是說過嗎，「天子有善舉，萬民因此而得利」。要大赦天下，給他們再造新生，要清楚的下達到州郡，使大家都知道。特別下傳到燕國，宣布朝廷的命令和恩典，讓天下人人都知道這個喜事。三月，遣送宿舒和孫綜回遼東，又派太常張彌、執金吾許晏、將軍賀達等帶領兵士萬人、珍寶奇貨，九錫所用的一切物品，渡海授予公孫淵。滿朝文武，自丞相顧雍以下都勸諫孫權，認為公孫淵不可信任，對他的恩寵太豐厚，只須派數百名官兵將二人送回去即可。孫權終究沒有聽從。公孫淵果然殺了張彌等人，把他們的人頭送給魏國，還沒收了他們的兵器和物資。孫權大怒，準備親征公孫淵，尚書僕射薛綜等懇切勸諫才作罷。這一年，孫權進兵合肥新城，派將軍全琮征伐六安，都沒有取勝而還。

6 嘉禾三年春正月，孫權下詔書說：「戰爭經久不停，百姓為兵役所苦，收成有時不好。要寬緩他們的拖欠，不要再催促他們的賦稅。」夏季五月，孫權派陸遜和諸葛瑾等駐軍江夏和沔口，孫韶、張承等軍向廣陵、淮陽進發，孫權自己率領大軍包圍合肥新城。此時，蜀漢丞相諸葛亮出兵武功，孫權料想魏明帝不能遠行出征，而明帝派兵幫助司馬懿抵禦諸葛亮，自己親率水軍東征。明帝尚未到達壽春，孫權就撤走了，孫韶也罷兵了。秋季八月，任命諸葛恪為丹陽太守，討伐山越。九月初一，降霜傷了禾稼。冬季十一月，太常潘濬平定武陵蠻夷，戰事結束，回到武昌。孫權下詔把曲阿恢復為雲陽縣的原名，把丹徒恢復為武進。廬陵賊寇李桓和南海羅厲同時作亂。

7 嘉禾四年夏季，孫權派呂岱討伐李桓等。秋季七月，降下冰雹。魏派人用馬求換珍珠、翠鳥羽、玳瑁等，孫權說：「這都是我所不用的東西，卻可以換得馬匹，何苦不允許他交換呢？」

8 嘉禾五年春季，鑄造大錢，一枚大錢值五百枚五銖錢，詔令讓官民交出銅，按銅之多少計價給錢。定出盜鑄大錢的懲罰條例。二月，武昌上報甘露降在禮賓殿。輔吳將軍張昭去世。中郎將吾粲擒獲李桓，將軍唐咨俘獲羅厲等人。自去年十月到今年夏天沒有下雨。冬季十月，彗星出現在東方。鄱陽賊彭旦等人作亂。

9 嘉禾六年春正月，孫權下詔說：「三年之喪，是自天子到庶人共同遵守的禮制，是人心中最大的悲痛；賢明之人抑制哀痛而遵從禮制，不肖的人也勉強自己達到服喪三年。現在社會清明，天下太平，朝野安定，有德之人不強令人們停止服喪，所以三年不登孝子之門。至若國家有事，便減省禮儀以順時宜，腰中纏麻處理公事。所以聖人制定的禮法，只拘禮法條文而不考慮客觀情勢，禮法便不得執行。遇到喪事而不奔赴不合古禮，根據情況作合理的變通，用大義來制約私恩。以前特地設立法律，官吏在職奔喪，必須辦理交接手續，如有意違犯，縱然隨時舉報，治罪，法律依然曠廢了。現在正值多事之秋、國家多難，所有在職官員應該盡心竭力，先公後私，如果不謹遵朝廷法令，是很沒有道理的。內朝外朝的所有官員要再為議論，務必使律條恰當，審慎的加以斟酌。」顧譚發表意見，認為「為奔喪制立的條文，輕了不能禁止孝子要求奔喪的心情，重了本不是該判死刑的罪，唯增設重刑，違犯奪情的人一定很少。如果偶有違犯，治他的罪那麼在情義上不忍心，若減輕刑罰那麼法律便廢棄不行。我認為，官吏在遠地任職，如果無人上報，勢必不得而知，遇在選任交接之時，如有耳聞，必判死刑，這樣官吏就沒有失職的罪責，孝子也可免犯重罪的刑罰」。將軍胡綜認為「喪事的禮儀，雖有典章規制，如果不考慮隨時變通，也是不能施行的。當前戰爭，軍事與政事情況不同，而官吏遭逢喪事，明知有法禁，卻敢公然冒犯，如果念及聽說家中有喪而不奔是恥辱，不考慮作為人臣犯法是要判罪的，這是因為法令規定處罰太輕所造成的。忠節為國，孝道治家，獻身為國家之臣，哪能二者兼顧？所以說當忠臣就不能當孝子。應該訂出條文，明白宣布處以死刑，如果有意違犯，有罪不予寬赦。用殺人防止別人犯法而被殺，依法處置一個人，以後違法奔喪之事必定絕跡了」。丞相顧雍上奏同意處以死刑。後來，吳縣縣令孟宗母死奔喪，事後自囚在武昌以聽候判刑。陸遜陳述他平時的行為，並為他求情，孫權於是減輕孟宗的罪一等，下不為例，從此違法奔喪的事便絕跡了。二月，陸遜攻打彭旦等人，這一年，完全打敗了他們。冬季十月，派遣衛將軍全琮襲擊六安，沒有取勝。諸葛恪平定山越戰事結束，北上駐紮在廬江郡。

10 赤烏元年春季，鑄造一枚值一千枚五銖錢的大錢。夏季，呂岱征討廬陵的賊寇，戰事結束，回到陸口。秋季八月，武昌上報出現了麒麟。主管官員上奏說，麒麟是天下太平的徵兆，應當改換年號。孫權下詔書說：「近來赤烏在殿前聚集，是我所親眼看到，如果天地神靈認為是吉祥的話，改換年號應以赤烏為紀元。」羣臣上奏說：「從前周武王伐紂，有赤烏的吉兆，君臣都見到了，於是得到了天下，這是聖人寫在簡策上記載最詳明的，羣臣以為最近所發生的既是嘉瑞，又是皇帝親眼見到，明白無誤。」因此改換年號。孫權步夫人去世，追贈為皇后。起初，孫權信任校事呂壹，壹本性苛深慘毒，執法嚴酷，太子登多次勸諫孫權，孫權不聽，大臣們因此也不敢再說。後來呂壹的罪行被揭露依法誅殺，孫權承認錯誤責備自己，於是派中書郎袁禮向諸大將謝罪，並詢問對當前政事應當如何改進。袁禮回來後，孫權又下詔書責備諸葛瑾、步騭、朱然、呂岱等，詔書說：「袁禮回來，說和子瑜、子山、義封、定公等人相見，並問應做的政事何者優先何者可緩，他們各自以不掌民事為藉口，不肯發表意見有所建言，完全推給伯言和承明。伯言和承明見到袁禮，哭泣悲痛，話語酸楚，甚至竟然心存恐懼，不能自安。聽到這些我心中非常懊喪，自己也深覺奇怪。為什麼呢？只有聖人能沒有過錯，聰明人能看見自己的過錯。人的一舉一動，哪能都做對？只是在自己傷損或拒絕了大家的意見時，糊裏糊塗不自覺，所以諸位產生避忌有所為難。否則，怎會弄到這種地步？自從我起兵五十年以來，所用賦稅勞役全部都出自百姓，天下尚未平定，敵人還在，士民的勤勞辛苦，誠如大家所熟知。但是勞苦百姓，是萬不得已的事情。我與諸位共事，從年輕時到年老，頭髮已經斑白，總以為行相明而心相照，無論是君臣職分、個人情分，足可以互相擔保和依靠，言無不盡、直言規勸，是我對諸位所盼望的；幫我改正缺點、補救過失，我也對你們抱有希望。從前衛武公已到暮年，還孜孜不倦的訪求輔佐的人才，常常獨自感慨和自責。何況麻衣皮帶的平民相互結交，情義和好，脾氣相投，遇到困難險阻尚不隔心猜疑。現在諸位和我共創事業，雖說名分上是君臣，然而就算是親骨肉也尚且比不上這種關係。榮樂同享，憂戚同當。忠信相待不隱瞞自己的真心，出謀劃策沒有保留。事關同是同非，諸位豈能悠哉悠哉、漫不經意就算了呢？我們是坐在同一條船上過河，會有誰是平安的？齊桓公是諸侯中稱霸的人，做了好事，管子沒有不讚賞的，做錯了事，管子沒有不勸阻的，勸阻還不聽，就始終規勸不停。現在我自問沒有桓公那樣的德行，但諸位規勸之語尚未出口，就怕引起懷疑，由此說來，我比起齊桓公略微好一些，不知道諸位比管子如何？好久沒和大家見面，現在藉此事就當作開懷的大笑。共同完成建國大業，統一天下，擔當此任的還能有誰？一切軍國大事何者當做、何者當改，我樂意聽到你們不同的謀略，糾正我處事不周之處。」

11 赤烏二年春季三月，派督軍使者羊衜、鄭胄、將軍孫怡前往遼東，攻打魏守將張持、高慮等，俘獲那裏的男女。零陵郡上報降下甘露。夏季五月，築沙羡城。冬季十月，將軍蔣祕到南方討伐夷賊。蔣祕督率的都督廖式殺了臨賀郡太守嚴綱等，自稱平南將軍，與其弟廖潛合力攻打零陵、桂陽，進一步動搖了交州的蒼梧、鬱林各郡，部眾有幾萬人。孫權派將軍呂岱、唐咨征伐他們，過了一年多完全打敗了他們。

12 赤烏三年春季正月，孫權下詔書說：「國君無民便不算是國君，百姓無糧食便不能生存。近來，百姓多被徵調從事征戰和勞役，農作物的歲收又碰上水災旱災，穀物受到損害，而官吏有的為官不正，強占了農民耕種的時間，造成百姓飢餓貧困。從今以後，督軍郡守，要嚴加調查違法行為，在農作桑蠶繁忙季節，凡興建工程擾亂農民生產的，要糾舉令其改正並且上報朝廷。」夏季四月，全國大赦。下詔書令各郡縣修建城牆，在城門上修築望樓，挖護城河放水，用來防備盜賊。冬季十一月，百姓饑荒，詔令開倉放糧用來救濟窮人。

13 赤烏四年春季正月，下大雪，平地雪深三尺，飛鳥走獸死了超過一半。夏季四月，派遣衛將軍全琮攻取淮南郡，決開芍陂放水，燒毀安城倉庫，俘掠淮南百姓。威北將軍諸葛恪攻打六安。全琮與魏將王淩在芍陂作戰，中郎將秦晃等十幾個將領在作戰中死亡。車騎將軍朱然圍樊城，大將軍諸葛瑾攻取柤中。五月，太子孫登去世。同月，魏太傅司馬懿援救樊城。六月，朱然自樊城撤軍而回。閏月，大將軍諸葛瑾去世。秋季八月，陸遜在邾築城。

14 赤烏五年春季正月，冊立孫和為太子，大赦全國，禾興縣改名嘉興縣。百官奏請孫權冊立皇后和四個兒子為王，孫權下詔說：「現在天下尚未平定，百姓勞苦，況且有功之人有的還沒有錄用，挨餓受凍的人尚未得溫飽，隨便劃分土地以豐厚自己的兒子，提升爵位以尊寵自己的妻子，我認為很不合適，你們放棄這個奏議。」三月，海鹽縣上報出現了黃龍。夏季四月，禁止呈進食物，削減太官為自己做飯的標準。秋季七月，派將軍聶友、校尉陸凱帶三萬軍隊征討珠崖郡和儋耳郡。這一年瘟疫大為流行，百官又奏請冊立皇后和諸王。八月，立兒子孫霸為魯王。

15 赤烏六年春季正月，新都郡上報有白虎出現。諸葛恪征討六安，攻破魏將謝順的營壘，俘虜了那裏的百姓。冬季十一月，丞相顧雍去世。十二月，扶南王范旃派遣使臣獻上樂工和地方特產。這一年，司馬懿率領軍隊進入舒縣，諸葛恪自皖徙屯柴桑。

16 赤烏七年春季正月，任上大將軍陸遜為丞相。秋季，宛陵縣上報有嘉禾長出來。這一年，步騭、朱然等分別上疏，說：「從蜀國回來的人，都說蜀要背棄盟約與魏國勾結，做了許多船隻，修築城牆。還有，蔣琬駐守漢中郡，聽說司馬懿揮師南下，蔣琬不出兵乘虛牽制他，反而放棄漢中，把兵撤到離成都不遠的地方。

事情已經再明顯不過了，不要再遲疑，應當早日防備他。」孫權揣度情況認為並非如此。他說：「我們待蜀國不薄，聘問享獻盟誓，我們一樣也沒有違背，怎麼會到這種地步？再說，司馬懿率軍來到舒縣，十天就退走了，蜀在萬里之外，怎能知道這裏情況緊急就出兵呢？從前魏要入漢川之地，我們這裏開始戒備，也還沒有行動，正好聽說魏軍退去，我們也就停止出兵，蜀國難道可以因此而懷疑嗎？況且別人治理國家，舟船城郭，哪一樣不得經常維護呢？現今我們這裏天天訓練軍隊，難道可以說是為了防禦蜀國嗎？人們的話難就難在不可信，我願以身家性命為大家擔保沒事。」蜀國終究對吳沒有圖謀，正如孫權所預測的那樣。

1 八年❶春二月，丞相陸遜卒❷。夏，雷霆犯宮門柱❸，又擊南津大橋楹❹。茶陵縣鴻水溢出❺，流漂居民二百餘家。秋七月，將軍馬茂❻等圖逆，夷三族❼。八月，大赦。遣校尉陳勳將屯田及作士❽三萬人鑿句容❾中道，自小其❿至雲陽⓫西城，通會市⓬，作邸閣。

2 九年⓭春二月，車騎將軍朱然征魏柤中⓮，斬獲千餘。夏四月，武昌言甘露降。秋九月，以驃騎將軍步騭為丞相，車騎將軍⓯朱然為左大司馬，衛將軍全琮⓰為右大司馬，鎮南將軍呂岱為上大將軍⓱，威北將軍諸葛恪為大將軍⓲。

3 十年⓳春正月，右大司馬全琮卒⓴。二月，權適南宮㉑。三月，改作太初宮㉒，諸將及州郡皆義作㉓。夏五月，丞相步騭㉔卒。冬十月，赦死罪。

4 十一年[25]春正月，朱然城江陵。二月，地仍[26]震。三月，宮成[27]。夏四月，雨雹，雲陽言黃龍見。五月，鄱陽言白虎仁[28]。詔曰：「古者聖王積行[29]累善，修身[30]行道，以有天下，故符瑞[31]應之，所以表德[32]也。朕以不明，何以臻茲[33]？書云『雖休勿休』[34]，公卿百司，其勉修所職[35]，以匡不逮。」

5 十二年[36]春三月，左大司馬朱然卒[37]。四月，有兩烏銜鵲[38]墮東館。丙寅，驃騎將軍朱據[39]領丞相，燎鵲以祭[40]。

6 十三年[41]夏五月，日至[42]，熒惑入南斗[43]，秋七月，犯魁第二星[44]而東。八月，丹陽、句容及故鄣、寧國諸山崩[45]，鴻水溢。詔原逋責[46]，給貸種食。廢太子和，處故鄣[47]。魯王霸賜死[48]。冬十月，魏將文欽偽叛以誘朱異，權遣呂據就異以迎欽。異等持重，欽不敢進[49]。十一月，立子亮為太子[50]。遣軍十萬，作堂邑涂塘以淹北道[51]。十二月，魏大將軍王昶圍南郡，荊州刺史王基攻西陵[52]，遣將軍戴烈、陸凱往拒之，皆引還[53]。是歲，神人授書，告以改年、立后[54]。

7 太元元年[55]夏五月，立皇后潘氏[56]，大赦，改年。初臨海羅陽縣[57]有神，自稱王表。周旋[58]民間，語言飲食，與人無異，然不見其形。又有一婢，名紡績。是月，遣中書郎李崇齎輔國將軍[59]羅陽王印綬迎表。表隨崇俱出，與崇及所在郡守今長談論，崇等無以易(60)。所歷山川，輒(61)遣婢與其神相聞(62)。秋七月，崇與表至，權於蒼龍門(63)外為立第舍(64)，數使近臣齎酒食往。表說水旱小事，往往有驗(65)。秋八月朔(66)，大風，江海涌溢，平地深八尺(67)，吳高陵(68)松柏斯拔，郡城南門(69)飛落。冬十一月，大赦。權祭南郊還，寢疾(70)。十二月，驛徵大將軍恪(71)，拜為太子太傅(72)。詔省徭役(73)，減征賦(74)，除民所患苦。

8 二年(75)春正月，立故太子和為南陽王，居長沙(76)；子奮(77)為齊王，居武昌；子休為瑯邪王，居虎林(78)。二月，大赦，改元為神鳳。皇后潘氏薨(79)。諸將吏數詣王表請福(80)，表亡去。夏四月，權薨(81)，時年七十一，諡曰大皇帝(82)。秋七月，葬蔣陵(83)。

【章　旨】以上為第五部分，記述赤烏八年以後，與孫權同時並起的老將逐漸謝世，新人不繼，而孫權愎意自固，廢嫡立庶，果於殺戮，外內交困，前途茫茫，於是棄人事而崇鬼神，終於留下一個苟延殘喘的吳國而去。

【注　釋】❶八年　赤烏八年（西元二四五年）。❷丞相陸遜卒　太子和被譖賜死，遜之外甥三人並因親附太子枉見流徙。太子太傅吾粲因與遜有書信來往而下獄死，孫權還多次派中使譴責遜，遜憤恚致卒，時年六十三，家無餘財。與一年前權任遜為丞相時的詔書形成鮮明的對照。❸雷霆犯宮門柱　霆，迅雷；霹靂。犯，碰撞；觸及。❹南津大橋楹　南津大橋在建業宮城朱雀門南，跨秦淮水南北岸，以渡行人。因在臺城之南，故名南航。此橋在秦淮諸橋中最大，故又曰大航。楹，柱。❺茶

陵縣句　茶陵，治所在今湖南茶陵東。鴻水，通「洪水」。❻馬茂　原為魏鍾離（今安徽臨淮東）長，叛歸吳，吳以為征西將軍、九江太守、外部督。茂謀在孫權遊苑時，稱詔收縛百官諸將，擊殺權據宮降魏，事覺，皆族誅。❼夷三族　夷，滅；誅殺。三族，父母、兄弟、妻子。三族之說多種，今取《史記集解》引張晏說。❽屯田及作士　屯田謂屯田客，為民屯的耕作者，毋須服兵役，主要從事農耕，偶服一些雜役。作士即佃兵，為兵屯的耕作者，戰時打仗平時耕墾之士兵。❾句容　縣名。治所在今江蘇句容。❿小其　地名。疑在句容縣茅山之麓。⓫雲陽　縣名。治所在今江蘇丹陽。陳勳所鑿通道，即後來之破岡瀆，為六朝時著名運河。⓬會市　作市以會商旅。⓭九年　赤烏九年（西元二四六年）。⓮車騎將軍朱然句　朱然，吳黃龍三年（西元二三一年）由征北將軍遷車騎將軍，嘉禾三年（西元二三四年）授斧鉞為左右督。據〈朱然傳〉，出征前朱然上表，「事蒙克捷，欲令所獲震耀遠方，方舟（併舟）塞江，使足可觀。願責臣後效」。魏將李興斷然後道，然夜出逆戰，軍以勝返。權遣使拜然左大司馬、右軍師。⓯車騎將軍　原無「將軍」二字，下文「鎮南將軍」同。上文有「驃騎將軍」，車騎、鎮南應與驃騎同例，皆當有「將軍」二字。⓰衛將軍全琮　黃龍元年（西元二二九年），全琮由綏南將軍遷衛將軍。⓱鎮南將軍呂岱句　鎮南將軍，三品，位次四征（征東、征西、征南、征北）將軍。呂岱於黃武元年（西元二二二年）拜是官。上大將軍，黃龍元年初置，位在三公上。⓲威北將軍諸葛恪句　威北將軍為吳獨置。恪於嘉禾末由撫越將軍遷是官。吳置上大將軍，同時置大將軍，位在三公上。孫權分荊州為二部，以上大將軍呂岱督右部，自武昌以西至蒲圻；以大將軍諸葛恪督左部，代陸遜鎮武昌。⓳十年　赤烏十年（西元二四七年）。⓴全琮卒　〈全琮傳〉謂琮卒於赤烏十二年，《資治通鑑》次於赤烏十年，未知孰是。㉑權適南宮　適，往，此謂徙居。權原居建業宮，詔徙武昌宮材瓦繕修建業宮，故徙居南宮。南宮，吳太子宮，在秦淮水旁。㉒太初宮　宮方三百丈，是一建築羣，宮中有臨海、赤烏等殿，左思〈吳都賦〉曾描述其壯觀。㉓義作　胡三省云：「以下奉上，義當助作宮室。」猶今言義務勞動，不付報酬。㉔丞相步騭　〈步騭傳〉言，自為丞相猶誨門生，手不釋書，居處衣著有如儒生。在西陵二十年，鄰敵敬其威信。性寬宏得眾，喜怒不形於聲色，而外內肅然。㉕十一年　赤烏十一年（西元二四八年）。㉖仍　連續；頻繁。㉗宮成　太初宮建成。㉘白虎仁　《瑞應圖》：「白虎仁者，王者不暴虐，則仁虎不害也。」㉙行　德行；道德。㉚修身　修好自己的品德。㉛符瑞　吉祥的徵兆。古人認為帝王修德，時世清平，天就會降符瑞，與人事相應。㉜表德　上天表彰人王的德美。㉝臻茲　至此。㉞書云雖休勿休　《尚書・呂刑》文。休，美；善。「雖休勿休」謂雖然很好，但不要自以為很好而滿足。㉟勉修所職　勤勉的做好各人所擔負的工作。㊱十二年　赤烏十二年（西元二四九年）。㊲左大司馬朱然卒　朱然體長不滿七尺，氣度精明，常在戰場，治軍嚴明有備，年六十八而卒，權素服舉哀，為之感慟。㊳兩烏銜鵲　烏，烏鴉。鵲，喜鵲。㊴朱據　字子範，吳郡吳（今江蘇蘇州）人。才兼文武，謙虛待士，典校呂壹誣其貪墨，後明其見枉。後因擁護太子和而左遷，以致被譖賜死。事見本書卷五十七〈朱據傳〉。本傳無領丞相事。㊵燎鵲以祭　燎，本字作「尞」，古代祭祀儀式之一，把犧牲玉帛放在柴堆上焚燒祭天，此置鵲於柴上。㊶十三年　赤烏十三年（西元二五〇年）。㊷日至　古人認為，天行赤道（天球赤道），日行赤道南北，於夏至運行到極北之處。於冬至運行到極南之處。至，極也，故稱日至。一年有二至，此在五月，故知為日北至，即夏至。㊸熒惑入南斗　熒惑，即火星，因其隱現不定令人迷惑故名。古人認為熒惑出現在哪裏，那裏便有凶兆。陶弘景注《鬼谷子》：「熒惑，天之法星（執法之星），所居災眚吉凶尤著。」南斗，星名。即斗宿，為二十八宿之一，為北方七宿的第一宿，有星六顆，即人馬座之六星。入謂行入南斗所在之區域。㊹犯魁第二星　犯謂接觸。魁，古星名，謂北斗之第一至第四星，即天樞、天璇、天璣、天權。高誘注《淮南子・天文》：「斗第一星至第四星為魁。」此謂魁第二星，即天璇。㊺丹陽句容　丹陽，縣名。治所在今安徽當塗東北。故鄣，縣名。治所在今浙江安吉西北。寧國，縣名。治所在今安徽寧國西南。山崩，即今言山體滑坡或崩裂。㊻原逋責　免除拖欠的賦稅。責，同「債」。㊼廢太子和二句　和，孫權琅邪王夫人所生，十九歲立為太子，以其母與權姐全公主有隙，權病，全公主懼太子和繼位不利於己，因譖和聞病有喜色，權因禁和使處故鄣，後封為南陽王遣之長沙。處，安排。㊽魯王霸賜死　霸，字子威，和之弟，初與和嫡庶不分，大臣屢諫，權不聽，養成驕縱，圖危太子，譖毀既行，太子被廢，霸亦賜死。㊾魏將文欽四句　魏廬江太守文欽偽叛以誘吳偏將軍朱異，欲使異自將兵迎己。異知其詐，上表吳主以為欽不可迎，吳主謂方今北土未一，欽欲歸命，宜且迎之，若嫌其詐，但當設計網以羅之，盛兵以防之。乃遣偏將軍呂據督二萬人與異并力至北界，欽果不降。朱異，字季文，朱桓子。呂據，字世議，呂範子。二人本書卷五十六有傳。持重，慎重；穩重。㊿立子亮為太子　亮，字子明，孫權少子，太子和被譖而廢，權遂立亮為太子。事見本書卷四十八〈孫亮傳〉。(51)作堂邑涂塘句　堂邑，縣名。治所在今江蘇六合北。三國時魏、吳分界處，為棄地，今六合西有瓦梁堰，即三國時涂塘遺址，孫權斷涂水以淹北道，杜絕魏兵窺伺建業。此時孫權已老，良將多死，作此自保之規劃。(52)魏大將軍王昶二句　魏征南將軍王昶上言，孫權流放良臣（謂朱據等），嫡庶紛爭，可乘釁擊吳。魏主許之，遣新城太守州泰襲巫、秭歸，荊州刺史王基向夷陵，昶向江陵，吳引沮漳水浸江陵以北之地以阻魏軍，昶拉竹索為橋渡水擊之。王昶，字文舒，太原晉陽（今山西太原）人。王基，字伯輿，東萊曲城（今山東掖縣東北）人，二人本書卷二十七有傳。(53)遣將軍戴烈二句　吳大將施績（即朱績，朱然之子，後復其本姓，姓施）與王昶戰不利，與諸葛融約共擊昶，績與大戰於紀南（今湖北江陵北）而融兵不至，昶大破績軍，斬其將鍾離茂、許旻。直至次年正月，王基、州泰擊吳軍，皆破之，降者數千口。戴烈，廣陵（今江蘇揚州）人，官左將軍。陸凱，字敬風，陸遜之族子，赤烏中除儋耳太守，討珠崖有功，遷建武校尉，事見本書卷六十一〈陸凱傳〉，傳中不載其拒魏事。引還，退回，諱言敗，而曰「引還」。54神人授書二句　裴松之注引孫盛曰：「盛聞國將興，聽於民；國將亡，聽於神（《左傳》莊公三十二年史嚚語）。權年老志衰，讒臣在側，廢適（同「嫡」）立庶，以妾為妻，可謂多涼（薄）德矣。而偽設符命，求福妖邪，將亡之兆，不亦顯乎！」故於明年改年、立后。55太元元年　西元二五一年。太元，吳大帝孫權年號，西元二五一—二五二年。56立皇后潘氏　潘氏，會稽句章（今浙江慈溪市）人。因父罪輸織室，孫權見而召充後宮，為夫人，生亮，亮為太子，潘遂立為皇后。性險妒，前後譖害其他夫人甚眾，後被宮人縊殺。事見本書卷五十〈權潘夫人傳〉。57臨海羅陽縣　臨海，郡名。治所在今浙江臨海市東南。羅陽縣治所在今浙江瑞安。58周旋　盤桓，引申為輾轉。59輔國將軍　吳所置名號將軍，第三品。60無以易　無法改變。謂王表的談論無懈可擊，李崇等人無法駁倒他。61輒　每每；往往。62相聞　上聞；上報。63蒼龍門　太初宮東門。64第舍　官邸；大宅。65表說水旱小事二句　孫權此傳對許多大事往往敘述簡略，而於此鬼神之事敘之特詳，見孫權晚年之昏眊，疏於治國，謹於事神。66秋八月朔　一年十二月，分為四季，孔子作《春秋》，於每季之首月必標明季名。後之作史者仿之，於「本紀」每季之首亦標明季名，首月無事，依次標於下月之首。前文已有「秋七月」，此不當再書「秋八月」，「秋」字衍文。同例，本書卷二〈文帝紀〉黃初二年書「春正月」，下文有「春三月」，校者刪去「春」字，此宜同。67八尺　三國時八尺約合今一公尺九四。68吳高陵　孫權既稱尊號，追諡父堅為武烈皇帝，廟號曰始祖，墓曰高陵，高陵在吳郡。69郡城南門　吳郡治所為吳縣，郡城南門即吳縣之城南門。70寢疾　臥病在床。《吳錄》謂權得風疾（風痹、半身不遂等症）。71驛徵句　傳驛而徵，謂緊急徵召。時諸葛恪在武昌，為大將軍，假節領荊州事。恪入臥內，受詔床下，權詔有司諸事一統於恪，惟生殺大事然後以聞，為羣官百司制定向恪拜揖之儀。72太子太傅　中二千石，第三品，掌輔太子，見太子不稱臣，朔望不朝。恪以大將軍領太子太傅。73徭役　古代平民（主要是農民）向官府承擔一定時期的無償勞動，如當兵、修城等。74征賦　征、賦同義，征亦賦，即賦稅。《孟子・盡心下》：「有布縷之征，粟米之征，力役之征。」趙岐注：「征，賦也。」75二年　太元二年（西元二五二年）。此年二月改元神鳳，據例此年應書「神鳳元年」。76立故太子和二句　吳主頗悟太子和無罪，及得風疾，欲召和還，全公主及孫竣力阻乃止，因封和為南陽王，居長沙。南陽郡為魏國所有，和不可能到那裏做王，實是遙領其地，覲下奮、休所封之齊、瑯邪二郡亦是魏地，與和相同，而其所居均在吳國界內。時長沙為郡名，治所在今湖南長沙，此蓋以郡治臨湘蒙長沙之名。77奮　字子揚，亮之兄，仲姬所生，為王驕縱、殺傅相，廢為庶人，後被誅。事見本書卷五十九〈孫奮傳〉。78子休為瑯邪王二句　休，字子烈，孫權第六子，王夫人所生，孫亮廢，休即皇帝位，敦詩書，重農桑。年三十而薨。事見本書卷四十八〈孫休傳〉。虎林，鎮戍名，又名武林城，濱臨長江，吳置督戍守。故址在今安徽貴池西。79皇后潘氏薨　潘后性剛烈，吳主疾病，后使人問呂后稱制故事，左右不勝其虐，伺其昏睡，縊殺之。胡三省謂是用事之臣所為。80請福　請求福佑。81權薨　錢大昕曰：「〈蜀志〉稱先主、後主而不名，吳主權、亮、休、晧皆斥（指）其名；蜀先主稱『殂』，而吳主稱薨，此承祚（陳壽字）書法之別也。」謂陳壽寫《三國志》，用詞中寓有褒貶，就蜀、吳二國之主相較，褒蜀主而貶吳主。孫權疾困，召大將軍領太子太傅諸葛恪、中書令孫弘、太常滕胤及將軍呂據、侍中孫峻入臥內，囑以後事。孫權薨，弘與恪素不平，懼為恪所治，祕權死信，欲矯詔誅恪。恪請弘計事，於座中誅弘，乃發喪。82諡曰大皇帝　以「大」為諡，《諡法》中所不載。史書稱之為「吳大帝」。83蔣陵　陵因蔣山而得名。蔣山，古曰金陵山，又名鍾山。蔣陵在今江蘇南京鍾山南麓。

【語　譯】赤烏八年春季二月，丞相陸遜去世。夏季，迅雷擊中宮門的大柱，又擊中南津大橋的橋柱。茶陵縣洪水溢流，沖走居民二百多家。秋季七月，將軍馬茂等圖謀反叛，被誅夷三族。八月，全國大赦。派遣校尉陳勳率領屯田客和佃兵三萬人開鑿句容縣的筆直道路，從小其到雲陽縣西城，以通貿易，建築倉庫。

2　赤烏九年春季二月，車騎將軍朱然征伐魏國的柤中，斬殺、俘獲了一千多人。夏季四月，武昌上報降下甘露。秋季九月，任驃騎將軍步騭為丞相，車騎將軍朱然為左大司馬，衛將軍全琮為右大司馬，鎮南將軍呂岱為上大將軍，威北將軍諸葛恪為大將軍。

3　赤烏十年春季正月，右大司馬全琮去世。二月，孫權移居到南宮。三月，改建太初宮，諸將領及州郡牧守都來義務勞動。夏季五月，丞相步騭去世。冬季十月，赦免死刑犯。

4　赤烏十一年春季正月，朱然築江陵城。二月，地震頻繁。三月，太初宮建成。夏季四月，天降冰雹，雲陽上報黃龍出現。五月，鄱陽縣上報白虎不傷人。孫權下詔說：「古時聖王積德行善，修養身心，施行王道，才取得天下，所以上天降下符瑞符應他，用來表彰他的德行。我稱不上聖明，怎能得到這種表彰呢？《尚書》上說『雖然做得很好，不要自以為很好而滿足』，三公九卿以及百官，都要勤勉的把本職工作做好，幫助我改正過失。」

5 赤烏十二年春季三月，左大司馬朱然去世。四月，有兩隻烏鴉銜著的一隻喜鵲墜落在東館。四月初九日，驃騎將軍朱據兼任丞相，把這隻喜鵲放在柴上焚燒用來祭天。

6 赤烏十三年夏季五月，夏至日，火星侵入斗宿，秋季七月，運行到魁星的第二星旁擦過後又往東運行。八月，丹陽、句容及故鄣、寧國等縣山體崩裂，洪水氾濫。孫權下詔免除百姓拖欠的租稅和債務，發放或貸給百姓種子和糧食。廢黜太子孫和，安頓在故鄣。賜魯王孫霸自盡。冬季十月，魏將文欽謊稱叛魏用來誘騙朱異，孫權派呂據到朱異駐地一起迎接文欽。朱異、呂據行事穩重，文欽不敢進軍。十一月，冊立孫亮為太子。派十萬軍隊在堂邑縣堵塞涂水為塘用來淹沒北方的道路。十二月，魏大將軍王昶包圍南郡，荊州刺史王基進攻西陵，孫權派將軍戴烈、陸凱前往抵抗，最後都撤軍而回。這一年，神人授予孫權文書，說應當改換年號、冊立皇后。

7 太元元年夏季五月，孫權冊立潘夫人為皇后，全國大赦，改換年號。起初臨海郡羅陽縣有個神人，自稱王表，輾轉於民間，說話飲食，與常人沒有不同，就是看不見他的形體。他有一名女僕，名叫紡績。這一月，孫權派中書郎李崇攜帶著輔國將軍羅陽王的印綬去迎接王表。王表隨李崇一同出發，與李崇及所經過的郡守縣令談論，言詞無懈可擊，李崇等人無法駁倒他。他們經過的山川，王表往往派紡績去上告神明。秋季七月，李崇與王表到達建業，孫權在蒼龍門外為王表修建官邸，多次派侍臣攜帶酒食前去。王表說水災、旱災等小事，往往應驗。秋季八月初一，颳大風，江水、海水暴漲溢流，平地水深八尺，吳郡孫堅陵墓——高陵的松柏樹被連根拔起，吳郡城的南門被颳飛掉落。冬季十一月，大赦全國。孫權到南郊祭天回來，就臥病在床了。十二月，透過驛站急召大將軍諸葛恪回來，授他為太子太傅。孫權下詔減省差役，減輕賦稅，除去使百姓困苦的負擔。

8 太元二年春季正月，封原太子孫和為南陽王，住在長沙；封子孫奮為齊王，住在武昌；封子孫休為琅邪王，住在虎林鎮。二月，大赦全國，改年號為神鳳。皇后潘氏去世。眾將帥官吏多次前往王表那裏請求福佑，王表逃走。夏季四月，孫權去世，時年七十一歲，謚號為大皇帝。秋季七月，安葬在蔣陵。

評曰❶：孫權屈身忍辱❷，任才尚計❸，有句踐❹之奇英，人之傑矣。故能自擅江表❺，成鼎峙之業❻。然性多嫌忌❼，果❽於殺戮，暨❾臻末年，彌❿以滋甚。至于讒說殄行⓫，胤嗣廢斃⓬，豈所謂「貽厥孫謀，以燕翼子」⓭者哉？其後葉陵遲⓮，遂至⓯覆國⓰，未必不由此也。

【章　旨】以上是陳壽對孫權的評論，既肯定他的才能和功業，又指出了他的缺點，以及對後世的影響。應該說，持論中肯。

【注　釋】❶評曰　「評」是作史者根據傳主一生行事，就當時形勢評論其得失。《史記》名「太史公曰」，《漢書》名「贊曰」，其義皆同。❷屈身忍辱　指孫權受魏封號，向魏稱臣為藩國。❸任才尚計　任賢才而多計謀。裴注引《傅子》：「孫權繼其（兄孫策）業，有張子布（張昭）以為心腹，有陸議（即陸遜）、諸葛瑾、步騭以為股肱，有呂範、朱然以為爪牙，分任授職，乘間伺隙，兵不妄動，故戰少敗而江南安。」❹句踐　春秋時越國國君，為吳王夫差打敗，使大夫文種求和於吳，膝行頓首曰：「句踐請為臣，妻為妾。」句踐雖身在吳，臥薪嚐膽，不忘復國，經過十年生聚與訓練，終於滅吳復越，成為春秋時期最後一個霸主。句，字亦作「勾」。勾是句的異體字。❺自擅江表　獨占東南。擅，獨有；占據。❻成鼎峙之業　奠定三分天下之大業。鼎，古銅器，三足，古以鼎代表國家，春秋時有楚子問鼎之事。❼嫌忌　猜疑忌恨。❽果　果斷；做事不猶豫。❾暨　與；及。❿彌　更加。⓫讒說殄行　語見《尚書・舜典》。讒說，毀謗之言。馬融注：「殄，絕。絕君子之行。」殄行，謂行為違邪，今言橫行。全句指全公主對太子和的譖毀。⓬胤嗣廢斃　謂對其子或廢（如孫和）或誅（如孫霸）。胤嗣，後代子孫。⓭貽厥孫謀二句　二句見《詩經・大雅・文王有聲》。詩義謂周武王能傳其順天下之謀，以安定其敬事之子孫。貽，又作「詒」。傳給。孫，順。燕，安。翼，敬。⓮陵遲　衰頹。⓯至　宋本作「致」。⓰覆國　亡國。覆，傾覆；滅亡。

【語　譯】評論說：孫權折腰事魏忍受屈辱，任用賢才而富於計謀，有句踐一樣的奇才，是人中豪傑。所以能獨霸江南，成就鼎足三分的大業。但是他本性多猜疑忌恨，果斷的實行殺戮，到了他的晚年，變得更加嚴重。甚至毀謗流言橫行，親生兒子或被廢或被誅，這難道是《詩經》中所說的「把順天的謀略留傳下來，以保護其敬事的子孫」的含義嗎？他的後代漸漸衰頹，終於亡國，未必不是他這些錯誤所導致。

【研　析】從魏文帝黃初二年（西元二二一年）冊封孫權為王，至吳太元二年（西元二五二年）孫權去世，孫權統治江東三十餘年。如果從孫策死，以事授權的獻帝建安五年（西元二〇〇年）算起，則跨時五十多年。

魏臣劉曄曾對文帝說：「天下三分，中國十有其八，吳、蜀各保一州。」（見《通鑑》卷六十九）曹魏地域廣大，兵力強盛，而孫吳僅擁江東一隅，卻能存續數十年，有時還對曹魏和蜀漢構成威脅。這其中有什麼原因呢？立足本傳，參以〈吳書〉其他傳記，可以總結出以下四個原因：

一、重視農耕，發展農業經濟。

由於中原長期牧守混亂，江北民眾紛紛渡江避難，建安十八年（西元二一三年），廬江、九江、蘄春、廣陵一次渡江竟達十多萬戶，致使江北空虛。冀、兗、青、徐、豫諸州都有流民南下。這給江南帶來了先進的農業生產技術，擴大了耕地面積。對農業生產，孫權採取鼓勵政策。黃武五年（西元二二六年），陸遜「以所在少穀，表令諸將增廣農畝」，孫權立即同意。赤烏三年（西元二四〇年），下詔禁止「侵奪民時」，「農桑時，以役事擾民者，舉正以聞。」孫權在農業方面最重要的舉措是實行屯田制。屯田分為兵屯和民屯，設典農校尉、典農督尉、屯田都尉進行管理。兵屯的耕作者佃兵稱為「作士」，民屯的耕作者稱為「屯田客」。佃兵耕戰結合，負有雙重任務；屯田客免除兵役，主要從事農作，偶爾有其他雜役。本傳赤烏八年（西元二四五年）「校尉陳勳將屯田及作士三萬人鑿句容中道」，說的就是這兩種屯田者。從「三萬人」這一數量來看，兵屯、民屯的規模很大。諸葛恪曾率萬人之眾，屯田廬江皖口（今安徽安慶），陳表和顧承各率男女數萬口屯田毗陵（今江蘇武進），兩地都是較大的屯田處。孫權對農業的保護措施和屯田制的推行，使得孫吳經濟大為改觀，太湖沿岸和錢塘江流域人煙稠密，糧食充足，永興（今浙江蕭山）精耕的稻田一畝可產米三斛，從而保證了軍民的糧食需求，奠定了立國之本。

二、得到江東和皖地世家豪族的支持，建立了穩固的政治基礎。

東漢晚期，江南世家豪族已然盤根錯節，享有政治特權。孫吳初期，吳郡顧、陸、朱、張四姓多仕郡為官，僅陸氏一姓，前後兩相五侯，將軍十餘人。因為長期雄踞一地，已經形成特有的門風，世人以「張文、朱武、陸忠、顧厚」這樣的概括語稱頌他們。孫吳在舊有的世家豪族之外，還有徙居江南的皖地大族，如世代為官的周瑜，家富於財的魯肅。對於這兩股勢力，孫權一視同仁，加以信任和重用。孫權為吳王，親拜顧雍老母於庭前，以顧雍為相十九年。對朱桓極為器重，讓他領有部曲萬人。對陸遜的信賴和倚重已超出常情，他竟「刻數印以置遜所」，孫權寫給劉禪和諸葛亮的書信，陸遜可以修改加印發送。〈陸凱傳〉所說孫權「外仗顧、陸、朱、張」，是符合實際情況的。至於對周瑜和魯肅，也是推心置腹。孫權以女配瑜子循，瑜女又配權太子登。周瑜死後，命魯肅接掌兵權，上下相得無間。如此緊密的關係，使孫權得到了世家大族的支持，彼此同心協力，政權長期處於穩固狀態。

三、孫權及其統兵重臣具有卓越的軍事才能，有膽氣識見，能征善戰。

孫權非常善於治軍，建安十八年，曹操見到他統率七萬大軍於江濱，軍伍整肅，感嘆說：「生子當如孫仲謀。」曹操為一代梟雄，深諳軍事，孫權能得到他的如此讚嘆，足以表明其軍事才能。

孫權一生對外打過兩次事關存亡的大戰，一是赤壁（在今湖北嘉魚境內）之戰，一是夷陵（今湖北宜昌東南）之戰。建安十三年（西元二〇八年），曹操親率大軍南下，奪取劉表、劉琮父子占據的荊州（治所在今湖北襄陽），沿江而下，意欲併吞江東。曹操遺權書曰：「近者奉辭伐罪，旌麾南指，劉琮束手。今治水軍八十萬眾，方與將軍會獵於吳。」大軍壓境之勢和曹操得志之態躍然紙上。孫權以書示羣臣，莫不震驚失色，一致主張投降。面對眾議，只有孫權、魯肅兩人主戰，後來孫權從外召回周瑜，周瑜亦主戰，並為孫權分析了當時的形勢，認為曹操後有馬超、韓遂之患；今沿江而下，捨鞍馬，仗舟楫，棄長用短；時值盛寒，馬無草料；中土士眾涉江湖之間，水土不服，必生疾病，從而斷定曹軍必敗。於是，孫權下決心迎擊曹操。當時曹操的實際軍力是中土士卒十五六萬，新得劉表兵眾最多七八萬。前者疲憊不堪，後者心存狐疑。孫權一方，周瑜希望統精兵五萬，孫權只選集了三萬。劉備有士卒一萬，劉表之子劉琦的兵士也是一萬，合起來，孫劉聯軍共有五萬人。孫吳以周瑜、程普為左右都督，魯肅贊謀軍事，助劃方略，孫權居後支援，與曹軍相持於赤壁。孫權的軍力處於絕對劣勢，只能採用智取的策略。周瑜聽從部將黃蓋的建議，讓黃蓋乘船前往曹營詐降，隨從之船，載燥荻枯柴，灌油其中，裹以帷幕，在距曹軍二里多處，同時發火，火烈風猛，燒盡曹操船隻，火勢延及岸上營落。曹軍人馬燒死溺亡者不計其數。曹操引軍潰逃，周瑜、劉備水陸並進，追至南郡（治所在今湖北公安）。曹軍戰死病死過半，只好退還北方。

夷陵之戰是孫權與劉備之間發生的一次重大軍事對抗。赤壁之戰後，三國鼎立，劉備入蜀據有益州，大將關羽留鎮荊州。建安二十四年（西元二一九年），關羽在樊城（今湖北襄樊之樊城）圍攻曹魏大將曹仁，水淹曹軍，迫降于禁，斬殺龐德，許都震動。曹操採納司馬懿和蔣濟之策，勸孫權襲取荊州，使關羽失去後方基地。這正中孫權之意。他贊同呂蒙的分析，認為關羽一向驍雄，有兼併之心，應擇機取羽，占有荊州，穩固孫吳在長江上游的屏障。於是，當年十月，孫權派大將呂蒙奪取了荊州治所江陵，使關羽腹背受敵。關羽勢窮，西保麥城。孫權又派軍斷其退路，十二月，殺死關羽及其子平，占據了荊州。劉備失去了關羽，喪失了北攻中原的戰略要地荊州，真是椎心之痛。章武二年（西元二二一年），劉備力排眾議，於七月親自統領大軍伐吳。初戰，敗吳軍於巫（今重慶市巫山縣），進兵秭歸（今湖北秭歸），士卒四萬餘人。孫權遣使求和未成，便命陸遜為大都督，率軍五萬，迎擊劉備。次年二月，劉備前鋒抵達猇亭（在今湖北宜都北長江北岸）。從巫峽至夷陵，劉備連營數百里，設立幾十個屯兵處。陸遜整肅內部，使諸將服從號令。對劉備軍的挑戰，不予回應，以逸待勞，以靜制動，兩軍相持了七八個月。劉備本來是水陸俱進，後來捨船就步，處處結營。因為久於戰事，劉備兵疲意沮，無計可施。陸遜抓住了戰機，想出了破敵之術。他命令士卒每人手持一束茅草，以火燒營。諸軍出動，同時進攻，斬殺蜀將張南、馮習、沙摩柯等，攻破劉備四十餘營，杜路、劉寧等將領歸降。劉備向西逃至夷陵境內的馬鞍山，又遣陸遜諸軍四面圍攻，蜀軍土崩瓦解，劉備夜間逃至白帝城（今重慶市奉節東）。此役劉備可謂慘敗，本傳說蜀軍臨陣被斬和被俘達數萬人，士卒損失殆盡。孫權任用的最高軍事統帥依次為周瑜、魯肅、呂蒙、陸遜，從夷陵之戰來看，第四代統帥陸遜與第一代統帥周瑜同樣具有令人慨嘆的軍事才能，這正是孫權統治江南五十年的軍事支柱。

孫權對外的兩次大戰，頗有令人玩味的地方。赤壁之戰，周瑜以火攻取勝；十四年後的夷陵之戰，陸遜又是以火燒連營制勝。前後所不同的是前者火攻於水上，後者火攻於陸上。看來孫權君臣對軍事戰爭中的火攻戰法有獨到之處。

四、恃有長江天險，阻斷曹魏南下。

孫吳政權從創建初期始，就是打算以長江為界，依恃長江天險立國。建安五年（西元二〇〇年）魯肅為孫權劃策，便提出「保守江東以觀天下之釁」，最後「竟長江所極，據而有之」。長江，奔騰千里，洶湧浩瀚，阻斷南北。曹魏地處中土，軍隊以步兵騎兵為主，不習水戰，每次南征都止步於長江，無法突破孫權的長江防線。建安十七年（西元二一二年）冬十月，曹操親率大軍進攻孫權，次年正月，抵達濡須口（在今安徽巢縣境內），號稱步騎四十萬，孫權率眾七萬迎擊。相持了一個多月，曹操毫無進展。孫權寫信告訴曹操：「春水方生，公宜速去。」曹操深知春天水漲，與孫權周旋江水之上占不到便宜，便撤軍了。黃初三年（西元二二二年），魏文帝自許昌南征，征東大將軍曹休軍駐洞口（在今安徽和縣東南長江岸邊），自陳「願將銳卒，虎步江南」。文帝面有憂色，害怕曹休渡江，馬上傳令禁止。侍中董昭在文帝身邊，說：「今者渡江，人情所難。」可見長江之險在文帝君臣心中壓力之大。翌年，魏大將軍曹仁率步騎數萬向濡須進軍，吳軍阻擊，殺死溺死魏軍一千多人。上軍大將軍曹真圍江陵，其將夏侯尚差點遭吳軍火攻。時值瘟疫流行，文帝只好召還諸軍。黃初六年（西元二二五年）十月，魏文帝率兵十餘萬前往廣陵（在今江蘇揚州附近）故城，臨江觀兵，旌旗數百里，有渡江之志。孫權嚴兵固守。文帝看見大江波濤洶湧，長嘆說：「嗟乎！固天所以限南北也！」於是回師。長江天險，帶給文帝無限感慨和惆悵。孫權沿長江一線設督駐軍，嚴密防守，又遍置烽燧，加強警戒，終孫權一生，曹魏始終未能跨過長江。

孫權能夠立足江東五十餘年，還有其他原因，如舉賢任能，不拘一格，起用流寓江東士人諸葛瑾，擢舉行伍出身的呂蒙；能夠屈身忍辱，稱臣曹魏，伺機而動；善於計謀，韜略過人等等。但是，主要原因還是以上四點。（張文質注譯）

卷四十八　吳書三

三嗣主傳第三

【題　解】〈三嗣主傳〉是〈吳書〉的第三篇，記載了繼孫權之後吳國的三位君主——孫亮、孫休、孫晧。孫吳立國，歷四帝，五十九年。從西元二五二年孫權去世而孫亮即位，至西元二八〇年晉軍滅吳而孫晧廢黜，前後二十九年。本篇即是一部吳國後期的簡明編年史，同時記錄了魏蜀吳三國鼎立歷史的最後終結。

孫亮，字子明，權少子也。權春秋高❶，而亮最少，故尤留意。姊全公主❷嘗譖太子和❸子母，心不自❹安，因倚❺權意，欲豫❻自結，數稱述全尚女❼，勸為亮納。赤烏❽十三年，和廢，權遂立亮為太子，以全氏為妃。

【章　旨】以上為〈孫亮傳〉的第一部分，說明孫亮立嗣繼位的背景。孫權出於老年戀幼的情結，加之其姐全公主為自己及夫家全氏日後考慮，孫亮於西元二五〇年立為太子。次年，孫權在病重期間徵召諸葛恪、滕胤為輔佐大臣。西元二五二年，孫權去世，孫亮繼位。

【注釋】❶春秋高　年事高；年紀大。❷全公主　名魯班，字大虎，孫權與步夫人所生之長女，先嫁周瑜之子周循，後嫁全琮，故稱全公主，亦稱全主。❸太子和　字子孝，孫權與王夫人所生之子，赤烏五年（西元二四二年）立為太子，詳本書卷五十九〈孫和傳〉。❹不自　原作「自不」，今從宋本。❺倚　依；依順。❻豫　預；預先。❼全尚女　全琮的姪孫女，亦稱全夫人，詳本書卷五十〈孫亮全夫人傳〉。❽赤烏　吳大帝孫權年號，西元二三八—二五一年。

【語譯】孫亮，字子明，是孫權的小兒子。孫權年事已高，而孫亮年紀最小，所以格外在意他。孫亮的姐姐全公主曾經造謠中傷過太子孫和母子，內心自感不安，就依順孫權的心意，打算預先巴結上孫亮，屢次稱讚全尚的女兒，鼓動孫權為孫亮娶納為妻。赤烏十三年，太子孫和被廢黜，孫權就立孫亮為太子，以全氏為太子妃。

1 太元❶元年夏，亮母潘氏❷立為皇后。冬，權寢疾❸，徵❹大將軍諸葛恪❺為太子太傅❻，會稽❼太守滕胤❽為太常❾，並受詔輔太子。明年四月，權薨，太子即尊號❿，大赦，改元⓫。是歲，於魏嘉平⓬四年也。

2 建興元年⓭閏月，以恪為帝太傅，胤為衛將軍領尚書事，上大將軍呂岱⓮為大司馬，諸文武在位皆進爵班賞，冗官⓯加等⓰。冬十月，太傅恪率軍遏⓱巢湖⓲，城東興⓳，使將軍全端⓴守西城，都尉留略㉑守東城。十二月朔丙申，大風雷電，魏使將軍諸葛誕㉒、胡遵㉓等步騎七萬圍東興，將軍王昶㉔攻南郡㉕，毌丘儉㉖向武昌㉗。甲寅㉘，恪以大兵赴敵。戊午㉙，兵及東興，交戰，大破魏軍，殺將軍韓綜(30)、桓嘉(31)等。是月，雷雨，天災(32)武昌端門(33)；改作端門，又災內殿。

3 二年春正月丙寅，立皇后全氏，大赦。庚午，王昶等皆退。二月，軍還(34)自東興，大行封賞。三月，恪率軍伐魏。夏四月，圍新城(35)，大疫，兵卒死者大半。秋八月，恪引軍還。冬十月，大饗(36)，武衛將軍孫峻(37)伏兵殺恪於殿堂。大赦。以峻為丞相，封富春侯。十一月，有大鳥五見(38)于春申(39)，明年改元(40)。

4 五鳳(41)元年夏，大水。秋，吳侯英(42)謀殺峻，覺，英自殺。冬十一月，星茀(43)于斗、牛(44)。

5 二年春正月，魏鎮東將軍(45)毌丘儉、前將軍文欽(46)以淮南(47)之眾西入，戰于樂嘉(48)。閏月壬辰，峻及驃騎將軍呂據(49)、左將軍留贊(50)率兵襲壽春(51)，軍及東興，聞欽等敗。壬寅，兵進于橐皋(52)，欽詣(53)峻降，淮南餘眾數萬口來奔。魏諸葛誕入壽春，峻引軍還。二月，及魏將軍曹珍遇于高亭(54)，交戰，珍敗績(55)。留贊為誕別將蔣班所敗於菰陂(56)，贊及將軍孫楞、蔣修等皆遇害。三月，使鎮南將軍朱異(57)襲安豐(58)，不克。秋七月，將軍孫儀(59)、張怡、林恂等謀殺峻，發覺，儀自殺，恂等伏辜(60)。陽羨(61)離里山(62)大石自立。使衛尉馮朝城廣陵(63)，拜將軍吳穰為廣陵太守(64)，留略為東海太守(65)。是歲大旱。十二月，作太廟(66)。以馮朝為監軍使者，督徐州諸軍事[67]，民饑，軍士怨畔[68]。

6 太平[69]元年春二月朔，建業[70]火。峻用征北大將軍文欽計，將征魏。八月，先遣欽及驃騎將軍[71]呂據、車騎將軍劉纂[72]、鎮南將軍朱異、前將軍唐咨[73]軍自江都[74]入淮、泗。九月丁亥，峻卒，以從弟[75]偏將軍綝[76]為侍中、武衛將軍，領中外諸軍事，召還據等。據[77]聞綝代峻，大怒。己丑，大司馬呂岱[78]卒。壬辰，太白[79]犯南斗[80]。據、欽、咨等表薦衛將軍滕胤為丞相，綝不聽。癸卯，更以胤為大司馬，代呂岱駐武昌。據引兵還，欲討綝。綝遣使以詔書告喻欽、咨等，使取據。冬十月丁未，遣孫憲[81]及丁奉[82]、施寬等以舟兵逆據於江都，遣將軍劉丞督步騎攻胤。胤兵敗夷滅[83]。己酉，大赦，改年[84]。辛亥，獲呂據於新州[85]。十一月，以綝為大將軍、假節，封永寧侯[86]。孫憲與將軍王惇謀殺綝，事覺，綝殺惇，迫憲令自殺。十二月，使五官中郎將刁玄[87]告亂于蜀。

7 二年春二月甲寅，大雨，震電。乙卯，雪，大寒。以長沙[88]東部為湘東郡[89]，西部為衡陽郡[90]，會稽[91]東部為臨海郡[92]，豫章[93]東部為臨川郡[94]。夏四月，亮臨正殿，大赦，始親政事。綝所表奏，多見難[95]問。又科[96]兵子弟年十八已下十五已上，得三千餘人，選大將子弟年少有勇力者為之將帥。亮曰：「吾立此軍，欲與之俱長。」日於苑[97]中習焉。

8 五月，魏征東大將軍諸葛誕以淮南之眾保[98]壽春城，遣將軍朱成稱臣上疏，又遣子靚[99]、長史[100]吳綱、諸牙門[101]子弟為質[102]。六月，使文欽、唐咨、全端等步騎三萬救誕。朱異自虎林[103]率眾襲夏口[104]，夏口督[105]孫壹[106]奔魏。秋七月，綝率眾救壽春，次[107]于鑊里[108]。朱異至自夏口，綝使異為前部督，與丁奉等將[109]介士[110]五萬解圍。八月，會稽南部反，殺都尉[111]。鄱陽[112]、新都[113]民為亂，廷尉丁密[114]、步兵校尉鄭胄[115]、將軍鍾離牧[116]率軍討之。朱異以軍士乏食引還，綝大怒，九月朔己巳，殺異於鑊里。辛未，綝自鑊里還建業。甲申，大赦。十一月，全緒[117]子禕[118]、儀以其母奔魏。十二月，全端、懌[119]等自壽春城詣司馬文王[120]。

【章旨】以上為〈孫亮傳〉的第二部分。孫亮即位初期，諸葛恪當權，積極主戰，在東興之戰大破入侵魏軍，但在其後攻伐魏國新城戰役中因大疫而損兵過半。西元二五三年，吳國宗室孫峻殺死諸葛恪，出任丞相，執掌朝政，與魏國互有攻守，挫敗內部孫英、孫儀等多次謀殺計畫。西元二五六年，孫峻去世，從弟孫綝繼掌軍政大權，在不斷鎮壓反對派過程中，進一步鞏固該枝孫氏的統治地位。西元二五七年，孫亮年居十五，開始親政，不甘孫綝專權，並在禁苑組織訓練子弟兵，但始終無法擺脫受操縱控制的局面。

【注釋】❶太元　吳大帝孫權年號，西元二五一—二五二年。❷潘氏　即潘夫人，會稽句章人，詳本書卷五十〈權潘夫人傳〉。❸寢疾　患病臥床。❹徵　徵召；任命。❺諸葛恪　字元遜。初任孫吳騎都尉，討伐山越有功。丞相陸遜去世後，遷大將軍，駐武昌，代領荊州事。孫亮繼位後拜太傅，總攬朝政。興利除弊，革新內外，一時民心大悅。後因功驕傲，窮兵黷武，遂致上下愁怨，後被孫峻所殺。詳見本書卷六十四〈諸葛恪傳〉。❻太子太傅　職掌教導輔佐太子。❼會稽　郡名。治所在今浙江紹興。❽滕胤　字承嗣，北海劇（今山東昌樂）人。任孫吳丹楊、吳郡、會稽等郡太守，受孫權遺詔輔政，孫亮時任衛將軍、大司馬。後為孫峻所殺。詳見本書卷六十四〈滕胤傳〉。❾太常　九卿之一，職掌禮樂祭祀。❿尊號　帝號。⓫改元　改年號。⓬嘉平　魏齊王曹芳年號，西元二四九—二五四年。⓭建興元年　西元二五二年。建興，吳會稽王孫亮年號。此四字原脫，今據《三國志集解》引何焯說增補。⓮呂岱　字定公，廣陵海陵（今江蘇泰州）人，為交州刺史，平定叛亂，拜鎮南將軍。孫亮時，拜大司馬。岱清忠奉公，所在稱美。事見本書卷六十〈呂岱傳〉。⓯冗官　散官；無固定職事的官吏。⓰加等　加升等級。⓱遏　阻遏；阻擋。⓲巢湖　即今安徽巢湖。⓳城東興　在東興隄東西兩端接山處建築兩城，即下文所說的西城和東城。東興，堤名。吳黃龍二年（西元二三〇年）吳人所築，在今安徽含山縣西南，北接巢湖。⓴全端　全琮姪子。㉑留略　或作「劉略」。字正明，會稽長山（今浙江金華）人，詳《三國志・孫峻傳》裴注所引《吳書》。㉒諸葛誕　字公休，琅邪陽都（今山東沂南南）人，與諸葛亮同宗。初以尚書郎為滎陽令，後遷至御史中丞尚書。明帝時被免官，齊王曹芳時復職，出為揚州刺史，加昭武將軍。因不滿司馬氏專權，於魏甘露二年（西元二五七年）起兵反，投降孫吳。後兵敗被殺。詳見本書卷二十八〈諸葛誕傳〉。㉓胡遵　安定臨涇（今甘肅鎮原南）人，曹魏將領，才兼文武，累居藩鎮，官至車騎將軍。詳見《三國志・鍾會傳》裴松之注引《晉諸公贊》。㉔王昶　字文舒，太原晉陽（今山西太原）人，少與同郡王淩俱知名。歷任散騎侍郎、驃騎將軍、司空等職。詳見本書卷二十七〈王昶傳〉。㉕南郡　郡名。治所在今湖北公安。㉖毌丘儉　字仲恭，河東聞喜（今山西聞喜）人。襲父爵，為平原侯文學。魏明帝時任尚書郎，遷羽林監。出為洛陽典農。青龍中，遷幽州刺史。後與文欽矯太后詔誣司馬師謀反，發兵討伐，兵敗被殺。詳見本書卷二十八〈毌丘儉傳〉。㉗武昌　縣名。治所在今湖北鄂州。㉘甲寅　十九日。㉙戊午　二十三日。㉚韓綜　吳將韓當之子，父死襲封領兵，後降魏，時任魏前部督，詳本書卷五十五韓當附傳。㉛桓嘉　魏將桓階之子，時任樂安太守，詳本書卷二十二桓階附傳。㉜天災　天火。即閃電引起的火災。㉝端門　正門；南門。㉞還　返回。㉟新城　即合肥新城，魏於西元二三〇年所築，在今安徽合肥西北。㊱大饗　大擺筵席；盛宴。㊲孫峻　字子遠，吳郡富春（今浙江富陽）人，孫吳宗室。孫權死時受遺詔輔政。歷任丞相、大將軍、督中外諸軍事，專擅朝政。詳見本書卷六十四〈孫峻傳〉。㊳見　現；出現。㊴春申　地名。傳說為戰國春申君封地，在今江蘇蘇州。㊵明年改元《三國志集解》引陳景雲云：「黃龍二年，會稽言嘉禾生，改明年元；孫晧建衡三年，西苑言鳳凰集，改明年元。此亦當作『改明年元』。」[41]五鳳　吳會稽王孫亮年號，西元二五四—二五六年。[42]吳侯英　即孫英，孫權長子孫登之子，封吳侯，詳本書卷五十九孫登附傳。[43]茀　通「孛」。光芒四射的樣子，此用作動詞，指彗星光芒四射而過。[44]斗牛　指天空二十八宿的斗宿和牛宿。[45]鎮東將軍　宋本作「鎮東大將軍」。據〈毌丘儉傳〉，儉由鎮南將軍轉為鎮東將軍，《通鑑》卷七十六亦稱儉鎮東將軍，宋本誤。[46]文欽　字仲若，沛國譙（今安徽亳州）人。高貴鄉公正元二年（西元二五五年）與毌丘儉共同發兵討伐司馬師，戰敗亡入孫吳，任孫吳都護、鎮北大將軍、幽州牧等。其事散見於本書卷二十八〈毌丘儉傳〉、〈諸葛誕傳〉等。[47]淮南　郡名。治所在今安徽壽縣。[48]樂嘉　地名。在今河南商水縣東南。[49]呂據　字世議，汝南細陽（今安徽阜陽北）人，呂範次子，孫吳將領，數建軍功。後舉兵反孫綝，兵敗自殺。詳見本書卷六十五呂範附傳。[50]留贊　字正明，會稽長山（今浙江金華）人，性剛烈，好讀兵書及史書，胸懷大志。歷任孫吳屯騎校尉、左將軍等。累有戰功，好強諫，直言不阿。詳見《三國志．孫峻傳》裴松之注引《吳書》。[51]壽春　縣名。治所在今安徽壽縣。[52]橐皋　地名。在今安徽巢湖市西北柘皋鎮。[53]詣　往；到。[54]高亭　地名。當在橐皋附近。[55]敗績　戰敗。[56]菰陂　地名。當在壽春附近。[57]朱異　字季文，朱桓之子，詳本書卷五十六朱桓附傳。[58]安豐　縣名。治所在今河南固始東南。[59]孫儀　孫皎之弟，任孫吳將軍、無難督。與張怡等謀殺孫峻，事敗自殺。其事跡散見於本書卷五十一〈孫靜傳〉、卷六十四〈孫峻傳〉。[60]伏辜　伏罪。此指依法受刑處死。[61]陽羨　縣名。治所在今江蘇宜興南。[62]離里山　亦名升山、九斗山，即下文天璽元年（西元二七六年）孫休封禪之國山，在今江蘇宜興南。據《三國志集解》引潘眉，當作「離墨山」，「里」係「墨」之訛。[63]廣陵　縣名。治所在今江蘇揚州。[64]廣陵太守　廣陵時屬魏，當為虛封。廣陵，郡名。治所在今江蘇淮陰西南甘羅城。[65]東海太守　時東海郡屬魏，當也為虛封。《三國志集解》引趙一清，謂係「南海太守」之訛。東海，郡名。治所在今山東郯城北。[66]太廟　祖廟，此指孫亮為祖父孫堅所立之廟。[67]徐州諸軍事　徐州屬魏，此徐州對吳來說，亦屬虛封。徐州，治所在今江蘇邳州南。[68]畔　通「叛」。反叛。[69]太平　吳會稽王孫亮年號，西元二五六—二五八年。[70]建業　吳國都城，在今江蘇南京。[71]將軍　此脫，下「車騎」、「鎮南」下亦脫「將軍」二字。《通鑑》卷七十七有，據補。[72]劉纂　孫權女婿，先娶孫權中女，後娶孫權與步夫人所生小女魯育。[73]唐咨　魏利城（今江蘇贛榆）人，反叛奔吳，後兵敗降魏，詳本書卷二十八諸葛誕附傳。[74]江都　縣名。治所在今江蘇揚州西南。[75]從弟　同祖之弟；堂弟。[76]綝　即孫綝，孫堅弟孫靜後人，與孫峻為同祖兄弟輩。孫峻死後，代領朝政，多行非法，誅除異己，後又廢皇帝孫亮，改立孫休，被孫休處死。死年二十八歲。事見本書卷六十四〈孫綝傳〉。[77]據　原脫。《通鑑》

卷七十七云：「吳人以綝為侍中、武衛將軍、都督中外諸軍事，召呂據等還。……呂據聞孫綝代孫峻輔政，大怒。」據此補「據」字。[78]呂岱　字定公，廣陵海陵（今江蘇泰州）人，為交州刺史，平定叛亂，拜鎮南將軍。孫亮時，拜大司馬。岱清忠奉公，所在稱美。事見本書卷六十〈呂岱傳〉。[79]太白　太白星，即金星。[80]南斗　即二十八宿之斗宿，因相對於北斗位於南面而有此俗稱。[81]孫憲　或誤作「孫慮」，孫綝從兄，吳宗室。[82]丁奉　字承淵，廬江安豐（今河南固始）人。少以驍勇為小將，數隨征戰，常有軍功，遷偏將軍。後以招降魏將諸葛誕有功，升左將軍。又與濮陽興等迎立孫晧，遷右大司馬、左軍師。詳見本書卷五十五〈丁奉傳〉。[83]夷滅　消滅；滅族。按：本書卷六十四〈孫綝傳〉云「夷亂三族」。[84]改年　改元；改年號。[85]新州　亦作「新洲」。長江中洲名，在今江蘇江寧北。[86]永寧侯　原誤作「永康侯」，今據〈孫綝傳〉校正。宋本脫此三字。[87]刁玄　丹陽人，名儒，後任孫亮侍中。[88]長沙　郡名。治所在今湖南長沙。[89]湘東郡　治所在今湖南衡陽。[90]衡陽郡　治所在今湖南湘潭西。[91]會稽　即會稽郡，治所在今浙江紹興。[92]臨海郡　治所在今浙江臨海市東南。[93]豫章　即豫章郡，治所在今江西南昌。[94]臨川郡　治所在今江西南城東南。[95]難　詰責；駁詰。[96]科　設科徵選。或係「料」之訛，挑選、選取。[97]苑　苑囿。此指吳主園林。[98]保　保衛；守衛。[99]靚　字仲思，吳平返晉，詳《三國志・諸葛誕傳》裴注引干寶《晉紀》。[100]長史　高級官員的屬吏，負責處理高官的日常事務。[101]牙門　營門；軍營。此指所轄將官。[102]質　人質。[103]虎林　即武林城，濱江軍事要地，在今安徽貴池西。[104]夏口　城名。濱江軍事要地，在今湖北武漢黃鵠山上。[105]督　官名。指一地或一部的軍事長官。[106]孫壹　孫吳宗室，孫奐之子，呂據、滕胤妻兄。歷任孫吳征南將軍、鎮軍將軍、夏口督等。呂據、滕胤被殺，孫壹投降曹魏。事見本書卷五十一孫奐附傳。[107]次　停留；駐紮。[108]鑊里　地名。在今安徽巢湖市西北。[109]將　率領。[110]介士　穿戴盔甲的武士。[111]都尉　一郡或一部的軍事長官，此當指會稽南部都尉。[112]鄱陽　郡名。治所在今江西鄱陽。[113]新都　即新都郡。治所在今浙江淳安西北。[114]丁密　字子賤，會稽山陰（今浙江紹興）人，後避吳主孫晧后父滕密名諱，改名固，詳《三國志・虞翻傳》裴注所引《會稽典錄》。[115]鄭胄　字敬先，沛國（今安徽濉溪縣北）人，詳《三國志・吳主傳》裴注所引《文士傳》。[116]鍾離牧　字子幹，會稽山陰（今浙江紹興）人，詳本書卷六十〈鍾離牧傳〉。[117]全緒　全琮長子，詳本書卷六十全琮附傳及裴注所引《吳書》。[118]禕　本書卷二十八〈鍾會傳〉作「輝」。[119]懌　全懌，全琮次子，詳本書卷六十全琮附傳。[120]司馬文王　即司馬昭，字子上，司馬懿之子，文王為其死後之諡，其子司馬炎稱帝後追尊為文皇帝，詳《晉書・文帝紀》。

【語　譯】太元元年夏季，孫亮的母親潘氏立為皇后。冬季，孫權臥病在床，徵召大將軍諸葛恪擔任太子太傅，會稽太守滕胤擔任太常，一同接受詔令輔佐太子。第二年四月，孫權去世，太子登上帝位，宣布大赦，改換年號。這一年，是魏國的嘉平四年。

2 建興元年閏四月，孫亮任命諸葛恪為皇帝太傅，命滕胤為衛將軍領尚書事，上大將軍呂岱為大司馬，各位在職的文武官員全都晉升爵秩、頒發賞賜，散官則提高等級。冬季十月，太傅諸葛恪率領軍隊堵塞巢湖的水，在東興隄兩端修築守城，委派將軍全端守衛西城，都尉留略守衛東城。十二月初一丙申日，颳起大風，雷電交加，魏國派遣將軍諸葛誕、胡遵等率步兵、騎兵七萬圍攻東興，將軍王昶部攻打南郡，毌丘儉兵向武昌。十九日，諸葛恪率大軍趕赴迎敵。二十三日，軍隊到達東興，與敵軍交戰，大敗魏軍，殺死魏將韓綜、桓嘉等。這個月，打雷下雨，天火燒了武昌的端門；重建端門，天火又燒了內殿。

3 建興二年春季正月初一，孫亮冊立全氏為皇后，宣布大赦。初五日，王昶等全部撤退。二月，吳軍從東興返回，孫亮對將士大加封賞。三月，諸葛恪率領軍隊攻伐魏國。夏季四月，吳軍包圍合肥新城，疫病大流行，士兵死亡過半。秋季八月，諸葛恪領兵返回。冬季十月，朝廷大擺筵席，武衛將軍孫峻在宮殿大堂埋伏士兵殺死諸葛恪。宣布大赦。孫亮任命孫峻為丞相，加封富春侯。十一月，有五隻大鳥在春申出現，第二年更改年號。

4 五鳳元年夏季，發大水。秋季，吳侯孫英謀劃殺孫峻，被發覺，孫英自殺。冬季十一月，彗星經過斗宿、牛宿。

5 五鳳二年春季正月，魏鎮東將軍毌丘儉、前將軍文欽率領淮南郡的部眾向西進入項縣，與魏軍在樂嘉戰鬥。閏正月初九日，孫峻與驃騎將軍呂據、左將軍留贊率領軍隊襲擊壽春，軍隊到達東興，便聽說文欽等戰敗。十九日，進軍到達橐皋，文欽前來投降孫峻。淮南郡其餘的民眾數萬人前來投奔。魏國諸葛誕部隊進入壽春，孫峻率領軍隊返回。二月，吳軍與魏將軍曹珍在高亭遭遇，雙方交戰，曹珍戰敗。留贊在菰陂被諸葛誕部將蔣班擊敗，留贊以及將軍孫楞、蔣修都遇害。三月，派遣鎮南將軍朱異襲擊安豐，沒有攻克。秋季七月，將軍孫儀、張怡、林恂等謀議誅殺孫峻，被孫峻發覺，孫儀自殺，林恂等人伏法。陽羨縣離里山的大石頭自己豎立。派遣衛尉馮朝修築廣陵城，拜授將軍吳穰為廣陵太守，留略為東海太守。這一年大旱。十二月，修建太廟。任命馮朝為監軍使者，督領徐州諸軍事，百姓鬧饑荒，士兵怨恨叛逃。

6 太平元年春季二月初一，建業失火。孫峻採用征北大將軍文欽的計策，打算征伐魏國。八月，孫峻先派文欽以及驃騎將軍呂據、車騎將軍劉纂、鎮南將軍朱異、前將軍唐咨的部隊從江都進入淮水、泗水地區。九月十四日，孫峻去世，朝廷任命他的堂弟偏將軍孫綝為侍中、武衛將軍，掌領中外諸軍事，召回呂據等。呂據得知孫綝取代孫峻，大為惱怒。十六日，大司馬呂岱去世。十九日，太白星侵犯南斗。呂據、文欽、唐咨等上表薦舉滕胤擔任丞相，孫綝不聽從。三十日，改命滕胤為大司馬，取代呂岱駐守武昌。呂據領兵返回，想要討伐孫綝。孫綝派遣使者用詔書告諭文欽、唐咨等人，讓他們攻取呂據。冬季十月初四日，孫綝派遣孫憲和丁奉、施寬等用水師在江都迎戰呂據，派遣將軍劉丞統領步兵騎兵進攻滕胤。滕胤兵敗被誅滅三族。初六日，朝廷宣布大赦，更改年號。初八日，在新州抓獲呂據。十一月，任命孫綝為大將軍，授予符節，封為永寧侯。孫憲與將軍王惇密謀殺死孫綝，事情敗露，孫綝殺死王惇，迫令孫憲自殺。十二月，吳主派遣五官中郎將刁玄向蜀國通報內亂。

7 太平二年春季二月十三日，下大雨，雷鳴電閃。十四日，下雪，非常寒冷。將長沙郡東部設為湘東郡，西部設為衡陽郡，將會稽郡東部設為臨海郡，將豫章郡東部設為臨川郡。夏季四月，孫亮親臨皇宮正殿，宣布大赦，開始親理政事。孫綝所上表章奏疏，大多受到駁難盤問。孫亮又挑選十五歲以上至十八歲以下的士兵子弟，得到三千餘人，挑選年輕力壯有膽量的大將子弟作為他們的將帥。孫亮說：「我建立這支軍隊，想跟他們一起成長。」天天在皇家園林中操練。

8 五月，魏征東大將軍諸葛誕率領淮南的部眾守衛壽春，派遣將軍朱成向吳主稱臣呈上奏疏，又派遣兒子諸葛靚、長史吳綱、眾部將的子弟來做人質。六月，派遣文欽、唐咨、全端等率步兵騎兵三萬救援諸葛誕。朱異從虎林率領部眾襲擊夏口，夏口督孫壹投奔魏國。秋季七月，孫綝率領部眾救援壽春的諸葛誕，在鑊里駐紮。朱異從夏口到達，孫綝派遣朱異為前部督，與丁奉等率領全副武裝的甲士五萬人解壽春之圍。八月，會稽南部造反，都尉被殺。鄱陽、新都郡的百姓作亂，廷尉丁密、步兵校尉鄭冑、將軍鍾離牧率領軍隊討伐他們。朱異因軍隊士兵缺乏糧食而率軍返回，孫綝大為惱怒，九月初一，在鑊里殺死朱異。初三日，孫綝領兵從鑊里返回建業。十六日，大赦全國。十一月，全緒的兒子全禕、全儀帶著他們的母親逃奔魏國。十二月，全端、全懌等從壽春前往投降司馬文王。

三年春正月，諸葛誕殺文欽。三月，司馬文王克壽春，誕及左右戰死，將吏以❶下皆降。秋七月，封故齊王奮❷為章安侯。詔州郡伐宮材❸。自八月沉陰❹不雨四十餘日。亮以綝專恣，與太常全尚、將軍劉丞❺謀誅綝。九月戊午，綝以兵取❻尚，遣弟恩❼攻殺丞於蒼龍門❽外。召大臣會宮門，黜亮為會稽王，時年十六。

【章旨】以上為〈孫亮傳〉的第三部分。西元二五八年，孫亮與大臣密謀誅殺孫綝未遂，反被廢黜。

【注釋】❶以　宋本作「已」，二字通。❷齊王奮　即孫奮，字子揚，孫權少子，母仲姬，吳太元二年（西元二五二年）封為齊王，居武昌，後徙豫章，移南昌，貶蕪湖，廢為庶人，還章安縣，詳本書卷五十九〈孫奮傳〉。❸宮材　建造宮殿用的木材。❹沉陰　陰沉。指天空多雲。❺劉丞　或作「劉承」。見本書卷六十四〈孫綝傳〉。❻取　襲取；抓獲。❼恩　孫恩，孫綝的弟弟。吳太平三年（西元二五八年），受兄派遣率軍攻殺將軍劉承於蒼龍門外。孫休時，為御史大夫、衛將軍、中軍督，封為縣侯。後又加為侍中，與大將軍孫綝分掌諸事。詳見本書卷四十八〈孫休傳〉。❽蒼龍門　皇宮東門。

【語譯】太平三年春季正月，諸葛誕殺死文欽。三月，司馬文王攻克壽春，諸葛誕以及左右親信戰死，其餘將領官吏以下全都投降。秋季七月，封原齊王孫奮為章安侯。下詔給州郡砍伐建宮用的木材。從八月以來，天空陰沉卻不下雨長達四十多日。孫亮因孫綝專權放肆，與太常全尚、將軍劉丞密謀誅殺孫綝。九月二十六日，孫綝率兵擒獲全尚，派弟弟孫恩在蒼龍門外攻擊殺死劉丞。孫綝在皇宮正門召集大臣，廢黜孫亮貶為會稽王，孫亮時年十六歲。

孫休，字子烈，權第六子。年十三，從中書郎❶射慈❷、郎中❸盛沖受學。太元二年正月，封琅邪王，居虎林。四月，權薨，休弟亮承統❹，諸葛恪秉政，不欲諸王在濱江❺兵馬之地❻，徙休於丹陽郡❼。太守李衡❽數❾以事侵休，休上書乞徙他郡，詔徙會稽。居數歲，夢乘龍上天，顧不見尾，覺而異之。孫亮廢，己未，孫綝使宗正❿孫楷⓫與中書郎董朝⓬迎休。休初聞問⓭，意疑，楷、朝具述綝等所以奉迎本意，留一日二夜，遂發。十月戊寅，行至曲阿⓮，有老公干休⓯叩頭曰：「事久變生，天下喁喁⓰，願陛下速行。」休善之，是日進及布塞亭⓱。武衛將軍恩行丞相事，率百僚以乘輿⓲法駕⓳迎於永昌亭⓴，築宮，以武帳㉑為便殿㉒，設御座㉓。己卯，休至，望便殿止住，使孫楷先見恩。楷還，休乘輦㉔進，羣臣再拜稱臣。休升便殿，謙不即御坐，止東廂㉕。戶曹尚書㉖前即階下讚奏㉗，丞相奉璽符。休三讓，羣臣三請。休曰：「將相諸侯咸推寡人，寡人敢不承受璽符。」羣臣以次奉引㉘，休就乘輿，百官陪位㉙，綝以兵千人迎於半野㉚，拜於道側，休下車答拜。即日，御正殿，大赦，改元。是歲，於魏甘露㉛三年也。

【章　旨】以上為〈孫休傳〉的第一部分。孫綝廢黜孫亮，選擇孫休繼位。孫休為孫權第六個兒子，不受寵幸；諸葛恪當政，又遭排斥，封地一遷再遷。孫休對此缺乏思想準備，心存疑慮。文中對孫休從封地趕赴京城繼位有具體生動的描述。

【注　釋】❶中書郎　即中書侍郎，中書省官吏，職掌詔令，在中書省位次於令、監。❷射慈　或作「謝慈」。字孝宗，彭城（今江蘇徐州）人，曾任齊王孫奮傅相，因諫被殺。事見本書卷五十九〈孫奮傳〉。按：本書卷三十二〈先主傳〉有射援，裴注引《三輔決錄注》云：「其先本姓謝，與北地諸謝同族。始祖謝服為將軍出征，天子以謝服非令名，改為射，子孫氏焉。」❸郎中　尚書臺官吏，職掌奏章，宮中充侍從，出宮為侍衛。❹承統　繼承君統，即繼承帝位。統，系統；世系。❺濱江　沿江。❻兵馬之地　軍事要地。❼丹陽郡　治所在今安徽宣州。❽李衡　字叔平，原為襄陽兵家子，詳裴注所引《襄陽記》。❾數　多次；屢次。❿宗正　官名。職掌皇室宗族事務。⓫孫楷　吳宗室。孫韶之子，孫越之兄。韶死，任武衛大將軍、臨成侯，代越為京下督。吳天璽元年（西元二七六年），為宮下鎮驃騎將軍。後因孫晧數遣詰之，常惶怖，遂將妻子親兵數百人降晉，被任為車騎將軍，封丹陽侯。吳滅後，降為渡遼將軍。詳見本書卷五十一〈孫韶傳〉。⓬董朝　後封鄉侯，任中書令、司徒。⓭問　音訊；消息。⓮曲阿　縣名。吳改名為雲陽，時屬吳郡，在今江蘇丹陽。⓯老公干休　老翁求見孫休。⓰喁喁　仰望期待的樣子。⓱布塞亭　地名。在今江蘇句容。⓲乘輿　皇帝的專用車輿。此指皇帝。⓳法駕　皇帝的專用車馬。⓴永昌亭　地名。在今江蘇南京東。㉑武帳　置有兵器的帷帳，為帝王專用。㉒便殿　帝王休閒的別殿。㉓御座　皇帝的專座。㉔輦　人推拉的車子，秦漢以後特指帝后所乘的車。㉕東廂　正房東側的房間。㉖戶曹尚書　尚書臺官員，職掌戶口、農桑、祭祀等事務。㉗讚奏　讚讀奏章。㉘奉引　為皇帝前導引車。㉙陪位　陪同。㉚半野　地名。在今江蘇南京東郊。㉛魏甘露　魏高貴鄉公曹髦年號，西元二五六－二六〇年。

【語　譯】孫休，字子烈，孫權的第六個兒子。十三歲時，師從中書郎射慈、郎中盛沖。太元二年正月，受封為琅邪王，居住在虎林。四月，孫權去世，孫休的弟弟孫亮繼承皇位，諸葛恪執掌朝政，不願意眾王居住在瀕臨長江的軍事要地，將孫休遷徙到丹陽郡。郡太守李衡多次因事觸犯孫休，孫休上書請求遷居到其他郡，孫亮詔令他遷往會稽。孫休在會稽郡居住了幾年，一天夢見自己乘龍上天，回頭看不見尾巴，他醒來後對此覺得奇怪。孫亮被廢黜，九月二十七日，孫綝派遣宗正孫楷與中書郎董朝前去迎接孫休。孫休起初聽說這個消息，心存疑慮，孫楷、董朝具體陳述孫綝等朝廷大臣奉迎孫休的原因，停留了一天兩夜，孫休便出發了。十月十七日，孫休行進到曲阿，有一位老翁求見孫休，叩頭說：「事情久了就會發生變化，天下民眾仰慕期待，希望陛下加快趕路。」孫休認為說得對，這一天前行到了布塞亭。武衛將軍孫恩代理丞相事務，率領百官用皇帝的車馬儀仗在永昌亭迎候，建築行宮，用皇帝專用的武帳作為便殿，設置御座。十八日，孫休到達，望見便殿停止行進，派孫楷先見孫恩。孫楷返回後，孫休乘坐輦車前進，羣臣拜了又拜，口中稱臣。孫休登上便殿，謙讓不就御座，止步於東廂。戶曹尚書上前到便殿臺階下讚讀奏章，丞相捧上皇帝的璽印、符節。孫休三次辭讓，羣臣三次請求。孫休說：「將相諸侯全都推舉寡人，寡人怎敢不接受璽印符節。」羣臣依次排列前導引車，孫休正式就坐乘輿，文武百官陪同。孫綝領兵千人到半野迎接，在路旁跪拜，孫休下車答拜。當天，孫休登上皇宮正殿，宣布大赦，更改年號。這一年，是魏國的甘露三年。

1 永安❶元年冬十月壬午，詔曰：「夫褒德賞功，古今通義。其以大將軍綝為丞相、荊州❷牧，增食五縣。武衛將軍恩為御史大夫、衛將軍、中軍督，封縣侯。威遠將軍據❸為右將軍、縣侯。偏將軍幹❹雜號將軍、亭侯。長水校尉張布❺輔導勤勞，以布為輔義將軍，封永康侯。董朝親迎，封為鄉侯。」又詔曰：「丹陽太守李衡，以往事之嫌，自拘有司❻。夫射鉤❼斬袪❽，在君為君。遣衡還郡，勿令自疑。」己丑，封孫晧為烏程侯，晧弟德錢唐侯，謙永安侯。

2 十一月甲午，風四轉五復⑨，蒙霧⑩連日。綝一門五侯⑪皆典禁兵⑫，權傾人主，有所陳述，敬而不違，於是益恣。休恐其有變，數加賞賜。丙申，詔曰：「大將軍忠款⑬內發，首建大計以安社稷，卿士內外，咸贊其議，並有勳勞。昔霍光⑭定計，百僚同心，無復是過。亟⑮案前日與議定策⑯告廟人名，依故事⑰應加爵位者，促施行之。」戊戌，詔曰：「大將軍掌中外諸軍事，事統煩多，其加衛將軍、御史大夫恩侍中，與大將軍分省⑱諸事。」壬子，詔曰：「諸吏家有五人三人兼重為役，父兄在都，子弟給郡縣吏，既出限米⑲，軍出又從，至於家事無經護⑳者，朕甚愍㉑之。其有五人三人為役，聽其父兄所欲留，為留一人，除其米限，軍出不從。」又曰：「諸將吏奉迎陪位在永昌亭者，皆加位一級。」頃之㉒，休聞綝逆謀，陰與張布圖計。十二月戊辰臘㉓，百僚朝賀，公卿升殿，詔武士縛綝，即日伏誅。己巳，詔以左將軍張布討姦臣，加布為中軍督，封布弟惇為都亭侯，給兵三百人，惇弟恂為校尉。

【章旨】以上為〈孫休傳〉的第二部分。孫休繼位，對孫綝採取欲擒先縱的策略，先造成孫綝一門五侯、權傾人主的局面，然後果斷迅速誅滅孫綝，任用自己的心腹執掌軍權。

【注　釋】❶永安　吳景帝孫休年號，西元二五八—二六四年。❷荊州　州名。東吳荊州治所在今湖北松滋東。❸據　孫據，孫綝之弟，詳本書卷六十四〈孫綝傳〉。原誤作「授」，據〈孫綝傳〉校正。❹幹　孫幹，孫綝之弟，詳本書卷六十四〈孫綝傳〉。❺張布　吳主孫休為王時，為王府護衛軍首領，被寵信。孫休為皇帝，升為將軍，封侯。孫綝執掌朝政，驕橫不法，張布協助孫休設計將其處死，總掌宿衛禁軍。孫休死後，與丞相濮陽興廢孫休子而迎立孫皓。孫皓粗暴好殺，胡作非為，二人頗為失望，有悔立孫皓之意，被孫皓誅殺。有邪臣之稱。事見本書卷四十八〈孫休傳〉、卷六十四〈孫綝傳〉。❻自拘有司　自己向有關政府司法部門自首。❼射鉤　指春秋時管仲放箭射中齊桓公帶鉤。管仲原臣屬公子糾，公子糾與公子小白（齊桓公）爭國，管仲放箭射中公子小白帶鉤。齊桓公獲勝後，任用管仲為相。❽斬袪　指春秋時寺人披用劍斬下晉文公衣袖。晉獻公命寺人披攻伐公子重耳（晉文公），公子重耳翻牆逃跑，寺人披用劍斬下他的衣袖。晉文公得國後，接納寺人披並與謀國事。按：射鉤、斬袪二事詳見《左傳》和《史記》，後人以此作為明君任用賢人不計前嫌的典故。❾四轉五復　四面回轉，停了又颳。❿蒙霧　大霧。⓫五侯　指孫綝及其弟孫恩、孫據、孫幹、孫闓都封為侯。⓬禁兵　禁軍；皇帝警衛軍隊。⓭忠款　忠誠。⓮霍光　字子孟，河東平陽（今山西臨汾）人，西漢名將霍去病異母弟，歷事武、昭、宣三帝，輔佐昭帝，迎立宣帝，詳《漢書．霍光傳》。⓯亟　趕快；急速。⓰定策　決定政策，此指迎立孫休之策。⓱故事　舊事；先例。⓲省　省視；審理。⓳限米　按規定應交的稅米。⓴經護　經營、管理。㉑愍　哀憐。㉒頃之　一會兒；不久。㉓臘　祭名，夏曆十二月用獵獲的禽獸祭祀祖先眾神。漢代以冬至後的第三個戌日為臘日。

【語　譯】永安元年冬季十月二十一日，孫休頒發詔令說：「褒揚道德獎賞功勞，是古今通行的義理。今任命大將軍孫綝為丞相、荊州牧，增封食邑五縣。任命武衛將軍孫恩為御史大夫、衛將軍、中軍督，加封縣侯。任命威遠將軍孫據為右將軍，加封縣侯。任命偏將軍孫幹為雜號將軍，加封亭侯。長水校尉張布輔佐教導勤勉辛勞，任命張布為輔義將軍，加封永康侯。董朝親自迎駕，封為鄉侯。」又下詔令說：「丹陽太守李衡，因為往日舊事的嫌怨，向有關官署自首。管仲射中齊桓公的帶鉤、寺人披斬下晉文公的衣袖，是各為其主。遣送李衡返回本郡，不要讓他自己有疑慮。」二十八日，孫休封孫皓為烏程侯，孫皓之弟孫德為錢唐侯，孫謙為永安侯。

2　十一月初三日，大風四面回轉停了又颳，濃霧彌漫連日不散。孫綝一家五人封侯全都典領京城禁兵，權勢壓倒吳主。凡是孫綝有所陳述主張，孫休敬從而沒有違背，於是他們益發肆無忌憚。孫休恐怕他們產生變故，多次加以賞賜。初五日，下詔令說：「大將軍忠誠發自內心，首先提出重大方計用來安定國家，朝廷內外文武大臣，全都贊同他的建議，一併都有功勞。昔日霍光決定大計，百官同心同德，也沒有能超過今日的。立即查清日前參與商議決定廢立之策、稟告祖廟的人員名單，依照先例應該加官晉爵的，催促實施執行。」初七日，下詔令說：「大將軍掌管京城內外各項軍事，事務繁多，現加派衛將軍、御史大夫孫恩擔任侍中，與大將軍分工處理各項事務。」二十一日，下詔令說：「眾多官吏一家五人而有三人同時承擔勞役，父兄住在京都，子弟在郡縣當差，已交規定交納的稅米，軍隊出動又要隨從，以至於家事無人經理，朕對此非常哀憐。現在一家五人而有三人服役的，聽任他們父兄所想要留下的，讓他們留下一人，免除他們的稅米，軍隊出動不必隨從。」又下詔令說：「各位在永昌亭奉迎陪同的將領官吏，全部晉升官位一級。」不久，孫休聽說孫綝密謀造反，暗中與張布商討計策。十二月八日臘祭，文武百官上朝祝賀，公卿大臣登上大殿，孫休詔令武士捆綁孫綝，當天便用刑處決。初九日，下詔令因左將軍張布誅討奸臣有功，加官中軍督，封張布的弟弟張惇為都亭侯，撥給士兵三百人，任命張惇的弟弟張恂為校尉。

1 詔曰：「古者建國，教學為先，所以道❶世治性，為時養器❷也。自建興以來❸，時事多故，吏民頗以目前趨務，去本就末，不循古道。夫所尚不惇❹，則傷化敗俗。其案古置學官，立五經❺博士❻，核取應選，加其寵祿；科❼見吏❽之中及將吏子弟有志好者，各令就業。一歲課試，差其品第，加以位賞。使見之者樂其榮，聞之者羨其譽。以敦王化，以隆風俗。」

2 二年春正月，震電。三月，備九卿⑨官，詔曰：「朕以不德，託于王公之上，夙夜戰戰⑩，忘寢與食。今欲偃⑪武修文，以崇大化。推此之道，當由士民之贍，必須農桑。管子⑫有言：『倉廩實，知禮節；衣食足，知榮辱。』夫一夫不耕，有受其饑；一婦不織，有受其寒；饑寒並至而民不為非者，未之有也。自頃年⑬以來，州郡吏民及諸營兵，多違此業，皆浮船長江，賈作⑭上下，良田漸廢，見穀日少，欲求大定，豈可得哉？亦由租入過重，農人利薄，使之然乎！今欲廣開田業，輕其賦稅，差科⑮彊羸，課⑯其田畝，務令優均，官私得所，使家給戶贍，足相供養，則愛身重命，不犯科法，然後刑罰不用，風俗可整。以羣僚之忠賢，若盡心於時，雖太古盛化，未可卒致⑰，漢文⑱升平，庶幾⑲可及。及之則臣主俱榮，不及則損削侵辱，何可從容俯仰⑳而已？諸卿尚書㉑，可共咨度㉒，務取便佳㉓。田桑已至，不可後時㉔。事定施行，稱朕意焉。」

3 三年春三月，西陵㉕言赤烏㉖見。秋，用都尉嚴密議，作浦里塘㉗。會稽郡謠言王亮當還為天子，而亮宮人告亮使巫禱祠，有惡言。有司以聞，黜為侯官㉘侯，遣之㉙國。道自殺，衛送者伏罪。以會稽南部為建安郡㉚，分宜都㉛置建平郡㉜。

4 四年夏五月，大雨，水泉涌溢。秋八月，遣光祿大夫周奕、石偉㉝巡行風俗，察將吏清濁，民所疾苦，為黜陟㉞之詔。九月，布山㉟言白龍見。是歲，安吳㊱民陳焦死，埋之，六日更生，穿土中出。

五年春二月，白虎門㊲北樓災。秋七月，始新㊳言黃龍見。八月壬午，大雨震電，水泉涌溢。乙酉，立皇后朱氏㊴。戊子，立子𩅦為太子，大赦㊵。冬十月，以衛將軍濮陽興㊶為丞相，廷尉丁密、光祿勳孟宗㊷為左右御史大夫。休以丞相興及左將軍張布有舊恩，委之以事，布典宮省㊸，興關㊹軍國。休銳意於典籍，欲畢覽百家之言，尤好射雉，春夏之間常晨出夜還，唯此時舍書。休欲與博士祭酒㊺韋曜㊻、博士盛沖講論道藝㊼，曜、沖素皆切直，布恐入侍，發其陰失，令己不得專，因妄飾說以拒遏之。休答曰：「孤之涉學，羣書略徧，所見不少也；其明君闇主，奸臣賊子，古今賢愚成敗之事，無不覽也。今曜等入，但欲與論講書耳，不為從曜等始更受學也。縱復如此，亦何所損？君特㊽當以曜等恐道臣下奸變之事，以此不欲令入耳。如此之事，孤已自備之，不須曜等然後乃解也。此都無所損，君意特有所忌故耳。」布得詔陳謝，重自序述，又言懼妨政事。休答曰：「書籍之事，患人不好，好之無傷也。此無所為非，而君以為不宜，是以孤有所及耳。政務學業，其流各異，不相妨也。不圖君今日在㊾事，更行此於孤也，良所不取。」布拜表叩頭，休答曰：「聊相開悟耳，何至叩頭乎！如君之忠誠，遠近所知。往者所以相感，今日之巍巍(50)也。詩云：『靡(51)不有初，鮮(52)克(53)有終。』終之實難，君其終之。」初休為王時，布為左右將督，素見信愛；及至踐阼(54)，厚加寵待，專擅國勢，多行無禮，自嫌瑕短，懼曜、沖言之，故尤患忌。休雖解此旨，心不能悅，更恐其疑懼，竟如布意，廢其講業，不復使沖等入。是歲使察戰(55)到交阯(56)調孔爵(57)、大豬。

6 六年夏四月，泉陵(58)言黃龍見。五月，交阯郡吏呂興(59)等反，殺太守孫諝。諝先是科(60)郡上手工千餘人送建業，而察戰至，恐復見取，故興等因此扇動兵民，招誘諸夷(61)也。冬十月，蜀以魏見伐來告。癸未，建業石頭小城(62)火，燒西南百八十丈。甲申，使大將軍丁奉督諸軍向魏壽春；將軍留平別詣(63)施績(64)於南郡，議兵所向；將軍丁封(65)、孫異(66)如(67)沔中(68)，皆救蜀。蜀主劉禪(69)降魏問至，然後罷。呂興既殺孫諝，使使(70)如魏，請太守及兵。丞相興建取屯田萬人以為兵。分武陵(71)為天門郡(72)。

7 七年春正月，大赦。二月，鎮軍將軍(73)陸抗(74)、撫軍將軍步協(75)、征西將軍留平、建平太守盛曼，率眾圍蜀巴東(76)守將羅憲(77)。夏四月，魏將新附(78)督王稚浮海(79)

入句章⑳，略長吏㉑貲財㉒及男女二百餘口。將軍孫越㉓徼㉔得一船，獲三十人。秋七月，海賊破海鹽㉕，殺司鹽校尉駱秀。使中書郎劉川發兵廬陵㉖。豫章民張節等為亂，眾萬餘人。魏使將軍胡烈㉗步騎二萬侵西陵，以救羅憲，陸抗等引軍退。復分交州㉘置廣州㉙。壬午，大赦。癸未，休薨，時年三十，諡曰景皇帝。

【章旨】以上為〈孫休傳〉的第三部分。孫休鏟除孫綝後，任用張布、濮陽興，頒布一系列新政，企圖有所作為，但受到張布的牽制。西元二六三年交阯呂興反叛；西元二六四年魏軍入句章，海賊破海鹽，豫章鬧民變。在這動盪之際，時年三十的孫休突然去世。

【注釋】❶道 通「導」。引導。❷養器 培養人才。❸建興以來 指孫亮即位以來。建興，吳會稽王孫亮年號，西元二五二—二五三年。❹惇 淳厚、樸實。❺五經 儒家的五部經典，即《易》、《書》、《詩》、《禮》、《春秋》。❻博士 官名。執掌經學的傳授。❼科 當係「料」之訛，選取。❽見吏 現任官吏。見，通「現」。❾九卿 分掌中央事務的九個行政部門的長官，通常指太常（奉常）、郎中令（光祿勳）、衛尉、太僕、廷尉、典客（大鴻臚）、宗正、大司農（治粟內史）、少府。❿夙夜戰戰 日夜戒慎恐懼。夙夜，早晚；日夜。戰，通「顫」。顫抖、恐懼。⓫偃 停；止息。⓬管子 託名春秋政治家管仲所撰的典籍，今存七十六篇。以下引文見《管子·牧民》。⓭頃年 近年。⓮賈作 行商；做買賣。⓯差科 指勞役及賦稅。⓰課 徵；徵稅。⓱卒致 立刻達到。卒，通「猝」。急促；突然。致，達；達到。⓲漢文 漢文帝，即劉恆，漢高祖劉邦之子，西元前一八〇—前一五七年在位，實行「與民休息」政策，輕徭薄賦，發展經濟，寬鬆統治，開創所謂的「文景之治」。詳《史記·文帝本紀》和《漢書·文帝紀》。⓳庶幾 差不多。⓴從容俯仰 輕鬆應付。㉑尚書 此指九卿各部的執事官。㉒咨度 商量；謀議。㉓便佳 便利良善。㉔後時 落後於時節，指貽誤農事。㉕西陵 縣名。治所在今湖北宜昌東南。㉖赤烏 傳說中的瑞鳥。㉗作浦里塘 事詳本書卷六十四〈濮陽興傳〉，云：「都尉嚴密建丹楊湖田，作浦里塘。」浦里，地名。在丹陽郡，位於今安徽宣州。㉘候官 縣名。治所在今福建福州。候，原作「侯」，今從宋本。㉙之 往；到。㉚建

安郡　治所在今福建建甌。㉛宜都　郡名。治所在今湖北宜都西北。㉜建平郡　治所在今重慶市巫山縣北。㉝石偉　字公操，南郡（今湖北江陵）人，後隱退不受晉爵。㉞黜陟　貶降提升。指進退人才。㉟布山　縣名。治所在今廣西桂平西故城。㊱安吳　縣名。治所在今安徽涇縣西南。㊲白虎門　吳都西門。㊳始新　縣名。治所在今浙江淳安西北。㊴朱氏　朱據與孫權次女魯育所生之女，詳本書卷五十〈孫休朱夫人傳〉。㊵大赦　原脫，今據宋本補。㊶濮陽興　字子元，陳留（今河南開封）人。孫休卒，與張布迎立孫皓為帝，被萬彧譭謗，流放廣州，於途中被殺，誅及三族。詳見本書卷六十四〈濮陽興傳〉。㊷孟宗　字恭武，江夏人，後避孫皓字諱，改名仁。㊸典宮省　掌管皇宮事務。宮省，宮禁；皇宮。㊹關　通「管」。管理。㊺博士祭酒　《五經》博士的首長。㊻韋曜　字弘嗣，本名昭，晉人避司馬昭諱改。吳郡雲陽（今江蘇丹陽）人。少好學，長於文學，孫皓時任侍中，領國史，因持正為孫皓所殺。詳本書卷六十五〈韋曜傳〉。㊼道藝　道理和技藝。《周禮・天官・宮正》鄭玄注引鄭司農云：「道謂先王所以教道民者，藝謂禮樂射御書數。」㊽特　只。㊾在　察；審察。㊿巍巍　高大的樣子。51靡　無；沒有。52鮮　少。53克　能；能夠。54踐阼　指天子登位。阼，東階；主人之位。55察戰　官名。負責監視吏民。56交阯　郡名。治所在今越南河內東天德江北岸。57孔爵　即孔雀。58泉陵　縣名。治所在今湖南零陵。59呂興　降魏，魏授使持節、都督交州諸軍事、南中大將軍，封定安縣侯，策命未至而被下人所殺，詳本書卷四〈陳留王紀〉。60科　當係「料」之訛。料取；選取。61諸夷　眾夷，指當地土著部族。62石頭小城　石頭城，原楚金陵城，東漢建安十七年（西元二一二年）孫權重築改名，在今江蘇南京清涼山。63詣　往；到。64施績　即朱績，字公緒，丹陽故鄣（今浙江安吉西北）人，孫吳名將朱然之子，以有膽力著稱。歷任孫吳建忠都尉、上大將軍等職。詳本書卷五十六朱然附傳。65丁封　丁奉之弟，詳本書卷五十五丁奉附傳。66孫異　孫韶之孫，吳宗室，詳本書卷五十一〈孫韶傳〉。67如　往；前往。68沔中　地區名。亦作漢中。古沔水亦稱漢水，指漢水中游地區，時屬魏轄，約今陝西南部至湖北西北部一帶。69蜀主劉禪　字公嗣，乳名阿斗，涿郡（今河北涿州）人，劉備之子。劉備稱漢中王後被立為王太子，稱帝後被立為皇太子，劉備死後繼位，由諸葛亮輔政。諸葛亮去世後，劉禪寵信宦官黃皓，朝政日益腐敗。西元二六三年曹魏伐蜀，率眾臣投降，後被遷到洛陽，封安樂公。詳見本書卷三十三〈後主傳〉。70使使　派遣使者。71武陵　郡名。治所在今湖南常德西。72天門郡　治所在今湖南慈利東。73將軍　此二字與下文「撫軍」下「將軍」二字均脫，據下文「征西將軍留平」文例增補。74陸抗　字幼節，吳郡吳（今江蘇蘇州）人。孫策外孫，陸遜之子。年二十，拜建武校尉。孫皓時，為鎮軍大將軍，領益州牧。抗聞都下政令多闕，憂深慮遠，極力上疏。對佞臣何定弄權，閹官預政，又上表勸諫。吳鳳皇元年（西元二七二年），西陵督步闡據城降晉，抗率軍破晉將羊祜，攻陷西陵城，誅夷闔族及其大將吏，加拜都護。詳見本書卷五十八〈陸遜傳〉。75步協　步騭之子，詳本書卷五十二步騭附傳。76巴東　郡名。治所在今重慶市奉節東。77羅憲　字令則，羅蒙之子，詳《三國志・霍峻傳》裴注所引《漢晉春秋》。78新附　新近降附。79浮海　渡海。80句章　縣名。治所在今浙江餘姚東南。81長吏　俸秩六百石以上的官員，此指縣官。82貲財　錢財。原誤作「賞林」，今據郝經《續後漢書》卷五十一校改。83孫越　孫韶之子，吳宗室，詳本書卷五十一〈孫韶傳〉。84徼　通「邀」。攔截；截獲。85海鹽　縣名。治所在今浙江平湖市東南。86廬陵　郡名。治所在今江西泰和西北。87胡烈　字玄武，胡遵之子，詳《三國志・鍾會傳》裴注所引《晉諸公贊》。88交州　原治所在今廣東廣州；分置廣州後，移治今越南河內東天德江北岸。89廣州　州名。治所在今廣東廣州。

【語譯】孫休頒發詔令說：「古人建設國家，以教學為第一要務，用以引導社會修養德性，為時代培養人才。自從建興以來，時事多有變故，官吏百姓逐漸以眼前利益為追逐目標，放棄根本操持末節，不遵循古道。社會所崇尚的不淳樸，就傷風敗俗。如今按照古道設置學官，增立《五經》博士，從應選人員中考核錄取，增加他們級別俸祿；挑選現任官吏之中以及將官子弟有志向愛好的人，各自讓他們從事學業。一年以後進行考試，分別評定他們的成績等級，給予相應的官位、賞賜。讓看到的人喜歡他們的榮耀，聽到的人羨慕他們的聲譽。以此來敦厚王道教化，提升民風習俗。」

2　永安二年春季正月，雷鳴電閃。三月，吳國配齊朝廷九卿各部官員，孫休下詔說：「朕以無德之身，寄託於王公大臣之上，日夜戰戰兢兢，廢寢忘食。如今打算停止戰事修行文治，來崇尚太古的教化。推究實現這個目標的途徑，應當讓士人庶民的贍養，必須依靠農耕桑蠶。《管子》有這樣的話：『倉庫充實了，就會知道禮節；衣食豐足了，就會知道榮辱。』一個男人不耕作，就會有人挨餓；一個婦女不紡織，就會有人受凍；飢寒交迫而民眾不為非作歹的，是從未有過的事。自從近年以來，州郡官吏庶民以及各營士兵，大多離棄農桑本業，都駕船在長江之中，在上游下游之間從事買賣，良田逐漸荒蕪，現存稻穀日益減少，想要求得太平安定，哪能得到呢？這也是由於租稅收入過於沉重，務農之人獲利太薄，使他們這個樣子的啊！如今想增加農業發展，減輕農民的賦稅，區別勞役賦稅多寡，徵收田畝的賦稅，務必使他們寬餘平均，官府私家各得其所，實現家家充實富裕，足夠供養老小，那就會人人愛惜身體珍重生命，不會觸犯法律禁令，然後刑罰可以不用，風俗可以整肅。憑著羣臣百官的忠誠賢能，倘若能盡心於這個時代，儘管太古的盛世教化，不可能馬上達到，但漢朝的昇平世界，差不多可以追得上。追得上就君臣共榮，趕不上就會遭受損害侵辱，怎麼可以只是無所事事、虛與委蛇呢？各部尚書，可以共同商榷，追求便利良策。農耕時節已到，不可耽誤農時。事情決定便去實行，以滿足朕的意願。」

3 永安三年春季三月，西陵上報說出現赤烏。秋季，採用丹陽都尉嚴密的建議，修築浦里塘。會稽郡謠言說會稽王孫亮將會返回京都做天子，同時孫亮的宮人告發孫亮派巫師祈禱，有惡毒的言語。有關官署將情況上報，貶黜孫亮為候官侯，遣送他到侯國。孫亮在路上自殺，護送人員被治罪誅殺。將會稽南部設為建安郡，分割宜都郡設置建平郡。

4 永安四年夏季五月，天降大雨，泉水噴湧。秋季八月，派遣光祿大夫周奕、石偉巡視各地風俗，考察將領官吏的清濁優劣，民間的疾苦，頒布官員升官貶職的詔書。九月，布山上報說出現白龍。這一年，安吳百姓陳焦死去，下葬掩埋，六天後復活，破土而出。

5 永安五年春季二月，白虎門北樓失火。秋季七月，始新上報說黃龍現身。八月十三日，天降大雨，雷鳴電閃，泉湧井噴，大水橫溢。十六日，立朱氏為皇后。十九日，立長子孫𩅦為太子，宣布大赦。冬季十月，任命衛將軍濮陽興為丞相，廷尉丁密、光祿勳孟宗分別為左、右御史。孫休因為丞相濮陽興以及左將軍張布對自己有舊恩，將政事委託給他們。張布典領皇宮事務，濮陽興處理朝廷軍政。孫休專注於文獻典籍，打算讀完諸子百家之書。他特別愛好射獵野雞，春夏之交經常早出晚歸，只有這段時間捨棄讀書。孫休想和博士祭酒韋曜、博士盛沖講習討論各種道理和技藝，因為韋曜、盛沖平素都很懇切直率，張布恐怕他們入宮侍奉，揭發自己的陰私過失，使得自己不能專權，就胡亂編造理由來阻撓兩人入宮。孫休答覆說：「孤從事學業，各種書籍廣泛涉獵，所見之書已經不少了；關於明君昏主、奸臣賊子、古今賢愚成敗的事情，沒有不閱覽的。如今韋曜等人入宮，只想同他們講習研討書籍罷了，不是為了師從韋曜等人開始改受學業。縱然如此，又有什麼損害呢？您只不過因為韋曜等人，擔心談論臣下奸詐變亂之事，因此不想讓他們入宮而已。像這樣的事情，孤已經自有防備了，不必待韋曜等人然後才能解決。此事全然沒有損害，只是您心中有所顧忌罷了。」張布得到詔諭後表示謝罪，重新陳述自己的意見，又說害怕妨礙政事。孫休答覆說：「書籍的事情，怕的是人們不喜好，喜好書籍沒有傷害。此事沒有什麼不對，但您認為不宜，所以我談及此事。政事和學業，它們的源流各有不同，不會相互妨礙。沒想到您今日管事，又像往日孫綝對我一樣，實在是不可取啊。」張布跪拜叩頭，孫休回答說：「姑且開導一下您罷了，何至於叩頭呢！像您的忠誠，是遠近皆知的。往日以此相互感知，才有今日的高位。《詩經》上說：『凡事無不有開頭，但很少有好的結果。』好的結果確實難，君就努力爭取好的結果吧。」當初孫休當琅邪王的時候，張布擔任左右將督，一向受到信任喜愛；等到孫休登上帝位，倍加寵信厚待，張布專擅國家權勢，做出許多無禮的事，又忌諱自己的短處，懼怕韋曜、盛沖直言實情，所以特別害怕顧忌。孫休儘管明白張布的心思，但內心沒法痛快，又害怕張布懷疑恐懼，結果便按照張布的意思，廢止講論學業，不再讓盛沖等人入宮。這一年，朝廷派遣察戰到交阯郡徵調孔雀、大豬。

6　永安六年夏季四月，泉陵縣傳言說黃龍現身。五月，交阯郡官吏呂興等反叛，殺死郡太守孫諝。孫諝在此之前徵選了郡中一千多名上等工匠送往建業，而現在察戰到來，百姓害怕再被徵選，所以呂興等人就藉此煽動士兵百姓，並招徠誘騙各部土著居民。冬季十月，蜀國派人前來報告被魏國侵伐的情況。二十一日，建業石頭小城失火，燒毀西南城牆一百八十丈。二十二日，吳主派遣大將軍丁奉督領各部奔赴魏國壽春；派遣將軍留平另往南郡會見施績，商議進軍的目標；派遣將軍丁封、孫異前往沔中，都為救援蜀國。蜀國後主劉禪投降魏國的消息傳到，然後各路進軍作罷。呂興殺死孫諝後，派遣使者前往魏國都城，請求委任太守和派遣士兵。丞相濮陽興建議調取屯田的一萬人作為士兵。劃分武陵郡一部分建置天門郡。

7　永安七年春季正月，宣布大赦。二月，鎮軍將軍陸抗、撫軍將軍步協、征西將軍留平、建平太守盛曼，率領部眾包圍蜀國巴東郡守將羅憲。夏季四月，魏國將領新附督王稚部渡海入侵句章，俘掠縣官、錢財以及男女二百餘口。將軍孫越截獲一條船，俘獲三十人。秋季七月，海盜攻破海鹽，殺死司鹽校尉駱秀。朝廷派遣中書郎劉川出兵廬陵。豫章百姓張節等作亂，部眾有一萬餘人。魏國派遣將軍胡烈率領二萬步兵騎兵侵犯西陵，用來救援羅憲，陸抗等領軍撤退。又分割交州設置廣州。二十四日，宣布大赦。二十五日，孫休去世。時年三十歲，謚號為景皇帝。

孫皓，字元宗，權孫，和子也，一名彭祖，字皓宗。孫休立，封皓為烏程侯，遣就國。西湖❶民景養相❷皓當大貴，皓陰喜而不敢泄。休薨，是時蜀初亡，而交阯攜叛❸，國內震懼，貪得長君❹。左典軍萬彧昔為烏程令，與皓相善，稱皓才識明斷，是長沙桓王❺之疇也，又加之好學，奉遵法度，屢言之於丞相濮陽興、左將軍張布。興、布說休妃太后朱，欲以皓為嗣。朱曰：「我寡婦人，安知社稷之慮，苟吳國無隕，宗廟有賴可矣。」於是遂迎立皓，時年二十三。改元，大赦。是歲，於魏咸熙❻元年也。

【章　旨】以上為〈孫皓傳〉的第一部分。由萬彧推薦，濮陽興、張布迎立孫皓繼位。孫皓為孫權之孫，原太子孫和之子，封烏程侯，萬彧因曾任烏程令而與其相友善。

【注　釋】❶西湖　亦名西城湖，在今浙江長興西。❷相　相面；看相。❸攜叛　離叛；反叛。此指吳永安六年（西元二六三年）交阯呂興等反叛。❹長君　年長的君主。❺長沙桓王　孫策的謚號，是孫權稱帝後追謚的。❻咸熙　魏元帝曹奐年號，西元二六四—二六五年。

【語　譯】孫皓，字元宗，是孫權的孫子，孫和的兒子，又名彭祖，字皓宗。孫休登基，封孫皓為烏程侯，遣送他就居於封國。當地西湖的一個百姓景養看了孫晧的面相，說命當大貴，孫晧暗中心喜而不敢洩露。孫休去世，這時蜀國剛剛滅亡，而交阯發生叛亂，國內震盪人心惶惶，都希望得到一個年長的君主。左典軍萬彧以前當過烏程縣令，與孫晧相友善，稱讚孫晧有才有識、英明果斷，是長沙桓王孫策一類的人物，又加上他愛好學習，遵守法度，就多次向丞相濮陽興、左將軍張布說起孫晧。濮陽興、張布勸說孫休妃子太后朱氏，打算將孫晧作為繼位者。朱氏說：「我是一個守寡的婦人，哪裏知道社稷的大事，只要吳國不衰落，祖宗家廟有依靠就可以了。」於是便迎立孫晧為帝，孫晧時年二十三歲。更改年號，宣布大赦。這一年，是魏國的咸熙元年。

1 元興❶元年八月，以上大將軍施績、大將軍丁奉為左右大司馬，張布為驃騎將軍，加侍中，諸增位班❷賞，一皆如舊。九月，貶太后為景皇后，追謚父和曰文皇帝，尊母何❸為太后。十月，封休太子𩅦為豫章王，次子汝南王❹，次子梁王❺，次子陳王❻，立皇后滕氏❼。晧既得志，麤暴驕盈，多忌諱，好酒色，大小失望。興、布竊悔之。或❽以譖晧，十一月，誅興、布。十二月，孫休葬定陵❾。封后父滕牧❿為高密侯⓫，舅何洪等三人皆列侯⓬。是歲，魏置交阯太守之郡⓭。晉文帝⓮為魏相國，遣昔吳壽春城降將徐紹⓯、孫彧⓰銜命⓱齎⓲書⓳，陳事勢利害，以申喻晧。

2 甘露⓴元年三月，晧遣使隨紹、彧報書㉑曰：「知以高世之才，處宰輔之任，漸㉒導之功，勤亦至矣。孤以不德，階承統緒㉓，思與賢良共濟世道，而以壅隔未有所緣，嘉意允著，深用依依㉔。今遣光祿大夫紀陟㉕、五官中郎將弘璆㉖宣明至懷。」紹行到濡須㉗，召還殺之，徙其家屬建安㉘，始㉙有白紹稱美中國㉚者故也。夏四月，蔣陵㉛言甘露降，於是改年大赦。秋七月，晧逼殺景后朱氏，亡不在正殿，於苑中小屋治喪，眾知其非疾病，莫不痛切。又送休四子於吳小城㉜，尋復追殺大者二人。九月，從西陵督步闡㉝表，徙都武昌，御史大夫丁固㉞、右將軍諸葛靚鎮建業。陟、璆至洛㉟，遇晉文帝崩。十一月，乃遣還。晧至武昌，又大赦。以零陵南部㊱為始安郡㊲，桂陽南部㊳為始興郡㊴。十二月，晉受禪㊵。

3 寶鼎㊶元年正月，遣大鴻臚張儼㊷、五官中郎將丁忠弔祭晉文帝。及還，儼道病死。忠說晧曰：「北方守戰之具不設，弋陽㊸可襲而取。」晧訪羣臣，鎮西大將軍陸凱㊹曰：「夫兵不得已而用之耳，且三國鼎立已來㊺，更相侵伐，無歲寧居。今彊敵新并巴蜀，有兼土之實，而遣使求親，欲息兵役，不可謂其求援於我。今敵形勢方彊，而欲徼幸求勝，未見其利也。」車騎將軍劉纂曰：「天生五才㊻，誰能去兵？譎詐㊼相雄，有自來矣。若其有闕㊽，庸㊾可棄乎？宜遣閒諜，以觀其勢。」晧陰納纂言，且以蜀新平，故不行，然遂自絕。八月，所在㊿言得大鼎，於是改年，大赦。以陸凱為左丞相，常侍萬彧為右丞相。冬十月，永安山賊施但等聚眾數千人，劫皓庶弟永安侯謙出烏程，取孫和陵上鼓吹[51]曲蓋[52]。比至建業，眾萬餘人。丁固、諸葛靚逆之於牛屯[53]，大戰，但等敗走。獲謙，謙自殺。分會稽為東陽郡[54]，分吳、丹陽為吳興郡[55]。以零陵北部[56]為邵陵郡[57]。十二月，皓還都建業，衛將軍滕牧留鎮武昌。

4 二年春，大赦。右丞相萬彧上鎮巴丘[58]。夏六月，起顯明宮[59]，冬十二月，皓移居之。是歲，分豫章、廬陵、長沙為安成郡[60]。

5 三年春二月，以左、右御史大夫丁固、孟仁為司徒、司空。秋九月，皓出東關[61]，丁奉至合肥[62]。是歲，遣交州刺史劉俊、前部督修則等入擊交阯，為晉將毛炅等所破，皆死，兵散還合浦[63]。

6 建衡[64]元年春正月，立子瑾為太子，及淮陽[65]、東平王[66]。冬十月，改年，大赦。十一月，左丞相陸凱卒。遣監軍虞汜[67]、威南將軍薛珝[68]、蒼梧[69]太守陶璜[70]由荊州[71]，監軍李勖、督軍徐存從建安海道，皆就合浦擊交阯。

7 二年春，萬彧還建業。李勖以建安道不通利，殺導將[72]馮斐，引軍還。三月，天火燒萬餘家，死者七百人。夏四月，左大司馬施績卒。殿中列將何定[73]曰[74]：

「少府李勖枉殺馮斐，擅徹軍退還。」勖及徐存家屬皆伏誅。秋九月，何定將兵五千人上夏口獵。都督孫秀[75]奔晉。是歲大赦。

8 三年春正月晦[76]，晧舉大眾出華里[77]，晧母及妃妾皆行，東觀令[78]華覈[79]等固爭，乃還。是歲，汜、璜破交阯，禽殺晉所置守將，九真[80]、日南[81]皆還屬。大赦，分交阯為新昌郡[82]。諸將破扶嚴[83]，置武平郡[84]。以武昌督范慎[85]為太尉。右大司馬丁奉、司空孟仁卒。西苑言鳳皇集，改明年元。

9 鳳皇[86]元年秋八月，徵西陵督步闡。闡不應，據城降晉。遣樂鄉[87]都督陸抗圍取闡，闡眾悉降。闡及同計[88]數十人皆夷三族[89]。大赦。是歲右丞相萬彧被譴憂死，徙其子弟於廬陵。何定姦穢發聞，伏誅。晧以其惡似張布，追改定名為布。

10 二年春三月，以陸抗為大司馬。司徒丁固卒。秋九月，改封淮陽為魯[90]，東平為齊[91]，又封陳留[92]、章陵[93]等九王，凡十一王，王給三千兵。大赦。晧愛妾或使人至市劫奪百姓財物，司市中郎將陳聲，素晧幸臣也，恃晧寵遇，繩之以法。妾以愬晧，晧大怒，假他事燒鋸斷聲頭，投其身於四望[94]之下。是歲，太尉范慎卒。

11 三年，會稽妖言[95]章安侯奮當為天子。臨海[96]太守奚熙與會稽太守郭誕書，非論國政。誕但白熙書，不白妖言，送付建安[97]作船。遣三郡督[98]何植[99]收熙，熙發兵自衛，斷絕海道。熙部曲[100]殺熙，送首建業，夷三族。秋七月，遣使者二十五人分至州郡，科[101]出亡叛。大司馬陸抗卒。自改年及是歲，連大疫。分鬱林[102]為桂林郡[103]。

12 天冊[104]元年，吳郡言掘地得銀[105]，長一尺，廣三分，刻上有年月字，於是大赦，改年。

13 天璽[106]元年，吳郡言臨平湖[107]自漢末草穢壅塞，今更開通。長老相傳，此湖塞，天下亂；此湖開，天下平。又於湖邊得石函，中有小石，青白色，長四寸，廣二寸餘，刻上作皇帝字，於是改年，大赦。會稽太守車浚、湘東太守張詠不出算緡[108]，就在所斬之，徇首[109]諸郡。秋八月，京下督孫楷降晉。鄱陽言歷陽[110]山石文理成字，凡二十，云「楚九州[111]渚[112]，吳九州都，揚州士，作天子，四世治，太平始」。又吳興陽羨山有空石，長十餘丈，名曰石室，在所表為大瑞。乃遣兼司徒董朝、兼太常周處[113]至陽羨縣，封禪[114]國山[115]。明年改元[116]，大赦，以協石文。

14 天紀[117]元年夏，夏口督孫慎[118]出江夏[119]、汝南[120]，燒略居民。初，騶子[121]張俶[122]多所譖白，累遷為司直[123]中郎將，封侯，甚見寵愛，是歲姦情發聞，伏誅。

15 二年秋七月，立成紀[124]、宣威[125]等十一王，王給三千兵，大赦。

16 三年夏，郭馬反。馬本合浦太守修允[126]部曲督。允轉桂林太守，疾病，住廣州，先遣馬將五百兵至郡安撫諸夷。允死，兵當分給[127]，馬等累世舊軍，不樂離別。皓時又科實[128]廣州戶口，馬與部曲將何典、王族、吳述、殷興等因此恐動兵民，合聚人眾，攻殺廣州督虞授。馬自號都督交、廣二州諸軍事、安南將軍，興廣州刺史，述南海[129]太守。典攻蒼梧，族攻始興。八月，以軍師張悌[130]為丞相，牛渚[131]都督何植為司徒。執金吾滕循[132]為司空，未拜，轉鎮南將軍，假節領廣州牧，率萬人從東道討馬，與[133]族遇於始興，未得前。馬殺南海太守劉略[134]，逐廣州刺史徐旗。皓又遣徐陵[135]督陶濬[136]將七千人從西道，命交州牧陶璜部伍所領及合浦、鬱林諸郡兵，當與東西軍共擊馬。

17 有鬼目菜[137]生工人黃耇家，依緣棗樹，長丈餘，莖廣四寸，厚三分。又有買菜[138]生工人吳平家，高四尺，厚三分，如枇杷形，上廣尺八寸，下莖廣五寸，兩邊生葉綠色。東觀案圖，名鬼目作芝草，買菜作平慮草，遂以耇為侍芝郎，平為平慮郎，皆銀印青綬[139]。

【章　旨】以上為〈孫晧傳〉的第二部分。孫晧即位，即露兇殘橫暴、多忌縱欲本相，誅殺濮陽興、張布，實行獨裁，順我者昌，逆我者亡，嚴刑峻法，橫徵暴斂，一度遷都武昌，興建顯明宮，封王數十，迷信祥瑞，眾叛親離，變亂迭起。對晉國採取機會主義策略，表面示弱，心存僥倖。有賴以陸抗為首一批將領的忠誠智勇，吳國得以苟延殘喘。

【注　釋】❶元興　吳末帝孫晧年號，西元二六四—二六五年。❷班　分賜。❸何　即何姬，孫和之妾，孫晧生母，詳本書卷五十〈孫和何姬傳〉。❹次子汝南王　名霣。封地汝南。汝南，郡名。時屬魏，治所在今河南平輿北。按：封地並非吳國實有，為虛封。以下梁王、陳王皆類此。❺次子梁王　名虡。封地梁。梁，魏轄國名。治所在今河南商丘南。❻次子陳王　名[illegible]。封地陳。陳，魏郡名。治所在今河南淮陽。❼滕氏　滕牧之女，詳本書卷五十〈孫晧滕夫人傳〉。❽或　有人。按：吳金華《三國志叢考》云：「按史實，『或』當作『彧』，即萬彧，本志〈濮陽興傳〉：『俄彧譖興、布追悔前事……晧因收興、布。』」可信。❾定陵　在今浙江海寧邵灣山。❿滕牧　本名密，避丁密，改名牧。北海劇（今山東昌樂）人。大司馬滕胤同宗。初，胤誅滅，牧以宗族流徙邊郡。孫休即位，赦還，為五官中郎。孫晧即位，以其女為皇后，遂封為高密侯，拜衛將軍，錄尚書事。後皇后寵漸衰，牧被遣居蒼梧郡，憂死於途中。詳見本書卷五十〈滕夫人傳〉。⓫高密侯　高密，縣名。屬魏城陽郡，在今山東高密西南。⓬舅何洪等三人句　本書卷五十〈孫和何姬傳〉載：何洪為永平侯，何蔣為溧陽侯，何植為宣城侯。⓭魏置交阯太守之郡　《晉書・陶璜傳》和《華陽國志》四載：魏國任命爨谷為交阯太守赴任。⓮晉文帝　即司馬昭，詳《晉書・太祖文帝紀》。⓯徐紹　原吳南陵督，降魏，任相國參軍事，出使任正使，兼散騎常侍，加奉車都尉，封都亭侯。⓰孫彧　吳孫氏族人，降魏，任水曹掾，出使任副使，兼給事黃門侍郎，賜爵關內侯。⓱銜命　接命；受命。⓲齎　帶著；抱著。⓳書　指司馬昭給孫晧的書信，詳裴注引《漢晉春秋》。⓴甘露　吳末帝孫晧年號，西元二六五—二六六年。㉑報書　回信。此指回覆司馬昭的書信。㉒漸　疏理；引領。㉓階承統緒　繼承帝位。㉔依依　依戀的樣子。㉕紀陟　字子上，丹陽秣陵（今江蘇南京南）人，孫吳官吏。歷任中書郎、中書令、豫章太守等。事見《三國志・孫晧傳》裴松之注引《吳錄》、《晉紀》。㉖弘璆　孫權姐婿弘咨之子，詳裴注引《吳錄》。㉗濡須　亦稱濡須城，位於濡須水入長江處，在今安徽無為東北。㉘建安　即建安郡。治所在今福建建甌。㉙始　通「殆」。蓋；大概。㉚中國　中原。指魏國。㉛蔣陵　孫權的陵墓，在今江蘇南京鍾山南。㉜吳小城　吳城西北隅所築小城。吳，吳縣。治所在今江蘇蘇州。㉝步闡　臨淮淮陰（今江蘇淮陰西南）人。繼父步騭為吳西陵督，後吳主孫皓召其入朝，懼禍據城降西晉，被陸抗率軍攻殺。見本書卷五十二步騭附傳。㉞丁固　即丁密。㉟洛　即洛陽，魏國都城，在今河南洛陽。㊱零陵南部　即零陵南部都尉，治所在今廣西桂林。零陵，即零陵郡，治所在今湖南零陵。㊲始安郡　治所在今廣西桂林。㊳桂陽南部　即桂陽南部都尉，治所在今廣東韶關東南。桂陽，即桂陽郡，治所在今湖南郴州。㊴始興郡　治所在今廣東韶關東南。㊵晉受禪　指司馬炎接受魏元帝曹奐禪讓稱帝。㊶寶鼎　吳末帝孫皓年號，西元二六六—二六九年。㊷張儼　字子節，詳裴注所引《吳錄》。㊸弋陽　郡名。治所在今河南潢川縣西。㊹陸凱　字敬風，吳郡吳（今江蘇蘇州）人，陸遜堂姪。孫權為吳王時出任永興、諸暨長，有政績，歷任要職。寶鼎元年（西元二六六年）升任左丞相。愛惜民力，直言敢諫。四年後去世。詳見本書卷六十一〈陸凱傳〉。㊺已來　以來。㊻五才　亦作「五材」。指金、木、水、火、土。㊼譎詐　欺騙、詭詐。㊽闕　缺失；疏漏。㊾庸　豈；難道。㊿所在　皇帝所在之處。此指孫皓所居的武昌。(51)鼓吹　儀仗樂隊所用的打擊、吹奏樂器，主要有鼓、鉦、簫、笳等。(52)曲蓋　儀仗用的曲柄傘。(53)牛屯　地名。在今江蘇江寧北。(54)東陽郡　治所在今浙江金華。(55)吳興郡　治所在今浙江湖州西南。(56)零陵北部　即零陵北部都尉，治所在今湖南邵陽。(57)邵陵郡　治所在今湖南邵陽。(58)巴丘　軍事要地，有巴丘山，在今湖南岳陽附近。(59)顯明宮　即昭明宮，史書為避司馬昭名諱而改。(60)安成郡　治所在今江西安福東南。(61)東關　亦稱東興隄、濡須塢，在今安徽巢湖市東南。(62)合肥　縣名。治所在今安徽合肥。(63)合浦　縣名。治所在今廣西合浦東北。(64)建衡　吳末帝孫皓年號，西元二六九—二七一年。(65)淮陽　國名。治所在今河南淮陽。(66)東平王　封地東平。東平，國名。治所在今山東東平東。按：淮陽、東平時屬晉地，皆為虛封。(67)虞汜　字世洪，會稽餘姚（今浙江餘姚）人，虞翻第四子。孫綝廢亮，欲入宮圖謀不軌，汜正言責之。孫休即位，任散騎中常侍。以討扶嚴有功，拜交州刺史、冠軍將軍，封餘姚侯。詳見本書卷五十七〈虞翻傳〉及裴松之注引《會稽典錄》。(68)薛珝　薛綜之子，詳本書卷五十三薛綜附傳。(69)蒼梧　郡名。治所在今廣西梧州。(70)陶璜　字世英，丹楊秣陵（今江蘇南京）人，詳《晉書・陶璜傳》。(71)荊州　吳荊州，治所在今湖北荊州。(72)導將　前導將領。(73)何定　汝南（今河南平輿北）人。原為孫權身邊侍從，後出宮為吏。孫皓時自請入侍，受到孫皓寵幸，委以眾事，任殿中列將，作威作福。大臣陸凱、賀邵等當面向孫皓指責何定小人弄權。後被孫皓處死。(74)日　原作「白」，今從宋本。(75)孫秀　孫權弟孫匡之孫，吳宗室，詳本書卷五十一孫匡附傳。(76)正月晦　陰曆正月的最後一日。正月，原誤作「三月」，今據宋本校正。《通鑑》亦云春正月晦，皓「大舉兵出華里」。(77)華里　吳都郊外地名，在今江蘇江寧西南。(78)東觀令　官名。職掌宮廷圖書和撰著寫作。東觀，宮中藏書和著書之處。(79)華覈　字永先，吳郡武進（今江蘇鎮江市東）人。以文學入為祕書郎，遷中書丞。孫皓即位，封徐陵亭侯。敢於言事，前後陳言及貢薦賢能，解釋罪過，對時政弊端極力規諫，上書百餘次，皆有補益。詳見本書卷六十五〈華覈傳〉。(80)九真　郡名。治所在今越南清化東山。(81)日南　郡名。治所在今越南廣平美麗。(82)新昌郡　治所在今越南河內西北。(83)扶嚴　地名。在今越南河內西北。(84)武平郡　治所在今越南永福。(85)范慎　字孝敬，廣陵（今江蘇揚州）人。初為太子友，後為侍中，曾任武昌督，孫皓時位至太尉而卒。詳《三國志・孫登傳》裴注所引《吳錄》。(86)鳳皇　吳末帝孫皓年號，西元二七二－二七四年。(87)樂鄉　城名。時為陸抗督領信陵、西陵、夷道、樂鄉、公安諸軍事的治所，在今湖北松滋東北。(88)同計　共同謀劃。(89)三族　有多種說法，一說父、子、孫；二說父族、母族、妻族；三說父母、兄弟、妻子；四說父昆弟、己昆弟、子昆弟。(90)魯　郡國名。治所在今山東曲阜。按：魯與以下齊、陳留、章陵，時均屬晉國，皆為虛封。(91)齊　郡國名。治所在今山東淄博。(92)陳留　郡國名。治所在今河南開封東南。(93)章陵　郡名。治所在今湖北棗陽南。(94)四望　山名。在今江蘇南京西北。(95)妖言　怪誕不經的邪說。(96)臨海　郡名。治所在今浙江臨海市東南。(97)建安　縣名。治所在今福建福州。按：吳在此設曲郍都尉，管理貶謫遷徙之人製作舟船。(98)三郡督　亦稱備海督，督領臨海、建安、會稽三郡海防。(99)何植　何太后之弟，封宣城侯，官至大司徒。(100)部曲　原均為軍隊編制單位，泛指軍隊，此指部屬。(101)科　當從《建康實錄》卷四作「料」，清查、選取。(102)鬱林　郡名。治所在今廣西桂平西故城。(103)桂林郡　治所在今廣西象州西北。(104)天冊　吳末帝孫皓年號，西元二七五－二七六年。(105)銀　《資治通鑑》卷八十作「銀尺」。(106)天璽　吳末帝孫皓年號，西元二七六年。(107)臨平湖　亦稱鼎湖，在今浙江餘杭。(108)算緡　對工商業者和車船所有者所徵的稅。(109)徇首　將首級示眾。徇，對眾宣示。(110)歷陽　縣名。治所在今安徽和縣。按：《資治通鑑》卷八十胡三省注當作「歷陵」。(111)九州　傳說中的上古中國行政區劃。其說不一，《尚書・禹貢》作冀、兗、青、徐、揚、荊、豫、梁、雍。(112)渚　水中陸地；沙洲。(113)周處　字子隱，周魴之子。少時橫行鄉里，時人稱為鄉里「三害」之一，後改過自新，勵志勤學。西晉滅吳後，歷新平、廣漢太守、楚國內史等職，升為御史中丞，後以建威將軍率部參與鎮壓齊萬年暴動，死於戰場。詳見《晉書・周處傳》。(114)封禪　帝王祭祀天地的典禮。(115)國山　即孫亮五鳳二年（西元二五五年）「陽羨離里山大石自立」之「離里山」。(116)明年改元　《三國志辨誤》認為當作「改明年元」。(117)天紀　吳末帝孫皓年號，西元二七七－二八〇年。(118)孫慎　孫桓之子，吳宗室，詳《三國志・孫桓傳》裴注所引《吳書》。(119)江夏　郡名。治所在今湖北雲夢西南。(120)汝南　郡名。治所在今河南息縣西南。(121)騶子　護從騎士。(122)張俶　會稽山陰縣卒之子，詳裴注引《江表傳》。(123)司直　官名。職掌彈劾糾舉。(124)成紀　縣名。治所在今甘肅秦安北。(125)宣威　縣名。治所在今甘肅民勤西南。按：成紀、宣威屬虛封。(126)修允　修則之子。(127)分給　分配。(128)科實　料實；清查核實。科，當依《資治通鑑》卷八十作「料」。(129)南海　郡名。治所在今廣東廣州。(130)張悌　字巨先，襄陽（今湖北襄樊）人。少有名理，孫休時為屯騎校尉。孫皓天紀三年（西元二七九年），由軍師升為丞相。次年，為晉安東將軍王渾所殺。事跡散見於本書卷四十八〈孫皓傳〉及裴松之注引《襄陽記》。(131)牛渚　即牛渚磯，亦稱采石磯，長江軍事要塞，在今安徽馬鞍山西南長江東岸。(132)滕循　當作「滕修」。見《三國志・呂岱傳》裴注所引《交廣記》和卷六十一〈陸凱傳〉。(133)與　原誤作「興」，今據宋本校正。(134)劉略　即留略。留贊之子。(135)徐陵　亦稱京城，長江軍事要塞，在今江蘇丹徒西長江南岸。(136)陶濬　陶璜之弟，詳《晉書》卷五十七陶璜附傳。(137)鬼目菜　亦稱「苻」。草名。《爾雅・釋草》：「苻，鬼目。」郭璞注：「今江東有鬼目草，莖似葛，葉員而毛，子如耳璫也，赤色叢生。」(138)買菜　亦稱「苦菜」、「苦蕒菜」。草名。(139)銀印青綬　銀質印章、青色絲帶，為相當於九卿、中二千石官員所佩用。綬，絲帶。

【語　譯】元興元年八月，孫皓任命上大將軍施績、大將軍丁奉為左、右大司馬，張布為驃騎將軍，加官侍中，諸位大臣晉級頒賞，一律全都如同舊例。九月，孫皓下詔貶黜太后朱氏為景皇后，追贈生父孫和諡號為文皇帝，尊奉生母何氏為太后。十月，孫皓詔封孫休的太子孫𩅦為豫章王，二子為汝南王，三子為梁王，四子為陳王，冊立滕氏為皇后。孫皓得志為帝以後，粗暴驕橫，講究忌諱，喜好酒色，大小官員都感失望。濮陽興、張布私下後悔迎立孫皓。萬彧向孫皓告密譖毀他們。十一月，孫皓誅殺濮陽興、張布。十二月，將孫休安葬在定陵。孫皓詔封皇后父親滕牧為高密侯，舅父何洪等三人全為列侯。這一年，魏國設置交阯太守之職並委命赴任。晉文帝擔任魏相國，派遣以前吳國壽春守城降將徐紹、孫彧接受詔命攜帶書信，陳述時事形勢、利害關係，用來開導孫皓。

2　甘露元年三月，孫皓派遣使者隨同徐紹、孫彧前往洛陽，給司馬炎覆信說：「知道您以超羣蓋世的才能，身負首相輔佐的大任，創建疏理引導的功勞業績，勤勉到了極點。孤以無德之身，繼承吳國帝位，思念與賢良來共同濟世導民，但因山河阻隔沒有機緣，您的美意嘉言允當昭著，我深感依戀敬仰。現在派遣光祿大夫紀陟、五官中郎將弘璆前來說明我至誠的心懷。」徐紹行進到濡須，孫皓召他回來殺死了他，將他的家屬遷徙到建安，大概是有人告發徐紹讚美中原的緣故。夏季四月，蔣陵上報說天降甘露，於是更改年號宣布大赦。

秋季七月，孫皓逼殺景皇后朱氏，朱氏死亡不在正殿停靈，只是在園林中一間小屋辦理喪事，眾人知道朱氏並非死於疾病，無不為之悲痛哀傷。孫皓又將孫休的四個兒子送到吳中小城，馬上又追殺其中兩個年紀大的。九月，孫皓依從西陵督步闡的上表，將國都遷到武昌，命御史大夫丁固、右將軍諸葛靚鎮守建業。紀陟、弘璆到達洛陽，遇到晉文帝駕崩。十一月，兩人才被遣送返回。孫皓到了武昌，又宣布大赦。將零陵南部設為始安郡，桂陽南部設為始興郡。十二月，晉王司馬炎接受禪讓稱帝登基。

3　寶鼎元年正月，孫皓派遣大鴻臚張儼、五官中郎將丁忠前往洛陽弔祭晉文帝。等到返回時，張儼在途中病死。丁忠勸說孫皓道：「北方不設防守作戰的工事，弋陽可以偷襲取得。」孫皓詢訪朝廷羣臣，鎮西大將軍陸凱說：「軍隊是不得已才用的，況且三國鼎足而立以來，互相反覆侵略征伐，沒有一年能安寧度日。如今強敵剛剛併吞了蜀國，擁有拓展領土的實力，卻派遣使者來尋求親善，打算休戰息役，不可認為他是真的向我們要求援助。如今敵人形勢正處強盛，而我們想要僥倖取勝，看不到有利啊。」車騎將軍劉纂說：「天生金、木、水、火、土這五才，誰能去掉兵呢？詭異狡詐用兵而相稱雄，是有其由來的。倘若敵方有疏漏可利用，難道可以放棄嗎？應該派遣間諜，用來觀察敵人的態勢。」孫皓心裏同意劉纂的意見，況且因蜀國剛被平定，所以沒有行動，但便主動斷絕與晉國的關係。八月，孫皓所在的武昌報稱得到大鼎，因此更改年號，宣布大赦。孫皓任命陸凱為左丞相，常侍萬彧為右丞相。冬季十月，永安山賊施但等聚集徒眾幾千人，將孫皓庶弟永安侯孫謙劫持出烏程封地，取走孫和陵墓上的儀仗器物。等到達建業，部眾已有一萬餘人了。丁固、諸葛靚在牛屯迎戰，大戰了一場，施但等失敗逃跑。俘擄孫謙，孫謙自殺身亡。吳國劃分會稽郡設東陽郡，劃分吳郡、丹陽郡設吳興郡，將零陵北部設為邵陵郡。十二月，孫皓返回首都建業，衛將軍滕牧留下來鎮守武昌。

4　寶鼎二年春季，宣布大赦。右丞相萬彧沿江而上鎮守巴丘。夏季六月，起造顯明宮。冬季十二月，孫皓移居顯明宮。這一年，劃分豫章、廬陵、長沙三郡之地設安成郡。

5　寶鼎三年春季二月，孫皓任命左、右御史大夫丁固、孟仁為司徒、司空。秋季九月，孫皓率師出東關，丁奉到達合肥。這一年，孫晧派遣交州刺史劉俊、前部督修則等進入交阯攻擊晉軍，被晉將毛炅等打敗，全都戰死，軍隊潰散返回合浦。

6 建衡元年春季正月，孫晧冊立兒子孫瑾為太子，並封為淮陽、東平王。冬季十月，更改年號，宣布大赦。十一月，左丞相陸凱去世。孫晧派遣監軍虞汜、威南將軍薛珝、蒼梧太守陶璜領兵從荊州進發，監軍李勖、督軍徐存領兵走建安海道，全都前往合浦進擊交阯。

7 建衡二年春季，萬彧從巴丘返回建業。李勖因為建安海路不通暢順利，殺死前導將領馮斐，領軍返回。三月，閃電引起火災燒毀了一萬多家，死了七百人。夏季四月，左大司馬施績去世。殿中列將何定進言說：「少府李勖枉殺馮斐，擅自撤軍退還。」李勖、徐存家屬全部伏罪被殺。秋季九月，何定領兵五千人前往夏口打獵。夏口都督孫秀逃奔晉國。這一年宣布大赦。

8 建衡三年春季正月三十日，孫晧率領大隊人馬出宮到達華里，孫晧母親和嬪妃臣妾全都隨行，東觀令華覈等人再三諫諍，才返回京城。這一年，虞汜、陶璜等攻破交阯，擒殺晉國所設置的守將，九真郡、日南郡全部回歸吳國。宣布大赦，劃分交阯郡設置新昌郡。眾將領攻破扶嚴，設置武平郡。孫晧任命武昌督范慎為太尉。右大司馬丁奉、司空孟仁去世。皇宮西苑報稱鳳凰羣集，改明年年號。

9 鳳皇元年秋季八月，孫晧徵召西陵督步闡。步闡不受詔令，舉城投降晉國。孫晧派遣樂鄉都督陸抗領兵包圍西陵抓獲步闡，步闡部眾全都投降。步闡以及合夥策劃的幾十人全都誅滅三族。宣布大赦。這一年，右丞相萬彧被譴責憂慮而死，遷徙他的子弟到廬陵。何定的奸詐汙穢被揭發上報，伏罪誅殺。孫晧認為何定的醜惡類似張布，將他的名追改為布。

10 鳳皇二年春季三月，孫晧任命陸抗為大司馬。司徒丁固去世。秋季九月，改封淮陽王為魯王，東平王為齊王，又增封陳留、章陵等九王，總共十一位王，每位王撥給三千士兵。宣布大赦。孫晧有一個愛妾支使人到市場搶劫百姓財物。司市中郎將陳聲，平素是孫晧寵幸的臣子，依仗孫晧的寵信厚遇，將搶劫者繩之以法。那個愛妾將事情告訴孫晧，孫晧勃然大怒，藉口其他事情燒紅鋸子鋸斷陳聲的頭，並把陳聲的身子扔在四望山之下。這一年，太尉范慎去世。

11 鳳皇三年，會稽郡流傳妖言說章安侯孫奮應當做天子。臨海太守奚熙致會稽太守郭誕書信，議論抨擊朝政。郭誕只報告了奚熙的書信，卻沒有報告流傳的妖言，被貶官送往建安造船。孫皓派遣三郡督何植捉拿奚熙，奚熙起兵自衛，斷絕海上通道。奚熙部下殺死奚熙，將他的首級送到建業，孫皓下令誅滅奚熙三族。秋季七月，孫皓派遣使者二十五人，分頭到各州郡，清查挑出逃亡反叛人員。大司馬陸抗去世。自從改鳳皇年號到這一年，連續發生重大疫病。劃分鬱林設立桂林郡。

12 天冊元年，吳郡報告掘地挖得銀條，長一尺，寬三分，上面刻有年月字樣，孫皓於是宣布大赦，更改年號。

13 天璽元年，吳郡上報說臨平湖自從漢代末年以來被雜草汙物壅積堵塞，如今重新開通。長輩老人口口相傳，此湖堵塞，天下動亂；此湖開通，天下太平。又在湖邊得到一個石匣，匣中有一塊小石頭，青白色，長四寸，寬二寸多，上面刻有皇帝字樣，孫皓於是更改年號，宣布大赦。會稽太守車浚、湘東太守張詠不繳交本郡的算緡錢，孫皓詔令就在當地斬殺他們，將兩人的首級送到各郡示眾。秋季八月，京下督孫楷投降晉國。鄱陽郡報告歷陵縣山上的石頭紋理形成文字，總共二十個，說「楚九州渚，吳九州都，揚州士，作天子，四世治，太平始」。又吳興郡陽羨縣山有中空石頭，長十幾丈，稱作「石室」，當地表稱為重大祥瑞。孫皓於是派遣兼司徒董朝、兼太常周處到陽羨縣，祭祀天地封為國山。第二年更改年號，宣布大赦，來應和石上的文字。

14 天紀元年夏季，夏口督孫慎出兵江夏、汝南，燒殺搶掠晉國居民。當初，護從騎士張俶多次向孫皓告密誣陷他人，接連遷升擔任司直中郎將，封為侯，非常受孫皓寵愛，這一年，他的奸情被揭發上報，伏罪被誅。

15 天紀二年秋季七月，孫皓冊立成紀、宣威等十一位王，每位王撥給士兵三千，宣布大赦。

16 天紀三年夏季，郭馬反叛。郭馬本是合浦太守修允的部曲督。修允轉任桂林太守，患病，住在廣州，先派遣郭馬率領五百名士兵到桂林郡安撫當地各部土著居民。修允死去，士兵應當重新分配，郭馬等部是幾代世襲的老兵，不樂意離別。孫皓當時又派使者到廣州清查核實戶口，郭馬與部曲將領何典、王族、吳述、殷興等藉此恐嚇煽動士兵民眾，聚集人馬，攻擊殺死廣州督虞授。郭馬自己號稱都督交廣二州諸軍事、安南將軍，殷興為廣州刺史，吳述為南海太守。何典進攻蒼梧，王族進攻始興。八月，孫皓任命軍師張悌為丞相，牛渚都督何植為司徒。執金吾滕修被任命為司空，還未正式拜授，轉任鎮南將軍，假節領廣州牧，率領軍隊一萬人從東路討伐郭馬，與王族在始興遭遇，不能前進。郭馬殺死南海太守劉略，驅逐廣州刺史徐旗。孫皓又派遣徐陵督陶濬帶領七千人馬從西路進軍，命令交州牧陶璜整合原來統領的和合浦、鬱林各郡的軍隊，會合東西兩路軍隊共同進擊郭馬。

17 有一株鬼目菜生長在工人黃耇家，依附攀緣棗樹，長達一丈多，莖寬四寸，厚三分。又有一株買菜生長在工人吳平家，高達四尺，厚三分，形狀如同枇杷，上寬一尺八寸，下部莖寬五寸，兩邊長出的葉子呈綠色。東觀官員查找圖譜，命名鬼目菜為芝草，買菜為平慮草，孫皓於是封黃耇為侍芝郎，吳平為平慮郎，全都給予銀印青綬。

1 冬，晉命鎮東大將軍司馬伷❶向涂中❷，安東將軍王渾❸、揚州刺史周浚❹向牛渚，建威將軍王戎❺向武昌，平南將軍胡奮❻向夏口，鎮南將軍杜預❼向江陵，龍驤將軍王濬❽、廣武將軍唐彬❾浮江東下，太尉賈充❿為大都督，量宜處要，盡軍勢之中。陶濬至武昌，聞北軍大出，停駐不前。

2 初，晧每宴會羣臣，無不咸令沉醉⓫。置黃門郎⓬十人，特⓭不與酒，侍立終日，為司過⓮之吏。宴罷之後，各奏其闕失，迕視⓯之咎，謬言之愆⓰，罔⓱有不舉。大者即加威刑，小者輒以為罪。後宮數千，而採擇無已。又激[18]水入宮，宮人有不合意者，輒殺流之。或剝人之面，或鑿人之眼。岑昬險詖貴幸，致位九列[19]，好興功役，眾所患苦。是以上下離心，莫為晧盡力，蓋積惡已極，不復堪命[20]故也。

3 四年春，立中山[21]、代[22]等十一王，大赦。濬、彬所至，則土崩瓦解，靡有禦者。預又斬江陵督伍延，渾復斬丞相張悌、丹陽太守沈瑩等，所在戰克。

4 三月丙寅[23]，殿中親近數百人叩頭請晧殺岑昬，晧惶憒[24]從之。

5 戊辰[25]，陶濬從武昌還，即引見，問水軍消息，對曰：「蜀船皆小，今得二萬兵，乘大船戰[26]，自足擊之。」於是合眾，授濬節鉞[27]。明日當發，其夜眾悉逃走。而王濬順流將至，司馬伷、王渾皆臨近境。晧用光祿勳薛瑩[28]、中書令胡沖[29]等計，分遣使奉書於濬、伷、渾曰：「昔漢室失統[30]，九州分裂，先人因時，略有江南，遂分阻山川，與魏乖隔。今大晉龍興，德覆四海。闇劣偷安，未喻天命。至於今者，猥煩六軍[31]，衡蓋[32]路次[33]，遠臨江渚，舉國震惶，假息漏刻[34]。敢緣天朝含弘光大[35]，謹遣私署[36]太常張夔等奉所佩印綬，委質[37]請命，惟垂信納[38]，以濟元元[39]。」

6　壬申㊵，王濬最先到，於是受皓之降，解縛焚櫬㊶，延㊷請相見。伷以皓致印綬於己，遣使送皓。皓舉家西遷，以太康㊸元年五月丁亥集于京邑㊹。四月甲申，詔曰：「孫皓窮迫歸降，前詔待之以不死，今皓垂至，意猶愍㊺之，其賜號為歸命侯。進給衣服車乘，田三十頃，歲給穀五千斛，錢五十萬，絹五百匹，緜五百斤。」皓太子瑾拜中郎㊻，諸子為王者，拜郎中㊼。五年㊽，皓死于洛陽。

【章　旨】以上為〈孫皓傳〉的第三部分。西元二七九年冬，晉軍分兵六路，南下攻吳，一路勢如破竹。西元二八〇年三月，晉軍進入建業，孫皓降伏，吳國滅亡。

【注　釋】❶司馬伷　字子將，司馬懿之子。西晉建立後封東莞王，後改封琅邪王，以鎮東大將軍、假節徐州諸軍事身分率眾參與滅吳作戰，因功位至大將軍。見《晉書・琅邪王傳》。❷涂中　亦稱「涂塘」、「瓦梁堰」，在今江蘇六合西北。吳赤烏十三年（西元二五〇年）在此截斷涂水築塘壩，為軍事要地。❸王渾　字玄沖，太原晉陽（今山西太原）人。其父王昶，曹魏時位至司空。渾西晉初官至徐州刺史，後升至安東將軍、都督揚州諸軍事，率部參與滅吳作戰有功。位至司徒。見《晉書・王渾傳》。❹周浚　字開林，汝南安成（今河南汝陽）人，詳《晉書・周浚傳》。❺王戎　字濬沖，琅邪臨沂（今山東臨沂）人，詳《晉書・王戎傳》。❻胡奮　字玄威，安定臨涇（今甘肅鎮原南）人，胡遵之子。從司馬懿征遼東，入晉後官至左僕射，加鎮南大將軍。詳見《晉書・胡奮傳》。❼杜預　字元凱，京兆尹杜陵（今陝西西安東南）人，初仕曹魏，多謀善斷。太康初年，參與滅吳之役，因功封當陽縣侯。博學多通，長於經學，著有《春秋左氏經傳集解》。詳見《晉書・杜預傳》。❽王濬　字士治，弘農湖（今河南靈寶）人。少有大志，西晉初官至龍驤將軍、益州刺史。奉命於蜀建造船艦，訓練水軍，滅吳戰爭中，率部沿江東下，勢如破竹，直達建業。因功升為輔國大將軍、封襄陽縣侯。五年後去世，享年八十歲。見《晉書・王濬傳》。❾唐彬　字儒宗，魯國鄒（今山東鄒縣）人，詳《晉書・唐彬傳》。❿賈充　字公閭，平陽襄陵（今山西臨汾）人。初為曹魏右長史，參與軍國機密，司馬氏的黨羽，西晉建立後歷任侍中、司空、尚書令。與西晉宗室司馬氏有姻親關係。詳見

《晉書・賈充傳》。⓫沉醉　大醉。⓬黃門郎　亦稱「黃門侍郎」，職掌在宮中侍奉皇帝、傳達詔命。⓭特　獨。⓮司過　司察過失。⓯迕視　逆視；迎面正視。⓰愆　過失；差錯。⓱罔　無。⓲激　阻遏水勢而使上湧。⓳九列　九卿之列。⓴堪命　受命；聽命。㉑中山　國名。治所在今河北定州。㉒代　郡名。治所在今山西陽高西北。按：中山、代均屬晉，皆虛封。㉓丙寅　當作「丙申」，三月九日。㉔惶憒　惶恐憒昏；慌亂。㉕戊辰　當作「戊戌」，三月十一日。㉖船戰　原作「戰船」，今從宋本。㉗節鉞　符節和斧鉞。出征前君主以此授將帥，表示授予統領專斷之權。㉘薛瑩　字道言，沛郡竹邑（今安徽宿縣）人。學識廣博，善於作文。因事入獄，流放廣州。後召還任左國史，撰寫《吳書》，升任光祿勳。孫皓降晉，薛瑩撰寫降書。詳見本書卷五十三薛綜附傳。㉙胡沖　汝南固始（今河南太康南）人。胡綜子。有文才。任中書令。後仕晉為尚書郎、吳郡太守。著《吳曆》。詳見本書卷六十二〈胡綜傳〉。㉚失統　喪失帝統。㉛六軍　古制天子六軍。此指稱晉軍。㉜衡蓋　車轅前端的橫木和車上的傘蓋，指代兵車，泛指軍隊。㉝路次　露天宿營。㉞假息漏刻　偷生片刻。㉟含弘光大　含容弘厚，光明盛大。語出《易經・坤卦・彖辭》：「含弘光大，品物咸亨。」㊱私署　私設。㊲委質　委身；以身事人。㊳信納　信任接納。㊴元元　庶民；百姓。㊵壬申　當作「壬寅」，三月十五日。㊶櫬　棺材。㊷延　引進。㊸太康　晉武帝司馬炎年號，西元二八〇—二八九年。㊹京邑　京城。指晉都洛陽。㊺愍　哀憐。㊻中郎　宮中品秩較高的郎官。㊼郎中　宮中品秩較低的郎官。㊽五年　太康五年（西元二八四年）。按：裴注引《吳錄》：「晧以四年十二月死，時年四十二。」

【語　譯】冬季，晉武帝命令鎮東大將軍司馬伷進軍涂中，安東將軍王渾、揚州刺史周浚進兵牛渚，建威將軍王戎兵向武昌，平南將軍胡奮進軍夏口，鎮南將軍杜預揮兵江陵，龍驤將軍王濬、廣武將軍唐彬順著長江東下，任命太尉賈充為大都督，因事制宜處理機要，把軍事力量發揮到淋漓盡致。陶濬到達武昌，聞知北方軍隊大舉出擊，便停止不前。

2　當初，孫皓每次設宴會集羣臣，都讓他們喝得酩酊大醉。設置十名黃門侍郎，獨獨不給他們酒喝，在席間始終站立，作為糾察過失的官吏。等到宴會結束之後，各自奏報所發現的過失，包括正面直視的罪過，胡言亂語的差錯，沒有不檢舉的。大過立即施加刑罰，小過則據以定罪。後宮女子幾千人，但還是不斷從民間挑選美女進宮。又攔水引入宮中，宮人有不合自己意的，便殺死讓流水沖走。有時剝去人的臉皮，有時鑿取人的眼珠。岑昬陰險諂媚而受到寵幸器重，官位進入九卿之列，喜好大興土木勞役，大家為此感到痛苦。因此吳國上下人心離散，沒有人肯為孫皓盡力，是由於罪惡積累已到了極點，無法再忍受聽命的緣故。

3 天紀四年春季，孫皓冊封中山、代等十一位王，宣布大赦。王濬、唐彬部所到之處，吳軍便土崩瓦解，沒有能抵禦的。杜預又斬殺江陵督伍延，王渾部又斬殺丞相張悌、丹陽太守沈瑩等，晉軍所到之地全部攻克。

4 三月九日，宮中親近侍從幾百人叩頭請求孫皓殺死岑昬，孫皓慌亂中答應了他們。

5 十一日，陶濬從武昌返回，孫皓立即召見，詢問水軍情況。陶濬回答說：「晉軍所用蜀船全都很小，如今能得二萬士兵，乘駕大船作戰，就足以擊敗敵人。」孫皓於是集合部眾，授予陶濬統帥的符節斧鉞。第二天應當出發，但那天夜晚部眾全數逃跑。而王濬水師順流而下即將到達，司馬伷、王渾也都臨近都城。孫皓採用光祿勳薛瑩、中書令胡沖等人的計策，分別派遣使者奉持降書給王濬、司馬伷、王渾等說：「昔日漢室劉氏喪失帝統，天下四分五裂，我先人利用時勢，占有江南之地，於是分別以高山大川為天然屏障，與魏國對立隔離。如今大晉如龍興起，德澤覆蓋四面八方。我愚昧頑劣苟安偷生，不知天命。以至於今日，煩勞天子大軍，風餐露宿，遠道來到江洲，舉國上下震動惶恐，苟延殘喘死期已到。斗膽借蒙天朝包容萬物、光明盛大的恩澤，敬派私設太常張夔等人獻上我所佩帶的璽印綬帶，委身投降請求活命，祈求給予信任接納，來拯救黎民百姓。」

6 十五日，王濬最先到達吳都，於是接受孫皓的投降，解開孫皓身上捆綁的繩索，燒毀孫皓自備的棺材，邀請孫皓相見。司馬伷因孫皓將璽印綬帶送交給自己，便派遣使者護送孫皓。孫皓全家西遷，於太康元年五月初一日會集到京城。四月二十八日，晉武帝下詔令說：「孫皓窮途末路歸降我朝，日前下詔對他不予處死，如今孫皓將要到達，我的意思還是可憐他，賜給封號為歸命侯。賜給衣服車馬、田地三十頃，每年給予穀子五千斛、錢五十萬、絹五百匹、絲綿五百斤。」孫皓太子孫瑾拜授中郎，其他為王的兒子，拜授郎中。太康五年，孫皓死在洛陽。

評曰：孫亮童孺❶而無賢輔，其替位❷不終，必然之勢也。休以舊愛宿恩，任用興、布，不能拔進良才，改絃易張，雖志善好學，何益救亂乎？又使既廢之亮不得其死，友于❸之義薄矣。皓之淫刑所濫，隕斃流黜者，蓋不可勝數。是以羣下人人惴恐，皆日日以冀，朝不謀夕。其熒惑❹、巫祝，交致祥瑞，以為至急。昔舜❺、禹❻躬稼❼，至聖之德，猶或矢誓❽眾臣，予違女弼❾，或拜昌言❿，常若不及。況皓凶頑，肆行殘暴，忠諫者誅，讒諛者進，虐用其民，窮淫極侈，宜腰首分離，以謝百姓。既蒙不死之詔，復加歸命之寵，豈非曠蕩之恩，過厚之澤也哉！

【章　旨】以上是陳壽對三嗣主的評論，重點指出孫亮幼弱，沒有賢臣輔佐；孫休任用濮陽興、張布，不能舉用賢才；孫皓凶頑殘暴，應受身首分離的懲罰，告謝天下百姓，而他卻膺受歸命侯的寵遇，晉廷的恩澤過於深厚。

【注　釋】❶童孺　未成年人；兒童。❷替位　廢位；廢黜。❸友于　指代兄弟。語出《尚書・君陳》：「惟孝友于兄弟。」❹熒惑　火星。此泛指特異天象。❺舜　虞舜，上古傳說中的聖君，詳《史記・五帝本紀》。❻禹　夏禹，上古傳說中的聖君，其子啟建立夏朝，詳《史記・夏本紀》。❼躬稼　親身耕作。❽矢誓　發誓；立誓。❾予違女弼　我有過失，你們匡正。語出《尚書・皋陶謨》，為舜對禹所言。❿或拜昌言　有人叩拜說善言的人。語出《尚書・皋陶謨》「禹拜昌言」。昌言，善言。

【語　譯】評論說：孫亮還是孩童而沒有賢人輔佐，他被廢黜而不得善終，是勢之必然。孫休憑著舊日的恩愛，任用濮陽興、張布，不能提拔賢才，改革舊章，儘管立志從善喜好學習，但對救治亂政有什麼益處呢？又讓已經廢黜的孫亮不得好死，兄弟的情義太薄了。孫皓暴刑氾濫所及之處，喪命擊斃、流放貶黜的人，不計其數。因此羣臣下民人人自危，天天都在期盼解脫，朝不保夕。他迷信特異的天象、蠱惑人心的巫師，各地交相報告各種祥瑞，以為是當務之急。從前虞舜、大禹親自耕作，具有最神聖的德行，卻還有時向羣臣發誓，說「我有過失，你們要匡正」，或向說出善言的人叩拜，常常唯恐趕不上別人。況且孫皓兇惡頑劣，濫施殘暴，忠言直諫者誅殺，阿諛奉承者進用，虐待役使他的民眾，荒淫無度，窮奢極侈，應該身首分離，來告謝天下百姓。但孫皓既蒙受不死的詔令，又加受歸命侯的寵遇，難道不是因為晉廷寬廣浩蕩的皇恩、過於深厚的德澤嗎！

【研　析】本傳記述了三嗣主時期孫吳政權衰亡的過程。三嗣主時期孫吳政權的衰亡，可以從外部和內部兩個方面進行分析。

先談外部。

孫權治吳五十多年而不亡，有一個很重要的原因，即是魏、蜀、吳三方分立，形成鼎足之勢。聯蜀抗魏，是孫權的基本國策。夷陵之戰，劉備敗逃白帝城，兵卒已潰亡殆盡。吳將徐盛、潘璋、宋謙等上表說：「備必可擒，乞復攻之。」孫權、陸遜卻不加採納，使蜀漢政權保持下來。此事發生在魏文帝黃初三年（西元二二二年）。翌年，劉備去世，劉禪即位，諸葛亮輔政，吳、蜀便重修舊好，孫權與魏斷絕關係，專心與蜀聯合。蜀存則吳存，蜀亡吳亦亡，這是孫權君臣的共識。蜀後主景耀六年（西元二六三年），魏征西將軍鄧艾、鎮西將軍鍾會、雍州刺史諸葛緒分三路攻蜀，這一年冬天，後主投降，蜀亡。蜀漢一亡，孫吳西、北兩面受敵，處於魏軍的強大壓力之下，已經顯現滅亡之勢。

孫權在世時，曹魏南下伐吳，常有後顧之憂，一些割據勢力騷擾曹魏後方。但經過魏文帝、明帝兩世，割據勢力逐漸被剪除。明帝景初二年（西元二三八年），司馬懿率軍消滅了三世割據遼東的公孫淵，中土已無憂患。曹魏內部的政治鬥爭，在司馬懿殺死曹爽之後，勝負已經明朗，軍政大權，盡歸司馬懿及其子司馬師、司馬昭，曹氏一派勢力被徹底擊垮。魏主曹奐咸熙二年（西元二六五年）八月，司馬昭死，其子司馬炎繼昭為丞相，十二月即廢掉曹奐，自立為皇帝，國號晉，君權一改弱勢局面，政局出現了相對的穩定。司馬炎，世稱晉武帝。在他統治初期，軍力遠遠超出孫吳。咸寧五年（西元二七九年）十一月，晉大舉伐吳，大將司馬伷、王渾、王戎、胡奮、杜預、王濬、唐彬等數路並進，東西大軍凡二十萬，而吳軍士卒僅有三萬。這三萬就是後來吳主孫皓命丞相張悌統領抵禦晉軍而被殄滅的那一批兵士。二十萬與三萬，兵力過於懸殊。再者，晉益州刺史王濬在益州造船已經七年，所造大船長一百二十步，可載二千多人，能騎馬往來。王濬的水軍處於長江上游，順流而下，其勢難擋。孫吳憑藉長江天險和舟船之利的軍事優勢已不復存在。從以上提到的各個方面來看，中土政權明顯處於強勢。

下面再談內部。

孫皓是歷史上有名的亡國之君。其實從〈吳主傳〉和〈三嗣主傳〉的記載分析，孫皓的所作所為只不過是加速了孫吳的滅亡。如果尋求歷史的發展軌跡，孫權時就有了不好的徵兆。長子登為太子，早卒，孫權立登弟和為太子，封和弟霸為魯王，讓兩人同宮，禮秩相同，不分上下。後來又分宮居處，各設僚屬，有上下之別，由此引起矛盾。孫權長女魯班嫁給左護軍全琮，稱全公主。他與孫和母王夫人有仇，便一再譖毀孫和，孫霸的黨羽也如法炮製，於是孫和失寵。而朝廷重臣陸遜、顧譚等堅決反對廢嫡立庶。朝臣圍繞孫和、孫霸，分為兩派。孫權有個小兒子叫孫亮，其母潘夫人有寵，孫權特別喜愛孫亮。他考慮了一年後，廢孫和為庶人，賜死魯王霸，又處置了兩方的死黨，是時為赤烏十三年（西元二五〇年）八月。十一月立子亮為太子。次年，孫權醒悟，覺得孫和沒有罪過，十一月病重，想召回孫和，由於全公主等人反對，只好作罷。來年四月，孫權去世，孫亮即位，時年九歲。孫權不善於治家，不善於解決皇位的繼承問題，為他身後的孫吳政權埋下了禍根，爭奪朝政大權的鬥爭一直沒有間斷。孫亮年幼，諸葛恪輔政。孫堅弟孫靜的曾孫武衛將軍孫峻殺死諸葛恪，以丞相代恪輔政。過了兩年，孫峻死，從弟孫綝輔政，他廢黜了孫亮，立孫權第六子孫休為帝。同年，孫休殺死孫綝。過了六年，孫休去世，丞相濮陽興、左將軍張布物色了孫皓即帝位。孫皓做皇帝不久，便誅殺了濮陽興和張布。一個朝廷內部矛盾如此尖銳，誅殺如此頻繁，豈有不亡之理。

除此之外，〈三少主傳〉還揭示了孫吳社會內部的許多其他問題，都加速了孫吳政權的滅亡。諸葛恪輔政時，新主幼弱，在執行方針上，應該全力強化君權，穩定朝廷上下。但他卻親自率軍伐魏，發生大疫，兵卒死亡超過半數，孫吳軍力下降，激化了朝廷內部的衝突。在農業領域，人們離開土地，不願耕種。孫休永安二年（西元二五九年）詔令即說：近年來州郡吏民及諸營兵大多遠離農耕，浮船長江做買賣，良田荒廢，糧穀越來越少。同時，賦稅過重，農民沒有收益。為了增加政府收入，孫皓搬出西漢時的「酤糴」、「算緡」等舊法。天璽元年（西元二七六年），會稽太守車浚、湘東太守張詠不出算緡，竟被斬首。當時，農民極為貧困，「家無經月之蓄」，甚至棄子不養。屯田客本來是不服兵役的，由於軍力不足，也抽調去作戰。兵屯中的佃兵，也打破「不給他役」的舊規，讓他們承擔各種差役。手工業者也不得安生，孫休永安六年（西元二六三年），抽調交阯郡手工業者一千多人，打算送往都城建業（今江蘇南京）。孫吳三少帝時期，社會下層不斷採用激烈的方式反抗官府。先是孫休時交阯郡呂興起事，接著施旦在孫皓寶鼎元年（西元二六六年）造反，一直攻打到建業附近。天紀三年（西元二七九年），部曲將郭馬、何典等起兵廣州，西南諸郡震動。孫皓面對危險四伏的形勢，不但沒有採取措施加以扭轉，反而更加昏暴，沉迷酒色，恣意刑罰，興修宮室，迷信災異，甚至縱容妻妾使人上街搶奪。他把孫權開創的基業加速推向了滅亡的深淵。

孫皓的丞相張悌在被晉軍殺死前，說過這樣的話：「吳之將亡，賢愚所知，非今日也。」孫吳政權在上述內外形勢下走向崩潰，早就為天下人所共知。（李解民注譯）

卷四十九　吳書四

劉繇太史慈士燮傳第四

【題　解】本卷所述三位傳主，在《三國志・吳書》中比較特別，特別之處在於：在他們的歷史中，有很大一部分不屬於孫吳集團，但他們的活動空間卻與孫吳經營江東密不可分，他們的興衰榮辱便與孫吳割捨不斷。另需注意的是，在本卷中由劉繇退保豫章所帶出的笮融，亦是漢末歷史中很有特色的人物，從他的事跡中，可以尋覓到漢末佛教的蹤影。

1 劉繇，字正禮，東萊[1]牟平[2]人也。齊孝王[3]少子封牟平侯，子孫家焉。繇伯父寵[4]，為漢太尉[5]。繇兄岱[6]，字公山，歷位侍中[7]，兗州刺史[8]。

2 繇年十九，從父[9]韙為賊所劫質[10]。繇篡[11]取以歸，由是顯名。舉孝廉[12]，為郎中[13]，除[14]下邑[15]長。時郡守以貴戚託之，遂棄官去。州[16]辟[17]部[18]濟南[19]，濟南相中常侍[20]子，貪穢不循，繇奏免之。平原[21]陶丘洪[22]薦繇，欲令舉茂才[23]。刺史曰：「前年舉公山，奈何復舉正禮乎？」洪曰：「若明使君㉔用公山於前，擢正禮於後，所謂御二龍於長塗，騁騏驥於千里，不亦可乎！」會辟司空掾㉕，除侍御史㉖，不就。避亂淮浦㉗，詔書以為揚州刺史。時袁術㉘在淮南，繇畏憚，不敢之州。欲南渡江，吳景、孫賁迎置曲阿㉙。術圖為僭逆，攻沒諸郡縣。繇遣樊能、張英屯江邊以拒之，以景、賁術所授用，乃迫逐使去。於是術乃自置揚州刺史，與景、賁并力攻英、能等，歲餘不下。漢命加繇為牧㉚、振武將軍，眾數萬㉛人。孫策東渡，破英、能等。繇奔丹徒㉜，遂泝江南保豫章㉝，駐彭澤㉞。笮融先至，殺太守朱晧，入居郡中。繇進討融，為融所破，更復招合屬縣，攻破融。融敗走入山，為民所殺。繇尋病卒，時年四十二。

【章　旨】以上為〈劉繇傳〉的第一部分，簡述了劉繇的家世及其生平。

【注　釋】❶東萊　郡名。治所在今山東龍口東。❷牟平　縣名。治所在今山東蓬萊東南。❸齊孝王　漢高祖劉邦的兒子劉肥被封為齊王，齊孝王即劉肥之子將閭。❹寵　劉寵，事見《後漢書·循吏列傳》。❺太尉　在東漢三公中，太尉地位最高，職權最重，綜理軍政。❻岱　劉岱，其事跡可參本書卷一〈武帝紀〉。因劉岱在與黃巾軍的作戰中戰死，其部下決議擁戴曹操入主兗州。❼侍中　東漢時天子近臣，逐漸在政務當中充當起重要的角色。❽刺史　漢末刺史已非過去的監察官，大多成為握有地方軍政權力的實力派。❾從父　伯父或叔父。❿質　人質。⓫篡　強力奪取。⓬孝廉　漢代的選官制度稱為察舉制，孝廉即為察舉制中重要的歲舉科目之一。孝廉被推薦到中央後，一般不授予實職，而是做郎官，熟悉行政事務，經考察後，再外任地方官或留京任職。劉繇舉孝廉以後，做郎中，後外任下邑長，就是實證之一。孝，孝悌。廉，清廉。⓭郎中　漢代的郎官官號。漢代的郎官開始是充任皇宮門戶的守衛，後來逐步具有了國家候補官員的色彩。⑭除　拜官授職。⑮下邑　縣名。治所在今安徽碭山縣東。⑯州　指青州。⑰辟　徵召。⑱部　管理。⑲濟南　王國名。治所在今山東歷城東。⑳中常侍　西漢時為皇帝近臣，以備顧問。東漢時，多由宦官充任，成為左右東漢中後期政治走向的重要力量。㉑平原　郡名。治所在今山東平原南。㉒陶丘洪　字子林，文冠當代。㉓茂才　原稱秀才，避劉秀諱改稱。察舉制科目之一，較之孝廉，名額少，任用重。㉔使君　漢代稱刺史為使君。㉕司空掾　司空，東漢三公之一。掾，司空府內分曹辦事，各曹長吏稱掾。㉖侍御史　御史大夫屬官，掌糾劾官吏違法。㉗淮浦　縣名。治所在今江蘇漣水縣西。㉘袁術　字公路，汝南汝陽（今河南商水縣）人，袁紹從弟。少以俠氣聞名，歷任郎中、河南尹、虎賁中郎將。董卓之亂起，出奔南陽，後割據揚州。建安二年（西元一九七年）稱帝，後因眾人反對，糧盡眾散，欲往青州依袁譚，於途中病死。詳見《後漢書・袁術列傳》、本書卷六〈袁術傳〉。㉙曲阿　縣名。治所在今江蘇丹陽。㉚牧　即揚州牧。職權較之只負責監察的刺史為大，掌管地方軍政。㉛數萬　原作「萬餘」，今從宋本。㉜丹徒　縣名。治所在今江蘇鎮江市東南。㉝豫章　郡名。治所在今江西南昌。㉞彭澤　縣名。治所在今江西湖口以東。

【語　譯】劉繇，字正禮，東萊郡牟平縣人。齊孝王小兒子被封為牟平侯，子孫後代就定居在那裏。劉繇的伯父劉寵，當過漢朝的太尉。劉繇的兄長劉岱，字公山，先後擔任過侍中、兗州刺史。

2 劉繇十九歲時，他的叔父劉韙被賊人劫持做了人質。劉繇硬是從賊人手裏將叔父搶了回來，從此劉繇聞名遠近。他被薦舉為孝廉，做了郎中，後來官拜下邑縣長。當時，郡太守託他關照自己的親戚，劉繇便棄官而去了。青州刺史徵召他管理濟南，濟南國相是宮中中常侍的兒子，貪贓枉法，不遵法度，劉繇上表罷黜了他。平原人陶丘洪推薦劉繇，想讓刺史薦舉劉繇為茂才。刺史說：「前年薦舉了他的兄長劉公山，為什麼今年還要薦舉劉正禮呢？」陶丘洪說：「如果您任用公山在前，拔擢正禮在後，正所謂駕馭兩條龍在長路，騎乘駿馬馳騁千里，不也是很好嗎！」恰好劉繇被徵召任司空掾，又被任命為侍御史，劉繇沒有前往就職。躲避戰亂來到了淮浦，詔書又任命他為揚州刺史。劉繇畏懼，不敢前往揚州就任。這時袁術盤踞淮南，他想南渡長江，吳景、孫賁迎接他，將揚州治所設置在曲阿。袁術圖謀僭越稱帝，攻陷了很多郡縣。劉繇派遣樊能、張英等駐紮在江邊抵禦袁術，因為吳景、孫賁是袁術任命的官員，劉繇便逼迫驅逐他們離去。因此袁術便自行任命揚州刺史，與吳景、孫賁合力攻擊樊能、張英等，過了一年多都無法攻克。朝廷詔命加授劉繇為揚州牧、振武將軍，部眾有好幾萬人。孫策東渡長江，擊破樊能、張英等。劉繇亡奔丹徒，便逆江而上保衛江南的豫章郡，進駐彭澤縣。笮融先他而到，殺了豫章太守朱皓，入住在郡城之中。劉繇進擊笮融，被笮融打敗。劉繇又再號召集合各縣的兵力，擊破笮融。笮融兵敗逃入山中，被山民所殺。劉繇不久後病逝，時年四十二歲。

笮融者，丹陽❶人，初聚眾數百，往依徐州牧陶謙❷。謙使督廣陵❸、彭城❹運漕❺，遂放縱擅殺，坐斷❻三郡委輸❼以自入。乃大起浮圖祠❽，以銅為人，黃金塗身，衣以錦采，垂銅槃❾九重，下為重樓閣道，可容三千餘人，悉課讀佛經，令界內及旁郡人有好佛者聽受道，復❿其他役以招致之，由此遠近前後至者五千餘人戶。每浴佛⓫，多設酒飯，布席於路，經數十里，民人來觀及就食且萬人，費以巨億計。曹公攻陶謙，徐土騷動，融將男女數⓬萬口，馬三千匹，走廣陵，廣陵太守趙昱待以賓禮。先是，彭城相薛禮為陶謙所偪，屯秣陵⓭。融利廣陵之眾，因酒酣殺昱，放兵大略，因載而去。過殺禮，然後殺皓。

【章旨】以上為〈劉繇傳〉的第二部分，插敘了笮融其人其事。

【注　釋】❶丹陽　郡名。治所在今安徽宣州。❷陶謙　字恭祖，丹陽（今安徽宣州）人。好學，舉茂才，歷任盧縣令、幽州刺史、徐州刺史等職。因部下殺害曹操的父親曹嵩，徐州受到曹操的兩次討伐。陶謙兵敗，東漢興平元年（西元一九四年）病卒。詳見《後漢書・陶謙列傳》、本書卷八〈陶謙傳〉。❸廣陵　郡名。治所在今江蘇揚州北。❹彭城　王國名。治所在今江蘇徐州。❺運漕　水路運輸糧食供應京師或軍需。❻坐斷　占據。❼委輸　轉運的物資。❽浮圖祠　佛寺。❾槃　同「盤」。❿復　免除。⓫浴佛　相傳農曆四月八日為釋迦牟尼的生日，每逢該日，佛教信徒用拌有香料的水灌洗佛像，謂「浴佛」，亦稱「灌佛」。⓬數　原脫，宋本有，據補。⓭秣陵　縣名。治所在今江蘇江寧南秣陵關。

【語　譯】笮融，是丹陽郡人，最初他聚集了幾百人，前往依附徐州牧陶謙。陶謙派他督導廣陵、彭城兩郡的水路糧運事務，他就放縱自己的部下燒殺掠奪，將下邳、廣陵、彭城三郡的轉運物資占為己有。於是笮融大肆起造佛寺，用銅鑄造佛像，以黃金塗飾佛像周身，還給佛像穿上綾羅綢緞，整個佛殿上面垂掛著九層銅盤，下面建有重樓閣道，可以容納三千多人，凡是信奉者全部要誦讀佛經，笮融還下令在轄區內及其鄰近地方，只要是愛好佛教的聽經受道者，都免除他們的勞役，用來吸引更多的人前來。因此遠近各處前後到來的有五千多戶人家。每到浴佛節，笮融就多備酒飯，沿途設席，綿長數十里，百姓前來觀禮和吃飯的將近萬人，花費要以億來計算。曹操進攻陶謙，徐州動盪，笮融帶領男女老少數萬人，三千匹馬，撤到廣陵。廣陵太守趙昱以賓客的禮節禮遇笮融。起先，彭城國相薛禮被陶謙逼迫，屯駐在秣陵。笮融貪圖廣陵的百姓，趁著酒酣耳熱之際殺了趙昱，縱放士兵大肆搶掠，滿載而去。路過秣陵殺了薛禮，然後又殺了朱皓。

1 後策西伐江夏❶，還過豫章，收載繇喪，善遇其家。王朗❷遺策書曰：「劉正禮昔初臨州，未能自達❸，實賴尊門❹為之先後，用能濟江成治，有所處定。踐境之禮，感分結意，情在終始。後以袁氏❺之嫌，稍更乖剌❻。更以同盟，還為讎敵。原其本心，實非所樂。康寧之後，常念❼渝平更成，復踐宿好。一爾分離，款意不昭，奄然殂隕，可為傷恨！知敦以厲薄❽，德以報怨❾，收骨育孤，哀亡愍❿存，捐既往之猜，保⓫六尺⓬之託，誠深恩重分，美名厚實也。昔魯人雖有齊怨，不廢喪紀⓭，春秋善之，謂之得禮，誠良史之所宜藉，鄉校⓮之所歎聞。正禮元子⓯，致⓰有志操，想必有以殊異⓱。威盛刑行，施之以恩，不亦優哉！」

2 繇長子基，字敬輿。年十四，居繇喪盡禮，故吏⓲餽餉，皆無所受。姿容美好，孫權愛敬之。權為驃騎將軍，辟東曹掾⓳，拜輔義校尉、建忠中郎將。權為吳王，遷基大農⓴。權嘗宴飲，騎都尉虞翻㉑醉酒犯忤，權欲殺之，威怒甚盛，由基諫爭，翻以得免。權大暑時，嘗於船中宴飲，於船樓上值雷雨，權以蓋㉒自覆，又命覆基，餘人不得也。其見待如此。徙郎中令㉓。權稱尊號㉔，改為光祿勳，分平尚書事㉕。年四十九卒。後權為子霸納基女，賜第一區㉖，四時寵賜，與全、張㉗比。基二弟，鑠、尚，皆騎都尉。

【章　旨】以上為〈劉繇傳〉的第三部分，描述了孫策、孫權善待劉繇後人之事。

【注　釋】❶江夏　郡名。治所在今湖北新洲西。❷王朗　字景興，東海郯（今山東郯城）人，因通經被拜為郎中，又任會稽太守，後被曹操表為諫議大夫。博學多才，為《周易》、《春秋》、《孝經》、《周禮》等儒家經典作傳。詳見本書卷十三〈王朗傳〉。❸自達　表達自己的意思。❹尊門　對人家族的敬稱。❺袁氏　指袁術。❻乖剌　不和諧。❼念　宋本作「願」。❽敦以厲薄　敦，敦厚篤實。厲，「勵」的古字。勸勉。薄，澆薄。❾德以報怨　《論語・憲問》：「以德報怨，如何？」❿愍憐憫。⓫保　原作「報」，今從宋本。⓬六尺　指未成年的孩子。⓭魯人雖有齊怨二句　語出《左傳》僖公二十七年。齊怨源於魯桓公被齊人所殺。⓮鄉校　地方學校。亦稱鄉學。《文獻通考・學校》：「夏曰校，殷曰序，周曰庠，皆鄉學也。」鄉校也是基層民眾發表議論的場所。⓯元子　長子。⓰致　通「至」。⓱殊異　不尋常。⓲故吏　老部下。⓳東曹掾　東曹的負責人。東曹主要負責人事工作。⓴大農　即大司農，模仿曹魏官制而來。西元二二〇年，曹丕在北方登基，實現漢魏禪代，孫權隨即表示臣服，年底，曹丕就冊封孫權為吳王。㉑虞翻　字仲翔，會稽餘姚（今浙江餘姚）人。為人博學多才，尤長於《易》。東漢末為會稽郡功曹，後從孫策，頗受重視。孫權時，因恃才傲物，性格直率而為孫權所不容，被流放於交州。詳見本書卷五十七〈虞翻傳〉。㉒蓋　指傘蓋。㉓郎中令　秦漢時就有的官名，漢九卿之一，後稱為光祿勳，負責宮殿警衛。㉔稱尊號　即帝位。㉕分平尚書事　分，職。平尚書事，官名。地位次於領尚書事、錄尚書事。此官由非尚書者擔任，可平決尚書臺政務。㉖一區　一所。㉗全張　全，即全琮，娶孫權長女。張，即張承，其女嫁給孫權子孫和。

【語　譯】後來孫策西征江夏，回師經過豫章，收殮運送劉繇的屍骨，善待他的家人。王朗寫給孫策的信中說：「劉正禮昔日初到揚州，沒有表露自己的心聲，實際上是依賴您的親族先後幫助，才得以渡江成立治所，有了安身之處。這種使他踏入轄地的禮遇，感激之情永誌在心，始終不忘。後來因為與袁術的怨隙，關係漸漸不和諧。更由同盟之好，轉眼成為仇敵。不過，推究他的本心，實在是不想這樣的。他康寧之後，常想拋去前嫌，重修舊好。傾刻之間兩相分離，誠意尚未表明，就突然的離開了人世，真是令人痛心疾首啊！我知道您要用純樸來勸勉澆薄的人，用恩德來回報有仇怨的人，您收殮遺骨，撫育孤兒，哀傷亡靈，憐憫生者，捐棄前嫌，保全劉繇的遺孤，實在是恩深情重，有美好的聲名和寬厚的事實啊。當年魯人雖然對齊人有著怨恨，但仍舊堅持舉行喪事，《春秋》褒揚此事，稱之為合乎禮，這確實是優秀的史官應當借鑒，鄉校輿論所應當讚譽的。劉繇的長子，有非常遠大的理想和高尚的情操，想必您會對他另眼相待。您的威名崇高典範已立，能予他以恩德，不也是更美好嗎！」

2 劉繇的長子劉基，字敬輿。十四歲時，他完全遵照禮制為父親守喪，劉繇的老部下贈送的物品，劉基一概不收。劉基容貌俊美，孫權喜愛敬重他。孫權任驃騎將軍，徵召劉基任東曹掾，官拜輔義校尉、建忠中郎將。孫權當吳王，升任劉基為大農。孫權曾經設宴擺酒宴請羣臣，騎都尉虞翻醉酒冒犯了孫權，孫權想要殺掉他，盛怒非常，因為劉基勸諫力爭，虞翻才得以免除死罪。一次孫權在一個大熱天時，在船上擺酒設宴，在船樓上剛好碰上了雷雨，孫權用傘蓋來遮蓋自己，又下令遮蔽劉基，其他人就沒有這種待遇了。劉基受到孫權的禮遇就像這樣。劉基升任郎中令。孫權稱帝，劉基改任光祿勳，又職平尚書事。劉基四十九歲時逝世。後來孫權替兒子孫霸聘娶了劉基的女兒，賞賜宅第一所，四季加恩賞賜，跟全琮、張承二人一樣。劉基的兩個弟弟，劉鑠，劉尚，都任騎都尉。

1 太史慈，字子義，東萊❶黃人也。少好學，仕郡奏曹❷史。會郡與州有隙，曲直未分，以先聞者為善。時州章❸已去，郡守恐後之，求可使者。慈年二十一，以選行，晨夜取道，到洛陽，詣公車門❹，見州吏始欲求通。慈問曰：「君欲通章邪？」吏曰：「然。」問：「章安在？」曰：「車上。」慈曰：「章題署❺得無誤邪？取來視之。」吏殊不知其東萊人也，因為取章。慈已先懷刀，便截❻敗之。吏踴躍大呼，言「人壞我章」！慈將至車閒，與語曰：「向使君不以章相與，吾亦無因得敗之，是為吉凶禍福等耳，吾不獨受此罪。豈若默然俱出去，可以存易亡，無事俱就刑辟。」吏言：「君為郡敗吾章，已得如意，欲復亡為？」慈答曰：「初受郡遣，但來視章通與未耳。吾用意太過，乃相敗章。今還，亦恐以此見譴怒，故俱欲去爾。」吏然慈言，即日俱去。慈既與出城，因遁還通郡章。州家聞之，更遣吏通章，有司以格章⑦之故不復見理，州受其短。由是知名，而為州家所疾。恐受其禍，乃避之遼東。

2 北海相孔融⑧聞而奇之，數遣人訊問其母，并致餉遺⑨。時融以黃巾寇暴，出屯都昌⑩，為賊管亥所圍。慈從遼東還，母謂慈曰：「汝與孔北海未嘗相見，至汝行後，贍恤殷勤，過於故舊，今為賊所圍，汝宜赴之。」慈留三日，單步徑至都昌。時圍尚未密，夜伺閒隙，得入見融，因求兵出斫⑪賊。融不聽，欲待外救，未有至者，而圍日偪。融欲告急平原相劉備⑫，城中人無由得出，慈自請求行。融曰：「今賊圍甚密，眾人皆言不可，卿意雖壯，無乃實難乎？」慈對曰：「昔府君⑬傾意於老母，老母感遇，遣慈赴府君之急，固以慈有可取，而來必有益也。今眾人言不可，慈亦言不可，豈府君愛顧之義，老母遣慈之意邪？事已急矣，願府君無疑。」融乃然之。於是嚴行蓐食⑭，須明，便帶鞬⑮攝弓上馬，將兩騎自隨，各作一的⑯持之，開門直出。外圍下左右人並驚駭，兵馬互出。慈引馬至城下塹⑰內，植所持的各一，出射之，射之畢，徑入門。明晨復如此，圍下人或起或臥，慈復植的，射之畢，復入門。明晨復出如此，無復起者，於是下鞭馬直突圍中馳去。比賊覺知，慈行已過，又射殺數人，皆應弦而倒，故無敢追者。遂到平原，說備曰：「慈，東萊之鄙人也，與孔北海親非骨肉，比非鄉黨⑱，特以名志相好，有分災共患之義。今管亥暴亂，北海被圍，孤窮無援，危在旦夕。以君有仁義之名，能救人之急，故北海區區，延頸恃仰，使慈冒白刃，突重圍，從萬死之中自託於君，惟君所以存之。」備斂容答曰：「孔北海知世間有劉備邪！」即遣精兵三千人隨慈。賊聞兵至，解圍散走。融既得濟⑲，益奇貴慈，曰：「卿吾之少友也。」事畢，還啟其母，母曰：「我喜汝有以報孔北海也。」

【章旨】以上為〈太史慈傳〉的第一部分，記述了太史慈在郡守與州牧的糾紛中，用計幫助郡守取勝，以及為報答孔融之恩，突出敵軍重圍，請兵解救孔融的事跡。

【注釋】❶東萊　郡名。治所在今山東龍口東。❷奏曹　負責奏議之事。❸章　臣下給天子寫的奏章。❹公車門　東漢洛陽北宮南門。❺題署　署名。❻截　割斷。❼格章　辦事的規章條例。❽孔融　字文舉，魯國（今山東曲阜）人。少有才，曾任北海相。值漢末之亂，志在靖難，但才疏意廣，迄無成功。因為曹操所忌，被殺。詳見本書卷十二〈孔融傳〉。❾餉遺　饋贈。❿都昌　縣名。治所在今山東昌邑西。⓫斫　砍殺。⓬劉備　字玄德，涿郡涿縣（今河北涿州）人，自稱中山靖王之後。東漢末年起兵，參加征伐黃巾，先後投靠公孫瓚、陶謙、曹操、袁紹、劉表。後得諸葛亮輔助，占領荊州、益州，建立蜀漢。詳見本書卷三十二〈先主傳〉。⓭府君　漢代對郡國長官的尊稱。⓮蓐食　早餐時間很早。⓯鞬　馬上盛弓矢的器具。⓰的　箭靶子。⓱塹　壕溝。⓲鄉黨　同鄉。⓳得濟　得救。

【語　譯】太史慈，字子義，東萊郡黃縣人。從小就十分好學，在郡裏任職奏曹史。一次碰上郡守與州牧之間發生矛盾，無法辨明是非，以先將情況彙報到朝廷的占上風。這時州牧起草的奏章已經送出，郡守惟恐落在州牧之後，就訪求可以勝任進京做這件事的人。太史慈當時二十一歲，被選中負責此行的任務，晝夜兼程趕往，一到洛陽，就前往公車門，見到州吏剛剛要求呈遞文書。太史慈就過去詢問：「您是不是要遞呈文書？」州吏回答：「是。」太史慈又問：「文書在哪裏呢？」州吏說：「在車上。」太史慈說：「文書上簽署的題名不會有什麼錯誤吧？拿來檢視一下。」州吏完全不知道他是東萊郡守派來的人，便取來文書。太史慈早已懷藏利刃，立即割斷文書毀壞了它。州吏跳起來大聲呼叫說「有人毀了我的文書」！太史慈拉著州吏到車裏，對州吏說：「假使您不把文書給我看，我也沒有辦法因此毀掉它，現在我們的吉凶禍福是一樣的，我不會一個人承受罪責。不如我們都無聲無息的逃走，可以保全性命，不要一起遭受刑罰。」州吏說：「你已經替郡守毀了我的文書，事已如願，怎麼還打算逃亡呢？」太史慈回答說：「起初接受郡守的派遣，只是為了探聽州牧的文書送達與否。但是我過於意氣用事，竟然把你的文書給毀了。現在回去，也恐怕因此受到罪責，所以我想和你一同逃走啊。」州吏認同太史慈所說的，立即與太史慈一同逃走。太史慈和州吏出城之後，自己又藉故偷偷回去遞呈郡守的文書。州牧得到音訊後，又再派人呈遞表章，主管部門因為規章條例的緣故不再受理，州牧被認定為過失的一方。太史慈由此成名，卻被州牧所痛恨。太史慈害怕受到迫害，便躲到遼東郡去了。

2 北海相孔融聽說此事認為太史慈非比常人，多次派人慰問他的母親，並贈送了禮物。那時，孔融因為黃巾人侵，出兵駐紮在都昌縣，被賊人管亥所包圍。太史慈從遼東郡回來，他的母親對太史慈說：「你與孔北海不曾謀面，自從你出去之後，他對我的關心照料，超過了老朋友，現在他被賊人所包圍，你應該前去解救他。」太史慈在家停留了三天，隻身步行直接來到都昌縣。當時包圍還不算嚴密，太史慈在夜裏逮到了一個空隙，就進到城中面見孔融，請求出兵砍殺賊人。孔融沒有答應，想要等待外援，不過卻沒有外援到來，而賊人的包圍卻一天緊過一天。孔融想向平原相劉備求救，但城裏的人卻無法出城，太史慈自己請求前去。孔融說：「如今敵人的包圍非常嚴密，大家都說出不去，您的意氣雖然豪壯，真正做起來恐怕很困難吧？」太史慈回答說：「過去府君盡心照顧我的老母親，老母親感激不盡，派太史慈前來幫助您解決危難，本就是因為我有可取之處，而前來一定有所助益。現在大家都說不可行，我也說不行，這難道是府君對我愛護照顧的情義，老母親派我來的用意嗎？形勢已非常危急了，希望府君您不要再猶豫了！」孔融這才答應了他。於是太史慈就整理好行裝，早早的用過早飯，等到天亮，就帶上弓袋提弓上馬，帶兩名騎兵隨從，各作一面箭靶拿起，打開城門徑直衝出。城外包圍圈的人馬大感驚恐，紛紛出動。太史慈牽馬到達城外壕溝內，豎起帶來的箭靶，射起箭來，射完，又徑直回到城裏。第二天一早還是這樣，包圍圈的賊人有的站立，有的躺著，太史慈又立起箭靶，射完箭，照舊回到城裏。第三天一早還是這樣，就沒有再起身的人了，太史慈就用力揮鞭胯下馬直衝包圍圈突圍而去。等到賊人醒悟之後，太史慈已經衝了過去，他又射殺了數人，都應弦而倒，所以沒人敢再去追趕了。太史慈於是到達平原，對劉備說：「我太史慈，是東萊郡的粗鄙之人，與孔北海沒有骨肉親情，也沒有同鄉舊誼，只是因為互相傾慕，有分擔災禍，共受患難的情誼。如今管亥暴動作亂，北海被圍困，孤立無援，危在旦夕。因為您有仁義的聲名，能夠救人於危難之際，所以孔北海情真意切，翹首盼望，派我冒著生命危險，衝破重圍，在萬死之中將自己託付於您，希望您拯救他。」劉備正色的回答道：「孔北海知道世間有我劉備啊！」立刻派精兵三千人隨同太史慈前往。賊人聽說救兵到來，隨即撤圍四散逃走。孔融獲救之後，愈發器重太史慈，說：「您是我的年輕朋友。」事情結束後，太史慈回到家裏告訴了母親，他的母親說：「我很高興你能夠這樣報答孔北海。」

1 揚州刺史劉繇與慈同郡，慈自遼東還，未與相見，暫渡江到曲阿❶見繇，未去，會孫策至。或勸繇可以慈為大將軍，繇曰：「我若用子義，許子將❷不當笑我邪？」但使慈偵視輕重❸。時獨與一騎卒遇策。策從騎十三，皆韓當、宋謙、黃蓋❹輩也。慈便前鬭，正與策對。策刺慈馬，而擥❺得慈項上手戟❻，慈亦得策兜鍪❼。會兩家兵騎並各來赴，於是解散。

2 慈當與繇俱奔豫章，而遁❽於蕪湖❾，亡入山中，稱丹陽太守。是時，策已平定宣城❿以東，惟涇⓫以西六縣未服。慈因進住涇縣，立屯府⓬，大為山越⓭所附。策躬自⓮攻討，遂見囚執。策即解縛⓯，捉其手曰：「寧識神亭時邪？若卿爾時得我云何？」慈曰：「未可量也。」策大笑曰：「今日之事，當與卿共之。」即署門下督，還吳授兵，拜折衝中郎將。後劉繇亡於豫章，士眾萬餘人未有所附，策命慈往撫安焉。左右皆曰：「慈必北去不還。」策曰：「子義捨我，當復與誰？」餞送昌門⓰，把腕別曰：「何時能還？」答曰：「不過六十日。」果如期而反。

3 劉表⓱從子⓲磐，驍勇，數為寇於艾⓳、西安⓴諸縣。策於是分海昏㉑、建昌㉒左右六縣，以慈為建昌都尉，治海昏，并督諸將拒磐。磐絕迹不復為寇。

4 慈長七尺七寸，美鬚髯㉓，猨臂㉔善射，弦不虛發。嘗從策討麻保㉕賊，賊於屯裏緣樓上行詈㉖，以手持樓棼㉗，慈引弓射之，矢貫手著棼，圍外萬人莫不稱善。其妙如此。曹公聞其名，遺慈書，以篋㉘封之，發省無所道，而但貯當歸㉙。

孫權統事，以慈能制磐，遂委南方之事。年四十一，建安十一年卒。子享㉚，官至越騎校尉。

【章　旨】以上為〈太史慈傳〉的第二部分，記述了太史慈勇武，與孫策交手互有勝負；為孫策軍吏時言而有信；迫使劉磐銷聲匿跡。最後記述了他箭法的精準。

【注　釋】❶曲阿　縣名。治所在今江蘇丹陽。❷許子將　即許劭。汝南平輿（今河南平輿西北）人，東漢名士，以善品評人物著稱，每月都以不同的人物作評論對象，被稱為「汝南月旦評」。當時人多以受其好評為榮。曹操曾求他品評，得「清平之奸賊，亂世之英雄」的評語。詳見《後漢書・許劭列傳》。❸輕重　真偽虛實。❹韓當宋謙黃蓋　皆孫吳名將。韓、黃二人，本書卷五十五有傳。❺擥　摘取。❻手戟　小戟。❼兜鍪　頭盔。❽遁　逃亡。❾蕪湖　縣名。治所在今安徽蕪湖。❿宣城　縣名。治所在今安徽宣城以西。⓫涇　縣名。治所在今安徽涇縣西北。⓬屯府　帶有軍事色彩的自治機構。⓭山越　古代對南方少數民族的通稱。⓮躬自　親自。⓯解縛　鬆綁。⓰昌門　即閶門，吳的西門。⓱劉表　字景升，山陽高平（今山東微山縣西北）人。東漢遠支皇族。曾任荊州刺史，據有今湖南、湖北地方。後為荊州牧。他在羣雄混戰中，採取觀望態度，轄區破壞較小，中原人來避難者甚眾。後病死，其子劉琮降於曹操。詳見本書卷六〈劉表傳〉。⓲從子　姪子。⓳艾　縣名。治所在今江西修水縣西。⓴西安　縣名。治所在今江西武寧西。㉑海昏　縣名。治所在今江西永修東。㉒建昌　縣名。治所在今江西宜豐北。㉓鬚髯　鬍鬚。㉔猨臂　長臂如猿。㉕廡保　即廡屯和保屯，地在今湖北嘉魚東。㉖行詈　邊走邊罵。㉗棼　樓閣的棟。㉘篋　小箱子。㉙當歸　中草藥。曹操以此暗示太史慈當回歸北方。㉚享　原誤作「亨」，今據宋本、馮夢禎刻本校正。

【語　譯】揚州刺史劉繇與太史慈同鄉，太史慈從遼東回來，沒有見到劉繇，不久就渡江到達曲阿拜見劉繇，尚未離去的時候，適逢孫策領兵到來。有人就勸劉繇可以任用太史慈為大將軍，劉繇說：「我如果重用了子義，許子將不是要取笑我了嗎？」只派給太史慈偵查敵情的任務。一次太史慈和一名騎兵突然遇到了孫策。孫策身邊跟著十三名騎兵，都是像韓當、宋謙、黃蓋一類的人物。太史慈便上前戰鬥，正好與孫策對戰。孫策刺傷了太史慈的坐騎，而且摘走了太史慈脖子上的手戟，太史慈也得到了孫策的頭盔。剛好雙方的兵馬同時趕來，因此二人才罷手。

2 太史慈本該與劉繇一同逃奔到豫章郡，然而他卻逃到了蕪湖，亡奔到山中，自稱丹陽太守。那時，孫策已經平定了宣城以東的地區，只有涇縣以西的六座縣城還沒有降服。太史慈趁機進駐涇縣，設立機構，大被山越人所親附。孫策親自率軍討伐，太史慈於是被俘獲。孫策馬上將太史慈鬆綁，拉住他的手說：「還記得在神亭時候的事情嗎？如果您那時候抓到我會怎麼樣呢？」太史慈說：「那就無法預料了。」孫策大笑說：「現在的事業，應當和你共同開創。」隨即任命太史慈為門下督，回到吳郡後撥給太史慈兵馬，授任他為折衝中郎將。後來劉繇死在豫章郡，部眾一萬餘人無所歸屬，孫策命太史慈前往安撫他們。孫策的左右侍從都說：「太史慈北去之後一定不會回來了。」孫策說：「子義離我而去，又能歸附誰呢？」在昌門為太史慈餞行，孫策握住太史慈的手腕道別說：「什麼時候可以回來？」太史慈回答說：「不會超過六十天。」果然太史慈如期返回。

3 劉表的姪子劉磐，勇猛善戰，常常侵擾艾、西安等縣。孫策因此分劃海昏、建昌等周圍六縣，任命太史慈為建昌都尉，治所在海昏縣，並且指揮眾將領抵禦劉磐。劉磐從此銷聲匿跡，不再侵擾。

4 太史慈身高七尺七寸，鬍鬚漂亮，如猿的胳臂擅長射箭，箭無虛發。曾經跟隨孫策討伐麻、保二屯的賊寇，賊人在屯堡裏爬上城樓邊走邊罵，把手搭在樓梁上，太史慈彎弓射他，箭頭貫穿他的手釘在樓梁上，土堡外眾人無不稱讚的。他的箭術就是如此神妙。曹操聽說太史慈的名聲，寫給他一封信，用一個小匣子封著，太史慈打開後，卻沒有發現隻言片語，只不過放著當歸。孫權統理政務之後，因為太史慈能夠制服劉磐，就將南方事務委託給他。太史慈四十一歲時，也就是建安十一年去世。太史慈的兒子太史享，官至越騎校尉。

1 士燮，字威彥，蒼梧❶廣信人也。其先本魯國❷汶陽❸人，至王莽❹之亂，避地交州[5]。六世至燮父賜，桓帝[6]時為日南[7]太守。燮少游學[8]京師，事[9]潁川[10]劉子奇，治左氏春秋。察孝廉，補尚書郎，公事免官。父賜喪闋[11]後，舉茂才，除[12]巫[13]令，遷[14]交阯[15]太守。

2 弟壹，初為郡督郵[16]。刺史丁宮徵還京都，壹侍送勤恪，宮感之，臨別謂曰：「刺史若待罪[17]三事[18]，當相辟也。」後宮為司徒，辟壹。比至，宮已免，黃琬[19]代為司徒，甚禮遇壹。董卓[20]作亂，壹亡[21]歸鄉里。交州刺史朱符為夷[22]賊所殺，州郡擾亂。燮乃表壹領合浦[23]太守，次弟徐聞[24]令䵋領九真太守，䵋弟武，領南海[25]太守。

3 燮體器[26]寬厚，謙虛下士，中國士人往依避難者以百數。耽玩春秋，為之注解。陳國[27]袁徽與尚書令荀彧[28]書曰：「交阯士府君既學問優博，又達於從政，處大亂之中，保全一郡，二十餘年疆埸[29]無事，民不失業，羇旅[30]之徒，皆蒙其慶。雖竇融[31]保河西[32]，曷以加之？官事小闋，輒玩習書傳，春秋左氏傳尤簡練精微，吾數以咨問傳中諸疑，皆有師說，意思甚密。又尚書兼通古今[33]，大義詳備。聞京師古今之學，是非忿爭，今欲條左氏、尚書長義上之。」其見稱如此。

4 燮兄弟並為列郡，雄長一州，偏在萬里，威尊無上。出入鳴鍾磬[34]，備具威儀㉟，笳簫鼓吹㊱，車騎滿道，胡人夾轂㊲焚燒香者常有數十。妻妾乘輜軿㊳，子弟從兵騎，當時貴重，震服百蠻㊴，尉他㊵不足踰也。武先病沒。

【章　旨】以上為〈士燮傳〉的第一部分，記述士燮的家世和任交阯太守後士氏稱雄交州的過程。

【注　釋】❶蒼梧　郡名。治所在今廣西梧州。❷魯國　王國名。治所在今山東曲阜。❸汶陽　縣名。治所在今山東寧陽東北。❹王莽　西漢元城（今河北大名東）人，字巨君。元帝皇后之姪。平帝立，以莽為大司馬。元后以太皇太后臨朝稱制，委政於莽，號安漢公。平帝死，立孺子嬰為帝，莽自稱攝皇帝，三年即真，改國號曰新。傳見《漢書・王莽傳》。❺交州　州名。漢武帝「十三刺史部」之一，東漢建安八年（西元二〇三年）改刺史部為交州，治所在今廣東廣州。三國吳治所在今越南河內東北。❻桓帝　東漢皇帝，西元一四七—一六七年在位。❼日南　郡名。治所在今越南廣治西北。❽游學　外出求學。❾事　從師求學。❿潁川　郡名。治所在今河南禹州。⓫闋　結束。⓬除　拜官。⓭巫　縣名。治所在今重慶市巫山縣。⓮遷　升任。⓯交阯　即交趾，郡名。治所在今越南仙游東。⓰督郵　郡的重要屬吏，代表太守督察縣鄉，宣達教令，兼司獄訟捕亡。⓱待罪　古代官吏任職的謙稱，意謂不勝其職而將獲罪。⓲三事　指三公。⓳黃琬　字子琰，江夏安陸（今湖北安陸）人，少失父。祖父黃瓊為魏郡太守。少年時即以才識知名京師。後任五官中郎將，光祿勳陳蕃對他深相敬待。黨錮禍起，與陳蕃俱被免官，遭禁錮，被廢棄二十餘年。至光和末年，始被朝廷起用。及董卓秉政，以琬名臣，徵為司徒，遷太尉。後董卓欲西遷長安，琬力諫不聽，被免官。及遷都長安後，又與司徒王允共謀誅董卓。後為董卓部將李傕、郭汜所害。事詳《後漢書・黃琬列傳》。⓴董卓　字仲穎，隴西臨洮（今甘肅岷縣）人，剛猛有謀，廣交豪帥。東漢桓帝末從中郎將張奐為軍司馬，以後歷任并州刺史、河東太守、并州牧。昭寧元年（西元一八九年），率兵進入洛陽，廢少帝，立獻帝，專擅朝政，遭到關東諸侯反對。後遷獻帝至長安，不久被呂布所殺。詳見《後漢書・董卓列傳》、本書卷六〈董卓傳〉。㉑亡　逃亡。㉒夷　古時對中原以外各族的泛稱。㉓合浦　郡名。治所在今廣西合浦東北。㉔徐聞　縣名。治所在今廣東徐聞南。㉕南海　郡名。治所在今廣東廣州。㉖體器　稟性和氣度。㉗陳國　王國名。治所在今河南淮陽。㉘荀彧　字文若，潁川潁陰（今河南許昌）人。曹操的謀士。東漢建安元年（西元一九六年），建議曹操迎獻帝都許，使曹操取得有利的政治形勢。不久，任尚書令，參與軍國大事。事見本書卷十〈荀彧傳〉。㉙疆埸　疆土。㉚羇旅　寄居異鄉。㉛竇融　字周公，扶風平陵（今陝西咸陽西北）人，世代在河西地區任官。新莽末年，任更始政權鉅鹿太守、張掖屬國都尉等職。更始敗亡後，割據河西五郡。西元三二年，幫助劉秀消滅隗囂，歸順東漢王朝。歷任涼州牧、冀州牧、大司空等職。詳見《後漢書·竇融列傳》㉜河西　漢時的河西即今甘肅、青海黃河以西地區。㉝古今　漢代經學有今古文之別。㉞鍾磬　鍾和磬，古代禮樂器。㉟威儀　帝王或大臣的儀仗、扈從。㊱鼓吹　即鼓吹樂。古代的一種器樂合奏曲，用鼓、鉦、簫、笳等樂器合奏。源於中國古代民族北狄。漢初邊軍用之，以壯聲威，後漸用於朝廷。㊲轂　指車輪的中心部位，周圍與車輻的一端相接，中有圓孔，用以插軸。㊳輜軿　指有遮罩的車子。㊴百蠻　古代南方少數民族的總稱。㊵尉他　即趙佗，漢高祖封他為南越王。

【語　譯】士燮，字威彥，是蒼梧郡廣信縣人。他的祖先本來是魯國汶陽人，到了王莽作亂時，避亂來到交州。經歷六代到了士燮的父親士賜，桓帝時任日南太守。士燮年輕的時候到京都求學，師事潁川劉子奇，研究《左氏春秋》。被察舉為孝廉，補缺任尚書郎，因為公務過失被免職。士燮在父親士賜去世服喪期滿後，被舉薦為茂才，授官巫縣縣令，後來升任交阯太守。

2 弟弟士壹，起初任蒼梧郡督郵。交州刺史丁宮受召回京，士壹侍候送行勤勤懇懇，丁宮很感動，臨別時對士壹說：「我如果能位居三公，一定徵用你。」後來丁宮任司徒，就徵召士壹任職。等到士壹到達京城，丁宮已被免職了，黃琬取代丁宮任司徒，非常禮遇士壹。董卓作亂，士壹逃回家鄉。交州刺史朱符被發動叛亂的夷人殺害，交州動盪不安。士燮就上表朝廷讓士壹兼任合浦太守，二弟徐聞縣令士䵋兼任九真太守，士䵋的弟弟士武兼任南海太守。

3 士燮心胸氣度寬厚，禮賢下士，中原士人逃避戰亂前往依附的人數以百計。士燮潛心研究《春秋》，替《春秋》作注。陳國人袁徽在寫給尚書令荀彧的信中說：「交阯士太守不僅學問淵博，又善於理政，處在天下大亂之中，能夠保全一郡，二十多年疆土平安無事，人民安居樂業，流寓異鄉之人，都蒙受他的好處。就算竇融當年保全河西，又怎麼能超過他？公務稍有餘暇，就研習經傳，對《春秋左氏傳》的研究尤其精深微妙，我多次向他請教《左傳》中的諸多疑問，他都有師承的說法，思想非常縝密。另外他還兼通今古文《尚書》，深得其中要領。他聽說京師今古文經學，是非爭論非常激烈，他現在想條列《左傳》、《尚書》的精義上報朝廷。」士燮就是如此受人讚揚。

4 士燮兄弟同時位列郡守，稱雄交州，又偏處在萬里之外，具有無上的威名、尊榮。出行入內都要擊鐘鳴磬，儀仗齊備，一路鼓樂吹奏，車輛馬匹占滿了道路，經常有數十個胡人在車子兩旁燒香。他們的妻妾乘坐有帷蓋的車子，子弟們都有兵騎隨從，他們在當時的尊貴威重，震懾威服了眾多蠻族，南越王尉他也比不上他。士武因病先過世。

1 朱符死後，漢遣張津為交州刺史，津後又為其將區景所殺，而荊州牧劉表遣零陵❶賴恭代津。是時蒼梧太守史璜死，表又遣吳巨代之，與恭俱至。漢聞張津死，賜燮璽書❷曰：「交州絕域，南帶江海，上恩不宣，下義壅隔，知逆賊劉表又遣賴恭闚看南土，今以燮為綏南中郎將，董督❸七郡，領❹交阯太守如故。」後燮遣吏張旻奉貢❺詣京都，是時天下喪亂，道路斷絕，而燮不廢貢職❻，特復下詔拜安遠將軍，封龍度亭侯。

2 後巨與恭相失❼，舉兵逐恭，恭走還零陵。建安十五年，孫權遣步騭❽為交州刺史。騭到，燮率兄弟奉承節度。而吳巨懷異心，騭斬之。權加燮為左將軍。建安末年，燮遣子廞入質❾，權以為武昌太守，燮、壹諸子在南者，皆拜中郎將。

燮又誘導益州⑩豪姓⑪雍闓等，率郡人民使遙⑫東附，權益嘉之，遷衛將軍，封龍編侯，弟壹偏將軍，都鄉侯。燮每遣使詣權，致雜香細葛⑬，輒以千數，明珠、大貝、流離⑭、翡翠、瑇瑁、犀、象之珍，奇物異果，蕉、邪⑮、龍眼之屬，無歲不至。壹時貢馬凡數百匹。權輒為書，厚加寵賜，以答慰之。燮在郡四十餘歲，黃武⑯五年，年九十卒。

3 權以交阯縣遠⑰，乃分合浦以北為廣州，呂岱⑱為刺史；交阯以南為交州，戴良為刺史。又遣陳時代燮為交阯太守。岱留南海，良與時俱前行到合浦，而燮子徽自署交阯太守，發宗兵⑲拒良。良留合浦。交阯桓鄰，燮舉吏也，叩頭諫徽使迎良，徽怒，笞⑳殺鄰。鄰兄治子發又合宗兵擊徽，徽閉門城守，治等攻之數月不能下，乃約和親，各罷兵還。而呂岱被詔誅徽，自廣州將兵晝夜馳入，過合浦，與良俱前。壹子中郎將匡與岱有舊，岱署匡師友從事㉑，先移書㉒交阯，告喻禍福，又遣匡見徽，說令服罪，雖失郡守，保無他憂。岱尋匡後至，徽兄祗，弟幹、頌等六人肉袒㉓奉迎。岱謝令復服，前至郡下。明日早施帳幔㉔，請徽兄弟以次入，賓客滿坐。岱起，擁節讀詔書，數徽罪過，左右因反縛以出，即皆伏誅，傳首詣武昌。壹、䵋、匡後出，權原其罪，及燮質子廞，皆免為庶人。數歲，壹、薊坐法誅。廞病卒，無子，妻寡居，詔在所月給俸米㉕，賜錢四十萬。

【章旨】以上為〈士燮傳〉的第二部分，記述了漢朝廷、劉表、孫權爭奪交州，士燮歸附孫權，以及士燮死後，子孫被殺，士氏大家消亡的情況。

【注釋】❶零陵　郡名。治所在今湖南零陵。❷璽書　專指皇帝的詔書。❸董督　統率。❹領　兼領。❺奉貢　納貢。❻貢職　貢賦；貢品。❼失　失和。❽步騭　字子山，臨淮淮陰（今江蘇淮陰西南）人。任孫吳鄱陽太守、驃騎將軍等，後代陸遜為丞相。詳見本書卷五十二〈步騭傳〉。❾質　人質。❿益州　州名。治所在今四川成都。⓫豪姓　豪門大姓。⓬遙　原誤作「搖」，今據宋本校正。⓭葛　草木纖維製成的織物。⓮流離　即琉璃。⓯邪　通「椰」。⓰黃武　吳王孫權年號，西元二二二—二二九年。⓱縣遠　即懸遠。距離遙遠。⓲呂岱　字定公，廣陵海陵（今江蘇泰州）人，為交州刺史，平定叛亂，拜鎮南將軍。孫亮時，拜大司馬。岱清忠奉公，所在稱美。事見本書卷六十〈呂岱傳〉。⓳宗兵　以同族人組成的武裝部隊。⑳笞　用鞭、杖或竹板打人。㉑師友從事　官名。漢刺史州牧的屬吏有從事史，分為別駕、治中、從事等。漢末或置師友從事，僅為榮譽散職，無固定職守。㉒移書　發送公文、公告。㉓肉袒　去衣露體。古代在祭祀或謝罪時表示恭敬和惶懼。㉔帳幔　帷幕。㉕俸米　古時官員的俸祿，以米支給者謂之俸米。

【語譯】朱符死後，漢朝廷派張津任交州刺史，張津後來又被他的部將區景殺死，荊州牧劉表就派零陵人賴恭接替張津。這時蒼梧太守史璜去世，劉表又派吳巨接替他，與賴恭同時到達。漢朝廷聽到張津的死訊，頒賜士燮詔書說：「交州地處偏遠，南面被江海環繞，皇上的恩澤無法宣達，臣下的忠義受到隔阻，得知逆賊劉表又派賴恭窺伺南方這片土地，現在任命士燮為綏南中郎將，督統七郡，仍舊兼任交阯太守。」後來士燮派吏員張旻前往京都納貢，這時天下動亂，交通中斷，然而士燮不中止納貢的職責，朝廷特地頒下詔書授任士燮為安遠將軍，封他為龍度亭侯。

2 後來吳巨和賴恭失和，起兵驅逐賴恭，賴恭逃走返回零陵。建安十五年，孫權派步騭任交州刺史。步騭到達，士燮率領兄弟恭敬的遵行步騭的節制調度。而吳巨懷藏異心，步騭斬殺了他。孫權加授士燮為左將軍。

建安末年，士燮派兒子士廞前往孫吳做人質，孫權任命士廞為武昌太守。士燮、士壹在南方的兒子們，孫權都授任為中郎將。士燮又勸說益州的大姓雍闓等人，率郡民百姓使他們在遠方歸附東吳，孫權就更加讚賞士燮，升任他為衛將軍，封為龍編侯，弟弟士壹為偏將軍，封為都鄉侯。士燮經常派使者拜謁孫權，帶去各種香料、細葛布，往往數以千計，像明珠、大貝、琉璃、翡翠、玳瑁、犀角、象牙的珍寶，奇物異果如香蕉、椰子和龍眼之類，沒有一年不送到的。士壹當時進貢了數百匹馬。孫權就親筆寫信，大加褒揚多加賞賜，用來答謝慰問他們。士燮在交阯四十多年，於黃武五年，九十歲的時候去世。

3 孫權因為交阯距離太遠，於是分劃出合浦以北地區設立廣州，呂岱任刺史；交阯以南為交州，戴良任刺史。又派陳時接替士燮任交阯太守。呂岱留駐在南海，戴良和陳時同時前往來到合浦。而士燮的兒子士徽自行暫代交阯太守，並且調動族人的武裝部隊前去阻攔戴良。戴良停駐在合浦。交阯人桓鄰，是士燮拔舉的官吏，叩頭勸諫士徽派人迎接戴良，士徽憤怒，杖打桓鄰至死。桓鄰的兄長桓治的兒子桓發又糾集本族的部隊攻擊士徽，士徽緊閉城門守城。桓治等人攻城數月無法攻克，於是締約結好，各自撤兵而回。而呂岱接到詔令誅殺士徽，從廣州率領部隊晝夜行軍，路過合浦，與戴良一起進發。士壹的兒子中郎將士匡與呂岱有舊交，呂岱任士匡為師友從事，先發送公文到交阯，向士徽曉以利害禍福，又派士匡面見士徽，說服他認罪，雖然失去太守官職，可以保證沒有其他憂慮。呂岱在士匡到達後不久到來，士徽的兄長士祗、弟弟士幹、士頌等六人前往迎接呂岱，並且脫衣露體迎接呂岱。呂岱告訴他們穿上衣服，前行來到交阯城下。第二天一早呂岱令人早早的搭起了帳篷，請士徽兄弟依次入帳，帳中已是賓客滿座。呂岱起身，手持符節宣讀詔書，歷數士徽的罪過，左右侍從將士徽兄弟反綁推出帳外，立即全部斬首，將他們的首級送往武昌。士壹、士䵋、士匡後來出首，孫權便原諒了他們的罪過，加上士燮在孫吳做人質的兒子士廞，一同被免官成為平民。幾年後，士壹、士䵋違法被處死。士廞也病死了，沒有子嗣，妻子守寡在家，孫權詔令地方按月給予俸米，賜給她四十萬錢。

評曰：劉繇藻厲❶名行，好尚臧否❷，至於擾攘❸之時，據萬里之土，非其長也。太史慈信義篤烈❹，有古人之分❺。士燮作守南越，優游❻終世，至子不慎，自貽❼凶咎❽，蓋庸才❾玩富貴而恃阻❿險，使之然也。

【章旨】以上是陳壽對本卷傳主的為人處世給予的評論。

【注釋】❶藻厲 整飾與磨煉。指人砥礪名節。❷臧否 品評；褒貶。❸擾攘 混亂；騷亂。❹篤烈 誠實、寬厚、剛正。❺分 品格。❻優游 悠閒自得。❼貽 致使。❽凶咎 災禍。❾庸才 才能平庸的人。❿阻 原脫，今據宋本校補。

【語譯】評論說：劉繇砥礪名節，喜歡褒貶人物，但是在天下動盪之際，占據萬里土地，這不是他的長處。太史慈講信守義，有古人的作風。士燮盤踞南越任郡守，終生悠閒自得，到了他的兒子不謹慎，自己招致災禍，大概是平庸之人貪圖富貴而依恃地形險阻，讓他們這樣的吧。

【研析】從史學和佛學角度來說，本卷具有很高的史料價值，值得重視。

〈劉繇傳〉中附載的笮融，是中國佛教史上不得不講的名人。兩漢之交，佛教傳入中國。東漢明帝夢見佛，身高一丈六尺，黃金色，頭頂上有光芒，他便遣使天竺尋求佛法。明帝時的楚王劉英晚年「學為浮屠齋戒」。「浮屠」就是佛陀，特指釋迦，泛指諸佛，這裏即是指佛教。桓帝本人也在宮中「立黃老、浮屠之祠」。在佛教傳入中國的早期，其範圍僅限於社會上層。笮融生活在陶謙為徐州牧時期，時為獻帝初期初平（西元一九〇—一九三年）、興平（西元一九四—一九五年）年間。此時的佛教，笮融附傳展示了這樣的景象：笮融建造的浮屠寺規模宏大，「重樓閣道」，可容納三千多人；寺內造佛像，銅質，黃金塗身，衣以錦采；信眾習讀佛經；受道信佛的人可以免除其他徭役，開啟後世僧眾不服勞役兵役的先河；佛誕日舉行「浴佛」儀式，這一天「多設酒飯」，既然有酒，表明當時佛教戒酒的律制還沒有實行；前來觀看和就食的民眾多達近萬人。

佛教修寺、造像、免役、浴佛、佛誕日設酒飯，均為首次見諸文獻記載。

笮融督理彭城（今江蘇徐州）、廣陵（今江蘇揚州）、下邳（今江蘇宿遷西北）三郡糧運，三郡界內和相鄰諸郡的信眾有五千多戶。笮融把佛教的影響擴展到這麼大的規模，有以下幾個原因：一是笮融把督理的三郡轉運物資占為己有，擁有大舉興辦佛事的財力；二是佛教在中國已經傳布了一個世紀，其影響已經擴及民間；三是時值黃巾起事、董卓之亂，天下擾攘，百姓墮入水火之中，精神上迫切需要超現實力量的福祐；四是信佛的楚王劉英封地就在彭城，佛教在彭城一帶早就有了立足點，王國上層對佛的信仰不能不向外延伸，影響下層的官吏和民眾。

在東漢末年的社會意識中，浮屠與黃老的宗旨是一樣的，「此道清虛，貴尚無為，好生惡殺，省欲去奢」。（范曄《後漢書・襄楷列傳》）但是，奇怪的是，信佛的楚王劉英圖謀造反，大逆不道；信佛的桓帝信用宦官，濫殺無辜，嗜慾無度。笮融學了這兩人的樣子，貪奪漕糧，放縱擅殺。曹操攻打陶謙時，笮融逃至廣陵，太守趙昱以禮相待，他反倒乘酒酣之時殺害趙昱，放兵搶掠，路過秣陵（今江蘇南京東南），順道殺了臨時在此屯駐的彭城相薛禮，跑到豫章（今江西南昌），又殺死太守朱晧，入據其城。看來東漢時期信奉佛教的統治者，對佛教沒有心靈深處的認知，東漢的佛教，尚處在極不成熟的階段。

笮融附傳的珍貴處在於佛教，而〈士燮傳〉的價值在於史學，它保留了一個統治交阯幾十年的世家豪族的縮影。

士燮的先人本是魯國汶陽（今山東寧陽）人，王莽之亂，流寓交州（東漢治所在今廣東廣州）。六世至燮父賜，桓帝時為日南（東漢治所在今越南廣治西北）太守。士燮在京城洛陽求學，師從儒學大師劉陶，研治《左氏春秋》。父賜死後，任職巫（今重慶市巫山縣）令，升遷為交阯太守，此時大約為東漢靈帝中晚期。他這一幹就是四十多年，「偏在萬里，威尊無上」，「震服百蠻」。之所以出現這種局面，有多方面的原因。交阯僻遠，不是天下羣雄逐鹿的主戰場。士氏豪族在交阯經營多年，根基深厚，交州刺史朱符被殺後，士燮乘機讓他的弟弟壹、䵋、武分任合浦（治所在今廣西合浦）、九真（治所在今越南清化省東山縣）、南海（治所在今廣東廣州）三郡太守，與他控制的交阯連成一片，正如傳中所說，「燮兄弟並為列郡，雄長一州」，長期無人能夠撼動。士燮是位儒者，為人寬厚，謙虛下士，對中土士人前往避難的都加以接納。他「達於從政」，與當地的原住族沒有發生尖銳的矛盾，由於採取民族融合政策，甚至西北方的「胡人」都跑到了交阯。當孫權把權力伸向交阯時，士燮知機達變，順應形勢，聽命於孫權。這一系列的舉措，使他「處大亂之中，保全一郡」，幾十年「疆場無事，民不失業」。當時，士燮是極具個人特色的牧守，十分類似兩漢之交的竇融。

士燮轄制交阯，建安十五年（西元二一〇年）是一個轉折期。當時，漢朝廷和劉表正在爭奪交州的控制權。漢朝廷派遣張津為交州刺史，張津被部將所殺，便任命士燮為綏南中郎將，督領七郡，交阯太守職任不變。而劉表派賴恭代張津為刺史，又遣吳巨為蒼梧（治所在今廣西梧州）太守。吳巨與賴恭不和，舉兵驅逐了賴恭。這個時候的孫權，經過兩年前的赤壁之戰打敗曹操之後，正處於發展時期，他不可能讓曹操或劉表控制嶺南，威脅後方。他與曹操、劉表同時行動，命鄱陽太守步騭為交州刺史，誘斬吳巨，聲威大震。士燮率兄弟表示服從節制，孫權授士燮為左將軍，燮遣子入質，從此，嶺南之地歸附孫權。士燮不時遣使納貢，又誘使益州大族雍闓等率部眾遙附孫權，終生相安無事。士燮死後，孫權對士氏大族的政策又出現了重大轉折，由控制、利用轉變到了限制、消滅。原來諸郡只設交州刺史統轄，現在分出合浦以北為廣州，呂岱為刺史；交阯以南為交州，戴良為刺史，強化了孫權的行政力量。對士氏打擊最大的是孫權命陳時代替士燮為交阯太守，這等於把士氏的老巢取走了。於是，士燮之子士徽率宗族士眾反抗，孫權下令呂岱殺死士徽。呂岱從廣州率軍出發，與戴良會合，前往交阯，用計殺死了士徽，士壹、士䵋、士匡及士燮質子廞，都免為庶人，士氏大族從此消亡。（于濤注譯）

卷五十　吳書五

妃嬪傳第五

【題解】本卷為孫吳歷代君主的十一位嬪妃之傳記。陳壽在寫《三國志》時，雖然以曹魏為正統，但他實際上是把孫吳作為一個國家來看待的。陳壽為孫吳政權嬪妃立傳，反映了他尊重歷史事實，堅持實錄的史家品格。孫吳各代統治者，既面臨治國的任務，又有治家的責任。陳壽力圖通過總結他們在治家方面的得失，揭示治國與治家的關係。

1 孫破虜❶吳夫人，吳主權❷母也。本吳❸人，徙錢唐❹，早失父母，與弟景居。孫堅聞其才貌，欲娶之。吳氏親戚嫌堅輕狡❺，將拒焉，堅甚以慚恨。夫人謂親戚曰：「何愛一女以取禍乎？如有不遇❻，命也。」於是遂許為婚，生四男一女。

2 景常隨堅征伐有功，拜騎都尉❼。袁術❽上景領丹陽❾太守，討故太守周昕，遂據其郡。孫策❿與孫河⓫、呂範⓬依景，合眾共討涇縣⓭山賊祖郎，郎敗走。會景為劉繇⑭所迫，復北依術，術以為督軍中郎將⑮，與孫賁⑯共討樊能、于麋於橫江⑰，又擊笮融⑱、薛禮⑲於秣陵⑳。時策被創㉑牛渚㉒，降賊復反，景攻討，盡禽之。從討劉繇，繇奔豫章㉓，策遣景、賁到壽春㉔報術。術方與劉備㉕爭徐州㉖，以景為廣陵㉗太守。術後僭號㉘，策以書喻術，術不納，便絕江津㉙，不與通，使人告景。景即委郡東歸，策復以景為丹陽太守。漢遣議郎㉚王誧銜命南行，表景為揚武將軍㉛，領郡㉜如故。

3 及權少年統業，夫人助治軍國，甚有補益。建安七年，臨薨，引見張昭㉝等，屬以後事，合葬高陵。

4 八年㉞，景卒官，子奮授兵為將，封新亭侯，卒。子安嗣，安坐黨㉟魯王霸㊱死。奮弟祺嗣㊲，封都亭侯，卒。子纂嗣。纂妻即滕胤㊳女也，胤被誅，并遇害。

【章　旨】以上為〈吳夫人傳〉，敘述了孫堅夫人吳氏的家世及其為了保全家族而嫁給孫堅的經過。同時也敘述了吳夫人的弟弟吳景隨孫堅南征北戰的一生。還記述了孫堅死後，吳夫人幫助兒子孫權建功立業的事跡。

【注　釋】❶孫破虜　即孫堅，因其被袁術任為破虜將軍，故名。❷吳主權　即孫權，字仲謀，吳郡富春（今浙江富陽）人，孫策弟。孫策死後即位，被封討虜將軍，領會稽太守。黃武八年（西元二二九年）即帝位於武昌。死後諡大皇帝，廟號太祖。詳見本書卷四十七〈吳主傳〉。❸吳　縣名。治所在今江蘇蘇州。❹錢唐　縣名。治所在今浙江杭州西靈隱山麓。❺輕狡輕薄狡詐。❻不遇　沒有遇到可以託付終身的人。❼騎都尉　統領騎兵，侍衛皇帝左右。❽袁術　字公路，汝南汝陽（今河南商水縣西南）人。東漢末任河南尹，後據南陽，又在壽春稱帝。後受曹操攻擊，不能自保，乃歸還帝號，不久病死。詳見本書卷六〈袁術傳〉。❾丹陽　亦作「丹楊」，郡名。漢代治所在今安徽宣州，孫吳時移治今江蘇南京。❿孫策　字伯符，孫堅長子，吳郡富春（今浙江富陽）人。東漢末先投奔袁術，被袁術表為折衝校尉。後率兵東渡江，在江東建立政權。詳見本書卷四十六〈孫策傳〉。⓫孫河　字伯海，吳郡（今江蘇蘇州）人。本姓俞，後被賜姓孫。一說為孫堅族子，隨姑姓俞，後復姓孫。少時隨孫堅征討，任威寇中郎將，領廬江太守。後被媯覽等殺害。詳見本書卷五十一孫韶附傳。⓬呂範　字子衡，汝南細陽（今安徽阜陽西北）人，東漢末避亂壽春，隨孫策起兵，孫吳著名將領。歷任征虜中郎將、裨將軍、建威將軍、揚州牧等職。詳見本書卷五十六〈呂範傳〉。⓭涇縣　縣名。治所在今安徽涇縣西北。⓮劉繇　字正禮，東萊牟平（今山東龍口東南）人，東漢末任揚州刺史，後被孫策打敗，南退豫章，病卒。詳見本書卷四十九〈劉繇傳〉。⓯督軍中郎將　官名。統兵征伐。⓰孫賁　字伯陽，孫堅之姪。東漢末隨孫堅長沙起兵，孫堅死後依袁術，任豫州刺史。袁術稱帝，孫賁復回江東，任孫策豫章太守、征虜將軍。詳見本書卷五十一〈孫賁傳〉。⓱橫江　長江古渡口，在今安徽和縣。⓲笮融　東漢末丹陽（今安徽宣城）人。先依徐州陶謙，曹操攻徐州時退到廣陵。後被孫策所破，逃到豫章，又被劉繇所破，敗走入山，後被殺。其事散見於《後漢書・陶謙列傳》、《三國志・孫策傳》裴松之注引《江表傳》等。⓳薛禮　東漢末任彭城相，奉揚州刺史劉繇為盟主，據秣陵城。孫策據江東，薛禮敗走，被笮融所殺。其事見於《三國志・孫策傳》裴松之注引《江表傳》。⓴秣陵　縣名。治所在今江蘇江寧南秣陵關。㉑被創　受傷。㉒牛渚　山名。在今安徽當塗西北十公里的長江邊。㉓豫章　郡名。治所在今江西南昌。㉔壽春　縣名。治所在今安徽壽縣。㉕劉備　字玄德，涿郡涿縣（今河北涿州）人，自稱中山靖王之後。東漢末年起兵，參加征伐黃巾，先後投靠公孫瓚、陶謙、曹操、袁紹、劉表。後得諸葛亮輔助，占領荊州益州，建立蜀漢。詳見本書卷三十二〈先主傳〉。㉖徐州　州名。治所在今山東郯城。㉗廣陵　郡名。治所在今江蘇揚州。㉘僭號　僭越稱帝。㉙江津　長江渡口。㉚議郎　官名。負責議論朝政得失，偶爾也充當朝廷使者。㉛揚武將軍　官名。領兵征伐。㉜領郡　兼任郡太守。㉝張昭　字子布，彭城（今江蘇徐州）人。任孫策長史、撫軍中郎將。孫策死後受遺命輔佐孫權，任軍師、綏遠將軍等。詳見本書卷五十二〈張昭傳〉。㉞八年　建安八年（西元二〇三年）。㉟黨　親附。㊱霸　即孫霸，字馬威，吳郡富春（今浙江富陽）人，孫權之子，被封為魯王。與太子孫和爭位，被賜死。詳見本書卷五十九〈孫霸傳〉。㊲嗣　原脫，宋本有，據補。㊳滕胤　字承嗣，北海劇（今山東昌樂）人。任孫吳丹陽、吳郡、會稽等郡太守，受孫權遺詔輔政，孫亮時任衛將軍、大司馬。後為孫峻所殺。詳見本書卷六十四〈滕胤傳〉。

【語譯】孫破虜將軍的吳夫人，是吳主孫權的母親。原本是吳郡吳縣人，移居到錢唐，很早就失去了父母，與弟弟吳景同住。孫堅聽說她的才貌，想娶她。吳氏的親戚嫌孫堅輕薄狡詐，準備拒絕他，孫堅感到非常羞愧和遺憾。吳夫人對她的親戚說：「怎麼能因為愛惜我一個女子而使家族招致禍難呢？如果我沒有遇到可以託付終身的人，那也是命運如此。」於是便答應與孫堅結婚，後來生下四男一女。

2 吳景經常跟隨孫堅征伐，立有戰功，官拜騎都尉。袁術上表朝廷任吳景兼任丹陽郡太守，討伐過去的太守周昕，於是占領了丹陽郡。孫策與孫河、呂範一起前去依附吳景，招集人馬共同征討涇縣山賊祖郎，祖郎戰敗而走。後來吳景被劉繇所逼迫，又北上依附袁術，袁術任吳景為督軍中郎將，與孫賁在橫江一起討伐樊能、于麋，又在秣陵進攻笮融、薛禮。當時孫策在牛渚受傷，降賊再度反叛，吳景率軍討伐，將叛軍全部擒獲。吳景又跟隨孫策討伐劉繇，劉繇逃到豫章郡，孫策派吳景、孫賁到壽春向袁術通報。袁術正與劉備爭奪徐州，便任吳景為廣陵郡太守。袁術後來僭越稱帝，孫策寫信勸他不要這樣做，袁術不聽，孫策便封鎖了長江沿岸的渡口，不與袁術往來，並派人告訴吳景。吳景立即離開廣陵東歸，孫策又任吳景為丹陽郡太守。漢朝廷派遣議郎王誧帶著使命南下，王誧上表任吳景為揚武將軍，仍舊兼任丹陽郡太守。

3 到了孫權年紀輕輕統管大業，吳夫人又幫助他治理軍國大事，對孫權的事業大有幫助。建安七年，吳夫人臨死前召見張昭等人，把後事託付給他們。吳夫人與孫堅合葬在高陵。

4 建安八年，吳景在任上去世，兒子吳奮被授予兵馬擔任將領，封為新亭侯，後來逝世。吳奮的兒子吳安繼承了爵位。吳安因親附魯王孫霸坐罪而被處死。吳奮的弟弟吳祺繼承了爵位，封為都亭侯，後來死去。吳祺的兒子吳纂繼承爵位。吳纂的妻子就是滕胤的女兒，滕胤被殺，吳纂同時遇害。

吳主權謝夫人，會稽山陰❶人也。父煚，漢尚書郎❷、徐❸令。權母吳，為權聘以為妃，愛幸有寵。後權納姑孫❹徐氏，欲令謝下之❺，謝不肯，由是失志❻，早卒。後十餘年，弟承拜五官郎中❼，稍遷長沙東部都尉❽、武陵❾太守，撰後漢書百餘卷。

【章　旨】以上是〈謝夫人傳〉，記載了孫權的夫人謝氏嫁給孫權，以及由被寵到失寵的經過。

【注　釋】❶會稽山陰　會稽，郡名。治所在今浙江紹興。山陰，縣名。治所在今浙江紹興。❷尚書郎　尚書屬官，代皇帝草擬詔令。❸徐　縣名。治所在今江蘇泗洪南。❹姑孫　姑母之孫。❺下之　居於徐氏之下。❻失志　失寵。❼五官郎中　官名。即五官中郎將的屬官，負責皇宮侍衛。❽長沙東部都尉　官名。負責長沙地區的軍政。❾武陵　郡名。治所在今湖南常德西。

【語　譯】吳主孫權的謝夫人，是會稽郡山陰縣人。父親謝煚，是東漢尚書郎、徐縣縣令。孫權的母親吳夫人，替孫權聘娶謝氏為妃子，孫權對她寵愛有加。後來孫權又娶了姑母的孫女徐氏，想讓謝夫人居於徐夫人之下，謝夫人不肯，從此失寵，早死。十多年之後，謝夫人的弟弟謝承任五官郎中，漸漸的升遷到長沙東部都尉、武陵郡太守，撰寫《後漢書》一百多卷。

1 吳主權徐夫人，吳郡富春❶人也。祖父真，與權父堅相親，堅以妹妻真，生琨。琨少仕州郡，漢末擾亂，去吏，隨堅征伐有功，拜偏將軍❷。堅薨，隨孫策討樊能、于麋等於橫江，擊張英於當利口❸，而船少，欲駐軍更求❹。琨母時在軍中，謂琨曰：「恐州家❺多發水軍來逆人❻，則不利矣，如何可駐邪？宜伐蘆葦以為泭❼，佐船渡軍。」琨具啟策，策即行之，眾悉俱濟，遂破英，擊走笮融、劉繇，事業克定。策表琨領丹陽太守，會吳景委廣陵來東，復為丹陽守，琨以督軍中郎將領兵，從破廬江❽太守李術，封廣德侯，遷平虜將軍❾。後從討黃祖❿，中流矢卒。

2 琨生夫人，初適⓫同郡陸尚。尚卒，權為討虜將軍⓬在吳，聘以為妃，使母養⓭子登。後權遷移⓮，以夫人妒忌，廢處吳。積十餘年，權為吳王及即尊號，登為太子，羣臣請立夫人為后，權意在步氏，卒⓯不許。後以疾卒。兄矯，嗣父琨侯⓰，討平山越⓱，拜偏將軍，先夫人卒，無子。弟祚襲封，亦以戰功至蕪湖督⓲、平魏將軍⓳。

【章旨】以上為〈徐夫人傳〉，記載了她父親徐琨一生的功業，以及徐夫人婚姻狀況和她嫁給孫權後的境遇。

【注釋】❶吳郡富春　吳郡，郡名。治所在今江蘇蘇州。富春，縣名。治所在今浙江富陽。❷偏將軍　官名。將軍中地位較低者。❸當利口　長江渡口，在今安徽和縣東。❹更求　再尋求船隻。❺州家　指揚州政府。❻逆人　迎戰阻擊。❼泭　筏子。❽廬江　郡名。治所在今安徽廬江縣西南。❾平虜將軍　官名。領兵征伐。孫吳、曹魏均置。❿黃祖　東漢末任江夏太守，依附劉表，多次與孫吳軍交戰，並殺死孫堅。後被呂蒙所敗。其事見於《三國志・孫堅傳》裴松之注引《典略》等。⓫適　嫁。⓬討虜將軍　官名。東漢末始置，東吳孫權、蜀漢黃忠都任過此職。⓭母養　作為母親哺養。孫登的生母出身卑賤，所以孫權讓孫登給徐妃當兒子。⓮遷移　寵愛轉移。⓯卒　始終。⓰嗣父琨侯　繼承父親徐琨的侯爵爵位。⓱山越　當時對分布在今蘇、浙、皖、贛等地山區越人的總稱。⓲蕪湖督　官名。蕪湖戰區的軍事指揮官。此上原有「于」字，今從宋本。⓳平魏將軍　武官名。孫吳創置。

【語　譯】吳主孫權的徐夫人，是吳郡富春縣人。祖父徐真，與孫權的父親孫堅關係親密，孫堅將妹妹嫁給徐真，生了徐琨。徐琨年輕時任職州郡，東漢末年動亂不安，徐琨辭去了吏職，跟隨孫堅征伐有功，官拜偏將軍。孫堅去世，徐琨跟隨孫策在橫江討伐樊能、于麋，在當利口攻打張英。船隻很少，孫策打算駐紮下來再尋求船隻。當時徐琨的母親在軍中，她對徐琨說：「如果駐紮，恐怕揚州府會派大量水軍前來阻擊我們，對我們不利，怎麼能夠駐足不前呢？應當砍伐蘆葦做成筏子，輔助船隻渡軍隊過江。」徐琨把這個建議原原本本的告訴了孫策，孫策立即實行，部眾全都渡過了江，於是打敗了張英，趕跑了笮融、劉繇，奠定了孫吳的基業。孫策上表朝廷讓徐琨兼任丹陽郡太守，適逢吳景離開廣陵來到江東，再任丹陽太守，徐琨便以督軍中郎將的身分領兵，跟隨孫策攻破廬江太守李術，被封為廣德侯，升任平虜將軍。後來隨從孫策討伐黃祖，被流箭射中身亡。

2 徐琨生了徐夫人，起初嫁給同郡人陸尚。陸尚死後，孫權在吳縣任討虜將軍，聘娶她為妃子，讓她作為孫登的母親哺養他。後來孫權寵愛轉移，因為徐夫人嫉妒，便廢除她的名號，把她安置在吳縣。過了十多年，孫權為吳王又即位稱帝，孫登立為太子，羣臣請求立徐夫人為王后、皇后。孫權屬意步氏，始終沒有答應。後來徐夫人病死。哥哥徐矯繼承父親徐琨的侯爵爵位，討伐平定了山越，官拜偏將軍。他早徐夫人去世，沒有子嗣。弟弟徐祚繼承了封爵，也因為戰功官至蕪湖督、平魏將軍。

1 吳主權步夫人，臨淮淮陰❶人也，與丞相騭❷同族。漢末，其母攜將徙廬江，廬江為孫策所破，皆東渡江，以美麗得幸於權，寵冠後庭。生二女，長曰魯班，

字大虎，前配周瑜子循❸，後配全琮❹；少曰魯育，字小虎，前配朱據❺，後配劉纂❻。

2 夫人性不妒忌，多所推進❼，故久見愛待。權為王及帝，意欲以為后，而羣臣議在徐氏，權依違❽者十餘年，然宮內皆稱皇后，親戚上疏稱中宮❾。及薨，臣下緣權指❿，請追正名號，乃贈印綬，策命曰：「惟赤烏元年閏月戊子，皇帝曰：嗚呼皇后，惟后佐命，共承天地。虔恭夙夜，與朕均勞。內教⓫脩整，禮義不愆⓬。寬容慈惠，有淑懿⓭之德。民臣縣望，遠近歸心。朕以世難未夷，大統未一，緣后雅志⓮，每懷謙損。是以于時未授名號，亦必謂后降年有永⓯，永與朕躬對揚天休⓰。不寤奄忽⓱，大命近止。朕恨⓲本意不早昭顯，傷后殂逝，不終天祿⓳。愍悼之至，痛于厥心。今使使持節丞相醴陵侯雍⓴，奉策授號，配食先后㉑。魂而有靈，嘉其寵榮。嗚呼哀哉！」葬於蔣陵。

【章　旨】以上為〈步夫人傳〉，記載了孫權的步夫人嫁給孫權的經過和孫權對她的寵愛。

【注　釋】❶淮陰　縣名。治所在今江蘇淮陰。❷丞相騭　丞相，官名。中央政權最高行政長官。騭即步騭，字子山，臨淮淮陰（今江蘇淮陰西南）人。任孫吳鄱陽太守、交州刺史、立武中郎將、驃騎將軍等，後代陸遜為丞相。詳見本書卷五十二〈步騭傳〉。❸周瑜子循　周瑜，字公瑾，廬江舒縣（今安徽廬江縣西南）人，曾為孫策中郎將，幫助孫策在江東創立孫吳政權。孫策卒，與張昭同輔孫權，任前部大都督。東漢建安十三年（西元二〇八年），在赤壁大破曹兵。西元二一〇年病死。周循即周瑜長子。詳見本書卷五十四〈周瑜傳〉。❹全琮　字子璜，吳郡錢唐（今浙江杭州）人。孫吳著名將領，歷任綏南將軍、衛將軍、左護軍、右大司馬等職。詳見本書卷六十〈全琮傳〉。❺朱據　字子範，吳郡吳縣（今江蘇蘇州）人。才兼文武，歷任孫吳左將軍、驃騎將軍等職。後參與孫霸、孫和二宮之爭，被貶官，繼而被賜死。詳見本書卷五十七〈朱據傳〉。❻劉纂　孫吳將領，任車騎將軍，其事散見於本書卷四十八〈孫亮傳〉、〈孫皓傳〉、卷五十六〈呂範傳〉等。❼推進　推薦引進。❽依違　猶豫不決。❾中宮　皇后宮，此代指皇后。❿緣權指　依照孫權的旨意。指，同「旨」。⓫內教　後宮內的教化。⓬不愆　不違背。⓭淑懿　賢淑美好。⓮緣后雅志　順從皇后高雅的志向。⓯降年有永　上天賜給的壽命會很長。⓰對揚天休　享有上天賜給的美好日子。⓱奄忽　忽然。⓲恨　遺憾。⓳不終天祿　沒有能夠完全享受上天賜予的福祿。⓴雍　即顧雍，字元歎，吳郡吳縣（今江蘇蘇州）人。江南大族，歷任孫吳左司馬、尚書令、太常、丞相等職。初封陽遂鄉侯，進封醴陵侯。詳見本書卷五十二〈顧雍傳〉。「醴陵」下原有「亭」字，係衍文。㉑先后　指孫權的母親吳氏，孫權稱帝後，追尊她為武烈皇后。

【語譯】吳主孫權的步夫人，是臨淮郡淮陰縣人，與丞相步騭是同族。東漢末年，她的母親帶著她遷徙到廬江郡。廬江郡被孫策攻破，母女二人都東行渡江，步夫人因為漂亮被孫權所幸，寵愛冠於後宮。她生了兩個女兒，大女兒叫魯班，字大虎，先嫁給周瑜的兒子周循，後改嫁給全琮；二女兒叫魯育，字小虎，先嫁給朱據，後改嫁給劉纂。

2　步夫人生性不妒忌，多次向孫權進薦美貌女子，所以長久受到孫權的寵愛厚待。孫權稱王以及稱帝時，都想封她為王后、皇后，而羣臣們的意見都傾向於立徐夫人，所以孫權猶豫不決了十多年。然而宮內都稱步夫人為皇后，親戚們給她上疏也稱之為中宮。等到步夫人去世後，臣下們順從孫權的意旨，請求為她追正名號，於是追贈給她皇后的印章、綬帶，下達冊封文書說：「赤烏元年閏月戊子，皇帝曰：嗚呼皇后！我思念您輔佐朕躬，共同承擔天地大德，日夜虔誠恭敬，與朕分擔著辛勞。您對後宮的教化修明嚴整，不違背禮義。您寬容慈惠，品德賢淑美好。臣民們對您都十分敬仰，遠近歸心。朕因為國難未平，天下沒有一統，又順從您謙虛自損的高雅志向，所以沒及時授給您皇后的名號。再說我也認為上天給您的壽命一定長久，將永遠與朕享有上天賜給的美好日子。沒想到突然間您的生命就終止了。朕既遺憾本意沒有及早的昭顯，也為皇后辭世，沒有完全享受到上天賜的福祿而悲傷。我極為憐憫哀悼，心中傷痛。現在派使持節、丞相、醴陵侯顧雍，帶著文書前來授予您皇后的名號，並使您和已故的皇太后一起享受祭祀。您若魂而有靈，將會喜歡這樣的榮寵。嗚呼哀哉！」葬步夫人於蔣陵。

吳主權王夫人，琅邪❶人也。夫人以選入宮，黃武中得幸，生和❷，寵次步氏。步氏薨後，和立為太子，權將立夫人為后，而全公主❸素憎夫人，稍稍譖毀❹。及權寢疾，言有喜色，由是權深責怒，以憂死。和子皓立，追尊夫人曰大懿皇后，封三弟皆列侯❺。

【章　旨】以上為琅邪〈王夫人傳〉，記載了王夫人嫁給孫權後受寵和失寵的原因及經過。

【注　釋】❶琅邪　郡名。治所在今山東臨沂北。❷生和　原作「生孫和」，衍「孫」字，今據《三國志集解》刪。❸全公主　即魯班，因其嫁給全琮，故言。❹稍稍譖毀　一點一點的進行誣陷詆毀。稍稍，逐漸的。❺列侯　爵位名。對異姓有功者所授的最高級爵位。

【語　譯】吳主孫權的王夫人，是琅邪郡人。她被選進後宮，黃武年間得到寵幸，生下孫和，所受寵愛僅次於步夫人。步夫人死後，孫和被立為太子，孫權準備立王夫人為皇后。而全公主一向憎恨王夫人，平素就一點一點的對她進行誣陷詆毀。等到孫權病重，全公主又說王夫人面有喜色，因此孫權對王夫人生氣的加以斥責，王夫人因此憂鬱而死。後來孫和的兒子孫皓當了皇帝，追尊王夫人為大懿皇后，封她的三個弟弟為列侯。

吳主權王夫人，南陽❶人也，以選入宮，嘉禾中得幸，生休❷。及和為太子，和母貴重，諸姬有寵者，皆出居外。夫人出公安❸，卒，因葬焉。休即位，遣使追尊曰敬懷皇后，改葬敬陵。王氏無後，封同母弟文雍為亭侯。

【章旨】以上為南陽〈王夫人傳〉，記載了王夫人入宮、得幸、被排擠，最後死於宮外的一生。

【注釋】❶南陽　郡名。治所在今河南南陽。❷休　即孫休，字子烈，吳郡富春（今浙江富陽）人，孫權第六子。吳太平三年（西元二五八年）孫亮死後被立為皇帝。詳見本書卷四十八〈孫休傳〉。「休」字上原衍「孫」字，今據《三國志集解》刪。❸公安　縣名。治所在今湖北公安西北。

【語譯】吳主孫權的王夫人，是南陽郡人，因被選中進入宮中，嘉禾年間得到寵幸，生下孫休。到了孫和為太子時，孫和的母親由此貴重，所以其他受寵的姬妾都被遷出宮外。王夫人被遷徙到公安縣，死後便葬在那裏。孫休即帝位，派人追尊王夫人為敬懷皇后，改葬在敬陵。王氏沒有後代，孫休封她同母異父的弟弟文雍為亭侯。

吳主權潘夫人，會稽句章❶人也。父為吏，坐法死❷。夫人與姊俱輸織室❸，權見而異之，召充後宮。得幸有娠，夢有以❹龍頭授己者，己以蔽膝❺受之，遂生亮❻。赤烏十三年，亮立為太子，請出嫁夫人之姊，權聽許之。明年，立夫人為皇后。性險妒容媚，自始至卒，譖害袁夫人等甚眾。權不豫❼，夫人使問中書令❽孫弘❾呂后❿專制故事。侍疾疲勞，因以羸疾⓫，諸宮人伺其昏臥，共縊殺之，託言中惡⓬。後事泄，坐死者六七人。權尋薨，合葬蔣陵。孫亮即位，以夫人姊壻⓭譚紹為騎都尉，授兵。亮廢，紹與家屬送本郡廬陵。

【章　旨】以上為〈潘夫人傳〉，記載了潘夫人入宮、生子、封后、被殺的一生。

【注　釋】❶句章　縣名。治所在今浙江餘姚東南。❷坐法死　因犯法被處死。❸輸織室　被送到皇宮中的紡織作坊。織室，皇宮中的紡織作坊，官方奴婢作苦工的地方。❹以　原作「似」，今從宋本、元本、殿本。《三國志集解》引劉家立云：「『以』、『似』古字通。」❺蔽膝　圍裙。❻生亮　原作「生孫亮」，衍「孫」字，今據《三國志集解》刪。❼不豫　指皇帝生病。❽中書令　中書省長官，負責草擬詔令。❾孫弘　孫吳人，曾任中書令，受孫權遺詔輔政。與諸葛恪不和，被諸葛恪所殺。事見本書卷五十二張昭附傳。❿呂后　漢高祖劉邦的皇后，名雉，字娥姁，曾幫助劉邦誅殺異姓王，劉邦死後，即位的惠帝年幼，呂后實際掌握朝政。惠帝死後呂后臨朝稱制，分封呂氏家族成員為諸王，培植自己的勢力，使漢朝成為呂氏天下。西元前一八〇年呂后死，太尉周勃起兵消滅了呂氏勢力。詳見《史記·呂太后本紀》、《漢書·高后紀》。⓫羸疾　身體虛弱多病。⓬中惡　中邪。⓭姊壻　姐夫。

【語　譯】吳主孫權的潘夫人，是會稽郡句章縣人，父親是郡府小吏，因犯法被處死。潘夫人與姐姐都被送到皇宮中的紡織作坊。孫權見到她後覺得她與眾不同，便召她進後宮，受到寵幸懷有身孕。夢見有個人拿著龍頭送給自己，自己用身上的圍裙接住，便生了孫亮。赤烏十三年，孫亮被立為太子，他請求孫權把潘夫人的姐姐嫁出皇宮，孫權答應了。第二年，孫權立潘夫人為皇后。潘夫人生性陰險妒嫉，善於獻媚取悅孫權，從她入宮到去世，詆毀陷害了袁夫人等非常多人。孫權罹病，潘夫人派人問中書令孫弘關於呂后專權的舊事。由於侍候得病的孫權過分勞累，使得潘夫人體弱多病，宮女們趁她昏睡的時候，一起勒死了她，然後謊稱她是中邪而死。後來事情敗露，因此事被處死的有六七個人。不久孫權去世，與潘夫人合葬在蔣陵。孫亮即帝位，以潘夫人的姐夫譚紹為騎都尉，授予兵眾。孫亮被廢後，譚紹和他的家屬被送回老家廬陵郡。

孫亮❶全夫人，全尚女也。從祖母公主❷愛之，每進見輒與俱。及潘夫人母子有寵，全主❸自以與孫和母有隙，乃勸權為潘氏男亮納夫人，亮遂為嗣。夫人立為皇后，以尚為城門校尉❹，封都亭侯，代滕胤為太常、衛將軍❺，進封永平侯，錄尚書事❻。時全氏侯有五人，並典兵馬，其餘為侍郎❼、騎都尉，宿衛左右，自吳興，外戚貴盛莫及。及魏大將諸葛誕❽以壽春來附，而全懌❾、全端❿、全褘⓫、全儀⓬等並因此際降魏，全熙⓭謀泄見殺，由是諸全衰弱。會孫綝⓮廢亮為會稽王，後又黜為侯官侯，夫人隨之國，居侯官，尚將家屬徙零陵⓯，道⓰見殺。

【章旨】以上為〈全夫人傳〉，記載了外戚全氏家族的興衰過程。

【注釋】❶孫亮　字子明，孫權少子，赤烏中被立為太子，孫權死後即位。後被孫綝所廢。詳見本書卷四十八〈孫亮傳〉。❷從祖母公主　祖父的兄弟為從祖父，從祖父的妻子為從祖母。此五字上原有「尚」字。《三國志集解》云：「此即謂全公主也。全公主為全尚女之從祖母，此『尚』字衍。」據刪。❸全主　原作「公主」，宋本、元本、馮夢禎刻本皆作「全主」，今據改。❹城門校尉　官名。負責管理守衛京城的各城門。❺衛將軍　高級軍事將領，僅次於大將軍。❻錄尚書事　表示處理朝廷政事權力的名號。錄的意思是總管，凡享有這一名號的大臣，有權過問尚書臺的一切公務，是朝廷的執政官。❼侍郎　皇帝的侍從官。❽諸葛誕　字公休，琅邪陽都（今山東沂南南）人，與諸葛亮同宗。歷任曹魏揚州刺史、鎮東將軍、征東大將軍等職。後不滿司馬氏專權，叛魏降吳，後兵敗被殺。詳見本書卷二十八〈諸葛誕傳〉。❾全懌　孫吳將領，吳郡錢唐（今浙江杭州）人，全琮之子，襲其父業領兵。後投降曹魏。詳見本書卷六十全琮附傳。❿全端　孫吳將領，吳郡錢唐（今浙江杭州）人，全琮之子。後投降曹魏。詳見本書卷六十全琮附傳。⓫全禕　吳郡錢唐（今浙江杭州）人，全琮之孫，全琮妻得罪於吳，全禕等投降曹魏。詳見本書卷六十全琮附傳。⓬全儀　吳郡錢唐（今浙江杭州）人，全琮之孫，與全禕等投降曹魏。詳見本書卷六十全琮附傳。⓭全熙　全琮族子，與孫壹、施績等攻公安督諸葛融，迫其自殺。其事見於本書卷五十一孫靜附傳。⓮孫綝　字子通，孫吳宗室，孫亮時任侍中、武衛將軍、領中外諸軍事，總知朝政。後廢孫亮立孫休，任丞相，權傾吳主。後被孫休所殺。詳見本書卷六十四〈孫綝傳〉。⓯零陵　郡名。治所在今湖南零陵。⓰道　原作「迫」，宋本作「迫」，殿本作「道」，今從殿本。

【語　譯】孫亮的全夫人，是全尚的女兒。她的從祖母全公主很喜歡她，每次入宮晉見往往帶著她一起去。等到潘夫人母子受寵時，全公主自認與孫和的母親王夫人有嫌隙，便勸孫權為潘夫人的兒子孫亮納娶全夫人，孫亮於是成了帝位繼承人。孫亮即位後，全夫人被立為皇后，任全尚為城門校尉，封為都亭侯，代替滕胤為太常、衛將軍，進封永平侯，錄尚書事。當時全氏家族封侯的有五個人，都握有兵權，其餘的人任侍郎、騎都尉，宿衛皇帝左右，自從孫吳建立以來，外戚的顯貴興盛沒有比得上他們的。到了曹魏大將諸葛誕舉壽春城前來降附，而全懌、全端、全禕、全儀等人全都想趁這個機會投降曹魏，全熙的圖謀敗露被殺，從此全氏家族衰敗下來。適逢孫綝廢孫亮為會稽王，後來又把他貶黜為侯官侯，全夫人也隨孫亮前往封國，居住在侯官。全尚帶領家屬流徙到零陵，在路上被殺害。

孫休朱夫人，朱據女，休姊公主❶所生也。赤烏末，權為休納以為妃。休為琅邪王，隨居丹陽。建興中，孫峻❷專政，公族❸皆患之。全尚妻即峻姊，故惟全主祐❹焉。初，孫和❺為太子時，全主譖害王夫人，欲廢太子，立魯王，朱主不聽，由是有隙。五鳳中，孫儀❻謀殺峻，事覺被誅。全主因言朱主與儀同謀，峻枉殺朱主。休懼，遣夫人還建業❼，執手泣別。既至，峻遣還休。太平中，孫亮知朱主為全主所害，問朱主死意❽。全主懼曰：「我實不知，皆據二子熊、損所白。」亮殺熊、損。損妻是峻妹也，孫綝益忌亮，遂廢亮，立休。永安五年，立夫人為皇后。休卒，羣臣尊夫人為皇太后。孫晧❾即位月餘，貶為景皇后，稱安定宮。甘露元年七月，見逼薨，合葬定陵。

【章　旨】以上為〈朱夫人傳〉，記載了朱夫人在宮廷政治鬥爭中忽起忽落的一生。

【注　釋】❶公主　指孫權的女兒魯育，因其嫁給朱據，故稱朱公主。❷孫峻　字子遠，吳郡富春（今浙江富陽）人，孫吳宗室。孫權死時受遺詔輔政。歷任丞相、大將軍、督中外諸軍事，專擅朝政。詳見本書卷六十四〈孫峻傳〉。❸公族　指孫權的孫氏家族。因《三國志》以曹魏為正統，所以孫氏家族稱公族，不稱皇族。❹祐　幫助。❺孫和　字子孝，孫權之子，孫晧之父。吳赤烏五年（西元二四二年）被立為太子，後因全公主誹謗而被廢。孫晧即位後追諡為文皇帝。詳見本書卷五十九〈孫和傳〉。❻孫儀　孫皎之弟，任孫吳將軍、無難督。與張怡等謀殺孫峻，事敗自殺。其事跡散見於本書卷五十一〈孫靜傳〉、卷六十四〈孫峻傳〉。❼建業　縣名。治所在今江蘇南京。❽死意　死亡的原因。❾孫晧　字晧宗，一名彭祖，孫權之孫，孫和之子。孫吳末代皇帝。在位期間昏庸暴虐，西晉滅吳後，孫晧投降稱臣。詳見本書卷四十八〈孫晧傳〉。

【語　譯】孫休的朱夫人，是朱據的女兒，孫休的姐姐朱公主所生。赤烏末年，孫權替孫休納娶為妃子。孫休為琅邪王，朱夫人隨孫休居住在丹陽郡。建興年間，孫峻專擅朝政，孫氏皇族都認為是個禍患。全尚的妻子就是孫峻的姐姐，所以只有全公主幫助孫峻。當初，孫和為太子的時候，全公主詆毀陷害王夫人，想廢掉太子，冊立魯王。朱公主不答應，從此二人產生了嫌隙。五鳳年間，孫儀謀劃殺掉孫峻，事情敗露被殺。全公主乘機說朱公主與孫儀同謀，孫峻冤殺了朱公主。孫休恐懼，遣送朱夫人返回建業，二人握手揮淚而別。朱夫人到了建業後，孫峻又把她送還到孫休那裏。太平年間，孫亮知道了朱公主是被全公主所害，便向全公主詢問朱公主死亡的原因。全公主恐懼的說：「我實在不知道，都是朱據的兩個兒子朱熊、朱損說的。」孫亮誅殺了朱熊、朱損二人。朱損的妻子是孫峻的妹妹，孫綝更加忌恨孫亮，便廢掉孫亮冊立孫休。永安五年，冊立朱夫人為皇后。孫休死後，羣臣尊朱夫人為皇太后。孫皓即位一個多月後，朱夫人又被貶為景皇后，稱之為安定宮。甘露元年七月，朱夫人被逼死，與孫休合葬於定陵。

孫和何姬，丹陽句容❶人也。父遂，本騎士。孫權嘗游幸諸營，而姬觀於道中，權望見異之，命宦者召入，以賜子和。生男，權喜，名之曰彭祖，即皓也。太子和既廢，後為南陽王，居長沙❷。孫亮即位，孫峻輔政。峻素媚事全主，全主與和母有隙，遂勸峻徙和居新都❸，遣使賜死，嫡妃張氏亦自殺。何姬曰：「若皆從死，誰當養孤？」遂拊育皓，及其三弟。皓即位，尊和為昭獻皇帝，何姬為昭獻皇后，稱升平宮，月餘，進為皇太后。封弟洪永平侯，蔣溧陽侯，植宣城侯。洪卒，子邈嗣，為武陵監軍❹，為晉所殺。植官至大司徒❺。吳末昏亂，何氏驕僭❻，子弟橫放❼，百姓患之。故民譌言「皓久死，立者何氏子」云。

【章　旨】以上為〈何姬傳〉，記載了何姬起伏的妃子生涯及何氏家族的貴盛。

【注　釋】❶句容　縣名。治所在今江蘇句容。❷長沙　郡名。治所在今湖南長沙。❸新都　郡名。治所在今安徽淳安西。❹武陵監軍　武陵戰區的軍事監督官。❺大司徒　亦稱司徒，三公之一，位同宰相。❻驕僭　驕橫超越本分。❼橫放　蠻橫放縱。

【語　譯】孫和的何姬，是丹陽郡句容縣人。父親何遂，本為騎士。孫權曾親臨各營巡視，而何姬在路邊觀看。孫權看見何姬覺得她與眾不同，便命宦官召她入宮，將她賜給兒子孫和。何姬生下一男，孫權非常高興，給他起名叫彭祖，他就是孫皓。太子孫和被廢黜，後來為南陽王，住在長沙。孫亮即帝位，孫峻輔佐朝政。孫峻一向諂媚事奉全公主，全公主與孫和的母親有嫌隙，便勸說孫峻把孫和遷居到新都郡，派使者賜死孫和，正妃張氏也自殺。何姬說：「如果都跟著死，誰來撫養遺孤呢？」於是撫養孫皓和他三個弟弟。孫皓即帝位，尊孫和為昭獻皇帝，尊何姬為昭獻皇后，稱之為升平宮。一個多月後，進何姬為皇太后。封何姬的弟弟何洪為永平侯，何蔣為溧陽侯，何植為宣城侯。何洪死後，兒子何邈繼承爵位，任武陵監軍，被晉軍所殺。何植官至大司徒。孫吳末年政治昏暗紊亂，何氏家族驕縱僭越，子弟蠻橫放縱，百姓害怕他們，所以民間訛傳，說「孫皓早就死了，被立為皇帝的是何家的兒子」。

孫皓滕夫人，故太常胤之族女也。胤夷滅，夫人父牧，以疏遠❶徙邊郡。孫休即位，大赦，得還，以牧為五官中郎❷。皓既封烏程侯，聘牧女為妃。皓即位，立為皇后，封牧高密侯，拜衛將軍，錄尚書事。後朝士以牧尊戚，頗推令諫爭。而夫人寵漸衰，皓滋❸不悅，皓母何恆左右之❹。又太史❺言，於運曆❻，后不可易，皓信巫覡❼，故得不廢，常供養升平宮。牧見遣居蒼梧郡❽，雖爵位不奪，其實裔❾也，遂道路憂死。長秋❿官僚，備員⓫而已，受朝賀表疏如故。而皓內諸寵姬，佩皇后璽紱者多矣。天紀四年，隨皓遷于洛陽。

【章　旨】以上為〈滕夫人傳〉，記載了滕夫人的家世，也記載了她由受寵到失寵，最後成為亡國皇后的命運。

【注　釋】❶疏遠　指親屬關係疏遠。❷五官中郎　官名。五官中郎將所屬郎官，負責保衛皇宮。❸滋　更加。❹恆左右之　總是保護她。❺太史　官名。又稱太史令，負責觀察天文，記載祥瑞災異，制定曆法。❻運曆　氣運曆數。曆數指一個王朝存在的時間。❼巫覡　女巫和男巫。❽蒼梧郡　治所在今廣西梧州。❾裔　流放到邊遠地區。❿長秋　皇后宮的高級官員。此代指皇后。⓫備員　充數，沒有實權。

【語　譯】孫皓的滕夫人，是已故太常滕胤的宗族的女兒。滕胤被誅滅，滕夫人的父親滕牧，因為與滕胤的親屬關係疏遠只被流徙到邊遠地區。孫休即帝位，大赦天下，滕牧得以回返京城，孫休任他為五官中郎。孫皓封烏程侯後，聘娶滕牧的女兒為妃子。孫皓即帝位，冊立滕夫人為皇后，封滕牧為高密侯，官拜衛將軍，總理尚書臺的事務。後來朝中的官員因為滕牧是尊貴的外戚，大都推舉他對孫皓進行勸諫。然而滕夫人已漸漸失寵，孫皓愈加不喜歡滕夫人。孫皓的母親何夫人總是保護她。另外太史令對孫皓說，按照氣運曆數，皇后不可以改換。孫皓篤信巫師的話，所以滕夫人才沒有被廢掉，常服侍升平宮的何太后。滕牧被遣送到蒼梧郡去居住，雖然沒有削奪爵位，但實際上是被流放到邊遠地區，於是滕牧在途中憂鬱而死。而滕皇后宮中的官員，也只是充數而已，她雖然像以前一樣接受朝臣的祝賀表疏，但是孫皓宮內所納的寵姬中，佩戴皇后印璽和綬帶的很多。天紀四年，滕夫人隨孫皓被遷徙到洛陽。

評曰：易稱「正家而天下定❶」。詩云：「刑于寡妻，至于兄弟，以御于家邦❷。」誠哉，是言也！遠觀齊桓❸，近察孫權，皆有識士之明，傑人之志，而嫡庶不分，閨庭❹錯亂，遺笑古今，殃流後嗣。由是論之，惟以道義為心、平一為主者，然後克免斯累❺邪！

【章　旨】以上是陳壽的評論，闡述了治國與治家的關係。

【注　釋】❶正家而天下定　此語出自《周易・家人卦》的〈彖辭〉。❷刑于寡妻三句　語出《詩經・思齊》，意思是給妻子兄弟作出榜樣，來治理家和國。❸齊桓　春秋時齊國國君，五霸之一。在位期間任用管仲等人進行政治、軍事改革，使齊國成為當時的強國。以「尊王攘夷」為號，勤王平亂，北伐山戎，南抑強楚，稱霸天下。詳見《史記・齊太公世家》。❹閨庭　指後宮。❺克免斯累　能夠免除這方面的弊病。克，能夠。累，弊病。

【語　譯】評論說：《周易》說「治理好家庭而後天下安定」。《詩經》也說：「給妻子作出榜樣，再推及兄弟，以此來治理國家。」正確啊，這些話！遠的看齊桓公，近的看孫權，他們都有識別人才的英明，英雄豪傑的志向，然而在治家時卻嫡庶不分，後宮混亂，從而貽笑古今，殃及後代。由此說來，只有心存道義，做事公平，一視同仁，才能避免這方面的弊病啊！

【研　析】陳壽說孫權雖有治國的才能，但卻治家無方，家庭關係一片混亂，不僅為古往今來的歷史留下笑柄，也為後代留下禍殃。陳壽說的的確很對，讓我們用史實印證一下陳壽的論斷。

孫權有七個兒子，長子孫登被立為太子。但孫登沒有來得及即位就死了，他的弟弟孫慮也早在嘉禾元年（西元二三二年）死去，孫權只得立其第三個兒子孫和為太子。孫權雖立孫和，但又十分寵愛第四子孫霸，封他為魯王。孫霸恃寵與孫和對立，謀奪太子之位，朝中大臣也因此分成兩派。丞相陸遜、大將軍諸葛恪、太常顧譚、驃騎將軍朱據、會稽太守滕胤、大都督施績、尚書丁密等人支持太子孫和，而驃騎將軍步騭、鎮南將軍呂岱、大司馬全琮、左將軍呂據、中書令孫弘以及全寄、楊竺等人黨附孫霸。

孫和的生母王夫人與全公主魯班有矛盾，一次孫權有病，派太子孫和到廟中求神。孫和妃子的叔父張休家離廟不遠，因此孫和順便去張休家看望。不料全公主早已派人在後面暗中監視，當她知道後，就在孫權面前說太子未去廟中祠祭，而是去了妃子家。又說王夫人聽說孫權有病，不但不憂，反而面有喜色。孫權聽此大怒，漸漸的產生廢掉太子之意。太子孫和日益失寵，魯王孫霸加緊了爭奪太子之位的活動。孫霸黨羽楊竺拜見孫權，盛讚孫霸有文武才幹，應該為太子，於是孫權答應改立孫霸為太子。二人的談話恰巧被一個侍者全部聽見，並把一切告訴了太子孫和。這時陸遜的族子陸胤要到武昌去見陸遜，來向孫和辭行。孫和並未召見他，而是換上便服悄悄來到陸胤的車中，把孫權的決定告訴陸胤，請他幫忙轉告陸遜。正在武昌的陸遜聽到這個消息，立即連上了三四道奏摺，說：「太子是正統，應有磐石之固，不能輕易變動。魯王是藩臣，與太子應有差別，只有這樣，上下才能獲得平安。」並要求回到首都面諫孫權。孫權見祕密已經公開，乾脆下令廢掉太子孫和，並流放了孫和的親信顧譚、顧承、姚信，誅殺了太子傅吾粲，陸遜也憂憤致死。不久，由於詆毀太子孫和的真相大白，孫霸也被賜死，其黨羽全寄、吳安、孫奇等人全被誅滅。

太子、魯王之爭以雙方的毀滅而告結束，但它對孫吳的政治產生了嚴重的影響。朝中的派別並沒有消弭，一些大臣因這個事件被牽連進去，使吳國的政治力量受到削弱。由於太子被廢，魯王賜死，孫權不得不選少子孫亮為繼承人。孫亮即位時年僅十歲。孫權臨死時見孫亮年幼，便詔大將軍諸葛恪、中書令孫弘、太常滕胤、將軍呂據、侍中孫峻等「屬以後事」。但這些人在太子之爭時就是兩派，尤其是孫弘，一向與諸葛恪不和，孫權剛死，他就想矯詔殺死諸葛恪。諸葛恪聯合孫峻，先下手除掉孫弘，掌握了朝中大權。以後，孫峻又利用諸葛恪漸失民心的機會殺死他，代其輔政。孫峻輔政，孫吳的政治更加糟糕，史載孫峻「素無重名，驕矜險害，多所刑殺，百姓嚣然。又姦亂宮人，與公主魯班私通」。孫峻死後，其族弟孫綝接替了他。孫綝「負貴倨傲，多行無禮」，不久便廢掉孫亮，另立孫休。孫綝重權在握，「一門五侯，皆典禁兵，權傾人主，自吳國朝臣未嘗有也」。皇帝孫休自然不能忍受，永安元年（西元二五八年）年底，利用臘會之機將孫綝殺死。從孫權晚期到孫晧即位，孫吳的政治形勢始終是動盪不安的。（梁滿倉注譯）

卷五十一 吳書六

宗室傳第六

【題解】本卷是孫吳宗室人物的傳記，傳主為孫堅之弟孫靜，孫堅之姪孫賁、孫輔，孫權之弟孫翊、孫匡，因改姓而列為孫氏宗室的孫河之姪孫韶、孫河之子孫桓。對傳主後人在吳國統治時期有重要影響的人物也在傳主之後作了記述。從中我們可以了解孫吳利用宗室勢力鞏固皇權的企圖及其特徵。當然，本卷並沒有記錄全部有影響的孫氏人物，要全面了解孫氏人物在吳國政治上的作用還應參讀本書卷五十九〈吳主五子傳〉及卷六十四〈孫峻傳〉、〈孫綝傳〉。

孫靜，字幼臺，堅季弟❶也。堅始舉事❷，靜糾合鄉曲❸及宗室五六百人以為保障❹，眾咸附焉。策破劉繇❺，定諸縣，進攻會稽❻，遣人請靜，靜將家屬與策會于錢唐❼。是時太守王朗❽拒策於固陵❾，策數度水戰，不能克。靜說策曰：「朗負阻城守❿，難可卒⓫拔。查瀆南去⓬此數十里，而道之要徑也，宜從彼據其內，所謂攻其無備、出其不意者也。吾當自帥眾為軍前隊，破之必矣。」策曰：「善。」乃詐令軍中曰：「頃連雨水濁，兵飲之多腹痛，令促具⑬甖缶數百口澄水。」至昏暮，四維⑭然⑮火誑朗，便分軍夜投查瀆道，襲高遷屯。朗大驚，遣故丹陽太守周昕等帥兵前戰。策破昕等，斬之，遂定會稽。表拜⑯靜為奮武校尉⑰，欲授之重任，靜戀墳墓宗族，不樂出仕，求留鎮守。策從之。權統事⑱，就遷⑲昭義中郎將⑳，終於家。有五子，暠、瑜、皎、奐、謙。暠三子：綽、超、恭。超為偏將軍。恭生峻。綽生綝。

【章旨】以上為〈孫靜傳〉，敘述孫堅三弟孫靜在漢末於家鄉糾聚宗族武裝，以及他在孫策平定江東時的軍事貢獻，為其後代在吳國軍事與政治中發揮重要影響埋下伏筆。

【注釋】❶季弟　三弟。古人稱兄弟排行，老大為伯，次為仲，三為季。❷堅始舉事　據本書卷四十六〈孫堅傳〉，當指東漢中平元年（西元一八四年）黃巾軍起事以後，會稽人利用宗教起事，自稱陽明皇帝，孫堅以郡司馬之職，招募兵士平亂之事。❸鄉曲　鄉里；鄉親。❹為保障　修築防禦工事，聚眾自保。障，小型防禦設施。❺劉繇　字正禮，東萊牟平（今山東牟平）人，舉孝廉，為郎中，出任下邑縣長，因拒絕按權貴旨意辦事而棄官。漢末戰亂，避居淮南，漢朝廷任命他為揚州刺史，先後與袁術、孫策交戰，敗歸丹徒，年四十二病死。❻會稽　郡名。治所在今浙江紹興。❼錢唐　縣名。治所在今浙江杭州西。❽王朗　字景興，東海郯（今山東郯城）人。漢末以通經學入仕，任菑丘長。後隨陶謙，升任會稽太守，孫策率部過江奪取會稽，王朗戰敗失守，曹操隨即上表漢獻帝，以諫議大夫召至許昌，參曹操軍事。三國魏時，位至司徒，封蘭陵侯，死諡成侯。注《易》、《春秋》、《孝經》、《周禮》諸書，後散佚。❾固陵　城邑名。故址在今浙江蕭山西北西興鎮。據稱戰國時越國范蠡築城於錢塘江邊，言可以固守，因稱固陵。❿負阻城守　依託險阻，據城而守。⓫卒　通「猝」。倉促。⓬去相距。⑬促具　立即準備好。⑭四維　四面。宋本作「羅」。⑮然　通「燃」。「然」字上宋本有「以」字。⑯表拜　上表朝廷請求任命。⑰奮武校尉　武官名。漢朝軍事體系中，校尉為將軍下一級武官，秩比二千石。奮武校尉為孫策時所設，孫靜、魯肅曾任其職。⑱權統事　東漢建安五年（西元二〇〇年），孫策遇刺身亡，弟孫權受囑繼統江東之眾。⑲就遷　派人前往任命。⑳昭義中郎將　武官名。漢代中郎將屬中央禁軍羽林、虎賁的高級將秩二千石，領級別低於將軍，昭義中郎將為孫權置，孫靜、顧承、吾粲曾任其職。

【語　譯】 孫靜，字幼臺，是孫堅最小的弟弟。孫堅當初起事時，孫靜聚集鄉親及同族五、六百人修築防禦設施以自保，大家都依附他。孫策打敗劉繇，平定各縣，進軍攻打會稽，派人去請孫靜，孫靜帶著家屬與孫策相會於錢唐。當時會稽太守王朗在固陵抵禦孫策，孫策多次渡河和他交戰，都不能取勝。孫靜勸孫策說：「王朗倚險守城，難以在短時間內取勝。查瀆距此以南幾十里，是一條要道，我們應從那裏占據會稽後方，這就是所謂攻其無備，出其不意。我當親自率眾作為前鋒，一定能攻破王朗。」孫策說：「好。」於是下達一道假命令說：「最近接連下雨水源渾濁，兵士們飲用後大多腹痛，命令趕緊準備幾百口大缸來澄清濁水。」到天黑時，將大缸排列起來，四面點上火炬欺騙王朗，於是分派軍隊奔赴查瀆的道路，襲擊高遷屯。王朗大驚，派曾任丹陽太守的周昕等人領兵前去迎戰。孫策打敗了周昕等人，斬殺了周昕，於是平定了會稽郡。孫策上表任命孫靜為奮武校尉，打算委以重任。孫靜留戀祖墳和族人，不樂意出來做官，請求留守家鄉。孫策順從了他。孫權主事時，派人前去任命他為昭義中郎將，後死於家中。孫靜有五個兒子，孫暠、孫瑜、孫皎、孫奐和孫謙。孫暠有三個兒子，孫綽、孫超、孫恭。孫超任偏將軍。孫恭生子孫峻。孫綽生子孫綝。

瑜字仲異，以恭義校尉❶始領兵眾。是時賓客諸將❷多江西❸人，瑜虛心綏撫❹，得其歡心。建安九年❺，領丹陽❻太守，為眾所附，至萬餘人。加綏遠將軍❼。

十一年，與周瑜❽共討麻、保二屯❾，破之。後從權拒曹公於濡須❿，權欲交戰，瑜說權持重，權不從，軍果無功。遷奮威將軍⓫，領郡如故，自溧陽⓬徙屯牛渚⓭。瑜以永安⓮人饒助為襄安⓯長，無錫人顏連為居巢⓰長，使招納廬江⓱二郡，各得降附。濟陰⓲人馬普篤學好古，瑜厚禮之，使二府將吏⓳子弟數百人就受業，遂立學官，臨饗講肄⓴。是時諸將皆以軍務為事，而瑜好樂墳典㉑，雖在戎旅，誦聲不絕。年三十九，建安二十年卒。瑜五子：彌、熙、燿、曼、紘。曼至將軍，封侯。

【章旨】以上為〈孫瑜傳〉，敘述孫靜之子孫瑜事跡。

【注釋】❶恭義校尉　武官名。孫權所置名號校尉之一，僅孫瑜曾任其職。❷賓客諸將　漢末北方政局動盪，許多淮南江北地區的人逃至江南，孫策、孫權兄弟初統江東，其中一些人受其任命，為諸將，暫時處於觀望狀態者稱為賓客。❸江西　長江大體東流，至今安徽蕪湖附近折而向北，呈南北流向，漢唐間將此段長江以東的地區，即今皖南、蘇南、浙江等地稱為江東，而將皖北及湖北東北部部分地區稱為江西。❹綏撫　安撫。❺建安九年　西元二〇四年。建安，東漢獻帝劉協年號，西元一九六—二二〇年。❻丹陽　亦作「丹楊」，郡名。治所在今安徽宣州。❼綏遠將軍　孫權所置名號將軍之一，孫瑜、張昭、陸凱曾任其職。後世至清朝，亦有其名號。❽周瑜　字公瑾，廬江舒（今安徽廬江縣西）人，與孫策同歲，出身士族，佐策定江東，為建威中郎將。策卒，輔佐孫權，任前部大都督。東漢建安十三年（西元二〇八年），在赤壁大敗曹操軍隊。事見本書卷五十四〈周瑜傳〉。❾麻保二屯　村屯名。麻保即蒲圻口，又稱蒲磯口、刀環口，俗稱陸溪口，地在今湖北嘉魚西南陸水入長江處。保屯地當今湖北蒲圻北。後為吳國軍事重鎮。❿拒曹公於濡須　事在東漢建安十八年（西元二一三年）春，時曹操親自率軍越過巢湖至皖北長江邊，試圖遏止孫權軍隊在淮南的擴張。濡須，地名。又稱濡須口、濡須城、濡須塢，源出今安徽巢湖市西巢湖的濡須水入長江處。此水為古代江淮間重要通道，建安十七年（西元二一二年），孫權令於此築城駐軍，以拒曹操。亦是後來吳國的軍事重鎮之一。⓫奮威將軍　西漢元帝時始置之名號將軍，東漢及三國魏、蜀、吳均有設置。⓬溧陽　縣名。以在溧水之南（陽）得名，治所在今江蘇溧陽西北。⓭牛渚　地名。在今安徽當塗西北十公里的長江邊，其地山勢突出江中，稱作牛渚圻，山北稱作采石或采石磯，自古為大江南北重要渡口，亦是南北衝突中軍事上必爭之地。⓮永安　縣名。治所在今浙江德清西北。⓯襄安　縣名。治所在今安徽無為南。⓰居巢　縣名。「巢」亦作「鄛」，治所在今安徽巢湖市東北。⓱廬江　郡名。漢治所在今安徽廬江縣西南。三國魏、吳於境內各置廬江郡，魏治所在今安徽六安北，吳治所在今安徽潛山縣。⓲濟陰　郡國名。治所在今山東定陶西北。⓳二府將吏　其時孫瑜任奮威將軍、丹陽太守，二府將吏指奮威將軍府所統將領與丹陽郡府所統屬吏。⓴臨饗講肄　親自到廟堂講習學問。饗，祭祀或宴集的廟堂。肄，檢查。㉑墳典　書籍經典。傳說華夏最古的典籍名「三墳」，後世因以墳典指稱書籍。

【語　譯】孫瑜，字仲異，以恭義校尉的身分開始率領兵眾。當時孫氏的賓客和將領大多是長江西面的人，孫瑜對他們虛心安撫，使他們都樂於效命。建安九年，兼任丹陽太守，被眾人所依附，達到一萬多人。加授綏遠將軍。建安十一年，孫瑜和周瑜一同討伐麻、保二屯，打敗了麻、保二屯守軍。此後又跟隨孫權在濡須抗擊曹公。孫權想要交戰，孫瑜勸他持成穩重，孫權不聽，軍隊果真無功而返。升任奮威將軍，仍兼任丹陽郡太守，從溧陽移駐到牛渚。孫瑜任用永安人饒助為襄安縣長，無錫人顏連為居巢縣長，讓他們招納廬江兩郡百姓，各自得到一些降附民眾。濟陰人馬普勤於學問好讀古書，孫瑜以厚禮對待他，讓二府官吏的子弟幾百人跟隨他學習，於是開設學官，孫瑜親臨祭祀的廟堂講習學業。當時所有將領都專心軍務，而孫瑜卻喜讀古代典籍，雖在軍旅，誦讀不止。建安二十年去世，享年三十九歲。孫瑜有五個兒子：孫彌、孫熙、孫燿、孫曼、孫紘。孫曼官至將軍，封侯。

孫皎，字叔朗，始拜護軍校尉❶，領眾二千餘人。是時曹公數出濡須，皎每赴拒，號為精銳。遷都護征虜將軍❷，代程普❸督夏口❹。黃蓋❺及兄瑜卒，又并其軍。賜沙羨、雲杜、南新市、竟陵為奉邑❻，自置長吏。輕財能施，善於交結，與諸葛瑾❼至厚❽，委廬江劉靖以得失❾，江夏❿李允以眾事，廣陵⓫吳碩、河南⓬張梁以軍旅，而傾心親待，莫不自盡⓭。皎嘗遣兵候⓮獲魏邊將吏美女以進皎，皎更其衣服送還之，下令曰：「今所誅者曹氏，其百姓何罪？自今以往，不得擊其老弱。」由是江淮間多歸附者。嘗以小故與甘寧⓯忿爭，或以諫寧，寧曰：「臣子一例⓰，征虜雖公子⓱，何可專行侮人邪！吾值明主，但當輸效力命⓲，以報所天⓳，誠不能隨俗屈曲矣。」權聞之，以書讓⓴皎曰：「自吾與北方為敵，中間十年，初時相持年小㉑，今者且㉒三十矣。孔子言『三十而立』，非但謂五經也。授卿以精兵，委卿以大任，都護諸將於千里之外，欲使如楚任昭奚恤㉓，揚威於北境，非徒相使逞私志而已。近聞卿與甘興霸飲，因酒發作㉔，侵陵其人，其人求屬呂蒙督中㉕。此人雖麤豪，有不如人意時，然其較略㉖大丈夫也。吾親之者，非私之也。吾親愛之，卿疏憎之，卿所為每與吾違，其可久乎？夫居敬而行簡，可以臨民；愛人多容，可以得眾㉗。二者尚不能知，安可董督㉘在遠，禦寇濟難㉙乎？卿行長大㉚，特受重任，上有遠方瞻望之視㉛，下有部曲㉜朝夕從事，何可恣意有盛怒邪？人誰無過，貴其能改，宜追前愆㉝，深自咎責。今故煩諸葛子瑜㉞重宣吾意。臨書摧愴，心悲淚下。」皎得書，上疏陳謝，遂與寧結厚。後呂蒙當襲南郡㉟，權欲令皎與蒙為左右部大督，蒙說權曰：「若至尊以征虜能，宜用之；以蒙能，宜用蒙。昔周瑜、程普為左右部督，共攻江陵，雖事決於瑜，普自恃久將，且俱是督，遂共不睦，幾敗國事，此目前之戒也。」權寤㊱，謝蒙曰：「以卿為大督，命皎為後繼。」禽㊲關羽，定荊州，皎有力焉。建安二十四年㊳卒。權追錄其功，封子胤為丹陽侯。胤卒，無子。弟晞嗣，領兵，有罪自殺，國除㊴。弟咨、彌、儀皆將軍，封侯。咨羽林督，儀無難督㊵。咨為滕胤所殺，儀為孫峻所害。

【章旨】以上為〈孫皎傳〉，敘述孫靜之子、孫瑜之弟孫皎的事跡，通過孫皎與甘寧的矛盾以及呂蒙拒絕與孫皎分統部隊以襲關羽之事，反映孫權重用宗室人物引起的衝突。

【注釋】❶護軍校尉　孫氏所設雜號校尉之一。地位低於將軍。❷都護征虜將軍　都護，漢代始有其名號，漢末三國時各方均有設置，加其號者可指揮與其同級別的其他將軍。征虜將軍，東漢時始置名號將軍，秩中二千石，屬於高階將領。三國時各方均有設置。❸程普　字德謀，右北平土垠（今河北豐潤東南）人。初為州郡吏，後從孫堅征戰，孫堅死後隨孫策，孫策死後又從孫權，屢立戰功，身被創傷。為孫吳著名戰將，且年最長，時人稱之為程公。周瑜死後，代領南郡太守。詳見本書卷五十五〈程普傳〉。❹夏口　地名。又稱沔口、魯口，古稱長江支流漢水下游為夏水、沔水，夏口即其入江之處，地當今湖北武漢。後孫吳於此築城，置督防守，扼據要津，亦稱作夏口督。❺黃蓋　字公覆，零陵泉陵（今湖南零陵）人，初為郡吏，隨孫堅討董卓，後追隨孫策、孫權兄弟，歷任九縣令長，有治能。赤壁戰建議火攻有功，升任武鋒中郎將，病卒於武陵太守任上。詳見本書卷五十五〈黃蓋傳〉。❻賜沙羡雲杜句　沙羡，縣名。治所在今湖北武漢西南金口鎮。雲杜，縣名。治所在今湖北仙桃西北。南新市，縣名。治所在今湖北京山縣東北。竟陵，縣名。治所在今湖北天門西北。奉邑，孫權授予屬下重要軍事將領的一種特殊待遇，以一縣或數縣給予其人管理，自置官吏，收取賦稅。這實際上是漢代以郡或以縣為國的封侯者的待遇，但孫權稱帝前，按漢制無權授予侯爵，因而是對有大功的軍事將領一種臨時變通的獎勵辦法。❼諸葛瑾　字子瑜，琅邪陽都（今山東沂南南）人，諸葛亮之兄，漢末避亂江東，初為孫權賓客，後任孫權長史，從擊關羽，封宣城侯，綏南將軍領南郡太守。孫權為吳王、稱帝，他長期領兵鎮守公安，位至大將軍、左都護，領豫州牧。病卒。詳見本書卷五十二〈諸葛瑾傳〉。❽至厚　關係特別要好。❾委廬江劉靖句　讓劉靖負責自己有關政事處理的對錯。❿江夏　郡名。漢初置，治所在今湖北新洲西，後孫吳據其地，治所改遷至今湖北鄂州。⓫廣陵　郡名。治所在今江蘇揚州。⓬河南　郡名。治所在今河南洛陽東北。⓭自盡　竭盡全力。⓮遣兵候　派兵巡邏。候，巡邏。⓯甘寧　字興霸，巴郡臨江（今重慶市忠縣）人。孫吳著名將領，英勇善戰，戰功卓著。任西陵太守，折衝將軍。詳見本書卷五十五〈甘寧傳〉。⓰臣子一例　大臣與帝王之子地位相當。《史記・禮書》記，西漢初，諸王國自置長吏。景帝時，御史大夫鼂錯明於世務刑名，數干諫孝景曰：「諸侯藩輔，臣子一例，古今之制也。今大國專治異政，不稟京師，恐不可傳後。」⓱公子　公族之子，此指孫瑜與孫權為堂兄弟，屬於孫氏族人。⓲輸效力命　輸力效命，為之盡力，不惜獻出生命。⓳所天　尊上。古人子稱父、妻稱夫、臣稱君用之。⓴以書讓　寫信指責。書，信。讓，譴責；指責。㉑初時相持年小　最初與曹氏抗衡時，我年紀還小。按：建安五年（西元二〇〇年）孫權繼兄統眾時，年只十七歲。㉒且　將近。㉓昭奚恤　戰國時楚國將領，能文能武。楚宣王時，昭奚恤勇猛善戰，為北方諸侯所畏懼，楚因而強大。㉔發作　發怒。㉕求屬呂蒙督中　請求改隸呂蒙，受其指揮。㉖較略　大致；大體說來。㉗居敬而行簡四句　平時待人以禮，自我克制，才可以做長官號令他人；愛護別人，對別人的缺點多加寬容，才可以讓大家衷心擁戴。㉘董督　都督。董，都；總。㉙濟難　排除患難。濟，渡水，此指度過難關。㉚行長大　即將長大成人。行，即將；行將。㉛遠方瞻望之視　遠方有我（孫權）殷切的期望。㉜部曲　兵士。漢代軍隊編制，將軍之下分部，部下有曲，曲下為屯，漢末及魏晉南北朝時，習以部曲合稱以指兵士。㉝前愆　先前的過失。愆，過失；小罪責。㉞諸葛子瑜　諸葛瑾。㉟南郡　郡名。漢代治所在今湖北江陵。孫吳時移治今湖北公安。㊱寤　醒悟。㊲禽　通「擒」。㊳建安二十四年　西元二一九年。

建安，東漢獻帝劉協年號，西元一九六—二二〇年。㊴國除　廢除其丹陽侯爵。漢代王、侯封地以郡或縣為封地，均稱為國，即王國、侯國，其地治民長官稱相。㊵無難督　孫權立解煩、無難二軍，作為精銳禁衛部隊，長官為督。

【語　譯】孫皎，字叔朗，最初任護軍校尉，統領兵眾二千餘人。當時曹公多次出兵濡須，孫皎每每趕赴抵禦，號稱精銳部隊。升任都護征虜將軍，代替程普鎮守夏口。黃蓋和他的兄長孫瑜死後，又兼併了二人的軍隊。孫權賜他沙羨、雲杜、南新市和竟陵四縣當做奉邑，自行任命四縣的官吏。他輕視財物，能夠施捨，善於交結友朋，和諸葛瑾關係尤其深厚。委由廬江人劉靖負責指出施政得失，讓江夏人李允辦理日常事務，廣陵人吳碩、河南人張梁主持軍務，誠心誠意的對待他們，使他們無不盡心盡職。孫皎曾派兵巡邏，他們捕獲了曹魏邊疆將領與官吏的美貌姑娘，獻給孫皎。孫皎為她們更換了衣服，將她們送還，下令說：「現今我們要誅滅的是曹氏，他的老百姓有什麼罪過呢？從今以後，不許攻擊他們的老弱。」因此江淮間有很多人前來歸附。孫皎曾因為一點小事與甘寧氣憤爭執，有人勸阻甘寧，甘寧說：「臣下與子姪都是一樣的，征虜將軍雖是公子，也不能獨斷專行欺侮人啊！我遇到明主，只有效命盡力，以報答主上，實在不能隨從流俗委曲求全。」孫權聽說後，寫信責備孫皎：「自從我和北方為敵以來，中間過了十年。起初與曹氏抗衡時我還年輕，現在已將近三十歲了。孔子說：『三十而立。』並非只適用於儒家五經。授予你精兵，委你以重任，讓你在千里之外統領諸將，是打算像楚宣王任用昭奚恤一樣，讓你揚威於北境，不是為了滿足你的私情而已。最近我聽說你與甘興霸喝酒，因酒力發作，冒犯侮辱他，現在他要求改歸呂蒙統領。這人雖然粗豪，有時不如人意，但基本上還是個大丈夫。我喜歡他，不是因為什麼私情。我喜愛親近他，你卻疏遠嫌惡他，你所作的常與我相反，難道可以長久嗎？對人恭敬，對己約束，才可以治理百姓；愛人多予寬容，才可以得人心。這兩點你尚且不懂，怎麼可以在遠方統領軍隊，抵禦敵人度過難關呢？你快要長大成人了，特別受到重用，上有我殷切的期盼，下有部屬朝夕跟隨共事，你怎能不加節制而大發雷霆呢？人誰沒有過錯，貴在能改。你應當追悔所犯的錯誤，深加自責。今特煩請諸葛子瑜鄭重的說明我的想法。當我寫這封信時，悲傷摧心，潸然淚下。」

孫皎接到信函，上書自陳過錯，於是和甘寧結為好友。後來呂蒙要進攻南郡，孫權想叫孫皎和呂蒙分別為左右兩部的大都督。呂蒙勸孫權說：「您如果認為征虜將軍可以勝任，就應該任用他；如果認為我可以勝任，就應該任用我。過去周瑜、程普為左右兩部的統帥，共同進攻江陵，雖然由周瑜決策，但程普自恃是老帥，而且都是大都督，於是彼此不和，幾乎壞了國家大事。這是我們眼見的教訓。」孫權醒悟，向呂蒙道歉說：「就由你出任大都督，孫皎率軍後援。」擒殺關羽，攻克荊州，孫皎都立了功。建安二十四年去世。孫權追念他的功勳，封他的兒子孫胤為丹陽侯。孫胤去世，沒有子嗣，弟弟孫晞繼承爵位，統領軍隊，因犯罪而自殺，封國被廢除。孫皎的弟弟孫咨、孫彌、孫儀都是將軍，封為侯爵。孫咨任羽林督，孫儀任無難督。孫咨被滕胤所殺，孫儀被孫峻所害。

孫奐，字季明。兄皎既卒，代統其眾，以揚武中郎將領江夏太守。在事一年，遵皎舊迹❶，禮劉靖、李允、吳碩、張梁及江夏閭舉等，並納其善。奐訥於造次而敏於當官❷，軍民稱之。黃武五年❸，權攻石陽❹，奐以地主❺，使所部將軍鮮于丹帥五千人先斷淮道，自帥吳碩、張梁五千人為軍前鋒，降高城❻，得三將。大軍引還❼，權詔使在前住，駕過❽其軍，見奐軍陣整齊，權歎曰：「初吾憂其遲鈍，今治軍，諸將少能及者，吾無憂矣。」拜揚威將軍，封沙羨侯。吳碩、張梁皆裨將軍❾，賜爵關內侯❿。奐亦愛樂儒生，復命部曲子弟就業⓫，後仕進朝廷⓬者數十人。年四十，嘉禾三年⓭卒。子承嗣，以昭武中郎將代統兵，領郡⓮。赤烏六年⑮卒，無子，封承庶弟⑯壹奉奐後，襲業為將。孫峻之誅諸葛恪⑰也，壹與全熙⑱、施績⑲攻恪弟公安督⑳融，融自殺。壹從鎮南遷鎮軍㉑，假節㉒督夏口。及孫綝誅滕胤㉓、呂據㉔，據、胤皆壹之妹夫也，壹弟封又知胤、據謀，自殺。綝遣朱異㉕潛襲壹。異至武昌㉖，壹知其攻己，率部曲千餘口過將胤妻奔魏。魏以壹為車騎將軍、儀同三司㉗，封吳侯，以故主芳㉘貴人㉙邢氏妻之。邢美色妒忌，下不堪命，遂共殺壹及邢氏。壹入魏三年死㉚。

【章　旨】以上為〈孫奐傳〉，敘述孫靜之子、孫瑜、孫皎之弟孫奐的事跡，以及孫奐後代在孫綝執政時被誅殺的情況。

【注　釋】❶遵皎舊迹　遵照孫皎先前的治理與用人方式。❷訥於造次句　訥，原意為言語遲鈍，此處指對於緊急情況的應對能力差。造次，倉促；急遽。敏於當官，對職責內的事處理得很好。❸黃武五年　西元二二六年。黃武，吳王孫權年號，西元二二二—二二九年。❹石陽　縣名。治所在今湖北應城東南。❺地主　孫奐代使孫皎為夏口督，石陽屬於夏口督的軍事活動區，故稱地主。❻高城　聚落名。位於今湖北松滋南。❼引還　退還。引，退。❽駕過　親自經過。古以車駕代指皇帝。❾裨將軍　漢代軍制，將軍下有偏將軍、裨將軍。裨將軍意為副將軍、小將軍。❿關內侯　漢代制度，軍功二十等爵中，第十九級為關內侯，有封戶，無固定封地。⓫就業　跟隨讀書。⓬仕進朝廷　任官經升遷進入中央當官。⓭嘉禾三年　西元二三四年。嘉禾，吳大帝孫權年號，西元二三二—二三八年。⓮領郡　即繼任江夏太守之職。⓯赤烏六年　西元二四三年。赤烏，吳大帝孫權年號，西元二三八—二五一年。⓰庶弟　異母所生弟，妾所生子為庶子。⓱諸葛恪　字元遜，琅邪陽都（今山東沂南南）人。初任孫吳騎都尉，討伐山越有功。丞相陸遜去世後，遷大將軍，駐武昌，代領荊州事。孫亮繼位後拜太傅，總攬朝政。興利除弊，革新內外，一時民心大悅。後因功驕傲，窮兵黷武，遂致上下愁怨，後被孫峻所殺。詳見本書卷六十四〈諸葛恪傳〉。⑱全熙　吳郡錢唐（今浙江杭州）人，孫權夫人全氏族人，因全氏受寵而為將，駐守荊州境內。吳太平二年（西元二五七年），孫峻誅殺執政諸葛恪，全氏因附從諸葛恪，多逃亡至魏，全熙逃亡不成，被處死。⑲施績　即朱績，其父朱然從施氏過繼給孫吳創業功臣朱治為子，從姓朱，其子績上表朝廷復姓為施。事略見本書卷五十六朱然附傳。⑳公安督　孫吳沿江置督，分區防禦北方，公安督為其一。駐地在今湖北公安。㉑從鎮南遷鎮軍　從鎮南將軍升為鎮軍將軍。二將軍號均起於東漢末，三國魏、蜀、吳均有設置。㉒假節　節為中央政府特派大員的標誌，漢代出使外國、將軍率軍出征及中央遣往地方辦理特殊事務者得持之。按西晉制度，假節者有權在軍事行動中不經上報而誅殺不聽號令的將士。㉓滕胤　字承嗣，北海劇（今山東昌樂）人。任孫吳丹陽、吳郡、會稽等郡太守，受孫權遺詔輔政，孫亮時任衛將軍、大司馬。後為孫峻所殺。詳見本書卷六十四〈滕胤傳〉。㉔呂據　字世議，汝南細陽（今安徽阜陽北）人，呂範次子，孫吳將領，數建軍功。後舉兵反孫綝，兵敗自殺。詳見本書卷六十五呂範附傳。㉕朱異　字季文，吳郡吳縣（今江蘇蘇州）人，朱桓之子，孫吳將領。詳見本書卷五十六朱桓附傳。㉖武昌　地名。在今湖北鄂州。㉗儀同三司　東漢時加於高級官員的一種表明政治待遇的名號。三司即太尉、司徒、司空等三公，儀同三司即享有與三公相似的排場與政治待遇。㉘故主芳　指曹芳。魏明帝子，繼為魏帝，被司馬懿廢為齊王，所以史書稱故主。㉙貴人　皇帝嬪妃名號之一。㉚壹入魏三年死　「三年」上原有「黃初」二字。孫壹奔魏，時在孫亮太平二年，即魏甘露二年。甘露四年十一月被婢殺害，見〈魏志‧高貴鄉公紀〉。「黃初」二字係衍文。

【語　譯】孫奐，字季明。兄孫皎死後，孫奐接替統領他的部眾，以揚武中郎將之職兼任江夏太守。在職的一年中，遵從孫皎舊規，禮遇劉靖、李允、吳碩、張梁和江夏人閭舉等人，同時接受他們的好意見。孫奐對突發事件處理遲鈍，但為官主政反應敏捷，士兵百姓都稱讚他。黃武五年，孫權進攻石陽，孫奐作為當地主帥，令部將鮮于丹率領五千人先行阻斷淮道，自己率領吳碩、張梁等五千人為大軍前鋒，攻克高城，俘獲敵軍三個將領。大軍撤兵還師，孫權命孫奐在前面停住，乘車從孫奐的軍前經過，看見孫奐部隊的軍容整齊，孫權讚嘆說：「開始我還擔心他遲鈍，現在看來治理軍隊，眾將中少有能趕上他的人，我不用擔心了。」任命他為揚威將軍，封為沙羨侯。吳碩、張梁也都被任命為裨將軍，賜關內侯爵。孫奐也喜歡親近讀書人，又讓部將子弟讀書學習，後來有數十人入朝為官。嘉禾三年去世，享年四十。兒子孫承繼承爵位，以昭武中郎將接替孫奐統領軍隊，兼任太守。孫承赤烏六年去世，沒有兒子，封他的異母弟孫壹為後嗣繼承爵位，承襲前代功業成為統兵將領。孫峻誅殺諸葛恪時，孫壹和全熙、施績進攻諸葛恪的弟弟、公安督諸葛融，諸葛融自殺。孫壹從鎮南將軍晉升為鎮軍將軍，假節，督統夏口軍務。等到孫綝誅殺滕胤、呂據，這兩人都是孫壹的妹夫，孫壹的弟弟孫豐又知道滕胤、呂據二人的計畫，因而自殺。孫綝派朱異偷襲孫壹。朱異到達武昌，孫壹知道他想攻打自己，便率領部下一千餘人，帶著滕胤的妻子投奔曹魏。曹魏任命孫壹為車騎將軍、儀同三司，封為吳侯，把故主曹芳的貴人邢氏嫁給他作妻子。邢氏貌美而好妒，下面的人無法忍受，於是一同殺死了孫壹和邢氏。孫壹入魏三年後就死了。

孫賁，字伯陽。父羌字聖臺❶，堅同產兄❷也。賁早失二親，弟輔嬰孩❸，賁自贍育，友愛甚篤。為郡督郵守長❹。堅於長沙舉義兵❺，賁去吏❻從征伐。堅薨，賁攝帥餘眾，扶送靈柩。後袁術徙壽春❼，賁又依之。術從兄紹用會稽周昂為九江❽太守，紹與術不協❾，術遣賁攻破昂於陰陵❿。術表賁領豫州刺史，轉丹陽都尉，行⓫征虜將軍，討平山越⓬。為揚州刺史劉繇所迫逐，因將士眾還住歷陽⓭。頃之，術復使賁與吳景⓮共擊樊能、張英等，未能拔。及策東渡，助賁、景破英、能等，遂進擊劉繇。繇走豫章⓯。策遣賁、景還壽春報術，值術僭號⓰，署置百官，除賁九江太守。賁不就，棄妻孥⓱還江南。時策已平吳、會二郡，賁與策征廬江太守劉勳⓲、江夏太守黃祖⓳，軍旋⓴，聞繇病死，過定豫章，上㉑賁領太守，後封都亭侯㉒。建安十三年㉓，使者㉔劉隱奉詔拜賁為征虜將軍，領郡如故。在官十一年卒。子鄰嗣。

【章旨】以上為〈孫賁傳〉，敘述孫堅之姪孫賁於漢末隨同孫堅征戰，及其在孫策、孫權兄弟控制江東時的任職情況。

【注釋】❶臺 原誤作「壹」。郝經《續漢書》作「臺」，據改。❷同產兄 同胞哥哥，同一個母親生的兄長。❸弟輔嬰孩 弟弟孫輔還是個嬰兒。孫輔，見本卷下文。❹郡督郵守長 任會稽郡督郵，代理縣長。督郵，官名。郡府對下屬各縣進行行政監察的人員。守，代理。漢制，大縣長官稱令，小縣稱長，官員未正式任職為守。❺堅於長沙舉義兵 指東漢初平元年（西元一九〇年）孫堅於長沙太守任上，奉盟主袁紹號令，率眾北上參加關東牧守聯軍進攻董卓。❻去吏 棄官。❼壽春 縣名。治所在今安徽壽縣。❽九江 郡名。治所在今安徽壽縣。❾不協 不和。❿陰陵 縣名。治所在今安徽定遠西北。⓫行 代理，未經朝廷正式任命。⓬山越 意為山中之越人。先秦時，居住在今淮河以南安徽、江蘇、浙江、福建及兩廣地區的族羣，被中原華夏族人總稱為越人，春秋、戰國時的吳國、越國先後興起並接受華夏文化，漢代這些地區的華夏化更為深入，但今福建、浙江及江西毗鄰地區的山地中，居民的語言、習俗在漢末仍與華夏人有別，被稱為山越。官府亦未能有效的實施行政管理。孫策及孫權時，在這些地區廣設郡、縣行政機構，強化管理，並不斷派兵對不服從管理者進行圍剿，將他們強行遷徙到易於控制的蘇南地區，編入軍隊或在軍隊監管下耕作，這成為孫吳政權擴大兵源的重要途徑。⓭歷陽 縣名。治所在今安徽和縣。⓮吳景 孫策之舅，時任丹陽太守。⓯走豫章 逃到豫章。豫章，今江西南昌。⓰僭號 稱帝。⓱妻孥 妻子與子女。⓲劉勳 字子臺，琅邪（今山東臨沂）人。漢末為廬江太守，依附割據揚州的袁術，稱雄一時，被孫策擊敗後，投奔故友曹操，任平虜將軍、封華鄉侯，屢犯法，又誹謗曹操，被處斬。⓳黃祖 漢獻帝初為江夏太守，依附於荊州牧劉表。東漢初平三年（西元一九二年），孫堅奉袁術之命進攻荊州，黃祖奉劉表之命拒之，部下軍士在襄陽峴山將孫堅射殺。孫權統事後，數次以報父仇為由進攻江夏，並藉機向長江中游擴展地盤。東漢建安十三年（西元二〇八年），孫權最終率軍攻占江夏，黃祖在逃跑途中被活捉而殺。⓴旋 回；還。㉑上 上表，請求朝廷任命。實際上是孫策自行任命，同時上報朝廷，做出忠於漢室的姿態。㉒都亭侯　東漢中後期，侯之封爵氾濫，常以一鄉、一亭之地作為封地，稱為亭侯。侯爵因而形成縣侯、鄉侯、亭侯的高低序列。亭為秦漢縣之下維持治安的機構，所管面積大致方圓十里地。都亭為縣治所在之亭，封都亭侯者地位高於亭侯。㉓建安十三年　西元二〇八年。建安，東漢獻帝劉協年號，西元一九六—二二〇年。㉔使者　指曹操控制的漢朝廷派出的使臣。

【語　譯】孫賁，字伯陽。父親孫羌，字聖臺，是孫堅的同母兄長。孫賁早年喪失雙親，弟弟孫輔還是個嬰兒，孫賁親自贍養他，兄弟友愛甚深。他曾任郡督郵並代理縣長。孫堅在長沙興起義兵，孫賁棄官隨從孫堅征戰。孫堅去世後，孫賁臨時統領餘部，護送孫堅的靈柩還鄉。後來袁術遷至壽春，孫賁又依附他。袁術的堂兄袁紹任用會稽人周昂為九江太守，而袁紹與袁術不和，袁術派孫賁在陰陵打敗了周昂。袁術上表讓孫賁兼任豫州刺史，改任丹陽都尉，代理征虜將軍，出征平定了山越。後受到揚州刺史劉繇的排擠和驅逐，於是率領將士又返回歷陽居住。不久，袁術又叫孫賁與吳景一起進攻樊能、張英等人，沒有攻克。等到孫策東向渡江，協助孫賁、吳景打敗了張英、樊能等人，於是進攻劉繇，劉繇逃往豫章。孫策派遣孫賁、吳景返回壽春向袁術彙報，時值袁術僭號稱帝，設置百官，任命孫賁為九江太守。孫賁沒有就任，丟下了妻子兒女回到江南。這時孫策已平定了吳、會稽二郡。孫賁與孫策一同進攻廬江太守劉勳、江夏太守黃祖，還師途中，聽說劉繇病死，順路平定了豫章，上報朝廷以孫賁兼任太守，後來封為都亭侯。建安十三年，使臣劉隱奉詔任命孫賁為征虜將軍，仍舊兼任太守。在任十一年後去世。兒子孫鄰承襲爵位。

鄰年九歲，代領豫章❶，進封都鄉侯❷。在郡垂❸二十年，討平叛賊，功績修理❹。召還武昌，為繞帳督❺。時太常❻潘濬❼掌荊州事，重安長❽陳留❾舒燮有罪下獄，濬嘗失❿燮，欲寘之於法。論者多為有言⓫，濬猶不釋。鄰謂濬曰：「舒伯膺兄弟爭死⑫，海內義之，以為美譚，仲膺又有奉國舊意。今君殺其子弟，若天下一統，青蓋北巡，中州士人必問仲膺繼嗣，答者云潘承明殺燮，於事何如？」濬意即解，燮用得濟⑬。鄰遷夏口沔中督、威遠將軍⑭，所居任職⑮。赤烏十二年⑯卒。子苗嗣。苗弟旅及叔父安、熙、績，皆歷列位⑰。

【章　旨】以上為〈孫鄰傳〉，敘述孫賁之子孫鄰在吳國前期的任官經歷，並交代孫賁其他幾個兒子的情況。

【注　釋】❶代領豫章　繼任豫章太守。❷進封都鄉侯　以都鄉為封邑的侯爵。都鄉，郡縣治所所在之鄉。孫鄰繼承父爵為都亭侯，鄉侯高於亭侯，故稱「進封」。參前「都亭侯」注。❸垂　將近。❹功績修理　功績很好，治理得不錯。修，美善。理，治。❺繞帳督　孫權所置禁衛武官之一。❻太常　秦漢以來「九卿」之一，掌朝廷禮儀，居眾卿之首。❼潘濬　字承明，武陵漢壽（今湖南漢壽）人。詳見本書卷六十一〈潘濬傳〉。❽重安長　重安縣長。重安，縣名。治所在今湖南衡陽。❾陳留　郡名。治所在今河南開封東南。❿嘗失　曾經有矛盾。⓫論者多為有言　討論的人大多為舒燮說話。⓬舒伯膺兄弟爭死　據《三國志》裴松之本條注引《博物志》，舒伯膺弟舒邵字仲膺，伯膺親友為人所殺，仲膺為之報仇，後官府追究，兄弟二人爭相伏罪，結果均被寬恕。⓭得濟　得以解脫。濟，渡河。此指免死，度過危難。⓮威遠將軍　孫吳始置之名號將軍。⓯所居任職　所任每一職務都稱職。⓰赤烏十二年　西元二四九年。赤烏，吳大帝孫權年號，西元二三八－二五一年。⓱列位　朝廷公卿。

【語　譯】孫鄰九歲的時候，代父兼任豫章郡守，進封為都鄉侯。在郡任職近二十年，討平叛賊，政績卓著。被召還武昌，擔任繞帳督。當時太常潘濬掌管荊州軍政事宜，重安縣長陳留人舒燮有罪入獄。潘濬曾與舒燮不和，打算處以刑法。議論的人大多為舒燮說話，潘濬仍無法釋懷。孫鄰對他說：「舒伯膺兄弟爭相去死，天下的人都認為他們很講義氣，傳為美談，舒仲膺又有獻身為國的舊情。現在你殺了他們的後代，將來天下統一，皇帝北往巡視，中原士大夫一定會打聽舒仲膺後人的消息。如果人們說是你潘承明殺了舒燮，情況會怎麼樣呢？」潘濬殺意頓消，舒燮因此得救。後來孫鄰官至夏口沔中督、威遠將軍。所擔任過的職務都很稱職。赤烏十二年去世。兒子孫苗繼承爵位。孫苗的弟弟孫旅、叔父孫安、孫熙、孫績等人，都歷任公卿。

1 孫輔，字國儀，賁弟也。以揚武校尉佐孫策平三郡❶。策討丹陽七縣❷，使輔西屯歷陽以拒袁術，并招誘餘民，鳩合遺散❸。又從策討陵陽❹，生得祖郎❺等。策西襲廬江太守劉勳，輔隨從，身先士卒，有功。策立輔為廬陵❻太守，撫定屬城❼，分置長吏。遷平南將軍，假節領交州❽刺史。遣使與曹公相聞，事覺，權幽繫❾之。數歲卒。子興、昭、偉、昕，皆歷列位。

【章　旨】以上為〈孫輔傳〉，敘述孫堅之姪、孫賁之弟孫輔的事跡。

【注　釋】❶三郡　指漢末江東吳、會稽、丹陽三郡。❷丹陽七縣　孫權時對江東郡縣新有劃分，並分丹陽置新都郡，所統七縣不詳，但大體以今皖南為主要轄區。❸鳩合遺散　招撫因戰亂流亡的百姓。鳩，通「糾」。❹陵陽　縣名。治所在今安徽太平西北。❺祖郎　東漢末今安徽涇縣一帶山民首領，曾拒擊孫策，後戰敗被俘，為孫策所用。❻廬陵　郡名。治所在今江西吉水縣東北。❼屬城　屬縣，即廬陵郡轄下各縣。❽交州　漢武帝「十三刺史部」之一，東漢建安八年（西元二〇三年）改刺史部為交州，治所在今廣東廣州。三國吳治所在今越南河內東北。❾幽繫　囚禁，特指未公開審理而加以軟禁。

【語　譯】孫輔，字國儀，是孫賁的弟弟。以揚武校尉的身分協助孫策平定三郡。孫策攻打丹陽七縣時，派孫輔西屯歷陽抵禦袁術，同時招徠安撫餘下的民眾，聚集流亡的百姓。又跟隨孫策征討陵陽，活捉祖郎等人。孫策西進攻打廬江太守劉勳，孫輔隨從，他身先士卒，立下戰功。孫策任命他做廬陵太守，安撫平定了所屬各縣，分別任命了各縣官吏。升任平南將軍，假節，代理交州刺史。後來派人與曹公互通消息，事情被發覺，孫權把他囚禁起來。幾年後去世。兒子孫興、孫昭、孫偉、孫昕，都歷任公卿。

孫翊，字叔弼，權弟也，驍悍果烈，有兄策風。太守朱治舉孝廉，司空辟❶。建安八年❷，以偏將軍領丹陽太守，時年二十。後卒❸為左右邊鴻所殺，鴻亦即誅。

2 子松為射聲校尉❹、都鄉侯。黃龍三年❺卒。蜀丞相諸葛亮與兄瑾書曰：「既受東朝❻厚遇，依依❼於子弟。又子喬❽良器，為之惻愴。見其所與亮器物，感用流涕。」其悼松如此，由亮養子喬❾咨述故云。

【章　旨】以上敘述了孫權之弟孫翊以及孫翊之子孫松的事跡。

【注　釋】❶司空辟　調任司空府屬官。辟，辟召。漢代制度，三公及高級長官可自行任命下屬官員，稱為辟召，又稱徵辟。司空，指當時漢朝司空曹操。❷建安八年　西元二〇八年。建安，東漢獻帝劉協年號，西元一九六—二二〇年。❸卒　通「猝」。倉促之際；突然。❹射聲校尉　漢武帝時始置，統宿衛兵，秩比二千石，屬中高級軍官。❺黃龍三年　西元二三一年。黃龍，吳大帝孫權年號，西元二二九—二三一年。❻東朝　指吳國。蜀漢與孫吳聯盟，雙方分別以西朝、東朝相稱。❼依依　戀戀不捨。《韓詩外傳》二：「其民依依，其行遲遲，其意好好。」❽子喬　孫松之字。❾亮養子喬　諸葛喬。原為諸葛亮兄諸葛瑾之子，諸葛亮當初無子，請加抱養，經孫權允許從吳西入蜀漢。二十五歲時死去。見本書卷三十五諸葛亮附傳。

【語　譯】孫翊，字叔弼，是孫權的弟弟。他勇猛果敢，有兄長孫策之風。太守朱治推舉他為孝廉，司空府徵辟他為屬官。建安八年，作為偏將軍兼任丹陽太守，當時他二十歲，後來突然被左右近身的一個叫邊鴻的人殺死了。邊鴻也立刻被處死。

2 兒子孫松任射聲校尉、封都鄉侯，黃龍三年去世。蜀國的丞相諸葛亮給他的哥哥諸葛瑾的信中說：「我受到吳國的厚待，因此對孫氏子弟依戀不捨。子喬是優秀人才，為之深感痛惜。每見到他送給我的東西，我就不禁傷感流淚。」諸葛亮這樣哀悼孫松，是由於諸葛亮養子諸葛喬向他讚嘆述說的緣故。

孫匡，字季佐，翊弟也。舉孝廉茂才❶，未試用❷，卒，時年二十餘。子泰，曹氏之甥也，為長水校尉❸。嘉禾三年❹，從權圍新城❺，中流矢死。泰子秀為前將軍、夏口督。秀公室❻至親，握❼兵在外，皓❽意不能平❾。建衡二年❿，皓遣何定將五千人至夏口獵。先是，民間僉言⓫秀當見圖⓬，而定遠獵，秀遂驚，夜將妻子親兵數百人奔晉。晉以秀為驃騎將軍、儀同三司，封會稽公。

【章旨】以上為〈孫匡傳〉，敘述孫權之弟孫匡及其後人的事跡。

【注釋】❶舉孝廉茂才 先被郡推薦為孝廉，後又被州舉薦為秀才。茂才，即秀才，東漢時避光武帝劉秀名改為茂才。❷未試用 未經考察認定並擔任官職。漢制，被推舉為孝廉，須試經義，被舉為秀才，須試策論，通過考試者方得為郎，並任以官職。❸長水校尉 漢武帝所置，為統領宿衛禁軍的中高級將領。❹嘉禾三年 西元二三四年。嘉禾，吳大帝孫權年號，西元二三二—二三八年。❺新城 合肥新城，地在今安徽合肥附近。❻公室 宗室；皇室。❼握 原作「提」，馮夢禎刻本作「握」，今據改。❽皓 孫吳末代皇帝孫皓。❾意不能平 心中對其不放心。❿建衡二年 西元二七〇年。建衡，吳末帝孫皓年號，西元二六九—二七一年。⓫僉言 眾言；都這樣說。⓬見圖 被人陰謀處死；被人設法暗算。

【語譯】孫匡，字季佐，是孫翊的弟弟。被舉薦為孝廉和茂才，未經試用就去世了，當時年齡二十多歲。兒子孫泰，是曹氏的外甥，任長水校尉。嘉禾三年，跟隨孫權圍攻新城，中流箭而死。孫泰的兒子孫秀任前將軍，夏口督。他是宗室至親，又統兵在外，孫皓對此感到心裏不安。建衡二年，孫皓派遣何定率五千人到夏口打獵。這之前，民間都傳言孫秀會遭暗算，何定遠出打獵，孫秀便心中驚恐，夜間帶著妻子兒女及數百親兵逃往晉國。晉朝任命他為驃騎將軍、儀同三司，封為會稽公。

1　孫韶，字公禮。伯父河，字伯海，本姓俞氏，亦吳人❶也。孫策愛之，賜姓為孫，列之屬籍❷。後為將軍，屯京城❸。

2　初，孫權殺吳郡太守盛憲，憲故孝廉❹媯覽、戴員亡匿山中，孫翊為丹陽，皆禮致之。覽為大都督督兵❺，員為郡丞❻。及翊遇害，河馳赴宛陵❼，責怒覽、員，以不能全權，令使姦變得施。二人議曰：「伯海與將軍疏遠，而責我乃耳。討虜❽若來，吾屬無遺矣。」遂殺河，使人北迎揚州刺史劉馥，令住歷陽，以丹陽應之。會翊帳下❾徐元、孫高、傅嬰等殺覽、員。

3　韶年十七，收河餘眾，繕治京城，起樓櫓❿，脩器備以禦敵。權聞亂，從椒丘⓫還，過定丹陽，引軍歸吳⓬。夜至京城下營⓭，試攻驚之，兵皆乘城⓮傳檄備警，讙聲動地，頗射外人⓯，權使曉喻乃止。明日見韶，甚器之，即拜承烈校尉，統河部曲，食曲阿⑯、丹徒⑰二縣，自置長吏，一如河舊。後為廣陵太守、偏將軍。權為吳王⑱，遷揚威將軍，封建德侯。權稱尊號⑲，為鎮北將軍。韶為邊將數十年，善養士卒，得其死力⑳。常以警疆埸㉑遠斥候㉒為務，先知動靜而為之備，故鮮有㉓負敗。青、徐、汝、沛㉔頗來歸附，淮南濱江屯侯㉕皆徹兵㉖遠徙，徐、泗、江、淮之地㉗，不居者各數百里。自權西征，還都武昌，韶不進見者十餘年㉘。權還建業，乃得朝覲。權問青、徐諸屯要害，遠近人馬眾寡，魏將帥姓名，盡具識之，有問咸對㉙。身長八尺，儀貌都雅㉚。權歡悅曰：「吾久不見公禮，不圖㉛進益㉜乃爾。」加領幽州牧㉝、假節。赤烏四年㉞卒。子越嗣，至右將軍㉟。越兄楷武衛大將軍㊱、臨成侯，代越為京下督㊲。楷弟異至領軍將軍㊳，奕宗正卿，恢武陵㊴太守。天璽元年㊵，徵楷為宮下鎮驃騎將軍㊶。初永安賊施但等劫皓弟謙㊷，襲建業，或白㊸楷二端㊹不即赴討者，皓數遣詰㊺楷。楷常惶怖，而卒㊻被召，遂將妻子親兵數百人歸晉，晉以為車騎將軍，封丹陽侯。

【章　旨】以上為〈孫韶傳〉，敘述孫河之姪孫韶的事跡，以及孫韶後人的情況。

【注　釋】❶吳人　吳郡人。❷列之屬籍　將其登記到孫氏家族的戶籍中。❸京城　又稱京口，今江蘇鎮江市。❹憲故孝廉　盛憲任郡太守時舉薦的孝廉。❺為大都督督兵　任大都督並統領丹陽郡的軍隊。❻郡丞　漢制，各郡太守下有丞，統管郡府眾事。❼宛陵　縣名。治所在今安徽宣城。❽討虜　指孫權，時經曹操表請，被漢朝任命為討虜將軍。❾帳下　將軍親兵；將軍府保衛人員。❿樓櫓　瞭望臺，用以觀察敵情。⓫椒丘　地名。在今江西新建東北。⓬吳　郡名。治所在今江蘇蘇州。⓭下營　紮營。⓮乘城　登上城牆。⓯外人　城外的人。⓰曲阿　縣名。治所在今江蘇丹陽。⓱丹徒　縣名。治所在今江蘇鎮江市東南。⓲權為吳王　孫權奪取荊州擊殺關羽後，為防劉備報仇，稱臣於曹氏。西元二二一年，魏文帝曹丕冊封孫權為吳王。⓳權稱尊號　孫權稱皇帝。⓴得其死力　願為之賣命。㉑警疆場　在疆境加強警備防範。疆場，邊境。㉒遠斥候　讓偵察巡邏人員到很遠的地方巡邏打探敵情。斥候，軍隊中負責偵察巡邏的人員。㉓鮮有　少有。㉔青徐汝沛　青州、徐州及汝南、沛郡兩郡，大致指今山東、江蘇淮河以北及河南東南部地區。㉕淮南濱江屯候　魏國在淮河沿江的屯守與哨所。㉖徹兵　撤兵。徹，通「撤」。㉗徐泗江淮之地　指今沿淮南北地區。㉘自權西征三句　建安二十四年（西元二一九年）孫權自建業（今江蘇南京）沿江西進，督諸將擊殺關羽，奪取荊州，遂以武昌（今湖北鄂州）為都，至其黃龍元年（西元二二九年）稱帝後，還都建業。歷時十餘年。㉙有問咸對　所有問題都能很好的回答。有，原作「所」，今從宋本。㉚都雅　閒雅；文雅。㉛不圖　想不到。㉜進益　長進。㉝領幽州牧　漢代幽州地當今河北東北部及北京、天津市區及遼西等地，三國時魏亦如之，孫吳並未據有其地。西元二二九年六月，吳、蜀雙方再度結盟，約定共同對抗曹魏，並預分其境土，豫、青、徐、幽屬吳，故有幽州牧之虛置。㉞赤烏四年　西元二四一年。赤烏，吳大帝孫權年號，西元二三八—二五一年。㉟右將軍　漢代以來將軍名號之一，一般為禁衛武官。㊱武衛大將軍　僅見此例。三國魏、吳均有武衛將軍名號，屬禁軍將領。孫權授予孫留武衛大將軍之號，當屬特加優寵。㊲京下督　孫吳沿江置督，分區防禦，京下督駐京城，地在今江蘇鎮江市。㊳領軍將軍　三國魏所設高級武官，統領皇宮禁衛部隊。孫吳僅見此例，當屬孫吳後期仿魏而置。㊴武陵　郡名。治所在今湖南常德。㊵天璽元年　西元二七六年。天璽，吳末帝孫皓年號，西元二七六年。㊶宮下鎮驃騎將軍　任驃騎將軍掌管皇宮禁衛。本書卷六十五〈樓玄傳〉：「舊禁中主者自用親近人作之，或陳親密近識，宜用好人，皓因敕有司，求忠清之士，以應其選，遂用玄為宮下鎮禁中候，主殿中事。」宮下鎮當是孫皓為加強皇宮保衛而設立的軍事機構。㊷永安賊施但句　據《三國志・孫和傳》裴松之注引《吳曆》，孫謙為孫皓之弟，封永安侯。及孫皓統治殘暴，民不堪命，「吳興施但因民之不堪命，聚萬餘人，劫謙，將至秣陵，欲立之。」孫謙兵敗被殺。則此永安當屬吳興郡轄地。㊸或白　有人報告。㊹二端　形容猶豫不決，瞻前顧後的樣子。㊺遣詰　派人質問。㊻卒　通「猝」。突然。

【語　譯】孫韶，字公禮。伯父孫河，字伯海，本姓俞，也是吳郡人。孫策喜歡他，賜姓孫，列入孫氏的族譜中。後任將軍，駐守京城。

2 起初，孫權殺死了吳郡太守盛憲，盛憲任太守時所舉薦的孝廉媯覽、戴員出逃藏匿山中。孫翊任丹陽太守時，都以禮相待，讓他們前來。媯覽任大都督統兵，戴員為郡丞。到了孫翊遇害後，孫河馳赴宛陵，憤怒的責備媯覽和戴員，說他們沒有竭盡全力，致使奸賊叛亂得逞。媯覽、戴員二人商量說：「孫伯海與孫將軍關係疏遠，都如此怪罪我們。如果討虜將軍來了，我們將會沒命了。」於是殺死孫河，派人北迎揚州刺史劉馥，劉馥讓他們屯駐歷陽，利用丹陽進行策應。後來孫翊的部下徐元、孫高、傅嬰等人殺死了媯覽、戴員。

3 孫韶十七歲時，召集孫河餘部，整修京口城，起造瞭望臺，修繕兵器準備用來防禦敵人。孫權聽說發生變亂，從椒丘返回，順路平定丹陽，率軍返回吳郡，夜至京口城紮營，試探攻城，驚擾孫韶。城中士卒全都登城傳遞軍令守備警戒，呼聲動地，很多箭射向城外之人。孫權派人說明真相，這才平息下來。次日見到孫韶，孫權很是器重他，立即任命他為承烈校尉，統領孫河部曲，食曲阿、丹徒二縣賦稅，自行任命長吏，一切比照孫河舊例。後來出任廣陵太守，偏將軍。孫權做吳王時，升任揚威將軍，封為建德侯。孫權稱帝號，任鎮北將軍。孫韶任邊將數十年，善養士卒，將士們都願拼死效力。他時常注意邊境警戒，派偵察兵偵察敵情為要務，能預先了解敵人的動靜，早做準備，所以很少打敗仗。青、徐、汝、沛等州、郡不少人投奔他。曹魏在淮南、沿江一帶的軍營、哨所，都撤兵遠徙，徐、泗、江、淮地帶，不住人的地域各有幾百里。從孫權西征，到他還都武昌，孫韶有十多年未曾晉見孫權。孫權回到建業，他才得以朝見。孫權詢問青州、徐州各屯兵之地的關隘津要，遠近人馬多少，魏國將帥姓名，孫韶都瞭如指掌，有問必答。他身高八尺，儀表文雅。孫權高興的說：「我好久沒見到公禮，沒想到有這麼大的長進。」另外任命他兼領幽州牧，假節。孫韶於赤烏四年去世。兒子孫越承襲封爵，官至右將軍。孫越的哥哥孫楷任武衛大將軍、臨成侯，代替孫越為京下督。孫楷的弟弟孫異官至領軍將軍，孫奕為宗正卿，孫恢為武陵太守。天璽元年，孫楷被任命為宮下鎮驃騎將軍。起初永安賊寇施但劫持了孫皓的弟弟孫謙，襲擊建業，有人上告說孫楷當時觀望，未立即派兵征討，孫晧數次派人就此事質問孫楷。孫楷常感惶恐，突然接到召他進京任職的命令，於是帶著妻子和數百名親兵歸降晉國。晉國任他為車騎將軍，封為丹陽侯。

孫桓，字叔武，河之子也。年二十五，拜安東中郎將❶，與陸遜共拒劉備❷。備軍眾甚盛，彌山盈谷，桓投刀奮命❸，與遜勠力❹，備遂敗走。桓斬上夔道❺，截其徑要❻。備踰山越險，僅乃❼得免，忿恚❽歎曰：「吾昔初至京城，桓尚小兒，而今迫孤乃至此也！」桓以功拜建武將軍，封丹徒侯，下督牛渚，作橫江塢❾，會卒。

【章　旨】以上為〈孫桓傳〉，敘述孫河之子孫桓的事跡。

【注　釋】❶安東中郎將　漢制，中郎將為中央禁軍將領，秩比二千石，隸屬郎中令。安東中郎將為孫吳特設，僅孫桓曾任其職。❷與陸遜共拒劉備　西元二二一年七月，劉備率軍出三峽，進攻孫權，欲奪回荊州，報關羽之仇。孫權任命陸遜為大都督，率朱然、潘璋、韓當、徐盛、孫桓等部迎擊，於夷陵之戰大敗劉備。❸投刀奮命　揮刀拼殺。投，舉；揮。❹勠力　合力；齊心協力。❺斬上夔道　阻斷西上夔門的山路。斬，斷絕。夔，原誤作「兜」。❻截其徑要　阻截劉備退軍的要道。徑要，重要道路。❼僅乃　勉強；僥倖成功。❽忿恚　惱羞成怒；憤恨。❾橫江塢　橫江為古津渡名，為過江南下的重要渡口，地在今安徽和縣東南。塢，小城。孫吳建造橫江塢，設兵駐守為戰略要地。

【語　譯】孫桓，字叔武，是孫河的兒子。二十五歲，被任命為安東中郎將，與陸遜共同抵禦劉備。劉備軍隊數量非常眾多，漫山遍谷，孫桓舉刀奮力拼殺，與陸遜同心協力，劉備於是失敗逃走。孫桓阻斷上通夔門的道路，阻截退軍的主要道路。劉備翻山越險，才勉強得以脫身，又氣又惱的感嘆說：「我過去初到京口，孫桓還是個小孩，如今竟把我逼成這個樣子！」孫桓因功拜建武將軍，封為丹徒侯，到長江下游任牛渚都督，建造橫江塢，不久去世。

評曰：夫親親恩義❶，古今之常。宗子維城，詩人所稱❷。況此諸孫，或贊興初基，或鎮據邊陲，克堪厥任❸，不忝❹其榮者乎！故詳著云。

【章　旨】以上為陳壽的評論語，他認為孫氏宗室對於吳國創立及後來的穩定都起了重要的作用。

【注　釋】❶親親恩義　親近親人，有恩有義。❷宗子維城二句　宗室子弟就好比是防禦國家的城池，是古代詩人所稱頌的。《詩經・大雅・板》：「懷德維寧，宗子維城。」❸克堪厥任　能夠勝任所承擔的重任。❹不忝　不辱。

【語　譯】評論說：親近親人，有恩有義，是古往今來的常規。宗室子弟猶如國家的城池，是古代詩人所稱頌的。更河況這些孫氏子弟，或者協助開創早期的基業，或者率領軍隊鎮守邊境，均能擔當重任，沒有玷汙自己的榮譽！所以，我把他們的事跡詳細的記錄下來。

【研　析】從秦朝開始的中國古代政權，基本上實行的是專制主義中央集權政權政體，這一政治體制首先依賴從中央到地方的一整套行政制度，實現對百姓的管理，作為皇帝個人專制的基礎。而大大小小的機構需要官吏來運作，越是上層的機構，權力越大，掌握這些機構的官員權力也越大。特別是擁有決策、行政權力的宰相，往往會與皇帝的個人專制權力發生種種形式的衝突，實現皇帝對這些中央權力機構的掌控，成為促成中國古代最高行政機構變遷的一種動力。

當然，官員一般是可以通過任免更換的，而皇位理論上則是父死子繼，萬世一系。採取措施，確保皇位不會被異姓奪取，則是古代皇帝尤其是開國皇帝必須考慮的問題。漢高祖劉邦稱帝後大封功臣為侯，同時消滅異姓王，大封劉氏子弟為王，且與功臣約誓：非皇帝血親子弟而為王，「天下共誅之」。試圖通過皇室子弟控轄地方拱衛中央，確保劉氏皇位。當然這種做法在漢文帝、漢景帝時出現嚴重問題，強大起來的劉氏宗室成為皇位的有力爭奪者，至漢武帝時才得以解決，此後劉姓諸侯王基本上成為「衣食租稅」的貴族，實際的政治軍事權力日益受到壓制，東漢時宗室諸王基本上已構不成對皇位的威脅。

從本卷記錄的史實我們可以看到，孫吳建國過程中，孫策、孫權有意識的培育孫氏宗室勢力，並力圖利用孫氏人物控制軍隊與地方政權。孫堅之弟孫靜在孫策平定江東時立有大功，孫策「欲授之重任」，但孫靜「不樂出仕」，但其子孫瑜所領「兵眾」，「賓客諸將多江西人」，顯然是孫策分隨之從淮南渡江者讓其統領。孫瑜弟孫皎亦「領眾二千餘人」，後又並統孫瑜、黃蓋部屬，駐守夏口，後孫權在準備奪取荊州時，又意欲讓孫皎與呂蒙為「左右部督」，權力對等，因呂蒙反對，才以呂蒙為「大督」。孫皎死後，其弟孫奐「代統其眾」，其部下子弟「後仕進朝廷者數十人」。孫氏奪取贛江流域後，以兄孫賁為豫章太守，孫賁弟孫輔則任廬陵太守，一北一南，基本上控制了整個贛江流域。孫賁死後，其子孫鄰年僅九歲，「代領豫章」。孫權本人在孫策時兼任會稽太守，當其執掌大政後，以弟孫翊領丹陽太守。孫策甚至讓俞河改姓孫，「列之屬籍」，以之為將軍，令河「屯京城」，駐守長江下游今鎮江一帶。孫河死後，其姪孫韶繼守京城，後任廣陵太守，遷揚威將軍，又為鎮北將軍，「為邊將數十年，善養士卒，得其死力」。孫韶子孫越、孫楷則相繼為京下督。

以宗室子弟出任統領軍隊，出任具有戰略地位的各郡長官，使孫吳對宗室不再是「衣食租稅」的王侯，而是政權的實際操縱者。孫皎以征虜將軍的身分鎮守夏口時，與屬下甘寧發生衝突，甘寧稱：「征虜雖公子，何可專行侮人邪！」呂蒙後拒絕與其分領大眾進擊關羽，都反映孫氏子弟在孫吳建國前即成為重要的政治力量。不少研究孫吳創立時期政治動向的學者，多關注淮南過江勢力如周瑜、魯肅、呂蒙等，也關注孫氏在建國前開始對江東大族朱氏、顧氏等的拉攏，對於孫氏宗族政治軍事影響力的膨脹並沒給予足夠的關注，不能不說是一個缺陷。

宗室的政治影響在吳國建立後，只升不降，在孫權死前死後釀成長期的政治紛爭。由於擁有地方軍政大權的宗室人物與孫吳後期的皇帝血緣稍疏，甚至成為執政者或皇帝的心病。孫綝執政，遣將襲夏口督孫壹；孫晧為皇帝，因夏口督孫秀「公室至親，握兵在外」而「意不能平」，亦派兵偷襲，試圖加以處決。宗室勢力強大是造成宗室相爭乃至兵戎相見的原因。

孫吳重用宗室人物執地方軍政大權，一反漢代抑制宗室的趨勢，與東漢末地方大族勢力興起的影響有關，也與孫策、孫權試圖在淮南過江勢力與江東大族勢力環繞的情況下，凸顯孫氏的政治影響力，從而建立孫氏對於政權的絕對控制有關。此後的西晉、南朝各代政權的統治者無不如此，且更為突出，當然宗室相爭影響政權穩定的情況也更為嚴重。從這個意義上說，以上揭示的孫吳時期的宗室問題，體現了皇權政治在大族興起並影響政權體制的社會背景下的應對策略，孫吳僅僅是一個開始。（何德章注譯）

卷五十二　吳書七

張顧諸葛步傳第七

【題　解】本卷是張昭、顧雍、諸葛瑾、步騭四人的合傳。其中張昭在孫氏集團中資歷最老，顧雍、諸葛瑾、步騭三人，則是孫權執掌江東大局後被朝廷所倚重的要員，他們對孫吳政權的創立與鞏固都作出過各自的貢獻。本卷通過幾位傳主在孫權時代的政治經歷的敘述，較為集中的反映了孫吳前期政局的變化與政治衝突，以及孫權的統治風格。

1 張昭，字子布，彭城❶人也。少好學，善隸書，從白侯子安受左氏春秋，博覽眾書，與琅邪❷趙昱❸、東海❹王朗❺俱發名❻友善。弱冠❼察孝廉❽，不就，與朗共論舊君諱事❾，州里❿才士陳琳⓫等皆稱善之。刺史陶謙⓬舉茂才⓭，不應，謙以為輕己，遂見拘執。昱傾身⓮營救，方以得免。漢末大亂，徐方⓯士民多避難揚土⓰，昭皆南渡江。孫策創業，命昭為長史⓱、撫軍中郎將⓲，升堂拜母，如比肩之舊⑲，文武之事，一以委昭。昭每得北方士大夫書疏⑳，專歸美於昭，昭欲嘿㉑而不宣則懼有私㉒，宣之則恐非宜，進退不安。策聞之，歡笑曰：「昔管仲相齊，一則仲父，二則仲父，而桓公為霸者宗㉓。今子布賢，我能用之，其功名獨㉔不在我乎！」

2 策臨亡，以弟權託昭，昭率羣僚立而輔之㉕。上表漢室㉖，下移屬城㉗，中外㉘將校，各令奉職。權悲慼未視事㉙，昭謂權曰：「夫為人後㉚者，貴能負荷先軌，克昌堂構㉛，以成勳業也。方今天下鼎沸，羣盜滿山，孝廉㉜何得寢伏哀戚，肆匹夫之情㉝哉？」乃身自扶權上馬，陳兵而出㉞，然後眾心知有所歸。昭復為權長史，授任如前。後劉備表權行㉟車騎將軍，昭為軍師。權每田獵，常乘馬射虎，虎常突前㊱攀持馬鞍。昭變色而前曰：「將軍何有當爾㊲？夫為人君者，謂能駕御英雄，驅使羣賢，豈謂馳逐於原野，校勇於猛獸者乎？如有一旦之患㊳，奈天下笑何㊴？」權謝㊵昭曰：「年少慮事不遠，以此慚君。」然猶不能已，乃作射虎車，為方目㊶，間不置蓋㊷，一人為御，自於中射之。時有逸羣之獸，輒復犯車，而權每手擊以為樂。昭雖諫爭㊸，常笑而不答。魏黃初二年㊹，遣使者邢貞拜權為吳王。貞入門，不下車，昭謂貞曰：「夫禮無不敬，故法無不行。而君敢自尊大，豈以江南寡弱，無方寸之刃故乎！」貞即遽(45)下車。拜昭為綏遠將軍，封由拳侯。權於武昌，臨釣臺，飲酒大醉。權使人以水灑羣臣曰：「今日酣飲，惟醉墮臺中，乃當止耳。」昭正色不言，出外車中坐。權遣人呼昭還，謂曰：「為共作樂耳，公何為怒乎？」昭對曰：「昔紂為糟丘酒池長夜之飲(46)，當時亦以為樂，不以為惡也。」權默然，有慚色，遂罷酒。初，權當置丞相，眾議歸昭。權曰：「方今多事，職統者責重(47)，非所以優之也。」後孫邵(48)卒，百寮(49)復舉昭，權曰：「孤豈為子布有愛乎(50)？領丞相事煩，而此公性剛，所言不從，怨咎將興，非所以益之也。」乃用顧雍(51)。

3 權既稱尊號(52)，昭以老病，上還官位及所統領(53)。更拜輔吳將軍，班亞三司(54)，改封婁侯，食邑萬戶。在里宅無事，乃著春秋左氏傳解及論語注。權嘗問衛尉(55)嚴畯(56)：「寧念(57)小時所闇(58)書不？」畯因誦孝經「仲尼居」(59)。昭曰：「嚴畯鄙生(60)，臣請為陛下誦之。」乃誦「君子之事上」(61)，咸以昭為知所誦。

4 昭每朝見，辭氣壯厲，義形於色(62)，曾(63)以直言逆旨，中不進見(64)。後蜀使來，稱蜀德美，而羣臣莫拒，權歎曰：「使張公在坐，彼不折則廢(65)，安復自誇乎？」明日，遣中使(66)勞問，因請見昭。昭避席謝，權跪止之。昭坐定，仰曰：「昔太后[67]、桓王[68]不以老臣屬[69]陛下，而以陛下屬老臣，是以思盡臣節，以報厚恩，使泯沒之後[70]，有可稱述。而意慮淺短，違逆聖[71]旨，自分幽淪[72]，長棄溝壑，不圖復蒙引見，得奉帷幄[73]。然臣愚心所以事國，志在忠益[74]，畢命而已[75]。若乃變心易慮，以偷榮取容，此臣所不能也。」權辭謝焉。

5 權以公孫淵稱藩[76]，遣張彌、許晏至遼東拜淵為燕王，昭諫曰：「淵背魏懼討，遠來求援，非本志[78]也。若淵改圖[79]，欲自明於魏，兩使不反[80]，不亦取笑於天下乎？」權與相反覆[81]，昭意彌切[82]。權不能堪，案[83]刀而怒曰：「吳國士人入宮則拜孤，出宮則拜君，孤之敬君，亦為至矣，而數於眾中折孤，孤嘗恐失計。」昭熟視[84]權曰：「臣雖知言不用，每竭愚忠者，誠以太后臨崩，呼老臣於牀下[85]，遺詔顧命[86]之言故在耳。」因涕泣橫流。權擲刀致地，與昭對泣。然卒[87]遣彌、晏往。昭忿言之不用，稱疾不朝。權恨之，土塞其門，昭又於內以土封之。淵果殺彌、晏。權數慰謝[88]昭，昭固不起。權因出過其門呼昭，昭辭疾篤。權燒其門，欲以恐之，昭更閉戶。權使人滅火，住門良久，昭諸子共扶昭起，權載以還宮，深自克責[89]。昭不得已，然後朝會。

6 昭容貌矜嚴[90]，有威風。權嘗曰：「孤與張公言，不敢妄也。」舉邦[91]憚之。

年八十一，嘉禾五年[92]卒。遺令幅巾[93]素棺[94]，斂以時服[95]。權素服[96]臨弔，謚曰文侯。長子承已自封侯，少子休襲爵[97]。

【章　旨】以上是〈張昭傳〉。敘事分為以下五個層次：一、張昭的籍貫、儒士背景、士林中的聲譽，以及在孫策創業時期的重要作用；二、張昭奉孫策臨終之命全力輔佐孫權，孫權與張昭存在性格上的衝突；三、孫權稱帝後，張昭失勢，為了化解矛盾，彼此均有退讓；四、在是否遣使赴遼東封公孫淵為燕王一事上，張昭與孫權發生了尖銳對立；五、張昭容貌威嚴，舉國憚之，年八十一卒，孫權素服臨弔。

【注　釋】❶彭城　郡名。治所在今江蘇徐州。❷琅邪　又作「瑯邪」、「琅琊」。郡名。治所在今山東臨沂北。❸趙昱　東漢末曾任莒縣長、徐州別駕、廣陵太守等職，為笮融所殺。事見本書卷八〈陶謙傳〉、卷十三〈王朗傳〉、卷五十三〈張紘傳〉及裴松之注。❹東海　郡名。治所在今山東郯城西北。❺王朗　字景興，東海郯（今山東郯城）人，因通經被拜為郎中，又任會稽太守，後被曹操表為諫議大夫。博學多才，為《周易》、《春秋》、《孝經》、《周禮》等儒家經典作傳。詳見本書卷十三〈王朗傳〉。❻發名　出名；有名聲。❼弱冠　二十歲。先秦以來的習慣與禮制，男子二十歲束髮加冠，以示成年。但體猶未壯，故稱弱。《禮記・曲禮上》：「二十曰弱，冠。」❽察孝廉　被郡推舉為孝廉。漢武帝推行察舉制度，規定各郡每年推舉當地有孝敬廉讓著名者，稱為孝廉，由中央考試認定，授予官職。被推舉者亦可以拒絕，稱為「不應」、「不就」。❾論舊君諱事　據裴松之注引張昭論，時汝南郡主簿應劭建議「為舊君諱」，即汝南郡現任官吏不能提及建郡以來五六十位太守的名字，不能有與之同名者。張昭據禮制與史實加以駁斥。❿州里　老鄉。東漢後期，人們觀念中以同州人為同鄉。⓫陳琳　字孔璋，廣陵（今江蘇揚州）人，以文才知名。漢末曾任何進大將軍府主簿，後附袁紹，主掌文書，奉袁紹命撰檄文痛罵曹操。袁紹敗後，曹操愛其才而不殺，任命他為司空軍謀祭酒。事略附於本書卷二十一〈王粲傳〉。⓬陶謙　字恭祖，丹陽（今安徽宣州）人。好學，舉茂才，歷任盧縣令、幽州刺史、徐州刺史等職。因部下殺害曹操的父親曹嵩，徐州受到曹操的兩次討伐。陶謙兵敗，東漢興平元年（西元一九四年）病卒。詳見《後漢書・陶謙列傳》、本書卷八〈陶謙傳〉。⓭茂才　即秀才，西漢武帝始令各州每年推舉秀才一人，經策試通過後授以官職。東漢避光武帝劉秀名改為茂才。⓮傾身　竭盡全力。⓯徐方　徐州一帶。⑯揚土　揚州一帶。⑰長史　漢制，丞相、三公府、將軍府及置兵各郡太守，下置長史，協助長官全面處理相關事務。⑱撫軍中郎將　漢制，中郎將為中央禁軍將領，秩比二千石，隸屬郎中令，時亦加名號於其上以授在外統兵的將領。撫軍中郎將為孫策創業時仿其制而設。⑲如比肩之舊　如同老朋友。⑳書疏　書信。㉑嘿　同「默」。閉口不言。㉒有私　有私人交易；有陰謀。㉓昔管仲相齊四句　春秋時，齊桓公任管仲為相，政事一以聽之，稱之為「仲父」，成為春秋五霸之首。仲父，次父；亞父。如同父親。㉔獨　豈；難道。表示反問的副詞。㉕立而輔之　擁戴他為孫策的繼承人並輔佐他。㉖上表漢室　向漢朝廷上表說明擁立孫權情況，表明態度，以免曹操控制下的東漢朝廷藉孫策之死，另行任命人前來掌控江東，引起政治麻煩。㉗下移屬城　下令給所屬各郡縣長官。移，移書。上級機構以公文的形式向下級機構說明情況。㉘中外　內外。㉙悲慼未視事　因悲痛而沒有處理公務。㉚為人後　繼承者；繼承人。㉛負荷先軌二句　繼承先人開創的事業，並加以發揚光大。㉜孝廉　時孫權未視事，身分僅為孝廉，故以此相稱。㉝肆匹夫之情　任情表現普通人的情感。肆，縱情；任意。匹夫，普通人。㉞陳兵而出　率列隊嚴整的軍隊出行。㉟行　代理。㊱突前　衝向前來。㊲何有當爾　怎能這樣。㊳一旦之患　不測之禍；萬一有什麼危險。㊴奈天下笑何　怎麼去面對天下人的嘲笑呢。「奈……何」表示反問語氣。㊵謝　道歉。㊶為方目　車箱上穿有方孔。㊷閒不置蓋　車箱上不加車蓋。閒，指車箱。㊸諫爭　嚴辭勸阻。爭，通「諍」。㊹黃初二年　西元二二一年。黃初，魏文帝曹丕年號，西元二二〇—二二六年。㊺遽　急忙。㊻紂為糟丘酒池句　相傳為商朝亡國之君紂的惡行之一。《史記・殷本紀》：紂「大聚樂戲於沙丘，以酒為池，縣肉為林，使男女倮相逐其間，為長夜之飲。」㊼職統者責重　丞相職無不總，責任重大。㊽孫邵　字長緒，北海（今山東昌樂西）人，漢末曾為北海太守孔融功曹，後隨劉繇至江東。孫權代史統眾，孫邵與參謀議，歷任廬江太守、車騎將軍長史，黃武初被孫權任命為丞相、封陽羨侯。黃武四年（西元二二五年）逝世。事跡見於《三國志・吳主傳》裴松之注引《吳錄》。㊾百寮　百僚。㊿豈為子布有愛乎　難道對子布還有什麼吝惜的嗎。愛，吝嗇。(51)顧雍　字元歎，吳郡吳（今江蘇蘇州）人。出身江南士族。孫權為會稽太守，以雍為丞，行太守事，後為尚書令。為丞相，所選文武將吏，各隨能任用。政職所宜，密以上聞，見用則歸主上，不見用，終不洩漏。執吳政十九年。事見本書卷五十二〈顧雍傳〉。(52)權既稱尊號　西元二二九年，孫權正式稱皇帝，同年定都建業。(53)所統領　負責掌管的政務。(54)班亞三司　朝班位次於司徒、司馬、司空。東漢以後三公習稱三司。(55)衛尉　九卿之一，掌皇宮門禁及皇宮內巡邏保衛。(56)嚴畯　字曼才，彭城（今江蘇徐州）人。少而好學，博學多通，為人忠厚純樸。漢末因亂過江，後出仕孫權，官至衛尉、尚書令。詳見本書卷五十三〈嚴畯傳〉。(57)寧念　難道還能背誦。寧，豈；難道。念，背誦。(58)闇　默記。(59)孝經仲尼居　即《孝經》首章，述孔子對弟子曾參講解孝的重要性及其理由。(60)鄙生　見識短淺的書生。(61)君子之事上　此為《孝經》第十七章，全文為：「子曰：君子之事上也，進思盡忠，退思補過，將順其美，匡救其惡，故上下能相親也。《詩》云：『心乎愛矣！遐不謂矣！中心藏之，何日忘之。』」張昭意在表明自己對孫權雖不時嚴加批評，但自己對孫權的愛戴之心不滅。(62)義形於色　剛直不阿的性格常常表現出來。(63)曾　原作「會」，今以宋本。(64)中不進見　其間一段時間不到皇宮去參加朝會。(65)不折則廢　即使不折服也會啞口無言。則，原作「自」，今從宋本。(66)中使　宮中宦官奉皇帝命出宮辦理事務者。(67)太后　指孫權之母。(68)桓王　孫策。孫權稱帝後追諡孫策為長沙桓王。(69)屬　託付。(70)泯沒之後　去世之後。(71)聖　宋本作「盛」。(72)自分幽淪　自己認為從此便不會被重視。(73)奉帷幄　在宮中見您。帷幄，軍中帳幕，此指孫權起居之所。(74)忠益　盡忠並有所裨益。(75)畢命而已　死而後已。(76)公孫淵　遼東襄平（今遼寧遼陽）人，三國時遼東割據勢力首領。從其祖父公孫度以來，掌握遼東軍政大權，並世襲遼東太守一職。公孫淵試圖獨立，被司馬懿率軍撲滅。事見本書卷八公孫度附傳。(77)稱藩　稱臣。以吳為宗主國。其事在吳嘉禾元年（西元二三二年）十月。(78)本志　本意。(79)改圖　改變想法。(80)反　通「返」。(81)反覆　反覆商議。(82)彌切　更加堅決。(83)案　通「按」。(84)熟視　久視；長時間直盯著。(85)牀下　臥榻之下。(86)顧命　君主臨終之命。(87)卒　最終。(88)慰謝　派人慰問並表示歉意。(89)深自克責　進行嚴肅的自我批評。克，通「刻」。嚴厲；苛求。(90)矜嚴　莊重。(91)舉邦　吳國全國官民。(92)嘉禾五年　西元二三六年。嘉禾，吳大帝孫權年號，西元二三二—二三八年。(93)幅巾　頭巾。東漢中後期士人喜用的一種頭飾，即用一幅絹束髮，而不加冠。(94)素棺　未經漆染的棺材。(95)時服　死時季節相應的服裝。(96)素服　白衣。表示哀悼。(97)襲爵　繼承爵位。

【語　譯】張昭，字子布，彭城郡彭城縣人。年少時十分好學，擅長隸書，跟隨白侯子安學習《左氏春秋傳》，博覽羣書，與琅邪國人趙昱、東海郡人王朗都很出名，彼此友好。二十歲被推舉為孝廉，他沒有接受。和王朗一起討論應不應避前代太守的名諱，同州才學之士陳琳等人都贊同他的觀點。徐州刺史陶謙舉薦他為茂才，他也沒有接受，陶謙以為他輕視自己，便把他拘押。趙昱全力營救，他才得以脫身。東漢末年，天下大亂，徐州一帶的士人、百姓大多到揚州避難，張昭等人也都南渡長江到了揚州。孫策草創基業時，任命張昭為長史、撫軍中郎將。進入中堂，拜見張昭母親，視張昭如同舊友，政事軍務，全部委由張昭辦理。張昭每次接到北方士人的書信，都歸功讚美張昭，張昭想要默不示人則怕別人說他有不可告人的私情，拿出來給人看又覺得不合適，左右為難。孫策聽說此事，高興的笑著說：「過去管仲任齊國的相，齊桓公第一件事聽仲父的，第二件事還是聽仲父的，而齊桓公成為霸主。現在子布賢德，我能任用他，他的功績與光榮難道就沒我的分嗎！」

2 孫策臨死前，把弟弟孫權託付給張昭。張昭率羣臣擁立孫權並輔佐他。上表奏報東漢朝廷，下達文書給所屬郡縣，及內外各級軍官，要求他們各安職守。孫權心中悲痛，沒有處理公務，張昭對孫權說：「當一個繼承人，貴在能夠承擔先人的事業，並加以發揚光大。如今天下動盪不安，盜賊蜂起，您怎能只顧埋頭哀痛，放縱像普通百姓一樣的哀情呢？」便親自扶孫權上馬，率兵列隊出行，於是下屬萬眾的心裏知道有了依歸。張昭又擔任孫權的長史，職掌和以前一樣。後來劉備上表給朝廷，請求任命孫權為代理車騎將軍，張昭為軍師。孫權每當狩獵時，常騎馬射獵猛虎，曾發生猛虎撲上來攀住馬鞍的情形。張昭臉色大變上前說：「將軍怎麼能這樣呢？身為君主，是說他能駕馭英雄，驅使羣賢，豈是指在原野上騎馬奔馳，與猛獸比試勇氣呢？一旦發生意外，豈不被天下人恥笑？」孫權向張昭道歉說：「我年輕，慮事沒有遠見，因此愧對先生了。」然而他還是不能停止打獵，於是製作了射虎車，四周有方孔，車箱有時不加車蓋，讓一人駕車，自己則站在車箱中射虎。不時有離羣的野獸，往往又來攻擊車子，而孫權每每徒手搏擊，以此為樂。張昭雖然嚴辭諫阻，孫權卻常笑而不答。魏黃初二年，魏文帝派使者邢貞拜孫權為吳王。刑貞入門不肯下車，張昭對他說：「禮儀沒有不敬慎對待的，所以法規沒有不施行的。你竟敢妄自尊大，難道是認為江南力量弱小，沒有方寸之刃的緣故嗎！」邢貞於是急忙下車。張昭被授予綏遠將軍，封由拳侯。孫權在武昌時，曾登臨釣臺，喝得大醉。他叫人用水潑灑羣臣，對他們說：「今日痛飲，只有醉倒在臺上，方能罷休。」張昭面容嚴肅不發一語，走到外面坐在車裏。孫權派人招呼張昭回來，說：「大家一起飲酒作樂，您為何發怒呢？」張昭回答說：「過去殷紂王建糟丘酒池，通宵狂飲，當時也以此為樂事，而不以為是惡事。」孫權默然不語，面有愧色，於是停止了飲酒。當初，孫權要設置丞相一職，眾人的意見都屬意張昭，孫權說：「如今事務繁重，丞相統領百官責任重大，這不是用來優待他的方法。」後來丞相孫邵去世，百官再次推舉張昭任相，孫權說：「難道我對子布有什麼可吝惜的嗎？當丞相事務繁雜，而此公性情剛烈，他說的不被採納，怨恨將會產生，當丞相對他是沒有好處的。」於是任命顧雍為丞相。

3 孫權稱帝後，張昭以年老多病為由，交還官位及所統管的政務。孫權改授他輔吳將軍，朝會班位及待遇僅次於三公，改封婁侯，食邑一萬戶。張昭賦閒在家，便撰寫《春秋左氏傳解》和《論語注》。孫權曾問衛尉嚴畯：「你還能記得小時候背誦的書嗎？」嚴畯因而背誦《孝經》中「仲尼居」一節。張昭說：「嚴畯是個見識短淺的書生，我請求為陛下背誦。」於是背誦《孝經》中「君子之事上」一節，大家都認為張昭知道在那個場合該背誦什麼。

4 張昭每次朝見，言辭壯烈，正氣見於臉色，曾因直言違逆孫權的意旨，一度不能進宮朝見。後來蜀漢使者前來，稱頌蜀漢德政善美，吳國的羣臣無法辯駁，孫權感嘆說：「如果張公在座，蜀使即使不折服也會啞口無言，哪裏還能自誇呢？」第二天，派宮中太監去慰問張昭，乘機轉達孫權要請張昭面見。見面時，張昭離席向孫權致歉，孫權跪下來阻止他。張昭坐定，抬起頭說：「當年太后、桓王不是把老臣託付給陛下，而是把陛下託付給老臣，所以我想著要盡臣節以報厚恩，以便死了之後，還有值得讓人提及的地方。但我想法短淺，違逆了聖意，自以為就此被輕視冷落，永遠被棄於溝壑之中，沒有想到再次蒙您召見，能夠侍奉君王於帷幄之中。但我內心還是認為為國家做事，就應盡忠並有所裨益，死而後已。如果改變想法，竊取榮華，取悅於人，這是我做不到的。」孫權表示歉意。

5 孫權因為公孫淵向吳稱臣，派遣張彌、許晏到遼東封公孫淵為燕王。張昭勸諫說：「公孫淵背叛曹魏怕被討伐，遠來求援，稱臣並非本意。如果他改變主意，向曹魏自我表白，張、許二使便回不來了，不就讓天下人取笑了嗎？」孫權和他反覆爭論，張昭態度更加堅決。孫權不能忍受，手按刀把生氣的說：「吳國的士人入宮則拜我，出宮則拜您，我對您的尊敬，也是達到極點了，而您多次當眾給我難堪，我常怕會失去理智殺了你。」張昭凝視孫權良久後說：「我雖然知道建言不會被採納，但總是竭盡愚忠的原因，實在是因為太后臨終前，把老臣叫到榻下，遺言囑託之語總在耳邊回響的緣故罷了。」說著便淚流滿面。孫權把刀扔在地上，與張昭相對而泣。然而最終還是派遣張彌、許晏前往。張昭氣憤自己的建言不被採納，稱病不去朝見。孫權痛恨張昭，用土堵塞了張昭的府門，張昭又在門內用土封門。公孫淵果然殺了張彌、許晏。孫權數次向張昭表示慰問和道歉，張昭還是堅持不出。孫權於是出巡路過張昭的府門，在門外叫張昭出來相見，張昭推說病重。孫權放火燒張昭府門，想用這種辦法驚嚇他，張昭卻將門關得更緊。孫權派人滅火，駐足門前良久，張昭的幾個兒子一齊扶張昭出來，孫權於是用車載張昭回宮，並深切的責備自己。張昭不得已，之後又參加朝會。

6 張昭容貌莊重，有威嚴風度。孫權曾說：「我和張公說話，不敢隨便呀。」吳國上下都敬畏他。張昭享年八十一歲，嘉禾五年去世。遺命以頭巾束髮，棺材不用漆染，穿平時服裝殯殮。孫權素服弔唁，贈謚號「文侯」。長子張承已被封侯，小兒子張休繼承爵位。

1 昭弟子❶奮年二十，造作攻城大攻車，為步騭❷所薦。昭不願曰：「汝年尚少，何為❸自委❹於軍旅乎？」奮對曰：「昔童汪死難❺，子奇治阿❻，奮實不才耳，於年不為少也。」遂領兵為將軍，連有功效，至半州❼都督，封樂鄉亭侯。

2 承字仲嗣，少以才學知名，與諸葛瑾❽、步騭、嚴畯相友善。權為驃騎將軍❾，辟西曹掾❿，出為長沙西部都尉⓫。討平山寇⓬，得精兵萬五千人。後為濡須⓭都督、奮威將軍，封都鄉侯⓮，領部曲⓯五千人。承為人壯毅忠讜⓰，能甄識⓱人物，拔彭城蔡款、南陽謝景於孤微⓲童幼，後並為國士⓳，款至衛尉，景豫章⓴太守。

又諸葛恪㉑年少時，眾人奇其英才，承言終敗諸葛氏者元遜也。勸於長進㉒，篤於物類㉓，凡在庶幾㉔之流，無不造門㉕。年六十七，赤烏七年㉖卒，諡曰定侯。子震嗣。初，承喪妻，昭欲為索㉗諸葛瑾女，承以相與有好㉘，難之，權聞而勸焉，遂為壻㉙。生女，權為子和㉚納之。權數令和修敬㉛於承，執子壻之禮。震諸葛恪誅時亦死。

3 休字叔嗣，弱冠與諸葛恪、顧譚㉜等俱為太子登㉝僚友，以漢書授登。從中庶子㉞轉㉟為右弼都尉。權嘗游獵，迨㊱暮乃歸，休上疏諫戒㊲，權大善之，以示於昭。及登卒後，為侍中，拜羽林都督，平㊳三典軍㊴事，遷揚武將軍。為魯王霸㊵友黨所譖，與顧譚、承㊶俱以芍陂㊷論功事，休、承與典軍陳恂通情，詐增其伐㊸，並徙交州㊹。中書令㊺孫弘佞偽險詖㊻，休素所忿，弘因是譖訴㊼，下詔書賜休死，時年四十一。

【章旨】以上是張昭傳記附載的張奮、張承、張休的簡略行跡。奮，張昭弟弟之子；承，張昭長子；休，張昭次子。

【注釋】❶弟子　弟弟的兒子；姪子。❷步騭　字子山，臨淮淮陰（今江蘇淮陰西南）人。任孫吳鄱陽太守、驃騎將軍等，後代陸遜為丞相。詳見本書卷五十二〈步騭傳〉。❸何為　為什麼。❹委　委身於。❺童汪死難　童汪，童子汪踦。《禮記·

檀弓下》：魯哀公時，齊侵魯，童子汪踦奔赴戰場而死難，後經孔子建議，以其「能執干戈以衛社稷」，視為烈士，用成人禮加以安葬。❻子奇治阿　子奇，戰國時齊人，十八歲出任縣宰而有治績。《新序》：「子奇年十八，齊君使之化阿。至阿，鑄其庫兵以為耕器，出倉廩以賑貧窮，阿縣大化。」❼半州　地名。在今江西九江市西。孫吳及東晉時均屯兵駐守於此。半，原作「平」。據《三國志辨誤》此所云當是半州。❽諸葛瑾　詳本卷下文〈諸葛瑾傳〉。❾權為驃騎將軍　據本書卷四十七〈吳主傳〉，東漢建安二十四年（西元二一九年）關羽進攻曹氏控制的襄陽，孫權趁機進兵奪取荊州，與曹操通信，「乞討羽自效」。及襄陽解圍，關羽身死，「曹公表權為驃騎將軍、假節，領荊州牧，封南昌侯。」❿西曹掾　官名。漢制，三公府、將軍府及郡太守下置東、西二曹分管眾多下屬機構，長官稱掾，西曹主管府內事務及相應各機構，東曹主管外務及相應各機構。⓫長沙西部都尉　長沙，郡名。治所在今湖南長沙。東漢制，地處偏遠、民族複雜之郡設都尉領兵，情況特別複雜者，置二名甚至四名，分區管理，稱為部。⓬山寇　山中不服從統治的民眾。⓭濡須　地名。又稱濡須口、濡須城、濡須塢，源出今安徽巢湖市西巢湖的濡須水入長江處。此水為古代江淮間重要通道，東漢建安十七年（西元二一二年），孫權令於此築城駐軍，以拒曹操。亦是後來吳國的軍事重鎮之一。⓮都鄉侯　以都鄉為封邑的侯爵。都鄉，郡縣治所所在之鄉。⓯部曲　兵士。漢代軍隊編制，將軍之下分部，部下有曲，曲下為屯，漢末及魏晉南北朝時，習以部曲合稱以指兵士。⓰讜　正直。⓱甄識　識別。⓲孤微　孤貧卑賤。⓳國士　全國最為優秀的人才。⓴豫章　郡名。治所在今江西南昌。㉑諸葛恪　字元遜。琅邪陽都（今山東沂南南）人。初任孫吳騎都尉，討伐山越有功。丞相陸遜去世後，遷大將軍，駐武昌，代領荊州事。孫亮繼位後拜太傅，總攬朝政。興利除弊，革新內外，一時民心大悅。後因功驕傲，窮兵黷武，遂致上下愁怨，後被孫峻所殺。詳見本書卷六十四〈諸葛恪傳〉。㉒勤於長進　努力上進。㉓篤於物類　待人特別厚道。物類，人士。㉔庶幾　相近；差不多。㉕造門　造訪；登門拜訪。㉖赤烏七年　西元二四四年。赤烏，吳大帝孫權年號，西元二三八—二五一年。㉗索　求。㉘相與有好　兩人相互友好。㉙壻　原作「婚」，今從宋本。㉚子和　孫權之子孫和，詳本書卷五十九〈孫和傳〉。㉛修敬　尊重。㉜顧譚　字子默，吳郡吳（今江蘇蘇州）人，顧雍之孫，雍卒，代雍平尚書事。以上疏論尊卑異禮，得罪魯王孫霸，徙交州。詳下文顧雍附傳。㉝太子登　太子孫登。孫權長子，孫權為吳王，立為王太子，稱帝，復以為皇太子。二十一年後病逝，享年三十三歲。見本書卷五十九〈孫登傳〉。㉞中庶子　太子東宮屬官，全稱太子中庶子。㉟轉　平級調動。㊱迨　及；等到。㊲戒　通「誡」。㊳平　亦作「評」。處理；分管。㊴典軍　官名。起於漢末曹操任典軍校尉，三國時各方在中央及大軍出征時均設其職，掌管軍機、催督糧運及軍功。㊵魯王霸　孫權子，受寵愛。太子孫登死後，孫權立次子孫和為太子，孫霸藉寵爭位，大臣分為兩派，形成政治危機。結果孫權廢孫和，令孫霸自殺。事見本書卷五十九〈孫霸傳〉。㊶顧譚承　顧譚、顧承。詳下文〈顧雍傳〉附二人傳略。㊷芍陂　相傳為春秋時楚相孫叔敖創修的一項水利工程，引水成陂，亦即人工湖泊，以利灌溉，故址在今安徽壽縣南。自東漢以後，常加修浚。周圍一二百公里，灌田至萬餘頃。三國魏吳相爭，此地常為戰場。㊸伐功勳；戰功。㊹交州　漢武帝所置「十三刺史部」之一，東漢建安八年（西元二〇三年）改刺史部為交州。治所在今廣東廣州。三國吳治所在今越南河內東北。㊺中書令　三國時魏、吳創設的朝廷官員，掌承皇帝命撰寫重要文告，並參與機密決策。㊻險詖　內心陰險，行為不端正。詖，偏頗；邪僻。東漢王充《論衡·自然》：「心險而行詖，則犯約而負教。」㊼譖訴　誣告。

【語　譯】張昭弟弟的兒子張奮二十歲，製作了攻城用的大攻車，被步騭舉薦。張昭不贊同說：「你年紀還小，為什麼要投身於軍旅呢？」張奮回答說：「從前童子汪踦為國死難，子奇十八歲治理阿地，我只怕沒有才能罷了，但在年齡上卻不算小了。」於是領兵為將軍，屢立功勳，官至半州都督，封樂鄉亭侯。

2 張承，字仲嗣，年輕時以才學知名，和諸葛瑾、步騭、嚴畯等人友好。孫權任驃騎將軍，徵辟為西曹掾。外任長沙西部都尉。出征平定了山中寇賊，得到精兵一萬五千人。後來歷任濡須都督、奮威將軍，封都鄉侯，統領兵士五千人。張承為人壯健堅毅，忠誠正直，能識別人才。在彭城郡人蔡款、南陽郡人謝景年幼孤弱卑微時就加以提攜，後來他們都成為國家傑出人物，蔡款官至衛尉，謝景做了豫章郡太守。此外，諸葛恪小時候，大家都為他出眾的才幹而驚奇，張承卻說，最後敗壞諸葛家族的是諸葛恪。張承努力上進，待人厚道，吳國凡是才能差不多的人，無不登門拜訪。張承享年六十七歲，赤烏七年去世，諡號定侯。兒子張震繼承爵位。當初，張承喪妻，張昭打算為他求娶諸葛瑾的女兒，張承因和諸葛瑾友好，感到很為難。孫權聽說便加以勸說，於是張承做了諸葛瑾的女婿。生有一女，孫權為兒子孫和納娶。孫權多次告誡孫和要尊敬張承，對張承執子婿之禮。張震在諸葛恪被誅時也被殺死。

3 張休，字叔嗣，二十歲時便與諸葛恪、顧譚一起做太子孫登的幕僚，教孫登學習《漢書》。由太子中庶子轉任右弼都尉。孫權曾經出遊射獵，到了天黑才回來，張休上奏章勸諫，孫權對此大加讚賞，把奏章給張昭看。孫登死後，張休任侍中，被任命為羽林都督，兼管三個典軍所管事務，升任揚武將軍。張休被魯王孫霸的同黨誣陷，與顧譚、顧承都因芍陂戰役論功行賞之事，張休、顧承被告發說和典軍陳恂串通，用欺詐手段虛報戰功，一起被流放到交州。中書令孫弘為人佞媚狡詐，心地險惡，張休一向憤恨他，孫弘乘機誣陷他，吳主下詔書賜張休死，時年四十一歲。

1 顧雍，字元歎，吳郡❶吳人也。蔡伯喈❷從朔方❸還，嘗避怨於吳，雍從學琴書❹。州郡表薦，弱冠為合肥長，後轉在婁、曲阿❺、上虞，皆有治迹。孫權領❻會稽太守，不之郡，以雍為丞❼，行太守事，討除寇賊，郡界寧靜，吏民歸服。數年，入為左司馬❽。權為吳王，累遷大理❾奉常❿，領尚書令⓫，封陽遂鄉侯，拜侯還寺⓬，而家人不知，後聞乃驚。

2 黃武四年⓭，迎母於吳。既至，權臨賀之，親拜其母於庭，公卿大臣畢會⓮，後太子又往慶焉。雍為人不飲酒，寡言語，舉動時當⓯。權嘗歎曰：「顧君不言，言必有中。」至飲宴歡樂之際，左右恐有酒失而雍必見之，是以不敢肆情⓰。權亦曰：「顧公在坐，使人不樂。」其見憚如此。是歲，改為太常，進封醴陵侯，代孫劭為丞相，平尚書事。其所選用文武將吏各隨能所任，心無適莫⓱。時訪逮民間，及政職所宜，輒密以聞。若見納用，則歸之於上⓲，不用，終不宣泄。權以此重之。然於公朝⑲有所陳及⑳，辭色雖順而所執者正㉑。權嘗咨問得失，張昭因陳聽采聞，頗以法令太稠，刑罰微重，宜有所蠲損㉒。權默然，顧㉓問雍曰：「君以為何如？」雍對曰：「臣之所聞，亦如昭所陳。」於是權乃議獄輕刑。久之，呂壹㉔、秦博為中書㉕，典校㉖諸官府及州郡文書。壹等因此漸作威福，遂造作榷酤障管㉗之利，舉罪糾奸，纖介㉘必聞，重以深案醜誣㉙，毀短㉚大臣，排陷無辜，雍等皆見舉白㉛，用㉜被譴讓㉝。後壹姦罪發露，收繫㉞廷尉㉟。雍往斷獄，壹以囚見，雍和顏色，問其辭狀㊱，臨出，又謂壹曰：「君意得無㊲欲有所道？」壹叩頭無言。時尚書郎懷敘面詈㊳辱壹，雍責敘曰：「官有正法，何至於此！」

3 雍為相十九年，年七十六，赤烏六年㊴卒。初疾微㊵時，權令醫趙泉視之，拜其少子濟為騎都尉㊶。雍聞，悲曰：「泉善別死生㊷，吾必不起，故上欲及吾目見濟拜也。」權素服臨弔㊸，謚曰肅侯。長子邵早卒，次子裕有篤疾㊹，少子濟嗣，無後㊺，絕㊻。永安元年㊼，詔曰：「故丞相雍，至德忠賢，輔國以禮，而侯統廢絕，朕甚愍㊽之。其以雍次子裕襲爵為醴陵侯，以明著㊾舊勳。」

【章　旨】以上是〈顧雍傳〉。敘事分為以下三個層次：一、簡述顧雍的仕宦經歷，通過封侯而家人不知一事，反映他為人謹慎的性格；二、記述孫權對顧雍的敬畏和器重，以及顧雍堅持原則，寬和待人；三、略記顧雍晚年境況和身後爵位的傳襲。

【注釋】❶吳郡 治所在今江蘇蘇州。❷蔡伯喈 蔡邕，字伯喈。陳留郡圉縣（今河南杞縣）人，性至孝，少博學，長於文辭、數學、音樂、天文、書法。東漢靈帝時仕至議郎，因上疏指斥當政宦官，被誣而鋃鐺入獄，流放朔方，後遇赦得還，亡命吳、會稽，歷時十二年。及董卓專權，迫其出任官職，授左中郎將，封高陽鄉侯。董卓被殺，蔡邕以董卓黨羽被捕，死於獄中，時士人無不悼惜，兗州及陳留一帶置畫像而頌。所作文章百餘篇，後人輯，今有《蔡中郎集》傳世。❸朔方 郡名。治所在今內蒙磴口北。❹琴書 彈琴與書法。❺曲阿 縣名。治所在今江蘇丹陽。❻領 級別高而擔任級別低的職務。❼丞 郡丞。漢制，郡太守主要屬員，協助太守處理行政事務，並掌府內眾事。❽左司馬 將軍府屬官，為將軍軍事參謀。❾大理 王國主要官員，如同中央政府中的廷尉，掌司法刑獄。❿奉常 王國主要官員，職掌如中央政府中的太常，主管禮儀與教育。⓫尚書令 尚書臺長官。西漢初主掌皇帝私人文書，為中低級官員。至東漢，尚書臺演變為實質上的行政中樞機構，尚書令職責加重，但級別仍屬中級官員。⓬寺 官衙名。漢制，九卿衙門稱為寺。⓭黃武四年 西元二二五年。黃武，吳王孫權年號，西元二二二—二二九年。⓮畢會 全都參加。⓯時當 恰當。⓰肆情 縱情；任意。⓱適莫 因親疏而有厚薄之分。《論語·里仁》：「君子之如天下也，無適也，無莫也，義與之比。」⓲歸之於上 歸功於上。即歸功於皇帝孫權。⓳公朝 在朝堂上當著眾人的面。⓴有所陳及 彙報或討論到一些問題時。㉑所執者正 堅持原則。㉒蠲損 裁減。蠲，廢除。㉓顧 回過頭。㉔呂壹 孫權嘉禾年間任中書郎，受孫權信任，審查中央各部門及地方州郡檔案文書，刺探臣民言行，因而作威作福，大臣多被誣諂，遭受審問，引發政治危機。孫權最終不得不將其處死以塞責。㉕中書 官名。魏文帝曹丕置中書監、令各一人，屬官有中書郎，辦公機構位於皇宮中，稱中書省，掌軍國機密、撰寫詔令。孫吳中書官員及機構當仿其制而置。㉖典校 據本書卷六十二〈是儀傳〉，呂壹所任「中書」官職為典校郎。此用為動詞，意為掌管並審核。㉗榷酤障管 官府酒類專賣與壟斷山林湖澤。㉘纖介 細微過失。㉙深案醜誣 嚴加追究詆毀誣陷。㉚毀短 誹謗。㉛舉白 告發。白，報告。㉜用以；因此。㉝譴讓 指責。㉞收繫 逮捕關押。㉟廷尉 漢代以來九卿之一，主管司法刑獄。此指廷尉寺管理下之監獄。㊱辭狀 案情，口供。㊲得無 是不是。㊳面詈 當面辱罵。㊴赤烏六年 西元二四三年。赤烏，吳大帝孫權年號，西元二三八—二五一年。㊵疾微 病很輕。㊶騎都尉 漢代軍隊中的中上級武官，統騎兵。漢武帝後又作為加官加於宗室外戚，表明政治地位，以便朝會召請。孫權任命顧雍子顧濟為騎都尉，亦屬於政治優待，並非實際統兵。㊷善別死生 指善於判斷病人是否有治。㊸臨弔　親臨弔唁。㊹篤疾　久治不癒之病；長期患病。㊺無後　沒有兒子。㊻絕　侯爵無繼承人而被取消。㊼永安元年　西元二五八年。永安，吳景帝孫休年號，西元二五八－二六四年。㊽愍　憐憫。㊾明著　彰顯；表彰。

【語　譯】顧雍，字元歎，吳郡吳縣人。蔡邕從朔方返回後，曾在吳縣躲避仇人，顧雍跟隨他學琴習書。州郡上表推薦，二十歲時出任合肥縣長。後又轉任婁縣、曲阿、上虞等縣，所在皆有治績。孫權兼任會稽郡太守，沒有親自到郡，任命顧雍為郡丞代行太守職務。他討伐剷除賊寇，郡內寧靜，吏民都歸從順服。數年後，任孫權將軍府左司馬。孫權為吳王時，升任大理、奉常，兼任尚書令，封陽遂鄉侯。封侯儀式結束後回到官署，家裏人還不知道，後來知道了都大吃一驚。

2 黃武四年，顧雍把母親從吳縣接來。到了之後，孫權親臨祝賀他，親自在大廳拜見顧雍的母親。公卿大臣全都聚集在一起，後來太子又前往慶賀。顧雍為人不飲酒，言語少，舉止得體。孫權曾讚嘆說：「顧君不輕易開口，一開口所說總是對的。」每逢飲酒歡樂的時候，左右都惟恐醉酒有失被顧雍發現，所以都不敢縱情。孫權也說：「顧公在座，使人不樂。」大家敬畏他到了這種程度。這一年，他改任太常，進封醴陵侯，代替孫邵任丞相，總理尚書事務。他所選拔的文官武將都根據才能加以任用，沒有厚薄之分。他時常查訪民間的情況，及政策法令適宜與否，常常祕密上報。如果意見被採用，則歸功於上，不被採納，最終也不會洩露。孫權因此很器重他。然而在朝堂上公開討論問題時，雖然和顏悅色，卻執正不偏。孫權曾經詢問政務得失，張昭於是彙報自己聽到的情況，認為法令繁多，刑罰稍重，應該有所削減。孫權默不作聲，回頭對顧雍說：「您以為如何？」顧雍回答說：「我所聽到的，也如張昭所說。」於是孫權這才討論如何減輕刑法。過了很久，呂壹、秦博任職中書，掌管並審核各官府和州郡文書。呂壹等人因此漸作威福，實行酒類專賣及壟斷山林湖泊之利。他們揭發罪行糾奸查邪，細微過失也要上報，而且又深加追究，詆毀陷害，誹謗大臣，排擠陷害無辜。顧雍等人都曾被他們告發，因此而受到譴責。後來呂壹罪行敗露，被逮捕拘押於廷尉之處。顧雍前去審案，呂壹以囚犯的身分受審。顧雍卻和顏悅色，審問案情。臨去時，又問呂壹說：「你心中有沒有還想要說的啊？」呂壹叩頭無語。當時尚書郎懷敘當面辱罵呂壹，顧雍責備懷敘說：「國家有公正的法紀，你何必這樣！」

3　顧雍任丞相十九年，享年七十六歲，赤烏六年去世。當初病情輕微時，孫權派醫生趙泉診視顧雍，授予他的小兒子顧濟騎都尉。顧雍聽說此事，傷心的說：「趙泉善於判斷病人生死，我肯定會一病不起，因此皇上想讓我能親眼看到顧濟被授予官職。」顧雍死後，孫權素服親臨弔唁，贈謚號為肅侯。顧雍長子顧邵早死，次子顧裕痼疾在身，小兒子顧濟繼承了爵位，顧濟無子，侯爵廢絕。永安元年，孫休下詔說：「前丞相顧雍，品德高尚，忠誠賢能，以禮輔國，如今侯統廢絕，我十分哀憐他。令顧雍次子顧裕襲爵為醴陵侯，以表彰他過去的功勳。」

1　邵字孝則，博覽書傳❶，好樂人倫❷。少與舅陸績❸齊名，而陸遜❹、張敦❺、卜靜❻等皆亞❼焉。自州郡庶幾❽及四方人士，往來相見，或言議而去，或結厚❾而別，風聲流聞❿，遠近稱之。權妻以策女。年二十七，起家為豫章⓫太守。下車祀⓬先賢徐孺子⓭之墓，優待其後；禁其淫祀⓮非禮之祭者。小吏資質佳者，輒令就學，擇其先進⓯，擢置右職⓰，舉善以教，風化大行。初，錢唐⓱丁諝出於役伍⓲，陽羨張秉生於庶民⓳，烏程吳粲、雲陽⓴殷禮起乎微賤，邵皆拔㉑而友之，為立聲譽。秉遭大喪，親為制服結絰㉒。邵當之豫章，發㉓在近路，值秉疾病，時送者百數，邵辭賓客曰：「張仲節有疾，苦不能來別，恨不見之，暫還與訣㉔，諸君少時㉕相待。」其留心下士，惟善所在㉖，皆此類也。諝至典軍中郎，秉雲陽太守，禮零陵太守，粲太子少傅㉗，世以邵為知人。在郡五年，卒官。子譚、承云。

2 譚字子默，弱冠與諸葛恪等為太子四友㉘，從中庶子轉輔正都尉。赤烏㉙中，代恪為左節度㉚。每省簿書，未嘗下籌㉛，徒屈指心計，盡發疑謬，下吏以此服之。加奉車都尉㉜。薛綜為選曹尚書㉝，固讓譚曰：「譚心精體密，貫道達微，才照人物，德允㉞眾望，誠非愚臣所可越先。」後遂代綜。祖父雍卒數月，拜太常，代雍平尚書事。是時魯王霸有盛寵，與太子和齊衡㉟，譚上疏曰：「臣聞有國有家者㊱，必明嫡庶之端，異尊卑之禮，使高下有差㊲，階級踰邈㊳，如此則骨肉之恩㊴生，覬覦之望絕。昔賈誼陳治安之計，論諸侯之勢，以為勢重，雖親必有逆節之累，勢輕，雖疏必有保全之祚㊵。故淮南親弟，不終饗國，失之於勢重也；吳芮疏臣，傳祚長沙，得之於勢輕也㊶。昔漢文帝使慎夫人與皇后同席，袁盎退夫人之座，帝有怒色，及盎辨上下之儀，陳人彘之戒，帝既悅懌，夫人亦悟㊷。今臣所陳，非有所偏㊸，誠欲以安太子而便魯王也。」由是霸與譚有隙。時長公主㊹壻衛將軍全琮子寄為霸賓客，寄素㊺傾邪㊻，譚所不納。先是，譚弟承與張休俱北征壽春(47)，全琮時為大都督，與魏將王淩(48)戰於芍陂，軍不利，魏兵乘勝陷沒(49)五營(50)將秦晃(51)軍，休、承奮擊之，遂駐(52)魏師。時琮羣子緒、端亦並為將，因敵既住，乃進擊之，淩軍用(53)退。時論功行賞，以為駐敵之功大，退敵之功小，休、承並為雜號將軍(54)，緒、端偏裨(55)而已。寄父子益恨，共搆會(56)譚。譚坐徙交州，幽而發憤，著新言二十篇，其知難篇蓋以自悼傷也。見流(57)二年，年四十二，卒於交阯(58)。

3 承字子直，嘉禾(59)中與舅陸瑁(60)俱以禮徵(61)。權賜丞相雍書曰：「貴孫子直，令問休休(62)，至與相見，過於所聞，為君嘉之。」拜騎都尉，領羽林兵(63)。後為吳郡西部都尉，與諸葛恪等共平山越(64)，別得精兵八千人，還屯軍章阬(65)，拜昭義中郎將。入為侍中(66)。芍陂之役(67)，拜奮威將軍，出領京下督(68)。數年，與兄譚、張休等俱徙交州，年三十七卒。

【章　旨】以上是〈顧雍傳〉附載的顧邵、顧譚、顧承的簡略事跡。邵，顧雍長子，文中記述他少有盛名，為官有方，提攜寒士。譚與承，均為顧邵之子，文中敘述二人的仕宦經歷，以及顧譚正身而行、忠心為國，而兄弟俱因此而得禍的經過。

【注　釋】❶書傳　經書與史書。傳，漢魏時特指史學類書籍。❷好樂人倫　喜歡品評人物。❸陸績　字公紀，博學多識，孫權繼兄總掌江東，召請為奏曹掾，因正直為孫權忌憚，出任鬱林太守，卒於任上。詳本書卷五十七〈陸績傳〉。❹陸遜　字伯言，吳郡吳（今江蘇蘇州）人，本名陸議，後改陸遜。世為江東大族，後經呂蒙推薦，拜右都督。謀取荊州有功。吳黃武元年（西元二二二年），大敗劉備軍。後與曹魏軍戰有功，拜上大將軍，官至丞相。詳見本書卷五十八〈陸遜傳〉。❺張敦　吳郡（今江蘇蘇州）人，為人寧靜淡泊，善作文章，歷孫權車騎將軍西曹掾、主簿、海昏縣令。三十二歲英年早逝。❻卜靜　吳郡（今江蘇蘇州）人，孫氏時曾任剡縣縣令。❼亞　次於。❽州郡庶幾　指揚州及吳郡的賢能人士。庶幾，此指具有一定才能者。❾結厚　結成很深的友誼。❿風聲流聞　名聲傳得很遠。⓫豫章　郡名。治所在今江西南昌。⓬祀　祭祀。⓭徐孺子　徐稺，字孺子，豫章南昌（今江西南昌）人，東漢桓帝時以德行聞名，以政治腐敗，拒不出仕，有名士林。《後漢書》卷五十三有傳。⓮淫祀　官府禮儀規定中不予認可的雜神信仰及祭祀活動。⓯先進　先學有所成者。⓰右職　大吏；郡太守下主要屬員。⓱錢唐　縣名。治所在今浙江杭州。⓲役伍　吳時，以一部分民眾專門承擔官府力役，實行專門的戶籍管理，與平民有別。伍，民戶基層編制，五家為伍。⓳庶民　平民；編戶齊民。⓴雲陽　縣名。治所在今江蘇丹陽。據下文，孫吳時亦曾於雲陽設郡。㉑拔　提拔。㉒絰　服喪期間結於頭部或腰部的麻帶。㉓發　出發。㉔訣　辭別。㉕少時　一會兒。㉖留心下士二句　關心地位不顯的人士，只要別人有優點就會加以提攜。㉗太子少傅　西漢時始置，秩中二千石，與九卿同級別，掌輔導太子，太子以師禮相待。㉘太子四友　據本書卷五十九〈孫登傳〉，孫權立長子孫登為太子，命諸葛恪、張休、顧譚、陳表等人侍講詩書，出從騎射。孫登待此四人以朋友之禮，「或同輿而載，或共帳而寐。」後孫權命諸葛恪為左輔都尉，張休為右弼都尉，顧譚為輔正都尉，表為翼正都尉，稱為太子四友。㉙赤烏　吳大帝孫權年號，西元二三八—二五一年。㉚節度　官名。孫權所置，掌軍糧。㉛籌　珠算發明前的一種計算工具。㉜奉車都尉　漢代以來的一種加官，加其官者可以進出皇宮，與皇帝接近。㉝選曹尚書　官名。始見於東漢靈帝時，魏晉稱吏部尚書，孫吳承漢制，仍稱選部，掌管官吏選舉。㉞允　信服。㉟齊衡　對等。㊱有國有家者　帝王。㊲有差　有等級。㊳階級踰邈　等級分明。㊴骨肉之恩　基於血緣的親情關係。㊵昔賈誼陳治安之計六句　《漢書・賈誼傳》：漢文帝時，梁王太傅賈誼針對當時諸侯王強大威脅中央的問題，提出「眾建諸侯而少其力」的主張，其讓諸侯王將王國封地平均分給所有兒子，將大王國劃分為眾多小王國，如此數代，諸侯王國力弱，相互牽制，從而喪失與中央抗衡的力量。如此，「下無背叛之心，上無誅伐之志」。㊶吳芮疏臣三句　秦末，番陽（今江西波陽）縣令吳芮率越人北上附項羽反秦，被項羽封為衡陽王。吳芮部將從劉邦人關亦有大功，劉邦稱皇帝後，逐步削平異姓王，封子弟為王，並約定「非劉氏而王者，天下共誅之」。異姓王中僅存吳芮，改封長沙王，五世之後，因無後而絕。見《漢書・

吳芮傳》。㊷昔漢文帝七句　事見《史記・袁盎鼂錯列傳》。袁盎，楚人，漢文帝時為中郎，多所諫諍，名重朝廷。「上幸上林，皇后、慎夫人從。其在禁中，常同席坐。及坐，郎署長布席，袁盎引卻慎夫人坐。慎夫人怒，不肯坐。上亦怒，起，入禁中。盎因前說曰：『臣聞尊卑有序則上下和。今陛下既已立后，慎夫人乃妾，妾主豈可與同坐哉。適所以失尊卑矣。且陛下幸之，即厚賜之。陛下所以為慎夫人，適所以禍之。陛下獨不見人彘乎？』於是上乃說，召語慎夫人。慎夫人賜盎金五十斤。」《史記・呂太后本紀》記，呂后怨恨劉邦寵戚夫人，並欲改立太子，劉邦死後，斷戚夫人手足，挖眼，煇耳，飲啞藥，使居於廁中，稱之為「人彘」。㊸偏　偏向。㊹長公主　孫權長女，名魯班。初嫁周瑜子周循，後嫁全琮之子，故又稱全公主。㊺素　素來；從來。㊻傾邪　不正派。㊼壽春　縣名。治所在今安徽壽縣。㊽王淩　字彥雲，太原祁（今山西祁縣）人，漢司徒王允之姪。東漢末任中山太守，後被曹操任為丞相掾屬。歷任曹魏散騎常侍、太尉。與其外甥令狐愚謀廢曹芳，事洩，服毒而死。詳見本書卷二十八〈王淩傳〉。㊾陷沒　殲滅。㊿五營　東漢時，對漢武帝時創設的京城衛戍部隊加以省改，設屯騎、越騎、步兵、射聲、長水五校尉，各領營部，由北軍中候指揮，統稱五營，三國魏、吳沿其制而設。(51)晃　原誤作「兒」。〈孫權傳〉有秦晃，據改。(52)駐　同「住」。阻擋住。(53)用　因此。(54)雜號將軍　將軍前加名號者，東漢初創之時曾有之，後廢止，漢末三國時又盛行，如征東將軍、平南將軍、驍騎將軍、游擊將軍之類，至西晉時因設號眾多，形成高低序列。(55)偏裨　偏將軍、裨將軍。漢代制度，偏將軍屬將軍指揮下的一支部隊指揮官，級別低於將軍。(56)搆會　誣陷。(57)見流　被處流放。(58)交阯　郡名。治所在今越南河內東北，三國時屬吳國疆域。(59)嘉禾　吳大帝孫權年號，西元二三二—二三八年。(60)陸瑁　陸遜之弟，詳見本書卷五十七〈陸瑁傳〉。(61)徵　召請。(62)令問休休　名聲響亮。令問，好名聲。休休，美而大。(63)羽林兵　西漢武帝時組建近衛部隊，取「如羽之疾，如林之眾」之義而命名。東漢及魏晉相承，將皇帝近衛部隊中的一支取名為羽林軍。(64)山越　意為山中之越人。先秦時，居住在今淮河以南安徽、江蘇、浙江、福建及兩廣地區的族羣，被中原華夏族人總稱為越人，春秋、戰國時的吳國、越國先後興起並接受華夏文化，漢代這些地區的華夏化更為深入，但今福建、浙江及江西毗鄰地區的山地中，居民的語言、習俗在漢末仍與華夏人有別，被稱為山越。官府亦未能有效的實施行政管理。孫策及孫權時，在這些地區廣設郡、縣行政機構，強化管理，並不斷派兵對不服從管理者進行圍剿，將他們強行遷徙到易於控制的蘇南地區，編入軍隊或在軍隊監管下耕作，這成為孫吳政權擴大兵源的重要途徑。(65)章阬　地名。當位於今浙江西與安徽交界處。阬，原作「阮」，今從宋本。(66)侍中　官名。起於漢代，為加官，意為「侍皇帝於禁中」。漢武帝及以後多以此名加於非皇宮任職的官員，進入皇宮，參與議政，並兼掌皇帝日常生活起居，權力日益加重，至西晉時成為門下省長官。(67)芍陂之役　本書卷四十七〈吳主傳〉：赤烏四年（西元二四一年）四月，「遣衛將軍全琮略淮南，決芍陂，燒安城邸閣，收其人民。」並參前文〈顧譚傳〉。68京下督　官名。孫吳時統領京口（今江蘇鎮江市）駐軍的武官。

【語　譯】顧邵，字孝則，他博覽經史，喜好品評人物。年輕時和舅舅陸績齊名，而陸遜、張敦、卜靜等人都不如他。從州郡賢才到四方人士都來與他會見，有的與他討論問題而後離開，有的與他結成深厚友誼而後分別，名聲流傳，遠近的人都稱揚他。孫權把孫策的女兒嫁給他。二十七歲時，一出仕便任豫章郡太守。到任後祭祀先賢徐孺子之墓，優待他的後人；下令禁絕民間祭祀禮儀制度規定之外的雜神。資質好的小吏，全都送到學校學習，選擇成績突出的，擢升官職。提倡善美，進行教育，民風迅速好轉。當初，錢唐縣丁諝出身差役，陽羨縣張秉出身庶民，烏程人吳粲、雲陽人殷禮也都出身微賤，顧邵都提拔他們，與他們交遊，樹立他們的聲望。張秉遭遇大喪，顧邵親自為他製作孝服，紮孝帶。顧邵當去豫章郡赴任，將要出發上路，正巧張秉患病，當時來給他送行的有一百多人，顧邵對他們說：「張仲節有病，苦於不能來道別，我為沒見到他而遺憾，暫且回去跟他辭別，大家稍稍等我一會。」他注意禮賢下士，只注意他們的優點，大多諸如此類。後來丁諝官至典軍中郎，張秉官至雲陽郡太守，殷禮官至零陵郡太守，吳粲官至太子少傅，世人都認為顧邵有知人之明。在豫章郡任職五年，死於任上。有兩個兒子，顧譚和顧承。

2　顧譚，字子默，二十歲時與諸葛恪等四人為太子四友，由中庶子轉任輔正都尉。赤烏年間，代替諸葛恪任左節度。他每次查看帳簿，從不使用計算工具，只需屈指心算，就能發現所有的疑點和謬誤，下面的吏員因此很佩服他。不久加奉車都尉名號。薛綜任選曹尚書，堅持要把職務讓給顧譚，說：「顧譚為人精細周密，融貫大道，通達妙理，才識可以辨別人才，品德深孚眾望，實在不是我能超越的。」後來顧譚便取代了薛綜。顧譚在祖父顧雍死後數月，任太常，並接替顧雍總管尚書臺的事務。當時魯王孫霸極受寵愛，地位與太子孫和相等，顧譚上書說：「我聽說有國有家的帝王，必須明白嫡庶大端，區分尊卑的禮數，使上下有別，等級分明，這樣才能保證血緣親情，斷絕非分之想。當年賈誼陳述長治久安的計策，論說諸侯形勢，認為如果諸侯權勢過重，即使血緣近親也必將發生叛逆的事情，權勢輕，雖然血緣關係疏遠，也能保全諸侯的國統不絕。所以淮南王是漢文帝的親兄弟，不能始終享有封國，失之於權勢過重；吳芮是關係疏遠的臣子，卻能子孫世襲長沙王，得之於權勢較輕。當年漢文帝讓慎夫人與皇后同席，袁盎撤去了慎夫人的座位，漢文帝面有怒色，等到袁盎闡明上下尊卑的禮節，講述了人彘的教訓後，漢文帝這才高興，慎夫人也醒悟了。今天我所說的，不是偏向哪一方，實在是想既讓太子安穩，又有利於魯王啊。」由此孫霸和顧譚開始出現裂痕。當時長公主的丈夫衛將軍全琮之子全寄，是孫霸的幕僚，全寄為人一向邪惡奸詐，為顧譚所不容。在此之前，顧譚的弟弟顧承和張休一起率兵北征壽春，全琮當時任大都督，與魏將王淩在芍陂交戰，吳軍失利，魏軍乘勝殲滅了五營將秦晃所部，張休、顧承奮力擊殺魏軍，才阻擋住魏軍的攻勢。當時全琮的幾個兒子全緒、全端也都擔任將領，因為魏軍攻勢被遏制，於是發起攻擊，使王淩所部因此撤退。當時論功行賞，論者認為擋住敵軍的功勞大，擊退敵軍的功勞小，於是張休、顧承一起升任雜號將軍，全緒、全端僅僅被提升為偏將副將。全寄父子更加忌恨顧譚，一起陷害他。顧譚坐罪被流放到交州，因被囚而發憤，著《新言》二十篇，其中的〈知難篇〉就是用來悼傷自己的。被流放兩年後，四十二歲時，死於交阯。

3 顧承，字子直，嘉禾年間與舅舅陸瑁一起被以禮徵召。孫權在致丞相顧雍的信中說：「你的孫子子直，名聲響亮，到我見了他之後，發現他的才華超過了傳聞，我為你感到高興。」於是任為騎都尉，統領羽林軍。後來任吳郡西部都尉，和諸葛恪一起平定山越，另外得到精兵八千人，回師駐紮章阬，官拜昭義中郎將。後被召回朝廷任侍中。芍陂之役，被授予奮威將軍，兼任京下督。幾年後，和哥哥顧譚、張休等人一起被流放到交州，三十七歲時死去。

1 諸葛瑾，字子瑜，琅邪陽都❶人也。漢末避亂江東❷。值孫策卒，孫權姊壻曲阿弘咨見而異之，薦之於權，與魯肅等並見賓待❸，後為權長史，轉中司馬。

建安二十年❹，權遣瑾使蜀通好劉備，與其弟亮俱公會❺相見，退無私面❻。

2 與權談說諫喻，未嘗切愕❼，微見風彩，粗陳指歸❽，如有未合，則捨而及他，徐復託事造端❾，以物類相求❿，於是權意往往而釋⓫。吳郡太守朱治⓬，權舉將⓭也，權曾有以望之⓮，而素加敬⓯，難自詰讓⓰，忿忿不解。瑾揣知其故，而不敢顯陳，乃乞⓱以意私自問，遂於權前為書⓲，泛論物理⓳，因以己心遙往忖度⓴之。畢，以呈權，權喜，笑曰：「孤意解矣。顏氏㉑之德，使人加親，豈謂此邪？」權又怪校尉殷模，罪至不測。羣下多為之言㉒，權怒益甚，與相反覆㉓，惟瑾默然，權曰：「子瑜何獨不言？」瑾避席曰：「瑾與殷模等遭本州㉔傾覆，生類殄盡㉕。棄墳墓，攜老弱，披草萊，歸聖化，在流隸㉖之中，蒙生成之福，不能躬相督厲㉗，陳答萬一㉘，至令模孤負㉙恩惠，自陷罪戾。臣謝過㉚不暇，誠不敢有言。」權聞之愴然㉛，乃曰：「特為君赦之。」

3 後從討關羽，封宣城侯，以綏南將軍代呂蒙領南郡㉜太守，住公安。劉備東伐吳，吳王㉝求和。瑾與備牋㉞曰：「奄㉟聞旗鼓㊱來至白帝㊲，或恐議臣以吳王侵取此州㊳，危害關羽，怨深禍大，不宜答和。此用心於小㊴，未留意於大者也。試為陛下論其輕重，及其大小。陛下若抑威損忿，蹔省㊵瑾言者，計可立決，不復咨之於羣后[41]也。陛下以關羽之親何如先帝[42]？荊州大小孰與海內？俱應仇疾[43]，誰當先後？若審此數，易如[44]反掌。」時或言瑾別遣親人與備相聞，權曰：「孤與子瑜有死生不易之誓[45]，子瑜之不負孤，猶孤之不負子瑜也。」黃武元年[46]，遷左將軍，督公安，假節[47]，封宛陵侯。

4 虞翻[48]以狂直流徙，惟瑾屢為之說。翻與所親書曰：「諸葛敦仁，則天活物[49]，比[50]蒙清論[51]，有以保分[52]。惡積罪深，見忌殷重，雖有祁老之救，德無羊舌[53]，解釋[54]難冀[55]也。」

5 瑾為人有容貌思度[56]，于時服其弘雅[57]。權亦重之，大事咨訪。又別咨瑾曰：「近得伯言[58]表，以為曹丕已死，毒亂之民[59]，當望旌瓦解，而更靜然。聞皆選用忠良，寬刑罰，布恩惠，薄賦省役[60]，以悅民心，其患更深於操時。孤以為不然。操之所行，其惟殺伐小為過差[61]，及離間人骨肉，以為酷耳。至於御將[62]，自古少有。丕[63]之於操，萬不及也。今叡[64]之不如丕，猶丕不如操也。其所以務崇小惠，必以其父新死，自度[65]衰微，恐困苦之民一朝崩沮[66]，故彊屈曲[67]以求民心，欲以自安住耳，寧[68]是興隆之漸[69]邪！聞任陳長文[70]、曹子丹[71]輩，或文人諸生，或宗室戚臣，寧能御雄才虎將以制天下乎？夫威柄不專，則其事乖錯，如昔張耳、陳餘，非不敦睦，至於秉勢，自還相賊(72)，乃事理使然也。又長文之徒，昔所以能守善者，以操笮(73)其頭，畏操威嚴，故竭心盡意，不敢為非耳。逮丕繼業，年已長大，承操之後，以恩情加之，用(74)能感義。今叡幼弱，隨人東西(75)，此曹等輩(76)，必當因此弄巧行態(77)，阿黨(78)比周(79)，各助所附。如此之日，姦讒並起，更相陷懟(80)，轉成嫌貳(81)。一爾已往，羣下爭利，主幼不御，其為敗也焉得久乎？所以知其然者，自古至今，安有四五人把持刑柄(82)，而不離刺(83)轉相蹄齧者也！彊當陵(84)弱，弱當求援，此亂亡之道也。子瑜，卿但側耳聽之，伯言常長於計校，恐此一事小短也。」

6 權稱尊號，拜大將軍、左都護，領豫州牧(85)。及呂壹誅，權又有詔切磋瑾等，語在權傳(86)。瑾輒因事以答，辭順理正。瑾子恪，名盛當世，權深器異之；然瑾常嫌之，謂非保家之子，每以憂戚。赤烏四年(87)，年六十八卒。遺命令素棺斂以時服，事從省約。恪已自封侯，故弟融襲爵，攝兵業(88)駐公安，部曲吏士親附之。疆外無事(89)，秋冬則射獵講武(90)，春夏則延賓高會，休吏假卒，或不遠千里而造(91)焉。每會輒歷問賓客，各言其能，乃合榻促席(92)，量敵選對(93)，或有博弈(94)，或有摴蒱(95)，投壺(96)弓彈，部別類分，於是甘果繼(97)進，清酒(98)徐行，融周流觀覽，終日不倦。融父兄質素[99]，雖在軍旅，身無采飾；而融錦罽[100]文繡[101]，獨為奢綺。孫權薨，徙奮威將軍。後恪征淮南[102]，假融節，令引軍入沔[103]，以擊西兵。恪既誅[104]，遣無難督[105]施寬就將軍施績[106]、孫壹[107]、全熙[108]等取[109]融。融卒聞兵士至，惶懼猶豫，不能決計，兵到圍城，飲藥而死，三子皆伏誅。

【章旨】以上是〈諸葛瑾傳〉。敘事分為以下六個層次：一、諸葛瑾出使劉備，公而無私；二、諸葛瑾為人溫婉，善於事上；三、呂蒙死後，諸葛瑾駐守長江中游，孫權對他異常信重；四、通過虞翻之口，說明諸葛瑾敦厚仁義；五、孫權向諸葛瑾分析魏明帝初期魏國的政局形勢，反映出諸葛瑾深為孫權所信賴；六、諸葛瑾晚年情況，及其子諸葛恪、諸葛融的為人行事與諸葛瑾的差別。

【注釋】❶陽都　縣名。治所在今山東沂南南。❷江東　長江曲折東流，至今安徽蕪湖附近，折而向北，呈南北流向，至南京以西復大體東流，漢唐間稱此段長江以東地區為江東，大體上包括今江蘇長江以南、浙江及皖南地區。❸賓待　以客禮而非下屬之禮相待。❹建安二十年　西元二一五年。建安，東漢獻帝劉協年號，西元一九六—二二〇年。❺公會　正式會見場合。❻私面　私下相見。❼切愕　言辭尖刻。愕，通「諤」。直言。❽指歸　主要意見。❾託事造端　假借其他事情再重新提起討論。❿以物類相求　通過比喻的方式說明要闡明的觀點。⓫釋　放棄。⓬朱治　字君理，丹楊（今安徽宣州）人。隨孫堅征戰有功，薦為督軍校尉。又輔助孫策平定江東，與張昭等尊奉孫權。黃武初，拜安國將軍，以毗陵侯徙封故鄣侯。事見本書卷五十六〈朱治傳〉。⓭舉將　東漢時內郡不置都尉，需軍事動員時則郡太守統管軍事，故太守亦稱郡將。朱治任吳郡太守，察舉孫權為孝廉，因稱朱治為舉將。⓮有以望之　因為某事怨恨他。望，怨恨。⓯素加敬　平常都特意尊敬。⓰詰讓　詰問指責。讓，譴責。⓱乞　請求。⓲為書　寫信。⓳物理　事理。⓴忖度　猜想。㉑顏氏　顏回，孔子學生，因好學及「不遷怒，不貳過」等品德被孔子稱讚。㉒多為之言　說了不少為他開脫罪責的話。㉓相反覆　與之爭論。㉔本州　指徐州。㉕生類殄盡　人民死光了。㉖流隸　流民。㉗躬相督厲　親自加以督促，使其努力奮進。㉘陳答萬一　報答所賜恩惠的萬分之一。㉙孤負　辜負。孤，通「辜」。㉚謝過　謝罪；因有過失而道歉。㉛愴然　傷感的樣子。㉜南郡　郡名。治所在今湖北公安。㉝吳王　孫權。漢獻帝延康元年（西元二二〇年），曹丕稱帝建魏，改元黃初，次年十一月，冊封附於魏的孫權為吳王。自此至西元二二九年四月孫權正式稱皇帝為止，均以吳王身分活動。㉞牋　同「箋」。一種文體，對尊長或上級的信札。㉟奄　突然。㊱旗鼓　古代行軍打仗，以旗幟鼓解為號令，旗鼓遂用以指稱軍隊。㊲白帝　白帝城。故址在今重慶市奉節東白帝山上。城為兩漢之際割據蜀地的公孫述所修，因公孫述自號白帝，故以為名。城居高山，形勢險要，三國時為蜀漢防吳沿江西進的軍事重鎮。㊳此州　指孫劉雙方爭奪的荊州。㊴用心於小　在小事上用心思。㊵省　省視。㊶羣后　眾位大臣。后，意為王者，諸葛瑾因劉備為皇帝，以此尊稱其下大臣。㊷先帝　指東漢獻帝。㊸仇疾　深深仇視。㊹如　宋本作「於」。㊺死生不易之誓　君臣關係至死不改的誓言。㊻黃武元年　西元二二二年。黃武，吳王孫權年號，西元二二二－二二九年。㊼假節　節為代表中央權力的信物，漢制，出使者持節，亦漸以頒於鎮守地方的大員。漢末三國時，地方駐軍情況普遍，頒節於地方軍鎮大員的情形亦多，按授權大小有使持節、持節、假節的區分。假節者在軍事行動時可以不經上報批准處死犯軍令者。㊽虞翻　字仲翔，會稽餘姚（今浙江餘姚）人。為人博學多才，尤長於《易》。東漢末為會稽郡功曹，後從孫策，頗受重視。孫權時，因恃才傲物，性格直率而為孫權所不容，被流放於交州。詳見本書卷五十七〈虞翻傳〉。㊾則天活物　效法上天成活萬物。㊿比　近來。(51)清論　正直評論。(52)有以保分　有活下來的希望。(53)祁老之救二句　祁老，祁奚，春秋時晉國大夫，字黃羊，為人正直，以外舉不避仇，內舉不失親而聞名。羊舌，羊舌肸，一名叔向，亦為春秋時晉國大夫。《左傳》襄公二十一年：晉平公六年（西元前五五二年），晉執政范宣子誅除異己，並囚羊舌肸，雖有與范宣子親近之人表示相救，羊舌肸認為只有祁奚能救自己。時祁奚年已老，聞訊而見范宣子，稱羊舌肸「謀而鮮過，惠訓不倦」，為社稷之臣，應加寬恕。范宣子因而加以赦免。(54)解釋　此指罪行得到寬恕。(55)冀　希圖；希望。(56)有容貌思度　容貌出眾，善於思考。(57)弘雅　氣度寬宏，溫文爾雅。(58)伯言　陸遜的字。(59)毒亂之民　受到殘暴統治的百姓。(60)薄賦省役　減免稅收，減少勞役。(61)殺伐小為過差　殺人稍稍多了些。(62)御將　指揮控制將領。(63)丕　原作「比」，今從宋本。(64)叡　三國魏明帝曹叡。(65)度　揣度。(66)崩沮　指民心離散。(67)屈曲　委曲求全。(68)寧　難道。(69)興隆之漸　興盛的徵兆。(70)陳長文　陳羣，字文長，潁川許昌（今河南許昌東）人，深得曹操信任，歷任曹魏尚書僕射、錄尚書事等。文帝病重，與曹真等人受遺詔輔政。詳見本書卷二十二〈陳羣傳〉。(71)曹子丹　即曹真，字子丹，沛國譙（今安徽亳州）人。本姓秦，曹操收為養子。歷任偏將軍、中堅將軍、中領軍等職。詳見本書卷九〈曹真傳〉。(72)如昔張耳陳餘四句　張耳、陳餘均為戰國末魏國名士，張耳年長，相互結為刎頸之交。秦滅六國，兩人均被追捕。陳勝起事反秦，二人投靠，奉命北略原趙國地區，先後立武臣、趙歇為趙王，張耳為丞相，陳餘為大將軍。項羽分封諸侯王，張耳被封為常山王，陳餘不得封，因而憤憤不平，與張耳反目成仇，擊走張耳，自立為代王。事見《史記·張耳陳餘列傳》。(73)笮　古時以竹或葦編成的一種薄席，鋪於簷上瓦下。此引申為壓制。(74)用　以；因而。(75)隨人東西　聽從別人意見，沒有自己的主張。(76)此曹等輩　這一幫人。(77)行態　作態；自作主張。(78)阿黨　阿附同黨；結成幫派。(79)比周　相互勾結庇護。(80)陷懟　陷害仇視。懟，怨恨；仇視。(81)貳　離心離德。(82)四五人把持刑柄　魏文帝逝世，遺詔令中軍大將軍曹真、鎮軍大將軍陳羣、征東大將軍曹休、撫軍大將軍司馬懿四人輔政。(83)離刺　相互糾纏。(84)陵　通「淩」。(85)領豫州牧　豫州地當今河南，為三國魏境，不屬孫吳控制範圍。孫權稱皇帝時，與蜀漢達成共同對付曹魏、預分其領土的政治協定，因有領豫州牧的虛擬任命。(86)及呂壹誅三句　據本書卷四十七〈吳主傳〉，赤烏元年（西元二三八年），孫權誅呂壹後，遣中書郎袁禮向在外將軍通報情況，表示自責，並要求他們就時事提意見，而諸葛瑾等心有餘悸，「各以不掌民事，不肯便有所言」。孫權下詔「責數」諸葛瑾及步騭、朱然、呂岱等人。(87)赤烏四年　西元二四一年。赤烏，吳大帝孫權年號，西元二三八—二五一年。(88)攝兵業　統領其父原統兵眾。孫吳創立過程中，將領通過招募、俘獲及征討江南山區未納入編戶的民眾，擴大部隊，並逐步形成相對固定的駐防地。死後其組建的部隊及防區駐防任務多由子弟繼承，實行世襲領兵制。(89)部曲吏士親附之二句　此二句十一字原無，宋本有，據補。(90)講武　軍事訓練。(91)造　造訪；拜訪。(92)合榻促席　將坐榻併在一起，大家緊靠圍坐。促，緊靠。(93)量敵選對　根據各自的水平搭成對。(94)博弈　六博與圍棋。博，六博，先秦到漢代流行的一種遊戲，長形盤上兩邊各有六孔，遊戲雙方各有六棋子，以手指彈己方之棋子入對方孔多者為勝。弈，圍棋。(95)摴蒱　又作「樗蒱」。以擲骰決勝負。采頭有盧、雉、犢、白等名稱。(96)投壺　一種遊戲。手擲短箭入壺口或壺之雙耳以決勝負。(97)繼　原誤作「經」，據宋本改。(98)清酒　古時主要在祭祀場合使用的一種米酒。(99)質素　樸素。(100)罽　一種毛織品。(101)文繡　在絲毛製品上繡製花紋圖案。(102)恪征淮南　吳建興元年（西元二五二年）十月，執政諸葛恪率大軍進攻淮南，結果大敗而回。(103)沔　沔水，古代用以稱今長江支流漢水從陝西安康至湖北襄樊一段，又常用以指漢水。(104)恪既誅　吳建興二年（西元二五三年）八月，執政諸葛恪被武衛將軍孫峻誘至宮中刺殺，並捕殺其同黨。(105)無難督　孫權創立解煩、無難二軍，作為精銳禁衛部隊，長官為督。(106)施績　即朱績，其父朱然本姓施，後抱養給其舅朱治，及貴，復為本姓。見本書卷五十六朱然附傳。(107)孫壹　孫吳宗室，孫奐之子，呂據、滕胤妻兄。歷任孫吳征南將軍、鎮軍將軍、夏口督等。呂據、滕胤被殺，孫壹投降曹魏。事見本書卷五十一孫奐附傳。(108)全熙　吳郡錢唐（今浙江杭州）人。全琮族子。吳太平二年（西元二五七年），因內部矛盾，與同族全懌、全端、全禕等降魏，全熙謀洩被殺。事見本書卷五十〈孫亮全夫人傳〉。⑩取 捉拿。

【語 譯】諸葛瑾，字子瑜，琅邪郡陽都縣人。東漢末年到江東避亂。剛好孫策去世，孫權的姐夫曲阿縣人弘咨見到他，認為他不同於常人，將他引薦給孫權，和魯肅一起受孫權以客禮相待。後在孫權府任長史，改任中司馬。建安二十年，孫權派他出使蜀地，和劉備建立友好關係的期間，與他的弟弟諸葛亮都在公開場合相見，告退後不私自會見。

2 諸葛瑾和孫權談話或勸諫諷諭，未曾使用尖刻的言語，只是外表略加顯示，大致表明自己的主要意見，如發現與孫權意見不合，就捨棄話題談論別的，慢慢的再藉其他事從頭說起，並用比喻的方法來說服孫權，因此孫權往往自己放棄的想法。吳郡太守朱治，是孫權所拔舉的將領，孫權因某事對朱治不滿，但由於平素對他很尊敬，難以親自責問，所以憤憤不平。諸葛瑾猜到其中緣故，但又不便明說，便請求孫權讓他以自己的名義加以詢問，於是當著孫權的面給朱治寫信，內容只是泛泛的議論事理，並說明這只是自己在遠處按自己的想法猜測而已。寫完之後，呈遞給孫權，孫權很高興，笑著對諸葛瑾說：「我的心事已沒有了。古聖顏回的仁德是使人更加親和，不就是這樣嗎？」孫權又曾怪罪校尉殷模，要治他重罪。羣臣大多為殷模求情，這讓孫權更加生氣，與大臣們反覆爭論，只有諸葛瑾不發一言，孫權對他說：「子瑜為何只有你不表示意見呢？」諸葛瑾離開坐席回答說：「我和殷模等人在本州遭遇戰亂，百姓死亡殆盡。我們拋棄了祖宗墳墓，扶老攜幼，披荊斬棘，歸向聖德教化，在流離失所的百姓之中，蒙受生存保全的福分，我未能親自督促勉勵殷模，以報答您萬分之一的恩情，致使殷模辜負聖恩，自陷於罪惡。我謝罪猶恐不及，實在不敢再說什麼。」孫權聽了他的話十分傷感，於是說：「我特別為你赦免他。」

3 後來諸葛瑾隨從孫權討伐關羽，被封為宣城侯，以綏南將軍身分接替呂蒙兼任南郡太守，駐紮在公安縣。劉備率軍東向進攻吳國，吳王孫權向劉備求和。諸葛瑾給劉備寫信說：「突然聽說大軍來到白帝城，恐怕您的謀臣們會認為吳王侵占荊州，殺害關羽，仇深禍大，不應講和。這是在小事上用心思，而沒有留意於大局。

試為陛下論說此事的輕重大小。陛下如果能夠壓抑一下盛怒，緩和一下憤怒的心情，稍稍思考一下我的意見，便可以立即作出決定，無須再和羣臣商議了。陛下與關羽之親比起先帝來如何？荊州的大小又如何能與整個天下相比？曹魏和孫吳都應該仇恨，那麼誰先誰後？如果清楚這個道理，就是易如反掌的事了。」當時有人說諸葛瑾另外派遣親近的人給劉備傳遞消息，孫權說：「我和子瑜有生死不變的誓言，他不辜負我，就像我不辜負他一樣。」黃武元年，諸葛瑾升任左將軍，總督公安，假節，封宛陵侯。

4　虞翻因任性耿直被流放，唯有諸葛瑾屢次為他講情。虞翻在給親人的信中說：「諸葛子瑜敦厚仁義，效法上天成活萬物，近來承蒙他的正直評論，說我似乎有活下來的希望。但我積惡太深罪孽太重，深被忌恨，雖然有諸葛像祁老那樣為我求情，但我沒有羊舌肸那樣的德行，罪行得到寬貸是難有希望的。」

5　諸葛瑾容貌俊美，善於思考，當時人們嘆服他寬宏文雅。孫權也器重他，大事都詢問他。又曾特別諮詢諸葛瑾說：「最近我得到伯言的表章，他認為曹丕已死，受殘暴統治的百姓，應當望見我們的旗幟便土崩瓦解，卻反而更加寂靜。聽說他們都選用忠良，寬刑罰，施恩惠，輕徭薄賦，以取悅民心，我們的憂患比曹操時更為深重。我以為不是如此。曹操所作的，只是殺伐稍有過分，以及離間人們骨肉親情，有些殘酷罷了。至於駕馭將領的才能，自古少有。曹丕比曹操，萬萬不及。如今曹叡的不如曹丕，猶如曹丕不如曹操一樣。他所以專事推崇小恩小惠，必定是因為他父親剛死，自認為國家已衰落，恐怕困苦的百姓一朝崩潰，所以才強自委曲，以求安定民心，想要以此自安罷了，哪裏是興隆的徵兆呢！聽說曹叡任用陳長文、曹子丹等人，他們有的是文人儒生，有的是宗室子弟、皇親國戚，怎麼能駕馭雄才虎將治理天下呢？皇帝若沒有威勢大權在握，那麼事情就會乖謬出錯，比如從前張耳、陳餘，不是不敦厚和睦，等到掌握權勢，便反過來相互殘殺，這是事情物理使他們如此。再說長文等人，當年所以能守善不惡，是因為曹操壓制，懼怕曹操的威嚴，才盡心盡意，不敢為非作歹罷了。到了曹丕繼位，年紀已長，繼承曹操之後，給長文等人加恩施惠，使他們感恩圖報。如今曹叡年幼，被人左右，長文等人一定會因此而巧言令色，結黨營私，朋黨們各自幫助所依附的主人。這種時候，奸邪佞媚相繼而起，互相誣陷怨恨，轉而成為離心離德。這樣下去，大臣們爭權奪利，年幼的皇帝無法駕馭，他們敗亡的日子還會很久嗎？之所以明白會這樣，是因為從古到今，哪有四五個人把持朝政而不相互糾結傾軋仇殺的！勢力強大的一定欺凌弱小的，弱小的必當求援，這是禍亂敗亡之道。子瑜，你只需側耳聽著，伯言一向以計畫籌算見長，這一次他卻小有差錯了。」

6 孫權稱帝，授予諸葛瑾大將軍、左都護，兼任豫州牧。到了呂壹被誅殺，孫權又下詔向諸葛瑾等詢問朝政得失，記載在〈吳主傳〉。諸葛瑾回答孫權的詢問，總是就事回答，言辭恭順論理平正。諸葛瑾的兒子諸葛恪，名盛一時，孫權十分器重他；然而諸葛瑾卻時常嫌惡他，認為他不是保有家業的兒子，每每為此憂心。赤烏四年，諸葛瑾六十八歲去世。遺言要求棺木不加漆染，穿平時所穿服裝入殮，喪事簡約。諸葛恪已經封侯，所以他的弟弟諸葛融承襲爵位，繼統其軍隊，駐守公安，部曲吏士都很親附他。境外平安無事，秋冬則騎獵訓練軍隊，春夏則邀請賓朋聚會，並讓差役吏卒休假，有的人不遠千里登門赴會。每次聚會他都逐一問候賓客，各自說明自己的才能，於是將大家的座位安排在一起，按照各自的水平形成比賽雙方，有人下棋，有人賭博，有人比試投壺彈弓，分門別類進行劃分，此時不斷獻上鮮美的果品，醇香的美酒供他們慢慢享用，諸葛融則往來觀賞，整天不知疲倦。他的父親兄長都很樸素，即使身在軍旅，也身無彩飾；而諸葛融卻身穿繡著彩紋的絲毛織物，獨為奢華綺麗。孫權去世後，調任奮威將軍。後來諸葛恪進攻淮南，授諸葛融假節，令他率軍進入漢水流域，進擊西部的魏軍。諸葛恪被殺之後，孫峻派無難督施寬和將軍施績、孫壹、全熙等人逮捕諸葛融。諸葛融突然聽說軍隊到來，恐慌猶豫，不能決定對策，軍隊到達後把城圍住，他服毒自盡，三個兒子都被誅殺。

1 步騭，字子山，臨淮淮陰❶人也。世亂，避難江東，單身窮困，與廣陵❷衛旌❸同年❹相善，俱以種瓜自給，晝勤四體❺，夜誦經傳。

2 會稽焦征羌，郡之豪族，人客❻放縱。騭與旌求食其地，懼為所侵，乃共修刺❼奉瓜，以獻征羌。征羌方在內臥，駐之移時❽，旌欲委去，騭止之曰：「本所以來，畏其彊也；而今舍去，欲以為高，祇❾結怨耳。」良久，征羌開牖❿見之，身隱几⓫坐帳中，設席致地，坐⓬騭、旌於牖外，旌愈恥之，騭辭色自若⓭。征羌作食，身享大案，殽膳重沓，以小盤飯與騭、旌，惟菜茹⓮而已。旌不能食，騭極飯致飽乃辭出。旌怒騭曰：「何能忍此？」騭曰：「吾等貧賤，是以主人以貧賤遇之，固其宜也，當何所恥？」

3 孫權為討虜將軍，召騭為主記⓯，除海鹽⓰長，還辟車騎將軍東曹掾⓱。建安十五年⓲，出領鄱陽⓳太守。歲中⓴，徙交州刺史、立武中郎將，領武射吏千人，便道㉑南行。明年，追拜使持節㉒、征南中郎將。劉表㉓所置蒼梧㉔太守吳巨㉕陰懷異心，外附內違。騭降意懷誘㉖，請與相見，因斬徇之㉗，威聲大震。士燮兄弟㉘，相率供命㉙，南土之賓㉚，自此始也。益州㉛大姓雍闓等殺蜀㉜所署太守正昂，與燮相聞，求欲內附㉝。騭因承制㉞遣使宣恩撫納，由是加拜平戎將軍，封廣信侯。

4 延康元年㉟，權遣呂岱㊱代騭，騭將交州義士萬人出㊲長沙。會劉備東下，武陵(38)蠻夷蠢動，權遂(39)命騭上益陽(40)。備既敗績，而零、桂(41)諸郡猶相驚擾，處處阻兵，騭周旋(42)征討，皆平之。黃武二年(43)，遷右將軍左護軍，改封臨湘侯。五年，假節，徙屯漚口(44)。

權稱尊號，拜驃騎將軍，領冀州牧。是歲(45)，都督西陵(46)，代陸遜撫二境(47)，頃(48)以冀州在蜀分(49)，解牧職。時權太子登駐武昌，愛人好善，與騭書曰：「夫賢人君子，所以興隆大化，佐理時務者也。受性闇蔽(50)，不達道數(51)，雖實區區(52)欲盡心於明德(53)，歸分於君子，至於遠近士人，先後之宜，猶或緬(54)焉，未之能詳。傳曰：『愛之能勿勞乎？忠焉能勿誨乎？』(55)斯其義也，豈非所望於君子哉！」騭於是條(56)于時事業(57)在荊州界者(58)，諸葛瑾、陸遜、朱然(59)、程普(60)、潘濬(61)、裴玄、夏侯承、衛旌、李肅(62)、周條、石幹十一人，甄別行狀(63)，因上疏獎勸(64)曰：「臣聞人君不親小事，百官有司(65)各任其職。故舜命九賢(66)，則無所用心(67)，彈五弦之琴，詠南風之詩，不下堂廟而天下治也。齊桓用管仲，被髮載車，齊國既治，又致匡合(68)。近漢高祖擥三傑以興帝業(69)，西楚(70)失雄俊以喪成功。汲黯在朝，淮南寢謀(71)；郅都守邊，匈奴竄迹(72)。故賢人所在，折衝萬里(73)，信(74)國家之利器，崇替(75)之所由也。方今王化未被(76)於漢北(77)，河、洛之濱(78)尚有僭逆之醜(79)，誠擥英雄拔俊任賢之時也。願明太子重以經意，則天下幸甚。」

6 後中書呂壹典校文書，多所糾舉，騭上疏曰：「伏聞諸典校擿抉(80)細微，吹毛求瑕(81)，重案深誣(82)，輒(83)欲陷人以成威福(84)；無罪無辜，橫受大刑，是以使民跼天蹐地(85)，誰不戰慄？昔之獄官，惟賢是任，故皋陶作士(86)，呂侯贖刑(87)，張、于廷尉，民無冤枉(88)，休泰之祚(89)，實由此興。今之小臣，動與古異，獄以賄成(90)，輕忽人命，歸咎于上，為國速怨。夫一人吁嗟(91)，王道為虧，甚可仇疾。明德慎罰(92)，哲人惟刑(93)，書傳所美。自今蔽獄(94)，都下(95)則宜諮顧雍，武昌則陸遜、潘濬，平心專意，務在得情(96)，騭當神明(97)，受罪何恨(98)？」又曰：「天子父天母地，故宮室百官，動法列宿(99)。若施政令，欽順時節(100)，官得其人，則陰陽和平，七曜(101)循度(102)。至於今日，官寮多闕(103)，雖有大臣，復不信任，如此天地焉得無變？故頻年枯旱，亢陽(104)之應也。又嘉禾六年(105)五月十四日，赤烏二年(106)正月一日及二十七日，地皆震動。地陰類，臣之象，陰氣盛故動，臣下專政之故也。夫天地見異，所以警悟人主，可不深思其意哉！」又曰：「丞相顧雍、上大將軍陸遜、太常潘濬，憂深責重(107)，志在竭誠，夙夜兢兢(108)，寢食不寧，念欲安國利民，建久長之計，可謂心膂股肱(109)，社稷之臣(110)矣。宜各委任，不使他官監其所司(111)，責其成效，課其負殿[112]。此三臣者，思慮不到則已，豈敢專擅威福欺負所天[113]乎？」又曰：「縣[114]賞以顯善，設刑以威姦，任賢而使能，審明於法術[115]，則何功而不成，何事而不辨，何聽而不聞，何視而不覩哉？若今郡守百里[116]，皆各得其人，共相經緯[117]，如是，庶政[118]豈不康哉！竊聞諸縣並有備吏[119]，吏多民煩，俗以之弊。但小人因緣銜命[120]，不務奉公而作威福，無益視聽，更為民害，愚以為可一切罷省。」權亦覺悟[121]，遂誅呂壹。騭前後薦達屈滯[122]，救解患難，書數十上。權雖不能悉納，然時采其言，多蒙濟賴。

7 赤烏九年[123]，代陸遜為丞相，猶誨育門生[124]，手不釋書，被服[125]居處有如儒生。然門內妻妾服飾奢綺，頗以此見譏。在西陵二十年，鄰敵敬其威信。性寬弘得眾，喜怒不形於聲色，而外內肅然。

8 十年[126]卒，子協嗣，統騭所領，加撫軍將軍。協卒，子璣嗣侯。協弟闡，繼業為西陵督，加昭武將軍，封西亭侯。鳳皇元年[127]，召為繞帳督[128]。闡累世[129]在西陵，卒[130]被徵命，自以失職，又懼有讒禍[131]，於是據城降晉。遣璣與弟璿詣洛陽為任，晉以闡為都督西陵諸軍事、衛將軍、儀同三司[132]，加侍中，假節領交州牧，封宜都公；璣監江陵諸軍事、左將軍，加散騎常侍[133]，領廬陵[134]太守，改封江陵侯；瓚給事中[135]、宣威將軍，封都鄉侯。命車騎將軍羊祜[136]、荊州刺史楊肇往赴救闡。孫晧使陸抗西行，祜等遁退。抗陷城，斬闡等，步氏泯滅，惟璿紹祀。

【章　旨】以上是〈步騭傳〉。敘事分為以下八個層次：一、步騭窮困好學；二、選擇一個具體事例說明步騭能屈能伸的個性；三、孫權任用步騭，步騭平定交州、益州；四、步騭平定武陵、零陵郡、桂陽郡，穩定了對湘江流域的控制；五、步騭在吳國建立後鎮守長江中游時，與留守武昌的太子孫登的關係，以及對孫登的指導；六、孫權用校事呂壹等人監督大臣，引發政治危機，步騭多次上書諫諍，對緩解危機作出了積極貢獻；七、步騭為官任職的風格；八、步騭後人在孫吳的活動情況。

【注　釋】❶淮陰　縣名。治所在今江蘇淮陰西南。❷廣陵　郡名。治所在今江蘇揚州。❸衛旌　據《三國志・潘濬傳》裴注引《江表傳》，衛旌後來曾任武陵太守。❹同年　年齡相同。❺晝勤四體　白天親自勞作。❻人客　奴客，東漢至三國時依附於豪強大族。❼修刺　寫好自我介紹的名刺。刺，名刺。內容如同現在之名片。❽駐之移時　讓他們等了一段時間。❾祇　只。❿牖　窗戶。⓫隱几　倚靠几案。⓬坐　使其坐於。⓭辭色自若　語氣與面色一點也沒改變。⓮菜茹　蔬菜。茹，蔬菜的總稱。⓯主記　主記室的簡稱。漢制，州刺史、郡太守及將軍府置主記室，管理記事、文件，下有主記室史等屬員，如同今之祕書長。⓰海鹽　縣名。治所在今浙江平湖市東南乍浦鎮。⓱東曹掾　漢制，丞相、三公府、州郡長官及將軍府下置東、西二曹，以掾主事，西曹主管內務，東曹主管外事。⓲建安十五年　西元二一〇年。建安，東漢獻帝劉協年號，西元一九六—二二〇年。⓳鄱陽　郡名。治所在今江西鄱陽。⓴歲中　當年中。㉑便道　盡快到達目的地的路線。㉒使持節　授予持節者擁有不經上報處死不聽指揮的軍政官員的特權。㉓劉表　字景升，漢宗室，時任荊州牧，統管今湖北、湖南及河南南陽地區軍政。詳見本書卷六〈劉表傳〉。㉔蒼梧　郡名。治所在今廣西梧州。㉕吳巨　長沙（今湖南長沙）人。漢末受荊州牧劉表委派出任蒼梧太守，與劉表所派交州刺史賴恭失和，舉兵逐恭，試圖全據交州，不久被孫權所派交州刺史步騭所殺。事見本書卷四十九〈士燮傳〉、卷五十三〈薛綜傳〉。㉖降意懷誘　有意作出謙恭姿態加以安撫。㉗斬徇之　處死並以其頭顱示眾。㉘士燮兄弟　士燮及其弟士壹、士武等人。其祖上於西漢末自魯國汶陽遷居交州蒼梧，東漢末兄弟數人分據交州數郡，後附於孫權。事見本書卷四十九〈士燮傳〉。㉙供命　降附。㉚賓　政治上歸附於。㉛益州　郡名。治所在今雲南晉寧東。㉜蜀　指其時據有蜀地的劉備。㉝內附　指向孫權投誠。㉞承制　代表中央政府進行政治軍事處置與人員任命。㉟延康元年　西元二二〇年。延康，東漢獻帝劉協年號，西元二二〇年。㊱呂岱　字定公，廣陵海陵（今江蘇泰州）人，為交州刺史，平定叛亂，拜鎮南將軍。孫亮時，拜大司馬。岱清忠奉公，所在稱美。事見本書卷六十〈呂岱傳〉。㊲出　取道。㊳武陵　郡名。治所在今湖南常德。㊴遂　原作「逆」，宋本、殿本作「遂」，據改。《三國志集解》引沈家本說，認為「逆」字不誤。如作「逆」，當釋為「迎」。㊵益陽　縣名。治所在今湖南益陽。㊶零桂　零陵郡、桂陽郡。零陵郡，治所在今湖南零陵。桂陽郡，治所在今湖南郴州。㊷周旋　往來。㊸黃武二年　西元二二三年。黃武，吳王孫權年號，西元二二二—二二九年。㊹漚口　地名。古漚江匯入來水之處。約當今湖南資興東。㊺是歲　指孫權「稱尊號」即稱皇帝之黃龍元年，西元二二九年。㊻西陵　縣名。治所在今湖北宜昌東，孫吳時於此屯駐大軍以防蜀漢。㊼二境　謂荊州與作為虛職的冀州。㊽頃　不久。㊾冀州在蜀分　黃龍元年四月孫權稱皇帝，為表示自己為全國性的政權，以臣下分領屬於曹魏境土的北方各州，如步騭領冀州牧之類。據本書卷四十七〈吳主傳〉，同年六月，蜀漢使臣陳震至建業，達成「參分天下」的政治盟約：「豫、青、徐、幽屬吳，兗、冀、并、涼屬蜀。其司州之土，以函谷關為界。」故稱「冀州在蜀分」。㊿受性闇蔽　生性愚笨無知。(51)不達道數　不理解用賢才治理國家所應採用的辦法。(52)區區　誠誠懇懇。(53)明德　完美的品德。此指具有高尚品德的人。(54)緬　沉迷於。此引申為迷糊、不清楚。(55)傳曰三句　語出《論語・憲問》。(56)條　條列上呈。(57)業　原脫此字，宋本、元本有，據補。(58)于時事業句　當時在荊州任職而有名的文武官員。其食邑、奉邑往往在任職地區，故以「事業」相稱。(59)朱然　字義封，丹陽故鄣（今浙江安吉西北）人，孫吳將領。擒關羽有功，遷昭武將軍。代呂蒙鎮江陵，與陸遜破劉備，拒曹魏將領夏侯尚，出師皆有功。詳見本書卷五十六〈朱然傳〉。(60)程普　字德謀，右北平土垠（今河北豐潤東南）人。初為州郡吏，後從孫堅征戰，孫堅死後隨孫策，孫策死後又從孫權，屢立戰功，身被創傷。為孫吳著名戰將，且年最長，時人稱之為程公。周瑜死後，代領南郡太守。詳見本書卷五十五〈程普傳〉。(61)潘濬　字承明，武陵漢壽（今湖南漢壽）人，孫權稱尊號，拜少府，遷太常，五谿蠻夷反，權假濬節督諸軍征討，信賞必行，斬首獲生以萬數，自是羣蠻衰弱，一方寧靜。事見本書卷六十一〈潘濬傳〉。(62)李肅　字偉恭，南陽（今河南南陽）人。少以才聞名，好品評人物。孫權時曾任選曹尚書、桂陽太守。事略見裴注引《吳書》。(63)行狀　述其主要事跡並作出評語。(64)獎勸　鼓勵。(65)有司　各個機構。(66)舜命九賢　據《史記・五帝本紀》，舜為帝，舉賢人共二十二人，「咸成厥功」，此稱「九賢」，已不詳所據。(67)無所用心　自己不用再勞神思慮。(68)匡合　《史記・齊太公世家》稱齊桓公用管仲為相，為諸夏盟主，「九合諸侯，一匡天下」。[69]漢高祖擥三傑句　《史記・高祖本紀》：漢高祖劉邦評論自己之所以能取天下，說：「夫運籌策帷帳之中，決勝於千里之外，吾不如子房。鎮國家，撫百姓，給饋餉，不絕糧道，吾不如蕭何。連百萬之軍，戰必勝，攻必取，吾不如韓信。此三者，皆人傑也，吾能用之，此吾所以取天下也。」三傑指張良、蕭何、韓信。[70]西楚　指西楚霸王項羽。[71]汲黯在朝二句　汲黯，漢武帝初為謁者，後官至主爵都尉，敢犯顏直諫，初頗為漢武帝所禮重。淮南王劉安欲反，因有汲黯在朝為直臣而不敢發動。見《漢書・汲黯傳》。[72]郅都守邊二句　郅都，漢文帝、景帝時人。為官公正清廉，在朝敢直言極諫，出任地方長官勇於誅殺豪強，執法嚴酷。景帝任以為雁門太守，匈奴人聞其名，「舉邊為引兵去，竟郅都死不近雁門」。見《漢書・酷吏傳》。[73]折衝萬里　使遠方的敵人也為之退卻。折衝，使敵人的戰車後撤。衝，一種戰車。折衝亦用於在外交談判中折服對手。[74]信　確實是。[75]崇替　興替；興盛與衰落。[76]王化未被　未加以統治。儒者認為帝王統治的主要手段應是通過教化百姓，故未被教化指未加統治。被，加之於。[77]漢北　漢水以北。[78]河洛之濱　黃河與洛水之濱。此指中原。[79]僭逆之醜　篡位叛逆的邪惡之徒。此指代漢之曹魏政權。醜，邪惡之人。[80]擿抉　摘抉；挑剔。[81]吹毛求瑕　猶言「吹毛求疵」。故意挑毛病，找差錯。瑕，玉上的斑點，引申為人的缺點。[82]重案深誣　誇大案情，刻意誣陷。[83]輒　原作「趨」，馮夢禎刻本作「趣」，宋本作「輒」，今從宋本。[84]以成威福　以便自己作威作福。[85]跼天蹐地　在天地之間曲身彎腰。形容在威壓下雖天地之廣大亦無逃身之處。跼蹐，曲身彎小步行走的樣子。[86]皐陶作士　皐陶，又作「咎繇」。傳說中的上古虞舜時代掌管刑法的名臣，以正直著稱，發明刑獄。士，掌管刑獄的官員。《尚書・舜典》：「帝曰：皐陶，蠻夷猾夏，寇賊姦宄，汝作士。」[87]呂侯贖刑　呂侯創定交納贖金以免罪刑。呂侯，又作「甫侯」。《史記・周本紀》：西周穆王時，「諸侯有不睦者，甫侯言於王，作修刑辟。」《尚書・呂刑》傳說即為呂侯所「修刑辟」，其中有「五刑不簡，正於五罰」的原則及相應的罰金規定。「罰」即「贖刑」。[88]張于廷尉二句　漢代張釋之、于定國任廷尉，百姓便不再蒙冤。張，張釋之。漢文帝時為廷尉，主張「法者天子所與天下公共也」，執法平允，天下稱之。見《漢書・張釋之傳》。于，于定國。漢宣帝時任廷尉，凡十八年，「其決疑平法，務在哀鰥寡，罪疑從輕，加審慎之心。朝廷稱之曰：『張釋之為廷尉，天下無冤民；于定國為廷尉，民自以不冤。』」見《漢書・于定國傳》。[89]休泰之祚　政美民和、國家長治久安。休，美好。泰，安寧。祚，福。[90]獄以賄成　根據賄賂多少斷案。獄，案件。[91]吁嗟　嘆息。[92]明德慎罰　發揚德教，小心用刑。《尚書・多方》：「罔不明德慎罰，亦克用勸。」[93]哲人惟刑　古代聖明的人主張不要濫用刑罰。哲人，聖明的人。《史記・五帝本紀》記舜語：「欽哉，欽哉，惟刑之靜哉。」[94]蔽獄　弄不清楚的案子。[95]都下　京城。[96]得情　指處理案件不僅就事論事，而且推究犯罪者犯罪的原因，綜合考慮加以定刑。(97)黨神明　指與顧雍、陸遜等人引為同類。(98)恨　遺憾。(99)列宿　天上的星座。(100)欽順時節　謹按時令做事。(101)七曜　日、月與金、木、水、火、土五星的合稱。(102)循度　按自身固有軌道運行。(103)闕　通「缺」。(104)亢陽　陽氣過盛。指皇帝使用權力過度。(105)嘉禾六年　西元二三七年。嘉禾，吳大帝孫權年號，西元二三二—二三八年。(106)赤烏二年　西元二三九年。赤烏，吳大帝孫權年號，西元二三八—二五一年。(107)憂深責重　深憂國事職責重大。(108)夙夜兢兢　從早到晚都兢兢業業的處理公務。夙，一大早。(109)心膂股肱　有如君主的心腹臂膀。(110)社稷之臣　關係到國家安危的大臣。社稷，土、穀之神。《周禮・春官・大宗伯》：「以血祭祭社稷五祀五嶽。」注：「社稷土穀之神，有德者配食焉。」古代建國必立社稷壇以祭祀，滅人國亦遷毀其社稷，社稷因而成為國家的代稱。(111)監其所司　監察他們分管的工作。(112)課其負殿　考核他們工作的差錯與失職。課，考課，亦即考核。殿，古代官員政績考核最差的情形稱為殿。(113)所天　古人常用於子對父、妻對夫、臣對君的場合。這裏指君主。(114)縣　通「懸」。(115)法術　法家學術中指法令與君主隨機掌控臣下的手段。這裏專指法令。(116)百里　縣令。古時稱方百里為縣。(117)共相經緯　相互監督與配合。(118)庶政　各種政事。庶，眾。(119)備吏　應指中書直接派到各縣從事監察的官吏。(120)因緣銜命　利用自己受朝廷特派的身分。銜命，奉命出使。(121)覺悟　發覺並醒悟。(122)屈滯　懷才不遇未得提拔者。(123)赤烏九年　西元二四六年。赤烏，吳大帝孫權年號，西元二三八—二五一年。(124)門生　學生。(125)被服　穿戴。(126)十年　赤烏十年（西元二四七年）。原作「十二」。〈吳主傳〉云：赤烏十年「夏五月，丞相步騭卒」。據此刪「二」字。(127)鳳皇元年　西元二七二年。鳳皇，吳末帝孫晧年號，西元二七二—二七四年。(128)繞帳督　孫權時創置的近身衛士統領。(129)累世　數代。(130)卒　通「猝」。突然。(131)讒禍　因有人說壞話而致禍。(132)儀同三司　儀制同於三公。三司，漢代以來對於太尉、司徒、司空等三公衙門的總稱。(133)散騎常侍　官名。漢代以來有散騎、常侍之名，為加官，加其號者可入皇宮在皇帝身邊活動，魏晉時合而為一，並逐漸演變為固定官職。(134)廬陵　郡名。治所在今江西吉水縣東北，吳國時移治今江西泰和西北。(135)給事中　漢代加官，意為「給事於禁中」，加其號者可入皇宮在皇帝身邊做事。魏晉時作為加官的同時，也有部分為固定官職。(136)羊祜　字叔子，泰山南城（今山東費縣）人，東漢末名士蔡邕外甥，三國魏末執政者司馬師妻弟，魏末任相國從事中郎，參執政司馬昭機密。西晉建立後，歷任顯職，長期掌管荊州軍政大權，為西晉滅吳作了重要的準備工作。為人平和，為官主張德政，生前便享有盛名。

【語　譯】步騭，字子山，臨淮郡淮陰縣人。世局動亂，到江東避難，他隻身一人，窮困潦倒，和廣陵郡人衛旌年紀相同，相互要好，都以種瓜謀生，白天勞動，夜裏誦讀經傳。

2 會稽郡人焦征羌，是郡中的豪族，他的奴客仗勢欺人。步騭、衛旌在他的地盤討生活，懼怕為他所欺，於是就寫了名帖，奉上甜瓜，進獻給焦征羌。焦征羌正在房內睡覺，他們在屋外等了一段時間，衛旌想回去，步騭叫住他說：「我們來的本意，是害怕他恃強霸道；現在離去，想以此表示清高，只是結下仇怨而已。」過了很久，焦征羌才打開窗子會見他們，他自己於帳幕中靠著几案，在地上鋪上坐席，讓步騭、衛旌坐在窗外，衛旌更加感到恥辱，步騭卻神色自若。焦征羌招待他們吃飯，他自己擺上大案，擺滿美味佳肴，卻給步騭、衛旌用小盤盛飯，只有點青菜而已。衛旌氣憤得吃不下，步騭卻大口大口的吃飽後才告辭而出。衛旌怒問步騭：「你怎麼能忍受這種羞辱呢？」步騭回答說：「我們貧賤，所以主人用招待貧賤的方式招待我們，本來就是合乎情理的，有什麼可羞恥呢？」

3 孫權任討虜將軍，徵召步騭任主記室，出任海鹽縣長，又召他任車騎將軍東曹掾。建安十五年，調出兼任鄱陽郡太守。這年，改任交州刺史、立武中郎將，帶領一千名勇武射手，取道向南進發。第二年，被追拜使持節、征南中郎將。劉表委派的蒼梧郡太守吳巨暗懷異心，對步騭陽奉陰違。步騭屈意安撫，請求與他相見，藉機將他斬首示眾，步騭聲威大震。士燮兄弟，相率臣服效命，嶺南地區的賓服，從此開始。益州郡豪族雍闓等人殺了劉備任命的太守正昂，與士燮互通信息，請求歸附。步騭便根據朝廷詔書派使者宣示恩澤，加以接收安撫，因此被提升為平戎將軍，封廣信侯。

4 延康元年，孫權派呂岱接替步騭。步騭帶領交州義士一萬人取道長沙郡。適逢劉備率軍東下，武陵郡蠻夷蠢蠢欲動，孫權命令他前往益陽安撫。劉備兵敗之後，零陵、桂陽等郡仍驚擾騷亂，到處擁兵相拒，步騭往來征討，全部平定了他們。黃武二年，升為右將軍左護軍，改封臨湘侯。黃武五年，假節，移駐漚口。

5 孫權稱帝，步騭官拜驃騎將軍，兼任冀州牧。這年，都督西陵，接替陸遜鎮撫荊州、冀州二地。不久因冀州屬於蜀漢，解除了冀州牧之職。當時孫權太子孫登駐在武昌，他愛人喜好善行，給步騭寫信說：「賢人君子，是用來興隆教化，輔佐時政的人。我生性愚笨，不懂得用賢才治國的方法，雖然是誠誠懇懇的全心全意追求光明的德行，使自己歸於君子一類，但至於遠處近處的士人，應該怎樣安排先後次序，我還糊裏糊塗，搞不清楚。古書中說：『喜愛一個人能不讓他辛苦嗎？忠誠於人能不訓導他嗎？』這話的內容，難道不是對君子的期望嗎！」步騭於是列舉當時在荊州任職的，有諸葛瑾、陸遜、朱然、程普、潘濬、裴玄、夏侯承、衛旌、李肅、周條、石幹十一人，分別審查品評他們的事跡，並趁機上書鼓勵說：「我聽說帝王不用插手細小事務，百官及相關部門各任其職。所以帝舜任命了九位賢人，就可以不再為事務操心，彈五絃琴，詠〈南風〉詩，不出朝廷而天下大治。齊桓公任用管仲，散髮乘車，齊國大治後，匡扶周室，九合諸侯。近代漢高祖依靠三傑開創帝業，西楚霸王失去英雄俊傑而喪失了成功的事業。汲黯在朝，淮南王打消叛亂的圖謀；郅都守邊，匈奴逃竄。所以，只要有賢人所在的地方，就會制敵取勝於萬里之外，他們確實是國家的利器，興亡的關鍵啊。現在君王教化未及於漢水以北，河、洛之濱尚有篡逆之徒，實在是收羅英雄拔俊任賢的時候。但願英明的太子在這方面多加留心，那天下便幸運非常了。」

6 後來中書呂壹主管檢閱文書檔案，多所糾察檢舉，步騭上書說：「聽說典校官吏專挑小毛病，吹毛求疵，重判輕案，深加誣陷，動不動以陷害別人來作威作福；無罪無辜，橫遭重刑，所以讓人們惶懼不安，哪個人不心驚膽戰？過去的獄官，唯賢是用，所以皐陶掌管獄政，呂侯創設贖刑，張釋之、于定國任廷尉，人民沒有冤枉，修美安泰的福祚，實是由此形成的。而現在那些辦案小吏，所作所為和古代不同，收取賄賂審理案件，草菅人命，又歸罪於上，為國家招來怨恨。一人感傷嘆息，王道就有缺損，令人深為痛恨。發揚德教，慎於刑罰，聖明的人主張不過多的用刑，這些都被古代典籍所稱頌。現在如有弄不清楚的案子，京城應詢問顧雍，武昌可詢問陸遜、潘濬，他們都公平認真，致力於取得實情，我把他們引為同類，為此獲罪有何遺憾？」又說：「帝王以天地為父母，所以宮室百官，都要仿效天上星宿。如果施行的政策法令，順應時節，官吏任用得當，則陰陽和暢，七星就會循著規律運行。然而今日，百官多有缺失，雖然有大臣，也得不到信任，這樣天地怎能沒有變異？所以連年乾旱，這是陽氣過盛的感應。再有嘉禾六年五月十四日，赤烏二年正月一日和二十七日，都有地震，地屬陰，是臣下的象徵，陰氣盛就會發生地震，這是臣下專政的緣故。天地示現異常，是上天以此來警悟君主，能不深加思考其中的含義嗎！」又說：「丞相顧雍、上大將軍陸遜、太常潘濬，他們深憂國事職責重大，一心盡忠，日夜勤奮從公，寢食不安，時時想到的是安國利民，建立長治久安的政策，可謂是心腹手足，國家的棟梁之臣。應當分別加以任用，不要讓其他官員監督他們工作，要求他們辦事的成效，對他們的工作進行考覈。這三人只可能有考慮不周全的過失，怎敢專權擅斷、作威作福辜負陛下呢？」又說：「懸賞以褒揚善良之人，設刑以震懾邪惡之徒，任用賢人才士，審明法令，那麼還有什麼功業不能建立？什麼事情不能辨明？什麼不能聽見？什麼不能看到呢？如果現在郡太守、縣令，都是稱職的人，相互配合，如果這樣，各種政務不就可以辦好嗎！我私下裏聽說各縣都有朝廷派駐的官吏，官吏多了百姓就會受到攪擾，社會風氣也因此敗壞。只要邪惡的人憑藉職務之便，不專力奉公，而是作威作福，無益於陛下了解下情，又成了百姓的禍害，我認為可以將其全部取消。」孫權也醒悟過來，便處死了呂壹。步騭前前後後推薦未得到重用的人才，解救遭難的官員，上書給孫權幾十次。孫權雖不能全都採納，但有時也採納他的建言，不少人得到他的幫助。

7 赤烏九年，步騭接替陸遜任丞相，仍然教育學生，手不釋卷，穿著和居室同儒生一樣。但家中妻妾們服飾都十分奢華綺麗，因此很受非議。他在西陵二十年，鄰近的敵人敬畏他的威信。他生性大度，很得人心，喜怒不形於言表，但轄區及官衙內秩序井然。

8 赤烏十年步騭去世，兒子步協繼承爵位，統率步騭的軍隊，加授撫軍將軍。步協死後，兒子步璣承襲爵位。步協的弟弟步闡繼任西陵督，加授昭武將軍，封西亭侯。鳳皇元年，召為繞帳督。步闡家族幾代在西陵，突然被徵召改任，自認為失職，又害怕被人誣陷致禍，於是舉城降晉。他派步璣和弟弟步璿到洛陽作人質，晉任命步闡為都督西陵諸軍事、衛將軍、儀同三司，加侍中銜，假節，兼任交州牧，封宜都公。任命步璣為監江陵諸軍事、左將軍，加散騎常侍，兼廬陵郡太守，改封江陵侯。任命步璿為給事中、宣威將軍，封都鄉侯。派車騎將軍羊祜、荊州刺史楊肇前往救援步闡。孫皓派陸抗西進，羊祜等人撤退。陸抗攻陷西陵城，殺了步闡等人，步氏家族滅絕，只有步璿延續了步氏的祭祀香火。

潁川周昭著書稱步騭及嚴畯等曰：「古今賢士大夫所以失名喪身傾家害國者，其由非一也，然要其大歸，總其常患，四者而已。急論議一也，爭名勢二也，重朋黨三也，務欲速四也。急論議則傷人，爭名勢則敗友，重朋黨則蔽主，務欲速則失德，此四者不除，未有能全也。當世君子能不然者，亦比❶有之，豈獨古人乎！然論其絕異，未若顧豫章❷、諸葛使君❸、步丞相、嚴衛尉、張奮威❹之為美也。論語言『夫子恂恂然善誘人❺』，又曰『成人之美，不成人之惡』❻，豫章有之矣；『望之儼然，即之也溫，聽其言也厲』❼，使君體之矣；『恭而安，威而不猛』❽，丞相履之矣；學不求祿，心無苟得❾，衛尉、奮威蹈之矣。此五君者，雖德實有差，輕重不同❿，至於趨舍大檢⓫，不犯四者，俱一揆⓬也。昔丁諝出於孤家，吾粲由於牧豎，豫章揚其善，以並陸、全⓭之列，是以人無幽滯而風俗厚焉。使君、丞相、衛尉三君，昔以布衣⓮俱相友善，諸論者因各敘其優劣。初，先衛尉，次丞相，而後有使君也；其後並事明主，經營世務，出處之才有不同，先後之名須反其初⓯，此世常人所決勤薄⓰也。至於三君分好⓱，卒無虧損，豈非古人交哉？又魯橫江⓲昔杖⓳萬兵，屯據陸口⓴，當世之美業也，能與不能，孰㉑不願焉？而橫江既亡，衛尉應其選，自以才非將帥，深辭固讓，終於不就。

後徙九列㉒，遷典八座㉓，榮不足以自曜㉔，祿不足以自奉。至於二君㉕，皆位為上將，窮富㉖極貴。衛尉既無求欲，二君又不稱薦，各守所志，保其名好。孔子曰：『君子矜而不爭，羣而不黨。』㉗斯有風矣。又奮威之名，亦三君之次也，當一方之戍，受上將之任，與使君、丞相不異也。然歷國事，論功勞，實有先後，故爵位之榮殊焉。而奮威將處此，決能明其部分㉘，心無失道之欲，事無充詘之求㉙，每升朝堂，循禮而動，辭氣謇謇㉚，罔不㉛惟忠。元遜㉜雖親貴，言憂其敗，蔡文至㉝雖疏賤，談稱其賢。女配太子，受禮若弔㉞，慷慨㉟之趨，惟篤人物，成敗得失，皆如所慮，可謂守道見機，好古之士也。若乃經國家，當軍旅，於馳騖㊱之際，立霸王之功，此五者未為過人。至其純粹履道，求不苟得，升降當世㊲，保全名行，邈然絕俗，實有所師㊳。故粗論其事，以示後之君子。」周昭者字恭遠，與韋曜㊴、薛瑩㊵、華覈㊶並述吳書，後為中書郎，坐事下獄，覈表救之，孫休不聽，遂伏法云。

【章旨】以上是引述周昭所著書，書中對本卷所記諸人作了評價，從另一角度反映他們的品德與相互間的關係，並簡要交代了周昭的事跡。

【注釋】❶比　並；接連不斷。❷顧豫章　指顧雍子顧邵。曾任豫章太守，故謂。❸諸葛使君　指諸葛瑾。❹張奮威　指張昭子張承。以其曾任奮威將軍，故稱。❺恂恂然善誘人　為人恭謹真誠，善於引導人。語出《論語・子罕》。❻成人之美二句　語出《論語・顏淵》：「君子成人之美，不成人之惡。」❼望之儼然三句　語出《論語・子張》。❽恭而安二句　語出《論語・述而》：「子溫而厲，威而不猛，恭而安。」❾學不求祿二句　語出《論語・衛靈公》：「子曰：『君子謀道不謀食。耕也，餒在其中矣；學也，祿在其中矣。君子憂道不憂貧。』」❿德實有差二句　他們的德行有所差別，官職地位有高有低。⓫趨舍大檢　從行為處事總體上來說。趨，宋本作「趣」，二字通。大檢，總的原則。⓬一揆　一致。⓭陸全　陸遜、全琮。⓮布衣　平民。⓯反其初　更改最初優劣名次。⓰決勤薄　以政績勤能排名次的簿冊。意指這種排名方式並不能體現各人品德高下。⓱分好　交好。⓲魯橫江　指魯肅。因其曾任橫江將軍，故稱。⓳杖　通「仗」。⓴陸口　地名。在今湖北嘉魚西南陸水入長江處。㉑孰　誰。㉒九列　九卿。㉓典八座　主管尚書臺。東漢時尚書臺權力加重，有尚書令、尚書僕射，下分六曹，各曹以尚書主事，主管全國政令，合稱「八座」。嚴畯曾任尚書令，故稱「典八座」。㉔榮不足以自曜　東漢至於三國時，尚書令雖權力很大，但秩千石，在官員序列中只屬於中級官員，遠不能與秩二千石的太守及秩中二千石的九卿、將軍相比。㉕二君　指陸遜、步騭。㉖窮富　極其富。窮，窮盡。㉗君子矜而不爭二句　語出《論語・衛靈公》。意思是作為君子，應有自尊，但不應為自己的名利爭鬥。交好友但講究原則。㉘決能明其部分　處理事務明白自己的地位和職責。㉙充詘之求　因自滿而忘乎所以的過分追求名聲與地位。《禮記・儒行》：「無充詘於富貴。」㉚謇謇　忠貞。屈原〈離騷〉：「余固知謇謇之為忠兮，忍而不能舍也。」㉛罔不　無不。㉜元遜　諸葛恪字。其他刻本作「叔嗣」。叔嗣係張昭子張休，張承之弟。㉝蔡文至　應即前文張昭附傳中提到的彭城人蔡款，但裴松之注引《吳錄》稱蔡款字為文德，此作文至。不知孰是。㉞受禮若弔　接受別人祝賀如同自己在辦喪事一樣。此意在說明張承小心謹慎，不以女嫁太子而得意忘形。㉟慷慨　義氣激昂。㊱馳騖　奔走。㊲升降當世　不管在現實中的地位是上升還是下降。㊳實有所師　實在是有值得學習的地方。㊴韋曜　字弘嗣，本名昭，晉人避司馬昭諱改。吳郡雲陽（今江蘇丹陽）人。少好學，長於文學，孫晧時任侍中，領國史，因持正為孫晧所殺。詳本書卷六十五〈韋曜傳〉。㊵薛瑩　字道言，沛郡竹邑（今安徽宿縣）人。學識廣博，善於作文。因事入獄，流放廣州。後召還任左國史，撰寫《吳書》，升任光祿勳。孫晧降晉，薛瑩撰寫降書。詳見本書卷五十三薛綜附傳。㊶華覈　字永先，吳郡武進（今江蘇鎮江市東）人。以文學入為祕書郎，遷中書丞。孫晧即位，封徐陵亭侯。敢於言事，前後陳言及貢薦賢能，解釋罪過，對時政弊端極力規諫，上書百餘次，皆有補益。詳見本書卷六十五〈華覈傳〉。

【語譯】潁川郡人周昭著書稱讚步騭、嚴畯等人說：「古往今來賢士大夫之所以失名喪身敗家害國，原因不只一個，但是概括起來，總結經常發生的禍患，四條而已。第一是言論激烈，第二是爭名逐勢，第三是結黨營私，第四想急於速成。言論激烈就容易傷人，爭名逐勢就容易破壞友誼，結黨營私就會蒙蔽君主，急於速成就可能喪失為人的品德。這四條不除，就不能夠保全自身。當代君子能不這樣的，也屢屢見到，難道只有古人如此嗎！然而說到其中傑出的，沒有人比得上顧豫章、諸葛使君、步丞相、嚴衛尉、張奮威的完美。《論語》說『孔子為人恭謹，善於引導人』，又說『促成別人的好事，不促成壞事』，顧豫章有這種美德；『看上去嚴厲，接觸會感到溫和，聽他說話又感受到他正氣』，諸葛使君有這種品性；『謙恭而安和、有威儀而不兇悍』，步丞相就是這樣；求學不為升官發財，沒有不正當的追求，嚴衛尉、張奮威就是這樣做的。這五個人，他們的德行雖然有所差別，官位有高有低，從行為處事總體上來說，沒有犯上述四個毛病，都是一樣的。過去丁諝出身孤寒，吾粲出身放牧牲畜的奴僕，顧豫章都稱揚他們的才華，使他們和陸遜、全琮同列，因此沒有人才被埋沒，風俗變得淳樸敦厚。諸葛使君、陸丞相、嚴衛尉三人，在還是平民時便相互友善，諸多論者便各自評介他們的優劣。最初，衛尉第一，其次是丞相，最後是使君；後來他們共同侍奉明主，為官任職處理政務，出仕或在野為民顯露的才能有所不同，先後的名次與開始時相反了，這是世上一般人評介人的做法。至於他們三人交好，始終沒有缺損，這難道不是古代所稱頌的君子之交嗎？再有過去魯橫江率領上萬兵眾，屯駐陸口，這是當時的美差，有才能和沒有才能的，誰不願意任這個職務呢？可是橫江死後，嚴衛尉膺選此任，但他自認才非將帥，一再堅決推辭，最終沒有就任。後來嚴衛尉從九卿的位置上退下來，擔任八座之一的尚書令，榮譽不值得炫耀，俸祿也不足以自養。而陸丞相、步丞相二人都位居上將，窮極富貴。嚴衛尉對他們無求無欲，他們也不薦舉，各安守其志，保全名節與友誼。孔子說：『君子莊重自持而不爭，合羣但不結黨。』他們三人真有這種風度。另外，奮威將軍的名望，僅在他們三人之下，他鎮守一方，受任為上將，地位和諸葛使君、陸丞相沒有差別。但經歷的國家大事，論列功績，確實有先後之別，所以他爵位的榮耀與他們有所不同。張奮威處在這種情況下，處理事務能明白自己的地位和職責，心中沒有不合道義的想法，遇事沒有過分的追求，每逢上朝，他都循禮行動，言辭正直忠貞，無處不忠心耿耿。元遜雖然親近而尊貴，但張奮威說起來卻擔心他將會身遭禍敗，蔡文至雖然疏遠而卑賤，張奮威談起來卻稱讚他的賢德。女兒嫁給太子，受到禮遇就像辦喪事一樣謹慎不安；他慷慨激昂的追求，都體現在他為國家提拔人才上了，他評論他人的成敗得失，都和他事先預料的一樣，真可稱得上是遵守道義、洞察細微，是個喜好古代風尚的人。如果說治理國家，統率軍隊，在馳騁之際，建立霸王之業，他們五人並無過人之處。至於說認真的履行道義，不追求不當得的名位，不論升官還是降職，都能夠保全名節操行，卻遠遠超過一般世俗，確實有所值得效法之處。所以粗略的論述他們的事跡，以告訴後來的君子。」周昭字恭遠，曾與韋曜、薛瑩、華覈一起撰寫《吳書》，後來任中書郎，犯罪入獄，華覈上書拯救他，孫休不聽，於是被處死。

評曰：張昭受遺輔佐，功勳克舉，忠謇方直，動不為己；而以嚴見憚，以高見外❶，既不處宰相，又不登師保❷，從容閭巷，養老而已，以此明權之不及策也。顧雍依杖❸素業❹，而將之智局❺，故能究極榮位。諸葛瑾、步騭並以德度規檢❻見器當世，張承、顧卲虛心長者，好尚人物，周昭之論，稱之甚美，故詳錄焉。譚獻納在公，有忠貞之節，休、承脩志，咸庶為善，愛惡相攻，流播❼南裔，哀哉！

【章旨】以上是陳壽對本卷所載人物的總體評價，批評孫權對張昭不加重用，對顧譚、張休、顧承忠貞而不得善終表示惋惜。

【注釋】❶以嚴見憚二句　因嚴厲而被孫權畏懼，因地位高而被孫權疏遠。❷登師保　升為太師、太保。登，升任。師保，太師、太保，儒者以為帝王之師，魏晉時漸加設置，位高而無實權。❸依杖　依仗。❹素業　士人的本業，指品行學養。❺將之智局　身懷智慧。❻德度規檢　品德好、有度量、行為中規中矩。❼流播　被流放至遠方。

【語譯】評論說：張昭受孫策遺命輔佐孫權，功勳卓著，他忠誠正直，一舉一動不為自己打算；但因嚴厲而被畏懼，因位高而被疏遠，既未能出任丞相，又沒有當上太師、太保，只能閒居里巷，在家養老而已，由此可知孫權不如孫策。顧雍依仗品行學識，身懷智慧，所以能夠登上最高的榮耀職位。諸葛瑾、步騭都以品德、度量、循規守法而受當世器重。張承、顧邵是心地謙虛的長者，喜歡尊重人才。周昭之論，對他們極為稱美，所以這裏詳加記載。顧譚進言出於公心，具有忠貞的節操，張休、顧承修身養志，所做的事情都是善美的，他們卻受到惡毒的攻擊，被流放南疆，實在可悲呀！

【研　析】張昭「受遺輔佐，功勳克舉」而「既不處宰相，又不登師保」。《三國志》作者陳壽認為是張昭「以嚴見憚，以高見外」，同時認為孫權當皇帝時對張昭的態度，表明孫權用人度量不如孫策。一般來說，開國帝王與創業功臣之間的關係最為複雜，也最能反映一個政權的政治特徵，就此我們試作如下分析。

其一，孫權在掌握江東大權一步步走向皇位的過程中，越來越注重自己對於政權的實際控制，任用性格溫和的大臣，張昭失勢與顧雍被重用便充分表明這一情況。張昭是孫策初定江東的首要謀臣，「文武之事，一以委之」，可以說是孫氏據有江東的首要功臣，孫策甚至將他與張昭的關係比之於齊桓公與管仲。孫策臨死，將弟弟孫權託付於張昭一人，也足見張昭在孫氏創業之初的政治影響力。後來張昭對孫權說：「昔太后、桓王不以老臣屬陛下，而以陛下屬老臣。」亦表明張昭在孫權繼掌江東之時舉足輕重的地位。也正是因為這種獨尊的政治地位，加上正身行事、剛執不阿性格，不僅在孫權執政早期對孫權過度的射獵、飲酒嗜好嚴加批評，這一時期孫權對於張昭的批評採取的態度是「笑而不答」、「默然，有慚色」。而當孫權稱帝後，張昭仍舊以《孝經》中闡述的為臣之道，即「君子之事上也，進思盡忠，退思補過，將順其美，匡救其惡」，來肯定自己「直方逆旨」行為的正確，因而在與孫權討論問題時不免固執己見，從而不免「辭氣壯厲，義形於色」。結果在要不要派使團出使遼東拉攏公孫淵一事上，兩人發生激烈衝突，孫權拔刀相向，以及「吳國士人入宮則拜孤，出宮則拜君」的言語，都表明孫權在當上皇帝後，再也不可能接受張昭對自己當作被保護者一樣進行批評。與張昭相反，顧雍「寡言語，舉動時當」，如對政策有所建議，總是向孫權密報，「若見納用，則歸之於上，不用，終不宣泄」。處處維護孫權的權威，從而為孫權所重，得以「為相十九年」。諸葛瑾與孫權「談說諫喻，未嘗切愕」，常常揣度孫權心態小心翼翼的發表意見，孫權也明顯願意與之討論重大問題。可以說孫策重張昭、孫權排斥張昭，不僅僅是個人度量的問題，而是創業時期與守成時期君主對於臣下要求不同造成的，也是專制皇權不容許有不同的聲音所造成的。有人認為張昭失勢與顧雍受重用，是因為孫吳創業與守成需要依賴不同地域的政治勢力。張昭、周瑜代表淮泗流亡江東的政治勢力，這批人在孫氏創業時代受重用，而當孫吳要立國江東時，需要江東大族的全力支持，他們的政治使命宣告結束，而顧雍、陸遜則是江東大族的代表，因而受到孫權的重用。我們認為這只是問題的一個方面。

其二，孫權在當上皇帝之後，有意識任用寵幸小臣加強對大臣的監督，凸顯自己作為皇帝的專制權力，最終政治危機的爆發而丟卒保車。〈諸葛瑾傳〉記魏明帝曹叡即帝位後，陸遜上書稱曹叡進用忠良，寬刑施惠，將為吳國大患。陸遜言下之意是要求孫權這樣做。但孫權卻向諸葛瑾批評陸遜的看法，認為曹叡所用的「忠良」在曹操之時因曹操「笮其頭」，才畏威而向善。現在曹叡不加約束，這些人將「弄巧行態，阿黨比周，各助所附」，從而使皇帝的權威喪失。孫權認為，「威柄不專，則其事乖錯」，因而加強個人集權，在嘉禾年間（西元二三二—二三七年），孫權任用呂壹等監控、揭發、陷害大臣。如〈顧雍傳〉所稱：「舉罪糾奸，纖介必聞，重以深案醜誣，毀短大臣，排陷無辜。」身為丞相的顧雍也因他們「舉白」而「被譴讓」。〈步騭傳〉對此有更為詳細的記載。事實上，孫權這一做法不但未能加強權威，反而造成大臣箝口不言，最終不得不將呂壹等處死以緩解政治危機。孫權希望但未能實現個人的絕對專制，表明隨著世家大族勢力崛起，並成為政權的支撐力量，政治體制必然會發生某些變化，專制皇權會受到一定程度的約束。（何德章注譯）

卷五十三　吳書八

張嚴程闞薛傳第八

【題解】本卷通過張紘、嚴畯、程秉、闞澤、薛綜等五位傳主的傳記及一些附傳，較為集中的反映了孫吳政權中儒學人士學術活動情況及孫吳時期儒學面貌，相當於其他紀傳體斷代史書中的〈儒林傳〉。通過本卷，我們可以集中了解孫吳時期學術文化發展的基本情況，以及學術人物在孫吳政權中的地位。

1 張紘，字子綱，廣陵❶人。少游學京都❷，還本郡，舉茂才❸，公府辟❹，皆不就，避難江東❺。孫策創業，遂委質❻焉。表❼為正議校尉❽，從討丹陽❾。策身臨行陣❿，紘諫曰：「夫主將乃籌謨⓫之所自出，三軍之所繫命也，不宜輕脫⓬，自敵⓭小寇。願麾下⓮重天授之姿，副⓯四海⓰之望，無令國內上下危懼。」

2 建安四年⓱，策遣紘奉章⓲至許宮⓳，留為侍御史⓴。少府㉑孔融㉒等皆與親善。曹公㉓聞策薨㉔，欲因喪㉕伐吳。紘諫，以為乘人之喪，既非古義㉖，若其不克㉗，成讎棄好，不如因而厚之㉘。曹公從其言，即表權為討虜將軍，領㉙會稽㉚太守。曹公欲令紘輔權內附，出紘為會稽東部都尉㉛。

3 後權以紘為長史㉜，從征合肥㉝。權率輕騎㉞將往突敵㉟，紘諫曰：「夫兵者凶器，戰者危事也㊱。今麾下恃盛壯之氣，忽㊲彊暴之虜，三軍之眾，莫不寒心，雖斬將搴旗㊳，威震敵場，此乃偏將㊴之任，非主將之宜也。願抑賁、育㊵之勇，懷霸王之計㊶。」權納紘言而止。既還，明年將復出軍，紘又諫曰：「自古帝王受命之君㊷，雖有皇靈㊸佐㊹於上，文德㊺播㊻於下，亦賴武功以昭㊼其勳。然而貴於時動，乃後㊽為威耳。今麾下值四百之厄㊾，有扶危㊿之功，宜且隱息師徒，廣開播殖(51)，任賢使能，務崇寬惠，順天命以行誅(52)，可不勞而定也。」於是遂止不行。紘建計(53)宜出都秣陵(54)，權從之。令還吳(55)迎家，道病卒。臨困，授子靖留牋(56)曰：「自古有國有家者(57)，咸欲脩德政以比隆盛世(58)，至於其治，多不馨香。非無忠臣賢佐，闇(59)於治體(60)也，由主不勝其情(61)，弗能用耳。夫人情(62)憚難而趨易，好同而惡異，與治道相反。傳曰『從善如登，從惡如崩』(63)，言善之難也。人君承奕世(64)之基，據自然之勢，操八柄(65)之威，甘易同之歡(66)，無假取於人(67)；而忠臣挾難進之術(68)，吐逆耳之言，其不合也，不亦宜乎！離則有釁，巧辯緣間(69)，眩[70]於小忠，戀於恩愛，賢愚雜錯，長幼失序，其所由來[71]，情亂之也。故明君悟之，求賢如飢渴，受諫而不厭[72]，抑情損欲，以義割恩，上無偏謬之授，下無希冀之望[73]。宜加三思，含垢藏疾[74]，以成仁覆之大[75]。」時年六十卒。權省書[76]流涕。

4 紘著詩賦銘誄[77]十餘篇。子玄，官至南郡[78]太守、尚書[79]。玄子尚，孫晧[80]時為侍郎[81]，以言語辯捷[82]見知，擢為侍中[83]、中書令[84]。晧使尚鼓琴[85]，尚對曰：「素[86]不能。」敕[87]使學之。後晏言次[88]說琴之精妙，尚因道「晉平公使師曠作清角，曠言吾君德薄，不足以聽之[89]」。晧意謂尚以斯[90]喻己，不悅。後積他事[91]下獄，皆追以此為詰[92]，送建安[93]作船。久之，又就加誅[94]。

5 初[95]，紘同郡秦松字文表，陳端字子正，並與紘見待[96]於孫策，參與謀謨。各早卒。

【章旨】以上是〈張紘傳〉。傳中依次敘述了張紘早期追隨孫策的情況；孫策死，曹操欲取江東，張紘進行諫阻；孫權任張紘為長史，張紘勸諫孫權養威自重，推行仁政，發展農耕，任賢使能，施惠於民；張紘死，留下書信，轉呈孫權，勸說孫權求賢納諫。最後附述了張紘子孫的事跡，以及同郡秦松、陳端的行略。

【注　釋】❶廣陵　郡名。治所在今江蘇揚州。❷少游學京都　少年時離開家鄉到京城洛陽求學。游學，因求學而離開家鄉。京都，京城。都，原作「師」，今從宋本。❸舉茂才　被揚州刺史推舉為茂才。茂才，即秀才，西漢後期，全國十三州部每年須向中央推舉秀才一人至朝廷對策，根據對策內容分出等級，授予相應官職，秀才推舉由各州刺史負責。東漢時沿用其制，因避光武帝劉秀諱改為茂才。❹公府辟　三公府辟召為僚屬。西漢時的丞相及東漢時三公官衙稱為府，按制度，丞相及三公可以從取得任官資格的人員中自行挑選擔任下屬各機構的官吏，稱為辟召。❺江東　長江曲折東流，至今安徽蕪湖附近，折而向北，呈南北流向，至南京市以西復大體東流，漢唐間稱此段長江以東地區為江東，大體上包括今江蘇長江以南、浙江及皖南地區。❻委質　歸順。先秦貴族禮儀，下見上須執贄為禮，卿以羔、大夫以雁等，稱為委質。一說質為形體，謂人臣見君主時，屈膝而委體於地。❼表　上表朝廷。❽正議校尉　校尉為漢代低於將軍的中高級武官，正議校尉歷史上僅此一見。❾丹陽　郡名。治所在今安徽宣州。❿行陣　戰場。⓫籌謨　決策智謀。謨，謀。⓬輕脫　言語行為率意。⓭敵　以為敵；對付。⓮麾下　對將帥的尊稱。⓯副　稱符，順應。⓰四海　泛指全中國。古人以為中國四境有海環繞，遂用以代指全國。⓱建安四年　西元一九九年。建安，東漢獻帝劉協年號，西元一九六—二二〇年。⓲奉章　奉表，攜帶孫策給朝廷的奏章。⓳許宮　許昌宮；朝廷。東漢建安元年（西元一九六年），曹操迎漢獻帝至許縣，改名許昌，以為臨時都城。⓴侍御史　官名，秦漢為御史大夫屬官。漢秩六百石，其中十五人由御史中丞領屬，給事殿中，監察百官違法亂紀行為並奉使外出執行指定任務。㉑少府　官名。秦置，漢因之，掌管皇室財政收支、皇帝生活起居及宮廷雜務，下屬機構龐雜。東漢時，國家財政與帝室財政逐漸分開，原屬少府的尚書等機構逐漸成長獨立，屬於少府的宦官東漢中後期實際操縱大政。少府逐漸成為皇室支出和衣物、寶貨、珍膳、皇宮建築日常管理機構，權力下降。㉒孔融　魯國（今山東曲阜）人，字文舉。東漢末著名學者，少有異才，勤奮好學。漢獻帝即位後，官至北海相，在郡六年，政績突出，人稱「孔北海」。建安元年（西元一九六年）入朝為官，歷將作大匠、少府、太中大夫。性好賓客，與陳琳、王粲等並稱「建安七子」。喜議論時政，言辭激烈，因而觸怒曹操，被殺。見《後漢書・孔融列傳》。有文集，已佚，明人輯有《孔北海集》傳世。㉓曹公　即曹操。㉔策薨　孫策死。據禮，王侯死稱薨。孫策死於東漢建安五年（西元二〇〇年）。㉕因喪　利用敵方首腦新死，內部不穩的時機。㉖乘人之喪二句　《春秋公羊傳》：襄公十九年，齊侯環卒，「晉士匄帥師侵齊，至谷，聞齊侯卒，乃還。還者何？善辭也，大其不伐喪也。」後世演變為禮制，稱為「禮不伐喪」。㉗不克　不能成功。㉘厚之　厚待他們。㉙領　官吏有主官主職，又兼任他官他職，且主官較兼任之官職級別高，稱為領。按漢制，孫權主官討虜將軍為中二千石，兼任之太守一職為二千石，故稱為領。㉚會稽郡名。治所在今浙江紹興。㉛會稽東部都尉　東漢時，於邊郡置都尉掌兵事，治安情況複雜地區的郡則置多名都尉，分片管理，稱為「部」。會稽東部都尉所分管地區大致為今浙江南及福建一帶。㉜長史　官名。秦漢制度，丞相、三公、九卿、將軍府及邊地郡衙門均置，協助長官統領衙門眾事。㉝合肥　城邑名。今安徽合肥。㉞輕騎　輕裝騎兵。㉟突敵　襲擊敵人。突，襲擊。㊱夫兵者凶器二句　兵器，是殺人的兇器，戰爭，是一種極為危險的事情。語出《尉繚子・兵令》：「兵者，凶器也；戰者，逆德也；爭者，事之末也。」㊲忽　輕忽；輕視。㊳斬將搴旗　殺死敵方將領，奪取敵方的旗幟。搴，取走；用手捲起。㊴偏將　漢制，將軍之下有偏將軍，率領一支部隊，協助將軍作戰。㊵賁育　孟賁、夏育。孟賁，戰國時衛人，亦有稱其為秦人，勇武有力，據稱他於水中不懼蛟龍，陸處不畏豺狼，發怒吐氣，聲音動天。夏育，亦戰國時衛人，據稱他力舉千鈞，臨陣一呼，三軍震懾。自戰國時起，人們將之合稱為「賁育」，用以指勇士。㊶霸王之計　稱霸一方，輔佐天子。㊷受命之君　受天命而統治百姓的君主。㊸皇靈　先代神靈。皇，對先代或神明的敬稱。㊹佐　輔佐；說明。㊺文德　文教與德政。儒者治國理念，帝王統治百姓的目的，是教化百姓使之歸於仁，而教化的方式是帝王以德行為之作出表率。㊻播　傳播。㊼昭　昭示。㊽乃後　然後才。㊾四百之厄　東漢末的一種政治謠言，認為劉氏漢政權統治四百年後將發生動亂，改王易姓。《宋書・符瑞志上》引《孝經中黃讖》曰：「日載東，紀火光。不橫一，聖明聰。四百之外，易姓而王。天下歸功致太平。」㊿扶危　使即將崩潰的政權安定下來。(51)廣開播殖　盡力發展農業生產。(52)行誅　誅殺罪人。(53)建計　提出計策。(54)出都秣陵　孫策定江東及孫權統事之初，將政治中心設在吳，孫權先移治於京口，後移治秣陵，以加強對北防禦及對長江中游地區的爭奪。政治中心從江東內地移於長江邊，故稱「出」。秣陵，縣名。治所在今江蘇江寧南秣陵關。後孫權一度以此為駐蹕地，改名建業，移治於今江蘇南京，並建造新城。(55)吳　城邑名。漢代為吳郡及吳縣治所，今江蘇蘇州。(56)牋　奏記一類的文體。下對上陳述意見時用之。(57)有國有家者　指帝王。(58)比隆盛世　與聖王比美。(59)闇　通「暗」。(60)治體　為政的原則。(61)不勝其情　因個人喜好而放棄治國原則。(62)人情　人心。(63)傳曰從善如登二句　語出《國語・周語下》：「諺曰：『從善如登，從惡如崩。』」登，登山，形容其難。崩，山崩，形容其速。(64)奕世　累世；一代接一代。(65)操八柄　《周禮・太宰》稱帝王御臣有「八柄」：「一曰爵，以馭其貴；二曰祿，以馭其富；三曰予，以馭其幸；四曰置，以馭其行；五曰生，以馭其福；六曰奪，以馭其貧；七曰廢，以馭其罪；八曰誅，以馭其過。」(66)甘易同之歡　因臣下提出容易作到的事、附和自己的想法而高興。(67)無假取於人　無需求取於人。(68)挾難進之術　懷著會使帝王難以接受的治國方法。(69)離則有釁二句　與帝王意見相背離，主上與臣下之間便會產生矛盾，花言巧語之人便會乘機取利。離，原誤作「雖」，據宋本、《通鑑》校正。釁，矛盾；

裂痕。緣閒，利用機會。70眩　迷惑。71其所由來　之所以會出現這種情況。72不厭　不滿足。73上無偏謬之授二句　帝王不會因偏聽偏信而錯誤的任用壞人，臣下也不會心懷投機取巧之心。希冀之望，非分之想。74含垢藏疾　此指帝王對臣下的過失加以包容。75以成仁覆之大　成就德被天下的大業。76省書　讀信。77銘誄　兩種文體。銘為作文刻於器物之上，稱述生平功德，使傳於後世，或用以自警。誄為作文述死者功德以示哀悼。78南郡　郡名。漢代治所在今湖北江陵。孫吳時移治今湖北公安。79尚書　官名。漢代始置，漢武帝以前為負責保管皇帝私人書籍的小官，至東漢時逐漸演變為國家大政的實際掌管者，一般有五至六人，統隸於尚書令，分管國家某一方面的最高政令，吳國沿用其制。80孫晧　字元宗。一名彭祖，字晧宗。孫權之孫，孫和之子，初封烏程侯，西元二六三年被吳羣臣迎立為皇帝。粗暴嗜殺，好酒色，羣臣離心，政治混亂。西元二八〇年，西晉軍隊攻圍建業，孫晧投降稱臣，被封為歸命侯。詳見本書卷四十八〈孫晧傳〉。81侍郎　官名。漢制，以各種途徑取得任官資格者，於皇宮擔任宮殿保衛等工作，等候正式任職。資歷因年限從低自高被稱為郎、郎中、侍郎。侍郎秩六百石。孫吳沿用其制。82辯捷　能言善辯，思路敏捷。83侍中　官名。漢制，侍中於皇宮中負責陪侍皇帝，隨時回答皇帝提出的各種問題，並負責皇帝起居，無固定編制。同時以此加於其他官員，使其可以出入皇宮接近皇帝。漢武帝時加強皇權，設置中朝，侍中作為中朝最重要的成員，擁有參議國家大政的權力。東漢三國時歷經變化，至西晉時成為門下省長官。84中書令　三國魏文帝始置，與中書監同掌撰寫皇帝詔令，因而成為朝廷顯要之職。孫吳中書令大體上仿曹魏而置。85鼓琴　彈琴。86素　平常；原本。87敕　告誡。漢制，凡長官告諭僚屬，尊長告諭子孫，都稱敕。後專指皇帝詔命中的一類。88言次　言談之際。89晉平公使師曠三句　事見《史記・樂書》：晉平公喜聽亡國靡靡之音，向師曠詢問音樂，師曠稱「昔者黃帝以大合鬼神，今君德義薄，不足以聽之，聽之將敗。」晉平公強求師曠彈奏，「師曠不得已，援琴而鼓之。一奏之，有白雲從西北起。再奏之，大風至而雨隨之，飛廊瓦，左右皆奔走。平公恐懼，伏於廊屋之間。晉國大旱，赤地三年。」90斯　代詞。此；這。91積他事　因為其他事而積憤。92詰　譴責；罪責。這裏指追究罪責的憑證。93建安　郡名。治所在今福建建甌。94就加誅　派人前往將其處死。95初　當初。古時史書常用以開頭，追述或夾述另一件事。96見待　受到優待。

【語　譯】張紘，字子綱，廣陵郡人。年少時在京都求學，回本郡後，被薦舉為茂才，三公府辟召他為屬官，他都不去就職，躲避戰亂來到江東。孫策過江開創基業，張紘便委身於孫策。孫策上表任張紘正議校尉，跟隨孫策征討丹陽郡。孫策親身陷陣，張紘勸阻說：「主將的職責是籌謀劃策，是全軍命運的寄託，不應輕率行動，親身與敵人對戰。願將軍您善自珍重，以順應天下人的願望，不要讓臣民感到恐慌。」

2 建安四年，孫策派張紘到許昌呈獻奏章，因而留在許昌任侍御史。少府孔融等人都和他很要好。曹公聽到孫策去世的消息，想利用孫策剛死內部未穩時伐吳。張紘加以勸阻，認為趁人喪亡，既不符合古義，倘若不能成功，反而捨棄友好，成為仇敵，不如藉機厚待他們。曹公聽從了他的建議，立即上表任孫權為討虜將軍，兼任會稽郡太守。曹公打算讓張紘去輔佐孫權歸附自己，於是派張紘出任會稽郡東部都尉。

3 後來孫權任命張紘為長史，隨從征討合肥。孫權率領輕騎兵準備前往突襲敵人，張紘勸阻說：「兵刃是兇器，戰爭是危險的事情。現在將軍您自恃年輕氣盛，輕視強大暴烈的敵人，三軍將士，莫不寒心，即使能斬將奪旗、威震敵人，這乃是偏將之任，不是主將所應該做的。希望您能抑制孟賁、夏育一樣的匹夫之勇，心懷霸王之業。」孫權聽從了張紘的話，停止了行動。還師之後，第二年，孫權準備再次出兵，張紘又勸諫說：「自古以來，帝王承受天命統治天下，雖上有神靈庇佑，文教德治傳播於下，也要憑藉武力征伐來昭示自己的功勳。然而征伐貴在擇時而動，然後才能確立威勢。如今將軍適逢四百年一遇的衰亂之時，對朝政有扶危之功，應該暫且停止征伐，大肆發展農業，任用賢人才士，努力實行寬鬆政策，施惠於民，順天命進行征伐，可不勞而平定天下。」孫權於是停止了出兵。張紘還建議應遷都秣陵，孫權也聽從了。孫權讓他回吳郡去接家眷，病死於途中。臨終之際，給兒子張靖留下轉呈孫權的書信，信中說：「自古以來的帝王，都想實行德政來與盛世比美，至於治理國家的實際結果，大多不怎麼美好。不是因為沒有忠臣賢能，不明為政之術，而是因為帝王自己以個人喜好放棄治國原則，不能切實加以任用罷了。人之常情，原本就畏難求易，喜好意見相同的人而厭惡意見相左的人，這正好與治理國家的原則相背。《國語》說『從善如同登山，從惡如同山崩』，講的就是做好事之艱難。帝王繼承數代開創的基業，具有自然的權勢，掌握著至高的權柄，享受著趨易好同的歡樂，無所求於別人；而忠臣懷著難使帝王接受的治國大法，說出逆耳之言，他們不合於帝王之意，不是很正常嗎！不合則有裂痕，花言巧語之人便會乘機取利，帝王迷惑於小忠，依戀身邊的寵臣，使賢愚混雜，長幼失序，之所以如此，就是帝王個人的私情惑亂的啊。所以聖明的帝王明白這一道理，求賢若渴，接受勸諫從不厭倦，壓制個人感情與欲望，用人出於治國大義而不是個人好惡，帝王沒有偏信而錯誤的授人職位，臣下也不會有非分之想。您應該加以三思，對我說得不對的地方加以包容，形成仁德教化遍於天下的大業。」張紘終年六十歲。孫權讀信落淚。

4 張紘著有詩、賦、銘、誄等作品十餘篇。兒子張玄，官至南郡太守、尚書。張玄的兒子張尚，孫皓時任侍郎，以能言善辯被賞識，擢升為侍中、中書令。孫皓讓他彈琴，張尚回答說：「我向來不會彈琴。」孫皓下令讓他學琴。後來在宴會中言談之間說起琴的精妙之處，張尚說「晉平公讓師曠演奏〈清角〉，師曠說我們國君德薄，沒有資格來聽」。孫皓認為張尚以此來比喻自己，很不高興。後來加上其他事讓張尚入獄，還是追究此事作為憑證。遣送他到建安造船。過了一段時間，又派人到建安把他處死。

5 當初，張紘同郡人秦松字文表，陳端字子正，和張紘一起受到孫策的優待，參與出謀劃策。這兩人都早死。

1 嚴畯，字曼才，彭城❶人也。少耽學，善詩、書、三禮❷，又好說文❸。避亂江東，與諸葛瑾❹、步騭❺齊名友善。性質直純厚，其於人物❻，忠告善道，志存補益❼。張昭❽進之於孫權，權以為騎都尉❾、從事中郎❿。及橫江將軍魯肅⓫卒，權以畯代肅，督兵萬人，鎮據陸口⓬。眾人咸為畯喜，畯前後⓭固辭：「樸素書生，不閑⓮軍事，非才而據，咎悔必至。」發言慷慨⓯，至於流涕，權乃聽焉。世嘉其能以實讓⓰。權為吳王⓱，及稱尊號⓲，畯嘗為衛尉⓳，使至蜀⓴，蜀相諸葛亮深善之。不蓄祿賜㉑，皆散之親戚知故㉒，家常不充㉓。廣陵劉穎與畯有舊㉔，穎精學家巷㉕，權聞徵之㉖，以疾不就。其弟略為零陵㉗太守，卒官，穎往赴喪，權知其詐病，急驛收錄㉘。畯亦馳語㉙穎，使還謝權㉚。權怒廢㉛畯，而穎得免罪。久之，以畯為尚書令㉜，後卒。

2 畯著孝經傳、潮水論，又與裴玄、張承㉝論管仲㉞、季路㉟，皆傳於世㊱。玄字彥黃，下邳㊲人也，亦有學行，官至太中大夫。問子欽齊桓㊳、晉文㊴、夷㊵、惠㊶四人優劣，欽答所見，與玄相反覆㊷，各有文理㊸。欽與太子登㊹游處，登稱其翰采㊺。

【章　旨】以上是〈嚴畯傳〉。傳中依次記述他酷愛學問，性格純厚，如實推讓統兵之權，保護舊友劉穎。傳末簡述了裴玄、裴欽父子二人的行跡。

【注　釋】❶彭城　郡名。治所在今江蘇徐州。❷三禮　儒家經典《周禮》、《儀禮》、《禮記》的合稱。❸說文　《說文解字》一書的簡稱。文字學的重要典籍。東漢許慎撰，全書共十五卷，以小篆為主收錄漢字九千三百五十三字，古籀文錄為重文一千一百六十三字。按漢字形體及偏旁構造，分列五百四十部，依造字六法解說字義，注明讀音，奠定了漢字文字學、音韻學的基礎。❹諸葛瑾　字子瑜，琅邪陽都（今山東沂南南）人，諸葛亮之兄。漢末避亂至江東，後從孫權，為吳開國功臣，官至大將軍、左都護，封宛陵侯，享年六十八。詳本書卷五十二〈諸葛瑾傳〉。❺步騭　字子山，臨淮淮陰（今江蘇淮陰）人。東漢末避亂江東，貧寒而讀書不輟，後從孫權，為吳開國功臣，官至丞相，封臨湘侯。詳見本書卷五十二〈步騭傳〉。❻於人物　對待他人。❼忠告善道二句　真誠的告誡別人，善意的加以引導，一心想對他人有所幫助。❽張昭　字子布，彭城（今江蘇徐州）人。少好學，博覽羣書。東漢末避亂江東，助孫策平定江東，孫策死後，復總領羣僚，安定局勢，盡心輔佐孫權。因性格嚴峻，常與孫權發生衝突，孫權為吳王後，不再受重用，以婁侯老病於家，享年八十一歲。詳見本書卷五十二〈張昭傳〉。❾騎都尉　官名。武職。漢代屬光祿勳，掌羽林騎，秩比二千石。又以為加官，加於親貴，使其得以正常出入皇宮接近皇帝，或在皇帝出行時騎馬隨從。❿從事中郎　官名。漢代置於三公及將軍府僚屬，職參謀議。⓫魯肅　字子敬，臨淮東城（今安徽定遠東南）人。家富於財，為人豪爽，漢末聚眾百餘人附於居巢長周瑜，經周瑜引見，從孫權。向孫權提出立足江東，奪取長江中上游，進而對抗曹操，伺機統一天下的策略，極受孫權重用。後與周瑜力主抗擊曹操，促成孫劉聯盟，為孫權奪取荊州並穩定在荊州的統治，立有大功，享年四十六歲，卒於橫江將軍任上。詳見本書卷五十四〈魯肅傳〉。⓬陸口　地名。在今湖北嘉魚西南陸水入長江處。⓭前後　先後。⓮閑　熟悉。⓯發言慷慨　言語激切。⓰能以實讓　能據實推讓。⓱權為吳王　漢獻帝延康元年（西元二二〇年），曹丕稱帝建魏，改元黃初，次年十一月，冊封附於魏的孫權為吳王。自此至西元二二九年四月孫權正式稱皇帝為止，均以吳王身分活動。⓲稱尊號　稱皇帝。⓳衛尉　官名。秦置，兩漢因之。掌皇宮各門保衛，三國時各國均置其官。⓴蜀　即蜀漢。劉備稱帝，國號仍為漢，《三國志》記事據區域名稱之為蜀而不稱漢，以明魏晉相承為正統政權。後世稱為蜀漢，以與西漢、東漢相區別。㉑祿賜　俸祿與賞賜。㉒知故　熟人與舊友。㉓不充　不足。㉔有舊　有老交情。㉕精學家巷　雖身處陋巷而精於學術。㉖徵之　召請。㉗零陵　郡名。治所在今湖南零陵西南。東漢、孫吳相承而置。㉘急驛收錄　派人經由驛道火速前往抓捕。收錄，逮捕。㉙馳語　派人乘馬通報情況。㉚使還謝權　讓他回來向孫權道歉。謝，道歉。㉛廢　免除官職。㉜尚書令　官名。兩漢時為尚書臺長官，西漢秩六百石，東漢時尚書臺實際掌握全國政令，尚書令雖秩只千石，而地位極重。三國政權均如東漢而置。㉝張承　字仲嗣，彭城（今江蘇徐州）人，張昭之子。少以才學而享盛名，孫權時仕至濡須督、奮威將軍，封都鄉侯。為人忠直，樂於提攜後進。詳見本書卷五十二張昭附傳。㉞管仲　春秋初政治家。名夷吾，字仲，一字敬仲。先助齊公子糾與公子小白（齊桓公）爭位，失敗後，經好友鮑叔牙引見，被齊桓公任命為卿，尊為「仲父」，執掌大政。他實行政治經濟改革，發展以魚鹽為主的工商業生產，支持齊桓公的「尊王攘夷」活動，使齊桓公得以「九合諸侯，一匡天下」，成為春秋五霸中的首霸。其言論主要見於《國語．齊語》，現存《管子》一書，多為後人託其名而作。主要事跡見《史記．管晏列傳》。㉟季路　字子路，孔子弟子，春秋時魯國人。性爽直勇敢，事親至孝。初仕魯，後仕衛，為衛大夫孔悝家宰，在衛國政治內訌中被殺。事跡見《史記．仲尼弟子列傳》。㊱皆傳於世　《隋書》卷三十四「子部」錄有《裴氏新言》五卷，題「吳大鴻臚裴玄撰」。㊲下邳　郡縣名。治所在今江蘇睢寧西北。㊳齊桓　即齊桓公。春秋時齊國國君，五霸之一。在位期間任用管仲等人進行政治、軍事改革，使齊國成為當時的強國。以「尊王攘夷」為號，勤王平亂，北伐山戎，南抑強楚，稱霸天下。詳見《史記．齊太公世家》。㊴晉文　晉文公。名重耳，春秋時晉國國君。晉獻公次子，獻公寵幸驪姬，殺太子申生，重耳逃亡於外十九年，後借秦穆公之力還晉執政，年已六十二。用賢才，定內亂，擁護周王室，救宋敗楚，繼齊桓公之後成為「春秋五霸」之一。死諡文公。事跡見《史記．晉世家》。㊵夷　伯夷。商末孤竹國國君的長子，父死，遺命立三子叔齊為國君，兄弟互讓，同逃至周。武王伐紂，二人叩馬諫阻。商亡，他們逃至首陽山，「恥不食周粟」而死。事見《史記．伯夷列傳》。㊶惠　柳下惠。春秋時魯國大夫，名展獲，字禽，食邑柳下，一稱柳下季，「惠」為死後諡號。為官任勞任怨，以賢能著稱。後世極稱其個人操守，事跡散見於先秦諸子著作及儒家經典中。㊷相反覆　相互討論、論辯。㊸有文理　文句漂亮，理據充分。㊹太子登　孫權長子，孫權為吳王，立為王太子，稱帝，復以為皇太子。二十一年後病逝，享年三十三歲。事見本書卷五十九〈孫登傳〉。㊺翰采　詞藻文采。

【語譯】嚴畯，字曼才，彭城郡人。年輕時酷愛學習，擅長《詩》、《書》及《三禮》，又喜好《說文》。到江東避亂，與諸葛瑾、步騭齊名，彼此友善。嚴畯性格質樸正直純良寬厚，對於他人，忠誠告誡，善加引導，一心想對他人有所幫助。張昭把他推薦給孫權，孫權任命他為騎都尉、從事中郎。等到橫江將軍魯肅死後，孫權讓嚴畯接替魯肅，率軍萬人，駐守陸口。大家都為嚴畯高興，嚴畯卻先後堅決推辭說：「我一直是個書生，不嫻熟軍事，非將帥之才而據有其位，一定會招來罪責和悔恨。」他言詞慷慨激昂，以至於淚流滿面，孫權這才答應他。當時人們都嘉許他能據實推讓。孫權為吳王，到稱帝號時，嚴畯曾任衛尉，出使蜀漢，蜀漢丞相諸葛亮深深讚賞他。他不積攢俸祿和賞賜，全都分送給親朋好友，所以家境常常不充裕。廣陵郡人劉穎和嚴畯是舊交。劉穎身處陋巷而學問精湛，孫權聽到了便召請他前來做官，劉穎藉口有病不受召。劉穎的弟弟劉略任零陵郡太守，死於任上。劉穎前去奔喪，孫權知道他是假裝生病，於是派人由驛道火速前往抓捕。嚴畯也派人乘快馬向劉穎通報，讓他向孫權賠罪。孫權大怒，罷免了嚴畯的官職，劉穎卻得以免罪。過了很久，孫權任命嚴畯為尚書令，後來去世。

2　嚴畯著有《孝經傳》、《潮水論》，又和裴玄、張承評論管仲和季路，都流傳於世。裴玄字彥黃，下邳國人，也有才學品行，官至太中大夫。他曾問兒子裴欽齊桓公、晉文公、伯夷、柳下惠四人的優劣高下，裴欽回答自己的見解，並與裴玄相互論辯，持論各人都有文采和道理。裴欽和太子孫登交遊，孫登稱賞他的詞藻文采。

1 程秉，字德樞，汝南❶南頓❷人也。逮事鄭玄❸，後避亂交州❹，與劉熙❺考論大義，遂博通五經❻。士燮❼命為長史。權聞其名儒，以禮徵秉，既到，拜太子太傅❽。黃武四年❾，權為太子登娉周瑜❿女，秉守⓫太常⓬，迎妃於吳，權親幸秉船，深見優禮。既還，秉從容進說登曰：「婚姻人倫之始，王教⓭之基，是以聖王重之，所以率先眾庶⓮，風化天下，故詩美關雎，以為稱首⓯。願太子尊禮教於閨房⓰，存周南之所詠⓱，則道化⓲隆於上，頌聲作於下矣。」登笑曰：「將順其美，匡救其惡⓳，誠所賴於傅君也。」

2 病卒官⓴。著周易摘、尚書駮、論語弼，凡三萬餘言㉑。秉為傅㉒時，率更令㉓河南㉔徵崇亦篤學立行云。

【章　旨】以上為〈程秉傳〉。傳中敘述了程秉的經歷及其為太子太傅時以禮儀教育太子。

【注　釋】❶汝南　郡名。治所在今河南平輿北。❷南頓　縣名。治所在今河南項城西南。❸鄭玄　字康成，北海高密（今山東高密）人。東漢後期儒學大師。少為鄉小吏，後入太學，師從盧植、馬融等人，遊學十餘年後歸鄉里，聚徒講學，潛心著述，不受官方禮聘任命。其學以古文經為主，兼採今文經，遍注儒學經典，集漢代經學之大成，世稱「鄭學」，對後世經學影響甚大。今《十三經注疏》通行本中的《毛詩》、《三禮》採用的即為鄭玄注。其著述多已散佚，清代學者袁鈞輯有《鄭氏遺書》。事跡見《後漢書・鄭玄列傳》。❹交州　漢武帝所置「十三刺史部」之一，東漢建安八年（西元二〇三年）改刺史部為交州。治所在今廣東廣州。三國吳治所在今越南河內東北。❺劉熙　字成國，北海（今山東壽光）人。東漢末著名學者。曾任安南（今越南境內）太守，於其地聚徒講學。著有《謚法》、《釋名》等多種著作。其中《釋名》今存，全書分二十篇，以音同音近的字解釋字義，並注意到當時語音與古音的異同，為漢語語源學的重要著作。❻五經　《易》、《尚書》、《詩》、《禮》、《春秋》等五部儒家經典的總稱。始於漢武帝置《五經》博士，以後成為歷代尊尚的最基本的儒學典籍。❼士燮　字威彥，本魯國汶陽（今山東泰安）人。祖上於王莽之亂時避亂交州，因居其地。士燮少遊學洛陽，舉秀才，東漢末任交阯太守，庇護逃難而來的中原士人以百數。建安十五年（西元二一〇年），與兄弟率交州數郡歸附孫權，官至衛將軍，封龍編侯。詳見本書卷四十九〈士燮傳〉。❽太子太傅　官名。秦、漢相沿，置以教導、監護太子。三國及以後亦有其制。❾黃武四年　西元二二五年。黃武，吳王孫權年號，西元二二二—二二九年。❿周瑜　字公瑾，廬江舒（今安徽廬江縣西南）人。少與孫策友善，佐孫策定江東，吳中稱為「周郎」。孫策死後，與張昭同輔孫權。東漢建安十三年（西元二〇八年），帥軍大敗曹操，使孫氏得以穩定控制江東，並將勢力擴張至長江中游地區，拜偏將軍，領南郡太守。後病死。詳見本書卷五十四〈周瑜傳〉。⓫守　試用。西漢制度，官吏任職須先試職一年，試用期間，俸祿減半。三國時魏、吳均實行官吏試用制。⓬太常　官名。秦置奉常，漢景帝時改名為太常，掌宗廟祭祀與國家禮儀、教化，居九卿之首。吳因其制。⓭王教　帝王教化。⓮率先眾庶　給天下百姓做出表率。⓯故詩美關雎二句　《詩經》「國風」首篇為〈關雎〉，古人以為此詩「所以風天下而正夫婦」。⓰閨房　小室；內室。後世特指未出嫁女之居室。⓱存周南之所詠　〈周南〉，《詩經》「國風」之一類，此即指〈關雎〉篇所述夫婦之道，「發乎情，止乎禮。」存，心中想著。⓲道化　即王化，王道教化。⓳將順其美二句　語出《孝經》第十七章：「君子之事上也，進思盡忠，退思補過，將順其美，匡救其惡，故上下能相親也。」意為臣下應盡力促使君主堅持美善行為，改正錯誤。⓴卒官　死於任上。㉑言　用於書籍文章時，指其字數。㉒傅　指程秉曾任太子太傅的簡稱。㉓率更令　太子率更令的簡稱。秦漢時即置，掌太子宮保衛及賞罰之事。㉔河南　郡名。治所在今河南洛陽。

【語　譯】程秉，字德樞，汝南郡南頓縣人。曾隨從鄭玄學習，後來到了交州避亂，與劉熙一起考究研討儒家大義，於是精通五經。士燮任命他為長史。孫權聽說他是有名儒生，以禮徵召，程秉到後，被任命為太子太傅。黃武四年，孫權為太子孫登聘娶周瑜的女兒，程秉代理太常，到吳郡迎接太子妃。孫權親自登上程秉的船隻，對他表示特別的優厚禮遇。回來之後，程秉態度閒雅的向孫登進言說：「婚姻是人倫的起點，帝王教化的根基。因此聖王都很重視它，用婚姻作為百姓表率，教化天下，所以《詩經》稱美〈關雎〉這首詩，把它當做〈國風〉的首章。希望太子在內室也能尊崇禮教，牢記〈周南〉所稱頌的美德，這樣王道教化就會與盛於上，頌揚之聲便興起於下了。」孫登笑著回答說：「所謂『將順其美，匡救其惡』，實在是得依賴師傅您了。」

2 程秉病死在太常任上。他著有《周易摘》、《尚書駮》、《論語弼》，共三萬多字。程秉任太子太傅時，太子率更令河南人徵崇也一心向學，修養品行。

1 闞澤，字德潤，會稽山陰❶人也。家世農夫，至澤好學，居貧❷無資，常為人傭書❸，以供紙筆，所寫❹既畢，誦讀亦遍。追師❺論講，究覽❻羣籍，兼通曆數❼，由是顯名。察孝廉❽，除錢唐❾長，遷郴❿令。孫權為驃騎將軍⓫，辟補西曹掾⓬；及稱尊號，以澤為尚書。嘉禾⓭中，為中書令，加侍中。赤烏五年⓮，拜太子太傅，領中書如故。

2 澤以經傳⓯文多，難得盡用，乃斟酌諸家，刊約⓰禮文及諸注說以授二宮⓱，為制行出入及見賓儀，又著乾象曆注⓲以正時日。每朝廷大議⓳，經典所疑，輒諮訪⓴之。以儒學勤勞，封都鄉侯㉑。性謙恭篤慎㉒，宮府㉓小吏，呼召對問，皆為抗禮㉔。人有非短㉕，口未嘗及，容貌似不足者㉖，然所聞少窮。權嘗問：「書傳篇賦㉗，何者為美？」澤欲諷喻㉘以明治亂，因對賈誼㉙過秦論㉚最善，權覽讀焉。初，以呂壹㉛姦罪發聞，有司㉜窮治，奏以大辟㉝，或以為宜加焚裂㉞，用彰元惡㉟。權以訪澤，澤曰：「盛明之世，不宜復有此刑。」權從之。又諸官司有所患疾，欲增重科防㊱，以檢御㊲臣下，澤每曰「宜依禮、律」，其和而有正㊳，皆此類也。六年㊴冬卒，權痛惜感悼，食不進者數日。

3 澤州里㊵先輩丹陽唐固亦修身積學，稱為儒者，著國語、公羊、穀梁傳注，講授常數十人。權為吳王，拜固議郎㊶，自陸遜㊷、張溫㊸、駱統㊹等皆拜之。黃武四年為尚書僕射㊺，卒。

【章　旨】以上為〈闞澤傳〉。傳中敘述闞澤出身貧寒而矢志向學，終被孫權所任用；又記載闞澤為官，以儒學立身，持論依禮依律。傳末附述闞澤的同鄉先輩唐固的儒學修養及其在孫吳政權中的任職經歷。

【注　釋】❶山陰　縣名。因在會稽山之北（陰）而得名。治所在今浙江紹興。❷居貧　家中貧窮。❸為人傭書　受雇為人抄寫書籍。印刷術發明前，書籍複製與傳播靠手抄，抄寫複製書籍因而成為文化人的一種職業。❹寫　對書籍進行全文謄抄。❺師　原作「思」，今從宋本。❻究覽　遍讀並深有領會。❼曆數　推算節氣之方法；曆法。又指天道，以及觀察天象以尋求世事變化之術。❽察孝廉　被郡推舉為孝廉。漢武帝推行察舉制度，規定各郡每年推舉當地有孝敬廉讓著名者，稱為孝廉，由中央考察認定，授予官職。❾錢唐　縣名。治所在今浙江杭州。❿郴　縣名。治所在今湖南郴縣。⓫孫權為驃騎將軍　東漢建安二十四年（西元二一九年）十二月，曹操在孫權殺關羽並奪取荊州後，以漢朝廷的名義，授孫權為驃騎將軍，領荊州牧。⓬西曹掾　漢制，丞相、三公府、州郡長官及將軍府下置東、西二曹，以掾主事，西曹主管內務，東曹主管外事。⓭嘉禾　吳大帝孫權年號，西元二三二—二三七年。⓮赤烏五年　西元二四二年。赤烏，吳大帝孫權年號，西元二三八—二五一年。⓯經傳　經典及後人闡釋經典的論著。⓰刊約　刪削、簡化文句。⓱二宮　指孫權太子孫和之宮與孫權子魯王孫霸之王宮。⓲乾象曆注　《乾象曆》為曆書名，東漢劉洪撰。劉洪因其時所用曆法《四分曆》與天時節氣變化多有不符，造《乾象曆》，更為精確，漢末大學者鄭玄即曾為其作注。孫權於黃武二年（西元二二三年）下令棄《四分曆》，改用《乾象曆》，直至吳亡，前後行用五十八年。事見《宋書・律曆志中》及〈天文志一〉。闞澤所撰《乾象曆注》，據《隋書・經籍志三》，為五卷，今已不存。⑲大議　朝廷議論重大決策。⑳訪　詢問。㉑都鄉侯　以都鄉為封邑的侯爵。都鄉，郡縣治所所在之鄉。㉒篤慎　特別謹慎。㉓宮府　太子太傅所掌之東宮及兼職之中書令官府。宮，原作「官」，今從宋本。㉔抗禮　以平等的禮節相待。㉕非短　錯誤與缺點。㉖容貌似不足者　外表看起來好像知識不足。㉗篇賦　文章詩賦。㉘諷喻　委婉的表明自己勸誡之意。㉙賈誼　西漢前期著名政論家。洛陽人。二十歲時因能誦詩書被漢文帝召為博士，後因請按儒家觀念改革制度受到大臣忌妒，被貶為梁王太傅。仍多次上書建議削弱諸侯，重農抑商。以不得志，憂鬱而死，年三十三。傳世之作有《新語》及〈過秦論〉等。事見《史記・屈原賈生列傳》。㉚過秦論　賈誼政論名篇。指斥秦始皇因祖先之基，滅六國而統一天下，既而統治殘暴，濫用民力，終激起陳涉起義，二世而亡。㉛呂壹　孫權嘉禾年間任中書郎，受孫權信任，審查中央各部門及地方州郡檔案文書，刺探臣民言行，因而作威作福，大臣多被誣陷，遭受審問，引發政治危機。孫權最終不得不將其處死以塞責。㉜有司　有關機構。㉝大辟　死刑。漢以後死刑分為絞、斬首、腰斬。基本廢除對死者的屍體進行侮辱性處置。㉞焚裂　車裂並焚毀屍體。㉟元惡　首惡；罪魁。㊱科防　條文禁令。科為漢魏時法令的一種形式，相當於行政命令，可隨時調整。㊲檢御　約束控制。㊳和而有正　即儒者倡導的和而不同的處事原則，行為處事隨大流但堅持原則。㊴六年　赤烏六年（西元二四三年）。㊵州里　鄉里；同鄉。州指揚州。漢武帝以後全國分為十三州部，秀才選拔以州為單位，至東漢後期以同州人為同鄉的觀念逐步形成。㊶議郎　郎官中地位較高者，無固定編制，掌顧問應對。㊷陸遜　字伯言，吳郡吳（今江蘇蘇州）人。出身江東大族，年二十一入仕孫權幕府，初為地方長官，頗有政績。後受呂蒙推薦，總領長江中游地區防務，用計誅殺關羽，奪取荊州。又率軍擊敗劉備，升輔國大將軍，領荊州牧，封江陵侯。孫權稱帝，升上大將軍、右都護。位至丞相，因力諫孫權廢太子，不被接受，含憤而卒。詳見本書卷五十八〈陸遜傳〉。㊸張溫　字惠恕，吳郡吳（今江蘇蘇州）人，少修節操，容貌奇偉。孫權初加重用，以為選曹尚書，掌管人事權力，後嫌其聲名太盛，終不為己所用，因事免除其官職，病卒於家中。詳見本書卷五十七〈張溫傳〉。㊹駱統　字公緒，會稽烏傷（今浙江義烏）人。年二十為烏程相，有政績，年三十三卒於濡須督任上。詳見本書卷五十七〈駱統傳〉。㊺尚書僕射　官名。尚書臺主要官員，尚書令副手，協助尚書令處理全國政務。

【語　譯】闞澤，字德潤，會稽郡山陰縣人。家中世代為農夫，到闞澤時十分好學，由於家貧無錢，所以常常受雇為人抄書，以供給購買紙筆所需。抄寫完成後，書籍也誦讀完成了。他到處尋師討論，研讀羣書，又兼通曆象術數，由此聞名於世。郡中推舉他為孝廉，出任錢唐縣長，升任郴縣縣令。孫權任驃騎將軍，徵辟他補西曹掾。到了孫權稱帝，任命闞澤為尚書。嘉禾年間，任中書令，加侍中。赤烏五年，任太子太傅，仍舊兼任中書令。

2 闞澤認為儒家經典及闡釋文字太多，難以全部應用，便斟酌各家說法，將《禮經》文句及各家注解刪簡化，以此教授太子和魯王，為他們制定出入宮廷及接見賓客的儀禮，還撰《乾象曆注》來校正曆法時間。每當朝廷議論大事，或對經典有所疑義，總是諮詢他。因為他對儒學研究勤奮辛勞，被封為都鄉侯。闞澤生性謙虛恭敬，忠厚謹慎，宮廷官府小吏，叫來詢問時，闞澤都以平等的禮節相待。別人的錯誤或短處，他從來不說，外表似乎學識不足，但很少他答不上來的問題。孫權曾經問他：「書傳詩賦中，最好的是什麼啊？」闞澤想要委婉的表明治亂興衰的道理，便回答說賈誼的〈過秦論〉最好，於是孫權閱讀〈過秦論〉。當初，因呂壹的罪行被揭露，有關部門徹底查處他，奏請處以極刑，有的人認為應加以車裂並焚毀其屍體，以彰顯首惡的罪行。孫權徵詢闞澤的意見，闞澤說：「聖明之世，不應再有這種刑罰。」孫權聽從了他的意見。還有一些部門出現了弊病，孫權打算加重法令條款來防範，以便約束監督臣下，闞澤每每說：「應依照禮制和律法來處理。」他處事隨和又堅持原則，都像這種情況。赤烏六年冬天去世，孫權十分痛惜感傷悲悼，幾天吃不下飯。

3 闞澤前輩同鄉丹陽郡人唐固也修養自身積累學識，被稱為儒者。著有《國語》、《春秋公羊傳》、《春秋穀梁傳》等書的注釋，聽他授課的學生常常有數十人。孫權為吳王時，任命唐固為議郎，陸遜、張溫、駱統等人都前去拜見他。黃武四年任尚書僕射，去世。

1 薛綜，字敬文，沛郡❶竹邑❷人也。少依族人避地❸交州，從劉熙學。士燮既附孫權，召綜為五官中郎將❹，除合浦❺、交阯❻太守。時交土❼始開，刺史呂岱❽率師討伐，綜與俱行，越海南征，及到九真❾。事畢還都，守謁者僕射❿。西使⓫張奉於權前列尚書闞澤姓名以嘲澤，澤不能答。綜下行酒⓬，因勸酒曰：「蜀者何也？有犬為獨，無犬為蜀，橫目苟身，虫入其腹。」奉曰：「不當復列君吳⓭邪？」綜應聲曰：「無口為天，有口為吳，君臨萬邦，天子之都。」於是眾坐喜笑，而奉無以對。其樞機⓮敏捷，皆此類也。

2 呂岱從交州召出，綜懼繼岱者非其人，上疏曰：「昔帝舜南巡，卒於蒼梧⓯。秦置桂林、南海、象郡⓰，然則四國⓱之內屬也，有自來矣。趙佗起番禺，懷服百越之君⓲，珠官⓳之南是也。漢武帝誅呂嘉，開九郡⓴，設交阯刺史以鎮監之。山川長遠㉑，習俗不齊，言語同異㉒，重譯㉓乃通，民如禽獸，長幼無別，椎結徒跣㉔，貫頭左衽㉕，長吏之設，雖有若無。自斯以來㉖，頗徙中國㉗罪人雜居其間，稍使學書㉘，粗知言語㉙，使驛往來，觀見禮化。及後錫光為交阯，任延為九真太守，乃教其耕犁，使之冠履；為設媒官，始知聘娶；建立學校，導之經義㉚。由此已降，四百餘年㉛，頗有似類㉜。自臣昔客始至之時，珠崖㉝除州縣嫁娶㉞，皆須八月引戶㉟，人民集會之時，男女自相可適㊱，乃為夫妻，父母不能止。交阯糜泠、九真都龐二縣，皆兄死弟妻其嫂，世以此為俗，長吏恣聽[37]，不能禁制。日南郡[38]男女倮體，不以為羞。由此言之，可謂蟲豸，有靦面目[39]耳。然而土廣人眾，阻險毒害，易以為亂，難使從治[40]。縣官[41]羈縻，示令威服，田戶之租賦，裁取供辦，貴致遠珍名珠、香藥、象牙、犀角、玳瑁、珊瑚、琉璃、鸚鵡、翡翠、孔雀、奇物，充備寶玩，不必仰[42]其賦入，以益中國也。然在九甸[43]之外，長吏之選，類不精覈。漢時法寬，多自放恣，故數反違法。珠崖之廢[44]，起於長吏覩其好髮，髡以為髲[45]。及臣所見，南海黃蓋為日南太守，下車[46]以供設不豐，撾殺[47]主簿，仍見[48]驅逐。九真太守儋萌為妻父周京作主人[49]，并請大吏，酒酣作樂[50]，功曹番歆起舞屬[51]京，京不肯起，歆猶迫彊，萌忿杖歆，亡於郡內。歆弟苗帥眾攻府[52]，毒矢射萌，萌至物故[53]。交阯太守士燮遣兵致討，卒[54]不能克。又故刺史會稽朱符，多以鄉人虞褒、劉彥之徒分作長吏，侵虐百姓，彊賦[55]於民，黃魚一枚收稻一斛，百姓怨叛，山賊並出，攻州突郡。符走[56]入海，流離喪亡。次得南陽張津[57]，與荊州牧劉表[58]為隙，兵弱敵彊，歲歲興軍，諸將厭患，去留自在[59]。津小[60]檢攝[61]，威武不足，為所陵侮[62]，遂至殺沒。後得零陵賴恭，先輩仁謹[63]，不曉時事。表又遣長沙[64]吳巨為蒼梧太守。巨武夫輕悍，不為恭所服[65]，輒[66]相怨恨，逐出恭，求步騭。是時津故將夷廖、錢博之徒尚多，騭以次鉏治67，綱紀適定，會68仍召出。呂岱既至，有士氏之變69。越軍70南征，平討之日，改置長吏，章明王綱，威加萬里，大小承風。由此言之，綏邊撫裔71，實有其人。牧伯72之任，既宜清能73，荒流之表74，禍福尤甚。今日交州雖名粗定，尚有高涼75宿賊76；其南海、蒼梧、鬱林77、珠官四郡界未綏，依作寇盜，專為亡叛逋逃之藪78。若岱不復南，新刺史宜得精密79，檢攝八郡，方略智計，能稍稍以漸80治高涼者，假其威寵，借之形勢81，責其成效，庶幾82可補復。如但中人83，近守常法，無奇數異術84者，則群惡日滋，久遠成害。故國之安危，在於所任，不可不察也。竊懼朝廷忽輕85其選，故敢竭愚情，以廣聖思。」

3 黃龍三年86，建昌侯慮87為鎮軍大將軍，屯半州88，以綜為長史，外掌眾事，內授書籍。慮卒，入守賊曹尚書89，遷尚書僕射。時公孫淵降而復叛90，權盛怒，欲自親征。綜上疏諫曰：「夫帝王者，萬國之元首，天下之所繫命也。是以居則重門擊柝91以戒不虞92，行則清道案節93以養威嚴，蓋所以存萬安之福，鎮94四海之心。昔孔子疾時，託乘桴浮海之語，季由斯喜，拒以無所取才95。漢元帝欲御樓船，薛廣德請刎頸以血染車96。何則？水火之險至危，非帝王所宜涉也。諺云：

『千金之子，坐不垂堂[97]。』況萬乘之尊[98]乎？今遼東戎貊[99]小國，無城池之固，備禦之術，器械銖鈍，犬羊無政[100]，往必禽[101]克，誠如明詔。然其方土寒埆[102]，穀稼不殖，民習鞍馬，轉徙無常。卒聞大軍之至，自度不敵，鳥驚獸駭，長驅奔竄，一人匹馬，不可得見，雖獲空地，守之無益，此不可一也。加又洪流滉瀁[103]，有成山之難[104]，海行無常，風波難免，倏忽之間，人船異勢[105]。雖有堯舜之德，智無所施，賁育之勇，力不得設，此不可二也。加以鬱霧冥其上[106]，鹹水蒸其下，善生[107]流腫，轉相洿染[108]，凡行海者，稀無斯患，此不可三也。天生神聖，顯以符瑞，當乘平喪亂，康此民物[109]；嘉祥日集，海內垂定，逆虜凶虐，滅亡在近。中國一平，遼東自斃，但當拱手以待耳。今乃違必然之圖，尋至危之阻，忽九州[110]之固，肆[111]一朝之忿，既非社稷之重計，又開闢以來[112]所未嘗有，斯誠羣僚所以傾身側息[113]，食不甘味，寢不安席者也。惟陛下抑雷霆之威，忍赫斯之怒[114]，遵乘橋之安[115]，遠履冰之險[116]，則臣子賴祉[117]，天下幸甚。」時羣臣多諫，權遂不行。

4 正月乙未，權敕綜祝祖[118]不得用常文，綜承詔，卒造[119]文義，信[120]辭粲爛[121]。權曰：「復為兩頭，使滿三也。」綜復再祝，辭令[122]皆新，眾咸稱善。赤烏三年[123]，徙[124]選曹尚書[125]。五年，為太子少傅，領選職如故。六年春，卒。凡所著詩賦難論[126]數萬言，名曰私載，又定五宗圖述、二京解，皆傳於世。

【章　旨】以上為〈薛綜傳〉。傳中主要記述了以下內容：一、薛綜避地交州，依附孫權，漸漸受到重用。通過拆字方式應答蜀使，反映了他的機智敏捷。二、交州刺史呂岱被調離，薛綜怕繼任者非其人，上書孫權，述說秦漢以來交州的社會政治狀況，以及漢末和孫吳初期對交州實施的管理，建議孫權慎重選官。三、孫權想親征遼寧公孫淵，薛綜上疏苦苦勸諫。四、薛綜晚年的任職經歷和辭章方面的才華。

【注　釋】❶沛郡　治所在今江蘇沛縣。❷竹邑　縣名。治所在今安徽宿縣北。❸避地　逃難至某地。避，原作「辟」，今從宋本。❹五官中郎將　官名。漢代為郎中令屬官，秩比二千石，掌統諸郎充任皇宮宮殿門衛，東漢後期亦常作為地方高級武官的名號。三國吳、蜀因其制而置。原脫「將」字，元本有，據補。❺合浦　郡名。治所在今廣西合浦東北。❻交阯　亦作「交趾」。郡名。東漢時治所在今越南河內東北。❼交土　即交州。當今越南承天以北諸省絕大部分及廣西欽州地區、廣東雷州半島。❽呂岱　字定公，廣陵海陵（今江蘇泰州）人。孫權時漸受重用，歷任地方長官，官至上大將軍。吳主孫亮時，位至大司馬。詳見本書卷六十〈呂岱傳〉。❾九真　郡名。治所在今越南清化。❿謁者僕射　官名。漢制，少府屬下有謁者臺，主官為謁者僕射，領謁者數十人，處理皇帝隨時交辦的禮儀性事務。⓫西使　指蜀漢使臣。因蜀漢地理位置在吳境之西，《三國志》敘述吳、蜀相關之事時，常以「東」、「西」代指雙方。⓬下行酒　起身敬酒。⓭君吳　您們吳國。⓮樞機　喻言語。《易經・繫辭上》：「言行，君子之樞機。」⓯帝舜南巡二句　先秦兩漢文獻紀錄中多有帝舜「南巡」並死於蒼梧的傳說。《山海經》：「南方蒼梧之丘，蒼梧之川，其中有九疑山焉，舜之所葬也。」《禮記》：「舜葬蒼梧，二妃不從。」又稱：「舜葬蒼梧之野。」劉向《列女傳》：「舜陟方，死於蒼梧，二妃死於江、湘之間，俗謂之湘君、湘夫人也。」關於蒼梧的具體位置說法各異。⓰秦置桂林南海象郡　秦始皇滅六國後，遣尉屠睢率五十萬人入五嶺以南，鑿靈渠以通糧運，經三年而平定今廣東、廣西及越南中北部越人的反抗，設置南海、桂林、象三郡加以統治。南海郡，治所在今廣東廣州。桂林郡，治所在今廣西桂平西南。象郡，轄今越南中北部及廣西相鄰地區。⓱四國　指前述之蒼梧、南海、桂林、象郡四地。⓲趙佗起番禺二句　秦朝亡之際，南海郡龍川縣令、真定（今河北正定）人趙佗接任南海郡尉，掌握軍權，後被稱為「尉佗」。楚漢相爭時，趙佗略定南海、桂林、象郡，建立南越國，並自立為南越武王，漢初無力進軍嶺南，遂封趙佗為南越王，子孫相繼統治其地，對漢朝叛服不常，漢武帝時進兵剿滅。戰國至西漢，中原稱其地主體居民為「越」，因其各地區語言並不相同，習俗亦有差異，總稱之為「百越」。⑲珠官　地名。漢代在今廣西合浦東北三十五公里處置珠官，對當地所產海珠實行官營，以供朝廷之需。孫吳時於此置縣。⑳漢武帝誅呂嘉二句　漢武帝時，南越王相呂嘉控制南越政權，執意與漢朝分庭抗禮。漢武帝命大軍分五路進平南越，分其地置為儋耳、珠崖、南海、蒼梧、鬱林、合浦、交阯、九真、日南九郡。㉑山川長遠　山河遼闊，地區廣大。㉒同異　不同。偏義複詞，強調的是「異」。㉓重譯　經過多次翻譯。㉔椎結徒跣　將頭髮在頭頂結為椎狀，赤腳。徒跣，赤腳。㉕貫頭左衽　衣服從上方開洞，頭部貫穿，謂之「貫頭」。左衽即左側開衣襟。先秦時四方民族以索繫髮，衣襟向左掩，與中原華夏民族束髮加冠、衣襟右掩有別。後世遂以「貫頭左衽」表示周邊民族與華夏民族或漢族頭飾服裝有別的情形，並不一定是實際情況的描述。㉖自斯以來　自此以後。指自漢武帝設置九郡統治南越地區以後。㉗中國　中原。㉘學書　學習讀書識字。㉙粗知言語　略通華夏語言。㉚錫光為交阯八句　《後漢書·任延列傳》：任延，南陽宛（今河南南陽）人。東漢光武帝時任九真太守，教導當地百姓牛耕，發展農業，改變狩獵為生習俗；又令其改變隨意性的性關係，男女年齡相當則組成固定的夫婦關係，組成家庭。同傳又附記西漢末漢中（今陝西漢中）人錫光任交阯太守，以華夏禮儀教化當地百姓。㉛四百餘年　指秦平南越以後。㉜頗有似類　指歷代治理方法大多類似。㉝珠崖　亦作「朱厓」，郡名。治所在今海南瓊山區東南。孫吳亦置有珠崖郡，治所在今廣東徐聞南。㉞除州縣嫁娶　除了州縣治所內的百姓按禮儀婚嫁外。㉟引戶　核查戶口，與「案比」相類。㊱自相可適　自相匹配。指其不經父母之命、媒妁之言，以禮嫁娶。㊲恣聽　聽任其所為，不加干預。㊳日南郡　漢武帝所置九郡之一，為漢朝最南的一個行政區，因其地近赤道，太陽偏南而得名。轄地當今越南中部北起橫山、南抵大嶺地區。㊴有靦面目　語出《詩經·小雅·何人斯》：「有靦面目，視人無極。」意謂徒具人的樣子。靦，露面見人。㊵從治　聽從官府治理。㊶縣官　國家；朝廷。㊷仰　依靠；依賴。㊸九甸　九州。㊹珠崖之廢　東漢元帝初元三年（西元前四六年），珠崖郡山南縣百姓造反，漢朝廷經廣泛討論，決定不再設珠崖郡，以緩解內地百姓賦役軍征壓力。㊺髡以為髲　剃除頭髮以製作假髮。髡，剃髮。以，宋本作「取」。髲，假髮。㊻下車　到任。㊼撾殺　打死。㊽仍見　於是被。㊾作主人　宴請賓客。㊿作樂　演奏音樂。(51)屬　勸酒。(52)府　太守府；郡衙。(53)物故　死亡。(54)卒　最終。(55)彊賦　強徵收賦稅。(56)走　逃亡。(57)張津　據《後漢書》、《三國志》及《晉書·地理志》「交州」條，張津在東漢建安八年（西元二〇三年）繼朱符為交州刺史，崇信道教，不關心政事，又起兵進攻荊州牧劉表，引起交州百姓反叛，被部下區景所殺，交阯豪族士燮兄弟趁機獲得交州大部的控制。58劉表　字景升，山陽高平（今山東微山縣西北）人。漢靈帝時知名於士林，靈帝死後，出任荊州刺史，後升為鎮南將軍、荊州牧，封成武侯。劉表在荊州統治達二十年，以武力鎮壓內部叛亂與民眾反抗勢力，將今兩湖在政治上連為一氣，熱心於文化教育。面對建安年間北方曹操的發展與東方孫策、孫權兄弟的西進，採取自保之術。被稱為「坐談客」。赤壁之戰前去世。詳見本書卷六〈劉表傳〉。59去留自在　隨意行動，無法統束。60小　稍稍。61檢攝　約束控制。62陵侮　凌侮；欺負侮辱。陵，通「凌」。63仁謹　心地善良，行為小心謹慎。64長沙　郡國名。治所在今湖南長沙。65所服　原二字互倒。66輒　原誤作「取」，殿本《考證》云《冊府元龜》作「輒」，據改。67鉏治　鋤治；剷除。68會　恰好。69士氏之變　吳黃武五年（西元二二六年），交阯太守士燮死，孫權以交州地方廣大，分合浦以北為廣州，交阯以南為交州，任命戴良為刺史，並遣陳時為交阯太守。士燮之子士徽自命為交阯太守，起士氏家族武裝拒絕接受戴良與陳時。廣州刺史呂岱奉命率兵進至交阯，誅殺士徽兄弟六人，從而清除士氏在交阯的影響，穩定了對交阯的控制。事見本書卷四十九〈士燮傳〉、卷六十〈呂岱傳〉。70越軍　越海遠征。71綏邊撫裔　安撫邊地百姓。綏，和撫；安定。72牧伯　地方軍政大員。因其有如周代牧民之侯伯，因以相稱。73清能　廉潔能幹。74荒流之表　遙遠的邊地。荒，荒服，指王化難以到達的地區。表，外。75高涼　郡名。治所在今廣東恩平東北。76宿賊　長期未能平定的叛亂者。宿，長期存在。77鬱林　郡名。治所在今廣西桂平西。78藪　水澤；植物茂盛之地。亦用以比喻人或物集中的地方。79精密　認真考察挑選。80漸　此字下原有「能」字。《三國志集解》云係衍文，據刪。81借之形勢　給予威勢。82庶幾　或可能。83中人　普通人；才能一般的人。84奇數異術　特別的計謀、方法。85忽輕　忽視；輕視。86黃龍三年　西元二三一年。黃龍，吳大帝孫權年號，西元二二九—二三一年。87建昌侯慮　孫慮。字子智，孫權之子，太子孫登之弟。少聰明有才，封建昌侯，出鎮半州，嘉禾元年（西元二三二年）病死，年僅二十歲。詳見本書卷五十九〈孫慮傳〉。88半州　地名。在今江西九江市西。孫吳及東晉時均屯兵駐守於此。89賊曹尚書　官名。尚書臺屬官，主管國家刑律，為後世刑部尚書的前身。90公孫淵降而復叛　公孫淵，遼東襄平（今遼寧遼陽）人，三國時遼東割據勢力首領。從其祖父公孫度以來，掌握遼東軍政大權，並世襲遼東太守一職。公孫淵試圖獨立，被司馬懿率軍撲滅。詳見本書卷八公孫度附傳。黃龍三年十月，公孫淵試圖反叛曹魏，主動向孫吳稱臣。孫權不顧羣臣反對，派出一萬人的使團前往援助並加以招撫，結果公孫淵為緩解曹魏方面的軍事，將孫權使人全部作為俘虜。91重門擊柝　重重門禁，並有衛兵隨時巡邏保衛。柝，巡邏警眾時所用之木棒。語出《易經．繫辭下》：「重門擊柝，以待暴客。」92不虞　意外；意想不到的事。93清道案節　帝王出行，先清除路上行人，而且緩節慢行。《漢儀注》：「皇帝輦動，左右侍帷幄者稱警，出殿則傳蹕，止人清道也。」案節，握轡使馬慢行有節。(94)鎮　使安定。(95)昔孔子疾時四句　語出《論語・公冶長》：「子曰：『道不行，乘桴浮於海。從我者其由與？』子路聞之喜。子曰：『由也好勇過我，無所取材。』」疾時，對現實不滿。桴，小船。(96)漢元帝欲御樓船二句　《漢書・薛廣德傳》：漢元帝出皇宮祭宗廟，欲乘樓船前往，御史大夫薛廣德擋在車前，去冠跪請從橋上前往。並表示：「陛下不聽臣，臣自刎，以血汙車輪，陛下不得入廟矣！」最終使漢元帝讓步。(97)千金之子二句　《史記・越王句踐世家》、〈貨殖列傳〉均作「千金之子，不死於市」。同書〈袁盎鼂錯列傳〉與此同。則此一諺語其來已久，且說法稍有不同。意思均是說有地位財富者更應注意自身的安全。(98)萬乘之尊　帝王之尊。周代制度，天子地方千里，出兵車萬乘，諸侯地方百里，出兵車千乘。後世遂以萬乘指代天子或皇帝。(99)戎貊　戎為先秦時華夏民族對西部非華夏民族人羣的總稱，先秦至漢代稱今中國東北及朝鮮半島民族為穢貊。此合以為稱，意在指其非華夏禮儀之邦。(100)犬羊無政　意在說明公孫淵對其管理下的民眾沒有約束力。古人常用「犬羊」形容敵人柔弱易於對付。(101)禽　通「擒」。(102)方土寒埆　地方寒冷貧瘠。方土，地理位置。埆，貧瘠。(103)滉瀁　大水深廣的樣子。(104)成山之難　成山，又名成山角、成山頭，在今山東榮成膠州半島東北最東端，為伸入黃海且海拔較高的小半島，秦漢時帝王巡幸海邊常於其地朝廷祭祀。因其山勢伸入海中，引起潮流變化異常，造成航行困難。(105)倏忽之間二句　轉眼之間，人與船可能就不存在。異勢，情形變化，指人與船隻被大海吞沒。(106)鬱霧冥其上　上有濃霧使白天有如黑夜。鬱霧，濃霧。冥，使變成黑暗。(107)善生　易生。(108)洿染　汙染；傳染。洿，弄髒。(109)當乘平喪亂二句　應當乘勢平亂，以造福於人民。(110)九州　中國。傳說遠古帝王的行政區劃，創始之人、九州的具體名稱與疆界，說法不一。九州在秦漢統一以後，成為中國的代稱，並影響漢代州地理劃分。(111)肆　任意發洩。(112)開闢以來　有史以來。(113)傾身側息　側著身子，屏住呼吸。形容驚恐小心的樣子。(114)赫斯之怒　帝王的憤怒。語出《詩經・大雅・皇矣》：「王赫斯怒，爰整其旅。」(115)乘橋之安　此仍用前述西漢時薛廣德諫阻漢元帝乘船而「乘橋」的典故，表示為安全著想。(116)履冰之險　必然碰到的危險。語出《詩經・小雅・小旻》：「戰戰兢兢，如臨深淵，如履薄冰。」(117)祉　福。(118)祝祖　讚頌祖先。(119)卒造　倉促之際所作。卒，通「猝」。(120)信　信實。(121)粲爛　燦爛。意為精彩。(122)辭令　詞句。(123)赤烏三年　西元二四〇年。赤烏，吳大帝孫權年號，西元二三八—二五一年。(124)徙　用於官職變動，表示平級調動。(125)選曹尚書　官名。尚書官員同，東漢以來即主管官吏選拔與政績考核。曹魏改名選部尚書，孫吳仍用漢制。(126)難論　駁難與論說。

【語　譯】薛綜，字敬文，沛郡竹邑縣人。年少時隨同族人到交州避亂，跟隨劉熙學習。士燮歸附孫權後，任命薛綜為五官中郎將，出任合浦、交阯太守。當時交州剛開發，刺史呂岱率軍討伐，薛綜與呂岱同行，渡海南征，到達九真郡。戰事結束後回到京城，代理謁者僕射。蜀國使者張奉在孫權面前舉闞澤的姓名嘲笑他，闞澤無法回應。薛綜離席敬酒，藉機勸張奉飲酒說：「『蜀』是什麼呢？有犬旁就是『獨』，無犬旁就是『蜀』，橫目苟身，虫字入腹。」張奉說：「不再說一說吳國的『吳』嗎？」薛綜應聲答道：「無口為天，有口為吳，君臨萬邦，天子之都。」於是在座的吳國君臣都高興得笑了，而張奉卻無言以對。薛綜的言語機智敏捷，大都如此。

2 呂岱從交州調出，薛綜擔心接替呂岱的人不稱職，上書說：「過去帝舜南巡天下，死在蒼梧。秦設置桂林、南海、象郡三郡，這說明四個地方歸屬中原，是由來已久的。趙佗在番禺起事，懷柔征服百越首領，這便是珠官的南部。漢武帝誅除呂嘉，分置九個郡，又設立交阯刺史監察各郡。由於地區遼闊，習俗各異，語言不同，需經數次翻譯才能相通。當地百姓如同禽獸，長幼沒有區別，椎形髮髻，赤腳，蓬頭，衣服上頭開洞從頭上貫穿，或者衣襟左開。地方官吏之設置，雖有卻似沒有。從那時以來，流放了不少中原罪犯雜居其間，逐漸使當地人讀書識字，粗知華夏語言。驛使往來，讓他們見識了禮儀教化。到後來，錫光擔任交阯太守，任延任九真太守，這才教當地百姓用犁耕地，讓他們戴帽穿鞋；設置了媒官，他們開始知道聘女娶妻；建立了學校，引導他們學習儒家經典。從那時候以來，已四百多年，大多類似這種情形。自從我過去客居此地之初，珠崖郡除了州縣治所的百姓按婚姻禮儀嫁娶，其他地方都是在八月清查戶口，民眾集會時，男女自相匹配，就結為夫妻，父母不能阻止。交阯郡的糜泠縣和九真郡的都龐縣，都是哥哥死後弟弟娶嫂嫂為妻，世世代代成為風俗，地方官吏任憑他們，不能禁止。日南郡男女裸體，不以為羞恥。由此說來，他們可以說是蟲豸，徒具人形罷了。然而那裏地大人多，地勢險要，氣毒蟲害，容易作亂，難於治理。官府約束，發布法令，威嚇懾服他們，農戶的田租與賦稅，只限於滿足行政需要，看重遠珍名珠、香藥、象牙、犀角、玳瑁、珊瑚、琉璃、鸚鵡、翡翠、孔雀和其他奇珍異物，以供朝廷珍玩之需，並非依靠那裏的租稅來增加朝廷的財政收入。但是交州地處荒遠，官吏的選擇，一般未經仔細審核。漢代法律寬鬆，官吏大都恣意妄為，所以屢次發生違法和叛亂之事。珠崖郡的廢治，起因於地方長官看見當地人的頭髮長得好，強行割取製作假髮。就我親眼所見，南海人黃蓋為日南郡太守，剛一到任就因供奉招待不豐富，打死了主簿，結果被眾人驅逐。九真郡太守儋萌為岳父周京宴請客人，請了很多官吏，酒酣奏樂，功曹番歆起身勸酒，邀請周京一起跳舞，周京不願意，番歆還是強迫他，儋萌生氣，杖責番歆，番歆死在郡衙。番歆的弟弟番苗率眾進攻郡衙，用毒箭射儋萌，儋萌死去。交阯郡太守士燮派兵討伐，最終也未能取勝。又前任交州刺史會稽人朱符，多任用同鄉人虞褒、劉彥等人分別做各縣令長，侵犯虐待百姓，橫徵暴斂，捕撈一條黃魚要收稻穀一斛，百姓怨恨四起而叛亂，山賊齊出，攻擊州郡。朱符逃亡入海，在流亡中死去。後來繼任朱符的南陽人張津，和荊州牧劉表有嫌隙，兵弱敵強，年年興兵，諸將厭戰，隨意去留。張津稍加約制，但威勢不足，被部下侮辱，最後被殺死。後來零陵郡人賴恭接任刺史，這位前輩仁愛謹慎，不曉時事。劉表又派長沙人吳巨任蒼梧郡太守，吳巨是一個輕悍武夫，不被賴恭敬服，於是相互怨恨，吳巨將賴恭趕走，請步騭任交州刺史。當時張津的舊屬夷廖、錢博等人還很多，步騭依次將他們剷除，政綱法度剛剛確定，恰好就被調離交州。呂岱到任之後，發生了士氏之亂，呂岱越海南征，平定士氏之時，重新任命官吏，申明政令法度，威德至於萬里，上下皆蒙教化。就此而論，安定邊遠地區，確實應該有合適的人才。地方軍政長官，應讓廉潔能幹的人擔任，特別是在邊遠地區，官吏的品格才幹尤其決定著禍福安危。現在交州雖然表面上初步得到平定，但高涼郡還有舊賊；南海、蒼梧、鬱林、珠官四郡也不安定，依然有寇盜發生，成為逃亡叛亂者的聚集之地。如果呂岱不能再南來任職，新刺史應該認真考察挑選，以約束和鎮懾八郡，智慧謀略能夠逐漸治理好高涼郡的人，要給他權力和信任，以威勢相授，責令他取得實效，或許可望補救恢復。如果只派個平常人，墨守常規，沒有特別的計謀方法，那各種醜惡將日益滋長，時間長了就會形成危害。所以國家的安危，在於選用的人是否合適，不能不留意啊。我暗自擔心朝廷輕忽交州刺史的人選，所以才敢全部說出我心中粗淺的想法，以開闊聖上的思考。」

3 黃龍三年，建昌侯孫慮任鎮國大將軍，屯駐半州，薛綜任長史，對外處理軍府事務，在內教孫慮讀書學習。孫慮死後，入朝代理賊曹尚書，升任尚書僕射。當時公孫淵歸降後又背叛，孫權大怒，想要親自征伐。

薛綜上書勸諫說：「帝王為國家的元首，天下命運之所繫。所以居處重重門禁，衛兵巡夜，以防備萬一，出行則清道緩行以示威嚴，乃是用來保證絕對安全與福祉，安定天下的人心。過去孔子痛恨時弊，假託乘小船浮於海的話，季由因而很高興，孔子便以無法找到造船材料來推託。漢元帝曾打算乘坐樓船，薛廣德請求割頸用鮮血來染紅輦車。這是為什麼呢？水火的危險到了極點，不是帝王所應接觸的。諺語說：『千金之子，坐不垂堂。』何況是帝王之尊呢？如今遼東一個戎貊小國，沒有堅固的城池，防守抵禦的方法，兵器鈍劣，無法駕御百姓前往征討必然獲勝，誠如陛下明詔所說。但是那裏天寒地凍，土壤貧瘠，農作物無法生長，人們擅長騎馬，遷徙不定。突然聽說大軍到達，自料抵擋不住，定如被驚嚇的鳥獸一樣，逃竄遠方，一個人一匹馬也見不到，雖然獲得空地，守著它卻毫無益處，這是不可討伐的第一個理由。加上又有無邊無際的汪洋大海，成山航行尤其艱難，海上行船變幻莫定，風浪難以避免，轉眼間，人和船就可能被大海吞沒。即使有堯、舜的仁德，也無法施展其智謀；孟賁、夏育那樣的勇武，也無處使力，這是不可討伐的第二個理由。加上海上有濃霧罩頂，使白天如同黑夜，下有鹹水蒸騰，易患腫脹流膿的疾病，相互傳染，凡是航海的人，很少有人不生這病的，這是不可討伐的第三個理由。陛下天生神聖，福瑞徵兆已有昭示，應該順勢平定喪亂，造福人民；祥瑞之兆日益增多，天下安定在即，叛逆暴虐之徒，滅亡就在眼前。中原一旦平定，遼東自然敗亡，只要拱手等待罷了。如今陛下卻要違背必然的趨勢，尋求最為危險的道路，忽視國家的穩固，發洩一時的憤怒，既不是國家的重大政策，也是有史以來未曾有過的事情。這實在是羣臣們所以提心吊膽、食不甘味、寢不安席的原因。希望陛下壓抑雷霆之威，暫忍帝王之怒，遵循乘橋而行的安全之道，遠離履冰之險，便是羣臣之福，百姓幸運非常了。」當時羣臣對此多有勸阻，孫權於是停止了親征的計畫。

4 正月二十三日，孫權命令薛綜祭祀的祝頌詞不得與往常相同，薛綜接受詔命，倉促的立義撰文，辭義信實，文藻燦爛。孫權說：「再補上兩首，使之成為三首。」薛綜於是又寫了兩段祝詞，詞句都有新義，大家都交相稱讚。赤烏三年，改任選曹尚書。赤烏五年，任太子少傅，仍舊兼任選曹尚書。赤烏六年春，薛綜去世。所著詩賦及駁難論說文章總計有數萬字，合稱為《私載》。他還考定《五宗圖述》、《二京解》，都流傳於世。

1 子玥，官至威南將軍，征交阯還，道病死。玥弟瑩，字道言，初為祕府中書郎❶，孫休❷即位，為散騎中常侍❸。數年，以病去官。孫晧初，為左執法❹，遷選曹尚書，及立太子，又領少傅。建衡三年❺，晧追歎瑩父綜遺文，且命瑩繼作。瑩獻詩曰：「惟臣之先，昔仕于漢。奕世緜緜❻，頗涉臺觀❼。暨臣父綜，遭時之難。卯金失御❽，邦家毀亂。適茲樂土，庶存孑遺❾。天啟其心，東南是歸。厥初流隸，困于蠻垂。大皇開基❿，恩德遠施。特蒙招命，拯擢泥汙。釋放巾褐，受職剖符⓫。作守合浦，在海之隅。遷入京輦⓬，遂升機樞。枯瘁更榮，絕統復紀。自微而顯，非願之始。亦惟寵遇，心存足止。重值文皇⓭，建號東宮。乃作少傅，光華益隆。明明聖嗣，至德謙崇。禮遇兼加，惟渥惟豐。哀哀先臣，念竭其忠。洪恩未報，委世⓮以終。嗟臣蔑賤，惟昆及弟。幸生幸育，託綜遺體。過庭既訓⓯，頑蔽難啟。堂構弗克⓰，志存耦耕。豈悟聖朝，仁澤流盈。追錄先臣，愍其無成。是濟是拔，被以殊榮。玥忝千里，受命南征。旌旗備物，金革揚聲。及臣斯陋，實闇實微。既顯前軌，人物之機。復傳東宮，繼世荷輝。才不逮先，是忝是違。乾德博好，文雅是貴。追悼亡臣，冀存遺類。如何愚亂，曾無髣髴[17]！瞻彼舊寵，顧此頑虛。孰能忍媿，臣實與居。夙夜反側，克心自論。父子兄弟，累世蒙恩，死惟結草[18]，生誓殺身。雖則灰隕，無報萬分。」

2 是歲，何定[19]建議鑿聖谿[20]以通江淮，晧令瑩督萬人往，遂以多盤石難施工[21]，罷還，出為武昌左部督。後定被誅，晧追聖谿事，下瑩獄，徙廣州[22]。右國史[23]華覈[24]上疏曰：「臣聞五帝[25]三王[26]皆立史官，敘錄功美，垂之無窮。漢時司馬遷、班固，咸命世大才[27]，所撰精妙，與六經[28]俱傳。大吳受命，建國南土。大皇帝[29]末年，命太史令[30]丁孚、郎中項峻始撰吳書。孚、峻俱非史才，其所撰作，不足紀錄。至少帝[31]時，更差韋曜[32]、周昭[33]、薛瑩、梁廣及臣五人，訪求往事，所共撰立，備有本末[34]。昭、廣先亡，曜負恩蹈罪[35]，瑩出為將，復以過徙，其書遂委滯[36]，迄今未撰奏[37]。臣愚淺才劣，適可為瑩等記注[38]而已，若使撰合[39]，必襲[40]孚、峻之跡，懼墜大皇帝之元功，損當世之盛美。瑩涉學既博，文章[41]尤妙，同寮[42]之中，瑩為冠首。今者見[43]吏，雖多經學，記述之才，如瑩者少，是以慺慺[44]為國惜之。實欲使卒[45]垂成之功，編於前史[46]之末。奏上之後，退填溝壑[47]，無所復恨。」晧遂召瑩還，為左國史。頃之[48]，選曹尚書同郡繆禕以執意不移，為羣小㊾所疾㊿，左遷51衡陽52太守。既拜，又追以職事見詰責53，拜表陳謝54。因過詣瑩，復為人所白55，云禕不懼罪，多將賓客會聚瑩許56。乃收禕下獄，徙桂陽57，瑩還廣州。未至，召瑩還，復職。是時法政多謬，舉措煩苛，瑩每上便宜58，陳緩刑簡役，以濟育百姓，事或施行。遷光祿勳59。天紀四年60，晉軍征皓，皓奉書於司馬伷61、王渾62、王濬63請降，其文，瑩所造也。瑩既至洛陽，特先見敘64，為散騎常侍65，答問處當66，皆有條理。太康三年67卒。著書八篇，名曰新議68。

【章　旨】以上附載了薛綜之子薛瑩的事跡，主要敘述薛瑩在孫皓時因正言得罪及《吳書》撰著情況。

【注　釋】❶祕府中書郎　官名。祕府為漢代以來皇宮內保管圖書祕記的機構。孫吳有祕府郎，祕府中書郎當與其職掌相類，即主管圖書祕記。❷孫休　字子烈，孫權第六子，初封琅邪王，後改封會稽王，太平三年（西元二五八年）吳主孫亮被廢，被羣臣立為皇帝。在位七年而卒，死諡景帝。❸散騎中常侍　官名。漢代即有散騎、中常侍二職，亦以為加官，均掌侍候皇帝，東漢時中常侍以宦官充任。孫吳合二者為一名，以士人充任，職掌當仍同漢代。❹左執法　官名。吳置有左、中、右三執法，為御史臺官員，掌領辭訟，監察官員違法亂紀行為。❺建衡三年　西元二七二年。建衡，吳末帝孫皓年號，西元二六九—二七一年。❻奕世緜緜　世世代代不絕。❼頗涉臺觀　不少人曾擔任中央官員。臺觀，指置於皇宮中的機構。❽卯金失御　東漢末政治動盪。漢魏時人習慣上將「劉」拆為「卯金刀」，此「卯金」代指劉氏漢政權。❾庶存子遺　希望保存一點薛氏血脈。❿大皇開基　指孫權建立吳政權。孫權死後諡號為大皇帝。⓫釋放巾褐二句　脫下儒生衣服，當上地方長官。巾褐，為漢代儒生常用服飾，地方軍政長官持符到任以證明身分及相關權力。⓬京輦　京城。皇帝所乘車稱為輦。⓭文皇　指孫和，孫權之子，太子孫登去世後，被立為太子，後被孫權廢黜，自殺。其子孫皓立為皇帝後，追尊孫和為文皇帝。⓮委世　棄世；死亡。⓯過庭既訓　承蒙父親教誨。《論語・季氏》：陳亢問於伯魚曰：「子亦有異聞乎？」對曰：「未也。嘗獨立，鯉趨而過庭。曰：『學詩乎？』對曰：『未也。』『不學詩，無以言。』鯉退而學詩。他日又獨立，鯉趨而過庭。曰：『學禮乎？』對曰：『未也。』『不學禮，無以立。』鯉退而學禮。聞斯二者。」鯉為孔子之子，字伯魚。後世用此典故，稱父教為過庭之訓。⑯堂構弗克　未能繼承先父的事業。《尚書·大誥》：「若考作室，既厎法，厥子乃弗肯堂，矧肯構。」傳：「以作室喻治政也。父已致法，子乃不肯為堂基，況肯構立屋乎？」後世遂以「肯堂肯構」比喻繼承祖先遺業。「堂構」為其省略。⑰曾無髣髴　竟沒有一點相似之處。曾無，竟無。髣髴，彷彿。⑱死惟結草　死後也要結草報恩。《左傳》宣公十五年：晉大夫魏武子有愛妾，無子，曾命其子魏顆在自己死後讓其嫁人，及病重，又命魏顆用此妾殉葬。魏顆不從命，稱：「疾病則亂，無從其治也。」後魏顆與秦力士杜回戰，見一老者結草絆倒杜回，因而獲之。夜間夢老人自稱為所嫁妾之父。後世遂用「結草」表示報恩。⑲何定　汝南（今河南平輿北）人。原奉侍孫權，後出宮為吏。孫皓時自請入侍，受到孫皓寵幸，委以眾事，任殿中列將，作威作福。大臣陸凱、賀邵等當面向孫皓指責何定小人弄權。後被孫皓處死。⑳聖谿　孫吳時所鑿人工水道，又名青溪。在今江蘇江寧北，起自玄武湖北，終至秦淮河，使來自會稽的船隻不必經過長江而達建業，復經秦淮河而可入於長江。㉑工　宋本作「功」，二字通。㉒廣州　州名。治所在今廣東廣州。㉓右國史　官名。與左國史並掌修國史。㉔華覈　字永元，吳郡武進（今江蘇鎮江市東）人。以文學入朝為祕府郎、中書丞，孫皓時任至東觀令，領右國史。敢於直言，上書言事、舉薦人才上百次，皆有益政事。後以小過失被免官。詳見本書卷六十五〈華覈傳〉。㉕五帝　傳說中的上古帝王。說法有多種。《史記·五帝本紀》所列為黃帝、顓頊、帝嚳、堯、舜。㉖三王　即夏禹、商湯、周文王。㉗命世大才　名聞於世的大才。㉘六經　六部儒家基本經典。又稱六藝。即《易》、《尚書》、《詩》、《禮》、《樂》、《春秋》，因《樂》不存，或說《樂》本含於《詩》、《禮》之中，故漢代以後又常稱《五經》。㉙大皇帝　即孫權。見前文「大皇開基」注。㉚太史令　官名。孫吳仿秦漢制度而置，隸於少府，主掌陰陽星曆。㉛少帝　指孫亮。㉜韋曜　字弘嗣，本名昭，晉人避司馬昭諱改。吳郡雲陽（今江蘇丹陽）人。少好學，長於文學，孫皓時任侍中，領國史，因持正為孫皓所殺。詳本書卷六十五〈韋曜傳〉。㉝周昭　字恭遠，潁川（今河南禹州）人。與韋曜、華覈等撰《吳書》，後為中書郎，因事殺。事略見於本書卷五十二卷末。㉞備有本末　已具雛形規模。㉟蹈罪　自陷於罪。㊱委滯　耽擱；延誤。㊲撰奏　撰定上奏。㊳記注　指史書編撰工作中的史料收集整理等工作。㊴撰合　撰文定稿。㊵襲　繼承；沿襲。㊶文章　作文；寫作能力。㊷同寮　同僚；同事。㊸見　通「現」。㊹慺慺　誠懇；殷切。㊺卒　完成。㊻前史　指司馬遷《史記》與班固《漢書》。㊼退填溝壑　退下來身埋溝壑。㊽頃之　不久。㊾羣小　一幫小人。㊿疾　怨恨。(51)左遷　貶官。(52)衡陽　郡名。治所在今湖南湘潭西南。(53)詰責　質問譴責。(54)陳謝　說明情況並謝罪。(55)白　報告；告發。(56)許　處所。(57)桂陽　郡名。治所在今湖南郴州。(58)上便宜　上書提出各種建議。(59)光祿勳　官名。漢代以來為九卿之一，主管皇宮宮殿門戶保衛工作。(60)天紀四年　西元二八〇年。天紀，吳末帝孫皓年號，西元二七七－二八〇年。(61)司馬伷　字子將，司馬懿之子。西晉建立後封東莞王，後改封琅邪王，以鎮東大將軍、假節徐州諸軍事身分率眾參與滅吳作戰，因功位至大將軍。見《晉書・琅邪王傳》。(62)王渾　字玄沖，太原晉陽（今山西太原）人。其父王昶，曹魏時位至司空。渾西晉初官至徐州刺史，後升至安東將軍、都督揚州諸軍事，率部參與滅吳作戰有功。位至司徒。見《晉書・王渾傳》。(63)王濬　字士治，弘農湖（今河南靈寶）人。少有大志，西晉初官至龍驤將軍、益州刺史。奉命於蜀建造船艦，訓練水軍，滅吳戰爭中，率部沿江東下，勢如破竹，直達建業。因功升為輔國大將軍、封襄陽縣侯。五年後去世，享年八十歲。見《晉書・王濬傳》。(64)見敘　被授予官職。(65)散騎常侍　官名。西晉時合前代散騎、常侍名而置，三品，定員四名，隸於門下省。掌侍從皇帝，顧問應對，拾遺補缺。(66)答問處當　回答皇帝的問題時言語得當有條理。(67)太康三年　西元二八二年。太康，晉武帝司馬炎年號，西元二八〇－二八九年。(68)新議　《隋書・經籍志四》錄有《薛瑩集》三卷，今已不存。

【語　譯】薛綜的兒子薛珝，官至威南將軍，他在征伐交阯郡後還師，病死在途中。弟弟薛瑩，字道言，初任祕府中書郎，孫休即位後，任散騎中常侍，幾年後，因病辭官。孫皓執政之初，任左執法，升為選曹尚書。到了孫和立為太子時，又兼任太子少傅。建衡三年，孫皓追憶讚嘆薛瑩父親薛綜的遺作，並令薛瑩續作。薛瑩獻詩說：「臣之祖先，任職於漢。歷代綿綿，頗涉宮苑。到臣父綜，遭時之難。皇綱失統，家國毀亂。來此樂土，希存孑遺。天啟其心，歸向東南。初始流離，困於荒蠻。大皇開基，恩德遠布。特蒙召請，擺脫困境。脫去民服，受職任官。合浦太守，任官海角。遷入京城，升任中樞。枯木開花，血脈復存。自微而顯，始料不及。思念恩寵，心滿意足。又遇文皇，升任太子。又為少傅，更加光榮。英明後嗣，德高謙虛。禮待臣下，極為豐厚。哀憐先父，欲盡其忠。洪恩未報，棄世而終。臣我微賤，有兄有弟。幸而長大，繼我餘脈。雖受父誨，愚頑難啟。難承父業，心在農耕。不料聖朝，仁澤流溢。追思先父，憫其無成。提拔幫助，給予殊榮。珝行千里，受命南征。旌旗招展，鼓角轟鳴。我本鄙陋，愚昧卑微。前職顯耀，人選中樞。再任少傅，兩代光輝。才不及父，忝違此位。聖德盛美，重視文教。追悼亡臣，冀存後嗣。怎奈愚笨，不像先臣！瞻父舊寵，視我頑愚。誰能無愧，臣實愧慚。晝夜難眠，捫心自問。父子兄弟，累世蒙恩。死當結草，生則獻身。雖成灰燼，未報萬一。」

2 這一年，何定建議開鑿聖谿，以溝通長江和淮河。孫皓命令薛瑩帶領一萬人前往，終因多有巨石難以施工，作罷回京。出任武昌左部督。後來何定被誅殺，孫皓追究聖谿一事，將薛瑩下獄，流放廣州。右國史華覈上書說：「我聽說五帝、三王都設史官，記錄功勳偉績，傳之後世。漢朝司馬遷和班固，都是聞名於世的大才，他們撰寫的著作精彩絕倫，與《六經》一起流傳。大吳承受天命，在南方立國，大皇帝末年，詔命太史令丁孚、郎中項峻開始撰寫《吳書》。丁孚、項峻都不是史學人才，他們所撰寫的，不值得存錄。到了少帝時，改派韋曜、周昭、薛瑩、梁廣和我共五人，搜集舊事，共同撰寫，已具規模。周昭、梁廣先去世了，韋曜負恩犯罪，薛瑩出任將領，又因過失被流放，史書撰寫便停頓下來，至今仍未撰寫完畢進獻朝廷。我才疏學淺，只適合給薛瑩等人做些搜集整理史料的工作，如果讓我來主持撰寫，必會沿襲丁孚、項峻的做法，恐怕毀壞大皇帝的偉大功勳，有損於當今的盛德美政。薛瑩不但學問廣博，文章更是精彩，在同僚當中，薛瑩居首。現在的官吏，雖然多曉經學，但像薛瑩那樣有記述之才的人卻少見，所以我真誠的為國家感到惋惜。實在是想完成即將完成的事業，使《吳書》得以列於前史之後。書成進獻之後，我個人退下來埋身溝壑，也不會再感到遺憾。」孫皓於是召回薛瑩，任為左國史。不久，選曹尚書、薛瑩的同鄉繆禕因堅持己見不改，被一羣小人忌恨，貶官衡陽太守。受任之後，孫皓又追究他任選曹尚書期間的作為而責問他，他上書說明情況並謝罪。由於繆禕拜訪薛瑩，又被人告發，說繆禕不畏懼罪責，反而帶領很多人到薛瑩家中聚會。於是將繆禕逮捕下獄，流放到桂陽郡，薛瑩被遣還廣州。薛瑩尚未到達廣州，就召薛瑩返回，官復原職。當時法令政策多有差錯，政令興廢繁苛，薛瑩多次上書提出興利除弊的建議，請求放寬刑罰，減輕徭役，幫助和撫育百姓，有的建議被孫皓採納施行。升任光祿勳。天紀四年，晉軍討伐孫皓，孫皓寫信給晉軍將領司馬伷、王渾、王濬等人，請求投降，這篇降書，就是薛瑩撰寫的。薛瑩到達洛陽後，例外地被授予官職，任散騎常侍，他回答皇帝的問題都很得當，都有條理。太康三年去世。有著作八篇，名為《新議》。

評曰：張紘文理意正❶，為世令器❷，孫策待之亞於張昭，誠有以也。嚴、程、闞生，一時❸儒林也。至晙辭榮濟舊❹，不亦長者乎！薛綜學識規納，為吳良臣。及瑩纂蹈❺，允❻有先風，然於暴酷之朝，屢登顯列，君子殆諸❼。

【章旨】以上是陳壽對幾位傳主的評價。

【注釋】❶文理意正　文章有條理，內涵端正。❷令器　良才。❸一時　當時；其時。❹辭榮濟舊　因救助舊友而拋棄榮華。❺纂蹈　繼承並實踐。❻允　誠；實在是。❼君子殆諸　君子認為這是危險的事情。此旨在批評薛瑩身處亂朝而不知退身免禍。《晉書・陸雲傳》稱吳國滅亡後，陸雲託名諸葛亮撰《西州清論》一書行於世，其中〈較論格品篇〉說：「或問予，薛瑩最是國士之第一者乎？答曰：『以理推之，在乎四五之間。』問者愕然請問。答曰：『夫孫皓無道，肆其暴虐，若龍蛇其身，沉默其體，潛而勿用，趣不可測，此第一人也。避尊居卑，祿代耕養，玄靜守約，沖退澹然，此第二人也。侃然體國思治，心不辭貴，以方見憚，執政不懼，此第三人也。斟酌時宜，在亂猶顯，意不忘忠，時獻微益，此第四人也。溫恭修慎，不為諂首，無所云補，從容保寵，此第五人也。過此已往，不足復數。故第二已上，多淪沒而遠悔吝，第三已下，有聲位而近咎累。是以深識君子，晦其明而履柔順也。』」陸雲反對稱薛瑩為吳「第一國士」，認為介於「時獻微益」與「從容保寵」之間，「有聲位而近咎累」。此為陳壽「君子殆諸」之所本。

【語譯】評論說：張紘文章有條理，內涵端正，是當世良才，孫策對待他僅次於張昭，確實是有原因的。嚴畯、程秉、闞澤，為當時名儒。至於嚴畯拋棄榮華，接濟舊友，難道不也是長者嗎！薛綜學識淵博，規諫常被採納，是吳國的良臣。薛瑩繼承父親的事業，確實有先人的風範，然而他身處暴虐之朝，卻屢任高官，君子認為這是危險的事情。

【研　析】本卷值得探討的有以下兩個問題。

其一，孫吳時期儒學的基本情況。儒家經學為漢代顯學，但由於社會發展的不平穩，漢代儒學最為發展的地區當屬河南、山東為中心的地區，東漢時更集中於以洛陽為中心的河南地區，相對而言，江南社會經濟面貌落後於黃河流域，儒學發展緩慢。漢末動亂，不少學者流亡江南，加上孫氏立國仍以儒家學術為基本的統治思想，孫吳時期，江南儒學及與此相聯繫的文化面貌有相當程度的進步。就孫吳時期儒學發展的原因看，漢末北方儒學人物的南遷仍是重要的原因。本卷記述的幾個主要儒學人物，除了闞澤為會稽人外，張紘為廣陵人、嚴畯為彭城人、程秉為汝南人、薛綜為沛郡人，絕大部分原來都不屬於江南或江東本地人。

孫吳時期南方儒學進步過程中，還有一個值得注意的現象，那就是交州這一漢代邊遠地區對於孫吳時期的儒學發展起過重要的作用。交州在漢代總的來說屬於邊遠蠻荒之地，但如〈薛綜傳〉所說，漢武帝以後，一些罪犯被流放該地區，「稍使學書，粗知言語」，中原的語言文字慢慢影響當地。東漢時一些良吏在當地「建立學校，導之經義」，當地也出現了一些類似於中原的文化人。當然受國家文化政策的影響，一些交州人士入洛陽學習，也有助於交州學術文化的進步。本書卷四十九〈士燮傳〉稱士氏於西漢末王莽之亂時流亡交州，士燮在東漢末「游學京師，事潁川劉子奇，治《左氏春秋》」。他「耽玩《春秋》，為之注解」。對於《左氏春秋傳》的理解甚為中原士大夫所稱道。也正因為此，東漢末中原動亂，「中國士大夫往依避難者以百數」，使東漢末年，交州儼然成為一個學術文化的中心。如程秉，先從鄭玄學習，「後避亂交州，與劉熙考論大義，遂博通《五經》」，成為名儒，遂為孫權所知而召至建業；薛綜，「少依族人避地交州，從劉熙學」，後與子薛瑩並為孫吳時代的儒學宗師。

其二，孫吳時期對交州地區控制的強化。秦始皇興兵開拓嶺南，設南海、桂林、象郡。漢武帝平南越，更置為九郡，設立交阯刺史部加以監管。但漢代以黃河流域為統治核心地區，對於這一偏遠地區，越來越崇尚儒學的漢朝朝廷慢慢失去統治的興趣。漢昭帝始元六年（西元前八一年），廢儋耳郡。漢元帝初元三年（西元前四六年），又因珠崖郡山南縣百姓造反，漢朝廷經廣泛討論，決定不再設珠崖郡，以緩解內地百姓賦役軍征壓力。但孫吳立國江南，與北方的曹魏抗衡，兵員與物資捉襟見肘，孫權曾力圖將勢力擴展到遼東，並欲派人從海路襲取夷洲、珠崖，為了擴張戰略後方，對於交州的控制可以說不遺餘力。〈薛綜傳〉所錄其關於交州問題的給孫權的長篇奏章，因而是一份關於漢代以及孫吳時期交州問題的重要文獻。為強化對嶺南地區的管理，孫權奪得交州後，於黃武五年（西元二二六年）分漢代交阯刺史部為交、廣二州，因交州出現叛亂，隨即又合為交州。吳主孫休在西晉滅蜀的當年，為了有效遏阻西晉通過蜀漢舊境將勢力滲透至交州，再度分交州為交、廣二州，並從此確定下來，為以後兩晉南朝所繼承。孫吳對交州的重視反映了中國歷史上的一種常見現象：統一政權分裂後，各分裂政權為了擴張政治軍事與經濟勢力，力圖強化統一時期不太關注的邊遠地區的統治，促進這些地區與內地的聯繫，結果當新的統一時代到來時，疆域更進一步擴大，而邊遠地區與內地政治經濟文化聯繫更為密切，統一的根基更加穩固。（何德章注譯）

卷五十四　吳書九

周瑜魯肅呂蒙傳第九

【題解】本卷是周瑜、魯肅、呂蒙三人的合傳，這三人均是孫吳政權創基過程中的重要人物，三人均來自淮河流域，且均死於孫吳政權正式建立之前。周瑜出身漢代官僚世家，頗具上層士大夫的文化修養，具有個人魅力，從孫策率父舊部從淮南過江到孫權最終奪得長江中游之地，周瑜一直是實際的軍事領導人，他在曹操南進時，審時度勢，力排投降之議，率部抗擊，以小勝強，奪得荊州，是其軍事生涯最為精彩的一筆。魯肅家族地位不高，但為人豪放，有計謀，他向孫權提出背棄漢朝獨立建國的戰略構想，並一步步成功的實現了這一構想。呂蒙出身武將，卻頗有戰略眼光，設計擊敗關羽，使孫權完全控制長江中游，是其作為軍事家與戰略家最為成功的事例。

1 周瑜，字公瑾，廬江❶舒❷人也。從祖父❸景❹，景子忠❺，皆為漢太尉❻。父異，洛陽令。

2 瑜長壯有姿貌。初，孫堅興義兵討董卓❼，徙家於舒❽。堅子策與瑜同年❾，獨⑩相友善，瑜推道南大宅以舍⑪策，升堂拜母，有無通共⑫。瑜從父尚為丹陽⑬太守，瑜往省⑭之。會策將東渡⑮，到歷陽⑯，馳書⑰報瑜，瑜將兵迎策。策大喜曰：「吾得卿，事諧⑱也。」遂從攻橫江、當利⑲，皆拔之。乃渡江擊秣陵⑳，破笮融㉑、薛禮㉒，轉下湖孰㉓、江乘㉔，進入曲阿㉕，劉繇㉖奔走，而策之眾已數萬矣。因謂瑜曰：「吾以此眾取吳會㉗平山越㉘已足，卿還鎮丹陽。」瑜還。頃之㉙，袁術㉚遣從弟胤代尚為太守，而瑜與尚俱還壽春㉛。術欲以瑜為將，瑜觀術終無所成，故求為居巢長㉜，欲假塗㉝東歸，術聽之。遂自居巢還吳㉞。是歲，建安三年㉟也。策親自迎瑜，授建威中郎將㊱，即與兵二千人，騎五十匹。瑜時年二十四，吳中皆呼為周郎。以瑜恩信著於廬江，出備牛渚㊲，後領春穀長㊳。頃之，策欲取荊州㊴，以瑜為中護軍㊵，領江夏㊶太守，從攻皖㊷，拔之。時得橋公㊸兩女，皆國色也。策自納大橋，瑜納小橋。復進尋陽㊹，破劉勳㊺，討江夏，還定豫章㊻、廬陵㊼，留鎮巴丘㊽。

3 五年㊾，策薨㊿，權統事。瑜將兵赴喪，遂留吳，以中護軍與長史張昭(51)共掌眾事。十一年(52)，督孫瑜(53)等討麻、保二屯(54)，梟(55)其渠帥(56)，囚俘萬餘口，還備宮亭(57)。江夏太守黃祖(58)遣將鄧龍將兵數千人入柴桑(59)，瑜追討擊，生虜龍送吳。

十三年春，權討江夏，瑜為前部大督。

4 其年九月，曹公入荊州，劉琮舉眾降，曹公得其水軍，船步兵數十萬，將士聞之皆恐[60]。權延見羣下，問以計策。議者咸曰：「曹公豺虎也，然託名漢相[61]，挾天子以征四方，動以朝廷為辭，今日拒之，事更不順。且將軍大勢，可以拒操者，長江也。今操得荊州，奄[62]有其地，劉表治水軍，蒙衝鬬艦[63]，乃[64]以千數，操悉浮以沿江，兼有步兵，水陸俱下，此為長江之險，已與我共之矣。而勢力眾寡，又不可論[65]。愚謂大計不如迎之。」瑜曰[66]：「不然。操雖託名漢相，其實漢賊也。將軍以神武雄才，兼仗父兄之烈[67]，割據江東[68]，地方數千里，兵精足用，英雄樂業，尚當橫行天下，為漢家除殘去穢[69]。況操自送死，而可迎之邪？請為將軍籌之：今使[70]北土已安，操無內憂，能曠日持久，來爭疆埸[71]，又能與我校勝負於船楫，可也[72]；今北土既未平安，加馬超[73]、韓遂[74]尚在關西[75]，為操後患[76]。且舍鞍馬，仗舟楫，與吳越[77]爭衡，本非中國[78]所長。又今盛寒，馬無藁草[79]，驅中國士眾遠涉江湖之間，不習水土，必生疾病。此數四者[80]，用兵之患也，而操皆冒行之。將軍禽[81]操，宜在今日。瑜請得精兵三萬人，進住夏口[82]，保為將軍破之。」權曰：「老賊欲廢漢自立久[83]矣，徒忌二袁[84]、呂布[85]、劉表[86]

與孤耳。今數雄已滅，惟孤尚存，孤與老賊，勢不兩立。君言當擊，甚與孤合，此天以君授孤也。」

5 時劉備為曹公所破[87]，欲引[88]南渡江，與魯肅遇於當陽[89]，遂共圖計，因進住夏口，遣諸葛亮詣權。權遂遣瑜及程普[90]等與備并力逆[91]曹公，遇於赤壁[92]。時曹公軍眾已有疾病，初一[93]交戰，公軍敗退，引次[94]江北。瑜等在南岸。瑜部將黃蓋[95]曰：「今寇眾我寡，難與持久。然觀操軍方連船艦首尾相接，可燒而走也。」乃取蒙衝鬪艦數十艘，實以薪草，膏油灌其中，裹以帷幕，上建牙旗，先書報曹公，欺以欲降。又豫備走舸[96]，各繫大船後，因引次[97]俱前。曹公軍吏士皆延頸觀望，指言蓋降。蓋放諸船，同時發火。時風盛猛，悉延燒岸上營落[98]。頃之，煙炎張[99]天，人馬燒溺死者甚眾，軍遂敗退，還保南郡[100]。備與瑜等復共追。曹公留曹仁[101]等守江陵城，徑自北歸。

6 瑜與程普又進南郡，與仁相對，各隔大江。兵未交鋒，瑜即遣甘寧[102]前據夷陵[103]。仁分兵騎別攻圍寧。寧告急於瑜。瑜用呂蒙計[104]，留淩統[105]以守其後，身[106]與蒙上救寧。寧圍既解，乃渡屯北岸，克期[107]大戰。瑜親跨馬擽陣[108]，會流矢中右脅，瘡甚，便還。後仁聞瑜臥未起，勒兵就陣。瑜乃自興[109]，案行軍營，激揚吏士，仁由是遂退。

7 權拜瑜偏將軍[110]，領南郡太守。以下雋[111]、漢昌[112]、劉陽[113]、州陵[114]為奉邑[115]，屯據江陵。劉備以左將軍領荊州牧，治公安[116]。備詣京[117]見權，瑜上疏曰：「劉備以梟雄之姿，而有關羽、張飛熊虎之將，必非久屈為人用者。愚謂大計宜徙備置吳，盛為築宮室，多其美女玩好，以娛其耳目，分此二人，各置一方，使如瑜者得挾與攻戰，大事可定也。今猥[118]割土地以資業之，聚此三人，俱在疆場，恐蛟龍得雲雨，終非池中物也。」權以曹公在北方，當廣擥英雄，又恐備難卒制[119]，故不納。

8 是時劉璋為益州牧[120]，外有張魯寇侵[121]，瑜乃詣京見權曰：「今曹操新折衄[122]，方憂在腹心，未能與將軍連兵相事也。乞與奮威[123]俱進取蜀，得蜀而并張魯，因留奮威固守其地，好與馬超結援。瑜還與將軍據襄陽以蹙[124]操，北方可圖也。」權許之。瑜還江陵，為行裝，而道於巴丘[125]病卒，時年三十六[126]。權素服舉哀[127]，感動左右。喪[128]當還吳，又迎之蕪湖，眾事費度，一為[129]供給。後著令[130]曰：「故將軍周瑜、程普，其有人客[131]，皆不得問[132]。」初瑜見友[133]於策，太妃[134]又使權以兄奉之。是時權位為將軍，諸將賓客[135]為禮尚簡，而瑜獨先盡敬，便執臣節[136]。

性度恢廓，大率[137]為得人，惟與程普不睦。

【章　旨】以上是〈周瑜傳〉的第一部分。首先簡述周瑜籍貫與家族背景，以及他在孫吳政權初創時期的軍事貢獻。然後敘述孫權初統大事，周瑜穩定江東，向長江中游發展；在曹操進攻荊州之際，他力排眾議，客觀分析了敵我雙方形勢，率軍擊退了曹氏對江陵為中心的長江中游地區的爭奪。最後記述周瑜計畫把孫權的控制區擴展到長江上游，但事業未竟便去世了。去世後，周瑜受到孫權的隆重禮遇。

【注　釋】❶廬江　郡名。治所在今安徽廬江縣西。❷舒　縣名。治所在今安徽廬江縣西南。❸從祖父　親祖父之兄弟。❹景　即周景，字仲向，為人正直，好賢愛士，位至司空、太尉，死後追封安陽鄉侯。❺忠　即周忠，漢桓帝、靈帝時歷光祿大夫、衛尉，漢獻帝時位至太尉。❻太尉　官名。西漢初承秦制置，為武官之首，地位高於丞相，漢文帝以後廢除。東漢時復置此官，與司徒、司空並列為三公，位居文官之首，地位尊崇，但坐而論道，並無實際職權。❼孫堅興義兵句　漢靈帝末，董卓率軍進入洛陽，廢少帝，立漢獻帝，控制朝政，損害了關東文士集團的利益，他們利用自己擔任地方長官的有利條件，於中平六年（西元一八九年）共推袁紹為盟主，起兵討伐董卓，號稱義兵。時任長沙太守的孫堅為袁氏故吏，亦奉召從長沙率兵北上，參加關東聯軍。孫堅參加聯軍作戰的具體情況請參看卷四十六〈孫堅傳〉。❽徙家於舒　孫堅原本為吳郡富春（今浙江富陽）人，以縣吏起家，並非當地名門大族。他後來因戰功升職，相繼擔任過盱眙、下邳等郡丞，活動於淮、泗之間，這應是他將家人遷至舒縣並與當地大族人士結下關係的重要原因。❾同年　同歲。據卷四十六〈孫策傳〉，孫策生於西元一七五年。❿獨　特別；尤其。⓫舍　安置。⓬有無通共　所有的東西都一同分享。有無，偏義複詞，強調有的一面。⓭丹陽　一作「丹楊」。郡名。治所在今安徽宣州。⓮省　省親；探望。⓯會策將東渡　會，恰好；正遇上。孫策在父孫堅死後，與父舊部隨揚州刺史袁術活動，袁術政治野心膨脹，試圖稱帝，孫策在其謀士張紘等人的促動下，決定率部南下過江，脫離不得人心的袁術，自尋發展機會。因時稱今江浙為江東，故稱「東渡」。時在漢獻帝興平元年（西元一九五年）。⓰歷陽　縣名。治所在今安徽和縣。⓱馳書　派人火速送信。書，信件。⓲諧　順利；成功。⓳橫江當利　均為津渡名，為過江南下的重要渡口，橫江又稱橫江津、橫江浦，當利又稱當利口。地均在今安徽和縣東南。⓴秣陵　縣名。治所在今江蘇江寧南秣陵關。後孫權一度以此為駐蹕地，改名建業，移治於今江蘇南京，並建造新城。㉑笮融　丹陽（今安徽宣州）人，東漢末聚眾附於徐州牧陶謙，任下邳相，放縱擅殺，陶謙被曹操擊敗，他率眾南下，奉朝廷所任命的揚州刺史劉繇為盟主，被孫策擊敗後，奔至豫章，復擅殺太守朱皓，被劉繇擊敗，逃至山中，為百姓所殺。㉒薛禮　時以彭城（治今江蘇徐州）相身分據有秣陵城，奉劉繇為盟主，被孫策擊敗後，為笮融所殺。㉓下湖孰　攻占湖孰。湖孰，縣名。治所在今江蘇江寧東南湖熟鎮。㉔江乘　縣名。治所在今江蘇南京東北。㉕曲阿　縣名。治所在今江蘇丹陽。㉖劉繇　字正禮，東萊牟平（今山東牟平）人，舉孝廉，為郎中，出任下邑縣長，因拒絕按權貴吩咐辦事而棄官，漢末戰亂，避居淮南，漢朝廷任命他為揚州刺史，先後與袁術、孫策交戰，敗歸丹徒，年四十二病死。詳見本書卷四十九〈劉繇傳〉。㉗吳會　吳，吳郡。治所在今江蘇蘇州。會，會稽郡。治所在今浙江紹興。㉘山越　意為山中之越人。先秦時，居住在今淮河以南安徽、江蘇、浙江、福建及兩廣地區的族羣被中原華夏族人總稱為越人，春秋、戰國時的吳國、越國先後興起並接受華夏文化，漢代這些地區的華夏化更為深入，但今福建、浙江及江西毗鄰地區的山地中，居民的語言、習俗在漢末仍與華夏人有別，被稱為山越。官府亦未能有效的實施行政管理。孫策及孫權時，在這些地區廣設郡、縣行政機構，強化管理，並不斷派兵對不服從管理者進行圍剿，將他們強行遷徙到易於控制的蘇南地區，編入軍隊或在軍隊監管下耕作，這成為孫吳政權擴大兵源的重要途徑。㉙頃之　過了不久。㉚袁術　字公路，汝南汝陽（今河南商水縣西南）人。出身東漢最為顯赫的門第，其父袁逢位至司空，袁術舉孝廉，除郎中，歷任河南尹、虎賁中郎將等職。董卓控制朝廷，懼禍外奔，任南陽太守，後曹操、袁紹擴張勢力，袁術受到夾攻，率眾攻占壽春，割據淮南。東漢建安二年（西元一九七年）稱帝，先後受到呂布、曹操的攻擊，建安四年糧盡眾散，逃亡途中發病而死。詳見本書卷六〈袁術傳〉。㉛壽春　城名。地在今安徽壽縣西南。㉜居巢長　居巢，亦作「居鄛」。縣名。治所在今安徽巢湖市東北。長，秦漢制度，民戶不足一萬者為小縣，長官不稱令而稱長。㉝假塗　借道。塗，通「途」。㉞吳　城名。今江蘇蘇州。㉟建安三年　西元一九八年。建安，東漢獻帝劉協年號，西元一九六—二二〇年。㊱建威中郎將　漢代中央禁軍羽林、虎賁將領，秩比二千石，地位低於郡太守。東漢後期，派駐地方者或於前加名號，漢末此種情形尤多。㊲牛渚　地名。在今安徽當塗西北十公里的長江邊，其地山勢凸出江中，稱作牛渚圻，山北稱作采石或采石磯，自古為大江南北重要渡口，亦是南北衝突中軍事上必爭之地。㊳領春穀長　兼任春穀縣長。官位高而任官位低的官職，稱為「領」。春穀，縣名。治所在今安徽繁昌西北的長江南岸。㊴荊州　州名。治所在今湖北襄樊。㊵中護軍　官名。曹操為漢丞相時始置，掌禁軍及武官選舉，隸屬於中領軍，資歷深者稱護軍將軍。吳、蜀均採其制而設。㊶江夏　郡名。漢治所在今湖北江陵，後孫吳據其地，治所在今湖北鄂州。㊷皖縣名。治所在今安徽潛山縣。㊸橋公　橋玄，字公祖，梁國睢陽（今河南商丘南）人，位至三公。性格剛強，不阿權貴，為人謙儉，雖位高任顯，卒後家貧無業，喪葬無資。時人重之，稱為「橋公」而不名。後來曹操為漢相，途經其墓所，特加祭奠褒獎。詳見《後漢書・橋玄列傳》。㊹尋陽　縣名。治所在今湖北黃梅西南。㊺劉勳　字子臺，琅邪（今山東臨沂）人。漢末為廬江太守，依附割據揚州的袁術，稱雄一時，被孫策擊敗後，投奔故友曹操，任平虜將軍、封華鄉侯，屢犯法，又誹謗曹操，被處斬。事跡散見於本書卷六〈袁術傳〉、四十六〈孫堅傳〉。㊻豫章　郡名。治所在今江西南昌。㊼廬陵　郡名。治所在今江西吉水縣東北。㊽巴丘　縣名。治所在今江西峽江縣北。㊾五年　建安五年（西元二〇〇年）。㊿薨　諸侯王或大臣死稱薨。(51)長史張昭　長史，官名。秦漢制度，丞相、三公、九卿、將軍府及邊地郡衙門均置，協助長官統領衙門眾事。張昭，字子布，彭城（今江蘇徐州）人，少好學，博覽羣書，東漢末，避難過江，孫策創業，以為謀主，後輔佐孫權，因政見不合加上為人剛愎敢言，漸不受重視，老病而卒。詳見本書卷五十二〈張昭傳〉。(52)十一年　建安十一年（西元二〇六年）。(53)孫瑜　字仲異，孫堅姪子，孫靜之子，孫氏創業及建國，歷任恭義校尉、丹楊太守、奮威將軍、牛渚督。於軍中立學校，雖軍務繁忙而讀書不輟。事跡詳見本書卷五十一孫靜附傳。(54)麻保二屯　村屯名。麻保即蒲圻口，又稱蒲磯口、刀環口，俗稱陸溪口，地在今湖北嘉魚西南陸水入長江處。保屯地當今湖北蒲圻北。後為吳國軍事重鎮。(55)梟　斬首示眾。(56)渠帥　首領。(57)宮亭　湖泊名。本指今江西星子東南鄱陽湖的一部分，亦泛指古鄱陽湖全部。原誤作「官亭」，《三國志集解》引趙一清說，認為當作「宮亭」，係湖名。今據趙說校改。(58)黃祖　漢獻帝初為江夏太守，依附於荊州牧劉表，初平三年（西元一九二年），孫堅奉袁術之命進攻荊州，黃祖奉劉表之命拒之，部下軍士在襄陽峴山將孫堅射殺。孫權統事後，數次以報父仇為由進攻江夏，並藉機向長江中游擴展地盤。東漢建安十三年（西元二〇八年），孫權最終率軍攻占江夏，黃祖在逃跑途中被活捉而後被殺。事跡散見於本書卷四十六〈孫堅傳〉、卷四十七〈吳主傳〉。(59)柴桑　縣名。治所在今江西九江市西南部。(60)曹公入荊州五句　東漢建安十三年（西元二〇八年）七月，曹操率軍進攻荊州，八月，荊州牧劉表病死，其次子劉琮代父統眾，於九月率荊州文武官吏及荊州軍七八萬人主動迎降，曹操兵不血刃進入襄陽，所率舊部加上荊州軍共有二十餘萬。一面追擊率部南逃的劉備，一面派人送信給孫權，號稱率兵八十萬到江東打獵，試圖逼降孫氏集團。末句「恐」字下原衍「懼」字，宋本無。(61)託名漢相　東漢建安十三年正月，已擊敗袁氏並穩定控制河北的曹操，以漢獻帝的名義改革制度，廢除名義上對等的三公官，仿西漢初制度置丞相、御史大夫，並於六月就任丞相一職，從而獨攬朝政。(62)奄　覆蓋；包括。(63)蒙衝鬭艦　兩種大型戰船，蒙衝狹而長，上覆生牛皮，兩側開孔以便划槳及以弩、矛擊敵，不懼矢石，易於保護自己並襲擊敵方。鬥艦舷上設有女牆，牆下開孔划槳，牆內又建棚，高如女牆，棚上再建女牆，形女高樓，便於兵士隱蔽射殺敵方，又稱樓船。(64)乃　此為語助詞，無實際意義。(65)不可論　不可相提並論。(66)瑜曰　據下〈魯肅傳〉，孫權初集臣下討論，多主張投降，魯肅主張迎戰，並請孫權火速將周瑜從駐守地召回參與討論。(67)烈　事業。(68)江東　長江曲折東流，至今安徽蕪湖附近，折而向北，呈南北流向，至南京市以西復大體東流，漢唐間稱此段長江以東地區為江東，大體上包括今江蘇長江以南、浙江及皖南地區。(69)為漢家除殘去穢　為漢朝廷清除壞人，此指忠於漢朝，消滅「漢賊」曹操。(70)今使　假如；即使是。(71)疆埸　疆境；邊境。(72)校勝負於船楫可也　原作「校勝負於船楫可乎」。李光地認為「可」當作「間」，李慈銘疑「乎」當作「也」。中華書局印本改作「間乎」。從文義看，此二字當作「可也」。句意謂進行水戰較量是可以的。(73)馬超　字孟起，扶風茂陵（今陝西興平東北）人，東漢末隨父馬騰起兵，父死代領其眾，歸附於曹操控制的漢朝廷，任偏將軍，封都亭侯。建安十六年（西元二一一年），與韓遂聯合進攻曹操，大敗於潼關，輾轉投靠占有益州的劉備，極受重視，官至驃騎將軍、領涼州牧，封斄鄉侯，蜀漢初年病卒。詳見本書卷三十六〈馬超傳〉。(74)韓遂　字文約，金城（今甘肅永靖）人，董卓之亂中，於鄉里聚兵十餘萬，與馬騰割據涼州，曹操迎漢獻帝都許昌後，降附漢朝廷，後復聯合馬騰子馬超進攻曹操，戰敗為部下所殺，時七十餘歲。其事跡散見於本書卷一〈武帝紀〉、卷六〈董卓傳〉、卷三十六〈馬超傳〉。(75)關西　漢代稱潼關以西為關西，當今陝甘二省地區。(76)後患　後方隱伏的禍害。(77)吳越　合指春秋戰國時吳國、越國所在地區，當今江蘇、安徽、浙江及福建等省地區。(78)中國　中原。(79)藁草　馬飼料的統稱。藁原意為禾稈。(80)此數四者　指後方不穩、不習水戰、馬無飼料、戰士因不服水土生病等四個不利於曹操的因素。(81)禽　同「擒」。(82)夏口　地名。又稱沔口、魯口，古稱長江支流漢水下游為夏水、沔水，夏口即其入江之處，地當今湖北武漢。後孫吳於此築城，扼守要津，亦稱作夏口。(83)久　原脫，宋本有，據補。(84)二袁　指袁紹與袁術。(85)呂布　字奉先，五原九原縣（今內蒙古自治區包頭西南）人，善弓馬，武藝過人。初為并州刺史丁原部下，後董卓控制朝廷，受其利誘，刺殺丁原，附於董卓，升任中郎將，又與王允合謀殺董卓，升任奮威將軍，封溫侯，為董卓餘黨所敗，逃依袁術於淮南，復投奔袁紹，既而割據徐州，東漢建安三年（西元一九八年）被曹操俘殺。詳見本書卷七〈呂布傳〉。(86)劉表　字景升，山陽高平（今山東微山縣西北）人。少知名，漢末董卓之亂中出任荊州刺史，不久升級為荊州牧，封武城侯，坐鎮襄陽。於動亂中鎮撫境內，招聚文士，興辦學校，擁精兵十萬，依違於河北袁紹與河南曹操兩大勢力之間，坐觀成敗，不圖擴張地盤，曹操進攻荊州之際病死。詳見本書卷六〈劉表傳〉。(87)劉備為曹公所破　曹操進攻荊州，時依附於劉表的劉備率部屯守襄陽北邊的樊城，及劉琮迎降曹操，曹操大軍進入南陽，劉備率部萬餘人欲退守江陵，襄陽百姓隨之南遷者眾，達十餘萬，行動遲緩。曹操恐劉備據有江陵軍事裝備，率精銳五千，輕裝急追，於當陽長阪大敗劉備。88引 退卻。89當陽 縣名。治所在今湖北當陽東。90程普 字德謀，右北平土垠（今河北豐潤東南）人。初為州郡吏，後從孫堅征伐，後追隨孫策、孫權兄弟，赤壁之戰，與周瑜為左右督，戰後升任裨將軍、領江夏太守。於孫氏將領中，年紀最大，人呼為「程公」，病卒於盪寇將軍任上。詳見本書卷五十五〈程普傳〉。91逆 迎擊。92赤壁 地名。孫劉聯軍擊敗曹操之戰故址位於今湖北蒲圻西北長江邊。湖北多紅土，長江及其支流漢水兩岸崖壁呈赤色者常見，後世多偽託為赤壁之戰故址者多處，其中以北宋蘇軾前、後〈赤壁賦〉兩文所指認的今湖北黃岡縣城西北江邊赤壁最為有名。93初一 剛剛。94引次 退軍駐紮於。次，軍隊屯駐。95黃蓋 字公覆，零陵泉陵（今湖南零陵）人，初為郡吏，隨孫堅討董卓，後追隨孫策、孫權兄弟，歷任九縣令長，有治能。赤壁戰建議火攻有功，升任武鋒中郎將，病卒於武陵太守任上。詳見本書卷五十五〈黃蓋傳〉。96走舸 快船。舸，小船。97引次 相連成列。98營落 軍營帳幕。一頂帳篷為一落。99張 原作「漲」，今從宋本。100南郡 郡名。治所在今湖北公安。101曹仁 字子孝，沛國譙（今安徽亳州）人，曹操堂弟，少好弓馬，後從曹操征討，戰功卓著，位至大將軍，封陳侯。病卒，諡「忠武」。詳見本書卷九〈曹仁傳〉。102甘寧 字興霸，巴郡臨江（今重慶市忠縣）人，少好遊俠，初附劉表、黃祖，後投奔孫權，屢立戰功。詳見本書卷五十五〈甘寧傳〉。103夷陵 縣名。治所在今湖北宜昌東南。104呂蒙計 詳下文〈呂蒙傳〉。105淩統 字公績，吳郡餘杭（今浙江杭州西）人，其父淩操從孫權起兵，戰死，淩統代統父舊部，從孫權征戰，屢立戰功，年四十九病死於偏將軍任上。事跡詳見本書卷五十五〈淩統傳〉。106身 親自。107克期 定下日期。108擽陣 即掠陣。衝擊敵方的軍陣。擽，同「掠」。109自興 自己爬起來。110偏將軍 漢代制度，將軍中地位較低者稱偏將軍、裨將軍。時孫權仍以漢朝討虜將軍自處，周瑜等雖有大功，但所授職位不能高於此。111下雋 縣名。治所在今湖北通城西北。112漢昌 郡名。治所在今湖北嘉魚西南，封與周瑜為奉邑者當為該郡所隸同名之縣。113劉陽 縣名。治所在今湖南瀏陽。114州陵 縣名。治所在今湖北嘉魚北的長江北岸。115奉邑 孫權授予屬下重要軍事將領的一種特殊待遇，以一縣或數縣給予其人管理，自置官吏，收取賦稅。這實際上是漢代以郡或以縣為國的封侯者的待遇，但孫權稱帝前，按漢制無權授予侯爵，因而是對有大功的軍事將領一種臨時變通的獎勵辦法。116公安 縣名。治所在今湖北公安西北。117京 城邑名，又稱京城，故址在今江蘇鎮江市，因當地有山名京峴山而得名。東漢建安十四年（西元二〇九年）至十六年間，孫權自吳駐蹕於此。118猥 事存苟且。119卒制 迅速加以制服。卒，同「猝」。倉促之際。120劉璋為益州牧 劉璋，字季玉，江夏竟陵（今湖北潛江市西北）人。漢獻帝興平元年（西元一九四年），其父益州牧劉焉死於任上，被劉焉部下推舉繼任，為人寬柔無威略，政令不行。建安十年（西元二〇五年），遣使歸附曹操控制的漢朝廷，被授予威將軍。後劉備聯合孫權擊敗曹操，據有三峽以下長江中游地區，復遣使交好於劉備。建安十六年（西元二一一年）邀請劉備率部入蜀，幫助自己討伐脫離益州於漢中自立的張魯。次年，劉備反攻成都，至十九年（西元二一四年），劉璋被迫率眾出降，被遷居公安。後孫權擊敗關羽，全據荊州，復以劉璋為益州牧，試圖通過他影響蜀漢政局。不久病死。詳見本書卷三十一〈劉璋傳〉。益州，漢武帝所置「十三刺史部」之一，東漢時益州刺史常駐成都，負責秦嶺以南今陝西漢中、四川、重慶市、貴州及雲南部分地區行政監察。東漢末，劉焉以宗室出任刺史，升格為州牧，以強化其監管職能，實際變為一級行政區。(121)外有張魯寇侵　張魯，字公祺，沛國豐（今江蘇豐縣）人。初為劉璋部屬入蜀，信從當地流行的五斗米道，劉璋因其不順從而殺其母親及家屬。張魯遂據漢中，依靠五斗米教徒，割據漢中二十餘年，以道教組織形式管理民政，如同一宗教王國。東漢建安二十年（西元二一五年），曹操率軍進攻漢中，張魯兵敗投降，遷至洛陽，被授予鎮南將軍，封閬中侯，其女嫁曹操之子，從而使五斗米道漸至在曹魏上流社會中流行。詳見本書卷八〈張魯傳〉。(122)折屻　挫敗。(123)奮威　奮威將軍，指孫權堂兄孫瑜，時任奮威將軍、領丹楊太守，駐守牛渚。詳見本書卷五十一〈孫瑜傳〉。(124)蹙　逼近；迫近。(125)巴丘　地名。在今湖南岳陽附近，相傳夏后羿殺巴蛇於此，堆骨成丘，故名。孫吳於此駐有重兵。此與第二段末所說的巴丘同名異地。(126)時年三十六　據本傳，周瑜與孫策同歲，生於西元一七五年，卒年三十六歲，則病逝於東漢建安十五年（西元二一〇年）。(127)素服舉哀　穿上白色喪服舉行弔唁活動。素服，白色衣服，古時以為喪服。(128)喪　靈柩。(129)一為　全部。(130)著令　頒布命令並存檔備案。(131)人客　私家擁有的從事僕役、生產的人，東漢以來往往稱之為「客」。以示並非私家依附人口，仍需承擔官府賦稅徭役。(132)不得問　不得加以清查，指允許周瑜等人家中原有「人客」不再承擔官府賦稅徭役。(133)見友　被當作朋友。(134)太妃　孫堅妻、孫權之母吳夫人。(135)諸將賓客　麾下將領及遠來暫時依靠孫氏但未接受任命的人士。東漢末，北方不少人避難過江，希望北方安定後返回故土，其中一些人暫時不願接受孫氏委任的職務，以客人自處，稱為「賓客」，籠絡這些人使之為孫氏效力，成為孫權創業之初一個重要的活動。(136)執臣節　以君臣之禮節處事。(137)大率　大體上；總的來說。

【語　譯】周瑜，字公瑾，廬江郡舒縣人，從祖父周景，周景的兒子周忠，都擔任過漢太尉。周瑜的父親周異，任洛陽縣令。

2　周瑜高大健壯，容貌英俊。當初，孫堅舉義兵討伐董卓，把家遷移到舒縣。孫堅的兒子孫策和周瑜同歲，兩人特別要好，周瑜讓出路南邊的大宅院給孫策居住，登堂拜見孫策的母親，二人東西都一起共享。周瑜的從父周尚任丹陽太守，周瑜前去探望他。適逢孫策將要東渡，到了歷陽，派人火速送信告訴周瑜，周瑜率領兵馬迎接孫策。孫策十分高興的說：「我得到您，事業會成功的呀。」周瑜於是跟隨孫策進攻橫江、當利，都攻克了。於是渡江攻打秣陵，打敗了笮融、薛禮，轉而攻下湖孰、江乘二縣，進入曲阿縣，劉繇敗走，這時孫策的軍隊已經有幾萬人了。他對周瑜說：「我憑藉這些人馬攻取吳、會稽二郡，平定山越，已經夠了，你回去鎮守丹陽吧。」周瑜回到丹陽。不久，袁術派堂弟袁胤取代周尚做太守，而周瑜和周尚都回到壽春。袁術想任用周瑜為部將，周瑜觀察袁術終究一無所成，所以請求出任居巢縣長，想借路東歸，袁術聽從了他。於是周瑜經居巢縣回到了吳郡。這年是建安三年。孫策親迎周瑜，任命他為建威中郎將，撥給他兩千名士兵，馬五十匹。周瑜這年二十四歲，吳郡人都稱他為「周郎」。因為周瑜在廬江郡恩德信義昭著，孫策派他防守牛渚，後來兼任春穀縣長。不久，孫策準備進攻荊州，任周瑜為中護軍，兼任江夏太守，跟隨孫策攻打皖縣，攻克了皖縣。這時得到了橋公的兩個女兒，都有傾國之色。孫策自己娶了大橋，周瑜娶了小橋。又進攻尋陽縣，打敗了劉勳，征討江夏郡，回師平定豫章、廬陵二郡，周瑜留下來鎮守巴丘。

3 建安五年，孫策去世，孫權統領軍政事務。周瑜率兵奔喪，便留在吳郡，以中護軍身分和長史張昭共同掌管軍政大事。建安十一年，統領孫瑜等人討伐麻、保二屯，殺了二屯的首領，抓獲了俘虜一萬多人，回軍防守宮亭。江夏太守黃祖派部將鄧龍帶領軍隊幾千人進占柴桑，周瑜迎擊，活捉鄧龍送到吳郡。建安十三年春，孫權討伐江夏，周瑜任前部大督。

4 這年九月，曹公進入荊州，劉琮率人馬投降，曹公得到荊州的水軍，水兵、步兵有幾十萬人，孫吳將士聽說後都感到恐懼。孫權召見部下詢問計策。參加討論的人都說：「曹公如同豺狼虎豹，然而他假借漢朝丞相的名義，挾持天子以征伐四方，動輒以朝廷為藉口，現在如果抗拒他，事情會更不順利。況且將軍的有利形勢，可用來抗拒曹操的，是長江天險。如今曹操得到荊州，完全占有了這塊地方。劉表訓練的水軍，蒙衝鬥艦上千艘，曹操全部在長江沿線擺列，連同步兵，水陸俱下，這就是長江天險，曹操已和我們共同擁有了。

而且雙方兵力懸殊，無法相提並論。我們認為上策不如迎接他。」周瑜說：「不對。曹操雖託名漢相，其實是漢朝的奸賊。以將軍神明威武的雄才，加上憑藉父兄的基業，割據江東，方圓幾千里，兵精糧足，英雄豪傑樂於一同建功立業，正應當橫掃天下，為漢朝除殘暴去奸邪。何況曹操自行前來送死，卻反倒要迎接他嗎？請讓我為將軍分析一下：假設北方已經完全穩定，曹操沒有內憂，能夠曠日持久前來和我們爭奪地盤，又能和我們的戰船一決勝負，是可以有一定作為的；現在北方既然沒有平定，加上馬超、韓遂還在關西，是曹操的後患。而且放棄騎兵，依靠舟船，和我們吳越之人較量，本來就不是中原人所擅長。現在又逢天氣奇冷，馬無草料，驅使中原的士兵遠涉江湖之間，水土不服，必定生病。所列舉這四點，都是用兵的大忌，曹操都貿然做了。將軍想要擒獲曹操，應當就是現在。我請求帶領精兵三萬人，進駐夏口，保證為將軍打敗曹操。」孫權說：「曹操老賊想廢漢自立，蓄謀已久，只不過擔心袁紹、袁術、呂布、劉表和我而已。如今幾位英雄已被消滅，只有我還在，我與老賊誓不兩立。你說應當抗擊，十分切合我的想法，這是上天把你託付給我呀。」

5 這時劉備被曹公打敗，準備退軍南渡長江，在當陽和魯肅相遇，便共同商量計策，乘機進駐夏口，派諸葛亮拜見孫權。孫權於是派周瑜和程普等人率軍與劉備合力迎擊曹公，兩軍在赤壁相遇。這時曹公的士兵已發生疾病，剛剛交戰，曹軍就敗退。退兵駐紮在江北。周瑜等人駐紮在南岸。周瑜的部將黃蓋說：「現在敵眾我寡，難以和他們長期相持。然而我看到曹軍正在使船艦首尾相接，可以用火燒而讓他們敗走。」於是周瑜調來幾十艘蒙衝鬥艦，裝滿柴草，中間澆滿油脂，外面裏著帷幕，上面插上牙旗，先讓黃蓋寫信給曹公，假說要投降。又預先準備快艇，分別繫在大船後面，相連成列向前駛去。曹公軍隊的官兵都伸長脖子觀看，指指點點的說黃蓋來投降了。黃蓋放開各條船隻，同時點起火來。當時風勢猛烈，大火蔓延到岸上的營房帳幕。頃刻之間，曹營煙火沖天，人馬被燒死和淹死的很多，曹軍於是敗退，返回守備南郡。劉備與周瑜又合力追擊。曹公留下曹仁等守衛江陵城，直接返回北方。

6 周瑜與程普又進軍南郡，和曹仁隔著長江對峙。兩軍尚未交鋒，周瑜就派遣甘寧前去占領夷陵。曹仁分出兵騎圍攻甘寧。甘寧向周瑜告急。周瑜用呂蒙的計策，留下淩統守衛後方，親自和呂蒙前往救援甘寧。甘寧被圍解除後，周瑜就渡江到北岸屯駐，約定日期與曹仁大戰。周瑜親自騎馬衝擊敵陣，被流箭射中右肋，傷勢很重，便率軍返回。後來曹仁聽說周瑜臥床不起，便率兵上陣。周瑜自行起身，視察軍營，激勵官兵，曹仁因此撤退。

7 孫權任周瑜為偏將軍，兼任南郡太守。以下雋、漢昌、劉陽、州陵四縣作為他的奉邑，屯駐在江陵。劉備以左將軍的身分兼任荊州牧，治所設在公安。劉備到京城會見孫權，周瑜上疏說：「劉備驍勇雄傑，又擁有關羽、張飛這樣的熊虎之將，絕對不是長久屈於人下，受人支配的人。我認為上策應當遷移劉備安置在吳郡，為他大建宮室，多送給他美女和珍玩寶物，使他享受聲色之樂，再把關羽、張飛分開，把他們各置一方，讓像我這樣的將領加以控制，與他們一起進擊作戰，這樣大事就可底定了。現在這樣隨便的分割土地資助他，又讓這三人聚在一起，都在戰場上廝殺，恐怕他們如同蛟龍得到了雲雨，終究不會是池中之物啊。」孫權認為曹公在北方，應當廣泛招攬英雄，又擔心劉備難以在短時間制服，所以沒有採納周瑜的建議。

8 當時劉璋任益州牧，外有張魯寇邊侵擾。周瑜便到京城拜見孫權說：「如今曹操剛剛遭受挫敗，正有腹心之患，不能和將軍交兵作戰。我請求和奮威將軍一起進攻奪取蜀地，取得蜀地後進而吞併張魯，而後讓奮威將軍留下固守，好與馬超結成同盟。我回師和將軍攻占襄陽以逼迫曹操，北方便可謀取了。」孫權同意了他的計畫。周瑜回到江陵，作出征準備，路經巴丘病死，當時三十六歲。孫權穿上喪服為他舉哀發喪，左右為之感動。周瑜的靈柩應運回吳郡，孫權又親自到蕪湖迎接，各項費用，全都由公家供給。後來頒布命令說：「已故將軍周瑜、程普的所有僕役、佃客，都不得再予清查。」當初周瑜被孫策當做好友對待，太妃又讓孫權以兄長之禮敬待他。那時孫權位為將軍，將領們和賓客對孫權禮儀尚簡，只有周瑜率先對他竭盡敬意，對他執臣子之禮。周瑜心胸寬闊，大體上說能得人心，只是和程普關係不和睦。

1 瑜少精意於音樂，雖三爵❶之後，其有闕誤❷，瑜必知之，知之必顧，故時人謠曰：「曲有誤，周郎顧。」

2 瑜兩男一女。女配太子登❸。男循尚❹公主，拜騎都尉❺，有瑜風，早卒。循弟胤，初拜興業都尉，妻以宗女，授兵千人，屯公安。黃龍元年❻，封都鄉侯，後以罪徙廬陵郡。赤烏二年❼，諸葛瑾、步騭❽連名上疏曰：「故將軍周瑜子胤，昔蒙粉飾❾，受封為將，不能養之以福，思立功效，至縱情欲，招速罪辟❿。臣竊以瑜昔見寵任，入作心膂，出為爪牙，銜命出征，身當矢石，盡節用命⓫，視死如歸，故能摧曹操於烏林⓬，走⓭曹仁於郢都⓮，揚國威德，華夏是震⓯，蠢爾蠻荊⓰，莫不賓服，雖周之方叔⓱，漢之信、布⓲，誠無以尚⓳也。夫折衝扞難⓴之臣，自古帝王莫不貴重，故漢高帝封爵之誓曰㉑：『使黃河如帶㉒，太山如礪㉓，國㉔以永存，爰及苗裔㉕。』申以丹書㉖，重以盟詛㉗，藏于宗廟，傳於無窮，欲使功臣之後，世世相踵㉘，非徒子孫，乃關苗裔，報德明功，勤勤懇懇，如此之至，欲以勸戒後人，用命之臣，死而無悔也。況於瑜身沒㉙未久，而其子胤降為匹夫，益可悼傷。竊惟陛下欽明稽古㉚，隆於興繼㉛，為胤歸訴，乞匄㉜餘罪，還兵復爵，使失旦之雞，復得一鳴，抱罪之臣，展其後效。」權答曰：「腹心舊勳，與孤協事，公瑾有之，誠所不忘。昔胤年少，初無㉝功勞，橫㉞受精兵，爵以侯將，蓋念公瑾以及於胤也。而胤恃此，酗淫自恣，前後告喻，曾無悛改㉟。孤於公瑾，義猶二君，樂胤成就，豈有已哉？迫㊱胤罪惡，未宜便還，且欲苦之，使自知耳。今二君勤勤援引漢高河山之誓，孤用恧然㊲。雖德非其疇㊳，猶欲庶幾㊴，事亦如爾，故未順旨。以公瑾之子，而二君在中間㊵，苟使能改，亦何患㊶乎？」瑾、騭表比上㊷，朱然及全琮㊸亦俱陳乞㊹，權乃許之。會胤病死。

3 瑜兄子峻，亦以瑜元功㊺為偏將軍，領吏士千人。峻卒，全琮表峻子護為將。權曰：「昔走曹操，拓有荊州，皆是公瑾，常不忘之。初聞峻亡，仍欲用護，聞護性行危險㊻，用之適為作禍㊼，故便止之。孤念公瑾，豈有已乎㊽？」

【章　旨】以上是〈周瑜傳〉的第二部分，敘述他精曉音樂，具有很高的文化修養。本部分的重點，在於介紹周瑜子弟在孫吳時期的情況，並特別交代其次子周胤犯罪被懲處及諸葛瑾、步騭等周瑜昔日同僚為之說情一事。

【注　釋】❶爵　古時酒器。❷闕誤　缺誤。闕，同「缺」。❸太子登　孫登，孫權長子，孫權為吳王，立以為太子，及稱帝，復以為皇太子，赤烏四年（西元二四一年）病死。詳本書卷五十九〈孫登傳〉。❹尚　娶帝王女稱為尚。❺騎都尉　武官名。漢代都尉地位低於將軍、校尉，掌騎兵。孫吳時於都尉前加各種名號作為官稱，並不全是領兵武官。❻黃龍元年　西元二二九年。黃龍，吳大帝孫權年號，西元二二九—二三一年。❼赤烏二年　西元二三九年。赤烏，吳大帝孫權年號，西元二三八—二五一年❽諸葛瑾步騭　諸葛瑾，字子瑜，琅邪陽都（今山東沂南南）人，諸葛亮之兄，漢末避亂江東，初為孫權賓客，後任孫權長史，從擊關羽，封宣城侯，綏南將軍領南郡太守。孫權為吳王、稱帝，他長期領兵鎮守公安，位至大將軍、左都護，領豫州牧。病卒。詳見本書卷五十二〈諸葛瑾傳〉。步騭，字子山，臨淮淮陰（今江蘇淮陰西南）人，漢末避難至江東，種瓜謀生，夜讀經史。孫權召為主記，因而仕吳，後對孫氏控制今兩廣及越南北部地區，立有大功，升任平戎將軍，封廣信侯，後升右將軍左護軍，改封臨湘侯。孫權稱帝，任驃騎將軍，領冀州牧，領兵屯駐西陵。赤烏九年（西元二四六年），代陸遜為丞相。病卒。二人均受孫權信重，詳見本書卷五十二〈步騭傳〉。❾粉飾　以粉塗面進行裝飾打扮，此意謂褒獎。❿罪辟　因犯罪而受懲罰。辟，對罪行加以處罰。⓫盡節用命　聽從命令，恪守臣下本分。⓬烏林　地名。地在今湖北洪湖東北長江北岸烏林磯，赤壁戰後曹操退師途中於此遭受伏擊。⓭走　使之逃走。⓮郢都　戰國時楚國都城名郢，此指江陵城。⓯華夏是震　北方人因此震動。此用華夏指代中原。⓰蠻荊　先秦時楚亦稱荊，中原華夏人稱其地居民為蠻。常以「荊蠻」稱今湖南、湖北地區及其居民。⓱周之方叔　周宣王時，受到北方的獫狁與南方的荊蠻的攻擊，宣王任用方叔等人為卿大夫，領兵出征，將其擊敗，周王朝獲得安寧。《詩經．小雅．采芑》：「顯允方叔，征伐獫狁，蠻荊來威。」⓲漢之信布　漢高祖起兵擊西楚霸王項羽，創立漢朝，韓信、英布二人功勳卓著。⓳尚　超過。⓴折衝扞難　擊退敵人，抵禦禍難。折，挫敗，衝為古時作戰的一種戰車，折衝意為使敵人戰車退卻。扞，同「捍」。㉑漢高帝封爵句　劉邦封爵諸侯時誓詞載《漢書．高惠高后文功臣表序》。㉒帶　衣帶。㉓太山如礪　泰山變成一塊磨刀石。太山即泰山。㉔國　功臣封侯者的封地。㉕爰及苗裔　傳及子孫後代。爰，語助詞。㉖中以丹書　用丹砂書寫以示慎重。㉗盟詛　盟誓。㉘相踵　前後相繼不中斷。㉙沒　此字下原有「而」字，宋本、馮夢禎刻本無，據刪。㉚欽明稽古　肅敬明察，了解古事。語出《尚書．堯典》，後用以形容帝王德行。㉛興繼　「興滅國，繼絕世」的簡略語。《論語》載孔子稱帝王之政說：「審法度，修廢官，四方之政行焉；興滅國，繼絕世，舉逸人，天下之人歸心焉。」㉜乞匄　請求寬恕。匄，同「丐」。㉝初無　全無；一點也沒有。㉞橫　不當得而得謂之橫。㉟曾無悛改　竟然不加悔改。曾無，竟然沒有。悛，悔改。㊱迫　原作「追」，今從宋本。㊲恧然　慚愧。㊳疇　相似；同類。疇，同「儔」。㊴庶幾　希望如此。㊵在中間　在其間照應。㊶患　擔心；憂慮。㊷比上　接連遞上。㊸朱然及全琮　朱然，字義封，丹陽故鄣（今浙江安吉西北）人，養父朱治早年跟隨孫堅，後隨孫策、孫權兄弟，為孫吳創業功臣，朱然亦以軍功封侯，位至左大司馬、右軍師，為吳名臣。詳見本書卷五十六〈朱然傳〉。全琮，字子璜，吳郡錢唐（今浙江杭州）人。初從孫權征討，屢立戰功，封錢唐侯，娶孫權女魯班，位至右大司馬、左軍師。詳見本書卷六十〈全琮傳〉。㊹陳乞　陳情請求。㊺元功　大功。㊻性行危險　性格與行為兇險。㊼作禍　引發災禍。㊽乎　原作「也」，今從宋本。《通鑑》作「哉」。

【語　譯】周瑜年少時就精心於音樂，即使酒過三巡，演奏的曲調如有錯誤，周瑜一定能夠聽出來，聽出來後一定回頭看一看，所以當時人們有謠諺說：「曲有誤，周郎顧。」

2 周瑜有兩男一女。女兒許配給太子孫登。兒子周循娶了公主，官拜騎都尉，有周瑜的風度，早年去世。周循的弟弟周胤，最初任興業都尉，娶宗室女子為妻，被授與一千兵士，屯駐公安。黃龍元年，封為都鄉侯，後來因罪被流放到廬陵郡。赤烏二年，諸葛瑾、步騭聯名上書說：「故將軍周瑜的兒子周胤，過去蒙受褒獎，封侯為將。他不能修養以保有福分，想著建功立業，反而放縱情欲，很快招致罪罰。臣等竊以為過去周瑜受到您的寵信，在內是股肱大臣，在外是幹練的將領，受命出征，身當矢石，盡節效命，視死如歸，所以能夠在烏林打敗曹操，使曹仁逃出江陵城，宣揚國家威德，中原震動，荊楚之地莫不臣服，即便是周朝的方叔，漢朝的韓信、英布，實在也難以超過他。能夠制敵取勝解除國難的大臣，自古以來的帝王沒有不敬重的，所以漢高祖封爵誓辭說：『即使黃河小得像衣帶，泰山變成塊磨刀石，功臣們的封國永在，傳給後代子孫。』並用丹砂寫成誓辭，又與他們盟誓，把誓辭收藏到宗廟裏，永遠流傳，希望功臣後代，世代相傳，不僅子孫，還應連及遙遠的後世，報答德業，表彰功績，懇懇切切，做到如此程度，是想勸誡後人，使為國效命的大臣，死而無悔。何況周瑜死去不久，他的兒子周胤就降為普通百姓，更加使人傷感。臣私下認為陛下恭敬嚴明，明察古事，極其重視興滅繼絕的帝王之道，因此我們為周胤求情，請求赦免他其餘的罪過，歸還他的軍隊，恢復他的爵位，使耽誤了報曉的雄雞，能夠再次鳴叫，負罪的臣子，再為國家效力。」孫權答覆說：「我視作心腹的老功臣，和我協力共事的，其中有周公瑾，確實是不能忘記的。過去周胤年紀小，全無任何功勞，硬是給他精兵，封他為侯，讓他做將領，就是因為懷念周公瑾從而惠及於周胤。而周胤倚仗這點，沉湎酒色，任意妄為，先後告誡曉諭，他竟絲毫沒有悔改。我對待周公瑾，情意如同和你們兩位一樣，樂見周胤有所成就，這種心情豈有停止的時候？迫於周胤的罪過，不便即刻讓他回來，況且想讓他經受一些苦難，使他自己能夠明白罷了。現在你們二位誠懇的引用漢高祖封爵時的誓辭，我因此感到慚愧。雖然我的德行比不上漢高祖，還是想著要和他差不多，事情就是這樣，所以沒有順從你們的心意。作為周公瑾的兒子，又有你們二位從中說情，假使他能夠悔改，還有什麼可擔心的呢？」諸葛瑾、步騭的奏章屢次上呈，朱然和全琮也都為周胤陳情，孫權這才答應了他們的請求。這時恰巧周胤病死了。

3 周瑜的姪子周峻，也因為周瑜的創業大功被任命為偏將軍，統領吏士一千人。周峻死後，全琮上表舉薦周峻的兒子周護為將領。孫權說：「過去擊退曹操，開闢荊州，都是公瑾的功勞，我永遠忘不了他。剛聽到周峻死訊時，我也打算任用周護，但聽說周護品行不良，任用他正好給他帶來災禍，所以就打消了這個念頭。我懷念公瑾，怎麼會有休止之時呢？」

1 魯肅，字子敬，臨淮東城❶人也。生而失父，與祖母居。家富於財，性好施與。爾時❷天下已亂，肅不治家事❸，大散財貨，摽賣❹田地，以賑窮弊❺結士為務，甚得鄉邑❻歡心❼。

2 周瑜為居巢長，將數百人故過候❽肅，并求資糧❾。肅家有兩囷❿米，各三千斛⓫，肅乃指一囷與周瑜，瑜益知其奇也，遂相親結⓬，定僑、札之分⓭。袁術聞其名，就署⓮東城長。肅見術無綱紀⓯，不足與立事，乃攜老弱將輕俠⓰少年百餘人，南到居巢就瑜。瑜之東渡，因與同行，留家曲阿。會祖母亡，還葬東城。

3 劉子揚⓱與肅友善，遺肅書⓲曰：「方今天下豪傑並起，吾子⓳姿才，尤宜今日。急還迎老母，無事⓴滯於東城。近鄭寶㉑者，今在巢湖，擁眾萬餘，處地肥饒，廬江閒人多依就之，況吾徒乎？觀其形勢，又可博集㉒，時不可失，足下速之。」肅答然其計。葬畢還曲阿，欲北行。會瑜已徙肅母到吳，肅具以狀㉓語瑜。時孫策已薨，權尚住吳，瑜謂肅曰：「昔馬援答光武云『當今之世，非但君擇臣，臣亦擇君』㉔。今主人㉕親賢貴士，納奇錄異，且吾聞先哲祕論㉖，承運代劉氏者，必興于東南㉗，推步㉘事勢，當其曆數，終構帝基，以協天符，是烈士攀龍附鳳馳騖之秋㉙。吾方達此，足下不須以子揚之言介意也。」肅從其言。瑜因薦肅才宜佐時，當廣求其比㉚，以成功業，不可令去也。

4 權即見㉛肅，與語甚悅之。眾賓罷退，肅亦辭出，乃獨引肅還，合榻㉜對飲。因密議曰：「今漢室傾危，四方雲擾㉝，孤承父兄餘業，思有桓文之功㉞。君既惠顧，何以佐之？」肅對曰：「昔高帝區區㉟欲尊事義帝㊱而不獲者，以項羽為害也。今之曹操，猶昔項羽，將軍何由得為桓文乎？肅竊料之，漢室不可復興，曹操不可卒除。為將軍計，惟有鼎足江東，以觀天下之釁㊲。規模㊳如此，亦自無嫌。何者？北方誠多務也。因其多務，剿除黃祖，進伐劉表，竟長江所極，據而有之，然後建號帝王以圖天下，此高帝之業也。」權曰：「今盡力一方，冀以輔漢耳，此言非所及也。」張昭非肅謙下不足，頗訾毀之，云肅年少麤疏，未可用。權不以介意，益貴重之，賜肅母衣服幃帳㊴，居處雜物，富擬其舊。

【章旨】以上是〈魯肅傳〉的第一部分，依次記述他的家世；與周瑜交好，聽從周瑜的勸告，依隨孫權；向孫權提出「竟長江所極，據而有之」，「建號帝王以圖天下」的戰略計畫。

【注釋】❶臨淮東城　臨淮，郡名。治所在今安徽盱眙北。東漢明帝時改名為下邳，西晉時復設，此用其舊名。東城，縣名。治所在今安徽定遠東南。❷爾時　那時。❸不治家事　不經營家業。❹摽賣　標賣；標價出售。摽，通「標」。❺賑窮弊　救濟窮人，周濟一時間缺乏生活來源的人。❻鄉邑　鄉里。❼歡心　喜愛；愛戴。❽故過候　專程拜訪。❾資糧　財物與糧食。❿囷　圓形糧倉。⓫斛　量器，據出土的獻帝光和大司農銅斛，一斛約二十點四五公升。⓬親結　親近結交。⓭僑札之分　因相互器重而交友。僑，春秋時鄭國大夫公孫僑，即子產。札，吳國季札。吳人季札受華夏文化影響，出訪北方諸國，受到禮遇，子產與他互贈縞帶紵衣。後用「僑札」以比喻朋友締交。⓮就署　派人前往任命。⓯綱紀　法度；法紀。⓰輕俠　指遊蕩無業又喜好勇鬥狠的人。⓱劉子揚　劉曄，字子揚，淮南成悳（今安徽壽縣）人。少有能名，後事於曹操，魏文帝時任侍中，封東亭侯，魏明帝時病卒。詳見本書卷十四〈劉曄傳〉。⓲遺肅書　派人送信給魯肅。遺，送；饋贈。書，信件。⓳吾子　敬語，意為「您」。⓴無事　不必。㉑鄭寶　卷十四〈劉曄傳〉說：「揚士多輕俠狡桀，有鄭寶、張多、許乾之屬，各擁部曲。寶最驍果，才力過人，一方所憚。」鄭寶為東漢末動亂之際，在當時民風勁悍的淮河南北聚眾稱雄者。後劉曄利用曹操來使之機宴請鄭寶，將其刺殺，鄭寶餘眾後歸劉勳。最終被孫策消滅。㉒博集　聚集人眾而擴大。㉓狀　情況。㉔當今之世三句　《後漢書．馬援列傳》作：「當今之世，非獨君擇臣也，臣亦擇君也。」㉕主人　指當時已實際控制江東三郡的孫權，相對於魯肅等未投效的「賓客」來說，為主人。㉖祕論　有關天意特別是關於政權興亡交替的言論，不敢宣揚而暗中流傳。㉗承運代劉氏者二句　此為漢代流行的政治謠言。《史記．高祖本紀》說：「秦始皇帝常言『東南有天子氣』，於是因東游以厭之。高祖即自疑，亡匿，隱於芒、碭山澤岩石之間。呂后與人俱求，常得之。高祖怪問之。呂后曰：『季所居上常有雲氣，故從往常得季。』高祖心喜。沛中子弟或聞之，多欲附者也。」這很可能是劉邦證明自己為天命之君的政治宣傳。東漢末年，此語再次流行。本書卷六十三〈趙達傳〉：「少從漢侍中單甫受學，用思精密，謂東南有王者氣，可以避難，故脫身渡江。」《三國志．吳主傳》裴松之注引《吳書》，稱魏文帝稱帝，南陽人趙咨勸孫權「承漢四百之際，應東南之運」稱帝，又稱汝南人陳化為吳王郎中令，出使曹魏，魏文帝問魏吳相爭，誰能統一全國，陳化說：「《易》稱帝出於乎震，加聞先哲知命，舊說紫蓋黃旗，運在東南。」又引《吳錄》所載孫權稱帝時祭天文告，其中說：「權生於東南，遭值期運。」這一謠言對北方人士南下投附孫權及孫權稱帝，無疑有一定的影響。㉘推步　天文曆法之學。《後漢書・馮緄列傳》：「緄弟允……善推步之術。」注稱：「推步，謂究日月五星之度，昏旦節氣之差。」此處意為推算、分析。㉙是烈士句　這正是有志於建功立業者追隨並為之奮鬥的時機。烈士，志向遠大者。馳騖，如馬之奔走，指努力從事。㉚其比　像他這樣的人。㉛即見　前往會見。㉜合榻　並榻。榻為古人坐臥之具。㉝雲擾　如亂雲飛動，不安定。㉞桓文之功　春秋前期，周王室不穩，南北非華夏的族羣進攻中原，齊桓公、晉文公張尊王攘夷之旗，雖為中原霸主，仍尊奉王室，使華夏獲安。後世以之比喻中央政權動盪之際，在地方上擁有實權但仍擁戴中央的人。㉟區區　思念；誠心。又有小小之義。㊱義帝　項羽，劉邦等起兵反秦，尊楚懷王孫為義帝，以聯合各種勢力。後項羽自稱西楚霸王，遷義帝於僻遠之地並加殺害，這成為劉邦聯合項羽所立諸侯反擊項羽的一個理由。㊲釁　裂隙。意指可乘之機。㊳規模　規劃；打算。㊴幃帳　房舍內窗簾床帳之類的陳設。

【語　譯】魯肅，字子敬，臨淮郡東城縣人，生下來就失去了父親，和祖母一起生活。家中富有錢財，生性好施。那時天下已經動亂，魯肅不經營家業，而是大散錢財，出售田地，致力於救濟窮人，交結士人，深受鄉人的喜愛。

2　周瑜擔任居巢縣長時，帶領數百人專程拜望魯肅，並請求提供財物、糧食。魯肅家有兩倉米，各有糧三千斛，魯肅於是隨意指了一倉給周瑜，周瑜更加了解到魯肅是一個出奇的人，於是與魯肅結成親密好友，建立了公孫僑與季札那樣的情誼。袁術聽說了魯肅的名望，派人到他家任命他為東城縣長，魯肅見袁術處理政事沒有法紀，不能夠和他辦成大事，於是帶領老弱及一百多位輕俠少年，南至居巢投奔周瑜。周瑜東渡過江，魯肅又與他同行，把家屬留在曲阿。適逢魯肅的祖母逝世，他回到東城治喪。

3　劉子揚與魯肅友好，派人送信給魯肅說：「當今天下豪傑紛紛起兵，您的資質才幹尤其適合於現在的形勢。趕緊回去將您老母親接來，不要滯留在東城。近來有個叫鄭寶的，正在巢湖一帶活動，擁有部眾萬餘人，所處之地肥沃富饒，廬江郡不少人都投靠他，何況我們這些人呢？我觀察他的形勢，還可再聚集人馬擴大勢力，機不可失，您還是快些行動吧。」魯肅回信同意他的想法。魯肅安葬祖母後，回到曲阿，想要北上。碰巧周瑜已將魯肅的母親安置在吳郡，魯肅將情況詳細的告訴了周瑜。這時孫策已經去世，孫權還住在吳郡，周瑜告訴魯肅說：「先前馬援回答光武帝時說『當今之世，非但君擇臣，臣亦在擇君』。現在孫權親近賢才尊重士人，接納奇人異士，況且我聽說過先哲祕論，說是承受天運取代劉氏據有天下的人，肯定興起於東南方，推算分析事實與形勢，主人孫權正合曆數，終究會成就帝業，以順應天意，這正是有志者攀龍附鳳馳騁的大好時機。我剛剛領悟這點，您不必把劉子揚所說的話放在心上。」魯肅聽從了他的建言。周瑜因此向孫權推薦魯肅，說他有輔弼創業之才，這樣的人應多方延請，以成就大業，不能讓他離開。

4 孫權立即親自前往會見魯肅，和他談話非常高興。會見後賓客退去，魯肅也告辭出來，孫權單獨召回魯肅，並榻同飲，祕密商議說：「現在漢室傾覆危險，天下風雲動盪，我繼承父兄留下來的基業，想建立齊桓公、晉文公那樣的功業。你既然到我這裏來，用什麼幫助我建功立業呢？」魯肅回答說：「從前漢高祖誠心的想擁戴義帝而不能實現，是因為項羽從中阻撓破壞。現在的曹操，猶如昔日的項羽，將軍您如何能成為齊桓、晉文呢？我私下推測，漢室不可能復興，曹操不可能馬上翦除。為將軍打算，只有占據江東成鼎足之勢，以觀天下之變化。這樣規劃，也自不必有所顧忌。為什麼呢？北方確實多有變故，藉著北方多變故之時，消滅黃祖，進而討伐劉表，將地盤一直擴大到長江上游，占為己有，然後建號稱帝，以圖謀天下，這就是像漢高祖那樣的功業了。」孫權說：「我現在盡力控制一方地區，是希望輔佐漢朝罷了，您所說的我還沒想到過呢。」張昭指責魯肅不夠謙遜，對魯肅多有責難詆毀，說魯肅這人年少粗疏，不可任用。孫權不以為意，更加重視魯肅，賜給魯肅的母親衣服幃帳，家居所用各種物品，與舊時一樣富有。

1 劉表死，肅進說曰：「夫荊楚與國鄰接，水流順北❶，外帶江漢，內阻山陵，有金城之固，沃野萬里，士民殷富❷，若據而有之，此帝王之資也。今表新亡，二子素不輯睦❸，軍中諸將，各有彼此❹。加劉備天下梟雄，與操有隙❺，寄寓❻於表，表惡其能而不能用也。若備與彼協心，上下齊同，則宜撫安，與結盟好；如有離違，宜別圖之，以濟大事。肅請得奉命弔表二子，并慰勞其軍中用事者❼，及說備使撫表眾，同心一意，共治曹操，備必喜而從命。如其克諧❽，天下可定也。今不速往，恐為操所先。」權即遣肅行。到夏口，聞曹公已向荊州，晨夜兼道❾。比至南郡，而表子琮已降曹公，備惶遽❿奔走，欲南渡江。肅徑迎之，到當陽長阪⓫，與備會，宣騰⓬權旨，及陳江東彊固，勸備與權併力。備甚歡悅。時諸葛亮與備相隨，肅謂亮曰：「我子瑜⓭友也。」即共定交。備遂到夏口，遣亮使權，肅亦反命。

2 會權得曹公欲東之問⓮，與諸將議，皆勸權迎⓯之，而肅獨不言。權起更衣⓰，肅追於宇下，權知其意，執肅手曰：「卿欲何言？」肅對曰：「向⓱察眾人之議，專欲誤將軍，不足與圖大事。今肅可迎操耳，如將軍，不可也。何以言之？今肅迎操，操當以肅還付鄉黨，品其名位⓲，猶不失下曹從事⓳，乘犢車，從吏卒，交游士林⓴，累官故不失州郡也。將軍迎操，欲安所㉑歸？願早定大計，莫用眾人之議也。」權歎息曰：「此諸人持議，甚失孤望；今卿廓開大計，正與孤同，此天以卿賜我也。」

3 時周瑜受使至鄱陽，肅勸追召瑜還。遂任瑜以行事，以肅為贊軍校尉㉒，助畫方略㉓。曹公破走㉔，肅即先還，權大請諸將迎肅。肅將入閤㉕拜，權起禮之，因謂曰：「子敬，孤持鞍下馬相迎，足以顯卿未？」肅趨進曰：「未也。」眾人聞之，無不愕然。就坐，徐舉鞭言曰：「願至尊威德加乎四海，總括九州，克成帝業㉖，更以安車輭輪徵㉗肅，始㉘當顯耳。」權撫掌歡笑。

4 後備詣京見權㉙，求都督荊州，惟肅勸權借之㉚，共拒曹公㉛。曹公聞權以土地業備，方㉜作書，落筆於地。

【章　旨】以上是〈魯肅傳〉的第二部分，依次記述魯肅根據他的戰略計畫，在荊州牧劉表死後，出使荊州，促成孫、劉聯合抗曹；在赤壁之戰前，魯肅首倡抗曹之議，為爾後孫吳政權的創立奠定了基礎；赤壁之戰後，通過與孫權的一件逸事，表現魯肅志在帝業；劉備「求都督荊州」，魯肅勸孫權允諾，這也意在抗曹，成就大業。

【注　釋】❶水流順北　從今湖南湖北江河流向上說，這句話不大好理解，大意應是說這一地區河流密布，且有河流北通南陽盆地，易於向北進軍時轉運糧餉。❷士民殷富　士指人才，民指百姓，是說荊州人才多，百姓富。❸二子素不輯睦　據本書卷三十五〈諸葛亮傳〉，劉表長子劉琦，次子劉琮，同父異母，「表受後妻之言，愛少子琮，而不悅於琦。」❹各有彼此　各自心向一方，分成兩派。❺隙　裂痕；矛盾。❻寄寓　遠來投靠；暫棲身。❼用事者　長官；有權有勢者。❽克諧　能夠成功。諧，協調。❾兼道　一天走兩天的路程。❿遽　急忙。⓫當陽長阪　當陽，縣名。治所在今湖北當陽東。長阪，地名。

位於今湖北當陽東北。⑫宣騰　傳達。⑬子瑜　諸葛瑾字。⑭問　消息；訊息。⑮迎　迎接。意為歸附。⑯更衣　如廁；上廁所。⑰向　先前；剛才。⑱還付鄉黨二句　交還鄉里，評定名位。⑲下曹從事　漢代郡縣內各級機構稱曹，低級官事稱從事史，簡稱從事。⑳士林　士大夫。㉑安所　到哪裏。㉒贊軍校尉　武官名。漢代制度，校尉職級低於將軍，前可加各種名號，漢末三國時尤為盛行。㉓畫方略　策劃計謀策略。畫，同「劃」。㉔破走　戰敗逃跑。走，逃跑。㉕閤　古時正門旁邊的小門。㉖威德加乎四海三句　四海，古人以為中國四周有海，四海內為中國，四海指全國。九州，先秦時形成的一種地理觀念，《尚書・禹貢》稱大禹平水土，分全國為雍、冀、荊、揚等九州，後世稱中國為禹域，九州亦指全國。帝業，古人政治文化觀念中，一個真正的帝王應當統一天下，成帝業亦即統一全國。㉗安車輭輪徵　漢代制度，皇帝常召請有名望而未入仕的民間人士，以可以坐乘馬車亦即安車進京，年紀大者還要用蒲裹輪，即所謂軟輪，以示禮賢下士。安車，可乘坐旅行的馬車。輭，同「軟」。徵，召請。㉘始　方；才。㉙後備詣京見權　時在東漢建安十四年（西元二〇九年）。㉚求都督荊州二句　都督，完全管理，後來成為坐鎮一方的地方軍事長官的官稱。赤壁戰後，劉備分兵取得原屬荊州的長江以南今湖南境內的武陵、長沙、桂陽、零陵四郡，推劉表之子劉琦為荊州牧。不久，劉琦死去，劉備自領荊州牧，原荊州文武龐統、黃忠等亦投劉備。孫權將周瑜等擊敗曹仁，駐軍長江沿岸的江夏、南郡，及於三峽中的西陵。劉備所「借」走的荊州，實為孫權軍隊所控制的南郡南部，亦即今湖北公安以西至於三峽的沿江地區。魯肅勸孫權「借」出荊州，意在使劉備承擔長江中游的防禦，孫權一方可以集中全力防範曹操可能對長江下游發起的攻擊，確保江東安全。劉備「借」得荊州，則扼住孫權西入蜀地的通道，有利於自己遠期發展。㉛公　原誤作「操」，據宋本改。㉜方　正在。

【語　譯】劉表死後，魯肅進言說：「荊楚與我國相鄰接，水流順向北流，外有長江、漢水環繞，內有山陵險阻，有金城之固，沃野萬里，百姓富足，如果能據有這個地區，將為帝業提供支持。如今劉表剛死，他的兩個兒子素來不和，軍中將領，各自傾向一方分作兩派。還有劉備是天下有名的雄傑，和曹操有矛盾，暫時依附於劉表，劉表忌恨他的才能，不能加以重用。如果劉備與他們同心協力，上下一心，那麼應當安撫他們，和他們結成友好同盟；如果他們離心離德，應當另想辦法謀取他們，以成大事。請讓我前去向劉表的兩個兒子表示弔唁，同時慰勞其軍隊中管事的人，還要勸說劉備讓他安撫劉表部眾，同心同德，共同抵禦曹操，劉備必定欣喜從命。如果事情成功，天下可定。現在如果不迅速前去，我擔心會被曹操占了先機。」孫權立即派魯肅前往。當魯肅到達夏口時，聽說曹公已經向荊州進發，魯肅於是晝夜趕路。等到達南郡時，劉表之子劉琮已經投降曹公，劉備惶懼急忙逃走，打算渡江南下。魯肅徑直迎接劉備，到達當陽長阪，與劉備會面，傳達了孫權的意見，同時向劉備說明孫權勢力強大穩固，勸說劉備與孫權合力抗曹。劉備十分高興。當時諸葛亮與劉備相隨，魯肅對諸葛亮說：「我與你兄長諸葛子瑜是朋友。」當即一起定下交誼。劉備於是到達夏口，派諸葛亮出使孫權，魯肅也返回覆命。

2 剛好孫權得到曹公將沿江東下的消息，與眾將領商議，眾人都勸孫權迎降曹操，獨獨只有魯肅不發一語。孫權起身如廁，魯肅追到屋簷下，孫權知道他的想法，握住他的手說：「您想說什麼？」魯肅回答說：「剛才觀察大家的議論，都是存心想貽誤將軍，不值得與他們商議大事。如今我魯肅可以迎降曹操，像將軍，是不可以的。為什麼這麼說呢？我如今迎降曹操，曹操應該把我交還鄉里，評定名位，還可以做個下曹從事，乘輜牛車，有吏卒隨從，與士大夫們交往，積功升遷，還可能當上郡太守、州刺史。將軍您迎降曹操，想身歸何處？希望您早定大計，不要聽那些人的意見啊。」孫權嘆息說：「這些人的意見，太讓我失望了；現在你闡明的大計，正與我的想法相同，這是上天將你賜給我啊。」

3 這時周瑜已奉命前往鄱陽，魯肅勸孫權追趕周瑜將他召回。於是委任周瑜主管抵禦曹軍之事，讓魯肅擔任贊軍校尉，幫助周瑜策劃計謀策略。曹公戰敗逃走，魯肅立即先行返回，孫權召集將領們隆重的迎接魯肅。魯肅將進門拜見孫權，孫權起身向他施禮，並說：「子敬，我持鞍下馬迎接你，足以使你感到榮耀了吧？」魯肅小跑步上前說：「不夠。」大家聽了，無不驚愕。魯肅坐定後，慢慢的揮動馬鞭說：「我希望您的威德施於四海之內，包舉九州，成就帝業，換用安車徵用我，才是我真正的榮耀啊。」孫權鼓掌歡笑。

4 後來劉備到京城拜會孫權，請求都督荊州。只有魯肅勸孫權將荊州借給劉備，以共同抗拒曹公。曹公聽說孫權借給劉備土地作為基業時，正在寫字，驚得手中的筆掉到了地上。

1 周瑜病困❶，上疏曰：「當今天下，方有事役，是瑜乃心❷夙夜所憂，願至尊先慮未然，然後康樂。今既與曹操為敵，劉備近在公安，邊境密邇❸，百姓未附，宜得良將以鎮撫之。魯肅智略足任，乞以代瑜。瑜隕踣❹之日，所懷盡矣。」即拜肅奮武校尉，代瑜領兵。瑜士眾四千餘人，奉邑四縣，皆屬焉。令程普領南郡太守。肅初住江陵，後下屯陸口❺，威恩大行，眾增萬餘人，拜漢昌太守、偏將軍。十九年❻，從權破皖城❼，轉❽橫江將軍。

2 先是，益州牧劉璋綱維頹弛❾，周瑜、甘寧並勸權取蜀，權以咨備，備內欲自規❿，乃⓫偽報曰：「備與璋託為宗室，冀憑英靈，以匡⓬漢朝。今璋得罪左右⓭，備獨竦⓮懼，非所敢聞，願加寬貸。若不獲請，備當放髮歸於山林⓯。」後備西圖璋，留關羽守，權曰：「猾⓰虜乃敢挾詐！」及羽與肅鄰界，數生狐疑⓱，疆埸紛錯，肅常以歡好撫之。備既定益州，權求長沙、零、桂⓲，備不承旨⓳，權遣呂蒙率眾進取。備聞，自還公安，遣羽爭三郡⓴。肅住益陽㉑，與羽相拒。肅邀羽相見，各駐兵馬百步上，但請㉒將軍單刀俱會。肅因責數㉓羽曰：「國家區區本以土地借卿家者，卿家軍敗遠來，無以為資故也。今已得益州，既無奉還之意，但求三郡，又不從命。」語未究竟㉔，坐有一人曰：「夫土地者，惟德所在耳，何常之有！」肅厲聲呵之，辭色甚切㉕。羽操刀起謂曰：「此自國家事，是人何知！」目使之去。備遂割湘水為界㉖，於是罷軍。

3 肅年四十六，建安二十二年㉗卒。權為舉哀，又臨其葬。諸葛亮亦為發哀。權稱尊號，臨壇㉘，顧謂公卿曰：「昔魯子敬嘗道此，可謂明於事勢矣。」

4 肅遺腹子淑既壯，濡須督㉙張承㉚謂終當到至㉛。永安㉜中，為昭武將軍、都亭侯、武昌㉝督。建衡㉞中，假節㉟，遷夏口督。所在嚴整，有方幹㊱。鳳皇三年㊲卒。子睦襲爵，領兵馬。

【章旨】以上是〈魯肅傳〉的第三部分，依次記述周瑜上疏推薦魯肅代瑜領兵，肅於瑜死後，擔當長江中游防守重任，擴大了孫權在荊州地區的控制區域；魯肅死後，受到孫權的肯定，他的遺腹子魯淑也有方略才幹。

【注釋】❶困　因病而臥床不起。❷乃心　其心。❸密邇　接近。邇，近。❹隕踣　此指死亡。隕，掉地。踣，倒地。❺陸口　地名。在今湖北嘉魚西南陸水入長江處。❻十九年　建安十九年(西元二一四年)。❼皖城　縣名。治所在今安徽潛山縣。❽轉　平級調動。❾綱維頹弛　治理無法，政治混亂。綱維，綱紀；法紀。頹，崩壞。弛，鬆懈。❿內欲自規　內，內心。自規，自己奪取。規，設法占有。⓫乃　於是。⓬匡　輔助。⓭得罪左右　謙語，意為「得罪於您」。⓮竦　震驚。⓯放髮歸於山林　散髮而當隱士。放髮，散髮。古時士大夫束髮加冠，出世之隱士往往散髮以示不受世俗拘束。⓰猾　狡黠。⓱狐疑　猜疑。古人認為狐狸生性多疑，常用以指多疑而無決斷，此指相互猜忌、不信任。⓲長沙零桂　長沙，郡名。治所在今湖南長沙。零，零陵郡。治所在今湖南零陵。⓳承旨　照辦。⓴遣羽爭三郡　孫劉爭三郡地事發生在東漢建安二十年（西元二一五年）。㉑益陽　縣名。治所在今湖南益陽。㉒請　原誤作「諸」，據宋本改。㉓責數　指責。數，責怪。㉔究竟　完整；完畢。㉕切　急；急迫。㉖割湘水為界　即雙方以湘江東西為界劃分在今湖南的地盤，劉備讓出自己控制的位於湘江以東的長沙、桂陽二郡。㉗建安二十二年　西元二一七年。建安，東漢獻帝劉協年號，西元一九六－二二〇年。㉘壇　祭祀天地的場所。㉙濡須督　濡須，地名。又稱濡須口、濡須城、濡須塢，源出今安徽巢湖市西巢湖的濡須水入長江處。此水為古代江淮間重要通道，東漢建安十七年（西元二一二年），孫權令於此築城駐軍，以拒曹操。亦是後來吳國的軍事重鎮之一。督前加地名，表示掌管一地駐軍的軍事長官，孫吳為防禦北方魏、蜀，三峽以下沿長江設有西陵督、武昌督、夏口督等十多個軍事轄區，分段防禦，濡須督為其中之一。㉚張承　字仲嗣，張昭長子，少以才學知名，與諸葛瑾等友善，孫吳政權創建時屢立功績，仕至濡須督、奮威將軍，封都鄉侯，為人忠厚，好評價、提拔人才。詳見本書卷五十二張昭附傳。㉛終當到至　語不好解，大致是說張承認為魯淑最終能達到極佳的結果。㉜永安　吳景帝孫休年號，西元二五八－二六四年。㉝武昌　地名。今湖北鄂州。㉞建衡　吳末帝孫皓年號，西元二六九－二七一年。㉟假節　制度用語，節為中央權力象徵之一，漢代遣使至外國則持節。漢末魏晉時開始賜節給地方軍事長官，使其擁有不經報請批准便可處死轄區內罪犯的權力。假節者可以在戰時殺不聽從軍令者。㊱方幹　方略才幹。㊲鳳皇三年　西元二七四年。鳳皇，吳末帝孫皓年號，西元二七二－二七四年。

【語譯】周瑜病重，上書說：「當今天下，戰事正多，這是我心中日夜憂慮的事，希望您防患未然，這樣才能安康歡樂。現在我們既與曹操敵對，劉備又近在公安，與我們邊界相近，百姓並未歸附，應當選良將來鎮撫他們。魯肅的才智謀略足以擔當此任，請求讓他接替我。這樣我死時，心中也就無所牽掛了。」於是任命魯肅為奮武校尉，接替周瑜統領軍隊。周瑜的部眾四千多人及作為奉邑的四個縣，都歸魯肅。令程普兼任南郡太守。魯肅最初駐紮在江陵，後來下移屯駐陸口，威德恩惠大行，部眾增加一萬多人，被任命為漢昌太守、偏將軍。建安十九年，隨孫權攻破皖城，轉任橫江將軍。

2　此前，益州牧劉璋治下法紀敗壞廢弛，周瑜、甘寧都勸孫權攻占蜀地，孫權就此徵求劉備意見，劉備心中想自己圖謀蜀地，於是謊稱：「我與劉璋都是皇族，希望憑藉先輩英靈，以匡扶漢朝。現劉璋得罪於您，我只感到驚懼，攻占蜀地這種事不是我該被問的，希望您加以寬恕。如果我的懇求得不到允許，我只好散髮歸隱山林。」後來劉備向西謀取劉璋，留關羽駐守荊州，孫權說：「這個狡猾的奸賊竟敢欺騙我！」當時關羽與魯肅鄰界，屢次產生猜疑，邊界紛亂，魯肅總是以和好的姿態加以安撫。劉備攻占益州後，孫權要求劉備將長沙、零陵、桂陽三郡交還，劉備不從，孫權派呂蒙率軍奪取。劉備聽說後，親自回到公安，派關羽爭奪這三郡。魯肅此時駐守益陽，與關羽互相對峙。魯肅邀請關羽會見，各自將自己的兵士停在百步之外，只有雙方將軍單刀相會。魯肅指責關羽說：「我方誠心地將土地借讓給你們，是因為你們打了敗仗，遠道而來，沒有可以立身依靠之處。現在你們奪取了益州，既沒有奉還全部土地之意，我方只要求歸還三郡，你們還不同意。」他的話還沒說完，在座一人說：「土地這個東西，誰有德就歸誰，哪有總被一人占著的道理！」魯肅厲聲呵斥他，話語表情都顯得很嚴厲。關羽操刀起身說：「這本是國家大事，這個人知道什麼！」使眼色讓那人離開。劉備於是割讓土地，雙方以湘江為界，這才撤軍。

3 魯肅享年四十六歲，於建安二十二年去世。孫權為他發喪舉哀，並親臨他的葬禮。諸葛亮也舉行弔唁活動。後來孫權稱帝，當要登上祭壇時，回頭對公卿們說：「過去魯子敬曾說過會有此事，他真可稱得上明於事勢呀。」

4 魯肅遺腹子魯淑成人後，濡須督張承認為他最後能位居高官。永安年間，魯淑為昭武將軍、都亭侯、武昌督。建衡年間，假節，升任為夏口督。他任內都嚴肅認真，具有計謀才幹。鳳皇三年去世。其子魯睦襲爵，統領兵馬。

1 呂蒙，字子明，汝南❶富陂❷人也。少南渡，依姊夫鄧當。當為孫策將，數討山越。蒙年十五六，竊隨當擊賊❸，當顧見大驚，呵叱不能禁止。歸以告蒙母，母恚❹欲罰之，蒙曰：「貧賤難可居，脫誤❺有功，富貴可致。且不探虎穴，安得虎子❻？」母哀而舍之。時當職吏❼以蒙年小輕之❽，曰：「彼豎子❾何能為？此欲以肉餧❿虎耳。」他日與蒙會，又蚩⓫辱之。蒙大怒，引刀殺吏，出走，逃邑子⓬鄭長家。出因校尉袁雄自首，承間⓭為言，策召見奇之，引置左右。

2 數歲，鄧當死，張昭薦蒙代當，拜別部司馬⓮。權統事，料⓯諸小將兵少而用薄⓰者，欲并合之。蒙陰賒貰⓱，為兵作絳衣行縢⓲，及簡⓳日，陳⓴列赫然，兵人練習㉑，權見之大悅，增其兵。從討丹陽，所向有功，拜平北都尉，領廣德㉒長。

3 從征黃祖，祖令都督陳就逆㉓以水軍出戰。蒙勒前鋒，親梟就首，將士乘勝，進攻其城。祖聞就死，委城走，兵追禽之。權曰：「事之克㉔，由陳就先獲也。」以蒙為橫野中郎將，賜錢千萬。

4 是歲㉕，又與周瑜、程普等西破曹公於烏林，圍曹仁於南郡。益州將襲肅舉軍來附，瑜表㉖以肅兵益蒙，蒙盛稱肅有膽用，且慕化㉗遠來，於義宜益不宜奪也。權善其言，還肅兵。瑜使甘寧前據夷陵，曹仁分眾攻寧，寧困急，使使請救。諸將以兵少不足分，蒙謂瑜、普㉘曰：「留淩公績㉙，蒙與君行，解圍釋急，勢亦不久，蒙保公績能十日守㉚也。」又說瑜分遣三百人柴斷㉛險道，賊走可得其馬。瑜從之。軍到夷陵，即日交戰，所殺過半。敵夜遁去，行遇柴道，騎皆舍馬步走。兵追蹙擊，獲馬三百匹，方船㉜載還。於是將士形勢㉝自倍，乃渡江立屯㉞，與相攻擊，曹仁退走，遂據南郡，撫定荊州。還，拜偏將軍，領尋陽令。

魯肅代周瑜，當之陸口，過蒙屯下。肅意尚輕蒙，或說肅曰：「呂將軍功名日顯，不可以故意待也，君宜顧㉟之。」遂往詣蒙。酒酣，蒙問肅曰：「君受重任，與關羽為鄰，將何計略，以備不虞㊱？」肅造次㊲應曰：「臨時施宜。」蒙曰：「今東西雖為一家，而關羽實熊虎也，計安可不豫定？」因為肅畫五策。肅於是越席就之，拊㊳其背曰：「呂子明，吾不知卿才略所及乃至於此也。」遂拜蒙母，結友而別。

【章　旨】以上是〈呂蒙傳〉的第一部分，首先介紹呂蒙青少年時勇敢而有志向，被孫策所任用。然後介紹呂蒙攻占江夏，消滅黃祖，以及在撫定荊州的過程中所立功績和謀略。最後介紹他在孫、劉荊州爭奪問題上具有戰略眼光，為爾後用計擊敗關羽奪取荊州設下伏筆。

【注　釋】❶汝南　郡名。治所在今河南平輿北。❷富陂　縣名。治所在今安徽阜南東南。❸賊　即不服從統治的山越。❹恚　憤怒。❺脫誤　萬一。❻不探虎穴二句　《後漢書・班超列傳》記班超語：「不入虎穴，焉得虎子。」❼職吏　管事的下屬。❽輕之　輕視他；瞧不起他。❾豎子　罵人語。古稱奴僕為豎，豎子意為「賤東西」、「小子」。❿餧　飼；餵養。⓫蚩　同「嗤」。嘲笑。⓬邑子　同鄉人；老鄉。⓭承間　找機會。⓮別部司馬　司馬，漢代將軍下屬的參謀官員，別部司馬指以司馬的身分獨立率一支人馬作戰。⑮料　挑選；甄別。⑯用薄　沒多大才幹。⑰賒貰　賒，欠帳購物。貰，借貸。⑱絳衣行縢　絳衣，時兵士所穿深紅色衣服。絳，深紅色。行縢，綁腿布。⑲簡　選拔；挑選。⑳陳　同「陣」。㉑練習　訓練有素。㉒廣德　縣名。治所在今安徽廣德。㉓逆　迎戰。㉔克　成功；取勝。㉕是歲　這年。即建安十三年（西元二〇八年）。㉖表　一種對上言事的公文名稱。㉗慕化　仰慕教化而投附。㉘瑜普　原作「諸將」，今從宋本。㉙淩公績　淩統。㉚十日守　堅守十日。㉛柴斷　砍伐樹木堆積於道路從而加以阻斷。㉜方船　並船，將兩隻船聯繫一起以便平穩行駛。㉝形勢　此指戰鬥力、士氣。㉞立屯　修築軍事工事駐守。㉟顧　拜訪。㊱不虞　未料想到的事，此指雙方發生軍事衝突之類的緊急情況。㊲造次　倉促；急忙之際。㊳拊　撫；輕拍。

【語　譯】呂蒙，字子明，汝南郡富陂縣人。年少時南渡長江，投靠姐夫鄧當。鄧當是孫策的部將，多次征討山越。呂蒙十五六歲時，偷偷跟隨鄧當攻打山賊，鄧當看見呂蒙大為吃驚，呵斥也禁止不住他。鄧當回去後把這件事告訴了呂蒙的母親，母親氣憤得想處罰他，呂蒙說：「貧賤的日子不好過，萬一立功，富貴可得。況且不入虎穴，焉得虎子？」母親哀憐，沒有處罰呂蒙。當時鄧當部下的小吏因呂蒙年紀小而輕視他，說：「那個小子能有什麼作為呢？這是想拿肉來餵老虎罷了。」有一天和呂蒙相見時，又嘲笑辱罵他。呂蒙大怒，拔刀殺死小吏，逃亡到同鄉鄭長的家裏。後來出來通過校尉袁雄自首，袁雄趁機為他求情，孫策召見呂蒙，對他很是驚奇，便讓他跟在自己左右。

2 過了幾年，鄧當死了，張昭舉薦呂蒙代替鄧當領兵，任命為別部司馬。孫權統理軍政事務時，對兵員少又才幹不足的小將加以甄別，想把他們合編。呂蒙暗地裏借錢，為士兵做了大紅色的衣服和綁腿。到了選拔那天，呂蒙的部屬隊列鮮明耀眼，士兵個個訓練有素，孫權看了很高興，增撥呂蒙的士兵。隨從孫權攻打丹陽，所到之處都有戰功，官拜平北都尉，兼任廣德縣長。

3 跟隨孫權征討黃祖，黃祖命都督陳就率水軍迎戰。呂蒙率領前鋒部隊，親自斬殺陳就，將士乘勝進攻黃祖鎮守的江夏城。黃祖聽說陳就戰死，棄城逃跑，士兵追擊活捉了他。孫權說：「此戰能夠取勝，是因為先活捉了陳就的緣故。」任呂蒙為橫野中郎將，賜錢一千萬。

4 這年，呂蒙又與周瑜、程普等人西往烏林打敗曹操，把曹仁包圍在南郡城中。益州將領襲肅率領軍隊前來歸附，周瑜上表建議把襲肅的部隊增撥給呂蒙，呂蒙極力稱讚襲肅有膽識才幹，並且仰慕教化，遠來歸附，從道義上講，應增加而不應奪取他的部隊。孫權認為他說得很對，交還了襲肅所統兵士。周瑜派甘寧前往占領夷陵，曹仁分兵進攻甘寧，甘寧受困情況危急，派使者請求救援。眾將領都認為兵力少不能分兵支援。呂蒙對周瑜、程普說：「留淩公績鎮守，我與你們同行，解圍救急，看樣子也不會太久，我保證公績能夠堅守十日。」又勸說周瑜分派三百人砍伐木柴阻斷險要道路，曹軍逃跑時就可得到他們的戰馬。周瑜聽從了他的建議。援軍一到夷陵，馬上交戰，殺敵過半。敵軍趁夜逃走，途中遇到柴木堵塞的道路，騎兵都棄馬徒步逃跑。追兵緊急追擊，獲得三百匹馬，用船隻運回。於是將士氣勢倍增，就渡江建立營寨，進擊敵人。曹仁敗逃，於是占據南郡，安撫平定了荊州。回師後，呂蒙任偏將軍，兼任尋陽縣令。

5 魯肅接替周瑜，將前往陸口，路過呂蒙的軍營。當時魯肅心裏還輕視呂蒙，有人勸魯肅說：「呂將軍功名日益顯赫，不能用從前的眼光看待他啊，您應當去拜訪他。」於是魯肅前去拜訪呂蒙。酒酣耳熱之際，呂蒙問魯肅說：「您身受重任，與關羽為鄰，打算用什麼計策謀略，以防萬一呢？」魯肅倉促回答說：「臨時採取適宜的措施。」呂蒙說：「現在東吳西蜀雖為一家，而關羽實在是一員熊虎般的勇將，計策怎麼能不預先制定好？」因此他給魯肅提出了五條計策。魯肅於是離開自己的席位，靠近呂蒙，輕拍呂蒙的背說：「呂子明，我不知道您的才能計略竟然到達這種地步。」於是拜見了呂蒙的母親，與他結成朋友後告別。

1 時蒙與成當、宋定、徐顧屯次❶比近❷，三將死，子弟幼弱，權悉以兵并蒙。蒙固辭，陳啟顧等皆勤勞國事，子弟雖小，不可廢也。書三上，權乃聽。蒙於是又為擇師，使輔導之，其操心❸率如此。

2 魏使廬江謝奇為蘄春典農❹，屯皖田鄉，數為邊寇。蒙使人誘之，不從，則伺隙襲擊，奇遂縮退，其部伍孫子才、宋豪等，皆攜負老弱，詣蒙降。後從權拒曹公於濡須❺，數進奇計，又勸權夾水口立塢❻，所以備御甚精，曹公不能下❼而退。

3 曹公遣朱光為廬江太守，屯皖，大開稻田，又令閒人❽招誘鄱陽賊帥❾，使作內應。蒙曰：「皖田肥美，若一收孰❿，彼眾必增，如是數歲，操態見矣⓫，宜早除之。」乃具陳⓬其狀。於是權親征皖，引見⓭諸將，問以計策。蒙乃薦甘寧為升城督⓮，督攻在前，蒙以精銳繼之。侵晨⓯進攻，蒙手執枹鼓⓰，士卒皆騰踊自升，食時⓱破之。既而張遼至夾石⓲，聞城已拔，乃退。權嘉其功，即拜廬江太守，所得人馬皆分與之，別賜尋陽屯田六百戶，官屬三十人。蒙還尋陽，未期⓳而廬陵賊起，諸將討擊不能禽，權曰：「鷙鳥累百，不如一鶚。」復令蒙討之。蒙至，誅⓴其首惡，餘皆釋放，復㉑為平民。

【章旨】以上為〈呂蒙傳〉的第二部分。通過記述呂蒙拒受成當等三將兵數，又照顧其子弟，表現他無私的高尚素質。又通過記述兩個具體戰例，反映呂蒙作戰勇猛，戰功卓著。

【注釋】❶屯次　軍營駐紮地。❷比近　接近；靠近。❸操心　執持的心志。❹蘄春典農　蘄春，郡縣名。治所在今湖北蘄春蘄州鎮西北。典農，官名。曹操開始直至曹魏時期，於各地設置軍事性的屯墾區以加強生產，保證軍隊供應，與縣同級屯墾區的長官稱典農都尉、郡級稱典農校尉，簡稱典農。❺拒曹公於濡須　事在建安十八年（西元二一三年）春，時曹操親自率軍越過巢湖至皖北長江邊，試圖遏止孫權軍隊在淮南的擴張。❻塢　小城。❼下　攻占。❽間人　間諜。❾鄱陽賊帥　鄱陽，縣名。治所在今江西鄱陽。賊帥，叛亂者首領。孫權控制贛江流域後很長一段時間，贛西山區民眾長期武裝反抗其統治，被稱為山越、山賊或宗部。❿收孰　豐收。孰，通「熟」。⓫操態見矣　曹操的態度就會明朗了。人名加「態現」特指其人最初規矩老實，後因情況有利而張狂。見，同「現」。⓬具陳　詳細報告。⓭引見　召見。⓮升城督　臨時設置的武官名，指攻城部隊指揮員。⓯侵晨　凌晨；天快亮時。⓰枹鼓　軍鼓。枹，鼓槌。⓱食時　古人時間用語，指吃早飯時，約當今上午八九點鐘。⓲張遼至夾石　張遼，字文遠，雁門馬邑（今山西朔縣）人，先後隨丁原、呂布征戰，後降曹操，戰功卓著，三國魏初任前將軍，封都鄉侯，病死軍中。詳見本書卷十七〈張遼傳〉。夾石，地名。在今安徽桐城北。⓳未期　不到一年。期，一整年。⓴誅　有罪而殺。㉑復　免除。

【語譯】 當時呂蒙與成當、宋定、徐顧的軍營互相靠近，三將死後，他們的子弟稚幼弱小，孫權把他們的軍隊全部併給呂蒙。呂蒙堅決推辭，陳說徐顧等人都為國事辛勤勞苦，他們的子弟雖然幼小，但不應該廢除他們統領軍隊的權利。上書上了三次，孫權這才聽從。呂蒙又為他們選擇老師，讓老師輔導他們，呂蒙所持心志大都這樣。

2 魏國派廬江人謝奇任蘄春典農都尉，到皖縣鄉間屯墾，屢次犯境寇邊。呂蒙派人勸誘他，他不答應，於是呂蒙乘隙襲擊，謝奇便退卻回去了，他的部下孫子才、宋豪等人都扶老攜幼，到呂蒙的軍營投降。後來隨從孫權在濡須口抵禦曹公，多次提出奇謀妙計，又勸孫權在濡須水入長江處兩岸築城，由於禦敵的準備工作十分精良，曹公攻不下就撤退了。

3 曹公派朱光任廬江太守，屯駐皖縣，大量開墾稻田，又命間諜誘降鄱陽賊人首腦，讓他們做內應。呂蒙說：「皖縣的田地肥沃豐美，如果全都成熟豐收，他們的兵員必定增加，這樣幾年下來，曹操就會張狂起來，應當早點除掉他們。」就詳細的向孫權說明情況，於是孫權親自征討皖縣，召見眾將領，問他們有什麼計策。

呂蒙便舉薦甘寧任升城督，在前部指揮攻城，呂蒙自己以精銳部隊繼之於後。凌晨時進攻，呂蒙親自擊鼓，士兵都踴躍登城，到吃早飯的時候，已攻下皖城。不久張遼到達夾石，聽說皖縣城已被攻破，就退兵而回。孫權嘉獎呂蒙的功勞，立即任命他為廬江太守，繳獲的人馬都分給他，另外賞賜給他尋陽屯田六百戶，屬官三十人。呂蒙回到尋陽，不到一年而廬陵賊人起事，眾將征討攻打都不能擒獲，孫權說：「鷙鳥一百，不如一鶚。」又命令呂蒙討伐他們。呂蒙到了廬陵，處死首惡，其餘的人都釋放了，免罪成為平民。

1 是時劉備令關羽鎮守，專有荊土❶，權命蒙西取長沙、零、桂三郡。蒙移書❷二郡，望風歸服，惟零陵太守郝普城守❸不降。而備自蜀親至公安，遣羽爭三郡。權時住陸口，使魯肅將萬人屯益陽拒羽，而飛書❹召蒙，使捨零陵，急還助肅。初，蒙既定長沙，當之零陵，過酃❺，載南陽鄧玄之，玄之者郝普之舊也，欲令誘普。及被書❻當還，蒙祕之，夜召諸將，授以方略，晨當攻城，顧謂玄之曰：「郝子太❼聞世間有忠義事，亦欲為之，而不知時❽也。左將軍❾在漢中❿，為夏侯淵所圍。關羽在南郡，今至尊身自臨之。近者破樊本屯⓫，救酃，逆為孫規所破。此皆目前之事，君所親見也。彼方首尾倒懸，救死不給，豈有餘力復營此⓬哉？今吾士卒精銳，人思致命，至尊遣兵，相繼於道。今子太⓭以旦夕之命，待不可望之救，猶牛蹄中魚，冀賴江漢，其不可恃亦明矣。若子太必能一士卒之心，保孤城之守，尚能稽延⑭日夕，以待所歸者，可也。今吾計力度慮⑮，而以攻此，曾不移日⑯，而城必破，城破之後，身死何益於事，而令百歲老母，戴白受誅，豈不痛哉？度此家⑰不得外問⑱，謂援可恃，故至於此耳。君可見之，為陳禍福。」玄之見普，具宣蒙意，普懼而聽之。玄之先出報蒙，普尋後當至。蒙豫敕四將，各選百人，普出，便入守城門。須臾普出，蒙迎執其手，與俱下船。語畢，出書示之，因拊手⑲大笑。普見書，知備在公安，而羽在益陽，慚恨入地。蒙留孫皎⑳，委以後事，即日引軍赴益陽。劉備請盟，權乃歸普等，割湘水，以零陵還之。以尋陽、陽新㉑為蒙奉邑。

2 師還，遂征合肥㉒，既徹兵，為張遼等所襲，蒙與凌統以死扞衛㉓。後曹公又大出濡須，權以蒙為督，據前所立塢，置彊弩㉔萬張於其上，以拒曹公。曹公前鋒屯未就，蒙攻破之，曹公引退。拜蒙左護軍、虎威將軍。

3 魯肅卒，蒙西屯陸口，肅軍人馬萬餘盡以屬蒙。又拜漢昌太守，食㉕下雋、劉陽、漢昌、州陵。與關羽分土接境，知羽驍雄，有并兼心，且居國上流㉖，其勢難久。初，魯肅等以為曹公尚存，禍難始搆㉗，宜相輔協，與之同仇，不可失也，蒙乃密陳計策曰：「令征虜㉘守南郡，潘璋㉙住白帝㉚，蔣欽㉛將游兵㉜萬人，循江上下，應敵所在，蒙為國家前據襄陽，如此，何憂於操，何賴於羽？且羽君臣，矜其詐力，所在反覆，不可以腹心待也。今羽所以未便東向者，以至尊聖明，蒙等尚存也。今不於彊壯時圖之，一旦僵仆㉝，欲復陳力，其可得邪？」權深納其策，又聊復㉞與論取徐州㉟意，蒙對曰：「今操遠在河北，新破諸袁㊱，撫集幽、冀㊲，未暇東顧。徐土守兵，聞不足言㊳，往自可克。然地勢陸通㊴，驍騎所騁，至尊今日得徐州，操後旬必來爭，雖以七八萬人守之，猶當懷憂。不如取羽，全據長江，形勢益張。」權尤以此言為當。及蒙代肅，初至陸口，外倍修恩厚，與羽結好。

【章　旨】以上是〈呂蒙傳〉的第三部分。詳述建安二十年孫、劉爭奪荊州過程中呂蒙智取酃縣一事。對孫權與曹操爭奪淮南控制權的過程中呂蒙的功績，也作了簡略記載。又以倒敘的方式，敘述了呂蒙在接替魯肅駐守長江中游以前，就提出了擊敗劉備的戰略建議，並得到孫權的支持。

【注　釋】❶專有荊土　全權管理荊州。❷移書　送達文告。移，公文名。同級政府部門之間討論問題的文件。❸城守　據城而守。❹飛書　十萬火急的信件。❺酃　縣名。治所在今湖南衡陽。❻被書　接到信中傳達的命令。被，接受；得到。❼郝子太　即郝普，子太為其字。呼字而不稱其名，以示尊重之意。❽知時　明白所處境況而相機行事。時，時事。❾左將軍　劉備，時正式身分為漢朝左將軍。❿漢中　郡名。治所在今陝西漢中東。⓫本屯　關羽本人率部在樊城營地。⓬營此　照顧此地；前來營救。⓭子太　原脫「太」字，元本有，據補。⓮稽延　延緩。稽，遲緩。⓯計力度慮　衡量敵我實力。⓰曾不移日　用不了一天。⓱度此家　猜想他。度，猜度。此家，此人。⓲外問　外面的消息。⓳拊手　撫掌。⓴孫皎　字叔朗，孫靜子，孫權堂弟。事見本書卷五十一〈孫靜傳〉。原誤作「孫河」，《三國志集解》據本書〈孫權傳〉，認為當作「孫皎」。㉑陽新　縣名。治所在今湖北陽新西南。㉒合肥　今安徽合肥。㉓以死扞衛　拼死保衛。扞，同「捍」。㉔彊弩　射程較遠的弩機。㉕食　封爵用語，動詞，意為按規定收取指定地區內百姓所交租稅。㉖上流　上游。㉗搆　造成；形成。㉘征虜　即孫皎，時任征虜將軍。㉙潘璋　字文珪，東郡發干（今山東冠縣東）人。少隨孫權，多有戰功。孫吳立國，任右將軍，為人善用兵，然多豪橫不法行為。詳見本書卷五十五〈潘璋傳〉。㉚白帝　城邑名。西漢末公孫述割據巴蜀時所築，因其自稱白帝代漢赤帝而得名。地在今重慶市奉節東白帝山上。城居山麓，扼三峽要津，分裂割據時代為兵家重鎮。㉛蔣欽　字公奕，九江壽春（今安徽壽縣）人，隨孫權征伐，任至右護軍。詳見本書卷五十五〈蔣欽傳〉。㉜游兵　無固定駐守地的部隊。㉝僵仆死亡。㉞聊復　姑且；隨隨便便的。㉟徐州　州名。治所在今江蘇邳州西南。㊱諸袁　指袁紹之子袁譚、袁尚等人。曹操率軍進入河北，打敗袁氏勢力，時在建安九年至十年間。㊲撫集幽冀　撫集，安撫平定。幽，幽州。冀，冀州。二州當今河北及北京、天津二市所在地區。㊳不足言　不值一提。㊴陸通　陸路暢通。

【語　譯】這時劉備命關羽鎮守，專力治理荊州，孫權命呂蒙西向攻取長沙、零陵、桂陽三郡。呂蒙傳遞文書給長沙、桂陽兩郡，兩郡皆望風歸服，只有零陵太守郝普閉城堅守，不肯投降。劉備從蜀地親自到公安，派遣關羽爭奪三郡。孫權當時駐紮陸口，讓魯肅率領一萬人駐守益陽抵禦關羽，用快信徵召呂蒙，讓他放棄零陵，迅速返回援助魯肅。起初，呂蒙已經平定了長沙，正要進軍零陵，經過酃縣時，讓南陽人鄧玄之與自己同車，鄧玄之是郝普的老朋友，想讓他誘降郝普。到了接到孫權的信，應當還師益陽，但他祕而不宣，夜間召集諸將，授給計謀，議定應在第二天早晨攻城，回頭對鄧玄之說：「郝子太聽過世間忠義之事，也想這樣去做，但是不明時宜。左將軍劉備在漢中，被夏侯淵圍困。關羽在南郡，現在我們主上親臨征討。最近攻下樊城大本營，救援酃縣，反而被孫規迎頭打敗。這都是目前發生的事，您所親眼看到的。他們正頭腳倒懸，救死都來不及，哪有餘力再營救零陵啊？現在我方士卒精銳，人人都想拼死效命，主上調遣兵將，在路上絡繹不絕。如今子太以危在旦夕的性命，等待沒有希望的救援，就像困在牛蹄印中的小魚，希冀用江、漢之水來活命，它的不可倚靠也很清楚了。如果子太能夠讓士卒同心，守護孤城，尚且能夠拖延一段時間，以等待投靠他人，倒也可以。如今我們衡量敵我雙方實力攻打零陵城，用不了一天，城一定會被攻破，城破以後，自己死了也於事無補，還讓百歲的老母，白首被殺，難道不痛心嗎？我猜度郝普得不到外面的消息，認為可以依靠援兵，所以才這樣。您可以去見他，給他說明禍福。」鄧玄之見到郝普，詳細說明了呂蒙的意見，郝普恐懼，聽從了呂蒙的意見。鄧玄之先出城回報呂蒙，郝普隨後就應前來。呂蒙預先告誡四位部將，每人挑選一百個人，等郝普一出城，便進城守住城門。不久郝普出城，呂蒙迎上去握住他的手，和他一起上船。寒暄畢，取出孫權的信讓他看，便拍手大笑。郝普看了信，知道劉備駐紮公安，關羽駐紮益陽，愧恨得想鑽到地下去。呂蒙留下孫皎，委託給他後續事宜，當天即率軍奔赴益陽。劉備請求結盟，孫權就歸還了郝普等人，劃割湘水為界，把零陵郡還給劉備，孫權把尋陽、陽新作為呂蒙的奉邑。

2 呂蒙率軍回來，便征討合肥，撤軍後，遭到張遼等人的襲擊，呂蒙與淩統以死保護孫權。後來曹公又大舉出兵濡須。孫權任命呂蒙為主帥，據守以前建立的城堡，在上面設置萬張強弩，用來抗拒曹公。曹公的前鋒部隊紮營未畢，呂蒙便攻破了他們，曹公率軍退回。孫權任命呂蒙為左護軍、虎威將軍。

3 魯肅去世，呂蒙西向屯駐陸口，魯肅原來一萬多部下全部歸屬呂蒙。又任命他為漢昌太守，以下雋、劉陽、漢昌、州陵四縣為食邑。呂蒙與關羽劃分土地毗鄰接壤，他知道關羽慓悍勇猛，有兼併之心，並且地處於國土的上游，結盟和好的形勢難以持久。當初，魯肅等人以為曹公尚存，禍患開始形成，應當與關羽互相幫助配合，同仇敵愾，不能失去他們，呂蒙卻向孫權密陳計策說：「讓征虜將軍守南郡，潘璋駐紮白帝城，蔣欽率領機動部隊一萬人，沿長江上下活動，應付所在之敵，呂蒙為國家前去據守襄陽，這樣，何須擔憂曹操，何必依賴關羽？況且關羽君臣，崇尚欺詐手段，反覆無常，不可以當做知心朋友對待。如今關羽不便向東出兵的原因，是因為主上聖明，呂蒙等人還活著的緣故。現在不趁我們強壯有力時圖謀他們，一旦我們都過世了，再想訴諸武力，能辦得到嗎？」孫權深深贊同他的計策，又順便和他討論攻取徐州的想法，呂蒙回答說：「當今曹操遠在河北，剛剛打敗袁氏，安撫平定了幽州、冀州，沒有時間東顧，徐州防守的兵力，不足掛齒，進兵前去自然可以攻占。然而徐州地理上陸路交通便利，是精銳騎兵馳騁的場所，您今天得到徐州，不出十天曹操一定前來爭奪，即使用七八萬人防守，也還令人擔憂。不如攻取關羽，占有全部的長江流域，有利形勢就會更加擴大。」孫權認為他的這些分析尤為妥當。到了呂蒙接替魯肅，初到陸口，表面上加倍厚施恩德，與關羽親密友好。

1 後羽討樊❶，留兵將備公安、南郡。蒙上疏曰：「羽討樊而多留備兵，必恐蒙圖其後故也。蒙常有病，乞分士眾還建業❷，以治疾為名。羽聞之，必撤備兵，盡赴襄陽。大軍浮江，晝夜馳上，襲其空虛，則南郡可下，而羽可禽也。」遂稱病篤❸，權乃露檄❹召蒙還，陰與圖計。羽果信之，稍撤兵以赴樊。魏使于禁救樊，羽盡禽禁等，人馬數萬，託以糧乏，擅取湘關❺米。權聞之，遂行，先遣蒙在前。蒙至尋陽，盡伏其精兵𦪇𦨴中，使白衣❻搖櫓，作商賈人服，晝夜兼行，至羽所置江邊屯候❼，盡收縛❽之，是故羽不聞知。遂到南郡，士仁❾、麋芳❿皆降。蒙入據城，盡得羽及將士家屬，皆撫慰，約令⓫軍中不得干歷⓬人家，有所求取。蒙麾下⓭士，是汝南人，取民家一笠，以覆官鎧，官鎧雖公，蒙猶以為犯軍令，不可以鄉里故而廢法，遂垂涕斬之。於是軍中震慄，道不拾遺。蒙旦暮使親近存恤耆老⓮，問所不足，疾病者給醫藥，飢寒者賜衣糧。羽府⓯藏財寶，皆封閉以待權至。羽還，在道路，數使人與蒙相聞，蒙輒厚遇其使，周遊城中，家家致問，或手書示信。羽人還，私相參訊，咸知家門無恙，見待過於平時，故羽吏士無鬭心。會權尋[16]至，羽自知孤窮[17]，乃走麥城[18]，西至漳鄉，眾皆委羽而降。權使朱然、潘璋斷其徑路[19]，即父子俱獲，荊州遂定。

2 以蒙為南郡太守，封孱陵侯，賜錢一億，黃金五百斤。蒙固辭金錢，權不許。封爵未下，會蒙疾發，權時在公安，迎置內殿，所以治護者萬方，募封內[20]有能愈[21]蒙疾者，賜千金。時有鍼加[22]，權為之慘慽[23]，欲數見其顏色，又恐勞動[24]，常穿壁瞻之，見小[25]能下食則喜，顧左右言笑；不然則咄唶[26]，夜不能寐。病中瘳[27]，為下赦令，羣臣畢賀。後更增篤，權自臨視，命道士於星辰下為之請命。年四十二，遂卒於內殿。時權哀痛甚，為之降損[28]。蒙未死時，所得金寶諸賜盡付府藏，敕主者命絕之日皆上還，喪事務約。權聞之，益以悲感。

3 蒙少不修書傳[29]，每陳大事，常口占[30]為牋疏[31]。常[32]以部曲事[33]為江夏太守蔡遺所白[34]，蒙無恨意。及豫章太守顧邵卒，權問所用，蒙因薦遺奉職佳吏，權笑曰：「君欲為祁奚[35]耶？」於是用之。甘寧麤暴好殺，既常失蒙意[36]，又時違權令，權怒之，蒙輒陳請：「天下未定，鬭將如寧難得，宜容忍之。」權遂厚寧[37]，卒得其用。

4 蒙子霸襲爵，與守冢三百家㊳，復田㊴五十頃。霸卒，兄琮襲侯。琮卒，弟睦嗣。

【章　旨】以上是〈呂蒙傳〉的第四部分。敘述他用計擊敗關羽，使孫權得以全據荊州的過程與策略運用；又記載了他病中孫權給予的關懷，以及他清廉為公、善識大體、不計個人恩怨的事跡。孫吳對呂蒙子孫的活動情況，也進行了簡略記述。

【注　釋】❶後羽討樊　東漢建安二十四年（西元二一九年）春，劉備進軍漢中，驅逐曹操守軍，作為配合行動，留守荊州的關羽率部進攻襄陽、樊城，試圖將曹操的勢力逐出荊州。❷建業　今江蘇南京，漢代名秣陵，東漢建安十七年（西元二一二年）孫權改名建業。後為孫吳國都所在。❸病篤　病重。❹露檄　公開的軍事文告。檄為古時指揮調動軍隊的一種文件，亦用於聲討敵方。❺湘關　關口名。孫、劉二方以湘江分界後，於瀟水入湘江處設關，防檢行旅。❻白衣　白色衣服，指平民。❼屯候　駐軍及巡邏人員。候，巡邏人員，亦用作動詞。❽收縛　抓捕並加以捆綁。❾士仁　字君義，廣陽（今北京市房山區）人，早隨劉備，後隸關羽，駐守公安，降孫權。❿麋芳　字子方，東海朐（今江蘇海州）人。世為商人，家富於財，東漢末任彭城相，棄官跟隨劉備，後任南郡太守，與關羽共事。因與關羽不合，孫權軍隊進攻時主動降附，為關羽失守荊州一個重要原因。詳見本書卷四十五楊戲附傳。⓫約令　約束命令。⓬干歷　進入人家強行索取。干，求。⓭麾下　部下。麾，旗幟。⓮存恤耆老　安撫慰問老人。存，安撫。耆老，老人。⓯府　貯藏錢幣寶物之處。⓰尋　不久；很快。⓱窮　走投無路。⓲麥城　城邑名。故址在今湖北當陽東南，相傳為楚昭王所築。⓳徑路　經由之路。⓴封內　治轄之內。㉑愈　使痊癒；治好。㉒鍼加　針灸治療。㉓慘慽　痛苦哀傷。㉔勞動　辛勞起身。㉕小　稍稍。㉖咄唶　嘆息。㉗中瘳　有些好轉。㉘降損　指減少膳食。因悲痛非常之故。㉙修書傳　研讀儒家經典與歷史書籍。漢代人觀念中，書常特指儒家經典，傳指史學典籍。㉚口占　口授。㉛牋疏　對上級的報告。牋、疏為下級對上級言事的公文名稱。㉜常　同「嘗」。曾經。㉝部曲事　因為部下兵士違法之事。漢代軍隊編制，將軍之下分部、部下有曲、曲下為屯，部曲合稱以指兵士。㉞白　報告。㉟祁奚　春秋時晉人，晉悼公時為中軍尉，年老請退。晉悼公問可接任者，他先推薦與其有仇的解狐，將任而解狐死，又推薦自己的兒子祁午，有「外舉不隱仇，內舉不隱子」之稱。㊱常失蒙意 曾經因事讓呂蒙對他不滿。常，原作「嘗」，今從宋本。㊲厚寧 厚待甘寧。㊳守冢三百家 以三百家民戶為呂蒙守墓。實際上是使這三百家成為呂蒙家屬耕種服務的私家所有人口，不再承擔公家的賦稅力役。㊴復田 免稅之田。

【語譯】後來關羽討伐樊城，留下兵將防守公安、南郡。呂蒙上疏說：「關羽討伐樊城而留下很多兵力防守，一定是害怕我圖謀他後方的緣故。我常生病，請求以治病為名，分派給我部分士兵返回建業。關羽聽說此事，一定會撤除防守的兵力，全部開赴襄陽。我大軍乘船，晝夜不停的快速沿江而上，趁虛襲擊，那麼南郡就可以攻下，而關羽也可以擒獲。」於是呂蒙假裝病重，孫權用公開的文書徵召呂蒙回建業，祕密與他商議大計。關羽果然信以為真，逐漸撤除南郡兵力開赴樊城。曹魏派遣于禁援救樊城，關羽把于禁等人全部俘獲，數萬人馬，以缺糧為藉口，擅自取用湘關的存米。孫權聽到此事，於是進軍，首先派呂蒙率部在前。呂蒙到了尋陽，把精銳部隊全部埋伏在大船中，讓平民搖櫓，裝扮成商人模樣，晝夜兼程，遇到關羽設在江邊的巡邏哨所，把人員全部捆綁關押起來，所以關羽不知道呂蒙進軍的消息。呂蒙於是到達南郡，傅士仁和麋芳都投降了呂蒙，呂蒙進入江陵占據了城池，俘獲了關羽和其他將士的所有家屬，對他們都加以安撫慰問，令軍人不得冒犯居民，索要物品。呂蒙部下有一個士卒，也是汝南人，拿了民家一個斗笠，用來覆蓋公家的鎧甲，鎧甲雖然是公家的，呂蒙仍然認為他犯了軍令，不能因為是同鄉而廢法，便揮淚殺了他。於是軍中震動，道不拾遺。呂蒙讓自己身邊的人員早晚都去慰問撫恤老人，問他們短缺什麼，有病的給予治療和藥物，飢寒的給予衣服糧食。關羽府中所貯藏的財寶，呂蒙都封存起來，等待孫權到來。關羽返回江陵途中，還多次派人與呂蒙互通信息，呂蒙總是厚待關羽的使者，讓他們周遊城中，到各家致意問候，有的家人還親自寫信表示使者所見的情形是真實的，關羽的使者返回，其部屬私下互相打聽，都知道家屬安然無恙，待遇比以前還好，所以關羽的官兵沒有鬥志。恰好孫權不久跟著到達江陵，關羽知道自己勢孤力窮，就逃往麥城，再往西逃到漳鄉，他的部眾都拋棄關羽前來投降。孫權派遣朱然、潘璋堵住關羽必經的小路，關羽父子同時被俘獲，荊州便平定了。

2 孫權任命呂蒙為南郡太守，封為孱陵侯，賜錢一億，黃金五百斤。呂蒙堅決不接受金錢，孫權不答應。封爵還沒有頒下，適逢呂蒙疾病發作，孫權當時在公安，把呂蒙接來安置在內殿，千方百計為他治病，招募境內能治好呂蒙疾病的人，賞給千金。治病有時用針灸，孫權為他痛苦難過，想經常觀察他的狀況，又擔心呂蒙辛勞起身，經常通過牆壁上開的小洞看望他，見他稍能吃飯，就感到高興，回頭對左右的人又說又笑；否則就唉聲嘆息，夜晚不能安寢。呂蒙病情一度好轉，孫權為此下達赦令，羣臣都來慶賀。後來呂蒙病情加重，孫權親自到病榻前看望，命令道士對著星辰為他祈求延長壽命。呂蒙四十二歲時，就死在孫權的內殿。當時孫權悲痛非常，為此減少膳食。呂蒙未死時，所得金銀珠寶等賞賜之物全部交給府庫收藏，命令主管的人在他死後全部上交，喪事務必簡約。孫權聽到這些事，更加悲傷感動。

3 呂蒙年少時未曾研讀經史，每當陳述重大事情，常常口授內容由別人撰成書札奏章。曾經因為部下的事被江夏太守蔡遺告發，呂蒙卻無怨恨之意。等到豫章太守顧邵死後，孫權問呂蒙用誰接替，呂蒙舉薦蔡遺是奉公職守的好官，孫權笑著說：「你想當祁奚嗎？」於是任用了蔡遺。甘寧為人粗暴喜好殺人，既曾讓呂蒙對他不滿，又屢犯孫權的法令，孫權惱怒他，呂蒙往往為甘寧求情說：「天下還沒有安定，像甘寧這樣的戰將很難得，應容忍他。」孫權於是厚待甘寧，最終使他發揮作用。

4 呂蒙的兒子呂霸承襲了爵位，賜給三百家民戶為呂蒙守護墳墓，可免交賦稅的田地五十頃。呂霸死後，哥哥呂琮繼承了侯爵。呂琮死後，弟弟呂睦繼承了爵位。

孫權與陸遜論周瑜、魯肅及蒙曰：「公瑾雄烈，膽略兼人❶，遂破孟德❷，開拓荊州，邈❸焉難繼，君今繼之。公瑾昔要❹子敬來東，致達於孤，孤與宴語，便及大略帝王之業，此一快也。後孟德因獲劉琮之勢，張言❺方率數十萬眾水步俱下。孤普請諸將，咨問所宜，無適❻先對，至子布❼、文表❽，俱言宜遣使修檄迎之，子敬即駮言不可，勸孤急呼公瑾，付任以眾，逆而擊之，此二快也。且其決計策，意出張蘇❾遠矣；後雖勸吾借玄德地，是其一短，不足以損其二長也。周公不求備於一人❿，故孤忘其短而貴其長，常以比方鄧禹⓫也。又子明少時，孤謂不辭劇易⓬，果敢有膽而已；及身長大，學問開益，籌略奇至，可以次於公瑾，但言議英發不及之耳。圖取關羽，勝於子敬。子敬答孤書云：『帝王之起，皆有驅除⓭，羽不足忌。』此子敬內不能辦，外為大言耳，孤亦恕之，不苟責⓮也。然其作軍，屯營不失，令行禁止，部界無廢負，路無拾遺，其法亦美也。」

【章　旨】以上內容合周瑜、魯肅、呂蒙三人而言，引述孫權對三人的評語，表明三人在孫吳建國中的重要作用和各自不同的地位。

【注　釋】❶兼人　過人。❷孟德　曹操字。❸邈　高遠。❹要　同「邀」。❺張言　大言；揚言。❻無適　無主；無人。❼子布　張昭字。❽文表　張紘，本書卷五十三有傳。❾張蘇　張儀、蘇秦，戰國時有名的縱橫家。❿周公不求備於一人　《論語・微子》：「周公謂魯公（周公之子伯禽）曰：『君子不施其親，不使大臣怨乎不以，故舊無大故則不棄也，無求備於一人。』」⓫鄧禹　東漢光武帝劉秀同學，創業功臣之首。詳見《後漢書・鄧禹列傳》。⓬劇易　難易。⓭帝王之起二句　古人一種觀念，認為新王朝建立之前，總會有一些豪傑擁眾一方，消滅新政權創立者的首要敵人，並最終為天命帝王所消滅，這些豪傑的活動不過是給真命天子掃除障礙。⓮苟責　隨意指責。

【語　譯】孫權與陸遜評價周瑜、魯肅及呂蒙時說：「公瑾英勇剛烈，膽略過人，於是大敗曹孟德，開拓荊州，他才高業偉，很難繼踵其後，您現在繼承了他。公瑾過去邀請魯子敬東來，把他推薦給我，我和他席間談論，他便大體上提出了建國的謀略，這是第一件使人快意的事。後來曹孟德藉著得到了劉琮的勢力，揚言要率領數十萬大軍從水陸俱下。我廣請諸將，詢問適合的對策，沒有人敢率先發言，甚至張子布、張文表都說應該修書遣使迎降，子敬立即反駁說不可以，勸我急速召回公瑾，付以重兵，迎擊曹孟德，這是第二件使人快意的事。而且他決斷的謀略，思慮遠遠超過了張儀、蘇秦；後來雖然勸我借給劉玄德地盤，是他的一大短處，但不足貶損他的兩大長處。周公對人不求全責備，所以我忘掉他的短處而重視他的長處，常將他比作鄧禹。還有呂子明年輕時，我只看到他不辭難易，果敢有膽量而已；到他長大以後，學問長進開闊，籌謀劃策出奇至極，可以說僅次於公瑾，只是言談舉止不如公瑾那樣英氣勃勃而已。設計智取關羽，勝過子敬。子敬在回答我的信中說：『帝王的興起，都會有人為之掃除障礙，關羽不值得憂慮。』這是子敬內心知道自己辦不到，表面又說大話罷了，我也寬恕他，不隨便責怪他。然而他率領軍隊，安營紮寨，能做到令行禁止，轄區內沒有怠忽職守的官員，路不拾遺，他的治軍之法也很優秀啊。」

評曰：曹公乘漢相之資，挾天子而掃羣桀，新盪荊城，仗威東夏❶，于時議者莫不疑貳❷。周瑜、魯肅建獨斷之明，出眾人之表❸，實奇才也。呂蒙勇而有謀斷，識軍計，譎❹郝普，禽關羽，最其妙者。初雖輕果妄殺，終於克己，有國士之量，豈徒武將而已乎！孫權之論，優劣允當，故載錄焉。

【章旨】以上是陳壽對三位傳主的評價。

【注釋】❶東夏　地域稱呼，東漢時開始出現並流行，大體指今黃河中下游流域。夏，原誤作「下」。❷疑貳　猶豫不定而有異心。❸表　外。❹譎　用計欺詐。

【語　譯】評論說：曹公利用漢朝丞相的地位，挾天子而掃除羣雄，剛剛蕩平荊州，威震東夏。當時論者莫不疑惑猶豫。周瑜、魯肅提出自己高明獨到的見解，出於眾人之上，實在是奇才。呂蒙勇而有謀，軍事策略上有見識有決斷，詐取郝普，活捉關羽，這是他計策中最為高妙的兩招。起初雖然他行為輕率，隨便殺人，但後來能約束自己，有國士的氣量，豈只是一名武將而已！孫權的評論，對各人優劣評價公允妥當，所以把它記錄下來。

【研　析】周瑜、魯肅、呂蒙三人，是三國孫吳政權奠基時期的重要人物，綜觀三人行事，有三事值得深入分析。

其一，孫氏以江東為立足點，發展為獨立的政權，魯肅是一個關鍵性的人物。孫策於興平元年（西元一九五年）以袁術部屬身分，率父孫堅舊部從淮南南下過江，在黃河流域各地軍閥劃分地盤之際，利用江東丹楊、吳、會稽等三郡無重要軍事力量的有利時機，在很短的時間內，據有三郡，進而據有豫章。當故主袁術試圖稱帝代漢，孫策以書相責，表示與之分道揚鑣，繼而接受曹操控制的東漢朝廷授予的討虜將軍、吳侯的官職與爵位，並沒有表現出強烈的背棄漢朝自圖發展的企圖。西元二〇〇年，年輕的孫權繼兄統眾，內部並不穩定，當時流亡江東的魯肅試圖北返淮南，即可為證；而且曹操隨即消滅袁紹，北方趨於統一。在這種情況下，孫氏江東集團何去何從，實關乎後來歷史發展的方向。出生漢代官僚家庭的周瑜在勸魯肅留住江東跟隨孫權時，引當時流傳的「祕論」，所謂「承運代劉氏者，必興于東南」，並認為孫權「當其曆數」，「終搆帝基，以協天符」。與出身官僚士大夫家庭的周瑜相比，魯肅家族地位並不顯赫，且性格豪放，對東漢國家的效忠感更為薄弱，因此初見孫權，便批評孫權因「漢室傾危」而「思有桓文之功」不對，強調「漢室不可復興」，應棄漢而自謀帝業。儘管孫權這時表態說：「今盡力一方，冀以輔漢耳，此言非所及也。」孫權屬下當時最有影響力、對漢朝廷頗有效忠情感的張昭亦嚴加指責。但從孫權從此極其推重魯肅，及後來對魯肅初次見面

「便及大略帝王之業」念念不忘，稱為第一大快事，我們可以肯定的說，正是周瑜與魯肅定下孫氏集團獨立發展建國大計，從而影響到年輕的孫權後來的政治趨向。也正是因為周瑜、魯肅抱有這種政治構想，才促使他們在曹操引兵南下據有荊州後，力排眾議，堅決支持孫權抗擊身為漢丞相的曹操，並以赤壁之戰為標誌，真正走向獨立建國的道路。

其二，對荊州的爭奪貫穿三人的傳記，三人均曾在奪得荊州後執掌其地的軍政大權，同時荊州問題又牽涉曹、劉、孫三方關係。爭奪荊州是魯肅最初所陳「帝王之業」中必要的步驟，即以江東為根據地，利用北方各種政治軍事勢力相互爭奪的時機「剿除黃祖，進伐劉表，竟長江所極，據而有之，然後建號帝王以圖天下，此高帝之業也。」這一對於孫氏集團發展的遠境構想，其戰略意圖與實際效果，均不遜色於諸葛亮在「隆中對」中向劉備提出的發展策略。魯肅在荊州牧劉表死後，再次向孫權闡明：「夫荊楚與國鄰接，水流順北，外帶江漢，內阻山陵，有金城之固，沃野萬里，士民殷富，若據而有之，此帝王之資也。」並主動請纓以弔唁為名前往活動，尋找機會，因而促成孫、劉聯合抗曹。周瑜率軍擊退曹操、圍攻曹仁於南郡，魯肅與關羽在益陽發生軍事衝突，以及呂蒙設計擊殺關羽，將劉備的勢力全部逐出荊州，都是孫氏集團走向建國道路上的大事。其中，劉備一度「借荊州」得手，與魯肅支持有很大關係，後來孫權亦將此作為魯肅所犯的一大錯誤。不過，在劉備求「借」之時，力主孫氏獨立建國且被孫權稱讚計謀策略遠勝於蘇秦、張儀的魯肅之所以犯這樣的錯誤，而且周瑜上書表示反對，孫權仍「借」出荊州，實因曹操於赤壁之戰後，曾一度率兵進攻淮南，有從長江下游過江威脅江東的態勢，孫權亦親率兵出擊淮南。孫權借出荊州，實際將長江中游北防重任交給聯盟的劉備，自己則收縮戰線，全力爭奪對淮南的控制，確保江東安全，亦即〈周瑜傳〉所謂「權以曹公在北方，當廣擥英雄，又恐備難卒制」。決策者還是孫權，並不能說是魯肅政治決策生涯中的敗筆。至於劉備「借荊州」所借實際地區及戰略意義，注釋中已有疏解，可參看。

其三，周瑜等三人儘管是孫吳政權創基功臣，孫權對他們的評價亦很高，但三人的後嗣在孫吳政權中並無多大影響，周瑜之子周胤及姪周護均被孫權有意的壓制。這不僅因為三人後嗣無能，主要還是因為孫吳政權建立後，主要依託江東顧、陸等大族作為政治基礎，而周瑜等三人均從淮河流域過江，在南方沒有強大的宗族支撐，因而缺乏政治影響力。(何德章注譯)

卷五十五　吳書十

程黃韓蔣周陳董甘淩徐潘丁傳第十

【題解】本傳是孫吳「虎臣」程普、黃蓋、韓當、蔣欽、周泰、陳武、董襲、甘寧、淩統、徐盛、潘璋、丁奉等十二位將領的合傳。這些將領中，有的是早年跟隨孫堅，並在孫策、孫權創業時立下赫赫功勳的勇將，如程普、黃蓋、韓當；有的是在孫策過江後，在南方一步步成長起來，並在孫吳政權建立過程中立下汗馬功勞的戰將，如蔣欽、周泰、董襲、徐盛；有的則是遠方投附，孫權推心置腹的加以委任的猛將，如甘寧；有的則是孫吳後期的重要將領，如潘璋、丁奉。而淩操之子淩統、陳武之子陳表，均在父逝世之後，在孫權時成為一代名將，傳中亦濃墨重彩予以記述。通過這些將領的傳記，也較全面的反映了孫吳政權軍隊的創建過程。

1 程普，字德謀，右北平❶土垠人也。初為州郡吏，有容貌計略，善於應對❷。從孫堅征伐，討黃巾於宛、鄧❸，破董卓於陽人❹，攻城野戰，身被創夷❺。

2 堅薨，復隨孫策在淮南，從攻廬江❻，拔之，還俱東渡。策到橫江、當利❼，破張英、于麋⑧等，轉下秣陵⑨、湖熟⑩、句容⑪、曲阿⑫，普皆有功，增兵二千，騎五十匹。進破烏程⑬、石木、波門、陵傳⑭、餘杭⑮，普功為多。策入會稽⑯，以普為吳郡都尉⑰，治錢唐⑱。後徙丹陽⑲都尉，居石城⑳。復討宣城㉑、涇㉒、安吳㉓、陵陽㉔、春穀㉕諸賊，皆破之。策嘗攻祖郎㉖，大為所圍，普與一騎共蔽扞㉗策，驅馬疾呼，以矛突賊，賊披㉘，策因隨出。後拜盪寇中郎將，領零陵㉙太守，從討劉勳㉚於尋陽㉛，進攻黃祖㉜於沙羨㉝，還鎮石城。

3 策薨，與張昭㉞等共輔孫權，遂周旋三郡㉟，平討不服。又從征江夏㊱，還過豫章㊲，別討樂安㊳。樂安平定，代太史慈㊴備海昏㊵，與周瑜為左右督㊶，破曹公於烏林㊷，又進攻南郡㊸，走曹仁㊹。拜裨將軍㊺，領江夏太守，治沙羨，食四縣。

4 先出諸將㊻，普最年長，時人皆呼程公。性好施與，喜士大夫。周瑜卒，代領南郡太守。權分荊州與劉備，普復還領江夏，遷盪寇將軍，卒。權稱尊號，追論普功，封子咨為亭侯㊼。

【章旨】以上為〈程普傳〉，敘述程普早年跟隨孫堅征戰，後又隨孫策過江轉戰江東、並參與赤壁之戰，奠定孫氏割據江南基礎的經歷。

【注釋】❶右北平　郡名。治所在今河北豐潤東。❷應對　應答；講話。❸宛鄧　均為縣名。宛，治所在今河南南陽。鄧，治所在今湖北襄樊北。❹陽人　邑聚名。地當今河南汝州西。❺創夷　創傷。夷，同「痍」。傷口。❻廬江　郡名。治所在今安徽廬江縣西南。❼橫江當利　均為津渡名，為過江南下的重要渡口，橫江又稱橫江津、橫江浦，當利又稱當利口。地均在今安徽和縣東南。❽張英于麋　二人時為揚州刺史劉勳部下。❾秣陵　縣名。治所在今江蘇江寧南秣陵關。後孫權一度以此為駐蹕地，改名建業，移治今江蘇南京，並建造新城。❿湖熟　縣名。治所在今江蘇江寧東南湖熟鎮。⓫句容　縣名。治所在今江蘇句容。⓬曲阿　縣名。治所在今江蘇丹陽。⓭烏程　縣名。治所在今浙江吳興南。⓮石木波門陵傳　邑聚名。地當在烏程、餘杭間。⓯餘杭　縣名。治所在今浙江杭州西。⓰會稽　郡名。治所在今浙江紹興。⓱吳郡都尉　漢制，郡居邊地，置都尉，掌一郡兵事。吳郡，治所在今江蘇蘇州。⓲治錢唐　駐地在錢唐。治，地方長官駐蹕以實施統治。錢唐，今浙江杭州。⓳丹陽　一作「丹楊」，郡名。治所在今安徽宣州。⓴石城　地名。後又名石頭城，故址在今江蘇南京市區清涼山。㉑宣城　縣名。治所在今安徽宣城西。㉒涇　縣名。治所在今安徽涇縣西北。㉓安吳　縣名。治所在今安徽涇縣西南。㉔陵陽　縣名。治所在今安徽太平西北。㉕春穀　縣名。治所在今安徽繁昌西北長江南岸。㉖祖郎　東漢末涇縣一帶山民首領，曾拒擊孫策，後戰敗被俘，為孫策所用。㉗扞　同「捍」。㉘披　退卻。㉙零陵　郡名。治所在今湖南零陵。㉚劉勳　字子臺，琅邪（今山東臨沂）人。漢末為廬江太守，依附割據揚州的袁術，稱雄一時，被孫策擊敗後，投奔故友曹操，任平虜將軍、封華鄉侯，屢犯法，又誹謗曹操，被處斬。㉛尋陽　縣名。治所在今湖北黃梅西南。㉜黃祖　漢獻帝初為江夏太守，依附於荊州牧劉表，東漢初平三年（西元一九二年），孫堅奉袁術之命進攻荊州，黃祖奉劉表之命拒之，部下軍士在襄陽峴山將孫堅射殺。孫權統事後，數次以報父仇為由進攻江夏，並藉機向長江中游擴展地盤。東漢建安十三年（西元二〇八年），孫權最終率軍攻占江夏，黃祖在逃跑途中被活捉而殺。㉝沙羨　縣名。治所在今湖北武漢西南金口鎮。㉞張昭　字子布，彭城（今江蘇徐州）人。少好學，博覽羣書，東漢末，避難過江，孫策創業，以為謀主，後輔佐孫權，因政見不合加為人剛愎敢言，漸不受重視，老病而卒。詳見本書卷五十二〈張昭傳〉。㉟周旋三郡　周旋，往來。三郡，指孫策過江最初攻占的吳、會稽、丹陽三郡。㊱江夏　郡名。漢治所在今湖北新洲西，後孫吳據其地，移治今湖北鄂州。㊲豫章　郡名。治所在今江西南昌。㊳樂安　漢邑聚，三國吳設縣，又設郡，治所在今江西婺源東南。㊴太史慈　字子義，東萊黃（今山東龍口）人。少好學，善弓馬，東漢末隨劉繇割據豫章，自稱丹陽太守，孫策過江，曾興兵相拒，於涇縣被俘，轉事孫策、孫權兄弟。詳見本書卷四十九〈太史慈傳〉。㊵海昏　縣名。治所在今江西永修東。㊶左右督　左右兩路大軍的統帥。㊷烏林　地名。地在今湖北洪湖東北長江北岸烏林磯，赤壁戰後曹操退師途中於此遭受伏擊。㊸南郡　郡名。漢代治所在今湖北江陵。孫吳時移治今湖北公安。㊹曹仁　字子孝，沛國譙（今安徽亳州）人。曹操堂弟，少好弓馬，後從曹操征討，戰功卓著，位至大將軍，封陳侯。病卒，謚「忠武」。詳見本書卷九〈曹仁傳〉。㊺裨將軍　漢制，將軍之下有偏將軍、裨將軍，地位低於將軍。時孫權名義上為漢討虜將軍，故功臣程普等不得為將軍。㊻先出諸將　指在孫堅時就跟隨作戰而成長起來的將領。㊼亭侯　漢制，有軍功者爵位可至封侯，封侯者又因功勳大小，封地大小有別，或封一郡地，為郡侯，或以一縣數縣地，為縣侯，或以一鄉地為封，為鄉侯，或以一亭為封，稱亭侯，封於縣治所在之鄉，又稱都鄉侯。侯者「食」即收取封地百姓所交租稅。孫吳時大致從漢制。

【語　譯】 程普，字德謀，右北平郡土垠縣人。最早時為州、郡小吏，有容貌及計畫謀略，善於應對答話。跟隨孫堅征戰，在宛縣、鄧縣討伐黃巾軍，在陽人打敗董卓，攻打城池野外戰鬥，身體多處受傷。

2　孫堅去世，程普又隨從孫策在淮南，跟著孫策進攻廬江，攻占了它，又與孫策一起渡江東進。孫策率部到橫江、當利，擊敗張英、于麋等人，轉而攻克秣陵、湖熟、句容、曲阿，程普都立有戰功，增添士兵二千人、戰馬五十匹。進軍攻破烏程、石木、波門、陵傳、餘杭，程普戰功最多。孫策進駐會稽城後，任命程普為吳郡都尉，駐地在錢唐。後來轉任丹陽都尉，屯駐石城。又征討宣城、涇、安吳、陵陽、春穀各處的賊寇，都打敗了他們。孫策曾經攻打祖郎，被祖郎圍困，程普與一騎兵共同掩護孫策，驅馬大聲高喊，手持長矛向敵軍衝去，敵軍退卻，孫策乘機隨程普衝出包圍。後來任命程普為盪寇中郎將，兼任零陵太守，隨從孫策到尋陽討伐劉勳，在沙羨攻打黃祖，回軍後鎮守石城。

3　孫策去世後，程普與張昭等人共同輔佐孫權，於是率部眾輾轉於會稽、吳、丹陽三郡，討平不肯歸降的人。又隨孫權征伐江夏郡，回師經過豫章，另率一支軍隊征討樂安。樂安平定後，代太史慈防守海昏，後又與周瑜分別擔任左右統帥，在烏林擊敗曹公，又進攻南郡，趕走了曹仁。擔任裨將軍，兼任江夏太守，治所設在沙羨，以四縣地為食邑。

4　最早追隨孫堅作戰的將領中，程普年紀最大，當時人們都稱他為程公。他性好施捨，喜愛士大夫。周瑜死後，兼任南郡太守。孫權把荊州部分地區分給劉備，程普又兼任江夏太守，升任盪寇將軍，去世。孫權稱帝時，追念程普的功績，封他的兒子程咨為亭侯。

1 黃蓋，字公覆，零陵泉陵❶人也。初為郡吏，察孝廉，辟公府❷。孫堅舉義兵，蓋從之。堅南破山賊❸，北走董卓，拜蓋別部司馬❹。堅薨，蓋隨策及權，擐甲周旋❺，蹈刃屠城。

2 諸山越❻不賓❼，有寇難之縣，輒❽用蓋為守長❾。石城縣吏，特難檢御❿，蓋乃署兩掾⓫，分主諸曹⓬。教⓭曰：「令長不德，徒以武功為官，不以文吏⓮為稱。今賊寇未平，有軍旅之務，一以文書⓯委付兩掾，當檢攝⓰諸曹，糾擿⓱謬誤。兩掾所署，事入諾出⓲，若有姦欺，終不加以鞭杖⓳，宜各盡心，無為眾先⓴。」初皆怖威，夙夜恭職；久之，吏以蓋不視文書，漸容人事㉑。蓋亦嫌外懈怠，時有所省，各得兩掾不奉法數事。乃悉請諸掾吏，賜酒食，因出事詰問㉒。兩掾辭屈，皆叩頭謝罪。蓋曰：「前已相敕㉓，終不以鞭杖相加，非相欺也。」遂殺之。縣中震慄。後轉春穀長，尋陽令。凡守九縣，所在平定。遷丹陽都尉，抑彊扶弱，山越懷附。

3 蓋姿貌嚴毅㉔，善於養眾㉕，每所征討，士卒皆爭為先。建安中㉖，隨周瑜拒曹公於赤壁，建策火攻，語在瑜傳。拜武鋒中郎將。武陵㉗蠻夷反亂，攻守城邑，乃以蓋領太守。時郡兵才五百人，自以不敵，因開城門，賊半入，乃擊之，斬首數百，餘皆奔走，盡歸邑落㉘。誅討魁帥，附從者赦之。自春訖夏，寇亂盡平，諸幽邃㉙巴、醴、由、誕㉚邑侯君長，皆改操易節㉛，奉禮請見，郡境遂清。後長沙益陽縣㉜為山賊所攻，蓋又平討。加偏將軍，病卒於官。

4 蓋當官決斷㉝，事無留滯，國人思之。及權踐阼㉞，追論其功，賜子柄爵關內侯。

【章旨】以上為〈黃蓋傳〉，記述黃蓋在孫堅時的附從之功，及其在孫策、孫權兄弟時對穩定控制江東所作的貢獻，並通過具體事例反映黃蓋的治理才能。同時敘述黃蓋在赤壁之戰中的貢獻，及其在孫氏穩定控制湘江流域過程中所起的積極作用。

【注釋】❶泉陵　縣名。治所在今湖南零陵。❷初為郡吏三句　這是漢代一般的入仕途徑。漢代郡、縣長官由中央任命，其下屬機構人員由長官在當地自行選取任命。漢武帝以後，各郡每年察孝廉，經中央相關機構考察、考試通過後，成為正式官員，中央機關可從中挑選自己的下屬，稱為「辟」。❸山賊　對居住山區不服從管理的少數民族的蔑稱。❹別部司馬　漢制，將軍下分部、曲、屯。屯的長官稱司馬，領數百人不等。別部司馬即任司馬獨立率領一支小部隊，不再為將軍身邊隨從人員。❺擐甲周旋　身穿鎧甲，轉戰四方。擐，貫；穿。周旋，四方奔走。❻山越　意為山中之越人。先秦時，居住在今淮河以南，安徽、江蘇、浙江、福建及兩廣地區的族羣被中原華夏族人總稱為越人，春秋、戰國時的吳國、越國先後興起並接受華夏文化，漢代時這些地區的華夏化更為深入，但今福建、浙江及江西毗鄰地區的山地中，居民的語言、習俗在漢末仍與華夏人有別，被稱為山越。官府亦未能有效的實施行政管理。孫策及孫權時，在這些地區廣設郡、縣行政機構，強化管理，並不斷派兵對不服從管理者進行圍剿，將他們強行遷徙到易於控制的蘇南地區，編入軍隊或在軍隊監管下耕作，這成為孫吳政權擴大兵源的重要途徑。❼不賓　不服從管理。❽輒　總是。❾守長　代理縣長。漢制，大縣長官稱令，小縣長官稱長，暫時任職稱守。❿檢御　查檢控御，控制、約束。⓫掾　漢代以及魏晉南北朝時行政機構中下級機構長官通名，如同今日所謂「處長」。⓬曹　行政機構中下級機構名，相當於今日之「科」。⓭教　郡、縣長官對下發布的行政命令。⓮文吏　漢代對一類官員的總稱，又稱文法吏，指通曉法令，據以辦事的官吏。⓯文書　公文檔案。⓰檢攝　監督統領；主管。⓱糾擿　發現並改正。⓲事入諾出　公務送進來我就批准。事，公務。諾，批准用語，如同今日官員簽署所用「同意」。⓳鞭杖　漢代對罪人的兩種較輕的刑事處罰。⓴無為眾先　不要成為大家的榜樣，此指率先犯法。㉑容人事　不按法紀而講人情關係。㉒詰問　質問。㉓敕　告誡。㉔姿貌嚴毅　面相長得特別威嚴。㉕善於養眾　指善待士兵，保護他們的利益。㉖建安中　指漢獻帝建安十三年（西元二〇八年）赤壁之戰。㉗武陵　郡名。治所在今湖南常德。㉘邑落　聚落；村落。㉙幽邃　深山密林中。㉚巴醴由誕　此應為當時對今湘、鄂邊居住的非華夏族族羣的稱呼，各自具體的地區不太明晰。㉛改操易節　改變行為態度。㉜益陽縣　治所在今湖南益陽。㉝當官決斷　處理政事有決斷能力，有魄力。㉞踐阼　登上帝位。

【語　譯】黃蓋，字公覆，零陵郡泉陵縣人。最初任郡吏，後被察舉為孝廉，公府徵召為官屬。孫堅起兵，黃蓋隨從他。孫堅南進攻破山中的賊寇，北進打敗董卓，任命黃蓋為別部司馬。孫堅去世後，黃蓋追隨孫策及孫權，身穿鎧甲，轉戰四方，衝鋒陷陣，攻城略地。

2　各地山越不服從統治，有賊寇作亂的縣，總是任命黃蓋為縣令。石城縣吏，特別難於管理，黃蓋就任命兩個縣掾，分頭主管各部門。下命令說：「縣令沒有德行，只不過因戰功當上長官，文吏之事非其所長。現今賊寇沒有平定，有軍事任務，所有公文案卷都交給兩位縣掾處理。你們應當監督下屬各部門，糾舉揭發他們的謬誤。你們兩位簽署的事，送進來我就批准，如果有奸詐欺騙，我最後不會只有鞭打杖責。你們應當各自盡心，不要率先違法。」一開始他們都畏懼黃蓋的威嚴，日夜恭敬盡職；時間一久，縣吏因為黃蓋不看文書，慢慢的憑人情辦事。黃蓋也嫌惡官吏們懈怠，時常進行檢查，分別得到兩位縣掾幾件不遵從法紀的事。於是將縣中各部門掾吏都請來，賜給他們酒食，趁機把那些事提出來進行責問。兩位縣掾無言以答，都叩頭請罪。黃蓋說：「我先前已經告誡過你們，最後不會僅僅鞭打杖責你們，這可不是騙你們的。」於是殺了兩位縣掾。縣中震慄。後轉任春穀縣長、尋陽縣令。總共代理過九個縣的長官，所在職之處都平靜安定。升任丹陽都尉，抑制豪強，扶助貧弱，山越人懷德歸附。

3 黃蓋面相威嚴剛毅，善於保護手下的部眾，每次率軍打仗，士卒都爭先恐後的衝殺。建安年間，隨周瑜在赤壁抵禦曹公。建議火攻的計策，這事記錄在〈周瑜傳〉中。擔任武鋒中郎將。武陵蠻夷發動叛亂，攻占了一些城邑。於是孫權讓黃蓋兼任武陵太守。當時只有郡兵五百人，黃蓋認為不能力敵，於是打開城門，等到敵人進到一半時，才攻擊敵人，斬獲了敵人幾百個首級，其餘都逃走了，全都回到村落中。黃蓋只誅殺了首領，追隨的人則赦免了他們。從春天到夏天，賊寇叛亂盡皆平定，那些住在高山深谷密林中的巴、醴、由、誕等部族首領，也都改變行為態度，送來禮物請求接見，武陵郡於是得以太平。後來長沙郡益陽縣受到山賊攻打，黃蓋又征討平定了他們。加封偏將軍，病死於任上。

4 黃蓋當官有魄力，辦事果斷，從不拖沓，吳國人都很想念他。等到孫權登上帝位，追念他的功勞，賜給他的兒子黃柄關內侯的爵位。

1 韓當，字義公，遼西❶令支❷人也。以便弓馬，有膂力❸，幸於❹孫堅。從征伐周旋，數犯❺危難，陷敵擒虜，為別部司馬。及孫策東渡，從討三郡，遷先登校尉，授兵二千，騎五十匹。從征劉勳❻，破黃祖，還討鄱陽，領樂安長，山越畏服。後以中郎將與周瑜等拒破曹公，又與呂蒙襲取南郡，遷偏將軍，領永昌太守❼。宜都之役❽，與陸遜、朱然❾等共攻蜀軍於涿鄉❿，大破之，徙威列將軍，封都亭侯。曹真攻南郡，當保東南。在外為帥，厲將士同心固守，又敬望督司⓫，奉遵法令，權善之。黃武二年⓬，封石城侯，遷昭武將軍，領冠軍太守⓭，後又加都督之號。將敢死及解煩兵⓮萬人，討丹陽賊，破之。會病卒，子綜襲侯領兵。

2 其年，權征石陽⓯，以綜有憂⓰，使守武昌⓱，而綜淫亂不軌⓲。權雖以父故不問，綜內懷懼，載父喪⓳，將母家屬部曲⓴男女數千人奔魏。魏以為將軍，封廣陽侯。數犯邊境，殺害人民，權常切齒。東興之役㉑，綜為前鋒，軍敗身死，諸葛恪㉒斬送其首，以白㉓權廟。

【章旨】以上為〈韓當傳〉，記述韓當隨從孫氏父子所立戰功，及其子韓綜因行為不軌叛變投敵的情形。

【注釋】❶遼西　郡名。治所在今遼寧義縣西。❷令支　縣名。治所在今河北遷安西。❸膂力　臂力；力氣。❹幸於　被人喜愛。❺犯　經歷。❻劉勳　字子臺，琅邪（今山東臨沂）人。漢末為廬江太守，依附割據揚州的袁術，稱雄一時，被孫策擊敗後，投奔故友曹操，任平虜將軍，封華鄉侯，屢犯法，又誹謗曹操，被處斬。❼領永昌太守　當時永昌郡在蜀漢境內，此為有名無實的遙領。❽宜都之役　指西元二二二年劉備舉全國之力進攻孫權被陸遜等敗於三峽中的戰役。宜都，郡名。治所在今湖北宜都。❾朱然　字義封，丹陽故鄣（今浙江安吉西北）人。養父朱治早年跟隨孫堅，後隨孫策、孫權兄弟，為孫吳創業功臣，朱然亦以軍功封侯，位至左大司馬、右軍師，為吳名臣。詳見本書卷五十六〈朱然傳〉。❿涿鄉　地名。在今湖北宜昌西。⓫督司　上級。⓬黃武二年　西元二二三年。黃武，吳王孫權年號，西元二二二—二二九年。⓭領冠軍太守　位高而任低職為領。冠軍郡地當今河南南陽境，此為孫權虛張聲勢而置，並沒實際占有。⓮解煩兵　孫權稱帝前建立的一支禁衛部隊，長官稱解煩督。本書卷六十二〈胡綜傳〉：「劉備下白帝，權以見兵少，使綜料諸縣，得六千人，立解煩兩部，詳領左部、綜領右部督。」⑮石陽　縣名。治所在今湖北應城東南。⑯憂　古稱父母死子為「丁憂」，指守喪期。⑰武昌　縣名。治所在今湖北鄂州。⑱不軌　不守法紀。⑲喪　靈柩。⑳部曲　漢代軍隊編制，將軍之下分部、部下有曲、曲下為屯，後部曲合稱以指兵士。㉑東興之役　指西元二五二年末諸葛恪率軍主動進攻淮南之戰役。東興地在今安徽巢湖市境，孫權曾於此築堤遏水以阻止曹魏方面經陸路南下進攻。㉒諸葛恪　字元遜，諸葛瑾之子、諸葛亮之姪。少以聰惠知名，受孫權賞識。孫吳建國後，建議攻打丹陽郡不服統治的山越人以補充兵員，取得巨大成功。後代陸遜駐守武昌。孫權臨終命其為輔政大臣，輔佐孫亮，他興利除弊，革新政治，成就斐然，但因堅持動員全部力量北伐曹魏，引發政治危機，被孫氏人物孫峻謀殺於宮中。詳見本書卷六十四〈諸葛恪傳〉。㉓白　報告；告訴。此指祭獻。

【語　譯】韓當，字義公，遼西郡令支縣人。因擅長騎馬射箭，臂力過人，受到孫堅的賞識。跟隨孫堅轉戰征伐，多次冒著危難，衝入敵陣，擒獲敵人，被任命為別部司馬。等到孫策東渡，韓當跟隨討伐三部，提升為先登校尉，授給士兵二千、五十匹戰馬。隨孫策進攻劉勳，打敗黃祖，回師征討鄱陽，兼任樂安縣長，山越人畏懼服從。後來又以中郎將之職與周瑜等抵禦並擊敗曹公，又和呂蒙襲擊奪取了南郡，升任偏將軍，兼任永昌太守。宜都之戰，與陸遜、朱然等一道在涿鄉進攻蜀軍，大破蜀軍，升任威烈將軍，封為都亭侯。曹真進攻南郡，韓當防衛東南方。在外任統帥，他鼓勵將士們齊心固守，又尊重上級將領，遵守法令，孫權非常稱讚他。黃武二年，封為石城侯，升任昭武將軍，兼任冠軍太守。後來又加都督名號，率領敢死隊及解煩兵共一萬人，討伐丹陽賊寇，打敗了他們。適逢韓當生病去世，其子韓綜承襲了爵位，統領兵馬。

2 這一年，孫權進攻石陽，因韓綜還在服喪期，讓他防守武昌，但韓綜淫亂不守法紀。孫權雖然因為他父親的緣故不予追究，然而韓綜本人心懷恐懼，將父親的靈柩裝在車上，領著母親、家屬及部曲男女數千人投奔魏國。魏國任命他為將軍，封他為廣陽侯。他多次進犯吳國邊境，殘害民眾。孫權常常對他恨得咬牙切齒。東興之戰，韓綜擔任前鋒，兵敗被殺，諸葛恪把他斬殺，割下首級送到建業，祭獻於孫權廟中。

1 蔣欽，字公奕，九江[1]壽春[2]人也。孫策之襲袁術，欽隨從給事[3]。及策東渡，拜別部司馬，授兵。與策周旋，平定三郡，又從定豫章。調授葛陽尉[4]，歷三縣長，討平盜賊，遷西部都尉[5]。會稽冶賊[6]呂合、秦狼等為亂，欽將兵討擊，遂禽合、狼，五縣[7]平定，徙討越中郎將，以經拘、昭陽[8]為奉邑[9]。賀齊[10]討黟[11]賊，欽督萬兵，與齊并力，黟賊平定。從征合肥，魏將張遼[12]襲權於津北，欽力戰有功，遷盪寇將軍，領濡須督[13]。後召還都，拜[14]右護軍，典領[15]辭訟。

2 權嘗[16]入其堂內，母疎帳縹被[17]，妻妾布裙。權歎其在貴守約[18]，即敕御府[19]為母作錦被，改易帷帳，妻妾衣服悉皆錦繡。

3 初，欽屯宣城，嘗討豫章賊。蕪湖[20]令徐盛[21]收[22]欽屯吏，表[23]斬之，權以欽在遠[24]不許，盛由是自嫌於欽。曹公出濡須[25]，欽與呂蒙持諸軍節度[26]。盛常畏欽因事害己，而欽每稱其善。盛既服德，論者[27]美焉。

4 權討關羽，欽督水軍入沔[28]，還，道病卒。權素服舉哀，以蕪湖民二百戶、田二百頃，給欽妻子。子壹封宣城侯，領兵拒劉備有功，還赴南郡，與魏交戰，臨陣卒。壹無子，弟休領兵，後有罪失業[29]。

【章　旨】以上為〈蔣欽傳〉，記述蔣欽跟隨孫策、孫權兄弟為創立孫吳政權所立戰功，並通過兩個具體事例反映他為人清廉、寬厚、公正的品格。

【注　釋】❶九江　郡名。治所在今安徽壽縣。❷壽春　縣名。治所在今安徽壽縣。❸給事　辦事。❹葛陽尉　葛陽縣尉。葛陽，縣名。治所在今江西弋陽西。縣尉，助縣令管理一縣治安。❺西部都尉　東漢時，邊郡置都尉，領兵維持治安，郡轄地廣且民族關係複雜者，設多個都尉，分片管理，稱部。此西部都尉指會稽郡西部都尉。❻治賊　治煉工匠叛亂者。兩漢時今福建福州屬會稽郡轄區，於其地設官方治煉工場，史稱東治。漢代治煉工人多以犯罪者充任。各地治煉工匠叛亂為漢代常有之事。治，原誤作「治」。宋本不誤，據改。❼五縣　指會稽西部都尉所管理的五個縣。❽經拘昭陽　均為縣名。經拘，治所不詳，當於昭陽臨境。昭陽，治所在今湖南邵東東北。❾奉邑　孫權授予屬下重要軍事將領的一種特殊待遇，以一縣或數縣給予其人管理，自置官吏，收取賦稅。這實際上是漢代以郡或以縣為國的封侯者的待遇，但孫權稱帝前，按漢制無權授予侯爵，因而是對有大功的軍事將領一種臨時變通的獎勵辦法。❿賀齊　字公苗，會稽山陰（今浙江紹興）人，在平定民亂，抗擊魏侵中多立戰功，歷武威中郎將、安東將軍，終至後將軍，假節領徐州牧。事見本書卷六十〈賀齊傳〉。⓫黟　縣名。治所在今安徽黟縣。⓬張遼　字文遠。雁門馬邑（今山西朔縣）人。早年從丁原、呂布，後改事曹操，戰功卓著。官至前將軍，魏文帝初封晉陽侯。詳見本書卷十七〈張遼傳〉。⓭濡須督　濡須，地名，又稱濡須口、濡須城、濡須塢，源出今安徽巢湖市西巢湖的濡須水入長江處。此水為古代江淮間重要通道，東漢建安十七年（西元二一二年），孫權令於此築城駐軍，以拒曹操。亦是後來吳國的軍事重鎮之一。督前加地名，表示掌管一地駐軍的軍事長官，孫吳為防禦北方魏、蜀，三峽以下沿長江設有西陵督、武昌督、夏口督等十多個軍事轄區，分段防禦，濡須督為其中之一。⓮拜　下原衍「津」字。⓯典領　主管。⓰嘗　曾經。⓱疎帳縹被　粗布帳幕與淡青色的被套。疎，疏漏；粗製。帳，室內床帷窗簾之類用具。縹，淡青色，月白色。⓲約　儉約；儉樸。⓳御府　皇宮內機構名，掌製作皇帝及宮內用品。⓴蕪湖　縣名。治所在今安徽蕪湖。㉑徐盛　詳下徐盛本傳。㉒收　抓捕。㉓表　上表請求。表為官員向朝廷報告言事的一種公文形式，亦用為動詞，指請示。㉔在遠　指將領統兵在外。㉕曹公出濡須　東漢建安十八年（西元二一三年），漢丞相曹操親自率兵進攻淮南，步騎號稱四十萬，兵指孫權所建江北防禦重鎮濡須。孫權召集各部共七萬眾迎敵。曹操臨江而退。㉖持諸軍節度　持節節度諸軍，意為諸軍統帥，擁有孫權所賦予的處死不聽命的將領及戰區地方官員的特權。㉗論者　討論或提到此事的人。㉘沔　即長江支流漢水，古稱今湖北襄陽至長江一段漢水為沔水，其流經地區亦稱作漢沔。㉙失業　喪失家傳之爵位官職與領兵特權。

【語　譯】蔣欽，字公奕，九江郡壽春縣人。孫策襲擊袁術時，蔣欽隨從辦事。等到孫策東渡，任命他為別部司馬，授給他士卒。與孫策一起轉戰四方，平定三郡，又隨從平定豫章。調任葛陽縣尉，歷任三縣縣長，平定盜賊，升任西部都尉。會稽冶煉賊人呂合、秦狼等發動叛亂，蔣欽率兵前往討伐，便活捉呂合、秦狼，五個縣都得以平定。升任討越中郎將，以經拘、昭陽二縣為奉邑。賀齊進攻黟縣的叛賊，蔣欽指揮一萬士兵，與賀齊合力作戰，黟縣的叛亂被平息。隨孫權進攻合肥，曹魏的將領張遼在渡口北邊偷襲孫權，蔣欽奮力作戰立有功勞，升任盪寇將軍，兼任濡須督。後來被召回建業，任右護軍，掌管訴訟。

2　孫權曾進入蔣欽的內室，蔣欽的母親用的是粗布作的床帳及被套，他的妻妾穿的也是粗布裙。孫權感慨他身居貴位，生活儉樸，當即命令御府給蔣欽的母親製作錦被，改換床帳，蔣欽妻妾的穿戴全改換為錦繡衣服。

3　當初，蔣欽屯駐宣城，曾攻打豫章郡的叛賊。蕪湖縣令徐盛抓捕蔣欽兵營中的官吏，上表請求處斬他，孫權因蔣欽在外指揮作戰不予批准，徐盛由此自認為得罪了蔣欽。曹公進攻濡須，蔣欽與呂蒙負責指揮調度各路軍隊。徐盛常常擔心蔣欽會藉口一些事情殺害自己，但蔣欽卻經常誇獎他的優點。徐盛佩服蔣欽的品德，議論的人也稱美蔣欽。

4　孫權討伐關羽，蔣欽統帥水軍進入漢水，返回時，途中病亡。孫權身穿喪服弔唁，將蕪湖縣百姓二百戶及田地二百頃，賜給蔣欽的妻子和孩子。蔣欽的兒子蔣壹被封為宣城侯，率兵抵禦劉備有功，回師後奔赴南郡，與魏軍交戰，臨陣身亡。蔣壹沒有子嗣，他的弟弟蔣休繼續統領軍隊，後來有罪失去了官職爵位。

1　周泰，字幼平，九江下蔡❶人也。與蔣欽隨孫策為左右，服事❷恭敬，數戰有功。策入會稽，署別部司馬，授兵。權愛其為人，請以自給。策討六縣山賊，權住宣城，使士自衛，不能❸千人，意尚❹忽略，不治圍落，而山賊數千人卒至。權始得上馬，而賊鋒刃已交於左右，或斫中馬鞍，眾莫能自定。惟泰奮激，投身❺衛權，膽氣倍人，左右由泰❻並能就戰。賊既解散，身被十二創，良久乃蘇。是日無泰，權幾危殆。策深德❼之，補春穀長。後從攻皖❽，及討江夏，還過豫章，復補宜春❾長，所在皆食其征賦❿。

2 從討黃祖有功。後與周瑜、程普拒曹公於赤壁，攻曹仁於南郡。荊州平定，將兵屯岑⓫。曹公出濡須，泰復赴擊，曹公退，留督濡須，拜平虜將軍。時朱然、徐盛等皆在所部，並不伏也，權特為案行至濡須塢，因會諸將，大為酣樂，權自行酒⓬到泰前，命泰解衣，權手自指其創痕，問以所起。泰輒記昔戰鬥處以對，畢，使復服，歡讌極夜。其明日，遣使者授以御蓋⓭。於是盛等乃伏。

3 後權破關羽，欲進圖蜀，拜泰漢中⓮太守、奮威將軍，封陵陽侯。黃武中卒。

4 子邵以騎都尉領兵。曹仁出濡須，戰有功，又從攻破曹休⓯，進位裨將軍，黃龍二年卒。弟承領兵襲侯。

【章　旨】以上為〈周泰傳〉，記述周泰早年用生命保護孫權，因而得孫權信重，任為大將，又因眾將不服而特加禮遇，一定程度上反映了孫權的用人御將之道。

【注　釋】❶下蔡　縣名。治所在今安徽鳳臺。❷服事　侍奉。❸不能　不到；不足。❹意尚　思想上。❺投身　奮不顧身；拚命。❻由泰　因為周泰的緣故。❼德　感謝。❽皖　縣名。治所在今安徽潛山縣。❾宜春　縣名。治所在今江西宜春。❿征賦　百姓所交賦稅。⓫岑　地名。在今湖南澧縣北。⓬行酒　敬酒。⓭御蓋　皇帝所用車蓋。⓮漢中　郡名。治所在今陝西漢中東。孫權從未實際占有其地，此為預置太守，以表明將進占其地的決心。⓯曹休　字文烈，沛國譙（今安徽亳州）人。曹操族子。早年從曹操征討，為創魏功臣，魏初位至大將軍、大司馬。詳見本書卷九〈曹休傳〉。

【語　譯】周泰，字幼平，九江郡下蔡縣人。和蔣欽一起隨從孫策左右，奉事孫策極為恭敬，多次作戰有功。孫策進入會稽後，任命他為別部司馬，授給他兵卒。孫權喜歡他的為人，請求孫策將周泰分派給自己指揮。孫策征討六縣山賊，孫權住在宣城，身邊護衛的士兵不到一千人，思想上還疏忽大意，沒有建造防禦工事，而山賊數千人突然出現。孫權剛剛騎上馬，山賊的刀鋒已交錯出現在身邊，有的已砍中馬鞍，部眾沒有人能保持鎮定。只有周泰奮勇攻擊敵人，挺身保護孫權，膽識勇氣超過常人，周泰的行動激勵了孫權身邊的人，都定下心來戰鬥。敵軍撤退後，周泰身受十二處傷，很久才蘇醒過來。這天要是沒有周泰，孫權幾乎有生命危險。孫策非常感謝他，補任他為春穀縣長。後來隨孫策進攻皖縣城，又征討江夏，回師經過豫章時，又補任他為宜春縣長，所任職之地，都享有那裏徵收的賦稅。

2　跟隨孫權征討黃祖有功。後來又和周瑜、程普在赤壁抵禦曹公，進攻駐守南郡的曹仁。荊州平定後，率兵駐守於岑。曹公出兵濡須，周泰又奉命前往參戰，曹公退軍後，留下來總管濡須軍務，任平虜將軍。這時朱然、徐盛等都受其指揮，皆不服氣，孫權特地以巡視為名到達濡須塢，乘機召集各位將領，飲酒作樂，孫權親自敬酒，來到周泰席位前，讓周泰解開衣服，孫權用手指著他身上的每一道傷痕，問周泰受傷緣由。周泰就回憶過去的戰鬥地點，回答孫權。完了，孫權讓他穿上衣服，歡宴通宵。第二天，孫權派人把自己用的車蓋送給周泰。這時徐盛等人才服氣。

3 後來孫權擊敗關羽，想進兵圖謀蜀地，任命周泰為漢中太守、奮威將軍，封為陵陽侯。黃武年間去世。

4 周泰之子周邵以騎都尉之職領兵。曹仁出兵濡須時，他參戰立功，又隨大軍擊敗曹休，升任裨將軍。黃龍二年去世。周邵的弟弟周承領兵並繼承了侯爵爵位。

1 陳武，字子烈，廬江松滋❶人。孫策在壽春，武往脩謁❷，時年十八，長七尺七寸，因從渡江，征討有功，拜別部司馬。策破劉勳，多得廬江人，料其精銳，乃以武為督，所向無前。及權統事，轉督五校。仁厚好施，鄉里❸遠方客❹多依託之。尤為權所親愛❺，數至其家。累有功勞，進位偏將軍。建安二十年，從擊合肥，奮命戰死。權哀之，自臨其葬。

2 子脩有武風，年十九，權召見獎厲❻，拜別部司馬，授兵五百人。時諸將新兵多有逃叛，而脩撫循得意❼，不失一人。權奇之，拜為校尉。建安末，追錄❽功臣後，封脩都亭侯，為解煩督。黃龍元年卒。

3 弟表，字文奧，武庶子❾也，少知名，與諸葛恪、顧譚❿、張休⓫等並侍東宮，皆共親友⓬。尚書暨豔亦與表善，後豔遇罪⓭，時人咸自營護⓮，信厚言薄⓯，表獨不然，士以此重之。徙太子中庶子，拜翼正都尉。兄脩亡後，表母不肯事⓰脩母，表謂其母曰：「兄不幸早亡，表統家事，當奉嫡母。母若能為表屈情，承順嫡母者，是至願也；若母不能，直當[17]出別居耳。」表於大義公正如此。由是二母感寤[18]雍穆[19]。表以父死敵場，求用為將，領兵五百人。表欲得戰士之力，傾意接待[20]，士皆愛附，樂為用命。時有盜官物者，疑無難士[21]施明。明素壯悍，收考[22]極毒，惟死無辭，廷尉[23]以聞。權以表能得健兒之心，詔以明付表，使自以意求其情實。表便破械[24]沐浴，易其衣服，厚設酒食，歡以誘之。明乃首服[25]，具列支黨。表以狀聞。權奇之，欲全其名，特為赦明，誅戮其黨。遷表為無難右部督，封都亭侯，以繼舊爵。表皆陳讓[26]，乞以傳脩子延，權不許。嘉禾三年[27]，諸葛恪領丹陽太守，討平山越，以表領新安[28]都尉，與恪參勢[29]。初，表所受賜復人[30]得二百家，在會稽新安縣。表簡視其人，皆堪好兵，乃上疏陳讓，乞[31]以還官，充足精銳。詔曰：「先將軍有功於國，國家以此報之，卿何得辭焉？」表乃稱曰：「今除國賊，報父之仇，以人為本。空枉此勁銳以為僮僕，非表志[32]也。」皆輒料取以充部伍。所在[33]以聞，權甚嘉之。下[34]郡縣，料正戶[35]羸民以補其處。表在官三年，廣開降納，得兵萬餘人。事捷當出，會鄱陽民吳遽等為亂，攻沒城郭，屬縣[36]搖動，表便越界赴討，遽以破敗，遂降。陸遜拜表偏將軍，進封都鄉侯，北屯章阬㊲。年三十四卒。家財盡於養士，死之日，妻子露立㊳，太子登為起屋宅。子敖年十七，拜別部司馬，授兵四百人。敖卒，脩子延復為司馬代敖。延弟永，將軍，封侯。始施明感表，自變行為善，遂成健將，致位將軍。

【章　旨】以上為〈陳武傳〉，敘述陳武及其子陳脩、陳表的事跡。主要敘述了陳表雖出身支庶，但以優秀的個人品行使家庭和睦，並效忠於國家，終成良將的事跡。

【注　釋】❶松滋　縣名。治所在今安徽潛山縣西南。❷脩謁　以禮物拜見。❸鄉里　同鄉；老鄉。❹遠方客　指東漢末動亂中從外地特別是黃河流域逃亡到江南的人士。❺親愛　親近喜愛。❻獎厲　鼓勵。❼撫循得意　安撫從而讓他們心悅誠服。❽追錄　事後加以進用。❾庶子　妾所生之子。正妻所生之子為嫡子。漢代以來受儒家學說影響，重視嫡子尤其是嫡長子，輕視庶子，嫡子享有優先的繼承權。❿顧譚　字子默，吳郡吳（今江蘇蘇州）人。其祖顧雍、父顧邵為孫權時名臣，顧譚本人歷官清顯。孫權晚年，太子早死，諸子爭為繼承人，朝臣分為兩派，水火不容。顧雍時任太常，代平尚書事，因權力太盛，被孫權子魯王孫霸等誣告，流放交州（今越南北部），後病死，年四十二。詳見本書卷五十二顧雍附傳。⓫張休　字叔嗣，彭城（今江蘇徐州）人。孫吳創業元勳功臣張昭之子。初為太子孫登屬官，後官至侍中，被誣陷與顧譚等一併流放交州，後朝廷令其自殺。詳見本書卷五十二張昭附傳。⓬皆共親友　都相親相友。⓭尚書暨豔二句　據本書卷五十七〈張溫傳〉，暨豔，吳郡（今江蘇蘇州）人，為人梗直，好評論人物。孫權稱帝後任選曹郎、尚書，欲對中央官僚隊伍嚴加整肅，「彈射百僚，覈選三署，率皆貶高就下，降損數等，其守故者十未能一，其居位貪鄙，志節汙卑者，皆以為軍吏，置營府以處之」。引發公憤，被迫自殺。⓮營護　設法保護。⓯信厚言薄　關係好交往深卻稱沒什麼交往。信，真的；事實上。⓰事　敬事；侍奉。以卑下自處。⓱直當　只當；只好。⓲感寤　感悟。因受感動而清醒。⓳雍穆　和穆。⓴傾意接待　真誠的與之相處。接待，相待；交往。㉑無難士　孫權立解煩、無難二軍，作為精銳禁衛部隊，長官為督。無難士即無難督統領的兵士。㉒收考　收，逮捕。考，拷打。㉓廷尉　官名。中央掌管刑事法律的長官。㉔破械　打開枷鎖。㉕首服　自首；主動招供。㉖陳讓　懇求推讓。陳，陳情請求。㉗嘉禾三年　西元二三四年。嘉禾，吳大帝孫權年號，西元二三二—二三八年。㉘新安　縣名。治所在今浙江淳安西北。㉙參勢　配合。㉚賜復人　中央特許不交賦稅不承擔公家力役者。這些人成為受賜者的私有奴僕。㉛乞請　請求。㉜志　意願。㉝所在　當地地方政府。㉞下　下令。㉟料正戶　料，選擇。正戶，編戶，屬於郡縣戶籍管理下的民戶。㊱屬縣　下屬各縣。㊲章阬　地名。當位於今浙江西與安徽交界處。㊳露立　露天而立，指無房舍。

【語譯】陳武，字子烈，廬江郡松滋縣人。孫策在壽春時，陳武前往送禮拜見，當時他十八歲，身高七尺七寸，於是隨孫策過江，作戰有功，被任命為別部司馬。孫策擊敗劉勳，俘虜了很多廬江郡人，挑選其中的精銳，便命陳武統領，所向無敵。到了孫權主事時，陳武擔任五個校尉的總指揮。陳武仁德厚道，喜好施捨，家鄉人及遠方來的人很多依附他。特別被孫權所親近喜愛，孫權多次到他家裏。陳武屢次立功，升任偏將軍。建安二十年，跟隨孫權進攻合肥，拚命戰死。孫權哀悼他，親臨他的葬禮。

2 陳武的兒子陳脩有父親的風範，十九歲時，孫權召見他並加以鼓勵，任命他為別部司馬，撥給他五百兵士。當時新兵有不少人逃跑，陳脩加以安撫，深得人心，士兵沒有一人逃走。孫權驚異於他的不尋常，任命他為校尉。建安末年，追用功臣後代，封陳脩為都亭侯，擔任解煩督。黃龍元年去世。

3 陳脩的弟弟陳表，字文奧，是陳武的庶生兒子，少年時就有名氣，和諸葛恪、顧譚、張休等人都侍奉東宮，彼此親近友好。尚書暨豔也與陳表關係很好，後來暨豔有罪，當時人們都自我保護，與暨豔實際關係很深卻說關係很淺，只有陳表不是這樣，士人因此敬重他。轉任太子中庶子，拜翼正都尉。哥哥陳脩死後，陳表的母親不願再侍奉陳脩的母親，陳表對母親說：「哥哥不幸早逝，陳表得以繼承家業，應當尊重嫡母。您如果能為了我委屈自己，敬重嫡母，這是我最大的願望；如果您做不到，就只好請您搬出去住了。」陳表在大義面前，秉公辦事，都是這種樣子。於是兩位長輩感動得醒悟過來，和睦相處。陳表因為父親戰死沙場，請求擔任將領，指揮五百人。陳表希望戰士們能為他賣命，真誠的對待他們，戰士們都愛戴他，樂於為他拚命。當時有盜竊官物的，懷疑是無難士施明。施明素來強健剽悍，被抓捕後受到嚴刑拷打，死也不開口，廷尉將這事上報給孫權。孫權因為陳表能夠與健兒交心，下令將施明交給陳表，讓陳表用自己的方法獲得實情。陳表為他打開枷鎖，讓他洗澡，給他換上衣服，提供美酒佳肴，高高興興的誘導他。施明於是主動招供，把協同作案的姓名詳細開列出來。陳表把情況上報給孫權。孫權感到驚奇，想成全陳表愛士的名聲，因而特地為他赦免施明，把施明的同黨處死。升任陳表為無難右部督，封都亭侯，以繼承陳脩舊有的爵位。陳表全都懇求推讓，要求將爵位讓給陳脩的兒子陳延，孫權不答應。嘉禾三年，諸葛恪兼任丹陽太守，征討平定了山越，讓陳表兼任新安都尉，與諸葛恪相互策應。此前，陳表家得到兩百家免稅民戶的賞賜，這些民戶在會稽郡新安縣。陳表視察這些人，都可以當戰士，於是上表推讓，要求還給公家，以便補充國家的精兵來源。孫權下詔說：「先將軍有功於國家，國家以此報答他，您怎能推辭呢？」陳表便說：「現在要消滅國賊，報父親之仇，應以人為本。白白的讓這些果敢之人充當奴僕，不是我的心願啊。」便把他們都挑選出來充實軍隊。陳表所在的地方把這件事上報，孫權很讚賞他，下令給郡縣，要求在編戶齊民中選擇身體弱者給陳表補齊。陳表在任三年，廣泛的進行招募受降，得到一萬多兵士。事情辦妥後將要離開新安，適逢鄱陽郡百姓吳遽等叛亂，攻陷城郭，鄱陽下轄各縣動盪不安，陳表便越過邊界前往討伐，吳遽因為被打敗，便投降了。陸遜任命陳表為偏將軍，進封為都鄉侯，北進駐紮在章阬。三十四歲時去世。陳表家中財產全都用來養育戰士，他死的時候，妻子兒女無房可住，皇太子孫登給他家建造了住宅。陳表兒子陳敖這時十七歲，被任命為別部司馬，領兵四百人。陳敖死後，陳脩之子陳延又以司馬之職代領部眾。陳延弟陳永，官至將軍，封為侯爵。當初，施明因受陳表感動，從此改變行為，成為勇將，當上了將軍。

1 董襲，字元代，會稽餘姚❶人，長八尺，武力過人。孫策入郡，襲迎於高遷亭，策見而偉之，到署門下賊曹❷。時山陰宿賊❸黃龍羅、周勃聚黨數千人，策自出討，襲身斬羅、勃首，還拜別部司馬，授兵數千，遷揚武都尉。從策攻皖，又討劉勳於尋陽，伐黃祖於江夏。

2 策薨，權年少❹，初統事，太妃憂之，引見張昭及襲等，問江東❺可保安否❻，襲對曰：「江東地勢，有山川之固，而討逆明府❼，恩德在民。討虜❽承基，大小用命，張昭秉❾眾事，襲等為爪牙，此地利人和之時也，萬無所憂。」眾皆壯其言。

3 鄱陽賊彭虎等眾數萬人，襲與凌統❿、步騭⓫、蔣欽各別分討。襲所向輒破，虎等望見旌旗，便散走，旬日⓬盡平，拜威越校尉，遷偏將軍。

4 建安十三年⓭，權討黃祖。祖橫兩蒙衝⓮挾守沔口⓯，以栟閭大紲⓰繫石為矴⓱，上有千人，以弩交射，飛矢雨下，軍不得前。襲與凌統俱為前部，各將敢死百人，人被⓲兩鎧，乘大舸⓳船，突入蒙衝裏。襲身以刀斷兩紲，蒙衝乃橫流，大兵遂進。祖便開門走，兵追斬之。明日大會，權舉觴屬⓴襲曰：「今日之會，斷紲之功也。」

5 曹公出濡須，襲從權赴之，使襲督五樓船㉑住濡須口。夜卒暴風，五樓船傾覆，左右散走舸，乞使襲出。襲怒曰：「受將軍任，在此備賊，何等㉒委去也，敢復言此者斬！」於是莫敢干㉓。其夜船敗，襲死。權改服臨喪㉔，供給甚厚。

【章　旨】以上為〈董襲傳〉，敘述董襲從孫策，復輔助孫權所立戰功及最後英勇捐軀的事跡。

【注　釋】❶餘姚　縣名。治所在今浙江餘姚西北。❷門下賊曹　門下，漢代制度，官衙正門內統稱門下。賊曹，郡衙中機構之一，掌刑事追捕，長官稱掾。❸宿賊　孫氏於江東創立政權時，稱孫氏控制江東之前即已武裝屯聚且不服從孫氏管理的民間武裝為「宿賊」、「宿惡」。❹權年少　孫策死時，孫權繼統江東大政，時年十八歲。❺江東　長江東流，至今安徽蕪湖境折而向北，至南京西轉而東流。漢唐稱此呈南北流向的長江一段以東地區為江東，大體包括今浙江、蘇南、皖南等地。與之相對應的「江西」大體上指今皖北地區。❻否　原作「不」，二字通。今從宋本。❼討逆明府　討逆，指孫策。孫策正式身分為漢討逆將軍。漢制，將軍開府置屬，因尊稱明府。❽討虜　指孫權。孫權代兄統眾，曹操控制的漢朝廷任命他為討虜將軍、領會稽太守。❾秉　持；主管。❿淩統　詳本卷下文〈淩統傳〉。⓫步騭　字子山，臨淮淮陰（今江蘇淮陰西南）人。漢末避難至江東，種瓜謀生，夜讀經史。孫權召為主記，因而仕吳，後對孫氏控制今兩廣及越南北部地區，立有大功。吳赤烏九年（西元二四六年），代陸遜為丞相。病卒。詳見本書卷五十二〈步騭傳〉。⓬旬日　十來天。十日為一旬。⓭建安十三年　西元二〇八年。建安，東漢獻帝劉協年號，西元一九六—二二〇年。⓮蒙衝　古時戰船，船形狹長，上覆生牛皮，兩側開孔以便划槳及以弩、矛擊敵，不懼矢石，易於保護自己並襲擊敵方。⓯沔口　沔水入長江之處，又名夏口、魯口，地在今武漢市區。⓰栟閭大紲　用棕櫚製成的大繩。栟閭，棕櫚。紲，纜繩。⓱矴　同「碇」。古時停船於水面的大石，即船錨。⓲被　通「披」。身穿。⓳舸　快船。⓴屬　勸酒；敬酒。㉑樓船　一種戰船。舷上設有女牆，牆下開孔划槳，牆內又建棚，高如女牆，棚上再建女牆，形如高樓，便於兵士隱蔽射殺敵方，又稱鬥艦。㉒何等　如何；怎能。㉓干　請求；冒犯。㉔喪　宋本作「殯」。

【語　譯】董襲，字元代，會稽郡餘姚縣人，身高八尺，武力過人。孫策進入會稽郡時，董襲在高遷亭迎接，孫策見了他後，覺得他身材魁偉，到會稽郡城後，便任命他為賊曹掾。當時會稽舊賊黃龍羅、周勃聚眾數千人，孫策親自出兵征討，董襲親手斬殺黃龍羅、周勃，回郡後，被任命為別部司馬，撥給他數千名兵士，升任揚武都尉。隨孫策進攻皖縣，又到尋陽討伐劉勳，到江夏攻打黃祖。

2　孫策去世後，孫權年紀尚輕，剛剛掌管軍政大事，太妃很是擔憂，引見張昭及董襲等人，問是否可以保住江東，董襲回答說：「江東地勢，有山川之險固，加上討逆將軍英明，有恩德於民。討虜將軍繼承他的基業，上下聽命效力，張昭統管全面工作，我們這些人奔走效勞，這正是地利人和的好時機，絕對沒有可憂慮的。」大家都認為他的話說得很有豪氣。

3 鄱陽賊寇彭虎等部眾有數萬人，董襲與淩統、步騭、蔣欽各自分頭攻打。董襲戰無不勝，彭虎等遠遠看到董襲部隊的軍旗，便分散逃命，十來天全部平定了賊寇，擔任威越校尉，提升為偏將軍。

4 建安十三年，孫權攻打黃祖。黃祖在沔水入長江處兩岸橫放兩隻蒙衝大船防守，以棕櫚製成的大繩索為纜繫上石頭將其固定，船上有上千名士兵，用弩機交叉射擊，弩矢密集如雨，軍隊不能靠近。董襲與淩統率領的都是前鋒部隊，他們各自率領敢死隊一百人，每人穿著兩層鎧甲，乘坐大船，衝入兩隻蒙衝之間。董襲親自砍斷兩條纜繩，蒙衝便順水橫流，大軍於是得以前進。黃祖打開江夏城門逃走，被士兵追上殺死。第二天舉行盛大宴會，孫權舉起酒杯給董襲敬酒說：「今天舉行宴會，是因你砍斷纜繩有功啊。」

5 曹公出兵濡須，董襲隨孫權前往迎擊，孫權讓董襲指揮五艘樓船屯守濡須口。夜間突起暴風，五艘樓船傾倒下沉，董襲身邊的人都撤離到快艇上，請求董襲也一起撤出來。董襲大怒說：「我受將軍委任，在此禦敵，怎麼能棄船逃走，敢再說這樣的話斬首！」於是沒有人敢再請求。這天晚上樓船沉沒，董襲死了。孫權穿喪服臨喪，賜予的物品十分豐厚。

1 甘寧，字興霸，巴郡❶臨江❷人也。少有氣力❸，好游俠，招合輕薄❹少年，為之渠帥❺，羣聚相隨，挾持弓弩，負毦❻帶鈴，民聞鈴聲，即知是寧。人與相逢，及屬城❼長吏，接待隆厚者乃與交歡❽；不爾❾，即放所將奪其資貨❿。於長吏界中有所賊害⓫，作其發負⓬，至二十餘年。止不攻劫，頗讀諸子，乃往依劉表，因居南陽，不見進用，後轉托黃祖，祖又以凡人畜⑬之。

2 於是歸吳。周瑜、呂蒙皆共薦達，孫權加異，同於舊臣。寧陳計曰：「今漢祚⑭日微，曹操彌憍⑮，終為篡盜。南荊⑯之地，山陵形便，江川流通，誠是國之西勢⑰也。寧已觀劉表，慮既不遠，兒子又劣⑱，非能承業傳基者也。至尊當早規⑲之，不可後操圖之⑳。圖之之計，宜先取黃祖。祖今年老，昏耄㉑已甚，財穀並乏，左右欺弄，務於貨利，侵求吏士，吏士心怨，舟船戰具，頓廢不脩，怠於耕農，軍無法伍㉒。至尊今往，其破可必。一破祖軍，鼓行而西，西據楚關㉓，大勢彌廣，即可漸規巴蜀。」權深納之。張昭時在坐，難㉔曰：「吳下業業㉕，若軍果行，恐必致亂。」寧謂昭曰：「國家以蕭何之任㉖付君，君居守而憂亂，奚以㉗希慕㉘古人乎？」權舉酒屬寧曰：「興霸，今年行討，如此酒矣，決以付卿。卿但當勉建方略㉙，令必克祖，則卿之功，何嫌張長史㉚之言乎。」權遂西，果禽㉛祖，盡獲其士眾。遂授寧兵，屯當口㉜。

【章　旨】以上為〈甘寧傳〉的第一部分，敘述甘寧籍貫及少年時代的不良行為，以及他成人後讀書求用，為其投奔孫權預留伏筆。同時敘述甘寧投奔孫權後，利用其對荊州情況的熟悉，獻計奪取荊州、進窺巴蜀。表明甘寧不僅為勇將，亦頗有計謀。

【注　釋】❶巴郡　郡名。治所在今重慶市嘉陵江北岸。❷臨江　縣名。治所在今重慶市忠縣。❸氣力　力氣。❹輕薄　行為輕浮，不守規矩。❺渠帥　首領。❻毦　鳥羽、羽毛飾品。❼屬城　所在縣城。❽交歡　宴聚；設宴相請。❾不爾　不這樣。❿資貨　財物；財寶。⓫賊害　傷害人的強盜行為。⓬作其發負　讓他查實。發負，查清罪行。⓭畜　養；對待。⓮祚　福氣；年歲。與政權名號聯用，指代皇位。⓯憍　同「驕」。驕橫。⓰南荊　先秦稱今兩湖地區為荊，又稱南荊，此指漢代荊州，即今湖南、湖北及河南西南部。⓱西勢　西邊可利用或憑藉的有利形勢。⓲劣　才能低下。《三國志》卷四十七裴松之注引《吳曆》稱：曹操親率大軍進攻淮南，孫權率兵抵禦，船隻武器精新，軍隊行伍整肅，因而感慨：「生子當如孫仲謀，劉景升兒子若豚犬耳！」⓳規　設法占有。⓴圖之　宋本無此二字。㉑耄　年老。㉒軍無法伍　法指法紀，伍指行伍，即既無法紀，又無訓練。㉓楚關　關隘名。又名扞關。戰國中期，巴人攻楚，楚置扞關以拒之，地在今重慶市奉節東長江北岸赤甲山上，後移於長江南岸。㉔難　駁斥。㉕業業　危險。《詩經・商頌・長發》：「昔在中葉，有震有業。」㉖蕭何之任　楚漢相爭，劉邦率兵與項羽對峙，蕭何守關中，整頓內部，轉運糧餉，補充兵員，使劉邦得以擊敗項羽，論功第一。㉗奚以　何以。㉘希慕　仰慕。㉙方略　策略；謀略。㉚張長史　時張昭身分為討虜將軍長史。㉛禽　通「擒」。㉜當口　又稱當利、當利口。地在今安徽和縣東南，為古代長江上重要渡口。

【語　譯】甘寧，字興霸，巴郡臨江縣人。少年時便有力氣，喜好游俠行為，聚集輕薄少年，自己做他們的首領，成羣結隊結伴而行，攜帶弓弩，頭頂羽毛飾品，手持響鈴，人們聽見鈴聲，便知道甘寧來了。人們與他們相遇，即使是縣中的官吏，隆重招待他的便設宴招待；不然，便放縱隨從搶走財物。縣中有盜竊傷人事件，官吏們都讓他出面清查，這樣一直混到二十多歲。後來停止搶掠，閱讀了一些諸子類書籍，便前去投靠劉表，因而住在南陽，卻不被任用，後來又轉而歸附黃祖，黃祖也把他當一般人對待。

2　於是來到吳地，周瑜、呂蒙都一起推薦他，孫權因而加以重視，待他如同故臣。甘寧獻計說：「現在漢朝日益衰微，曹操更加驕橫，必將篡取政權。荊州這個地區，山陵利於防守，江河暢通，實在是我們西邊的屏障。我已觀察劉表，他沒有遠見，兒子又無能，不是能夠傳承基業的人。您應當早些打算，不要落在曹操的後面。奪取荊州的策略，應當先消滅黃祖。黃祖現在年紀大了，老朽不堪，錢財與糧食都缺乏，左右欺瞞弄權，一心貪求財貨利益，侵奪勒索官吏和兵士，官吏和兵士都心懷怨恨，船艦與武器裝備，損壞了也不加修繕，無心農業生產，軍隊沒有法紀。您現在前往，必能把他消滅。一旦消滅了黃祖，便可擊鼓西進，西面占有楚關，勢力越發強大，這樣就可以慢慢的圖謀巴、蜀。」孫權非常贊同他的意見。張昭當時在座，駁斥說：「現在吳下危險，如果軍隊真的前去攻打黃祖，恐怕定會導致動亂。」甘寧對張昭說：「國家把蕭何那樣的重任託付給您，您擔負留守重任卻憂慮會發生動亂，您憑什麼來仰慕古人呢？」孫權舉酒勸甘寧說：「興霸，今年出兵討伐黃祖，就像這杯酒，下決心交給你了。你只需努力思考進軍謀略，使我們一定能攻克黃祖，這便是你的功業，何必在意張長史的話。」於是孫權西征，果然生擒黃祖，全部俘獲了他的兵眾。便撥給甘寧一部分士卒，駐紮在當口。

1 後隨周瑜拒破❶曹公於烏林。攻曹仁於南郡，未拔，寧建計❷先徑進取夷陵❸，往即得其城，因入守之。時手下有數百兵，并所新得，僅滿千人。曹仁乃令五六千人圍寧。寧受攻累日，敵設高樓，雨射❹城中，士眾皆懼，惟寧談笑自若。遣使報瑜，瑜用呂蒙計，帥諸將解圍。後隨魯肅鎮益陽，拒關羽。羽號有三萬人，自擇選銳士五千人，投縣上流十餘里淺瀨❺，云欲夜涉渡❻。肅與諸將議。寧時有三百兵，乃曰：「可復以五百人益吾，吾往對之，保羽聞吾欬唾❼，不敢涉水，涉水即為吾禽。」肅便選千兵益寧，寧乃夜往。羽聞之，住不渡，而結柴營❽，今遂名此處為關羽瀨。權嘉寧功，拜西陵太守，領陽新❾、下雉❿兩縣。

2 後從攻皖，為升城督。寧手持練⑪，身緣城⑫，為吏士先，卒破獲朱光⑬。計功，呂蒙為最，寧次之，拜折衝將軍。

3 後曹公出濡須，寧為前部督，受敕出斫敵⑭前營。權特賜米酒眾殽，寧乃⑮料⑯賜手下百餘人食。食畢，寧先以銀盌酌酒，自飲兩盌，乃酌與其都督。都督伏，不肯時持。寧引⑰白削⑱置膝上，呵謂之曰：「卿見知於至尊，孰與⑲甘寧？甘寧尚不惜死，卿何以獨惜死乎！」都督見寧色厲，即起拜持酒，通酌兵各一銀盌。至二更時⑳，銜枚㉑出斫敵。敵驚動，遂退。寧益貴重，增兵二千人。

4 寧雖麤猛好殺，然開爽㉒有計略，輕財敬士，能厚養健兒，健兒亦樂為用命。建安二十年㉓，從攻合肥，會疫疾，軍旅皆已引出㉔，唯車下虎士㉕千餘人，并呂蒙、蔣欽、淩統及寧，從權逍遙津㉖北。張遼覘望㉗知之，即將步騎奄至㉘。寧引弓㉙射敵，與統等死戰。寧厲聲問鼓吹㉚何以不作㉛，壯氣毅然，權尤嘉之。

5 寧廚下兒㉜曾有過，走㉝投呂蒙。蒙恐寧殺之，故不即㉞還。後寧齎禮㉟禮㊱蒙母，臨當與升堂，乃出廚下兒還寧。寧許蒙不殺。斯須㊲還船，縛置桑樹，自挽弓射殺之。畢，敕㊳船人更增舸纜㊴，解衣臥船中。蒙大怒，擊鼓會兵，欲就船攻寧。寧聞之，故臥不起。蒙母徒跣㊵出諫㊶蒙曰：「至尊㊷待汝如骨肉，屬㊸

汝以大事，何有㊹以私怒而欲攻殺甘寧？寧死之日，縱㊺至尊不問，汝是㊻為臣下非法。」蒙素至孝，聞母言，即豁然意釋，自至寧船，笑呼之曰：「興霸，老母待卿食，急上！」寧涕泣歔欷㊼曰：「負卿。」與蒙俱還見母，歡宴竟日㊽。

6 寧卒，權痛惜之。子瓌，以罪徙會稽，無幾㊾死。

【章　旨】以上為〈甘寧傳〉的第二部分，用多個具體事例，反映甘寧智勇雙全、善於帶兵，以及孫權越來越重視他的情形。並以甘寧與呂蒙因一廚子發生糾紛，差點兵戎相見，最終盡釋前嫌一事，反映出兩人各自不同的個性，以及孫權創業時代將領之間的和睦關係。

【注　釋】❶拒破　抵禦並擊敗。❷建計　提出計策。❸夷陵　縣名。治所在今湖北宜昌東南。❹雨射　箭弩如雨一樣密集。❺瀨　河水因地勢所阻回流之處，因而水勢較緩，便於涉渡。❻涉渡　徒步渡過。❼欬唾　咳嗽吐痰之聲。欬，咳嗽。❽柴營　野營。以木材構建的臨時營地。❾陽新　縣名。治所在今湖北陽新西南。❿下雉　縣名。治所在今湖北陽新東南。⓫練　長幅布帛。⓬身緣城　親自攀登城牆。身，親自。緣，攀爬。⓭破獲朱光　攻破皖城並活捉朱光。朱光時任魏廬江太守。⓮斫敵　偷襲敵人。⓯乃　原作「以」，今從宋本。⓰料　挑選。⓱引　取。⓲白削　鋒利的刀。削，刀。古用竹簡書寫，有誤寫則以刀削除，因名刀為削。⓳孰與　與……相比如何。⓴二更時　古時將一夜分為甲、乙、丙、丁、戊五段，稱作五更，二更相當於晚上九至十一點。㉑銜枚　枚狀似筷子，橫銜口中，古時行軍偷襲及聚眾狩獵時以此禁止喧譁。㉒開爽　開朗大度。㉓建安二十年　西元二一五年。建安，東漢獻帝劉協年號，西元一九六－二二〇年。㉔引出　撤退。㉕車下虎士　隨身保衛孫權的勇士。㉖逍遙津　津渡口。故址在今安徽合肥東北隅，為古淝水上渡口。㉗覘望　偵察瞭望。覘，窺視；偵視。㉘奄至　突然到達。奄，突然。㉙引弓　彎弓；拉弓。㉚鼓吹　軍樂。古時將軍出征，有軍樂以鼓勵士氣，主要樂器有擊打類的鼓、鉦及吹奏類的大角。後亦以賜功臣作為獎勵。㉛作　演奏。㉜廚下兒　廚師。漢魏時習慣以「兒」加於低級僕役人員之上，以示卑賤之意，並非指小兒。㉝走　逃走；逃跑。㉞即　立即；馬上。㉟齎禮　攜帶禮品。齎，攜帶。㊱禮　禮敬；

拜問。㊲斯須　不久；一會兒。㊳敕　命令；告誡。㊴舸纜　船纜。㊵徒跣　赤腳。此表示因緊急連靴子也沒顧上穿。㊶諫勸阻。㊷至尊　主上。漢魏時人對皇帝的習稱，此指孫權。㊸屬　通「囑」。託付。㊹何有　為什麼；為何。㊺縱　縱然；即使。㊻是　這樣。㊼歔欷　歎氣；抽泣。㊽竟日　整日。㊾無幾　未幾；不久。

【語　譯】 後來跟隨周瑜在烏林抵禦並擊敗曹公。在南郡進攻曹仁，未能攻下，甘寧建議先直接進兵攻取夷陵，一到便攻下了夷陵城，乘勢入城防守。當時甘寧統領有幾百士兵，加上剛剛俘獲的，不過一千人。曹仁於是命令五六千人圍攻甘寧。甘寧遭受圍攻多日，敵軍在城外架設高樓，箭矢如雨般射入城中，士卒兵眾都心懷畏懼，只有甘寧談笑自如。他派人向周瑜報告敵情，周瑜採用呂蒙的計策，親率大軍解圍。後來隨從魯肅鎮守益陽，抵禦關羽。關羽號稱有三萬兵眾，從中挑選精銳五千人，來到益陽縣城上游十餘里水淺且流速緩慢的地方，聲稱將在夜間徒步過河。魯肅與眾部將商議對策。甘寧當時僅有三百名士兵，竟然說：「可以再給我增加五百士兵，我率部前往對陣，保證關羽聽見我的咳嗽聲，便不敢渡河，渡河就會被我擒獲。」魯肅便挑選一千士兵增派給甘寧，甘寧就連夜出擊。關羽聽說後，停止渡河計畫，安營紮寨，現在那個地方被稱為「關羽瀨」。孫權嘉獎甘寧的功績，任命他為西陵太守，兼任陽新、下雉兩縣縣令。

2　後來隨孫權進攻皖城，任升城督統。甘寧手持長布，親自攀登城牆，搶在將士的前面，終於攻下皖城，活捉朱光。統計戰功，呂蒙第一，甘寧第二，擔任折衝將軍。

3　後來曹公出兵濡須，甘寧擔任前部督，受令前往襲擊敵軍前鋒部隊的兵營。孫權特地賞賜米飯酒水及各種菜肴，甘寧於是挑選一百多個人與他們一同分享。吃完時，甘寧先用銀碗盛酒，自己喝下兩碗，又給部下的都督斟酒。都督伏在地上，不肯立時接過酒杯。甘寧取一把快刀放在膝上，呵斥他說：「與主上的知心程度，你能比得上我甘寧嗎？甘寧尚且不惜一死，你怎麼能夠怕死呢！」都督見甘寧面色嚴厲，便起身道謝接過這碗酒，所有士兵各自喝下一銀碗。到二更天時，大家銜枚出營殺敵，敵人驚動，便退走了。甘寧更加被孫權重視，給他增加士兵到二千人。

4　甘寧雖然粗獷勇猛，喜歡打打殺殺，但開朗大度有謀略，輕視財物敬重士卒，能特別養護勇士，勇士們也願意為他效命。建安二十年，跟隨孫權進攻合肥，適逢疾病流行，部隊都已撤出，只有一千多隨身勇士，以及呂蒙、蔣欽、淩統和甘寧，跟隨孫權在逍遙津北。張遼從遠處觀察知道這一情況，立即率步兵騎兵突然殺到。甘寧開弓射敵，與淩統等人拼死作戰。甘寧大聲呵斥為什麼不演奏軍樂，豪壯之氣堅毅不凡，孫權特別讚賞他。

5 甘寧的廚子曾經有過錯，逃走投靠呂蒙。呂蒙惟恐甘寧殺了他，所以沒有立即送還。後來甘寧帶著禮物去看望呂蒙的母親，呂蒙在陪同甘寧一起上堂拜見母親的時候，便把那個廚子叫來交還給甘寧。甘寧答應呂蒙不殺他。回到船上不久，把廚子綁在桑樹上，親自彎弓射殺了他。殺掉廚子後，命令船夫再增加一道船纜，自己脫了衣服在船中安睡。呂蒙大怒，擂鼓召集部下，打算到船上攻殺甘寧。甘寧聽說此事之後，故意臥睡不起。呂蒙的母親赤著腳跑出來勸阻呂蒙說：「主上待你如同親兄弟，將軍旅大事委託給你，為什麼要因私憤而攻殺甘寧？甘寧死了，即使主上不加究責，你這樣做也是做臣子的非法舉動。」呂蒙素來就很孝順，聽母親這樣一說，當即心中豁然開朗，自己跑到甘寧船上，笑著叫甘寧說：「興霸，我的老母親等你吃飯，快上來！」甘寧流著淚對呂蒙說：「我對不住你。」與呂蒙一道回去拜見呂蒙的母親，兩人高興的飲宴了一整天。

6 甘寧死亡，孫權特別悲痛惋惜。甘寧的兒子甘瓌，因犯罪被流放到會稽，不久也死了。

1 淩統，字公績，吳郡餘杭人也。父操，輕俠❶有膽氣，孫策初興，每從征伐，常冠軍履鋒❷。守❸永平❹長，平治❺山越，奸猾斂手❻，遷破賊校尉。及權統軍，從征江夏。入夏口，先登，破其前鋒，輕舟獨進，中流矢死。

2 統年十五，左右多稱述❼者，權亦以操死國事，拜統別部司馬，行破賊都尉，使攝❽父兵。後從擊山賊，權破保屯❾先還，餘麻屯❿萬人，統與督張異等留攻圍之，克日⓫當攻。先期，統與督陳勤會飲酒，勤剛勇任氣⓬，因督祭酒⓭，陵轢⓮一坐，舉罰不以其道⓯。統疾⓰其侮慢⓱，面折不為用⓲。勤怒詈⓳統，及其父操，統流涕不答，眾因罷出⓴。勤乘酒凶悖㉑，又於道路辱統。統不忍，引刀斫勤，數日乃死。及當攻屯，統曰：「非死無以謝罪。」乃率厲士卒，身當矢石，所攻一面，應時披壞㉒，諸將乘勝，遂大破之。還，自拘㉓於軍正㉔。權壯其果毅㉕，使得以功贖罪。

【章旨】以上為〈淩統傳〉的第一部分，簡述淩統父淩操的事跡，詳述淩統代統父兵後面對上級將領侮辱，從忍氣吞聲到奮起反抗的事跡，反映其不張揚又果敢的性格。

【注釋】❶輕俠　率性而為，敢作敢當。❷冠軍履鋒　勇冠三軍，衝鋒陷陣。❸守　代理。漢制，資歷未到而任其職稱為守某職。❹永平　縣名。治所在今江蘇宜興西。❺平治　平定。❻斂手　束手；不敢妄動。❼稱述　稱讚。❽攝　統領。❾保屯　村屯名。地當今湖北蒲圻北。❿麻屯　村屯名。即蒲圻口，又稱蒲磯口、刀環口，俗稱陸溪口，地在今湖北嘉魚西南陸水入長江處。⓫克日　定下日期。⓬任氣　使氣；任性。⓭祭酒　司酒。宴聚時監督別人飲酒並罰假飲者，一般以身分高或年長者為之。⓮陵轢　欺壓；欺侮。陵，通「淩」。⓯舉罰不以其道　罰人飲酒不按規矩。⓰疾　痛恨。⓱侮慢　因自高自大而侮辱別人；隨意侮辱人。⓲面折不為用　當面加以指責並不接受罰酒。面折，當面指斥。⓳詈　辱罵。⓴罷出　散會。㉑凶悖　耍橫；無理取鬧。悖，無理。㉒披壞　崩潰。披，披靡。㉓自拘　自己囚禁。㉔軍正　軍隊中軍法監察官員。㉕果毅　果斷剛強。

【語　譯】淩統，字公績，吳郡餘杭縣人。父親淩操，率性任俠，有膽量，孫策剛剛起兵時，常跟隨孫策作戰，總是衝鋒陷陣，勇冠三軍。代理永平縣長，平定山越人的反叛，奸猾之徒不敢妄動，升任破賊校尉。等到孫權統領軍事，跟隨孫權討伐江夏郡。進入夏口後，作為先頭部隊，打敗了敵人的前鋒部隊，乘輕舟獨自一人前進，被流箭射中而死。

2 淩統十五歲時，左右多有稱讚他的人，孫權也因淩操為國而死，任命淩統為別部司馬，代理破賊都尉，讓他統領其父原來的兵眾。後淩統跟隨孫權攻打山中的賊寇，孫權在攻下保屯後就先撤回了，餘下的麻屯中的一萬賊寇，讓淩統與督將張異等人留下圍攻他們，並定下攻擊的日期。攻擊發起之前，淩統與督將陳勤在一起飲酒，陳勤剛勇任性，藉主管司酒，欺凌在座的人，罰人飲酒不講規矩。淩統憎恨他隨意侮辱人，當面指斥他，不接受他的罰酒。陳勤大怒，辱罵淩統，並罵及其父淩操，淩統流著眼淚不理他，大家於是散席而出。陳勤藉酒勁更加兇橫，又在道路上侮辱淩統。淩統忍不下去，拔刀砍殺陳勤，陳勤幾天後就死了。等到應該進攻麻屯時，淩統說：「我不死戰便無以謝罪。」於是帶領並鼓勵士卒，親自冒著箭雨與擂石往前衝，他率部進攻的那一面，敵人很快崩潰了，眾將領乘勝進攻，於是大敗賊寇。回師後，淩統到軍正那裏將自己囚禁起來。孫權稱讚淩統果敢剛毅的壯舉，讓他以功贖罪。

1 後權復征江夏，統為前鋒，與所厚健兒數十人共乘一船，常去❶大兵數十里。行入右江❷，斬黃祖將張碩，盡獲❸船人。還以白權，引軍兼道❹，水陸並集。時呂蒙敗其水軍，而統先搏❺其城，於是大獲。權以統為承烈都尉，與周瑜等拒破曹公於烏林，遂攻曹仁，遷為校尉。雖在軍旅，親賢接士，輕財重義，有國士之風。

2 又從破皖，拜盪寇中郎將，領沛❻相。與呂蒙等西取三郡❼，反自益陽，從往合肥，為右部督。時權徹❽軍，前部已發，魏將張遼等奄至津北。權使追還前兵，兵去已遠，勢不相及，統率親近三百人陷圍❾，扶扞❿權出。敵已毀橋，橋之屬者兩版⓫，權策馬驅馳，統復還戰，左右盡死，身亦被創⓬，所殺數十人，度⓭權已免，乃還。橋敗路絕，統被甲潛行⓮。權既御船⓯，見之驚喜。統痛親近無反者，悲不自勝⓰。權引袂⓱拭之，謂曰：「公績，亡者已矣，苟使卿在，何患無人？」拜偏將軍，倍給本兵⓲。

3 時有薦同郡盛暹於權者，以為梗槩大節⓳，有過於統，權曰：「且令⓴如統足矣。」後召暹夜至，時統已臥，聞之，攝衣㉑出門，執其手以入。其愛善不害㉒如此。

4 統以山中人㉓尚多壯悍，可以威恩誘也，權令東占且討之㉔，命敕屬城㉕，凡統所求，皆先給後聞。統素愛士，士亦慕焉。得精兵萬餘人，過本縣㉖，步入寺門㉗，見長吏㉘懷三版㉙，恭敬盡禮，親舊故人，恩意益隆。事畢當出㉚，會病卒，時年四十九。權聞之，拊牀起坐㉛，哀不能自止，數日減膳，言及流涕，使張承為作銘誄㉜。

二子烈、封，年各數歲，權內養於宮，愛待與諸子同，賓客進見，呼示之曰：「此吾虎子也。」及八九歲，令葛光教之讀書，十日一令乘㉝馬，追錄統功，封烈亭侯，還其故兵。後烈有罪免，封復襲爵領兵。

【章　旨】以上為〈淩統傳〉的第二部分，敘述淩統善於統領部下，作戰勇敢的事跡。並透過淩統攝衣迎客、過本縣執禮恭謹，表明他親賢愛士、雖貴不驕的品德，並簡述淩統後人情況。

【注　釋】❶去　距。❷右江　江夏城（今湖北鄂州）在江北岸，右江指江夏城東邊的一條入江水道。❸獲　原作「復」，宋本作「獲」，據改。有人認為當作「覆」，於義亦通。❹兼道　加速前進。單位時間內走平時兩倍的路程。❺搏　攻擊。❻沛　郡國名。治所在今安徽濉溪縣西北。時孫權並未據有其地，只不過以此虛任表明統一全國的決心。❼西取三郡　指東漢建安二十年（西元二一五年），孫權要求劉備歸還荊州，並遣呂蒙奪占江夏、長沙、桂陽三郡一事。❽徹　通「撤」。❾陷圍　衝進包圍圈。❿扶扞　近身保衛。扞，通「捍」。⓫橋之屬者兩版　橋上只有兩塊橋板還未撤掉。屬，連接。⓬被創　受傷。⓭度　猜測。⓮被甲潛行　身穿鎧甲潛水。⓯御船　登上船。帝王行處稱御。⓰不自勝　不能自己控制住感情。⓱袂　衣袖。⓲倍給本兵　配給給他的兵士為原來所統的兩倍。按：孫氏創國時，將領所統兵士增加，基本方式是自己在戰場上俘獲，或征討江南山地中未納入管理的人民補充。淩統所部被殲滅，孫權給他配給更多的兵士，屬於格外的獎勵。⓳梗槩大節　慷慨大度。⓴且令　假使；假如。㉑攝衣　提著衣服。㉒不害　不妒忌。㉓山中人　時又稱「山越」，因其反抗孫氏設置郡縣加以管理，又常被稱作「山賊」。㉔令東占且討之　令率部進占東部山區以討伐。東，從下文淩統因此事途經「本縣」的事實，應是指今浙西、浙南及閩北山區。㉕屬城　所在各縣。㉖本縣　指淩統籍貫所在的餘杭縣。㉗寺門　縣衙大門。漢制，郡衙稱府，縣衙稱寺。㉘長吏　大吏；主要官吏。㉙懷三版　版，即笏，手板。漢代以來官吏向長官彙報工作時用以書寫記事。懷三版表示淩統雖身處高位，對家鄉父母官以下屬自居，特別尊重。㉚事畢當出　事情辦完後當回孫權處覆命。㉛拊牀起坐急得拍著坐榻站起來又坐下去。拊，拍掌。㉜銘誄　墓誌銘與悼詞。㉝乘　原作「騎」，今從宋本。

【語　譯】後來孫權又征討江夏郡，淩統擔任前鋒，他與平時厚待的幾十個壯士乘坐一條船，常常距離大軍幾十里。進入右江時，斬殺了黃祖的部將張碩，把他的船隻和部眾全部俘獲。回去報告孫權，引導大軍加速前進，水陸兩軍都會合在一起。當時呂蒙擊敗江夏水軍，淩統先率部進攻江夏城，於是大獲全勝。孫權任命淩統為承烈都尉，和周瑜等在烏林抵禦並擊敗曹公，於是進攻曹仁，升遷為校尉。淩統雖然身在軍旅，但親賢納士，輕財重義，有國士風範。

2 又隨孫權攻破皖縣，被任命為盪寇中郎將，兼任沛相，與呂蒙等人西進攻取三郡。從益陽回來，跟隨孫權前往合肥，任右部督。當時孫權退兵，前面的部隊已出發，魏將張遼突然率部到達逍遙津北，孫權派人追回撤走的部隊，但部隊已經走遠，勢難相救，淩統率親信部下三百人殺入重圍，保護孫權衝出包圍。敵軍已經毀掉橋梁，橋面上只剩下兩塊橋板。孫權驅馬急奔，淩統回頭再戰，左右全都戰死，他自己也受了傷，殺死數十個敵人，料想孫權已脫離危險，這才退回。當時橋壞路絕，淩統披甲潛行。孫權脫險上船，見到淩統非常驚喜。淩統痛心親信部下沒一個回來，悲傷得不能自制。孫權舉起衣袖為他揩掉眼淚，對他說：「公績啊，死去的人已經死了，只要有你在，還擔心沒有人嗎？」任命他為偏將軍，撥給他兩倍於前的兵士。

3 當時有人推薦淩統的同鄉盛暹給孫權，認為這人慷慨大度，超過淩統。孫權說：「假如他與淩統一樣，也就夠了啊。」後來孫權召見盛暹，盛暹夜裏到達，這時淩統已睡下了，聽說盛暹來了，提著衣服出門迎接，握著盛暹的手一起進入。淩統喜賢愛善、無忌妒之心就是這種樣子。

4 淩統認為山地中還有不少身強力壯的男子，可以用恩威並施加以誘導，孫權命令淩統東進占領山區並進行討伐，同時命令所屬各城，凡是淩統所需要的，都可以先供給後報告。淩統平常就愛護士卒，士卒們也仰慕他。招納到一萬多精兵，路過家鄉所在的縣城，徒步走進縣衙大門，見到主要官吏執版三拜，恭敬盡禮。親友故舊，更是盡恩盡意。任務完成後將要離去，恰在這時生病去世，享年四十九。孫權聽到淩統的死訊，雙手拍打坐榻，站起來又坐下去，悲痛不已，好幾天都吃不下飯，提起淩統就掉淚，讓張承給淩統寫了墓誌銘與悼詞。

5 淩統兩個兒子，淩烈、淩封，都只有幾歲，孫權將他們接到宮中撫養，對他們的愛護和對待與自己的兒子相同，有賓客來拜見，他都會將兩個孩子叫來讓來人看，並說：「這是我的虎子啊。」到八九歲時，讓葛光教他們讀書，每十天練習一次乘馬。追記淩統的功績，封淩烈為亭侯，把淩統原來的部下撥歸他統領。後來淩烈有罪被免除爵位與官職，淩封又繼承了侯爵統領軍隊。

1 徐盛，字文嚮，琅邪❶莒❷人也。遭亂，客居吳，以勇氣聞。孫權統事，以為別部司馬，授兵五百人，守柴桑❸長，拒黃祖。祖子射，嘗率數千人下❹攻盛。盛時吏士不滿二百，與相拒擊，傷射吏士千餘人。已❺乃開門出戰，大破之。射遂絕迹不復為寇。權以為校尉、蕪湖令。復討臨城❻南阿山賊有功，徙中郎將，督校兵❼。

2 曹公出濡須，從權禦之。魏嘗❽大出橫江❾，盛與諸將俱赴討。時乘蒙衝，遇迅風，船落敵岸下，諸將恐懼，未有出者，盛獨將兵，上突斫敵，敵披❿退走，有所傷殺，風止便還，權大壯之。

3 及權為魏稱藩，魏使邢貞拜權為吳王。權出都亭⓫候⓬貞，貞有驕色，張昭既怒，而盛忿憤，顧謂同列曰：「盛等不能奮身出命⑬，為國家并許洛⑭，吞巴蜀⑮，而今吾君與貞盟，不亦辱乎⑯！」因涕泣橫流。貞聞之，謂其旅⑰曰：「江東將相如此，非久下人者也。」

4 後遷建武將軍，封都亭侯，領廬江太守，賜臨城縣為奉邑。劉備次⑱西陵，盛攻取諸屯，所向有功。曹休出⑲洞口⑳，盛與呂範㉑、全琮渡江拒守。遭大風，船人㉒多喪，盛收餘兵，與休夾江。休使兵將就船攻盛，盛以少禦多，敵不能克，各引軍退。遷安東將軍，封蕪湖侯。

5 後魏文帝大出㉓，有渡江之志㉔，盛建計㉕從建業築圍，作薄落㉖，圍上設假樓，江中浮船。諸將以為無益，盛不聽，固㉗立之。文帝到廣陵，望圍愕然㉘，彌漫數百里，而江水盛長㉙，便引軍退。諸將乃伏。黃武中卒。子楷，襲爵領兵。

【章旨】以上為〈徐盛傳〉，敘述徐盛忠於孫氏、屢立戰功，且謀略出眾。

【注釋】❶琅邪 郡名。治所在今山東臨沂。❷莒 縣名。治所在今山東莒縣。❸柴桑 縣名。治所在今江西九江市。❹下從江夏沿江東下攻柴桑。❺已 過後。❻臨城 縣名。治所在今安徽青陽南臨城鎮。此係以後之地名敘事。城，原誤作「成」，今從宋本。❼校兵 一校之兵。從各武將傳記記錄看，一校兵士在一千至二千人之間。❽嘗 曾經。❾大出橫江 向橫江大舉進犯。❿披 披靡；敗退。⓫都亭 秦漢制度，方圓十里置一亭，以亭長主事，防範盜賊，追捕罪犯，亭有房舍供公事往來行旅之用，郡、縣治所所在之亭稱都亭。此指孫權臨時駐地武昌（今湖北鄂州）城內之亭。⓬候 迎候。⓭奮身出命 奮不顧身拼死作戰。⑭許洛　許昌、洛陽，當時曹氏的兩個政治中心。⑮吞巴蜀　指消滅蜀漢。蜀漢疆土主體上為春秋戰國時巴人與蜀人聚居地，秦漢時置巴、蜀二郡。孫權之所以向魏稱臣，正因為奪荊州擊殺關羽與蜀漢結仇的緣故。⑯不亦辱乎　難道不是恥辱嗎。不亦……乎，表示反問的句式。⑰旅　部屬；隨從。⑱次　駐紮。⑲出　進擊；進攻。⑳洞口　地名。又稱洞浦口、洞浦。位今安徽和縣東南長江岸邊。曹休率軍攻洞口事在魏黃初三年（西元二二二年）九月。㉑呂範　字子衡，汝南細陽（今安徽阜陽北）人。東漢末避亂壽春，率私客百餘從孫策，於孫氏兄弟平定江東有功。孫權率兵擊關羽，都武昌，命呂範留守建業。官至前將軍、揚州牧，封南昌侯。詳見本書卷五十六〈呂範傳〉。㉒船人　船隻與人員。㉓魏文帝大出　魏文帝黃初三年（西元二二二年），吳王孫權拒絕按魏國要求遣子做人質，魏軍全面進攻。黃初五年九月，魏文帝曹丕親臨前線，到達廣陵（今江蘇揚州）附近的長江邊而退。㉔志　意圖。㉕建計　提出計策。㉖薄落　藩籬；籬笆。㉗固　堅持。㉘望圍愕然　《三國志・吳主傳》黃武三年（即魏黃初五年）裴松之注引干寶《晉紀》：「魏文帝之在廣陵，吳人大駭，乃臨江為疑城，自石頭至於江乘，車以木楨，衣以葦席，加采飾焉，一夕而成。魏人自江西望，甚憚之，遂退軍。」則所謂「圍」，即是用木柴與蘆葦在江南岸搭建的假城。㉙長　通「漲」。

【語　譯】徐盛，字文嚮，琅邪郡莒縣人。遭遇動亂，客居吳郡，以勇猛有氣概聞名。孫權統領軍國大事，任命他為別部司馬，撥給他五百兵士，代理柴桑縣長，抵禦黃祖。黃祖之子黃射，曾率數千士兵進攻徐盛。徐盛當時官員及士兵不到二百人，與黃射對抗，傷了黃射部下一千多人。之後才打開城門出戰，大敗黃射。於是黃射再無蹤影，不再侵犯。孫權任命他為校尉、蕪湖縣令。又討伐臨城南部山賊有功，轉任中郎將，指揮一校士兵。

2 曹公出兵濡須，徐盛跟隨孫權抵禦曹公。魏軍曾向橫江大舉進犯，徐盛與眾將領都奔赴迎敵。當時大家都乘坐蒙衝戰船，遇到暴風，船隻被吹到敵方岸邊，眾將驚恐，沒有人敢下船作戰，只有徐盛獨自率部登上堤岸猛衝殺敵，敵軍潰逃，吳軍也有傷亡，暴風停止後便退回船上，孫權對徐盛的勇猛大加讚賞。

3 等到孫權向魏稱臣，魏派使臣邢貞前來拜授孫權為吳王。孫權出宮在都亭中迎候邢貞，邢貞面有驕色，張昭很生氣，徐盛也極為憤恨，回過頭對同僚說：「我們未能奮不顧身，獻出生命，為主上占領許昌、洛陽，奪取巴蜀，而讓主上與邢貞結盟，這難道不是我們的恥辱嗎！」於是哭得滿臉是淚。邢貞聽說此事，對他的部屬說：「江東將相如此，不會久居人下啊。」

4 後來升任建武將軍，封都亭侯，兼任廬江太守，孫權賜臨城縣給他作為奉邑。劉備駐紮在西陵，徐盛攻占了他的多個營地，兵鋒所向，都立有戰功。魏將曹休率軍進攻洞口浦，徐盛與呂範、全琮率軍渡江防守。在江中遇到大風，船隻與人員多有損失，徐盛收攏殘餘部隊，與曹休夾江對峙。曹休讓部下進攻徐盛戰船，徐盛以寡敵眾，敵軍不能獲勝，各自率軍撤退。升任安東將軍，封蕪湖侯。

5 後來魏文帝大規模出兵，有渡江南下的意圖。徐盛提出計策，從建業沿江南岸用籬笆搭建長圍，圍上建造假樓，在長江上設置流動戰船。眾將領認為這樣做沒有什麼幫助，徐盛不聽從他們的建議，堅持構建長圍。魏文帝到達廣陵，望見長圍，非常驚愕，長圍彌漫數百里，而且江水猛漲，於是率軍撤退。眾將領這才佩服徐盛的計謀。黃武年間，徐盛去世。他的兒子徐楷繼承了他的爵位，統領他的舊部。

1 潘璋，字文珪，東郡❶發干❷人也。孫權為陽羨❸長，始往隨權。性博蕩❹嗜酒，居貧❺，好賒酤❻，債家至門，輒言後豪富相還。權奇愛之，因使召募❼，得百餘人，遂以為將。討山賊有功，署別部司馬。後為吳❽大市刺奸❾，盜賊斷絕，由是知名，遷豫章西安❿長。劉表在荊州，民數被寇，自璋在事，寇不入境。比縣⓫建昌起為賊亂，轉領建昌，加武猛校尉，討治惡民，旬月盡平，召合遺散，得八百人，將還建業。

2 合肥之役⓬，張遼奄至，諸將不備，陳武鬭死，宋謙、徐盛皆披走⓭，璋身次在後⑭，便馳進，橫馬斬謙、盛兵走者二人，兵皆還戰。權甚壯之，拜偏將軍，遂領百校，屯半州⑮。

3 權征關羽，璋與朱然斷羽走道⑯，到臨沮⑰，住夾石。璋部下司馬馬忠禽羽，并羽子平、都督趙累等。權即分宜都巫⑱、秭歸⑲二縣為固陵郡，拜璋為太守、振威將軍，封溧陽侯。甘寧卒，又并其軍。劉備出夷陵，璋與陸遜并力拒之，璋部下斬備護軍馮習等，所殺傷甚眾，拜平北將軍、襄陽太守。

4 魏將夏侯尚⑳等圍南郡，分前部三萬人作浮橋，渡百里洲㉑上，諸葛瑾、楊粲並會兵赴救，未知所出㉒，而魏兵日渡不絕。璋曰：「魏勢始盛，江水又淺，未可與戰。」便將所領，到魏上流㉓五十里，伐葦數百萬束，縛作大筏，欲順流放火，燒敗浮橋。作筏適畢，伺水長當下，尚便引退。璋下備陸口㉔。權稱尊號，拜右將軍。

5 璋為人麤猛，禁令肅然，好立功業㉕，所領兵馬不過數千，而其所在常如萬人。征伐止頓㉖，便立軍市，他軍所無，皆仰㉗取足。然性奢泰㉘，末年彌甚，服物僭擬㉙。吏兵富者，或殺取其財物，數㉚不奉法。監司㉛舉奏，權惜其功而輒原㉜不問㉝。嘉禾三年㉞卒。子平，以無行㉟徙會稽。璋妻居建業，賜田宅，復客㊱五十家。

【章　旨】以上為〈潘璋傳〉，敘述潘璋曠達不羈的性格及其部下最初的組建過程。並敘述潘璋在幾個關鍵戰役中的貢獻，逐漸成為高級將領的過程。並通過潘璋常不守法度，而孫權不加追究，在其死後優待其妻兒，反映孫權對於軍事將領「忘過記功」的駕御之術。

【注　釋】❶東郡　郡名。治所在今河南濮陽西南。❷發干　縣名。治所在今山東冠縣東。❸陽羨　縣名。治所在今江蘇宜興南。❹博蕩　曠達不拘小節。❺居貧　處於貧窮的境地。❻賒酤　欠帳買酒。❼召募　招募。❽吳　吳郡。治所在今江蘇蘇州。❾刺奸　官吏名。於市場上維持秩序，糾舉非法。❿西安　縣名。治所在今江西武寧西。⓫比縣　鄰縣。⓬合肥之役　指東漢建安二十年（西元二一五年）孫權主動進攻淮南，結果敗退而回。參前文〈甘寧傳〉。⓭披走　退走。⓮身次在後　自己所部駐紮在後面。⓯半州　亦作「半洲」，地名。在今江西九江市西。孫吳及東晉時為大軍屯駐地。⓰走道　逃跑的道路。指退路。⓱臨沮　縣名。治所在今湖北遠安西北。⓲巫　縣名。治所在今重慶市巫山縣東北。原誤作「至」，《三國志集解》引錢大昕云：「『至』當作『巫』，《魏氏春秋》云『建安二十四年，吳分巫、秭歸為固陵郡』是也。」今據錢說校改。⓳秭歸　縣名。治所在今湖北秭歸。⓴夏侯尚　字伯仁，沛國譙（今安徽亳州）人。早年隨曹操征戰，曹丕稱帝後，官至征南大將軍，守襄陽，負責南方軍事防禦。封昌陵侯。詳見本書卷九〈夏侯尚傳〉。㉑百里洲　魏晉時江陵附近長江中沙洲，又名「江陵中州」。故地在今湖北江陵西、松滋北、枝江東南的長江中。《水經注》：「盛弘之曰：枝江縣左右有數十洲，盤布江中。百里洲最大。」㉒未知所出　不知如何對付。㉓上流　上游。㉔陸口　地名。在今湖北嘉魚西南陸水入長江處。㉕業　原誤作「夫」。今據宋本、殿本校正。㉖止頓　屯駐。頓，通「屯」。㉗仰　依靠。㉘奢泰　過度奢侈。㉙僭擬　超越身分；有如帝王。㉚數　多次。㉛監司　監察機構。㉜輒原　總是加以原諒。輒，總是。㉝不問　不加追究。㉞嘉禾三年　西元二三四年。嘉禾，吳大帝孫權年號，西元二三二—二三八年。㉟無行　指品行操守不好。㊱復客　免於承擔公家賦稅勞役的民戶。漢代國家編戶破產失業，投附於大地主，但國家並不承認這種人身依附關係，大地主亦不敢徑將其作為私有人口，因稱為「客」。三國政權開始有限度的承認這種依附關係，「復」即免除部分「客」所承擔的賦役，使之成為國家認可的私家的依附人口。

【語譯】潘璋，字文珪，東郡發干縣人。孫權任陽羨縣長時，開始跟隨孫權。他性格曠達不羈，喜歡飲酒，處於貧困中，卻愛欠帳買酒喝，債主到家裏來催債，總是說以後暴富了再償還。孫權出奇的喜歡他，便讓他招募兵士，得到一百多人，便讓他做將官。攻打山賊有功，任命為別部司馬。後來擔任吳郡城中大市刺奸，盜賊絕跡，潘璋由此聞名，升任豫章郡西安縣長。劉表在荊州時，百姓多次被侵擾。自從潘璋擔任縣長後，強盜不敢進入西安縣地界。鄰縣建昌縣發生賊亂，潘璋轉兼建昌縣令，加授武猛校尉，討伐整治奸惡之民，一個月內全部平定，他召集散逸的人，得到八百人，率領他們回到建業。

2 合肥之戰，張遼的部隊突然到來，眾將沒有防備，陳武戰死，宋謙、徐盛都退走，潘璋所部駐紮在後面，他便策馬衝向前，橫馬於路，斬殺宋謙、徐盛部兩個逃兵，兵士們都回身參戰。孫權認為他非常壯勇，任命他為偏將軍，便統領百校之兵，駐紮在半州。

3 孫權討伐關羽，潘璋與朱然截斷關羽的退路，他們到達臨沮縣，駐守夾石。潘璋部下司馬馬忠擒獲關羽，以及關羽之子關平、都督趙累等人。孫權當即分宜都郡巫、秭歸二縣設置固陵郡，任命潘璋為太守、振威將軍，封為溧陽侯。甘寧去世後，又兼併他的兵眾。劉備出兵夷陵，潘璋與陸遜合力抵禦，潘璋部下斬殺劉備護軍馮習等人，殺傷了很多士兵，任命為平北將軍、襄陽太守。

4 魏將夏侯尚等圍攻南郡，分派前鋒部隊三萬人搭建浮橋，渡水占據百里洲，諸葛瑾、楊粲會兵奔赴救援，想不出辦法，而魏軍每天不斷有士兵登上百里洲。潘璋說：「魏軍鬥志正盛，長江又淺，不能和他們交戰。」於是率領部下，到魏軍上游五十里處，砍伐數百萬捆蘆葦，捆紮成大筏子，想把這些筏子順流放下，引火燃燒，將浮橋燒毀。剛剛作完筏子，等待江水上漲放筏時，夏侯尚就撤退了。潘璋率部屯守下游的陸口。孫權稱帝時，任他為右將軍。

5 潘璋生性粗野勇猛，號令嚴明，喜歡建功立業，所領兵馬不過數千人，但駐紮在那裏常給人上萬軍隊的感覺。出征打仗屯駐下來，便在軍營中設立市場，其他部隊沒有的物資，都依靠他設立的軍市籌措給養。不過潘璋生性奢華，晚年更加嚴重，穿著與用品都超越身分。屬下富有的官吏兵士，有的潘璋竟殺掉他們後奪取財物，多次不遵守法紀。監察機構向孫權舉報，孫權愛惜他的戰功，總是加以寬恕，不加追究。潘璋於嘉禾三年去世。兒子潘平，因品行不端被流放到會稽。潘璋的妻子住在建業，孫權賜予她田宅，並賜給她免除賦役的編戶五十家。

1 丁奉，字承淵，廬江安豐❶人也。少以驍勇為小將❷，屬甘寧、陸遜、潘璋等。數隨征伐，戰鬭常冠軍。每斬將搴旗❸，身被創夷。稍遷偏將軍。孫亮即位❹，為冠軍將軍，封都亭侯。

2 魏遣諸葛誕❺、胡遵❻等攻東興，諸葛恪率軍拒之。諸將皆曰：「敵聞太傅❼自來，上岸必遁走。」奉獨曰：「不然。彼動其境內，悉許、洛❽兵大舉而來，必有成規❾，豈虛還哉？無恃敵之不至，恃吾有以勝之❿。」及恪上岸，奉與將軍唐咨⓫、呂據⓬、留贊⓭等，俱從山西上。奉曰：「今諸軍行遲，若敵據便地⓮，則難與爭鋒矣。」乃辟⓯諸軍使下道，帥麾下三千人徑進。時北風，奉舉帆二日至，遂據徐塘⓰。天寒雪，敵諸將置酒高會，奉見其前部兵少，相謂曰：「取封侯爵賞，正在今日！」乃使兵解鎧著⓱冑，持短兵⓲。敵人從而笑焉，不為設備。奉縱兵斫之，大破敵前屯。會據等至，魏軍遂潰。遷滅寇將軍，進封都鄉侯⓳。

3 魏將文欽來降⓴，以奉為虎威將軍，從孫峻㉑至壽春迎之，與敵追軍戰於高亭[22]。奉跨馬持矛，突入其陣中，斬首數百，獲其軍器。進封安豐侯。

4 太平二年[23]，魏大將軍諸葛誕據壽春來降，魏人圍之。遣朱異[24]、唐咨等往救，復使奉與黎斐解圍。奉為先登，屯於黎漿[25]，力戰有功，拜左將軍。

5 孫休即位[26]，與張布[27]謀，欲誅孫綝[28]，布曰：「丁奉雖不能吏書[29]，而計略過人，能斷大事。」休召奉告曰：「綝秉國威，將行不軌[30]，欲與將軍誅之。」奉曰：「丞相兄弟友黨甚盛，恐人心不同，不可卒制，可因臘會[31]，有陛下兵[32]以誅之也。」休納其計，因會請綝，奉與張布目[33]左右斬之。遷大將軍，加左右都護。永安三年[34]，假節領徐州牧。六年，魏伐蜀，奉率諸軍向壽春，為救蜀之勢。蜀亡，軍還。

6 休薨，奉與丞相濮陽興[35]等從萬彧[36]之言，共迎立孫晧，遷右大司馬左軍師。寶鼎三年[37]，晧命奉與諸葛靚[38]攻合肥。奉與晉大將石苞[39]書，搆而間之，苞以徵還[40]。建衡元年[41]，奉復帥眾治徐塘，因攻晉穀陽[42]。穀陽民知之，引去，奉無所獲。晧怒，斬奉導軍[43]。三年，卒。奉貴而有功，漸以驕矜，或有毀之者，晧追以前出軍事，徙奉家於臨川[44]。奉弟封，官至後將軍，先奉死。

【章　旨】以上為〈丁奉傳〉，敘述丁奉從小將歷經戰陣成為孫吳後期重要將領的過程。並敘述丁奉捲入孫吳後期高層政治鬥爭，最終被孫晧記恨的情形，反映出孫吳後期軍隊與前期不一樣的特徵。

【注　釋】❶安豐　縣名。治所在今河南固始東南。❷小將　又稱別將，指將軍之下一支部隊的統領。❸搴旗　拔取敵軍旗幟。❹孫亮即位　指西元二五二年孫權死後，其子孫亮繼位。❺諸葛誕　字公休，琅邪陽都（今山東沂南南）人。魏明帝時官至尚書，因沽名釣譽免官。齊王芳即位，復職，出任揚州刺史。高貴鄉公甘露二年（西元二五七年）在征東大將軍任上被調入朝為司空，因據壽春反，叛投孫吳，次年被魏軍攻殺。詳見本書卷二十八〈諸葛誕傳〉。❻胡遵　魏將領，安定臨涇（今甘肅鎮原南）人。才兼文武，歷征東將軍、官至衛將軍。事跡散見於本書卷四〈三少帝紀〉、卷十五〈張既傳〉。❼太傅　即諸葛恪。❽許洛　許昌、洛陽。❾成規　預定的計畫。❿無恃敵之不至二句　不要依賴敵軍不會進攻，我們應作好戰勝敵人的準備。⓫唐咨　魏利城（今江蘇贛榆西）人，魏文帝初，利城兵變，推唐咨為首領。事敗從海道逃奔吳國，官至左將軍、封侯。後魏將諸葛誕於淮南舉兵反執政司馬懿，唐咨等奉命率吳軍前往援助，兵敗被俘。魏授以安遠將軍，以安撫隨之而降的吳國軍民。事見本書卷二十八〈諸葛誕傳〉。⓬呂據　字世議，汝南細陽（今安徽阜陽北）人。其父呂範為孫氏創業功臣，呂範於孫權時亦屢有戰功。孫亮繼帝位，升任右將軍，助孫峻誅殺執政諸葛恪。吳太平元年（西元二五六年），率軍攻魏，欲引軍誅殺執政孫綝，兵敗自殺。事見本書卷五十六呂範附傳。⓭留贊　字正明，會稽長山（今浙江金華）人。性剛烈，好讀兵書與史書。東漢末為郡吏，參與鎮壓黃巾軍，足傷不能屈伸，自割筋勉強得以行走。孫氏創業，附從立功，以直言敢諫為孫權所憚。孫亮時官至左將軍，抱病隨孫峻進攻淮南，兵敗被殺，時年七十三。事見《三國志・孫峻傳》裴松之注引《吳書》。⓮便地　形勢有利之地。⓯辟　使其避讓。辟，通「避」。⓰徐塘　聚落名。地在今安徽含山縣西南。⓱著　通「着」。穿上。⓲短兵　短兵器；近身肉搏使用的武器。⓳都鄉侯　原作「都亭侯」。《三國志集解》引陳景雲云：「『亭』當作『鄉』，奉已封亭侯，更封鄉侯，斯為進耳。」今據陳說校改。⓴文欽來降　魏高貴鄉公正元二年（西元二五五年）正月，魏揚州刺史文欽因不滿執政的司馬氏，與鎮東將軍毌丘儉於淮南舉兵反叛，引吳為外援。文欽事跡附於本書卷二十八〈毌丘儉傳〉。㉑孫峻　字子遠，孫堅弟孫靜後人。孫權臨終，奉命與諸葛恪輔政，統宿衛軍。後誅殺諸葛恪，獨掌朝政，濫殺以樹威，引發孫吳一連串政治危機。不久病死。事見本書卷六十四〈孫峻傳〉。㉒高亭　聚落名。地當今安徽巢湖西北。㉓太平二年　西元二五七年。太平，吳孫亮年號，西元二五六—二五八年。㉔朱異　字季文，孫權創業功臣朱桓之子，代父統兵，以功升至鎮南將軍。

於太平二年被孫綝所殺。事附於本書卷五十六〈朱桓傳〉。㉕黎漿　地名。以同名水流得名。地在今安徽壽縣南。㉖孫休即位　吳太平三年（西元二五八年）九月，執政孫綝誅除異己，廢皇帝孫亮為會稽王，奉孫權第六子孫休為帝，改元永安。㉗張布　吳主孫休為王時，為王府護衛軍首領，被寵信。孫休為皇帝，升為將軍，封侯。孫綝執掌朝政，驕橫不法，張布協助孫休設計將其處死，總掌宿衛禁軍。孫休死後，與丞相濮陽興廢孫休子而迎立孫皓。孫皓粗暴好殺，胡作非為，二人頗為失望，有悔立孫皓之意，被孫皓誅殺。有邪臣之稱。事見本書卷四十八〈孫休傳〉、卷六十四〈孫綝傳〉。㉘孫綝　孫堅弟孫靜後人，與孫峻為同祖兄弟輩。孫峻死後，代領朝政，多行非法，誅除異己，後又廢皇帝孫亮，改立孫休，被孫休處死。死年二十八歲。事見本書卷六十四〈孫綝傳〉。㉙不能吏書　不善於如文吏一樣處理具體政務。㉚不軌　不守法紀。此特指篡奪帝位。㉛臘會　臘日朝廷百官大會。漢魏時人重臘日，即十二月初八，其日民間與官方均有重大祭祀與聚會活動。㉜陛下兵　朝廷大殿之臺階上的衛兵。陛，指皇帝常以接見羣臣的大殿臺階。㉝目　使眼色。㉞永安三年　西元二六〇年。永安，吳孫亮年號，西元二五八—二六四年。㉟濮陽興　字子元，陳留（今河南開封）人。孫休卒，與張布迎立孫皓為帝，被萬彧譖謗，流放廣州，於途中被殺，誅及三族。詳見本書卷六十四〈濮陽興傳〉。㊱萬彧　吳國後期大臣。初為烏程縣令，與孫權孫烏程侯孫皓交好。吳主孫休死，萬彧勸丞相濮陽興等迎立孫皓為帝，升任右丞相，被當時任左丞相的陸凱指為庸人。後因事被孫皓指責，憂慮而死。事見本書卷四十八〈孫皓傳〉、卷六十一〈陸凱傳〉、卷六十五〈王蕃傳〉。㊲寶鼎三年　西元二六八年。寶鼎，吳末帝孫皓年號，西元二六六—二六九年。㊳諸葛靚　字仲思，琅邪陽都（今山東沂南南）人。魏將諸葛誕之子。魏高貴鄉公甘露二年（西元二五七年），諸葛誕叛魏附吳，遣諸葛靚為人質入吳。諸葛誕兵敗被殺，靚遂事於吳，官至大司馬。吳亡，隱居不出。晉武帝司馬炎與其為舊友，詔以為侍中，固辭不就。歸隱鄉里。事見本書卷二十八〈諸葛誕傳〉、卷四十八〈孫皓傳〉。㊴石苞　字仲容，渤海南皮（今河北南皮）人。出身微賤，但有智略，體貌魁梧俊美。偶得朝廷官員賞識，後頗受執政司馬昭信任，因附而贊其篡魏活動，屢為軍政要員。西晉初，位至大司馬，封樂陵郡公。詳見《晉書·石苞傳》。㊵搆而間之二句　加以挑撥離間，石苞因此被從征東將軍、都督揚州諸軍事任上調離。㊶建衡元年　西元二六九年。建衡，吳末帝孫皓年號，西元二六九—二七一年。㊷穀陽　據相關史實及《宋書·州郡志二》，當為縣名，地在今安徽含山縣境。㊸導軍　大軍出征時，置以引導大軍行軍路線。㊹臨川　郡名。治所在今江西南城東南。

【語　譯】 丁奉，字承淵，廬江郡安豐縣人。少年時便因驍勇善戰任小將，隸屬於甘寧、陸遜、潘璋等將領。

屢次隨軍征伐，打仗時常勇冠全軍。每每斬殺敵將，拔取敵旗，多次負傷。漸漸提升為偏將軍。孫亮即皇帝位後，升任冠軍將軍，封都亭侯。

2 魏國派諸葛誕、胡遵等率兵進攻東興，諸葛恪率軍抵禦魏軍。眾將領都說：「敵人聽說太傅親自前來，我們上岸後他們一定會逃跑的。」只有丁奉說：「不是如此。他們在國內大力動員，調集許昌、洛陽地區所有的兵力大舉進攻，必定有既定的作戰方案，怎麼可能白白退回呢？我們不要依賴敵人可能會不來進攻，而應依靠自己克敵制勝的力量。」等到諸葛恪率軍上岸後，丁奉與將軍唐咨、呂據、留贊等均率部沿山向西進發。丁奉說：「現在各部動作遲緩，如果敵軍占據有利地形，我們就難以爭勝了。」於是讓其他部隊讓開道路，率領部眾三千人快速前行。當時正好颳北風，丁奉揚帆乘船兩天就抵達戰地，便攻占了徐塘。天氣寒冷下雪，敵方眾將置酒聚會。丁奉見其前頭部隊兵少，對部下說：「立功封侯受賞，就在今天！」於是讓部下脫下鎧甲，只戴頭盔，手持短兵器。敵軍放縱大笑，不加提防。丁奉縱兵砍殺，大敗敵人前鋒駐軍。剛好呂據等也到達，魏軍於是潰敗。升任滅寇將軍，進封為都鄉侯。

3 魏將文欽前來投降，朝廷任命丁奉為虎威將軍，隨從孫峻到壽春接應。與魏追兵在高亭發生戰鬥。丁奉騎著戰馬，手持長矛，衝入敵陣，殺敵數百人，繳獲敵軍兵器。進封為安豐侯。

4 太平二年，魏大將軍諸葛誕占據壽春前來投降，魏軍把他圍困在城中。朝廷派朱異、唐咨等前往救援，又派丁奉及黎斐前往解圍。丁奉為前鋒，屯守於黎漿，力戰有功，任命為左將軍。

5 孫休即皇帝位，與張布商量，想誅除孫綝。張布說：「丁奉雖不能像文吏那樣辦理具體政務，但計謀超過常人，能果斷處理重大事件。」孫休召來丁奉對他說：「孫綝操縱國家大權，將行不軌之事，我想與你一起誅殺他。」丁奉說：「孫綝兄弟同黨勢力很大，我怕人心不齊，不能一下制服他。可以趁臘日朝會時，讓守衛大殿的衛兵殺了他。」孫休採納了他的計策，藉臘會時請孫綝進宮。丁奉與張布給左右衛兵使眼色殺死孫綝。丁奉升任大將軍，加任左右都護。永安三年，假節，兼任徐州牧。永安六年，魏國討伐蜀國，丁奉率軍向壽春進發，作出救援蜀國的態勢。蜀國滅亡，丁奉率軍返回。

6 孫休去世，丁奉與丞相濮陽興等人聽從萬彧的建言，共同迎立孫皓，升任右大司馬左軍師。寶鼎三年，孫皓命令丁奉與諸葛靚進攻合肥。丁奉給晉國大將石苞寫了封信，挑撥離間，石苞因此被調回。建衡元年，丁奉再次修築徐塘，並趁機進攻晉國穀陽縣。穀陽縣的百姓知道了消息，撤離而去，丁奉一無所獲。孫皓大怒，把丁奉的導軍處斬。建衡三年，丁奉去世。丁奉位高有功，漸漸的驕傲自滿，於是有人說他的壞話，孫皓追究出軍穀陽失利之事，將丁奉家人流放到臨川。丁奉弟丁封，官至後將軍，早於丁奉而死。

評曰：凡此諸將，皆江表❶之虎臣❷，孫氏之所厚待也。以潘璋之不脩❸，權能忘過記功，其保據東南，宜哉！陳表將家支庶，而與冑子名人比翼齊衡，拔萃出類，不亦美乎！

【章旨】以上為陳壽對於所傳眾「虎將」的評語，認為孫權對這些將領的缺點能夠包容，是吳國立國成功的重要原因。

【注釋】❶江表　江南。❷虎臣　猛將。《詩經・大雅・常武》：「進厥虎臣，闞如虓虎，敷敦淮濆，仍執醜虜。」❸不脩　行為不檢點。

【語譯】評論說：所有這些將領，都是江南的虎將，是孫氏所厚待的。像潘璋那樣行為不檢點的人，孫權也能忘過記功，他能成功的據有東南，確實應該啊！陳表只不過是將家庶子，也能與皇室子弟及名人一樣身處高位，出類拔萃，不也是值得稱頌的事嗎！

【研析】閱讀本卷所記十多位孫吳名將的事跡，除了體會個別將領的謀略、勇敢與個性特徵外，我們還可以探討孫吳軍隊特徵這一重大問題的兩個側面。

其一，孫吳軍隊的創立特徵。孫吳軍隊的基礎是孫策過江時所帶為數不多的部眾。孫策名義上奉袁術之命「平定江東」之初，「兵財數千，騎數十匹」，在淮南沿途收羅，渡江南下之際，「眾五六千」。孫氏兄弟平定江東後，局勢並不安定，同時力圖向長江中游擴展勢力，鎮撫占有的地區，應付規模越來越大的戰爭，補充戰爭消耗，加上陳武之子陳脩傳中所說「諸新兵多有逃叛」的情況，都促使孫氏不得不千方百計的尋找兵源。從各將領創業時代所領兵員數量看，都不太多。如黃蓋任武鋒中郎將，領武陵太守，部下只有五百人；韓當在江東平定後，所部亦只兵二千、騎五十匹；周泰任別部司馬「授兵」，隨孫權左右駐守宣城，不到千人，孫權差點因此遭遇大禍；甘寧歸附孫權，被「授兵」，但隨周瑜參與赤壁之戰時，「手下有數百兵，并所新得，僅滿千人」，後隨魯肅鎮守益陽，「有三百兵」；徐盛在孫權統事之初任別部司馬，「授兵五百」，及其任柴桑長，應對黃祖數千人的進攻，手下「吏士不滿二百」。擴大兵員成為孫氏強大必須解決的一個問題。〈淩統傳〉記淩統於合肥戰役中力戰有功，但所率「親近三百人」無一得還，因而「悲不自勝」，孫權勸他說「苟使卿在，何患無人」，並「倍給本兵」。兵員多少亦成為將領能否建功立業的關鍵。將領們各自征討江南山地中尚未納入官府管理的民眾，成為擴大軍隊的主要方式。本卷早期將領的事跡中，大都有討伐「山越」、「山賊」、「不服者」的史實。〈淩統傳〉稱他「以山中人尚多壯悍，可以威恩誘也，權令東占且討之……得精兵萬餘人」。〈潘璋傳〉稱其最初奉孫權命「召募」到「百餘人」，孫權「遂以為將」，後「討山賊有功，署別部司馬」。及其任職於豫章西安縣、建昌縣時，「討治惡民，旬月盡平，召合遺散，得八百人，將還建業」，都反映了將領所統兵員增加以及孫吳軍隊擴大的情形。

其二，既然將領的兵員主要是其召募、征討所得，孫權不可能有足夠的兵員實行「授兵」，這就引出第二個問題，那就是孫吳早期軍隊具有明顯的將領私兵色彩。孫權正是根據這種情況，在將領死後，往往允許其子弟繼統其眾。韓當死後，其子韓綜「襲侯領兵」，後得率「家屬部曲男女數千人奔魏」。周泰死後，其子周邵「以騎都尉領兵」；周邵死後，其弟周承「領兵襲侯」。陳武死後，其子陳脩、陳表相繼統兵。淩操死後，淩統才十五歲，孫權「使攝父兵」；淩統死時，其子僅八九歲，孫權著意撫養，及成人，「還其故兵」。徐盛死後，其子徐楷亦「襲爵領兵」。所有這些事例，主要說明的不是孫權善待將領，而是孫吳軍隊多由將領自行擴展而來，與將領具有私人依附關係的性質決定的。(何德章注譯)

◎新譯賈長沙集

林家驪／注譯　陳滿銘／校閱

賈誼是漢文帝朝著名的政論家和文學家，一個早慧而早逝、才氣橫溢的青年思想家和作家。他存世的作品雖不多，但名篇如〈過秦論〉、〈論時政疏〉、〈論積貯疏〉、〈弔屈原賦〉、〈鵩鳥賦〉等，皆擲地有聲，在歷史上發光發熱。他的文章除了有充實豐富的思想內容、卓越超凡的政治見解外，在藝術風格上也有十分鮮明的特色。本書對賈誼存世文章做最完整的介紹和詳細的注譯，並針對章法意旨給予賞析與評論，讓您有最深入的了解。

◎新譯揚子雲集

葉幼明／注譯　周鳳五／校閱

《揚子雲集》乃漢賦大家揚雄之文集，共收錄作品六十餘篇，包括辭、賦、頌、箴、誄等文體，內容包含哲學、文字訓詁、文學等。揚雄曾仿效屈原與司馬相如作賦，故深受感染，卻能別出心裁，表現其特殊文氣，有別於屈原的失落寂寥，司馬相如的弘麗溫雅。本書將帶你進入漢朝韻文的另一境地，一窺揚雄遠近層舖、細膩生動的行文手法與精煉的文字。

◎新譯曹子建集

曹海東／注譯　蕭麗華／校閱

在百花競放、桃李爭豔的建安文壇上，曹子建無疑是一個引人矚目的人物。他的文學作品體裁豐富多樣，特別是詩歌與辭賦能獨闢蹊徑，別開生面，形成自己特有的風格，鍾嶸《詩品》便稱讚其作品為：「骨氣奇高，詞采華茂。」只是在漫長的流傳過程中，他的作品有很多散失、亡佚。本書以《四部叢刊》影印明活字版《曹子健集》為藍本，在注譯、賞析過程中，並進行校勘、補足的工作，是坊間詮釋最仔細、校勘最精詳的全注全譯本，也是您欣賞、研究曹子建詩文的不二選擇。

◎新譯山海經

楊錫彭／注譯

《山海經》可以說是上古時代一部小型的百科全書，它以地理為綱，內容涉及原始社會末期和階級社會初期的社會、地理、經濟、物產等景況，記錄了豐富的遠古神話傳說，保存了人類早期記憶的資料。書中描繪的人事物奇妙且有趣，引領讀者進入了廣大山河的美麗世界，和古人豐沛的想像力一同翱翔。本書除正文皆有注音外，注釋和語譯簡明貼切，讓您讀《山海經》不再如閱天書。

◎新譯水經注

陳橋驛、葉光庭／注譯

《水經注》是一部以記載河道水系為主的綜合性地理巨作。全書以《水經》為綱，不僅逐一細述各河流水系的源頭、流程與歸宿，並於相關的地貌氣候、水利土壤、名勝古蹟、地理沿革等，都有詳盡的記載，在中國地理學、考古學、水利學的研究上，具有重要地位。本書各篇題解提綱挈領，注釋明白切當，語譯通俗易曉，篇後並有研析重點解說，不僅便於學術界研究參考，也有裨於一般讀者披閱欣賞。

◎新譯徐霞客遊記

黃珅／注譯　黃志民／校閱

人間第一奇境，必待第一奇才來領略，徐霞客正是「天留名壤待名人」的最佳寫照。他將一生遊覽觀察的經歷，化為文字走筆成書，規模宏大、博辨詳考，可說是劃時代的地理巨著。本書是現代學者首次將徐霞客的遊記作較全面的呈現，注釋及語譯皆力求詳瞻精實，評析部分則以徐霞客及其自然觀、藝術觀為中心，深入剖析遊記中所顯示的人與自然的關係。